Andreas Drouve

Nordspanien und der Jakobsweg

„Dann über 9 Meilen findest du Sankt Jakob, ist dirs beschert
Mit Namen in der Stadt zu Compostell
Darauf sich freut mancher gute Gesell
Dass er sie fröhlich mag schauen an."

(aus: Hermann Künig von Vach: Die walfart und Straß zu sant Jacob. Ein Pilgerführer nach Santiago de Compostela von 1495)

Impressum

Andreas Drouve
Nordspanien und der Jakobsweg

erschienen im
Reise Know-How Verlag Peter Rump GmbH
Osnabrücker Str. 79
33649 Bielefeld

3., komplett aktualisierte Auflage 2003

Gestaltung
Umschlag: M. Schömann, P. Rump (Layout);
G. Pawlak (Realisierung)
Inhalt: G. Pawlak (Layout)
K. Röckenhaus (Realisierung)
Fotos: Fremdenverkehrsamt Vitoria (S. 354, 356),
sonst A. Drouve
Karten: C. Raisin, der Verlag

Druck und Bindung
Fuldaer Verlagsagentur

ISBN 3-8317-1123-2
Printed in Germany

Wir freuen uns über Kritik, Kommentare und Verbesserungsvorschläge.

Alle Informationen in diesem Buch sind vom Autor mit größter Sorgfalt gesammelt und vom Lektorat des Verlages gewissenhaft bearbeitet und überprüft worden.

Da inhaltliche und sachliche Fehler nicht ausgeschlossen werden können, erklärt der Verlag, dass alle Angaben im Sinne der Produkthaftung ohne Garantie erfolgen und dass Verlag wie Autor keinerlei Verantwortung und Haftung für inhaltliche und sachliche Fehler übernehmen.

Die Nennung von Firmen und ihren Produkten und ihre Reihenfolge sind als Beispiel ohne Wertung gegenüber anderen anzusehen. Qualitäts- und Quantitätsangaben sind rein subjektive Einschätzungen des Autors und dienen keinesfalls der Bewerbung von Firmen oder Produkten.

Andreas Drouve

Nordspanien und der Jakobsweg

Vorwort

Pilger aus aller Welt zieht es seit dem Mittelalter in die äußerste Nordwestecke Spaniens zum Grab des Apostels Jakobus nach Santiago de Compostela. Der zum Kulturerbe der Menschheit erklärte Jakobsweg durch Spaniens Norden steht seit einigen Jahren in blühender Renaissance, und während der großen Jakobusjahre – wenn der Tag des Heiligen auf einen Sonntag fällt – kommen Millionen von Besuchern nach Santiago de Compostela. Nächster erwarteter Großansturm: Das Jahr 2004. Aber keine Sorge, es gibt noch genügend ruhige Fleckchen!

Dieses Reisehandbuch stellt den Jakobsweg sehr ausführlich mit all seinen faszinierenden Etappen von den Pyrenäen bis Galicien vor. Klöster und Kastelle säumen ebenso den Weg wie malerische Örtchen und die mächtigen Kathedralen von Burgos und León.

Exkurse liefern in diesem Buch Wissenswertes zum besseren Verstehen von Land und Leuten, aber auch Unterhaltsames. Dazu zählen verschiedene Legenden ebenso wie die Exkurse zum baskischen Volkssport Pelota, zu Ernest Hemingway und Pamplona sowie zu Spaniens größter und rauschendster Fiesta: den alljährlich zwischen dem 6. und 14. Juli anstehenden Sanfermines in Pamplona. Dann, wenn Navarras Hauptstadt sage und schreibe 204 Stunden am Stück ohne Pause feiert, wenn jeden Morgen wilde Kampfstiere durch die Altstadtgassen getrieben werden und sich junge Männer dem ganz normalen Wahnsinn hingeben und vor den Hörnern der 600-Kilo-Kolosse davonsprinten.

Wer Nordspanien – und nicht allein den Jakobsweg – auf eigene Faust entdecken möchte, liegt mit diesem Handbuch richtig. Auf Reiselustige warten Regionen voller Überraschungen: ob die Weingebiete der Rioja, die nördlichen Meeresarme Galiciens, asturische Fischerdörfer und das kantabrische Bergland, ob die Altstadt von San Sebastián oder das Guggenheim-Museum in Bilbao. Nicht zu vergessen die trutzigen Pyrenäendörfer in Navarra, die präromanischen Kirchen in Asturien, die Dinosaurierspuren in der Rioja und und und ...

Einsteiger erfahren alles Wissenswerte über diese Region, und selbst eingefleischte Spanienreisende werden in diesem Buch so manches Neue entdecken – ganz zu schweigen von all den hilfreichen praktischen Tipps. Buen viaje – gute Reise!

Andreas Drouve

Inhalt

Exkurse

Der Jakobsweg durch Galicien

Die Atlantikküste

Baskenland

Kantabrien

Asturien

Galiciens Norden

Anhang

Hinweise zur Benutzung

Dieser Reiseführer versteht sich in erster Linie als ein Ratgeber für Urlauber, die Nordspanien und den Jakobsweg individuell erschließen möchten.

In den Kapiteln **Vor der Reise** und **Praktische Reisetipps A – Z** erhält der Leser alle notwendigen Informationen und Adressen, die er zur Vorbereitung der Reise und während des Urlaubs braucht.

Das Kapitel **Land und Leute** dient all denjenigen als Stützpfeiler, die sich in Nordspanien und den Jakobsweg vertiefen möchten.

Der Reiseteil ist in zwei Hauptkapitel unterteilt. Am Anfang steht der ausführlich behandelte **Jakobsweg** mit den beiden Achsen von der französisch-spanischen Grenze nach Puente la Reina und ab dort weiter durch Navarra, La Rioja und Kastilien-León ins galicische Santiago de Compostela. Insbesondere in Navarra, in der Rioja und nach Zaragoza werden ausführliche Abstecher beschrieben. Im Zusammenhang mit dem Jakobsweg gibt es immer wieder Verweise auf die Routen für Fußpilger und Radfahrer, doch ein spezieller Wander- und Radwanderführer kann und soll mit diesem Buch nicht ersetzt werden.

Das zweite Hauptkapitel folgt der **Atlantikküste** von der französischen Grenze im Osten bis Galicien im Westen: das Baskenland mit einem Abstecher in die küstennahen navarresischen Pyrenäen, Kantabrien, Asturien und schließlich das nördliche Galicien.

Das gesamte Reisehandbuch ist aufgelockert durch verschiedene **Exkurse,** die dem Leser Hintergrundwissen zu bestimmten Themen vermitteln.

Im Anhang findet der Leser kommentierte **Literaturhinweise,** ein **Glossar,** eine umfangreiche **Spanisch-Sprachhilfe** mit spezieller Vokabelhilfe für Jakobspilger und Radfahrer, ein ausführliches **Register** und ein **Kartenverzeichnis.**

Weitere Hinweise zur **Sprache:** Eine kleine Sprachhilfe zum Spanischen, Baskischen und Galicischen findet man unter dem Stichwort „Sprache" in den Praktischen Reisetipps. Ein kulinarisches Wörterbuch mit zahlreichen auf spanischen Speisekarten und in Bars auftauchenden Begriffen steht unter dem Stichpunkt „Essen und Trinken" im selben Kapitel.

Zu wichtigeren, größeren Städten findet man **Stadtpläne;** die Verknüpfung der Sehenswürdigkeiten in Stadtplan und Text durch die Nummern der Legendenpunkte erlaubt eine schnelle Orientierung.

Die gesamte Region ist am Ende des Buches in einem **farbigen Kartenatlas** im Maßstab 1:700.000 abgebildet. Im Reiseteil wird zusätzlich zu den Kartenhinweisen in der Kopfzeile bei allen wichtigen Orten und Strecken mit einem **Pfeil** ⇗ auf den Farbkarten-Atlas verwiesen, z. B. ⇗ **XX AB2.** Dabei verweist die römische Zahl auf die Atlasseite, Buchstaben und arabische Ziffern auf das Planquadrat.

Die **Ortsnamen** im Baskenland sowie in Navarra und Galicien sind vornehmlich in spanischer Sprache angegeben. Die vor Ort ebenfalls gebräuchlichen Namen auf Baskisch und Galicisch stehen in der Regel in Klammern. Sollte sich im Sprachgebrauch und auf Karten der baskische oder galicische Name definitiv durchgesetzt haben (zum Beispiel beim baskischen Küstenstädtchen Hondarribia, spanisch: Fuenterrabía), ist es ausnahmsweise der spanische Name, der in Klammern auftaucht.

Gelegentliche **Preishinweise** sind in Euro angegeben. Da sich aber kaum etwas so schnell ändert wie Preise, können diese nur als Richtwert genommen werden.

In diesem Buch haben wir eine preisliche Klassifizierung der Unterkünfte und Restaurants nach Pluszeichen vorgenommen. Diese **Preiskategorien** haben mit der offiziellen Einteilung nach Sternen nichts zu tun; die offiziellen Sterne werden bei den meisten Hotels aber zusätzlich genannt (siehe „Praktische Reisetipps, Essen und Trinken bzw Unterkunft")

Bei Redaktionsschluss: Über die **Tankerkatastrophe** vor der Küste Galiciens im November 2002 informiert ein Exkurs auf Seite 75. Aktuellere Informationen bietet eine Internet-Recherche.

001ns Foto: ad

Vor der Reise

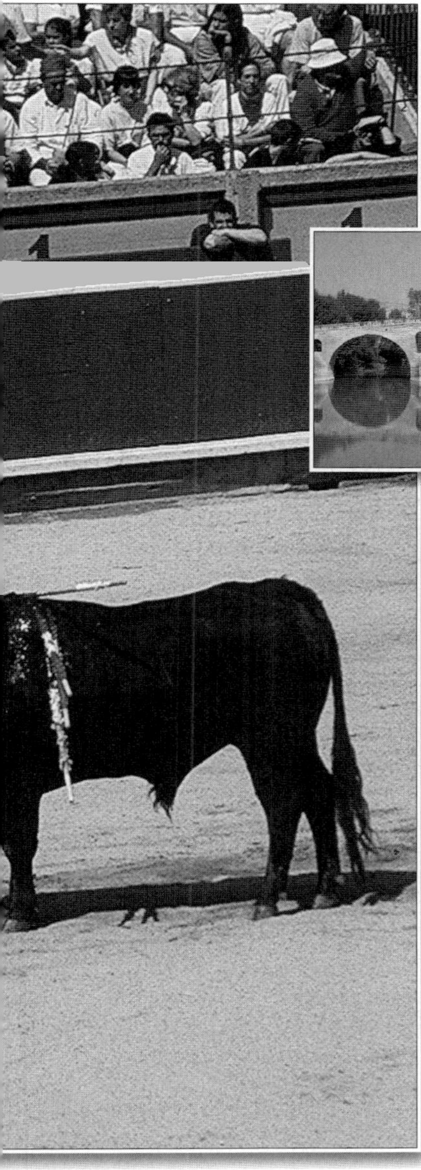

002ns Foto: ad

003ns Foto: ad

Stierkampf

Jakobsweg, Brücke Puente la Reina

Rindertreiber nahe Las Arenas, Asturien

Botschaften und Informationsstellen

Fremdenverkehrsämter

Im Vorfeld der Reise kann man **Informationsmaterial** bei den staatlichen spanischen Fremdenverkehrsämtern anfordern. Mitunter werden die telefonischen Anfragen nur per Anrufbeantworter entgegengenommen und mit nicht gerade tiefschürfendem Standardmaterial beantwortet. Wer konkretere Anfragen hat, sollte die Mühe auf sich nehmen, einen Brief mit detaillierten Wünschen zu verfassen (befriedigende Antwort natürlich ohne Gewähr).

In Deutschland

- Kurfürstendamm 63, 10707 Berlin, Tel. (030) 8826543, Fax (030) 8826661.
- Grafenbergerallee 100, 40237 Düsseldorf, Tel. (0211) 6803980, Fax (0211) 6803985.
- Myliusstr. 14, 60323 Frankfurt am Main, Tel. (069) 725033, Fax (069) 725313.
- Schubertstr. 10, 80336 München, Tel. (089) 5389075, Fax (089) 5328680.

In Österreich

- Walfischgasse 8, 1010 Wien, Tel. (01) 5129580, Fax (01) 5129581.

In der Schweiz

- Seefeldstr. 19, 8008 Zürich, Tel. (01) 2527930, Fax (01) 2526204.

Touristinformationen

Da Spaniens Norden (noch) nicht zu den Massenreisezielen zählt, zeigen sich die Angestellten der **örtlichen Informationsbüros** *(oficinas de turismo)* oftmals großzügig bei der Abgabe von kostenlosem Material. Schließlich gilt es, etwas für das Image zu tun und mehr und mehr Besucher für diesen Teil der Iberischen Halbinsel zu begeistern. Manche der Publikationen sind in deutscher Sprache abgefasst, mitunter jedoch in haarsträubenden Übersetzungen.

Die Zahl der Touristinformationen ist längst nicht so dicht gesät wie beispielsweise in Andalusien. Es kann vorkommen, dass Büros nur montags bis freitags vormittags (also 9 oder 9.30 Uhr bis 13.30 oder 14 Uhr) öffnen und außerhalb der Sommersaison ganz schließen, was bedeuten kann: von Ende September/Anfang Oktober bis April/Mai. Ratsuchende haben in solchen Fällen die besten Chancen, im örtlichen Rathaus an Informationen zu kommen. Die **Öffnungszeiten** der Ämter bewegen sich nachmittags im Bereich von 16.30/17 Uhr bis 19.30/20 Uhr. Manche Büros haben auch am Samstagvormittag geöffnet (9 oder 9.30 Uhr bis 13.30 oder 14 Uhr).

Gekennzeichnet sind die Auskunftstellen mit einem kleinen **„i“-Symbol.** Mitunter gibt es in manchen Städten zwei Auskunftbüros: ein regionales (in Kastilien-León zum Beispiel von der Junta de Castilla-León, also vom Land, unterhalten) und ein städtisches oder gemeindliches, das vom örtlichen Rathaus finanziert wird und in der Regel *oficina municipal de turismo* heißt.

Zum **Service** in Auskunftbüros gehören Informationen zu Hotels und Restaurants, Öffnungszeiten von Museen und Monumenten sowie Bus- und Zugverbindungen. Wer Glück hat, bekommt Faltblätter und einen groben Straßenplan. Natürlich stehen diverse Unterlagen auch zum Verkauf. Deutschsprachiger Service ist die absolute Ausnahme, englischsprachiger gelegentlich möglich.

Wer längere Zeit in einer Stadt bleibt, sollte sich in der Buchhandlung oder am Kiosk einen **Stadtplan** *(plano callejero)* kaufen, denn die gratis abgegebenen enthalten normalerweise kein Straßenverzeichnis.

Informationen aus dem Internet

Wer sich über sein Reiseziel im Internet informieren möchte, findet auf der Homepage dieses Verlages aktuelle Informationen und weiterführende Links:

- **www.reise-know-how.de**

Nachfolgend ein Überblick über nützliche Websites zu Spanien generell bzw. einzelnen Regionen und Städten.

Spanien generell:
- **www.elpais.es** – Website der spanischen Tageszeitung El País.
- **www.embajada-alemania.es** – Deutsche Botschaft in Madrid, inkl. aktueller Adressen aller Konsulate in Nordspanien.
- **www.iberia.de** – alle Flugverbindungen mit Iberia.
- **www.parador.es** – Informationen zu allen Paradores, auch auf Deutsch abrufbar; komplette, aktuelle Preisliste mit allen Häusern.
- **www.renfe.es** – Fahrpläne, Preise der spanischen Bahn Renfe.
- **www.spanischebotschaft.de** – Spanische Botschaft in Berlin, inkl. Adressen der Spanischen Fremdenverkehrsämter.
- **www.tourspain.es** – Publiziert vom Spanischen Fremdenverkehrsamt, auch auf Deutsch; Wissenswertes zu Unterkünften, Verkehrsverbindungen, Spanisch-Sprachkursen, aktuellen Veranstaltungen etc.

Regionen:
- **Aragonien:** www.staragon.com, www.altoaragon.com (Ober-Aragonien);
- **Asturien:** www.asturnor.com, www.asturdata.es;
- **Baskenland:** www.euskadi.net;
- **Galicien:** www.turgalicia.es;
- **Kantabrien:** www.turismo.cantabria.org;
- **Kastilien-León:** www.jcyl.es;
- **Navarra:** www.cfnavarra.es;
- **La Rioja:** www.larioja.com.

Städte:
- **Bilbao:** www.bilbao.net;
- **La Coruña:** www.turismocoruna.com;
- **Gijón:** www.ayto-gijon.es;
- **San Sebastián:** www.sansebastianturismo.com;
- **Santillana del Mar:** www.santillanadelmar.com;
- **Vitoria:** www.alavaturismo.com;
- **Zaragoza:** www.turismo.ayto-zaragoza.es.

Diplomatische Vertretungen

In Spanien

- **Deutsche Botschaft,** Calle Fortuny 8, Madrid, Tel. 91 5579000, Fax 91 3102104.
- **Deutsches Honorarkonsulat,** Calle San Vicente 8, Edificio Albia, planta 13, Bilbao, Tel. 94 4238585, Fax 94 4243975.
- **Deutsches Honorarkonsulat,** Avenida de Bilbao 39, Muriedas (Santander), Tel. und Fax 94 2250543.
- **Deutsches Honorarkonsulat,** Calle Fuenterrabía 15, 3° izquierda, San Sebastián, Tel. 943 421010, Fax 943 335511.
- **Deutsches Honorarkonsulat,** Avenida García Barbón 1, piso 2°, Vigo, Tel. 986 437879, Fax 986 434943.
- **Deutsches Honorarkonsulat,** Carretera Castellón, km 7, Polígono Industrial Insider, La Cartuja Baja (Zaragoza), Tel. 976 500034, Fax 976 500830.

- **Österreichische Botschaft,** Paseo de la Castellana 91, Madrid, Tel. 91 5565605, Fax 91 5973579.
- **Schweizer Botschaft,** Calle Núñez de Balboa 35, Edificio Goya, Madrid, Tel. 91 4363960, Fax 91 4363980.

In Deutschland

- **Spanische Botschaft,** Schöneberger Ufer 89, 10785 Berlin, Tel. (030) 2540070, Fax (030) 25799557.
- **Spanisches Generalkonsulat,** Steinplatz 1, 10623 Berlin, Tel. (030) 31509251.
- **Spanisches Generalkonsulat,** Homberger Str. 16, 40474 Düsseldorf, Tel. (0211) 439080, Fax (0211) 453768 .
- **Spanisches Generalkonsulat,** Nibelungenplatz 3, 60318 Frankfurt am Main, Tel. (069) 9591660, Fax (069) 5964742.
- **Spanisches Generalkonsulat,** Mittelweg 37, 20148 Hamburg, Tel. (040) 4146460, Fax (040) 417449.
- **Spanisches Generalkonsulat,** Bödekerstr. 22, 30161 Hannover, Tel. (0511) 311085, Fax (0511) 316230.
- **Spanisches Generalkonsulat,** Lenzhalde 61, 70192 Stuttgart, Tel. (0711) 9979800, Fax (0711) 2265927.
- **Spanisches Generalkonsulat,** Oberföhringer Str. 45, 81925 München, Tel. (089) 9984790, Fax (089) 9810206.

In Österreich

- **Spanische Botschaft,** Argentinierstr. 34, 1040 Wien, Tel. (01) 50557880, Fax (01) 505578825.

In der Schweiz

- **Spanische Botschaft,** Karchegweg 24, 3006 Bern 16, Tel. (031) 3520412, Fax (031) 3515229.

Ein- und Ausreisebestimmungen

Deutsche, Österreicher und Schweizer brauchen bei der Einreise nach Spanien und bei einem Aufenthalt bis zu drei Monaten einzig den gültigen **Personalausweis oder Reisepass.** Autofahrer müssen an Führerschein und Fahrzeugschein denken. Es empfiehlt sich, die Dokumente vorab zu fotokopieren und zur Sicherheit getrennt von den Originalen aufzubewahren.

Wer länger als drei Monate bleiben möchte, benötigt eine **Aufenthaltsgenehmigung,** die von den diplomatischen Vertretungen ausgestellt wird. Im Europa der offenen Grenzen ist ein längerer Aufenthalt in der Praxis jedoch schwer zu kontrollieren.

Zollbestimmungen

Seit Inkrafttreten des Schengener Abkommens sind für Besucher aus der Europäischen Union die Einfuhrbeschränkungen für den privaten Warenverkehr aufgehoben. Jedoch gibt es **Richtmengen** pro erwachsener Person, bei denen der eigene Bedarf noch glaubhaft erscheint: 800 Zigaretten, 200 Zigarren, 90 Liter Wein und zehn Liter hochprozentigerer Alkohol.

Was die zollfreie Einfuhr zu Hause betrifft, so müssen sich **Schweizer** an die folgenden offiziellen Beschränkungen halten: 200 Zigaretten, zwei Liter Wein, zwei Liter Spirituosen mit weniger bzw. ein Liter mit mehr als 15% Alkoholgehalt sowie Souvenirs bis zum Gesamtwert von 200 Franken.

Haustiere

Es ist offiziell verboten, Tiere, die jünger als drei Monate sind, einzuführen. Für Hunde ist ein amtstierärztliches **Gesundheitszeugnis** erforderlich, das beim Grenzübertritt maximal zwei Wochen alt sein darf; außerdem ist eine mindestens drei Wochen und maximal zwölf Monate alte Bescheinigung der **Impfung gegen Tollwut** nötig.

Wichtig für Hundehalter ist, dass längst nicht alle Hotels und Campingplätze das Mitbringen der vierbeinigen Lieblinge erlauben. Gesperrt sind für Vierbeiner auch viele Strände, Geschäfte, Bars und Restaurants.

005ns Foto: ad

Zum spanischen Alltag gehört das Verkehrschaos in den Straßen

An- und Rückreise

Für An- und Rückreise gibt es mehrere Optionen: mit dem eigenen Fahrzeug (siehe auch „Autofahren"), mit Bus, Zug oder Flugzeug. Wer nach Nordspanien jettet, hat an den vergleichsweise großen internationalen Flughäfen von Bilbao und Santiago de Compostela die Möglichkeit, sich direkt ein Auto zu mieten.

Mit dem Auto

Selbst eingefleischte Bleifüßler sollten bei der Anreise mit dem eigenen Fahrzeug nach Nordspanien **mindestens zwei Tage** einplanen, denn die Strecke zieht sich. Man muss bedenken, dass bereits die Entfernung zwischen beispielsweise Köln und dem baskischen San Sebastián etwa 1.300 Kilometer beträgt. Und zwischen San Sebastián und einer galicischen Stadt wie La Coruña liegen nochmals knapp 800 Kilometer (und zwar ohne durchgehende direkte Autobahnverbindung).

Auf der **Autobahn** führt die traditionelle Reiseroute von Deutschland über Frankreich, genauer: über den nicht selten verstopften Verkehrsknotenpunkt Paris. Eine Route ist zum Beispiel Köln – Lüttich – Mons – Valenciennes – Paris, eine zweite ist Kaiserslautern – Saarbrücken – Metz – Reims – Paris. Ab Paris nehmen Autobahnbenutzer die A-10 über Orléans, Tours,

Poitiers und Saintes bis in den Süden von Bordeaux, wo rund 100 Kilometer auf einer autobahnähnlichen Schnellstraße (gebührenfrei) bis auf die Höhe von Dax führen. Ab dort hat man bis zur französisch-spanischen Grenze in Behobie/Hendaye/Irún wieder die Wahl zwischen gebührenpflichtiger Autobahn (A-63) und der Nationalstraße (N-10). In diesem Fall ist die Autobahn dringendst anzuraten, da die Abschnitte rund um Bayonne - vor allem, aber nicht nur im Sommer - hoffnungslos überfüllt sein können.

Die **Mautgebühren** auf der Strecke über Paris bis zur französisch-spanischen Grenze schlagen für Pkw mit etwa 50 € zu Buche.

Als Alternative zu den **Grenzübergängen** an der Küste bieten sich jene in den Pyrenäen an, wie bei Dancharinea und Saint-Jean-Pied-de-Port; bei dem letztgenannten bewegt man sich bereits auf dem Jakobsweg.

Wer die Autobahnvariante und den Grenzübergang bei Behobie/Hendaye/Irún wählt sowie weiter an der Atlantikküste Richtung San Sebastián/Bilbao/Santander entlangfahren will und auf zügiges Fortkommen bedacht ist, sollte dringend auf der Autobahn (*autopista;* A-63/A-8) bleiben. Die Strecke bis Bilbao geht zwar ganz schön ins Geld (eine der teuersten in ganz Spanien), doch die kurvige Nationalstraße ist eine mehr als unglückliche Alternative. Hinter Bilbao ist die autobahnähnliche Schnellstraße (*autovía;* A-8) erreicht, die bis Santander wieder gebührenfrei ist. Westlich von Santander wird die küstennahe Autobahnroute kontinuierlich vorangetrieben. Auch La Coruña ist vom südöstlichen Landesinneren her besser zugänglich.

Um die Autobahngebühren in Frankreich zu sparen, legen manche die Strecke auf **Landstraßen** zurück. Dabei bieten sich zum Beispiel die folgenden beiden Achsen an. Die erste: Karlsruhe/Saarbrücken - Nancy - Troyes - Auxerre - Nevers - Moulins - Montluçon - Guéret - Angoulême - Bordeaux. Die zweite, die über Belgien führt: Lüttich - Namur - Sedan - Reims - Troyes - Sens - Montargis - Orléans - Blois - Tours - Poitiers - Angoulême - Bordeaux. Im Hinblick auf letztgenannte Strecke kann man sich bei Hin- oder Rückfahrt überlegen, ob man die Anfahrt nicht mit einer kleinen Schlösser-Tour an der Loire kombiniert. Wer schnell anreisen will, sollte auf jeden Fall die kurvigen Strecken durchs französische Zentralmassiv vermeiden. Andere wiederum, die sich Zeit bei der Anreise lassen, schätzen gerade die Fahrt durch jenen landschaftlich reizvollen Teil Frankreichs.

Diejenigen, die bei den **Zwischenübernachtungen** Geld sparen wollen, suchen Billig-Hotelketten wie beispielsweise „Formule 1“ auf, wo man zwar oft hauchdünne Wände und kleine Kammern, aber eben ein Bett und eine Gemeinschaftsdusche vorfindet.

Natürlich gehören **Straßenkarten** mit ins Gepäck (siehe „Ausrüstung“).

Mitfahrzentralen

Wer Fahrtkosten teilen will, wendet sich daheim an die in fast jeder größeren Stadt zu findenden Mitfahrzentralen. In Spanien sind die *compartecoche* nicht so verbreitet; Anlaufstellen zum Nachfragen sind Sprachschulen, Infos auch bei Asturstop, c/Font Calada 12, 1°, Oviedo, Tel. 985 210115.

Mit dem Bus

Wer per Bus anreist, braucht eine gute Kondition. Die Busfahrt von einer mitteldeutschen Stadt bis nach Nordspanien nimmt 13 bis 20 Stunden in Anspruch (bis Galicien bis zu 30). Ein Beispiel: Hamburg – Burgos 28 Std. mit der Deutschen Touring. Die einfache Strecke kostet in diesem Fall 117 €, Hin- und Rückfahrt 188 €; Kinder von 4 bis 12 Jahren zahlen 59 € einfach (94 € Hin- und Rückfahrt), jüngere Kinder 23 bzw. 38 €.

Wer Langstreckenbusse benutzt, muss an gewissen Knotenpunkten möglicherweise das Fahrzeug wechseln. Daheim sollte man in den Anzeigenteilen regionaler Zeitungen auf gelegentliche Angebote zu Busreisen nach Nordspanien achten.

Zwischen verschiedenen deutschen und nordspanischen Städten verkehren **Europabusse** der Deutschen Touring. Informationen und Buchungen über Reisebüros, die mit der Deutschen Touring zusammenarbeiten, bzw. direkt über die Deutsche Touring. Vor Ort in Spanien erkundigt man sich an den zentralen Busstationen nach den Europabussen.

- **Deutsche Touring,** Am Römerhof 17, 60486 Frankfurt am Main, Tel. (069) 790350, Fax (069) 7903219.

Unter **www.deutsche-touring.com** kann man sich verschiedene Abfahrts- und Zielorte zusammenstellen und sich gleich über die aktuellen Tarife informieren. Es gibt auch ein Ticket-Center der Deutschen Touring: Mannheimer Str. 4, 60329 Frankfurt/M., Tel. (069) 230735, Fax (069) 2344443.

Regelmäßige Busverbindungen **von der Schweiz** nach Nordspanien bietet die Gesellschaft Alsa Internacional an. Bei Abfahrts- und Zielorten bestehen zahlreiche Kombinationsmöglichkeiten, ob in Spanien (z.B. Oviedo, La Coruña) oder in der Schweiz (z.B. Basel, Zürich). Infos unter www.alsa.es im Internet, zentrale Reservierungsnummer in Spanien 902 422242.

Mit der Bahn

Von Deutschland aus führen die Hauptstrecken über den Bahnknotenpunkt Paris. Wer über Aachen und Brüssel reist, muss an Reservierungen für den neuen Thalys-Hochgeschwindigkeitszug denken. **Platzreservierungen** sind auch für die Hochgeschwingkeitszüge (TGV) von Paris zur französisch-spanischen Grenze Hendaye/Irún Pflicht. Auch Liegewagen sollte man dringend vorher reservieren.

Nachteil an der Bahnverbindung ist der obligatorische **Bahnhofswechsel in Paris,** den man per Taxi oder – am günstigsten – per Metro hinter sich bringt. Ankunft in Paris ist am Gare du Nord oder am Gare de l'Est, Abfahrtspunkt der TGV-Hochgeschwindigkeitszüge ist der Gare de Montparnasse; für diesen Bahnhofswechsel sollte man mindestens 75 Minuten veranschlagen.

Nimmt man eine mitteldeutsche Stadt als Ausgangs- und die französisch-spanischen Grenze Hendaye/Irún als Endpunkt, muss man inklusive den Zuschlägen mit einem **Preis** von bis zu 150 € für die einfache Fahrt in den Hochgeschwindigkeitszügen rechnen. Kauft man direkt Hin- und Rückfahrtticket und nimmt feste Reservierungen für alle Reisetage vor, sinkt der normale Preis um bis zu 25 Prozent; allerdings gibt es bei den Thalys-Hochgeschwindigkeitszügen eine komplizierte Preisstaffelung.

Die Strecke Köln – Hendaye/Irún schafft man tagsüber dank den schnellen Zügen heute in einem Zeitraum von **elf bis zwölf Stunden.** Bei der Fahrt an die französisch-spanische Grenze Hendaye/Irún haben es Schweizer, die ab Genf starten, etwas einfacher. Die direkten Züge bringen einen tagsüber in knapp zehn Stunden und ohne Bahnhofswechsel ans Ziel (Strecke über Lyon, Grenoble, Montpellier, Toulouse, Lourdes, Pau und Bayonne).

Zur Weiterfahrt **per Bahn in Spanien** siehe „Praktische Reisetipps: Verkehrsmittel".

Radlergruppe auf dem Kathedralenvorplatz in Santiago de Compostela

004ns Foto: ad

Fahrradtransport für Jakobspilger

Für Jakobspilger ist der internationale Überland-Fahrradtransport in den letzten Jahren immer schwieriger geworden. Bei internationalen Busverbindungen befördert die Deutsche Touring nach eigenen Angaben keine Räder mehr; Alsa Internacional bietet diesen Service, und das zu moderater Transportgebühr. Innerhalb Spaniens ist der **Transport in Bussen** kein Problem, vorausgesetzt, man befolgt die Zerlege- und Verpackungsbestimmungen und besorgt sich im Zweifelsfall einen Fahrradkarton; bei Alsa bezahlt man pro Rad und Strecke 3 €. Viele Radpilger gehen wie folgt vor: Sie reisen im Pkw und Radgepäckträger an, lassen das Auto z.B. in Pamplona stehen und kehren dorthin per Bus (samt Rad an Bord) aus Santiago de Compostela zurück.

Beförderungsverbote in Bussen und Bahnen lassen sich – zumindest theoretisch – umgehen, indem man das Rad in Teile zerlegt und in Transporttaschen verstaut. Eine schlechte Alternative, denn darüber hinaus gilt es, an das eigentliche Gepäck zu denken.

Mit dem Flugzeug

Internationale **Flughäfen** in Nordspanien sind Bilbao und Santiago de Compostela, während jene wie Pamplona, Santander, Vitoria und San Sebastián lediglich von nationaler Bedeutung sind.

Von und nach **Bilbao** gibt es u.a. Flüge ab Frankfurt am Main.

Ab **Santiago de Compostela** bestehen neuerdings nur noch wechselnde internationale Flugverbindungen, weshalb sich viele Rückreisende zu einem Abflug ab dem portugiesischen Porto entscheiden.

Via Madrid oder Barcelona

Natürlich kann man auch von zahlreichen Städten in Deutschland, Österreich und der Schweiz nach Madrid oder Barcelona fliegen und von dort aus auf den Inlandsflugverkehr nach Santander, Pamplona, Gijón-Oviedo (Flughafen von Asturien), Santiago de Compostela und San Sebastián umsatteln. Für preisgünstige Inlandstarife ist Air Europa bekannt (Buchungen über die Reisebüros von Halcón Viajes).

Fahrradmitnahme

Prinzipiell steht der Mitnahme des eigenen Fahrrads von daheim aus im Flugzeug – genauer: bei Flügen mit Iberia – nichts im Wege. **Voraussetzungen** sind, dass man sich frühzeitig mit der Fluggesellschaft oder deren Vertragsbüros in Verbindung setzt, das Rad anmeldet und pro innereuropäischer Strecke ab/bis Deutschland bzw. Österreich und Spanien den Einheitspreis von gegenwärtig 25 € entrichtet. Dieser Preis gilt für die einfache Strecke und nur bei Buchungen direkt in Deutschland oder Österreich. Infos bei den Servicetelefonen von Iberia: 01795 67612 (Österreich) und 01803 000613 (Deutschland).

Für Flüge **zwischen der Schweiz und Spanien** trifft diese Regelung nicht zu. Dort wird der Transport des Drahtesels nach den Übergepäckbestimmungen für die einzelnen Strecken berechnet. Weitere Informationen über Iberia in Zürich.

Räder müssen – den Richtlinien entsprechend – **gut verpackt** zum Flughafen gebracht werden. In der Regel gilt es, die Luft aus den Reifen zu lassen, den Sattel herunterzufahren, den Lenker in Längsrichtung zu verdrehen und die Pedale ab- oder nach innen zu schrauben. Für notwendige Handgriffe am Flughafen empfiehlt es sich, eine kleine Standardausrüstung an Werkzeug im Handgepäck bereitzuhalten. Außerdem sollte man die Luft nicht komplett aus dem Reifen lassen, damit sich der Reifen beim eventuellen Schieben des Fahrrads nicht von der Felge löst.

Rund ums Geld

Mit Stichjahr 2002 ist Spanien Euroland geworden. Auf den 1-, 2- und 5-Cent-Münzen ist die Kathedrale von Santiago de Compostela zu sehen; auf den 10-, 20- und 50-Cent-Münzen *Miguel de Cervantes;* auf den 1- und 2-Euro-Stücken *König Juan Carlos I.*

Für Schweizer besteht der Zwang zum Geldtausch natürlich weiterhin (Wechselkurs Ende November 2002: 1 € =1,47 SFr; 1 SFr = 0,68 €). Banken verdienen kräftig an der Gebühr *(comisión)* mit; Vergleiche lohnen sich.

Banken *(bancos)* haben in der Regel montags bis freitags von 9 Uhr (oder 8.30 Uhr) bis 14 Uhr (oder 13.30 Uhr) geöffnet. Samstags öffnen nicht alle Banken, wenn, dann zwischen 9 Uhr (oder 8.30 Uhr) und 12 Uhr (oder 12.30 Uhr).

Sehr weit verbreitet sind die **Geldautomaten** *(cajeros automáticos)* vieler Banken, die mit Kreditkarten funktionieren und bei denen man mitunter sogar die Bedienungsanweisung auf Deutsch wählen kann. Wer sich für die exakt anfallenden Gebühren interessiert, sollte diese bei seiner Hausbank erfragen. Außerdem sollte man mit Blick auf die Abhebevorgänge an die Geheimzahl denken und dringend darauf achten, dass sich nicht plötzlich dunkle Gesellen mit ins Automatenhäuschen drängen. Manche Geldautomaten funktionieren zwar rund um die Uhr, doch erstens sollte man sich darauf nicht verlassen, und zweitens bietet sich die Benutzung ausschließlich während der Banköffnungszeiten an. Denn dann behebt man ein nicht seltenes Problem schneller: die vom Gerät bei fehlerhafter Eingabe geschluckte Karte.

Kreditkarten

Die bekannten internationalen Kreditkarten (Eurocard/Mastercard, Visa, Diner's Club, American Express etc.) werden fast überall akzeptiert. Konkret heißt das: in größeren Hotels und Supermärkten, in Restaurants, Geschäften, Banken, Tankstellen, Autobahn-Mautstationen usw. Bei vielen Autoverleihern geht ohne Kreditkarten-Garantie ohnehin nichts, weshalb die Mitnahme dieses Plastikgelds jedem anzuraten ist. Mitunter werden bei der Bezahlung mit Kreditkarte Pass oder Personalausweis verlangt.

Reisekosten

Eins vorweg: Spanien ist **kein Billigreiseland,** die Lebenshaltungskosten sind in den zurückliegenden Jahren kräftig gestiegen und haben mit dem „Teuro-Euro" zusätzlichen Auftrieb erhalten. Dabei gilt, dass der Norden Spaniens teurer ist als der Süden.

Dienstleistungen jedweder Art stehen generell auf niedrigerem Preisniveau. Allerdings gibt es von Region zu Region Unterschiede. Vergleichsweise teuer sind das Baskenland und Navarra, auf mittlerem Niveau bewegen sich Kastilien-León, Asturien und Kantabrien, im unteren Bereich die ländlichen Regionen Galiciens und der Rioja (ansonsten mittleres Niveau).

Gemeinhin sind Übernachtungen, Drinks in Kneipen, Bus- und Bahnfahrten, Kinobesuche sowie Benzin merklich preiswerter als in Deutschland. Bei Restaurantbesuchen, Inlandsflügen, Zeitungen, Büchern und Eintritten muss man gleich viel oder mehr anlegen, Telefonieren zum Beispiel ist teurer. Hinzu kommen Sonderposten wie die Autobahngebühren, die zum Beispiel für eine 180 Kilometer lange Strecke von Pamplona nach Zaragoza gegenwärtig um die 15 € für ein Auto betragen. Selbstversorger bezahlen bei den **Alltagskosten** für Lebensmittel weniger für Brot, Fisch und Obst, etwa gleich viel für Fleisch, H-Milch, Käse und Wurst und mehr für Milchprodukte wie Joghurt und Quark. Preisgünstig isst man vor allem in China-Restaurants.

Preisbeispiele zur Orientierungshilfe

- **Benzin,** 1 Liter normal bleifrei: 82 Cent
- **Bier,** frisch gezapftes 0,2-Liter-Glas in der Bar: ab ca. 1 Euro
- **Campingplatz,** 1 Zelt, 1 Auto, 2 Personen pro Nacht: ab ca. 11 Euro
- **Cola,** 0,2-Liter-Glas in der Bar: ab ca. 1,20 Euro
- **Diesel,** 1 Liter: 75 Cent
- **Kaffee,** 1 große Tasse in der Bar/ im Restaurant: 75 Cent bis 1,20 Euro
- **Milch,** 1 Liter (H-Milch, fettarm): ab ca. 50 Cent
- **Stangenweißbrot:** 60 Cent
- **Tagesmenü,** werktags zur Mittagszeit im einfachen Restaurant: ab ca. 7 Euro
- **Übernachtung,** einfache Pension, Doppelzimmer pro Nacht ohne Frühstück, Steueraufschlag inbegriffen: ab ca. 25 Euro
- **Übernachtung,** Drei-Sterne-Hotel, Doppelzimmer pro Nacht ohne Frühstück, Steueraufschlag inbegriffen: ab ca. 70 Euro
- **Wein,** Gläschen in der Bar: ab ca. 60 Cent

Studentenausweis und -rabatte

Mit der Vorlage des internationalen Studentenausweises kann man beispielsweise beim **Eintritt zu kulturellen Veranstaltungen** Geld sparen. Hier gibt es – je nach Veranstalter und Art der Veranstaltung – Preisnachlässe bis zur Hälfte. Keinen Studentenrabatt gibt es normalerweise in Museen, Monumenten, Höhlen sowie bei Stierkampf- und Sportveranstaltungen. Ausnahmen bestätigen die Regel.

Für Zug oder Bus gibt es in Spanien keine speziellen Studententarife. Die spanischen **Studentenreisen** (TIVE) bieten allerdings internationale Bahnreisen und Flüge zu ermäßigten Preisen an. Insofern kann es sich für manchen lohnen, ein örtliches TIVE-Büro aufzusuchen. Die Zentrale befindet sich in Madrid (Calle Fernando el Católico 88, Tel. 91 5437412, Fax 91 5440062; geöffnet von Montag bis Freitag 9-14 Uhr); Infos im Internet unter www.comadrid.es, E-Mail: tive.juventud@madrid.org.

Versicherungen

Vor Antritt der Reise ist der Abschluss folgender Versicherungen überlegenswert: **Auslands-Krankenversicherung** (vor allem wegen der freien Arztwahl und des Rücktransportes im absoluten Notfall), **Reisegepäckversicherung** (hier sollte man die genauen Bedingungen sehr intensiv studieren und sich fragen, ob sie auch wirklich einspringt) und **Auslandsschutzbrief** (Hilfe bei Autopannen und/oder Unfällen; Informationen über die Automobilclubs).

Gepäckversicherung

Der Abschluss einer Gepäckversicherung lohnt sich nicht immer. Es gibt viele Einschränkungen, z.B. bezüglich Sonderausstattung (Laptop, Kamera, Sportgeräte etc.). Bei Verlust oder Beschädigung von versichertem Gepäck müssen, abgesehen von einer Bestätigung des entsprechenden Beförderungs- oder Beherbergungsunternehmens, eine genaue Auflistung der fehlenden/beschädigten Gegenstände sowie schlimmstenfalls Kaufquittungen vorgelegt werden.

Krankenversicherung

Keinesfalls sollte der, der über eine gesetzliche Krankenkasse versichert ist, vergessen, sich vor Antritt der Reise den **Auslandskrankenschein** zu besorgen (in Deutschland Formular E-111). Legt man diesen Krankenschein bei den Zentren der spanischen Kranken- und Sozialversicherung *(Seguridad Social)* bzw. in den staatlichen Gesundheitszentren *(centros de salud)* vor, wird man kostenlos behandelt. Allerdings kann man sich den Arzt nicht aussuchen. Die Krankenversicherung steht mitunter allenfalls auf Vierte-Welt-Niveau – die Wartezeiten bei Behandlungen können Monate betragen! Wird man nicht auf Krankenschein behandelt, was recht häufig vorkommt, muss man zunächst bezahlen und sollte sich unbedingt eine detaillierte Rechnung geben lassen. Diese wird dann zwar zum Teil von der Krankenkasse erstattet, doch übernimmt die

Kasse längst nicht alles. So wird beispielsweise Zahnbehandlung oder der extrem teure Rücktransport nicht von der Krankenkasse rückerstattet, wohl aber von einer guten Auslands-Krankenversicherung.

Unverzichtbar ist daher der Abschluss einer **Auslandsreise-Krankenversicherung.** Im Reisebüro können Krankenversicherungen noch bis kurz vor Reiseantritt unkompliziert für unterschiedliche Zeitdauer abgeschlossen werden, meist günstiger sind jedoch die Angebote von Privatversicherern. Hier lohnt es sich, beizeiten Vergleiche anzustellen.

Bei Versicherungsabschluss sollte auf **Vollschutz ohne Summenbegrenzung** geachtet werden. Außerdem ist zu überprüfen, ob ein **Rücktransport** im Falle eines Unfalls oder einer schweren Krankheit übernommen wird, bzw. an welche Bedingungen (z.B. Krankenhausaufenthalt) dieser geknüpft ist. **Automatische Verlängerung** der Versicherung im Krankheitsfall ist ein weiterer wichtiger Punkt. Die Leistungspflicht sollte bei verhinderter Rückreise weiter gelten, andernfalls gehen die enormen Behandlungskosten sofort nach Ablauf zu Lasten des Patienten.

Bei Eintreten eines Notfalles sollte die Versicherungsgesellschaft telefonisch verständigt werden. Ausführliche **Quittungen** (mit Datum, Namen, Bericht über Art und Umfang der Behandlung, Betrag) sind unbedingte Voraussetzung, damit die Auslagen von der Versicherungsgesellschaft erstattet werden.

Sicherungsschein

Jeder, der eine **Pauschalreise** bucht, hat das Recht darauf, sich zu vergewissern, dass sein Reiseveranstalter gegen eine Insolvenz (Pleite) abgesichert ist.

Eine Pauschalreise ist jede Kombination zweier gleichwertiger Reiseleistungen, also beispielsweise bereits die kombinierte Buchung von Flug und Mietwagen.

Spätestens bei der ersten (An-)Zahlung muss der Veranstalter bzw. das Reisebüro dem Kunden deshalb einen **Sicherungsschein** aushändigen. Falls ein Veranstalter, aus welchen Gründen auch immer, diesen Sicherungsschein verweigert, kann man davon ausgehen, dass er gegen eine Insolvenz nicht versichert ist. Das muss kein Grund sein, die Reise nicht zu buchen, es schließt allerdings das Risiko mit ein, bereits bezahlte Reiseleistungen im Pleitefall nicht zu erhalten – beispielsweise den Rückflug ...

Ausrüstung und Reisegepäck

Wie man sein Gepäck zusammenstellt, hängt natürlich ganz von der **Art des Urlaubs,** dem zur Verfügung stehenden Transportmittel, den ausgewählten Zielgebieten und der Jahreszeit ab. Auf alle Fälle gilt, dass in Spaniens Norden kaum etwas so unberechenbar wie das Wetter ist. Für den Strandurlaub im Hochsommer empfiehlt sich – außer Badezeug selbstverständlich – die Mitnahme leichter Baumwollkleidung, doch selbst zu jener Jahreszeit sollten lange Hose, leichter Pullover und leichte Jacke nicht im Gepäck fehlen (vor allem dann, wenn man Exkursionen ins gebirgige Hinterland plant). Außerhalb des Sommers sollte man zu keiner Jahreszeit einen dicken Pullover und einen winddichten Anorak vergessen und sich vor Augen halten, dass einzelne Gebiete in den Pyrenäen Navarras im Winter von Skifahrern genutzt werden. Außerdem ist zu beachten, dass zum Beispiel einfache Pensionen und rustikale Landhäuser nicht immer mit Heizung ausgestattet sind (Landhäuser vielleicht mit Kamin, aber bis der die Räumlichkeiten erwärmt hat, kann es geraume Zeit dauern).

Für **Jakobswegpilger** gehören natürlich Rucksack, Schlafsack, Isomatte, Handtücher, Wasserflasche und Bergschuhe (und zwar keine funkelnagelneuen, sondern zuvor eingelaufene) zur Standardausrüstung. Wanderer und Radfahrer werden morgens im Frühjahr und Herbst für Handschuhe und Mütze dankbar sein. Ebenfalls nicht schlecht für jene, die sich verausgaben, sind Vitamin- bzw. Calcium- und/oder Magnesiumtabletten, die in Spanien schwer und wenn, dann zu recht hohen Preisen zu bekommen sind. Eine gute Anlaufstelle für den Kauf von Vitamintabletten und Markensäften ist die auch aus der Heimat bekannte Handelskette Schlecker.

Für alle – auch für die, die mit dem Auto unterwegs sind, darf ein angemessener **Regenschutz** im Gepäck auf keinen Fall fehlen (weitere Hinweise für Radwanderer finden sich unter „Praktische Reisetipps: Radfahren").

Zur Ausrüstung, nicht nur für Wanderer, sollte gemeinhin eine kleine **Reiseapotheke** mit Verbänden, einem ausreichenden Vorrat an Pflastern zur Behandlung von Blasen, Desinfektionsmittel, Aspirin und Antibiotika gehören (kann man in Spaniens gut sortierten Apotheken natürlich auch nachkaufen, oft preiswerter als daheim). Gute Dienste erweisen auch ein Tagesrucksack (für die kleine Wanderung oder Städtetour zwischendurch), ein Geldgürtel bzw. eine Brusttasche, ein Halstuch (Schutz vor Kälte jeder Art, wozu auch Klimaanlagen gehören), Kopfbedeckung und – für den, der an Vogelbeobachtungen interessiert ist – ein Fernglas. Zu den nützlichen Ausrüstungsgegenständen zählen fernerhin Taschenmesser, Taschenlampe, Sonnenschutzmittel und ein kleines deutsch-spanisches Wörterbuch.

In Spanien sollte man stets gewisse Regeln bei der **Kleiderordnung** beherzigen und das Gepäck ein wenig darauf abstimmen: Unter den Einheimischen wird man kaum jemanden finden, der versuchen würde, Kirchen und Klöster in knappen Shorts, Muskelshirts oder BH-freien Hemdchen mit Spaghettiträgern zu besichtigen. Schließlich ist es nicht nur eine Sache des Respekts, man läuft auch Gefahr, abgewiesen zu werden. Andererseits herrschen gerade am Jakobsweg andere Voraussetzungen. Hier wird sich niemand daran stören, wenn ein ver-

006ns Foto: ad

schwitzter und zünftig daherkommender Pilger in kurzen Hosen und mit Rucksack eine Dorfkirche betritt. Auch in der Kathedrale von Santiago de Compostela sind solche Szenen an der Tagesordnung, aber natürlich die geduldete Ausnahme in Spaniens Gotteshäusern.

Beim **Ausgehvergnügen** sind die Spanier gemeinhin bekannt für Stil und Chic. In Luxusdiskotheken ist es möglich, dass Gäste in Turnschuhen oder kurzen Hosen (dazu zählen auch Bermuda-Shorts) nicht hineingelassen werden.

Radpilger in der Altstadt von Pamplona

Karten

Empfehlenswert sind die **Straßenkarten** des RV-Verlages. Für das Zielgebiet sind zwei RV-Euro-Regionalkarten erforderlich, die jeweils einen Maßstab von 1:300.000 haben: Pyrenäen – Costa Brava (mit Baskenland, Navarra, La Rioja und Aragonien) sowie Spanische Atlantikküste (mit Kantabrien, Asturien, Galicien und den für den Jakobsweg maßgeblichen Teilen von Kastilien-León).

Weitere Karten u.a. herausgegeben vom ADAC, Kümmerly & Frey (Nordwestspanien) und Polyglott (Nordspanien), außerdem sind die neuesten Auflagen von Firestone-Karten (Maßstab 1:200.000) und Michelin-Karten (Maßstab 1:400.000) erhältlich. Unter dem reichhaltigen weiteren Material reichen Karten in Maßstäben von 1:750.000 bis 1:1.000.000 einzig für die grobe Planung aus.

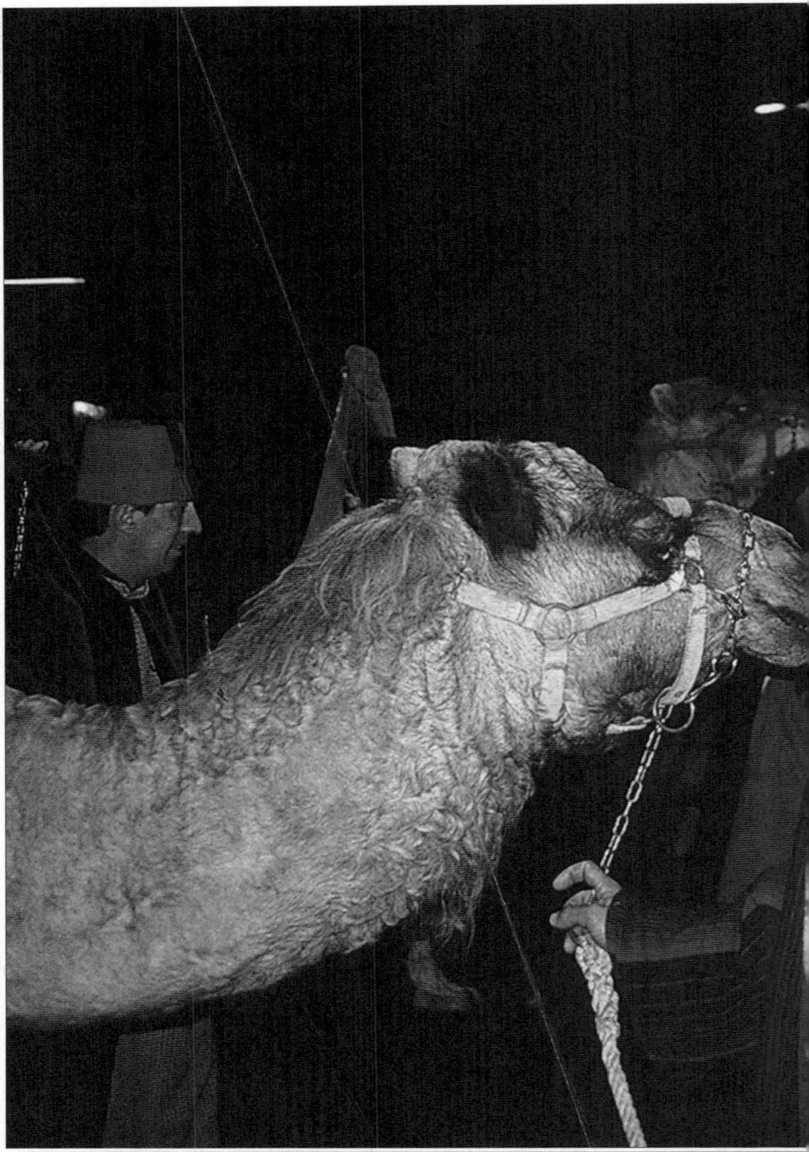

008ns Foto: ad

Praktische Reisetipps A–Z

009ns Foto: ad

010ns Foto: ad

Bei Dreikönigsumzügen sieht man sogar echte Dromedare

Im Frühjahr erblüht die spanische Natur

Rustikaler Türklopfer

Autofahren

Straßennetz

Wer üble Spanien-Klischees aus vergangenen Zeiten in sich trägt, muss sich mittlerweile eines Besseren belehren lassen. Beim **Aus- und Umbau von Straßen** hat sich in den letzten Jahren viel getan in Spaniens Norden. Motivations-, da einkommensfördernd ist natürlich der Tourismus. Generell ist das Straßennetz daher gut ausgebaut, doch gibt es viele gebirgige Gegenden, in denen man naturgemäß nur sehr langsam von der Stelle kommt: ob in den Pyrenäen Navarras, dem kantabrischen, baskischen und asturischen Hinterland oder entlang der galicischen Fjorde.

Während die autobahnähnlichen Schnellstraßen (*autovías*) gebührenfrei sind, muss man bei **Autobahnen** *(autopistas)* uneinheitlich hohe Benutzungsgebühren bezahlen. Zu den teuersten Autobahn-Abschnitten zählen die Strecken Pamplona – Zaragoza und San Sebastián – Bilbao. Die an Autobahnen liegenden Tankstellen haben im Übrigen ganz normale Preise.

Bei der Orientierung vor allem auf kleineren Nebenstraßen, aber gelegentlich auch bei Stadtausfahrten, darf man eine **Beschilderung** nach deutschem Standard nicht erwarten.

Was die **Kennzeichnung der Straßen** betrifft, so sind *autopistas* und *autovías* mit A-Nummern versehen. Bei Landstraßen bedeutet „N" Nationalstraße *(carretera nacional)* und „C" Regional-/Lokalstraße *(carretera comarcal)*. National- und Regionalstraßen tragen Nummern, wobei die „C"-Straßen vorne die Kennbuchstaben der jeweilen Provinz tragen (z.B. NA für Navarra); bei diesen „C"-Straßen wechselt daher die Bezeichnung an der Provinzgrenze.

Verkehrsverhalten

Nein, da helfen keine groß angelegten Aufklärungskampagnen des Verkehrsministeriums, keine blutigen Unfallbilder in den Tagesnachrichten und keine abschreckenden Statistiken mit bis zu 50 Verkehrstoten pro spanischem Wochenende. Es ist wie es ist, daran hat sich nichts geändert: Auf Spaniens Straßen regiert die nackte **Rücksichtslosigkeit,** ganz gleich, ob

Entfernungstabelle (Angaben in km)

	Bilbao						
Burgos	160	**Burgos**					
La Coruña	645	535	**La Coruña**				
León	359	201	334	**León**			
Logroño	153	114	649	317	**Logroño**		
Pamplona	158	204	739	405	89	**Pamplona**	
San Sebastián	120	231	765	435	170	92	**San Sebastián**
Santander	108	157	548	295	226	268	228

bei Überhol- und Kurvenschneidmanövern, dem Nicht-Anhalten an Zebrastreifen, dem Anfahren bei Rot an den Ampeln, dem schier unglaublichen Zuparken in der zweiten Reihe und den rustikalen Ein- und Ausparkmanövern Stoßstange gegen Stoßstange und Blech gegen Blech.

Da auf der Straße fürwahr meist bis zum Anschlag **geparkt** wird, sind solche kleinen Stoßstangen-Kollisionen völlig normal – ein Polizist würde deswegen keinen Notizblock hervorziehen. Wird man in der zweiten Reihe zugeparkt, hilft nur, es den Einheimischen gleichzutun: mit Dauerhupen. Und überhaupt scheint die Hupe wichtiger als die Bremse, auf partnerschaftliches Verhalten im Straßenverkehr darf man nirgendwo bauen.

Autostopp ist im Übrigen nicht verbreitet.

Verkehrsbestimmungen

Hier nur die wichtigsten:

- Es besteht **Anschnallpflicht.**
- Die **Promillegrenze** liegt bei 0,5 ‰
- **Hunde** müssen im Auto angeleint sein.
- Fahrzeuge dürfen nicht privat **abgeschleppt** werden.
- **Handys** dürfen während der Fahrt nicht benutzt werden.
- **Höchstgeschwindigkeiten:**

innerorts	50 km/h
auf Landstraßen	90 km/h
auf zweispurigen Schnellstraßen	100 km/h
	120 km/h (selten)
auf Autobahnen	120 km/h

- Es müssen stets **zwei Warndreiecke** mitgeführt werden.

Panne und Unfall

Pannendienste sind unter der landesweit einheitlichen Telefonnummer 91 5933333 erreichbar, die **Polizei** unter der Telefonnummer 112. Im Falle eines Unfalls mit Blechschaden fragt man bei der Polizei am besten direkt nach der Einheit *„atestados"*, die für die Protokollaufnahme zuständig ist.

Tanken

Die **Preise** für Benzin liegen unter denen in Deutschland, haben in jüngster Zeit allerdings kräftig angezogen. Da Selbstfahrer durch Frankreich müssen, lohnt es sich, in Spanien direkt an der Grenze vollzutanken.

Bleifreies Benzin *(gasolina sin plomo)* gehört an den spanischen Tankstellen mittlerweile zum Standard.

Parken

Wenn auch vieles im Verkehrsgeschehen schief läuft und viele **Falschparker** den Augen des Gesetzes entgehen, so sollte man die Einheimischen nicht nachahmen. Denn: Wenn man einmal erwischt wird, wird es ausgesprochen teuer, vor allem, wenn der Abschleppdienst *(grúa)* anrückt.

Deshalb sollte man beim Parken immer die **Bordsteinmarkierungen** beachten. Gelb bedeutet: Parken verboten. Blau heißt: Parken nur mit Parkschein. Bei diesen blauen Zonen ist die Dauer oft auf zwei Stunden begrenzt, danach muss das Vehikel in Gang gesetzt werden. Mittlerweile muss man in vielen Innenstädten auch auf Anwohnerparkplätze achten.

Wer einen bewachten Parkplatz oder ein **Parkhaus** sucht, sollte auf die blau-weißen „P"-Schilder bzw. auf Hinweistafeln mit der Aufschrift *„parking"* oder *„aparcamiento"* achten. Für betuchtere Reisende lohnt es sich, ein Hotel mit Gästeparkplatz aufzusuchen.

Auto-Aufbrüche

Die Gefahr des Aufbruchs **ausländischer Autos** ist in Spanien leider relativ hoch, Autoradios sind stets begehrtes Diebesgut. Als wichtigste Vorsorgemaßnahme sollte daher nichts Wertvolles sichtbar im Wageninnern liegen; das leere Handschuhfach offen lassen!

Sollte die Scheibe des Fahrzeugs eingeschlagen oder eine Tür nicht mehr verschließbar sein, fragt man nach der nächstgelegenen **Werkstatt** *(taller)*.

Mietwagen

Im Vergleich zum südlichen Spanien, den Balearen oder den Kanaren sind Nachfrage und Angebot bezüglich Leihwagen im Zielgebiet nicht allzu hoch. Allerdings findet man direkt an den wichtigsten Flughäfen Bilbao und Santiago de Compostela einige international bekannte **Verleiher.** Natürlich kann man die Autos auch über die deutschen Zentralen der Verleiher vorbestellen Ein preislich moderater Anbieter in Spanien ist Europcar; Internet-Infos mit aktueller Liste aller Vertretungen unter www.europcar.es.

Bei der Fahrzeugmiete reichen der **nationale Führerschein** und Pass oder Personalausweis aus. Zu beachten ist, dass manche Firmen ein Auto nur an jene verleihen, die das 21. – mitunter erst das 23. – Lebensjahr vollendet haben und mindestens ein Jahr lang die gültige Fahrerlaubnis besitzen. Bei der Fahrzeugmiete wird die Geldgarantie über die unverzichtbare **Kreditkarte** abgewickelt.

In Spaniens Norden sind Leihfahrzeuge alles andere als preiswert. Bei einer gängigen internationalen Firma beginnen die **Tagesmietpreise** für die günstigsten Modelle bei rund 45 Euro. In diesem Preis inbegriffen sind unbegrenzte Kilometerzahl, Vollkasko-Versicherung, Diebstahlversicherung für das Auto und 24-Stunden-Pannenservice. Hinzu kommen der 16prozentige Steueraufschlag und – auf Wunsch – die Insassen-Versicherung.

Mietet man bei einer internationalen Firma das günstigste Modell eine **Woche** lang, steigt man bei den selben Konditionen ab etwa 220 Euro ein – Spielraum nach oben offen. Möglich ist, dass man bei einem einzig lokal ansässigen Verleiher günstigere Tarife bekommt, doch sollte man vor Abschluss des Vertrags auf den Umfang der Versicherungsleistungen, die Freikilometer und die mögliche Selbstbeteiligung bei Unfällen achten.

Man sollte auch nach **Wochenendtarifen** fragen, die in der Regel von Freitagnachmittag bis Montagmorgen gelten.

Behinderte unterwegs

Man kann davon ausgehen, dass etwa fünf Prozent aller **Unterkünfte** im Zielgebiet über mindestens ein behindertengerechtes Zimmer und Angebote verfügen. Aufschluss darüber geben normalerweise die bei örtlichen Fremdenverkehrsbüros erhältlichen Hotelbroschüren; der Zugang für Behinderte ist mit dem Rollstuhlsymbol gekennzeichnet.

Auch einige **Campingplätze** bieten vereinzelt behindertengerechte Ausstattung; im jährlich neu aufgelegten Campingführer des Deutschen Camping-Clubs sind bei den beschriebenen Plätzen Nordspaniens die Sanitäreinrichtungen für Körperbehinderte mit dem Rollstuhlsymbol gekennzeichnet. Dazu zählen unter anderem Camping Los Cantiles in Luarca (Asturien), Camping Lizarra in Estella (Navarra), Camping Ciudad de Olite in Olite (Navarra), Camping Josenea in Urdax (Navarra) und Camping Playa Orio in Orio (Baskenland).

Eine gute Adresse für Behinderte ist auch die **Bundesarbeitsgemeinschaft der Clubs Behinderter und ihrer Freunde,** abgekürzt: BAG cbf, Eupener Str. 5, D-55131 Mainz, Tel. (06131) 225514, Fax (06131) 238834. Diese Gemeinschaft sammelt und vermittelt Reiseinformationen für Behinderte; in Publikationen wie „Urlaubsplanung leicht gemacht" findet man Informationen zu speziellen Reiseführern und Broschüren sowie zu Reiseveranstaltern, die Angebote für behinderte Reisende offerieren.

Einkaufen und Mitbringsel

Für viele Selbstversorger sind im Reisealltag **Supermärkte** *(supermercados)* und **Märkte** *(mercados)* die ersten Anlaufstationen. Sowohl dort als auch in den kleinen Gemischtwarengeschäften vieler Altstädte bekommt man alles, was das Herz begehrt: Brot *(pan),* Käse *(queso),* Milch *(leche),* Butter *(mantequilla),* Saft *(zumo),* Wein *(vino),* Joghurt *(yogurt),* Obst *(fruta),* Oliven *(aceitunas)* und Gemüse *(verduras).*

Noch reichhaltiger ist das Angebot in den an den Stadträndern wie Pilze aus dem Boden geschossenen **Großsupermärkten** *(hipermercados),* die überdies werktags durchgehend von 9.30 Uhr (oder 10 Uhr) bis 21.30 Uhr (oder 22 Uhr) geöffnet haben.

Als kundenfreundlich wird man auch empfinden, dass viele **kleine Läden** noch bis spätabends und sonntags öffnen und frisches Brot in den Bäckereien an sieben Tage in der Woche erhältlich ist (sonntags fast ausschließlich nur vormittags).

Souvenirs

Eine mit Südspanien vergleichbare überbordende **Souvenirkultur** mit Keramik-, Leder- und Intarsienarbeiten allerorten findet man im Norden des Landes nicht. Das, was man als Souvenirshops bezeichnen könnte, ist entsprechend dünn gesät.

Nur gelegentlich findet man Holzschnitzereien, Keramik- und Glasbläserarbeiten. Als Mitbringsel bieten sich beispielsweise eine typische **Baskenmütze** *(boina)* oder ein **lederner Weinbeutel** *(bota de vino)* an.

Für weitaus interessanter werden viele jene Mitbringsel halten, die nicht

007ns Foto: ad

Immer ein beliebter Treffpunkt zum Einkaufen: der Markt, hier in Santiago de Compostela

für die Ewigkeit bestimmt sind, kurzum: **„Fressalien" und Alkoholisches.** So wie eine Kiste Wein direkt vom Erzeuger in der Rioja, Galicien oder Navarra, eine Flasche Pacharán (Schlehenlikör auf Anisbasis aus Navarra), eine Flasche Orujo (Tresterbranntwein aus Galicien) oder eine *„tetilla gallega"*, die sich viele kurz vor dem Abflug aus Santiago de Compostela besorgen. Bei der *„tetilla gallega"* handelt es sich um den typisch galicischen und äußerst herzhaften „Brüstchenkäse", dessen Name sich auf seine markante Rundung bezieht.

Unter den Esswaren stehen auch folgende Produkte hoch im Kurs, die man allerdings erst kurz vor der Rückreise kaufen und bald verzehren sollte: ein Stück der typischen, mit Knoblauch und Paprika verfeinerten Hartwurst *(chorizo)* sowie roher, lufttrockneter Schinken *(jamón serrano;* am besten in Scheiben geschnitten und vakuumverpackt (wobei man nach *„envasado al vacío"* fragt). Gut zum Transport geeignet sind die von den Spaniern einzig zur Weihnachts-

und Dreikönigszeit auf den Tisch gebrachten nougat- bzw. karamellähnlichen Platten mit Mandeln oder Haselnüssen *(turrones)* sowie Konserven mit Oliven *(aceitunas)* oder mit Pasteten aus Schweine- oder Entenleber *(patés)*.

Bodegas – Wein kaufen in der Kellerei

Bodegas heißen im hier gemeinten Sinn die spanischen **Weinlager und -keller** (nicht zu verwechseln mit dem selben Wort, das eine urige Weinschänke meint), von denen sich im Zielgebiet die meisten in der Weinregion La Rioja konzentrieren. Doch auch in Navarra, im südlichen Baskenland, im kastilisch-leonesischen Landstrich Bierzo und in Galicien gibt es Weinanbau – und damit Bodegas. Für den Reisenden ist der **Besuch** eines Weinlagers außerordentlich interessant. Man streift – wohlig umnebelt von Rebensaft-Duft – an alten Eichenfässern, riesigen Tanks mit einer Kapazität von mehreren zehntausend Litern sowie den Flaschenabfüllanlagen vorbei. Inwieweit Blicke hinter die Kulissen in Form von geführten Besuchen sowie Weinproben möglich sind, liegt natürlich an den jeweiligen Bodega-Verantwortlichen.

Telefonische Voranmeldungen können wegen der Verständigungsprobleme und der Fragen der Kompetenz äußerst kompliziert sein, so dass Einzelreisende ihre Hoffnungen an einen spontanen Besuch knüpfen sollten (Informationen in der Regel über das ortsansässige Touristenbüro). Mitunter klappt es, mitunter nicht – was wiederum am Arbeitsaufkommen und der Willigkeit des Personals liegt. Ein Eintrittsgeld wird für Führungen in der Regel nicht erhoben, aber es macht keinen schlechten Eindruck, später etwas zu kaufen. Angestellten – natürlich nicht unbedingt dem Bodega-Chef selbst – sollte man ein kleines Trinkgeld zukommen lassen. Es versteht sich, dass man deutschsprachige Führungen nicht erwarten darf.

Ein bisschen Bodega-Stimmung liegt natürlich auch in manchen Verkaufsbereichen, die nicht immer strikt vom Lager abgetrennt sind. So kann man sich nebenbei beim Testen und Kaufen etwas umsehen. Direktverkauf von Weinen erkennt man an Schildern, die Aufschriften wie *„Venta directa de vinos“* tragen.

Essen und Trinken

Spanische Essgewohnheiten

Spanien-Neulinge müssen sich – was die Mahlzeiten betrifft – an einen ungewohnten Rhythmus gewöhnen: Eine ausschweifend-herzhafte Frühstückskultur ist unbekannt; Hauptmahlzeit ist das Mittagessen *(comida)*, und Essenszeiten sind gemeinhin mittags zwischen 14 und 16 Uhr und abends ab 21 Uhr. Unter Spaniern ist es nicht ungewöhnlich, das Abendessen *(cena)* auch um 23 Uhr einzunehmen. In spanischen Familien wird sehr viel Zeit auf das Essen verwendet. Hier steht nicht die bloße Nahrungsaufnahme oben-an; das gemeinsame Essen ist zeremonielle Zusammenkunft, gemütliches Beisammensein und Diskussionsforum in einem. Dass man dabei vehement gegen den Lärm des dauerhaft laufenden Fernsehapparates anredet, gehört ebenfalls zum spanischen Alltag. Nach einem guten, üppigen Festessen in Spanien heißt es: *„café, copa, puro"*, also ein Kaffee, ein Gläschen Likör oder Schnaps und eine Zigarre.

Einkehren kann man in Restaurants *(restaurantes),* Cafeterias *(cafeterías;* oft stehen *tapas/pinchos* und warme Gerichte zur Auswahl), Bars *(bares* oder *tabernas),* Gaststätten *(mesones),* Weinschenken *(bodegas)* sowie Traditionsgaststätten am Wege *(ventas).* Häufig stößt man auch auf ein Grillrestaurant *(restaurante asador).*

Frühstück

Was das Frühstück *(desayuno)* betrifft, so bevorzugen die Spanier Toast *(tostada),* ein Croissant *(croisant)* oder ein süßes Brötchen *(bollo).* Selbstverständlich gehört ein Kaffee *(café),* meist Milchkaffee *(café con leche)* dazu. Magenempfindliche müssen sich auf wesentlich stärker gebrannten Kaffee einstellen. Eine Frühstückskultur

In spanischen Restaurants kann man herrlich speisen – Wein gehört immer mit auf den Tisch

011ns Foto: ad

mit herzhafterm Käse und Wurst ist im Alltagsleben nicht bekannt, wobei sich größere, mehrsternige Hotels mit ihren üppigen Büffets natürlich auf die Ansprüche ihrer ausländischen Gäste eingestellt haben.

Tapas und Pinchos

Vor dem Mittagessen (aber natürlich auch abends) nehmen viele gerne ein **Appetithäppchen** in einer Bar zu sich. Andalusien-Reisenden ist jenes faszinierende bunte Allerlei an Häppchen unter dem Namen *tapas* bekannt, in Spaniens Norden nennt man sie auch *pinchos* (baskisch: *pintxos*). Jene *tapas* oder *pinchos* sind ein leibhaftiges Stück Spanien, das sich auf verschiedenartigste Weise in appetitlichen Auslagen ausbreitet (den Hygienevorschriften nach eigentlich geschützt hinter Glas, aber das sieht man alles nicht so eng). Unter den Begriff *„tapas/pinchos"* fallen zum Beispiel ein Schälchen Oliven, ein Rindfleischbällchen, eine gebratene Paprikaschote, eine Mini-Portion an Sardellenfilets in Öl, ein Stückchen Fleisch auf Brot – es ist eine endlos lange Liste, jede Bar offeriert ihre eigenen Spezialitäten. Während man in manchen andalusischen Städten die *tapas* kostenlos zu jedem (alkoholischen) Getränk bekommt, so gilt es im Norden, die Snacks gesondert zu ordern und zu bezahlen. Die Preise hierfür sind in den letzten Jahren stetig gestiegen; heutzutage kann man von 1 Euro pro *tapa* ausgehen.

Woher der Begriff *„tapas"* kommt, ist nicht hinreichend geklärt. Mutmaßlich geht der Brauch, ein Häppchen zum Getränk zu reichen, auf *König Alfonso X el Sabio* („der Weise") und damit ins 13. Jahrhundert zurück. Unter seiner Herrschaft soll angeordnet worden sein, Nahr- und Schmackhaftes zu den Getränken zu reichen, damit man sich nicht sinnlos betrinken möge ...

Preiswert essen: Tagesmenüs und Tellergerichte

Im Reisealltag ist es äußerst günstig, mittags ein Restaurant aufzusuchen und dort ein **Tagesmenü** *(menú del día)* zu bestellen. Der Preis für ein Tagesmenü – inklusive Vorspeise *(primer plato),* Hauptspeise *(segundo plato)* und Nachspeise *(postre)* sowie Wein *(vino),* Brot *(pan)* und Steueraufschlag (IVA) – beginnt bei etwa 7 Euro. Aber Vorsicht: Tagesmenüs dieser Preisklasse gibt es meist nur montags bis freitags, an Wochenenden fallen sie entweder ganz vom Speiseplan oder sind teurer *(menú del día fin de semana).*

Ordern kann man in den Bars auch **Portionen** *(raciones;* zum Beispiel eine Portion Tintenfisch, meist ein kleines Tellergericht ohne Beilage, dafür mit Brot), halbe Portionen *(medias raciones),* **Tellergerichte** *(platos combinados)* und **belegte Brote** *(bocadillos),* wobei unter den belegten Brote jenes mit Kartoffelomelette *(tortilla de patata)* ausgelaugte Wanderer am schnellsten sättigt (man bestellt: *un bocadillo de tortilla).*

Am günstigsten ist es abends, in einem **Chinarestaurant** *(restaurante chino)* zu speisen. Fritten-, Bratwurst- und Gyrosbuden wird man nicht finden. Schnellimbisse sind – sieht man von wenigen McDonald's in größeren Städten ab – so gut wie unbekannt.

Ein Hinweis: Spanier sind Freunde von reichlich Olivenöl, nicht aber von Saucen und üppigen Beilagen.

Restaurants

Welche Güteklasse ein Restaurant hat, lässt sich an der Zahl der Gabeln *(tenedores)* ermessen; die **Gabelkategorien** sind mit der offiziellen Sternewertung für Hotels vergleichbar, aber es gibt maximal nur drei Gabeln.

Wer im Restaurant essen geht, muss ähnlich viel wie daheim anlegen. An dieser Stelle verweisen wir auf die für diesen Reiseführer vorgenommene **preisliche Klassifizierung** der Restaurants **nach Pluszeichen,** wobei diese mit der offiziellen Gabel-Klassifizierung nichts zu tun haben. Dazu gehört der Hinweis, dass die Pluszeichen angesichts der preislichen Schwankungen auf Speisekarten nur als Orientierungshilfen gedacht sind. Natürlich wird man in dem ein oder anderen Restaurant einzelne Gerichte finden, die eine oder gar zwei Kategorien darüber liegen. Hier die drei Preiskategorien der Restaurants, jeweils für ein **Tagesmenü/Tellergericht à la carte:**

- **1 Pluszeichen** (⁺) – unter 12 Euro
- **2 Pluszeichen** (⁺⁺) – 12-24 Euro
- **3 Pluszeichen** (⁺⁺⁺) – über 24 Euro

Regionale Spezialitäten

Natürlich hat jede nordspanische Region ihre eigenen Spezialitäten und kulinarischen Kostbarkeiten zu bieten, wobei häufig die Nähe zum Meer sowie zu Seen und Flüssen den Ausschlag gibt.

Das **Baskenland** gilt als ein besonderes Paradies für Schlemmer und Feinschmecker (natürlich mit dem nötigen Kleingeld). Zu den Spezialitäten im Baskenland zählen zum Beispiel die in ihrer eigenen Tinte und mit reichlich Zwiebeln angerichteten Tintenfische *(chipirones en su tinta)* sowie der mit heißem Öl, Tomaten, Paprika und Knoblauch angerichtete Kabeljau *(bacalao al ajoarriero).* Tunfisch, Kartoffeln, Zwiebeln, Paprika und Tomaten bilden die Zutaten für einen traditionellen Fischeintopf *(marmitako).* Hoch im Kurs stehen auch die dünnen, schwarz-weißen Glasaale *(angulas),* die mit Öl, Knoblauch, Salz und Pfeffer zubereitet oder auch in delikaten Salaten verarbeitet werden. Zu den weiteren typischen Speisen im Baskenland zählen Ochsenschwanz mit Gemüse *(sukalki),* Lauch- und Kartoffelsuppe *(porrusalda)* und ein gesundes Eintopfgericht aus Zucchini, Tomaten und grünem Paprika *(pisto).*

In der Gastronomie von **Navarra** ist die Forelle auf Navarra-Art *(trucha a la navarra)* sehr populär, wobei der Fisch mit einer Scheibe Serrano-Schinken serviert wird. Ebenfalls verbreitet sind Spargel *(espárragos),* gefüllte Paprikaschoten *(pimientos rellenos;* zum Beispiel mit Meeresfrüchten), Gemüseeintopf *(menestra),* Rinderfilet mit Roquefortsauce *(solomillo al roquefort),* Lammfleisch mit pikanter Sauce *(cordero en chilindrón)* und *estofado*

de toro (Stierschmorbraten). Eher als Vorspeisen eignen sich die dünne, gebratene Knoblauch- und Paprikawurst *(chistorra;* baskisch: *txistorra)* sowie die aus Fett, Reis, Eiern, Speck, Petersilie und Safran bestehende gelbe Wurst *(relleno navarro)*. Ein einfaches und sättigendes Gericht sind die gerösteten Brotwürfel *(migas,* bzw. *migas de pastor;* mit Schmalz, Gewürzen und mitunter Wurst- oder Speckstücken).

In **Galicien** kommen viele der Meeresfrüchte von den künstlichen Muschel- und Austernbänken in den Meeresarmen. Besonders beliebt sind die gedämpften Miesmuscheln *(mejillones al vapor)* und die Jakobsmuscheln *(vieiras)*. Eine kulinarische Besonderheit in Galicien ist der Vorderschinken mit Steckrübenblättern *(lacón con grelos)*.

In den **Küstengebieten** zwischen dem Baskenland und Galicien findet man auf den Speisekarten auch häufig Lachs *(salmón)* und Seehecht *(merluza;* in Asturien gerne mit Apfelwein zubereitet). Besonders deftig ist in Asturien der mit Speck und Blutwurst angereicherte Bohneneintopf *(fabada)*. Na-

Breite Fischauswahl für jeden Geldbeutel und jeden Geschmack

Kulinarisches Wörterbuch

Die folgenden Begriffe findet man auf vielen Speisekarten bzw. in vielen Bars als Häppchen. Dieses Wörterbuch versteht sich als Hilfe beim Bestellen oder auch beim Einkaufen, erhebt aber keinen Anspruch auf Vollständigkeit:

aceite – Öl
aceite de oliva – Olivenöl
aceitunas – Oliven
acelga – Mangold
aguardiente – Schnaps, Branntwein
ajo – Knoblauch
albaricoque – Aprikose
albóndigas – Fleischklößchen
alcachofas – Artischocken
ali-oli – Knoblauchmayonnaise
almeja – Venusmuschel
almendras – Mandeln
almendras garrapiñadas – gebrannte Mandeln
alubias – braune Bohnen
anchoa – Sardelle
anguila – Aal
angulas – Glasaale
apio – Sellerie
arroz – Reis
arroz con leche – Milchreis
atún – Tunfisch
avellana – Haselnuss
azúcar – Zucker

bacalao – Kabeljau/Stockfisch
bacón – Speck
banderillas – Spießchen
berberecho – Herzmuschel
berenjenas – Auberginen
besugo – Brasse
bistec – Beefsteak
bizcocho – Rührkuchen
bocadillo – Sandwich
bollo – süßes Brötchen
bonito – Bonito (kleiner Tunfisch)
boquerón – Sardelle
buñuelos – Windbeutel

cabra – Ziege
cacahuetes – Erdnüsse
café – Kaffee
café con leche – Milchkaffee
café descafeinado – koffeinfreier Kaffee
café solo – schwarzer Kaffee
calabacines – Zucchini
calamar – Tintenfisch
caldo – Fleischbrühe
camarones – Shrimps
caña – Bier (frisch gezapft)
cangrejo – Krebs
caracoles – Schnecken
carajillo – schwarzer Kaffee mit einem üppigen Spritzer Likör oder Schnaps
carne – Fleisch
carne asada – Braten
carne picada – Hackfleisch
castañas – Esskastanien
cebolla – Zwiebel
centolla – Seespinne
cerdo – Schwein
cereza – Kirsche
cerveza – (Flaschen-)Bier
chacolí – junger, fruchtiger und leicht säuerlicher Wein
champiñones – Champignons
chipirones – kleine Tintenfische
chirimoya – Zuckerapfel
chorizo – Paprikawurst
chucrut – Sauerkraut
chuleta – Kotelett
churros – Fettkringel
cidra – Apfelwein
ciervo – Hirsch
cigala – Kronenhummer
clarete – Roséwein
claro – Roséwein
cocido – Eintopf
coco – Kokosnuss
codorniz – Wachtel
cogollos – Salatherzen
col de Bruselas – Rosenkohl
coliflor – Blumenkohl
coñac – Cognac
conchas – Muscheln
conejo – Kaninchen
congrio – Meeraal
cordero – Lamm
cortado – Espresso mit einem Schuss Milch

costillas – Rippchen
costillas de cerdo – Schweinsrippchen
cuajada – Schafsmilchjoghurt

d*átil* – Dattel

e*mpanada* – Teigtasche
ensalada – Salat
ensalada mixta – gemischter Salat
ensaladilla rusa – russischer Salat
entremeses – Vorspeisen (oft als kalte Vorspeisenplatte mit Wurst serviert)
entrecot – Filet (Rippenstück)
escalope – Schnitzel
escarola – Endiviensalat
espaguetti – Spaghetti
espárragos – Spargel
espinacas – Spinat
estofado – Fleischeintopf

f*abada* – deftiger Eintopf (verbreitet in Asturien)
faisán – Fasan
fiambre – Aufschnitt
filete – Filet, Rumpsteak (serviert wird auch schon mal Schnitzel)
flan – Creme Caramel
frambuesa – Himbeere
fresa – Erdbeere

g*alletas* – Kekse
gambas – Garnelen
garbanzos – Kichererbsen
gaseosa – weiße Limonade
granada – Granatapfel
guindillas – Pepperoni
guisantes – Erbsen

h*abas* – dicke Bohnen
helado – Eiscreme
hielo – Eiswürfel
hierbas – Kräuter
higado – Leber
higado de cerdo – Schweineleber
higado de pollo – Hähnchenleber
higo – Feige
hojaldre – Blätterteig
huevo – Ei
huevo duro – hart gekochtes Ei
huevo frito – Spiegelei
huevo revuelto – Rührei
huevos de codorniz – Wachteleier

i*nfusión* – Teeaufguss

j*abalí* – Wildschwein
jamón de york – gekochter Schinken
jamón serrano – roher, luftgetrockneter Schinken
jerez – Sherry
judías blancas – weiße Bohnen
judías verdes – grüne Bohnen

l*angosta* – Languste
langostino – Riesengarnele
leche – Milch
lechuga – Blattsalat
lengua – Zunge
lenguado – Seezunge
lentejas – Linsen
licor – Likör
liebre – Hase
limón – Zitrone

m*acarrones* – Makkaroni
macedonia de frutas – Obstsalat
maíz – Mais
mandarina – Mandarine
mantecados – Schmalzgebäck
mantequilla – Butter
manzana – Apfel
margarina – Margarine
mariscos – Meeresfrüchte
mayonesa – Mayonnaise
mazapán – Marzipan
mejillones – Miesmuscheln
melocotón – Pfirsich
melón – Melone (Honigmelone)
menestra – Gemüseeintopf
merluza – Seehecht
mermelada – Marmelade
mero – Riesenzackenbarsch
miel – Honig
moras – Brombeeren
morcilla – Blutwurst

moscatel – Süßwein
mostaza – Senf
mosto – Weinmost

n*aranja* – Orange
nata – Sahne
natillas – Dessertcreme

o*ca* – Gans
orujo – Traubenschnaps (Galicien)
ostras – Austern
oveja – Schaf

p*acharán* – Schlehenlikör (Navarra)
paella – Paella (Reisgericht mit Gemüse, Meeresfrüchten und/oder Fleisch)
pan – Brot
pasas – Rosinen
pastas – Gebäck
patata – Kartoffel
paté – Pastete
pato – Ente
pavo – Truthahn
pechuga de pavo – Truthahnbrust
pechuga de pollo – Hähnchenbrust
pepino – Gurke
pera – Birne
perdiz – Rebhuhn
pescado – Fisch
pez espada – Schwertfisch
picadillo – Hackfleisch
pimienta – Pfeffer
pimientos – Paprikaschoten
piña – Ananas
pinchos – Appetithäppchen
pipas – Sonnenblumenkerne
pistachos – Pistazien
plátano – Banane
pollo – Hähnchen
pomelo – Grapefruit
potaje – Gemüseeintopf
pudín – Pudding
puerros – Porree
pulpo – Oktopus

q*ueso* – Käse
queso de cabra – Ziegenkäse
queso de oveja – Schafskäse
queso fresco – Frischkäse
queso rallado – geriebener Käse

r*ábanos* – Radieschen
rape – Seeteufel
remolacha – Rote Bete
riñones – Nieren
ron – Rum

s*al* – Salz
salchichas – Würstchen
salmón – Lachs
salmonete – Meerbarbe
sandía – Wassermelone
sardina – Sardine
setas – Pilze
solomillo – Filet (Lendenstück)
sopa – Suppe
sorbete – Sorbet

t*apas* – Appetithäppchen/„pinchos“
tarta – Torte
té – Tee
tocino – Speck
tomate – Tomate
toro – Stier
tortilla – Omelette
tortilla de patata – Kartoffelomelette
tostada – Toast
trucha – Forelle
trufa – Trüffel

u*vas* – Weintrauben

v*enado* – Wildbret
vieira – Jakobsmuschel
vinagre – Essig
vino blanco – Weißwein
vino rosado – Roséwein
vino tinto – Rotwein

y*ogurt* – Joghurt

z*anahoria* – Möhre
zumo – Saft

türlich sind gemeinhin auch Pilz-, Schweinefleisch-, Kaninchen-, Enten-, Rebhuhn- und Wildgerichte bekannt.

Bei den **Süßspeisen** findet man auf Nachtischkarten die Creme Caramel *(flan)*, Eis *(helado)*, Schafsmilchjoghurt *(cuajada)*, Obstsalat *(macedonia de frutas;* in der Regel aus der Dose) und Milchreis *(arroz con leche)*.

Soll der Magen geschlossen werden, hat man überall im Norden eine vielfältige Auswahl an herzhaftem **Käse,** wie Schafskäse *(queso de oveja)* und Ziegenkäse *(queso de cabra)*. Die Gegend um Burgos ist für ihren geschmacksneutralen Frischkäse *(queso de Burgos)* und der Bereich um die Picos de Europa für den Blauschimmelkäse *(queso de Cabrales)* bekannt.

Spanien ist für seine süßen Nachspeisen bekannt

013ns Foto: ad

Getränke

„Tomar una copa", „einen trinken gehen" gehört zum spanischen Alltag und bezieht sich in erster Linie auf alkoholische Genüsse und das Ausgehen und Trinken in gemütlicher Gruppe; im Baskenland nennt man es **„txikiteo".**

Da Spanien nun mal einer der weltweit größten Weinproduzenten ist und **Wein** alleine in der Rioja und Navarra eine Anbaufläche von mehr als 70.000 Hektar einnimmt, darf der edle Rebensaft nirgendwo fehlen. Man hat man die Qual der Wahl zwischen Rotwein *(vino tinto)*, Roséwein *(vino rosado, clarete* oder *claro)* und – vor allem in Galicien – Weißwein *(vino blanco)*. Populär ist auch der fruchtige Süßwein *(moscatel)*. Außerdem gibt es einen jungen, fruchtigen und leicht säuerlichen Wein *(chacolí;* baskisch: *txakolí)*. Bestellt man im Restaurant zum Essen einen einfachen Hauswein *(vino de la casa)*, steht man sich preislich gut und in der Regel geschmacklich zufriedenstellend. Bei Menüs ist der Wein meist im Preis inbegriffen.

Bei den hochprozentigeren Getränken sind einige als Spezialitäten hervorzuheben. So beschließt man ein Essen gerne mit einem eisgekühlten, süßen **Schlehenlikör** *(pacharán)* oder einem ebenfalls gut gekühlten, scharfen **Tresterbranntwein** *(orujo)* ab.

Dessen Wirkungen sollte man ebensowenig unterschätzen wie jene des asturischen Nationalgetränks: dem prickelnden, säuerlichen **Apfelwein** *(cidra)*. Wer in einem speziellen Cidra-Restaurant *(cidrería)* essen geht, darf sich in der Regel soviel kostenlos nachschenken (oft in Selbstbedienung) wie man will. Empfehlung des Autors: Bei mehr als drei Gläsern Apfelwein an Aspirin denken!

Eine galicische Spezialität ist die **„queimada“,** bei der Branntwein in einer weißen Porzellanschüssel entflammt wird. Nach Erlöschen der blauen Flammen bleibt eine Flüssigkeit zurück, die erstaunlicherweise sehr kalt ist. Eine arbeitsintensivere Variante ist jene, bei der man Kaffeebohnen, Zitronenscheiben und Maraschinokirschen hinzugibt und flambiert.

Natürlich gibt es in Spanien auch **Bier.** Wer Flaschenbier mag, bestellt eine *„cerveza“;* wer ein frisch vom Fass gezapftes bevorzugt, ordert eine *„caña“*.

Auf ähnliche sprachliche und geschmackliche Feinheiten müssen auch Fans von **Kakao** achten. Bestellt man eine *„chocolate“,* bekommt man eine schwer trinkbare, zähflüssige Kakaomasse. Hier gilt es, das Getränk beim Markennamen zu nennen: *„cola cao“*.

Wasser

Jenes Wasser, das aus spanischen Leitungen sprudelt, ist nach deutschem Ermessen äußerst stark gechlort – das riecht und schmeckt man natürlich auch. Was nicht heißt, dass man es nicht trinken kann. Schließlich können sich Millionen Spanier nicht irren; neben Wein gehört Wasser – und zwar frisch aus der Leitung gezapftes – wie in Frankreich als Begleitgetränk zu den Mahlzeiten.

Ist man bei einer spanischen Familie zu Gast, sollte man es ihr nicht verübeln, wenn man ebenfalls **Leitungswasser** serviert bekommt; viele kennen es nicht anders und schmunzeln über das hierzulande übliche Anschleppen von Mineralwasserkästen.

Bestellt man **Mineralwasser,** sollte man darauf hinweisen, welches: *„con gas“* (mit Kohlensäure; unter Spaniern nicht sehr populär) oder *„sin gas“* (ohne Kohlensäure; der Standard). Es ist kein Problem, in Lebensmittelgeschäften und Supermärkten kohlensäurefreies Wasser zu kaufen. Demhingegen findet man Wasser mit Kohlensäure seltener.

Jakobspilger werden sich wahrscheinlich daran gewöhnen, an den Dorfplätzen den **Brunnen** (meist grün gestrichen) aufzusuchen. Hier strömt herrlich kühles, quellfrisches Trinkwasser hervor – es sei denn, eine Aufschrift besagt *„sin garantía sanitaria“* (ohne Gesundheitsgarantie; auch das kommt vor).

FKK

Das hüllenlose Baden und Sonnenbaden wird in Nordspanien nicht toleriert; „oben ohne“ ist in den letzten Jahren allerdings immer populärer geworden. Als Auswärtiger ist Respekt gegenüber dem Urlaubsland und seinen Bewohnern angebracht, so dass man am Strand beim „Enthüllen“ nicht den Anfang machen sollte.

Fotografieren

Gemeinhin liegen die **Preise** für Foto- und Filmmaterial in Spanien über jenen in Deutschland. Vor allem Filme mit besonders hoher oder niedriger Lichtempfindlichkeit gehen ins Geld. Wesentlich kostspieliger sind auch Farbnegativ- und Diafilmentwicklungen sowie Abzüge (vor allem die Abzüge bei Nachbestellungen). Allerdings können einzelne Artikel günstiger als daheim sein, zum Beispiel Kamerabatterien und vereinzelt Zubehör wie Polarisations- und UV-Filter. Beste Kette dafür ist „Fotoprix“.

Wir empfehlen, einmal die von der Stiftung Warentest mit „sehr gut“ bewerteten Color-Diafilme von **TURA** auszuprobieren; viele der in diesem Buch abgebildeten Fotos sind mit Dia- und Negativfilmen von TURA aufgenommen worden. Infos zu TURA: An Gut Nazareth 20-24, D-52353 Düren, Website: www.tura-film.de, E-Mail: info@tura-film.de, Tel. (02421) 80070.

In vielen Kirchen und Museen ist das **Fotografieren mit Blitzlicht** untersagt; in manchen Museen ist es obligatorisch, seine Kameratasche bei der Aufbewahrung abzugeben. Es kommt auch vor, dass man mit Videokamera oder Fotoapparat besonders willkommen ist – weil an der Kasse zusätzlich zum Eintritt für die **Foto- und Filmerlaubnis** kassiert wird.

Literaturtipp: Demjenigen, der sich ausführlicher mit dem Thema beschäftigen möchte, seien die Bände **„Reisefotografie“** und **„Reisefotografie digital“** ans Herz gelegt; erschienen sind sie in der „Praxis“-Reihe des Reise Know-How Verlags.

Internet

Mittlerweile sind Internetcafés und -läden in zahlreichen Städten verbreitet, sie verschwinden allerdings oft so schnell, wie sie eröffnet wurden. In manchen größeren **Postämtern** hat man neuerdings Internet-Automaten aufgestellt; man zahlt dort ungefähr 50 Cent für 20 Minuten. Internet-Automaten sind auch an einigen Flughäfen zu finden.

Mit Kindern reisen

Von den gesunkenen Geburtenraten im modernen Spanien darf man nicht auf ein kinderunfreundliches Land schließen. Viele Paare können den Nachwuchs mangels staatlicher Unterstützung einfach nicht finanzieren, Kindergeld für Nachwuchs unter drei Jahren gibt es erst seit 2003 (jedoch nur, wenn die Mutter einer Arbeit nachgeht). Doch sind Kinder nach wie vor überall gern gesehen und genießen größere Freiheiten als in vielen anderen Ländern.

Ideale Voraussetzungen für einen Familienurlaub bieten natürlich die **Strände,** wenngleich man sich an der

Atlantikküste auf andere – nämlich: frischere – Wassertemperaturen als beispielsweise zur selben Jahreszeit am Mittelmeer einzustellen hat. Außerdem soll nicht verschwiegen werden, dass man angesichts des zuweilen rauen Wellengangs des Atlantiks immer ein besonderes Auge auf den schwimmenden Nachwuchs haben muss.

Beliebte Anlaufstationen bei den Unterkünften sind **Campingplätze,** von denen viele Pool, Kinderbecken, Tischtennisplatten und Spielgeräte zu bieten haben. Natürlich campen viele auch, um Kosten zu sparen. Eine Alternative dazu können – mit Familienausweis – die Jugendherbergen sein (siehe Unterkunft).

Ein Erlebnis für Kinder sind die Saurierspuren in der Rioja

Für Kinder wird es spezielle **Höhepunkte** auf einer Nordspanienreise geben. Dazu zählen nicht nur alte Burgen mit verwinkelten Gängen (wie im navarresischen Olite und im kastilisch-leonesischen Ponferrada), sondern z.B. auch Höhlen mit prähistorischen Zeichnungen (wie in der asturischen Pindal-Höhle nahe Unquera) und wilde Schluchten, über denen Geier kreisen (wie im navarresischen Lumbier). Nicht zu vergessen die bunten Festumzüge mit Großkopfpuppen und den zweibeinigen, mit Raketen besetzten „Feuerstieren" – starke junge Männer, die mit einem stiergleichen Schulteraufsatz und daran befestigten Feuerwerkskörpern vor allem Jagd auf den Nachwuchs machen (in manchen Gegenden Spaniens sind es echte Stiere). Eine besondere Faszination üben auch das große Aquarium in San Sebastián und der in Kantabrien – südlich von Santander – gelegene Natur- und Wildpark Cabárceno aus, in dem unter anderem Löwen, Büffel und Giraffen leben. Besondere Entdeckungen garantieren auch die Dinosaurierspuren in der Rioja.

Alt und jung zieht auch das neue asturische **Minenmuseum von El Entrego** in seinen Bann, das rund 35 Kilometer südöstlich von Oviedo liegt. Dort rattert der Aufzug in zuckendem Licht hinab in den Schacht, während es aus den Lautsprechern rauscht und heult und zischt. Später geht man mit einem erfahrenen Bergmann durch nachgebaute Stollen – ohne den für die Bergleute eigentlich dazugehörigen Schlamm und Gestank, dafür mit betonierten Wegen und Lärm vom Band. Eindrucksvoll und bedrückend eng bleibt es trotzdem.

Medien

Fernsehen und Radio

Im nationalen **Fernsehprogramm** kann man sich von den beiden staatlichen Sendern TVE 1 und TVE 2 zu den Privatsendern Antena 3 und Tele 5, dem Kabelkanal Canal Plus und den jeweiligen regionalen und lokalen Sendern (wie die baskischen Kanäle ETB-1 und ETB-2) zappen. Darüber hinaus gibt es das gebührenpflichtige Satellitenfernsehen *(Canal Satélite Digital)*. Mit einer Parabolantenne auf dem Dach kann man sich ohne Probleme deutsche Kanäle wie ARD und ZDF ins Haus holen. Bei vielen mehrsternigen Hotels gehört Kabel-/Satellitenfernsehen zum Standard.

Was das spanische **Radio** anbelangt, so haben Radio Nacional de España, Cope und Onda Cero durchschnittlich die meisten Hörer.

In Spanien kann man Sendungen der **Deutschen Welle** empfangen. Die aktuellen Frequenzen gibt es unter www.dwelle.de oder bei folgender Adresse: Raderberggürtel 50, 50968 Köln, Tel. (0221) 3890, Fax 3893000.

Zeitungen

Deutschsprachiges Lesefutter darf man im Norden nicht überall erwarten. Nur selten wird man an Kiosks und in Presseläden **deutsche Zeitungen und Zeitschriften** finden.

Wer des Spanischen mächtig ist oder die Sprache üben will, greift zu einer der landesweit erscheinenden **Tageszeitungen.** Dazu zählen El País, El Mundo, La Razón, La Vanguardia, und die erzkonservative ABC. Die größten Auflagen verbuchen die Tagessportzeitungen AS, Marca und El Mundo Deportivo.

Für den, der sich länger als einen Tag in derselben Stadt aufhält, lohnt sich der Kauf des jeweiligen **Regionalblattes** (das übrigens in vielen Cafés als Service für den Kunden ausliegt). In den Lokalteilen findet man normalerweise aufschlussreiche Informationen zu den aktuellen Flug-, Bus- und Zugverbindungen sowie zum jeweiligen städtischen Kulturprogramm mit Konzerten, Kino und Ausstellungen.

Medizinische Versorgung

Was Medikamente betrifft, sind Sorgen fehl am Platz, denn Spaniens **Apotheken** sind stets gut ausstaffiert. Man erkennt die *farmacias* an Schildern mit grünem Kreuz auf weißem Grund. Dort sind nach Geschäftsschluss auch die jeweiligen Notapotheken aufgeführt. Medikamente sind erheblich preiswerter als in Deutschland. Außerdem dürfen manche Medikamente, die daheim rezeptpflichtig wären, legal abgegeben werden. Apotheken haben gemeinhin zwischen 9 Uhr (oder 9.30 Uhr) und 13.30 Uhr (oder 14 Uhr) sowie von 16.30 Uhr (oder 17 Uhr) bis 20 Uhr (oder 19.30 Uhr) geöffnet.

Für Reisende empfiehlt sich neben dem **Auslandskrankenschein** der Abschluss einer privaten Urlaubs- bzw. **Auslandskrankenversicherung,** die freie Arztwahl ermöglicht und den Rücktransport im Notfall garantiert (s.a. „Vor der Reise: Versicherungen").

Vor Ort besagt die Erfahrung, dass private Ärzte motivierter sind als jene in den Gesundheitszentren. Der Ausbildungsstandard ist im Allgemeinen gut bis sehr gut. Zum Problem kann natürlich die Verständigung werden. Adressen von deutschsprachigen Ärzten vermitteln die diplomatischen Vertretungen.

Bei einem akuten **Notfall** sollte man sich zum nächsten Arzt *(médico)* oder Krankenhaus *(hospital* oder *clínica)* bringen lassen.

Öffnungszeiten

Öffnungszeiten in Spanien sind eine komplizierte Angelegenheit, weil man sich oftmals nach der langen, meist dreistündigen Mittagspause richten muss. Allgemein gilt, dass man sich während dieser spanischen Siesta nichts erhoffen darf. Sämtliche Erledigungen sollten daher zu einer verlässlichen **Kernzeit** abgeschlossen sein: werktags zwischen 9.30 und 13.30 Uhr.

Die Öffnungszeiten der **Behörden** sind in der Regel montags bis freitags zwischen 9 Uhr (auch 8.30 Uhr) und 13.30 Uhr (auch 14 Uhr). Dies gilt auch für viele **Postämter** und **Touristenbüros.** Nachmittags öffnen die Behörden gemeinhin nicht. Ansonsten gibt es hinsichtlich der Nachmittags- und Samstagsöffnungszeiten keine allgemein verlässliche Richtlinie. Bei Postämtern in kleineren Städten kann es vorkommen, dass sie nachmittags schließen, doch samstags vormittags öffnen. Andere Poststellen in größeren Städten öffnen montags bis freitags durchgängig von 8.30 bis 20.30 und samstags 8.30 bis 12.30 Uhr. Bei den Fremdenverkehrsbüros in größeren Städten und touristisch relevanten Orten kann man davon ausgehen, dass sie montags bis freitags auch nachmittags (17-20 Uhr oder 16.30-19.30 Uhr an Wochentagen) sowie samstags vormittags (9.30-13.30 Uhr) öffnen. Zu beachten ist, dass Fremdenverkehrsämter in kleineren Orten während der Wintersaison ganz dichtmachen.

Bei **Museen, Klöstern, Kirchen** und anderen Monumenten ist damit zu rechnen, dass sie sonntags nachmittags (auch an Feiertagen) und montags ganztägig geschlossen bleiben. Üblich sind folgende Öffnungszeiten: dienstags bis samstags 9.30 Uhr (manchmal schon 9 oder erst 10 Uhr) bis 13.30 Uhr (manche auch bis 14.30 Uhr) und nachmittags 16.30 Uhr (manchmal schon 16 oder erst 17 Uhr) bis 19.30 Uhr (variabel, schon mal 19 oder 20 Uhr) sowie sonntags 9.30 Uhr (manchmal schon 9 oder erst 10 Uhr) bis 13.30 Uhr (manche auch bis 14.30 Uhr).

Banken öffnen ausnahmslos vormittags: montags bis freitags von 9 Uhr (oder 8.30 Uhr) bis 14 Uhr (oder 13.30 Uhr). Samstags öffnen die Banken häufig nicht, wenn jedoch, dann von 9 Uhr (oder 8.30 Uhr) bis 12 Uhr (oder 12.30 Uhr).

Für **Geschäfte, Märkte und Supermärkte** gelten folgende Kernöffnungszeiten: montags bis samstags 9.30-13.30 Uhr. An den Nachmittagen öffnen die Geschäfte – samstags allerdings nicht alle – etwa von 16.30 Uhr (oder 17 Uhr) bis 19.30 Uhr (oder 20 Uhr). Montags vormittags kann es vorkommen, dass manche Läden und Marktstände geschlossen bleiben.

Äußerst kundenfreundlich sind natürlich die sieben Vormittage in der Woche geöffneten **Backstuben,** die gelegentlich bis 22 Uhr und auch sonntags geöffneten **Tante-Emma-Läden** sowie die **Großsupermärkte** auf der grünen Wiese, die ihre Kunden montags bis samstags durchgängig von 9.30/10 Uhr bis 21.30/22 Uhr bedienen.

Im Vergleich zwischen **Sommer- und Wintermonaten** kann es überall zu jahreszeitlich bedingten Verschiebungen der Öffnungszeiten kommen. So verlängert man die sommerliche Siesta gerne um eine Stunde, doch bleiben dann zum Beispiel Geschäfte und Museen auch eine Stunde länger geöffnet.

Orientierung in den Städten

Bei der ersten **Einfahrt in eine größere Stadt** orientiert man sich zunächst an den Schildern Richtung Zentrum *(centro ciudad)* oder Altstadt *(casco viejo, casco histórico* oder *casco antiguo)*. Im Mittelpunkt von Ort oder Stadt hat man als Orientierungsmarken meist die Kathedrale oder den großen, zentralen Hauptplatz; ganz in der Nähe befindet sich oft eine Touristeninformation *(oficina de turismo)*. Vielfach bieten die Altstadtviertel auch preiswerte Unterkünfte.

In Städten und Orten – und natürlich auch auf Stadtplänen – unterscheidet man folgende **Begriffe:**

alameda – größere Allee
avenida – größere Straße, meist mehrspurig; abgekürzt: avda. oder av.
barrio – Stadtviertel
calle – Straße; abgekürzt: c/ oder c.\
callejón – Gasse
carretera – Landstraße; abgekürzt: ctra.
circunvalación – Umgehungsstraße
cuesta – Sträßchen oder Gasse mit Gefälle
pasaje – Durchgangsgässchen
paseo – Promenade; abgekürzt: p°
plaza – Platz; abgekürzt: pza. oder pl.
plazuela – kleiner Platz
polígono – Wohnblock oder Satellitenstadt; abgekürzt: pol.; oft gebraucht als *polígono industrial,* Gewerbe- oder Industriegebiet
rúa – Straße
travesía – Querstraße bzw. -gasse; abgekürzt: trav.
urbanización – Wohnviertel oder neuere Villenkolonie; abgekürzt: urb.

Stößt man bei einer Adressenangabe auf das verbreitete Kürzel „s/n", heißt dies schlichtweg: **„sin número",** „oh-

015ns Foto: ad

ne Hausnummer". In dem Fall muss man sich zur Not durchfragen.

Auf den ersten Blick etwas undurchschaubar, aber auf den zweiten recht zuverlässig sind **Adressen im ländlichen Raum,** die wie folgt aussehen können: Hostal Arteixo, Carretera La Coruña-Carballo, km 4. Dies heißt: Das Hostal Arteixo liegt an der Landstraße La Coruña-Carballo bei Kilometerstein Nummer 4.

Kompliziert wird es auch oft bei den **Klingelschildern** an Mehrfamilienhäusern, da keine Namen, sondern lediglich Zahlen und Zeichen zu sehen sind. Konkrete Beispiele: 3° derecha (Wohnung dritter Stock rechts) und 1° izquierda (Wohnung erster Stock links). Mit Glück gerät man an ein Haus mit Pförtner, der weiterhilft.

Ungewöhnlich: Klingelschilder mit Nummern statt mit Namen

Pilgern

Pilgerherbergen

Die Übernachtung in Pilgerherbergen ist die **authentischste Art des Reisens.** Komfort und Bedienung - zum Beispiel Frühstücksservice - darf man allerdings nicht erwarten. Mit Glück bekommt man eine Schlafkoje in einem Sechser-Raum, doch mitunter muss man mit einer durchgelegenen Pritsche in einem 50-Leute-Schlafsaal vorlieb nehmen - oder bekommt gar keinen Platz mehr. Dann heißt es: auf zur nächsten Herberge oder mit der Isomatte irgendwo auf den Boden, in den Innenhof oder gar auf Notplätze in der örtlichen Schule oder Sporthalle. Solcherlei Engpässe kommen vor allem - trotz zuweilen drückender Hitze - in den Hochsommermonaten vor, wenn die Spanier Ferien haben. Allerdings sind Juli und August zum Fuß- und Radpilgern ohnehin nicht zu empfehlen, weil sich die baumlosen Hochebenen von Kastilien-León dann in einen regelrechten Glutofen verwandeln können.

Pilgerherbergen sind herrliche **Treffpunkte.** Da kommen Erschöpfte aus aller Herren Länder zusammen, alt und jung, Wanderer und Pedalritter. Man plaudert, kocht, trinkt, schont die geschundenen Füße oder das vom Sattel gebeutelte Gesäß, bettet sich zu klösterlicher Zeit auf eine durchgelegenen Pritsche im Schlafsaal und fühlt sich in der Nacht zu zerschlagen, um den schnarchenden Wallfahrer im Hochbett nebenan zu mäßigen. Am Morgen beginnt, wie in jeder Herberge, die Unruhe ab sechs Uhr. Schließlich ist spätestens Glockenschlag Acht Kehraus.

Pilgerherbergen sind vor Ort relativ **leicht zu finden,** können jedoch unter keinen Umständen in irgendeiner Form reserviert werden. Da sie zumeist unmittelbar am historischen Weg liegen, braucht man nur den dicken gelben Pfeilen an Hauswänden oder auf dem Asphalt bzw. auf Gehwegen zu folgen. Mitunter sind die Herbergen auch als *„albergue de peregrinos“* oder *„refugio“* ausgeschildert. Wanderer haben bei Aufnahme und Bettenvergabe normalerweise Vorrang vor Radlern, motorisierte Pilger werden nicht aufgenommen (zum Thema Jakobsweg per Fahrrad siehe im selben Kapitel unter „Radfahren“).

In den letzten Jahren ist eine ganze Reihe von Pilgerherbergen neu eröffnet worden. In Galicien gibt es traditionsgemäß besonders viele.

Ausstattung der Herbergen

Was die Einrichtung der manchmal Kirchen angeschlossenen Pilgerherbergen betrifft, so können sie vollkommen unterschiedlich sein.

Zumindest verfügen alle über **Toiletten und Dusche,** wobei man zur Sicherheit eigenes Toilettenpapier mitbringen sollte und immer eigene Handtücher dabei haben muss. Heißes Wasser darf man bei den Duschen nicht unbedingt erwarten. Manchmal haben die vorher eingetroffenen Wallfahrer das über Boiler erwärmte Nass schon weggeduscht.

Zum angenehmen Luxus einiger Pilgerherbergen zählen **Küchen** oder Kochnischen. Töpfe, Geschirr und Besteck sind manchmal vorhanden, doch verlassen sollte man sich darauf nicht.

Unterschiedliche **Schlafräume** für Männlein und Weiblein findet man in der Regel nicht. Was man auf jeden Fall mitbringen muss, ist der Schlafsack; Verleih von Bettwäsche gibt es nur in äußersten Ausnahmefällen. Mitunter findet man Waschmaschine und Trockner vor; die Benutzung kostet ca. 2-3 Euro.

Im Normalfall gibt es in den Herbergen **Abstellmöglichkeiten für Fahrräder,** zum Beispiel im Schuppen, Keller oder Innenhof. Hier gilt es trotz des christlichen Umfelds alles leicht Abmontierbare selbst mitzunehmen, ob Luftpumpe oder Kilometerzähler. Solche Abstellräume sind nicht immer abschließbar.

Öffnungszeiten

Häufig öffnen die Verwalter die Herbergen spätnachmittags zwischen 17 und 18 Uhr und schließen die Pforten unweigerlich am Abend um 22 oder 22.30 Uhr. Am Morgen machen sie in der Regel um 6 Uhr auf und schließen um 8 Uhr, um diese Zeit muss man die Herbergen spätestens verlassen.

Wichtig zu wissen ist, dass manche *albergues de peregrinos* nur zwischen Frühjahr und Herbst in Betrieb sind.

Pro Herberge darf man – außer im Krankheitsfall – **nur einmal übernachten.** Am Ziel in Santiago de Compostela darf man drei Nächte in den Herbergen verbringen.

Übernachtungskosten

Was die Übernachtungspreise für Wallfahrer betrifft, so gibt es entweder eine von Herberge zu Herberge unterschiedliche, aber sehr geringe **Festgebühr** (meist im Bereich von 3 bis 6 Euro pro Person), oder aber die Herbergsverantwortlichen erwarten einen **freiwilligen Spendenbeitrag.** Hier sollte man ruhig das entrichten, was andernorts als Fixpreis verlangt wird. Ist eine Herberge von vorneherein gebührenpflichtig, muss man direkt bei der Ankunft bezahlen.

Pilgerausweis

Wer den Jakobsweg zu Fuß oder per Fahrrad angeht, wendet sich im Vorfeld der geplanten Tour am besten an eine der **Jakobusgesellschaften.** Über diese erhält man den für viele wichtigen Pilgerausweis (spanisch: *credencial),* der zur Übernachtung in den Pilgerherbergen *(albergues de peregrinos)* längs des Weges berechtigt. Ohne Pilgerausweis geht dort definitiv nichts, wobei man natürlich auch ohne Ausweis den Weg erkunden und in Hotels, Pensionen oder auf Campingplätzen übernachten kann.

- Original-Pilgerausweise beantragt man in Deutschland beispielsweise bei der **Fränkischen Sankt-Jakobusgesellschaft** (Haus Hirsch, Heinrich-von-Bibra-Str. 17, D-97769 Bad Brückenau; schriftliche Anfragen, Tel. (09741) 3376), die als Ausgleich für Ausweis und Porto auf einen Spendenbeitrag angewiesen ist. Freundlich und zuverlässig. Pilgerausweise kosten 5 Euro.
- Pilgerausweise auch bei der **Sankt-Jakobusbruderschaft Düsseldorf** (Rathausstraße 29, D-42659 Solingen; nur schriftliche Anfragen, Rückporto beilegen). Pilgerausweise gegen 5 Euro, für Mitglieder kostenfrei. Tel. (0212) 815747.
- Weitere Informationen bei der **Deutschen Sankt-Jakobus-Gesellschaft** (Harscampstr. 20, D-52062 Aachen, Tel. (0241) 4790127, Fax (0241) 4790222). Leider recht unzuverlässig bei Anfragen.

Pilgerurkunde

Jeder Wanderer und Radler lässt sich in den Herbergen – und auch sonst in Kirchen und Klöstern – seinen Pilgerausweis stempeln. Wer nachweislich mindestens die letzten 100 Kilometer bis Santiago de Compostela zu Fuß oder die letzten 200 Kilometer mit dem Rad zurückgelegt hat, darf sich im **Pilgerbüro in Santiago de Compostela** (Casa do Deán, Ecke Rúa do Vilar/Rúa de Xelmírez) seine persönliche Pilgerurkunde *(compostela,* auch: *compostelana)* ausstellen lassen. Wer den Nachweis dieses letzten Streckenabschnitts nicht erbringt (auch wenn er zuvor 500 Kilometer marschiert oder geradelt ist), bekommt keine Compostela!

Post

Vorab: die Post *(correo)* hat nichts mit Telefonieren zu tun. Hier ist man wirklich nur für Briefe, Päckchen und Pakete zuständig. In manchen größeren Postämtern sieht man neuerdings Internet-Automaten; der Fixpreis für 20 Minuten liegt bei 50 Cent.

Wer nur gewöhnliche Briefe *(cartas)* und Postkarten *(postales)* zu frankieren hat, erspart sich die Warteschlange im

016ns Foto: ad

Postamt und kauft die **Briefmarken** *(sellos)* am besten im Tabakladen *(estanco;* zu erkennen an den rotbraunen Schildern mit der gelben Aufschrift *„Tabacos")*. Seine Korrespondenz wirft man direkt beim Postamt (am sichersten) oder in gelben Briefkästen ein (auf Leerungszeiten achten!).

Hat man komplizierte Sendungen auszuwiegen oder gibt Einschreibebriefe *(cartas certificadas)*, Päckchen und Pakete *(paquetes)* oder Eilbriefe *(cartas urgentes)* auf, muss man gezwungenermaßen das **Postamt** aufsuchen.

Postsendungen von Deutschland nach Nordspanien und umgekehrt sind im Regelfall zwischen drei Tagen und einer Woche unterwegs. Nach des Autors leidvoller Erfahrung gehen immer noch Briefe und Päckchen auf dem Postweg unter! Also: Keine „verdächtig wertvollen" Einlagen!

Gemeinhin verfügt das jeweilige Hauptpostamt *(oficina central de correos)* über einen Schalter für **Postlager-Sendungen** *(lista de correos);* hierhin kann man sich Post senden lassen. Folgendes Vorgehen: Name (deutlich lesbar und nach Möglichkeit ohne den Vornamen oder Herr-Frau-Anrede), *lista de correos, oficina central de correos,* Stadt, Spanien. Beim Abholen legt man Pass oder Ausweis vor.

Das **Porto** für Postkarten und bis zu 20 Gramm schwere Standardbriefe nach Deutschland, Österreich und in die Schweiz ist gleich.

Zu den uneinheitlich gehandhabten **Öffnungszeiten** der Postämter siehe „Öffnungszeiten".

Radfahren

Spaniens Norden ist nicht nur ein reiches kulturelles, sondern auch ein sportliches Betätigungsfeld. Auf dem historischen Jakobsweg finden Radler natürlich eine ideale Kombination von Kultur, Sport und Natur vor. Ansonsten gehört Radfahren nicht unbedingt zum spanischen Alltag im Sinne eines städtischen Fortbewegungsmittels, doch als Sportgerät steht es seit den Zeiten von *Miguel Induráin* und *Abraham Olano,* dem Spanien-Rundfahrt-Sieger von 1998 und Olympia-Vierten 2000, im Aufwind; vor allem Mountainbiken liegt im Trend.

Post gehört an dieser Stelle hier hinein: ins Löwenmaul

Viele herrliche und natürlich auch schweißtreibende **Strecken** und Nebenstraßen gibt es in den Pyrenäen und rund um die Picos de Europa. Eine besonders beliebte und eisenharte Strecke in Asturien ist die Auffahrt von Cangas de Onís nach Covadonga und weiter zu den Hochgebirgsseen Enol und Ercina. Für normal ambitionierte Radler bieten sich die Strecken entlang der galicischen Fjorde in der äußersten Nordwestecke der Iberischen Halbinsel an. Herrliche Radelgebiete sind auch das Hinterland von Asturien, Kantabrien und dem Baskenland sowie Teile der Rioja und von Navarra.

Fahrradwege gibt es so gut wie keine, weder in Städten (Ausnahme: La Coruña) noch auf dem Land (Ausnahme: die kombinierten Radel-Fußwege für Jakobspilger in einigen Gebieten von Kastilien-León).

Seit jüngster Zeit besteht für Radfahrer außerhalb von geschlossenen Ortschaften **Helmpflicht.** Bei Dunkelheit muss reflektierende Kleidung getragen werden. Die **Novellierung der spanischen Straßenverkehrsordnung** hat unter Radlern Proteststürme entfacht. Dieser zufolge gilt die Regelung „rechts vor links" nicht mehr für Radfahrer, womit ihnen explizit der Vorrang genommen wird – besonders heikel z.B. im Kreisverkehr. Darüber hinaus gilt offizielles Radfahrverbot auf Schnell- und mehrspurigen Landstraßen.

Wegen der großen Zahl an Sehenswürdigkeiten und interessanten Landschaften sowie der hervorragenden Infrastruktur in Gestalt von Übernachtungsmöglichkeiten (Pilgerherbergen) bietet sich der **Jakobsweg** für eine Radwanderung an. Allerdings soll nicht verschwiegen werden, dass manche Strecken auf Nationalstraßen alles andere als begeisternd sind und man gemeinhin besondere Rücksichtnahme auf Fahrradfahrer nicht erwarten darf. An anderen Stellen wird man dafür mit einsamen Passagen über herrliche Nebenstrecken entschädigt. Auf dem Jakobsweg kann man den als Wanderroute ausgewiesenen Weg sowie die Straße kombinieren, wobei sich das Gros der Radwanderer überwiegend auf der Straße fortbewegen wird. Mitunter ist der Pilgerweg einfach zu schmal für Räder mit Packtaschen, und manche Passagen sind nach Regengüssen hoffnungslos aufgeweicht.

Wer den Jakobsweg mit dem eigenen Fahrrad angeht, sollte auf jeden Fall ein **tourentaugliches Fahrrad** benutzen. Ideal sind Trekking- bzw. Tourenräder; auch Mountainbikes sind in Ordnung, sofern sie nicht allzuviel Gewicht auf die Waage bringen. In Anbetracht der häufig auftretenden Steigungen sind schwere Hollandräder nicht geeignet. Und wer eine Reise mit seinem herkömmlichen, alten Drei-Gang-Rad plant, wird seinen Drahtesel auf irgendeinem der Anstiege mit Sicherheit verfluchen; bessere Dienste leistet eine Gangschaltung mit sechs bis sieben, besser noch mit zehn oder mehr Gängen. Auch wenn man nicht vorhat, sich auf dem Jakobsweg fortzubewegen, sollte man in Anbetracht der mitunter ruppigen spanischen

Straßenbeläge nicht allzu schmale Reifen auswählen.

Noch ein paar Tipps zur **Ausrüstung:** Vor Antritt der Reise sollte man unbedingt die Bremsen checken, die Stabilität von Felgen und Speichen prüfen und einen soliden Gepäckträger auswählen. Ebenso wichtig: die Packtaschen, die gut verarbeitet, wasserdicht und vor allem praktisch handhabbar sein müssen, und zwar ohne daß man sich beim Verbinden und Verknoten von einem halben Dutzend Riemen und Schlaufen in schöner Regelmäßigkeit verrenkt. Bei all dem sollte man ruhig etwas mehr Geld investieren und Nähte und Material detailliert prüfen, um sich Ärger auf der späteren Tour zu sparen. Da in Spaniens grünem Norden immer wieder mit Regengüssen zu rechnen ist, verzichten viele nicht auf Schutzbleche oder bringen sogar zusätzlich am vorderen Schutzblech zum Schutz von Kette und Füßen einen Schmutzfänger an. Nicht vergessen sollte man gute Fahrradschlösser (im Idealfall drei), mit denen man nicht nur Rahmen und Räder, sondern auch den Sattel sichert, denn Diebe lauern überall auf der Welt. Gerne mitgenommen werden im Übrigen Kilometerzähler, die man bei jedem noch so kurzen Halt immer abmontieren sollte. Das gilt auch dann, wenn man sein Rad an oder in den Pilgerherbergen abstellt.

Mit ins Gepäck gehören natürlich auch zwei gut gepolsterte Radlerhosen (manche bevorzugen für sich und ihr Gesäß hingegen einen Gelsattelüberzug), Kartenmaterial, Fahrradhandschuhe, Regenschutz, Sonnenbrille, Kappe, Trinkflasche mit Halterung sowie – für Landkarten und Handgepäck – eine wasserfeste Lenkertasche. Reflektoren sowie ein batteriebetriebenes Rückblinklicht für Fahrten in der Dämmerung dienen der größeren Sicherheit.

Auch wenn man in Spanien immer wieder auf Fahrrad-Reparaturwerkstätten *(taller de bicicletas)* stößt, so sollte man doch eine **Basisaustattung für Reparaturen** von daheim mitbringen. Dazu gehören im Idealfall: Flickzeug, Ersatzschlauch, Luftpumpe, Taschenmesser, Bremsschuhe mit Bremsgummis, Brems- und Schaltzüge, Kettenglieder, Nähmaschinenöl oder Kettenfließfett, Ersatzspeichen und Werkzeug wie einen mittelgroßen Schraubendreher, einen Zahnkranzabzieher (bei Mehrfachfreilaufzahnkranz) und – je nach Fahrradtyp – Maul-, Ring- oder Inbusschlüssel.

Routenvorschläge

Da sich das Buch an den zwei Hauptrouten Jakobsweg und Atlantikküste orientiert, werden die vorgeschlagenen Galicien-Rundtouren und kleinen Touren durch Baskenland, Navarra und die Rioja nicht in diesem Verlauf beschrieben; sie können jedoch anhand der Ortsbeschreibungen problemlos selbst zusammengestellt werden.

Der Jakobsweg: Felderlandschaft zwischen Burguete und Pamplona

Der Jakobsweg

Die **klassische Reiseroute** ergibt sich ganz selbstverständlich aus dem Zusammenhang von Geschichte, Sehenswürdigkeiten und Erlebniswert: der Jakobsweg von den Pyrenäen bis Santiago de Compostela. Dabei kann man die weit über 700 Kilometer vom Pyrenäenpass Ibañeta bei Roncesvalles bis nach Santiago auf vielfältige Weisen angehen: zu Fuß auf ausgeschilderten Wegen, mit dem Rad (überwiegend auf der Landstraße, in Kastilien-León auch gute, längere Passagen über Pfade mit Feldwegcharakter) und natürlich mit Motorrad, Auto, Campervan etc.

Wenngleich sich vielerorts die Besitzverhältnisse geändert haben und

017ns Foto: ad

der Jakobsweg nicht exakt deckungsgleich mit dem historischen Pfad ist, so ist die Route mit ihrem immensen kunsthistorischen Reichtum seit dem Mittelalter dieselbe geblieben. Dabei hält man sich ab Roncesvalles auf folgender **Strecke:**

Pamplona – Puente la Reina – Estella – Einfahrt La Rioja – Logroño – Nájera – Santo Domingo de la Calzada – Einfahrt Kastilien und León – Burgos – Castrojeriz – Frómista – Carrión de los Condes – Sahagún – León – Astorga – Ponferrada – Villafranca del Bierzo – Einfahrt Galicien – O Cebreiro – Sarria – Arzúa – Santiago de Compostela.

Für Wanderer sind in der galicischen Hauptstadt die Zeiten der vorbildlich ausgeschilderten Pfade und der angenehmen Pilgerherbergen vorbei. Per Flugzeug, Bus oder Bahn gelangt man zurück in die Heimat.

Die Atlantikküste von der französischen Grenze bis Galicien

Für **Autofahrer** eignet sich die Fahrt von der französisch-spanischen Grenze bei Hendaye/Irún an der Atlantikküste entlang bis Galicien, wo man in Ribadeo an die hier vorgeschlagene Galicienrundtour anknüpfen kann. Wunderschöne hügelbeflankte Küstenstreifen und herrlich einsam gelegene Strände wechseln sich ab mit – wie wir nicht verschweigen dürfen – so manch industriellem Schandfleck, vor allem im Baskenland und rund um das asturische Städtchen Avilés.

Radfahrern mag man die Küstenroute nicht unbedingt ans Herz legen, denn immer wieder gibt es gefährliche, vielbefahrene Verbindungsachsen, die einem das Leben auf Spaniens Straßen schwer machen können. Außerdem bereitet die Fahrt in und um die industrielle Großstadt Bilbao nicht gerade die größte Freude. Eine Alternativie für den, der es trotzdem per Bike wagt, ist, manche Strecken mit Nahverkehrszügen zu überbrücken.

Von der französisch-spanischen Grenze aus sind es auf mehr oder minder geradem Weg rund 600 km Richtung Westen durch das Baskenland, Kantabrien und Asturien bis zum Meeresarm *(Ria)* von Ribadeo, der den natürlichen Übergang nach Galicien markiert. Je weiter westlich man fährt, desto geringer wird – von einzelnen Ausnahmen abgesehen – die Besiedlung. Die **Hauptstrecke** verläuft wie folgt:

Irún – San Sebastián – Zarautz – Bilbao – Santander – Santillana del Mar – San Vicente de la Barquera – Unquera – Llanes – Ribadesella – Villaviciosa – Gijón – Avilés – Cudillero – Luarca – Navia – Tapia de Casariego – Ribadeo.

Abstecher ins Hinterland: kantabrische Berge und Oviedo

Interessant sind die von der Küstenroute abgehenden vielfältigen Abstecher zwischendurch, wobei sich natürlich das individuelle Kilometerpensum erhöht. Es gibt zwei sehr schöne Um- und Rundwege.

Der erste Abstecher führt südwestlich von Unquera in die atemberaubenden kantabrischen Berglandschaften über Panes und Las Arenas de Cabrales nach Cangas de Onís. Von Cangas de Onís bietet sich ein Abstecher mitten hinein in den Nationalpark **Picos de Europa** an, genauer gesagt: die Auffahrt zum Heiligtum von Covadonga und weiter zu den Hochgebirgsseen Ercina und Enol. Von Cangas de Onís kann man später die Fahrt über Arriondas nach Ribadasella fortsetzen, um dort wieder auf die Küstenroute zu treffen. Ein tieferer Abstecher in die Picos de Europa führt nach Fuente Dé.

Einen weiteren Abstecher kann man ab Gijón einschieben. Er führt in die stilvolle asturische Stadt **Oviedo** und zu den umliegenden präromanischen Kirchen, die von der Unesco zum Kulturerbe der Menschheit erklärt worden sind.

Galicien-Rundtouren ab Santiago de Compostela

Santiago de Compostela ist ein idealer Ausgangspunkt zu Erkundungen von Küstenlandstrichen, die zu den schönsten in ganz Spanien zählen: rund um die oberen Meeresarme Galiciens. Auch Fahrradfahrer finden hier herrliche Gebiete vor, sollten jedoch – nicht zuletzt aus Gründen der Verkehrssicherheit – außerhalb der sommerlichen Hochsaison kommen. Außerdem müssen sie sich auf ein ständiges Auf und Ab im Küstenhinterland einstellen, doch: die (Tor-)Tour ist ein unvergessliches Erlebnis und wird mit Eindrücken von heimeligen Fischerdörfern, Stränden und grünen Buchten belohnt. Ob mit dem Rad oder einem motorisierten Untersatz – ideal auch für Leihwagenfahrer – kann man eine kleine und eine große Galicien-Rundfahrt problemlos ab Santiago de Compostela starten und dorthin zurückkehren.

Eine kürzere, rund 350 km lange Rundtour durch den **westlichen Teil Galiciens** nimmt folgenden Verlauf:

Santiago de Compostela – Noia – Muros – Carnota – Corcubión – Kap Fisterra (auch Finisterre) – Muxía – Laxe – Malpica – Carballo – La Coruña – Santiago de Compostela.

Eine längere, rund 700 km umfassende **Galicien-Rundtour** verläuft zunächst wie die oben beschriebene, schließt jedoch ab La Coruña den östlichen Teil Galiciens ein:

Santiago de Compostela – Noia – Muros – Carnota – Corcubión – Kap Fisterra – Muxía – Laxe – Malpica – Carballo – La Coruña – Pontedeume – Ferrol – Cedeira – Ortigueira – O Barqueiro – Viveiro – Foz – Ribadeo – A Pontenova – Lugo – Palas de Rei – Melide – Arzúa – Santiago de Compostela (die letzten knapp 90 km decken sich mit dem in diesem Bereich vergleichsweise unspektakulären Jakobsweg).

Kleine Touren im südlichen Baskenland, in Navarra und der Rioja

Es ist kein Problem, sich von der französisch-spanischen Grenze bei Hendaye/Irún direkt ins gebirgige Hinterland zu schlagen und dem Atlantik die kalte Schulter zu zeigen. Über Vera de Bidasoa gelangt man in die von der

Küste rund 90 km entfernte, fiestafreudige Stadt **Pamplona.** Von der Hauptstadt Navarras aus bietet sich die Anknüpfung an den Jakobsweg an. Doch auch andere Optionen sind möglich.

So führt eine Tour in die nordöstlich und östlich gelegenen **Pyrenäentäler** von Aézcoa, Salazar und Roncal.

Eine weitere Tour führt in den von Halbwüstengebieten geprägten Süden Navarras und nach **Tudela,** von wo aus man entweder einen Abstecher in die südöstlich gelegene aragonesische Hauptstadt **Zaragoza** einlegen kann oder die Fahrt in Richtung Nordwesten in die Rioja fortsetzt.

Dort gelangt man über Calahorra in die riojanische Hauptstadt Logroño, in der man einen erneuten Anknüpfungspunkt an den Jakobsweg findet. Von Logroño wiederum kann man durch die weiten Weinanbaugebiete in nordwestlicher Richtung nach **Haro** fahren, weiter in die überraschend stilvolle baskische Hauptstadt **Vitoria** und von dort aus die Tour gen Norden nach Bilbao fortsetzen. In Bilbao wiederum bindet man an die Küstenroute an.

Sicherheit

Vorsicht vor Diebstahl ist vor allem bei **Autos mit ausländischen Kennzeichen** geboten. Nicht, dass man das ganze Fahrzeug stehlen wollte, nein, das wäre zu auffällig. Dunkle Gesellen brechen es auf der Suche nach Radios und weiteren Wertgegenständen lediglich auf. Leider betrachtet der spanische Staat dies als harmloses Bagatelldelikt. Mit dem Erfolg, dass die Autoknacker nach höchstens einer Nacht im Gefängnis und ohne den Schaden zu bezahlen (da oftmals zahlungsunfähig) am Tag darauf wieder zuschlagen können.

Der hohen Aufbruchgefahr kann man nur **vorbeugen,** indem man nichts – aber auch wirklich gar nichts – sichtbar im Wageninnern liegen lässt. Nicht einmal Kaugummis, Sonnenbrille, Stadtplan oder – halbwegs versteckt unter einem Sitz – Verbandskasten und die in Spanien vorgeschriebenen zwei Warndreiecke. Alles gehört in den Kofferraum oder direkt ins Hotel oder die Pension. Und bei Stadtbesuchen auf der Durchreise sollte man nicht am falschen Ende sparen: Dort sollte man nach Möglichkeit das Auto im Parkhaus abstellen. Wertsachen muss man stets mitnehmen, Radios möglichst immer ausbauen (auch in Parkhäusern).

Sieht man einmal vom „Problemfall Auto" ab, liegt die Diebstahlsquote in etwa so hoch wie daheim. Natürlich gibt es unter vielen Menschen, die zu einem besonderen Anlass irgendwo zusammenströmen – ein Beispiel bildet die Riesenfiesta der Sanfermines im Juli in Pamplona – auch **Taschendiebe.** Insbesondere dann empfiehlt sich, den Diebstählen vorzubeugen, indem man Geldgürtel oder Brusttasche trägt und Wertgegenstände in den Hotel- oder Zimmersafe gibt.

Allgemein bietet es sich an, von allen Dokumenten wie Personalausweis, Führer- und Fahrzeugschein **Fotoko-**

pien anzufertigen und getrennt vom Original aufzubewahren; so kann im Fall des Verlustes rascher Ersatz beschafft werden.

Außerdem sollte man niemals die **Geheimnummer** seiner Kreditkarte für andere nachvollziehbar notieren, dafür aber die Durchwahlnummern der Kreditkartenzentralen, um diese im Fall des Diebstahls sofort sperren zu lassen.

Ist man Opfer eines Diebstahls geworden, ist normalerweise die **städtische Polizei** *(Policía Municipal)* zuständig. Zeigt man den Schaden an, folgt eine lang andauernde Aufnahme des Protokolls, bei der man die Ruhe bewahren sollte und deutschsprachigen Service natürlich nicht erwarten darf (ebensowenig wie ein Spanier in Deutschland spanischsprachige Beamte finden wird). Wenngleich die Aussicht auf Erfolg der Anzeige sehr gering ist, müssen jene, die eine Reisegepäckversicherung abgeschlossen haben, diesen bürokratischen Akt über sich ergehen lassen, denn ohne offizielle Meldung gibt es auch keine Schadenserstattung.

Sport- und Erholungsmöglichkeiten

Wandern

Im **Nationalpark Picos de Europa** gibt es ein breites Betätigungsfeld für Kletterer und Wanderer. Berüchtigt sind die plötzlichen Wetterumschwünge, so dass man bei ausgedehnteren Touren immer Notvorrat und -kleidung dabei haben sollte.

Außer dem durchgängig markierten Jakobsweg sind auch die **Fernwanderwege** *(Senderos de Gran Recorrido,* kurz: GR) populär. So gibt es beispielsweise den rund 180 Kilometer langen Westabschnitt des **GR-11,** der in den Pyrenäen vom navarresischen Isaba bis zum Kap Higuer in Fuenterrabía (baskisch: Hondarribia) verläuft.

Eine andere Route ist der **GR-93,** der über eine Strecke von 140 Kilometern den traditionellen Verbindungspfaden zwischen vielen Dörfern der Rioja folgt und folgenden Verlauf nimmt: Ezcaray – San Millán de la Cogolla – Anguiano – Ortigosa de Cameros – Laguna de Cameros – San Román de Cameros – Munilla – Enciso – Cornago.

Wanderer sollten auf jeden Fall mit detaillierten Karten ausgerüstet sein, da man sich auch bei den Fernwanderwegen auf die rot-weißen Beschilderungen nicht immer verlassen darf.

Wanderkarten erhält man in Deutschland über Spezialbuchhandlungen. Für die spanischen Pyrenäen und den Nationalpark Picos de Europa haben sich die Karten von Editorial Alpina durchgesetzt, die es für alle gängigen Wandergebiete, meist im Maßstab 1:25.000, gibt. Zu der Karte gehört immer auch ein kleines Büchlein, das – allerdings ausschließlich in spanischer Sprache – das jeweilige Gebiet beschreibt und einige Wandertipps parat hält. Darüber hinaus gibt es für das ganze Land Topografische Karten im Maßstab 1:50.000, allerdings recht teuer und nicht immer aktuell.

Radfahren

Siehe eigenes Kapitel.

Baden

Hier eine Übersicht über die beliebtesten **Badestrände** bzw. Ferienorte an der spanischen Atlantikküste von Ost nach West und nach Regionen:

- Im **Baskenland** sind dies Hondarribia, San Sebastián und Zarautz;
- in **Kantabrien** Laredo, Santoña, das Gebiet um das Ajo-Kap, Santander und San Vicente de la Barquera;
- in **Asturien** Llanes, Ribadesella, Luanco sowie kleinere Gebiete zwischen Tapia de Casariego und Ribadeo;
- in **Galicien** Viveiro, Ortiguera, Cedeira, Sada sowie kleinere Gebiete bei Malpica, Laxe, Muxía, Fisterra, Corcubión, Muros und Noia.

Bei **Hotel- und Pensionszimmern** in den Badeorten kann es während der spanischen Hauptferienmonate Juli und August zu Engpässen kommen.

Man sollte außerdem bedenken, dass die **Wassertemperatur** selbst im Hochsommer selten über 20 °C steigt.

Gefahrenpunkte können **Strömungen** und starker **Wellengang** sein (im Zweifelsfall bei den Einheimischen erkundigen).

Reiten und Wassersport

Daneben sind selbstverständlich herkömmliche Sportarten wie **Reiten, Surfen, Tauchen und Segeln** weiterhin verbreitet. Über Gestüte sowie Surf-, Tauch- und Segelschulen informieren die örtlichen Fremdenverkehrsbüros.

Unter **Windsurfern** sind die baskischen Strandgebiete Mundaka, San Sebastián und Sopelana beliebt, unter **Seglern** die Küste Kantabriens um Laredo und Santander sowie der spanisch-französische Grenzraum bei Hondarribia (spanisch: Fuenterrabía; spanische Seite) und Hendaye (französische Seite).

Thermalbäder

Im Zielgebiet liegen kleine Thermalbäder etwa im navarresischen Fitero und in den beiden Rioja-Orten Arnedillo und Cornago. In **Fitero** sind die Einrichtungen diesen ganzjährig geöffneten Thermalhotels angeschlossen.

Im Kurbad von **Arnedillo** steht das ganze Jahr über ein Thermalbecken mit rund 50 °C heißem, natriumchloridhaltigen Wasser zur Verfügung; außerdem gibt es rund 40 Einzelbäder. Die Hauptsaison in Arnedillo erstreckt sich von Anfang Juni bis Mitte Oktober.

Kanu- und Kajakfahren

Sieht man einmal vom traditionellen Badevergnügen in den Küstenregionen ab, dreht sich auch sonst so manches rund ums Wasser. Unter Kanuten und Kajakfahrern steht beispielsweise der asturische **Río Sella** hoch im Kurs. Und das nicht nur, wenn sich am ersten Augustsonntag riesige Massen an der 25 Kilometer langen Kajakregatta von Arriondas bis zur Sella-Mündung bei Ribadesella beteiligen. Verleiher von Material findet man im beliebten Fremdenverkehrsörtchen Cangas de Onís; bei Selbstfahrertouren sind der Verleih von Neoprenanzügen und der Rücktransport ab dem Endpunkt im Regelfall im Preis inbegriffen.

Abenteuersport

Natürlich sind auch die Modesportarten und -wagnisse nicht an Nordspanien vorbeigegangen. In Navarra zum Beispiel gibt es einige Anbieter, die **Bungeejumping** *(puenting)* sowie **Rafting, Höhlentouren** *(espeleología)* und **Canyoning** in den Pyrenäen offerieren.

Wintersport

In den Pyrenäen ist Wintersport möglich. So kann man **Skilanglauf** zwischen Dezember (oder Januar) und März (oder April) in den Höhenlagen der navarresischen Pyrenäen praktizieren. Als Ausgangspunkte dienen die Täler von Roncal und Salazar. In dem von zahlreichen Gipfeln über 2.000 Meter umflankten Tal von Roncal befinden sich die Loipen auf Höhen zwischen 1.000 und 1.700 Metern. Ein besonders guter Startpunkt bei der Anfahrt für Autofahrer ist das Örtchen Isaba, ab dem die Straße C-137 zu den Langlaufarealen Eskilzarra, Bortzuko, El Ferial, Zampori und Pistas de Unión leitet. Auf französischer Seite Richtung Arette (Verlängerung der C -137) ist Ski alpin möglich. Im Tal

Kajakfahren auf dem Río Sella

018ns Foto: ad

von Salazar befinden sich kleinere Loipenareale an den Ausläufern der Sierra de Abodi. Dorthin gelangt man, wenn man vom Örtchen Ochagavía die Straße in Richtung französische Grenze (Larrau) einschlägt. Auf einer Höhe von rund 1.400 Metern liegen die Gebiete rund um Zamukadoia, Cruz de Odaba und Cerrillar.

Ski alpin praktiziert man zum Beispiel im aragonesischen Wintersportareal Candanchú, das bereits nahe der spanisch-französischen Grenze liegt.

Sprache und Verständigung

Wer Kontakt mit den Einheimischen sucht, wird an **Spanisch** nicht vorbeikommen. Englisch wird zwar gelehrt und von vielen auch verstanden, doch ist das Niveau im Vergleich zu Deutschland eher niedrig. Was eine Spanisch-Basis betrifft, so lässt sich mit einem Anfängerkurs an der Volkshochschule bereits ein erster Grundstein legen.

Außer Spanisch *(castellano)* werden im Zielgebiet auch die offiziellen Sprachen **Baskisch** *(euskera)* und **Galicisch** *(gallego)* verwendet. Damit dokumentieren Basken und Galicier ein regionales Bewusst- und Selbstbewusstsein, doch Spanisch ist und bleibt Hauptsprache. Von Ausländern werden natürlich weder Euskera- noch Gallego-Kenntnisse erwartet.

Allerdings sind viele **Schilder** im Baskenland und in Galicien zweisprachig wenn nicht gar nur *euskera* oder *gallego;* dies ist für den Außenstehenden vor allem deswegen so verwirrend, weil auf den Landkarten die althergebrachten spanischen **Ortsnamen** auftauchen. Das Baskenland an sich heißt für seine Bewohner beispielsweise Euskadi und die Nachbarregion Navarra Nafarroa.

An dieser Stelle sei auch auf die Spanisch-Sprachhilfe im Anhang dieses Buches verwiesen. Wer mehr Spanisch lernen möchte, sei auf die bei Reise Know-How erschienenen Kauderwelsch-Sprechführer und den „Reisewortschatz Spanisch" verwiesen:

- **Spanisch – Wort für Wort;** Kauderwelsch Band 16. Spanisch zum Einsteigen und Auffrischen, ermöglicht schnelle Verständigung; Begleitcassette erhältlich.
- **Spanisch Slang;** Kauderwelsch Band 57. Alltags-Spanisch für Fortgeschrittene; Begleitcassette erhältlich.
- Zur Ergänzung: der **Reisewortschatz Spanisch,** ein speziell auf die Bedürfnisse Reisender zugeschnittenes Wörterbuch.

Baskisch

Beim Baskischen handelt es sich um eine nicht-indogermanische Sprache, deren Wurzeln sich im Dunkel der Geschichte verlieren und die keinerlei Verwandtschaft zum Spanischen besitzt (siehe Exkurs). Dies lässt sich alleine an vielen Orts- und Städtenamen aufzeigen: Pamplona ist Iruña (oder Iruñea), San Sebastián Donostia und die Hauptstadt Vitoria heißt Gasteiz. Auch auf rein baskischen Speisekarten und an Marktständen würde man im Falle von Meeresfrüchten mit Spanisch-Vokabeln ratlos dastehen: das baskische *„txirlak"* heißt *„almeja"* (Venusmuschel), *„makailoa"* heißt *„bacaloa"* (Kabeljau), *„bokarta"* heißt *„anchoa"* (Sardelle).

Werden spanische Namen **ins Baskische übernommen,** ist es für den Außenstehenden gelegentlich einfacher, da dies auf bestimmten Regeln beruht.

- So steht das baskische „tx" für das spanische „ch" (zum Beispiel: Etxalar–Echalar),
- das baskische „tz" für das spanische „z" (zum Beispiel: Lantz–Lanz),
- das baskische „e" für das spanische „ue" und das baskische „k" für das spanische „c" (zum Beispiel: Gernika–Guernica).

Auch für **Baskisch** gibt es bei REISE KNOW-HOW einen Kauderwelsch-Sprechführer (Band 140).

Galicisch

Das Galicische ist eine aus dem Vulgärlatein hervorgegangene Sprache, von der sich im Mittelalter das Portugiesische nach Süden ausbreitete. Es

Kleiner Sprachvergleich

deutsch	euskera	gallego	spanisch
eins	bat	un	uno
zwei	bi	dous	dos
drei	hiru	tres	tres
vier	lau	catro	cuatro
fünf	bost	cinco	cinco
sechs	sei	seis	seis
sieben	sazpi	sete	siete
acht	zortzi	oito	ocho
neun	bederatzi	nove	nueve
zehn	hamar	dez	diez
hundert	ehun	cen	cien
tausend	mila	mil	mil
guten Tag	egun on	bos días	buenos días
guten Abend	arratsalde on	boas tardes	buenas tardes
auf Wiedersehen	ikusi arte	hasta logo	hasta luego
ja	bai	sí	sí
nein	ez	non	no
Danke	eskerrik asko	gracias	gracias
vielen Dank	milesker	moitas gracias	muchas gracias
bitte	mesedez	por favor	por favor
Entschuldigung	barka	perdón	perdón
gut	ongi	ben	bien
Eingang	sarrera	entrada	entrada
Ausgang	irteera	saída	salida
Frühstück	goasaria	desaxuno	desayuno
Mittagessen	bazkaria	comida	comida
Abendessen	afaria	cea (oder: ceia)	cena
Kaffee	kafea	café	café
Milchkaffee	kafesnea	café con leite	café con leche
Wasser	ura	auga (oder: agoa)	agua
Wein	ardoa	viño	vino

Euskera – die Sprache der Basken

Es hört sich hart und fremdartig an und kann in Liebesliedern doch äußerst anrührend klingen, dieses Euskera, die Sprache der mutmaßlich ältesten Europäer. Beim Baskischen handelt es sich um eine nicht-indogermanische Sprache, deren Herkunft ebenso ungeklärt ist wie die des baskischen Volkes selbst. Ein Teil des Sprachwortschatzes lässt sich mit dem Kaukasischen in Verbindung bringen, ohne dass eine nähere Verwandtschaft erwiesen wäre.

Euskera wird heute beiderseits der Pyrenäen in den historischen Provinzen von Euskadi, dem Baskenland, von etwa 700.000 Menschen benutzt, gekannt, bzw. aktiv gesprochen: auf spanischer Seite in den Provinzen Vizcaya, Guipúzcoa, Alava und der Autonomen Gemeinschaft Navarra, auf französischer Seite in den zum Département Pyrenées-Atlantiques zählenden Landschaften Soule, Labourd und Basse-Navarre. Als Euskaldunak bezeichnen sich die Basken in ihrer Sprache: als „Menschen, die Euskera reden".

Kleinere baskische Kolonien, die ihre Sprache nicht vergessen haben, gibt es darüber hinaus in Argentinien und Uruguay.

Die radikaleren unter den Euskera-Sprechern sehen den Gebrauch des Baskischen als Zeichen der regionalen Identität und in bewusster, strikter Abgrenzung zum spanischen Nationalstaat. Andere wiederum – die moderateren – begreifen die Sprache als Teil der Traditionen und des Volksgutes.

Nachdem die Basken und ihre Sprache zu Zeiten der Franco-Diktatur unterdrückt worden waren, wurden in den Jahren 1978 (Verfassung), 1979 (Autonomiestatut) und 1982 (Euskera-Gesetz) die Grundlagen für eine moderne baskische Sprachpolitik geschaffen.

Baskisch und Spanisch sind offiziell gleichgestellt. In der öffentlichen Verwaltung und in der Schule hat man das Recht, die Sprache seiner Wahl zu benutzen. Es gibt Lehrer- und Beamten-Schulung in Euskera, Baskisch als Schulfach, auf baskisch sendende Fernsehanstalten und Radiostationen sowie rein in dieser Sprache publizierende Zeitungs- und Buchverlage.

Zu bedenken ist, dass im Baskenland natürlich nicht nur Basken leben und nicht jeder Baske Euskera spricht oder daran interessiert ist, es zu lernen.

ist mit dem Spanischen verwandt und für den geübten Hörer oder Leser durchaus zu verstehen. Beispiele:

- das galicische *leite* ist das spanische *leche* (Milch),
- *pedra* das spanische *piedra* (Stein),
- *praza* das spanische *plaza,*
- *touro* das spanische *toro* (Stier).
- In Galicien ist der Jakobsweg (spanisch: *Camino de Santiago)* als *Camiño de Santiago* ausgeschildert.

Auch für Galicisch gibt es einen Kauderwelsch-Sprechführer (Band 103).

Spanisch lernen

Ein oder zwei Semester Spanien oder ein mehrwöchiger Sprachkurs sind für viele äußerst reizvoll. Beliebt für solcherlei Lernen sind vor allem Santiago de Compostela, San Sebastián, Pamplona und Santander (Sommeruniversität).

Detaillierte Informationen, auch zu Stipendien, erteilt der **Deutsche Akademische Austauschdienst** (DAAD, Kennedyallee 50, D-53175 Bonn,

Website: www.daad.de). Man kann sich auch an die Auslandsämter der Universitäten wenden.

Von Deutschland aus kann man auch **Sprachreisen** in Spaniens Norden buchen, beispielsweise bei Alfa-Sprachreisen (Rotebühlplatz 15, D-70178 Stuttgart, Tel. (0711) 6155300, Fax (0711) 61553010, Internet-Infos unter www.alfa-sprachreisen.de. Über Alfa kann man diverse Standard- und Intensivkurse, aber auch Einzelunterricht buchen; Vermittlung von Unterkunft optional. Die Kurse werden an der Sprachschule Tandem in San Sebastián abgehalten. Ebensogut kann man sich direkt mit Tandem in Verbindung setzen: Plaza Gipuzkoa 2, 1°, E-20080 San Sebastián, Tel. 943 425157, Fax 943 425292. Bei Tandem direkt kostet ein zweiwöchiger Sommerintensivkurs nach letztem Stand 265 €, ein vierwöchiger Sommerintensivkurs 451 €. Weitere Sprachschulen im Zielgebiet findet man z.B. in Santander (Unilang Idiomas, Rualasal 5, 4° izqu., E-39001 Santander, Tel. und Fax 942 224294, Website: www.arrakis.es/~unilangs, E-Mail: unilangs@arrakis.es) und Santiago de Compostela (Academia Iria Flavia, Calle Preguntoiro 9, 1°, E-15704 Santiago de Compostela, Tel. und Fax 981 572032, Web: www.iriaflavia.net, E-Mail: info@iriaflavia.net). Unter www.tourspain.es besteht eine gute Möglichkeit, sich über Sprachschulen und Kurse zu informieren.

Strom

Die **Netzspannung** beträgt in Spanien mehrheitlich 220 Volt, im ländlichen Raum mitunter noch 110 Volt.

Die herkömmlichen Stecker von daheim passen normalerweise in spanische Steckdosen. Falls nicht, besorgt man sich beim Fachhändler einen **Adapter** (spanisch: *adaptador*).

Telefonieren

Die reinste Freude ist es nicht, von **öffentlichen Fernsprechzellen** aus in die Heimat zu telefonieren. Vor allem, weil viele Geräte an lärmreichen Punkten stehen und eine schier unglaubliche Zahl an Münzen schlucken. Es verwundert nicht, dass die staatliche Telefongesellschaft (Telefónica) zu den regelrecht verhassten Institutionen in Spanien zählt. Wenigstens bei Gesprächen von Privatapparaten aus ist das Monopol durch Gesellschaften wie Retevisión und Uni2 gebrochen, doch bei Kabinen und Telefonzentralen hat man nach wie vor das zweifelhafte Telefónica-Vergnügen und bezahlt Tarife, die europaweit an der Spitze liegen. Gleiches gilt für Fest- und neue Festanschlüsse. Die Zweimonatsgebühr für einen Festanschluss wird im Übrigen vorab kassiert.

Telefoniert man mit **Münzen,** liegt der Mindestbetrag für Gespräche innerhalb Europas bei nicht weniger als 2 €. Mit weniger geht es auch, doch nach kurzer Zeit kündigen Pieptöne das baldige Ende des Telefonates an.

Am besten, man besorgt sich in Tabakläden *(estancos)* eine **Telefonkarte** *(tarjeta telefónica)*.

Telefónica-Fernsprechzentren bieten eine Alternative zu den öffentlichen Kabinen. Hier telefoniert man ruhiger, aber auch teurer; bezahlt wird später an der Kasse. Außerdem ist man bei den **Telefonzentren** auf die unregelmäßigen Öffnungszeiten angewiesen, die in der Regel eines gemein haben: Wenn die preiswerteren Auslandstarife gelten – nämlich zwischen 22 Uhr und 8 Uhr – haben sie selbstverständlich geschlossen.

In manchen Städten wie Santiago de Compostela findet man auch **private Telefonläden** *(oficinas de teléfonos)*.

Für Auslandsgespräche nicht zu empfehlen sind die kleinen, meist grasgrünen Telefonautomaten mit Digitalanzeige, die man häufig **in Bars und Cafeterias** sieht. Bei diesen stört nicht nur der Lärmpegel im Hintergrund; sie funktionieren nicht mit Telefonkarte und sind noch ärgere Münzenschlucker als die Freiluftkabinen.

In Spanien lässt sich das eigene **Handy** komplikationslos benutzen – alles eine Frage des Geldes. Wenn man nicht aufpasst, wählt es automatisch den frequenzstärksten Netzbetreiber aus. Ohne Rücksicht auf Gebühren, versteht sich. Die können pro Gesprächsminute ins deutsche Fest- oder Mobilfunknetz an die 1,60-Euro-Grenze reichen. Sparbewusste holen bereits daheim Infos zu Telefongesellschaften und Tarifen ein. Vor Ort in Spanien geben sie das ausgewählte Netz in ihren kleinen Begleiter ein.

019ns Foto: ad

Vorwahlen

Telefoniert man **von Spanien** ins Ausland, wählt man zunächst die 00, dann die Landeskennzahl (Deutschland 49, Österreich 43, Schweiz 41), danach die Ortsnetzvorwahl ohne Null zu Beginn und zum Schluss die Teilnehmernummer.

Bei Telefonaten **nach Spanien** (internationale Vorwahl 00, dann Landeskennzahl 34) wählt man die komplette Provinz- und Teilnehmernummer.

Telefonieren geht problemlos mit Telefonkarte, geht aber auch ganz schön ins Geld

Bei jedem Anruf **innerhalb Spaniens** - auch innerhalb derselben Provinz und derselben Stadt - wählt man immer die komplette Vorwahl mit.

Insofern dienen die herkömmlichen zwei- oder dreistelligen **Vorwahlnummern** heute eher dazu, zu wissen, wohin man anruft. Hier eine kleine Aufschlüsselung nach wichtigen und für dieses Buch relevanten Provinzen (Städte oder Orte innerhalb der Provinz sind ohnehin nicht mit gesonderter Vorwahl ausgewiesen):

- Álava (Baskenland): 945
- Asturien: 98
- Barcelona: 93
- Burgos (Kastilien-León): 947
- La Coruña (Galicien): 981
- Guipúzcoa (Baskenland): 943
- Huesca (Aragonien): 974
- Kantabrien: 942
- León (Kastilien-León): 987
- Lugo (Galicien): 982
- Navarra: 948
- Ourense (Galicien): 988
- Pontevedra (Galicien): 986
- La Rioja: 941
- Vizcaya (Baskenland): 94
- Zaragoza (Aragonien): 976

Trinkgeld

Wer gut bedient wird, sollte dies nach eigenem Ermessen entsprechend mit einem Trinkgeld *(propina)* honorieren. Im Restaurant heißt das: bis zu zehn Prozent des Rechnungsbetrags für Kellner/innen und im Hotel einen Euro pro Tasche/Koffer für den Gepäckträger. Auch der Zimmerservice im Hotel wird für ein Trinkgeld dankbar sein. Es soll nicht verschwiegen werden, dass sich die Spanier beim Trinkgeld eher zurückhaltend zeigen.

Unterkunft

In Spaniens Norden stößt man auf Unterkünfte für jeden Geschmack und Geldbeutel: von der luxuriösen Fünf-Sterne-Herberge hinter historischen Gemäuern über Mittelklassehotels, rustikale Landhäuser und Pensionen bis hin zu Pilgerherbergen (siehe unter den Stichworten „Pilgern" und „Jakobsweg"), Jugendherbergen und Campingplätzen.

Zu beachten ist, dass in touristisch bedeutsamen Orten die Quartiersuche während der beiden spanischen **Hauptferienmonate** Juli und August schwierig bis sehr schwierig werden kann. Die Übernachtungspreise sind in den letzten beiden Jahren mitunter unverhältnismäßig angestiegen.

Hier noch ein Tipp, der in Spanien häufig Geld sparen hilft. Wenn man seine Übernachtungen vorausplant, lohnt es sich, in Spanien ein Reisebüro *(agencia de viajes)* aufzusuchen. Viele der Büros verfügen über verbilligte Hotelkontingente und verkaufen **Hotelgutscheine,** die wesentlich preiswerter sind als eine Direkt-Buchung. Mitunter spart man die Hälfte und mehr.

Abkürzungen

In spanischen Broschüren und auf Schildern findet man eine Reihe an Abkürzungen, hier die verbreitetsten:

020ns Foto: ad

Eine Hostería kann beides sein:
Hotel oder Restaurant

- **CR** für *Casa Rural* (Landhaus),
- **CH** für *Casa de Huéspedes* (sehr einfache Pension),
- **H** für *Hotel,*
- **HA** für *Hotel Apartamento* (Appartement-Hotel),
- **HR** für *Hotel Residencia* (Hotel ohne Restaurant, aber meist mit Frühstücksservice),
- **HS** für *Hostal* (Gasthof),
- **HSR** für *Hostal Residencia* (Gasthof ohne Restaurant, aber meist mit Frühstücksservice),
- **M** für *Motel,*
- **P** für *Pensión.*

Kategorien

An dieser Stelle verweisen wir noch einmal auf die für diesen Reiseführer vorgenommene **preisliche Klassifizierung** der Unterkünfte nach Pluszeichen, wobei diese mit der offiziellen Stern-Einteilung der Hotels und Pensionen nichts zu tun haben. Dazu gehört der Hinweis, dass Pilgerherbergen, Campingplätze und Jugendherbergen ohnehin zur untersten Kategorie gehören und nicht gesondert mit Pluszeichen bedacht worden sind. Hier also die drei Preiskategorien für Hotels und Pensionen:

- **1 Pluszeichen** (+) – DZ unter 42 Euro
- **2 Pluszeichen** (++) – DZ 42-90 Euro
- **3 Pluszeichen** (+++) – DZ ab 90 Euro

Hotels und Paradores

Spanische Hotels sind offiziell mit einem bis fünf Sternen versehen. Man kann pro Übernachtung im Doppelzimmer von folgenden **durchschnittlichen Richtpreisen** ausgehen:

- Ein-Sterne-Hotel: 36-66 Euro
- Zwei-Sterne-Hotel: 36-72 Euro
- Drei-Sterne-Hotel: 60-96 Euro
- Vier-Sterne-Hotel: 190-150 Euro
- Fünf-Sterne-Hotel: über 150 Euro

Alle Preise verstehen sich **ohne Frühstück;** hinzu kommt der **Steueraufschlag** in Höhe von gegenwärtig sieben Prozent.

Je nach Lage und Saison muss man mit erheblichen **Preisschwankungen** rechnen. So zahlt man z.B. während der alljährlich zwischen dem 6. und 14. Juli in Pamplona anberaumten Sanfermines in einem Drei-Sterne-Hotel leicht 210 Euro pro Nacht und Doppelzimmer.

Vor allem mit Blick auf solche Festtermine empfehlen sich **Reservierungen** ein halbes bis ein Jahr vorher.

In den **Fremdenverkehrsämtern** vor Ort hält man meist aktuelle Unterkunftlisten oder -broschüren bereit.

Wer es rustikal-gemütlich und feudal liebt, sollte in einem der edlen staatlichen **Paradores de Turismo** (drei bis fünf Sterne) übernachten, die meist in Burgen oder Palästen untergebracht und denen Restaurants angeschlossen sind. Zu den schönsten und bekanntesten Paradores im Zielgebiet zählen die folgenden:

- **Argómaniz** (***, bei Vitoria)
- **Cangas de Onís** (*****)
- **Fuente Dé** (***)
- **Gijón** (****)
- **Hondarribia** (***, span. Fuenterrabía)
- **León** (*****)
- **Olite** (***)
- **Santiago de Compostela** (*****)
- **Santillana del Mar** (*** und ****)
- **Santo Domingo de la Calzada** (****)

Bei den allseits beliebten Paradores sind rechtzeitige **Vorausbuchungen** dringend anzuraten.

- Die **zentrale Zimmerreservierung** für die Paradores befindet sich in Madrid: Central de Reservas, Calle Requena 3, 28013 Madrid, Tel. 91 5166666, Fax 91 5166657, Website: www.parador.es, E-Mail: info@parador.es.
- **In Deutschland:**
Ibero Hotel Reservierung, Immermannstr. 23, D-40210 Düsseldorf, Tel. (0211) 864150, Fax (0211) 8641529, Web: www.iberotours.de, Mail: paradores@ibero.com.

Gasthöfe und Pensionen

Gasthöfe und Pensionen tragen in Spanien Namen wie **hostal, pensión** und – als einfachere Varianten, in denen es häufig nur Gemeinschaftsbäder gibt – **casa de huéspedes** und **hospedaje.** Manchmal steht auch einfach nur **camas** (Betten) am Portal; diese „Betten" – mitunter Pritschen oder Hochbetten in verräucherten Gemeinschaftszimmern – dürften einzig Reisenden mit absolutem Basisetat und eben solchen Ansprüchen genügen. Aber auch hier gibt es Ausnahmen der angenehmen Art.

Die hostales (Gasthäuser) sind – ihrer Kategorie entsprechend – mit einem bis drei Sternen klassifiziert (je mehr desto besser) und stehen vom **Standard** her eigentlich zwischen Hotel und Pension. Pensionen wiederum tragen ein oder zwei Sterne. Doch in der Praxis merkt man gelegentlich weder beim Preis noch bei der Qualität den Unterschied zwischen einem Drei-Sterne-Hostal und einem Zwei-Sterne-Hotel sowie zwischen einem Ein-Sterne-Hostal und einer Zwei-Sterne-Pension.

Mitten **in den Altstädten** – manchmal auch in der Fußgängerzone – konzentrieren sich häufig die preiswerteren Herbergen, die für Bus- und Bahnreisende ideal, aber für motorisierte Reisende mitunter gar nicht anzusteuern sind. In den von den Fremdenverkehrsämtern abgegebenen Unterkunftbroschüren tauchen die preiswertesten Varianten wie die *„casas de huéspedes"* meist nicht auf.

Zu beachten ist, dass manche Pensionen und Gasthöfe und selbst kleinere Hotels in den **Wintermonaten** komplett schließen.

Landhäuser

Immer beliebter wird die Unterkunft in urigen dörflichen Landhäusern *(casas rurales* oder *casas de aldea),* die ideal für Naturfreunde sind und für jene, die das ländliche Spanien ein bisschen besser kennenlernen wollen. Allerdings darf man darf nicht übersehen, dass ein eigener fahrbarer Untersatz auf dem Lande praktisch unverzichtbar ist.

Landhäuser kann man komplett, etagen- oder ganz normal zimmerweise **mieten.** Was die Dauer anbetrifft, so gibt es – je nach Haus – Tages-, Wochenend- und Wochentarife.

Nicht alle Zimmer haben ein eigenes **Bad,** häufig gibt es einen **Gemeinschaftsraum und -küche,** wobei für die Küchenbenutzung *(derecho cocina,* Preis: bis zu 6 Euro pro Tag) ebenso wie für Kaminholz mitunter zusätzlich kassiert wird.

Wohnen die Vermieter im selben Haus oder nebenan, kann man einen **Mahlzeitenservice** in Anspruch nehmen. Ein Frühstück wird für durchschnittlich 3 Euro pro Person bereitet, ein Mittag- oder Abendessen für etwa 7-12 Euro.

Man kann davon ausgehen, dass der **Preis** für ein normales Doppelzimmer pro Nacht um die 24-36 Euro liegt. Die Übernachtungspreise beinhalten – wie in einem normalen Gasthof – Strom, Heizung sowie Bettzeug und Handtücher.

Wer sich vor Ort für die Landhäuser interessiert, sollte in den Fremdenverkehrsbüros nach der neuesten **Bro-**

021ns Foto: ad

Blick in den Innenhof des Paradors von León

schüre fragen (meist: *Guía de Turismo Rural*). Diese wird in der Regel jährlich aktualisiert und kostenlos abgegeben.

Über verschiedene Veranstalter kann man Landhäuser auch **von Deutschland aus** mieten. Hier ein Anbieter bzw. Vermittler von Landhäusern in Asturien, Kantabrien, Navarra und Galicien:

- **Terraviva-Reisen,**
Scheffelstr. 4 A, D-76275 Ettlingen,
Tel. (07243) 30650, Fax (07243) 537677,
Website: www.terraviva.de,
E-Mail: info@terraviva.com.

Ferienappartements

Ferienwohnungen *(apartamentos turísticos)* sind in erster Linie **für Familien** eine überlegenswerte Alternative zu Hotels, Gasthöfen und Campingplätzen. Die Appartementkomplexe tragen - ähnlich wie die Sterne bei den Hotels - Schlüssel: vier Schlüssel ist Luxus, ein Schlüssel bedeutet die niedrigste Preis- und Qualitätsstufe. Über die Miete von den - allerdings meist auf die Küstengegenden beschränkten - Appartements informieren die örtlichen Fremdenverkehrsämter.

Camping

Spaniens Norden bietet zahlreiche, oftmals vorbildlich ausstaffierte Campingplätze. Während viele Plätze ganzjährig geöffnet haben, sind andere nur während der Saison zugänglich: Karwoche, dann April oder Mai bis September oder Oktober.

Der **Übernachtungspreis** setzt sich aus mehreren Posten zusammen. Hier einige Anhaltspunkte für einen durchschnittlichen Campingplatz:

• ein Erwachsener	3 Euro
• ein Kind	2,50 Euro
• ein kleines Zelt	3 Euro
• ein großes Zelt	4 Euro
• ein Auto	3 Euro
• ein Caravan	4 Euro
• ein Motorrad	3 Euro
• ein Fahrrad	2,50 Euro
• eine Parzelle	6 Euro

Zumeist kommt der Steueraufschlag (IVA) in Höhe von derzeit sieben Prozent hinzu.

Detaillierte Informationen über Campingplätze bieten die einschlägigen deutschsprachigen **Campingführer,** wie der alljährlich in neuer Auflage erscheinende Campingführer des Deutschen Camping-Clubs München.

Eine Liste der regionalen Campingplätze geben normalerweise die örtlichen **Fremdenverkehrsämter** ab.

Offiziell verboten ist **wildes Campen.**

Jugendherbergen

Im Zielgebiet Nordspanien findet man Jugendherbergen *(albergues juveniles)* unter anderem in Städten wie Burgos, Lugo und Santiago de Compostela. Die Herbergen sind dem spanischen Jugendherbergsverband und dem Internationalen Jugendherbergsverband angeschlossen und im **internationalen Jugendherbergsverzeichnis** aufgeführt.

Die Übernachtung in einer spanischen Jugendherberge ist nur mit einem gültigen **Jugendherbergsausweis** sowie mit **Leinen- bzw. Mumienschlafsack** möglich.

Der **Übernachtungspreis** liegt pro Person und Nacht um die 7 Euro. Für ältere Übernachtungsgäste liegen die Preise geringfügig darüber.

Auskunft erteilen:

- **In Spanien** beim nationalen Jugendherbergsverband: Red Española de Albergues Juveniles, kurz REAJ; Secretaria General de REAJ, Calle Galera 16, 1°, E-41001 Sevilla, Tel. 95 4226803 (nur vormittags).
- **In Deutschland** ist das Deutsche Jugendherbergswerk für Auskünfte zuständig (Bismarckstr. 8, D-32756 Detmold, Tel. (05231) 74010, Fax (05231) 740149). Internet-Infos unter www.jugendherberge.de.

Verkehrsmittel

Bus

Der Bus ist das öffentliche Transportmittel Nummer eins, das **Überland-Bussystem** sehr gut ausgebaut, die Fahrzeuge in durchweg gutem Zustand. Aktuelle Strecken und Verbindungen sind meist in den Lokalzeitungen abgedruckt. Wichtig zu wissen ist auch, dass sonntags weniger Busse verkehren.

In größeren Städten gibt es meist einen zentralen **Busbahnhof** *(estación de autobuses)*, von dem aus Verbindungen in zahlreiche Städte und Orte möglich sind. Vor allem in der Hauptsaison sollte man die meist mit Sitznummer versehenen Bustickets nach Möglichkeit einen Tag vorher kaufen. Nicht alle Busbahnhöfe bieten einen Gepäckaufbewahrungsservice *(custodia* oder *consigna de equipajes).*

Was die **Preise** anbelangt, so sollte man für 100 Fahrtkilometer im Bus mit etwa 6 bis 8 Euro rechnen. Fährt der Bus über eine gebührenpflichtige Autobahn, wirkt sich die Maut natürlich auf den Fahrpreis aus – dann kann es etwas teurer werden.

Unterwegs werden auf längeren Strecken häufig abscheuliche Videofilme gezeigt, und man muss mit längeren Mahlzeitenstopps an Vertragsrestaurants kommen. In Bussen ist das Rauchen offiziell verboten, doch mitunter ist es der Fahrer selbst, der sich über Nichtraucher-Schilder hinwegsetzt und dem andere Glimmstängler gern folgen.

Bahn

Bahnfahren in Spanien ist eine äußerst günstige Angelegenheit, bei der man sich für 100 Streckenkilometer in ähnlichen preislichen Größenordnungen bewegt wie beim Bus. Zwei Preisbeispiele: die Strecke Zaragoza-Madrid (Entfernung 325 km) kostet einfach günstigstenfalls 21 Euro, die Strecke Pamplona-Burgos (Entfernung ca. 200 km) 16 Euro.

Von **Nachteil** ist allerdings, dass es weniger Verbindungen zwischen den einzelnen Zielorten gibt, kleinere Orte nicht an der Strecke und die Bahnhöfe der Städte mitunter etwas außerhalb liegen. Die Gepäckaufbewahrung an Bahnhöfen kann – ähnlich wie an den Busterminals – ein Problem sein. Ein weiterer Nachteil sind die häufigen Umsteigeverbindungen.

Fahrkarten sind in der Regel Platzkarten und gelten ausschließlich für die gebuchte Verbindung. Geld sparen kann man, wenn man keinen Zeitdruck hat und langsamere Regional- oder Nahverkehrszüge wählt und ein festes Hin- und Rückfahrticket kauft (man fragt nach: *tarifa ida y vuelta).* Hierbei lassen sich 20 Prozent sparen.

Bahntickets gibt es nicht nur am Bahnhof *(estación de ferrocarril* oder *estación de tren)* selbst, sondern auch in den Stadtbüros der staatlichen Eisenbahngesellschaft **Renfe** (Red Nacional de Ferrocarriles Españoles) bzw. in Reisebüros mit dem Renfe-Zeichen. Unter www.renfe.es gibt es Infos; rascher Abruf von Verbindungen und Preisen. Die zentrale Rufnummer von Renfe lautet 902 240202. Im Zielgebiet verkehren außer den Zügen der Renfe auch die etwas langsameren Schmalspurbahnen der privaten Eisenbahngesellschaft **Feve** (Ferrocarriles Españoles de Vía Estrecha, Internet: www.feve.es).

Liebhaber von Luxus auf Schienen und nostalgischem Ambiente gehen mit dem **Transcantábrico,** einem Schmalspur-Hotelzug, auf einwöchige Reise durch Nordspanien. Internet-Infos unter www.transcantabrico.feve.es.

Fahrradmitnahme in Bussen und Zügen

Im Allgemeinen muss man sich beim Radeln durch Nordspanien auf eine hügelige Landschaft einstellen – auch in Küstennähe. Manche Radler werden daher einzelne Streckenabschnitte mit öffentlichen Verkehrsmitteln überbrücken und das Rad mitnehmen wollen.

Radtransport im **Gepäckraum** des Busses ist häufig unproblematisch, aber nicht einheitlich geregelt. Das Rad wird als Gepäckstück gesondert berechnet und muss transportfähig gemacht werden. Häufig muss man das Vorderrad abmontieren, den Sattel herunterfahren und Pedale und Kette mit Karton oder anderem Verpackungsmaterial schützen, um die Beschädigung von anderem Gepäck zu vermeiden.

In **Zügen von Renfe** ist der Fahrradtransport nur in Regional-, Nahverkehrs- oder Nachtzügen möglich. Inwieweit das Rad verpackt werden muss, gilt es mit den Renfe-Verantwortlichen zu klären.

Weniger kompliziert geht es bei den meisten **Feve-Zügen** zu, in denen die Fahrradmitnahme kein Problem ist. Man führt die Räder normal wie Gepäck mit. Und mit Glück ist ein freundlicher Schaffner beim Einsteigen behilflich. Zudem ist es häufig noch nicht einmal nötig, die Gepäcktaschen vom Rad zu nehmen.

Inlandsflüge

Der Flugverkehr innerhalb Nordspaniens dürfte einzig für eilige Reisende interessant sein. Allerdings gibt es auf den Strecken so manche Lücken. Nimmt man eine Verbindung Santiago de Compostela-Pamplona als Beispiel,

Ölpest vor der nordwestspanischen Küste

Den makaberen Beinamen „Todesküste" (galicisch: *rias da Costa da Morte)* verdankt der Küstenabschnitt am Kap Fisterra den Unmengen von Schiffen, die im Laufe der Jahrhunderte den gefährlichen Strömungen und Klippen dort zum Opfer fielen. In der heutigen Zeit ist es jedoch die Küste selbst, die durch Schiffsunglücke massiv bedroht ist, wie der Fall des Mitte November 2002 vor der Küste havarierten Tankers **„Prestige"** wieder einmal deutlich vor Augen führt. Das betagte Tankschiff war mit 77.000 Tonnen Schweröl auf dem Weg nach Singapur, als es in Seenot geriet und wenig später auseinanderbrach. Obgleich der Tanker noch von Schleppern aufs offene Meer hinausgezogen wurde, gelangten mehrere tausend Tonnen des extrem giftigen, **schwefelhaltigen Öls** ans galicische Festland und verseuchten bis Redaktionsschluss mehr als 200 Kilometer der Küste.

Eine ökologische und auch ökonomische Katastrophe für die Region. Nicht nur Tiere und Pflanzen sind in ihrer Existenz bedroht, sondern auch die Menschen, die direkt oder indirekt ihren **Lebensunterhalt** aus dem Meer schöpfen. Vor allem die **Fischer** werden mit Verdienstausfällen rechnen müssen, die durch die magere staatliche Unterstützung nicht wett gemacht werden können. Auch die gesamte **Touristikwirtschaft** ist betroffen.

Wie lange die Umwelt braucht, um sich von einer solchen Katastrophe zu erholen, ist ungewiss. Oft dauert es Jahre, bis das Ökosystem sich wieder stabilisiert hat. Glück im Unglück: Umweltexperten schätzen die Selbstheilungskräfte der Natur in der betroffenen Gegend als sehr gut ein. Durch die starke Brandung an der Felsküste wird das Wasser stetig mit Sauerstoff angereichert, was den Abbau der Schadstoffe durch Mikroorganismen wie Bakterien oder durch Algen deutlich beschleunigt.

Über den aktuellen Stand der Dinge informiert man sich am besten im Internet.

so führt der Weg nur über eine Zwischenlandung in Madrid.

Wichtigste **Fluglinien** sind Air Europa (häufig mit den günstigten Angeboten), Spanair sowie die zusammengehörigen Iberia/Aviaco.

Wichtigste **Flughäfen** *(aeropuertos)* sind – wie bei internationalen Verbindungen – Bilbao und Santiago de Compostela.

Flugtickets sind in **Reisebüros** *(agencias de viaje)* erhältlich.

022ns Foto: ad

Land und Leute

023ns Foto: ad

024ns Foto: ad

Schaftreiber in Peralta, Navarra

Nach der morgendlichen Stierhatz bei Pamplonas Sanfermines werden in der Arena Jungstiere und -rinder mit gestutzten Hörnern auf die Masse losgelassen

Mittelgebirgslandschaft in der Rioja

Geografie

Spanien – samt seiner Inselwelten – breitet sich auf einer Fläche von rund 505.000 km² aus, misst damit eineinhalbmal so viel wie Deutschland und wird von rund 40 Millionen Menschen bewohnt.

Die **Iberische Halbinsel,** die außer Spanien noch Portugal umfasst, ist durch die natürliche Schranke der Pyrenäen vom restlichen Europa getrennt.

In **Nordspanien** findet man ein besondes reizvolles Zusammenspiel von Meer und Bergen.

An **Landschaftsräumen** findet man gleichermaßen die zwischen Baskenland und Galicien zergliederten Atlantikküsten, die Hochgebirgslandschaften der westlichen Pyrenäen sowie des Kantabrischen Gebirges, die von Ödland geprägten Hochflächen der nördlichen Meseta und selbst Halbwüstenzonen wie in den navarresischen Bardenas Reales vor.

Das nordspanische Zielgebiet umfasst – ganz oder teilweise – folgende **Regionen:** das Baskenland, Navarra, Aragonien, La Rioja, Kastilien-León, Kantabrien, Asturien und Galicien.

Im rund 7.200 km² kleinen **Baskenland** (spanisch: *País Vasco,* baskisch: *Euskadi)* erstreckt sich das Bergland von der spanisch-französischen Grenze bis zum oberen Ebro und verbindet das Kantabrische Gebirge mit den Pyrenäen. Nur an wenigen Stellen – wie mit dem Aitzgorri (1.544 Meter) und dem Gorbea (1.475 Meter) ragt das Gebirge mehr als 1.400 Meter auf. Die baskische Küste ist – ähnlich wie die galicische – geprägt von Steilküstenabschnitten und weit ins Landesinnere eingreifenden Buchten, die oft in Flussmündungen *(rías)* übergehen. Der Süden des Baskenlandes bindet an die sommertrockene Nordmeseta an.

Im so genannten „kleinen Kontinent" **Navarra** (10.421 km²; baskisch: *Nafarroa)* reicht die landschaftliche Vielfalt von grüner Bergwelt bis zu trockenem Flachland. Was fehlt, ist der direkte Zugang zum Meer. Im Norden und Nordosten umfasst Navarra Teile der Pyrenäen und im Nordwesten Zonen des zum Baskenland gehörigen Berglands. Im trockeneren und flacheren Süden, der Ribera, geht die Landschaft ins Ebrobecken über. Im navarresisch-aragonesischen Grenzraum sticht der Berg Mesa de los Tres Reyes mit seinen 2.438 Metern als höchste Erhebung hervor.

Aragonien (spanisch: Aragón), knapp 48.000 km² groß, nimmt Teile des Ebrobeckens ein und wird im Norden von den Pyrenäen begrenzt. Die dortigen Berge erreichen gewaltige Höhen: der Monte Perdido 3.355 Meter und der Pico de Aneto 3.404 Meter. Die aragonesische Vorpyrenäenlandschaft umfasst die Gebirgszüge Guara und de la Peña.

Die Landschaft der mit rund 5.000 km² ausgesprochen kleinen Region **La Rioja** wird vom Iberischen Randgebirge und dem Lauf des Río Ebro bestimmt. Außerdem markiert sie einen natürlichen Übergang zwischen den Gebirgszügen des Nordens und der Meseta. Zum Iberischen Randge-

Vorpyrenäenlandschaft in Navarra

birge auf riojanischer Seite zählen die Sierra de Urbión, die Sierra Cebollera und die bis 2.271 Meter hoch aufragende Sierra de la Demanda.

Kastilien-León (spanisch: *Castilla y León)* umfasst ein riesiges Areal von 94.000 km², das sich bis in die Zentral- und westlichen Zonen ausdehnt und weite Teile der Meseta umfasst. Diese Hochfläche verläuft in den nördlichen Teilen auf einer Höhe von durchschnittlich 800 Metern und wird im Osten vom Iberischen Randgebirge und im Norden vom Kantabrischen Gebirge begrenzt.

Kantabrien (5.341 km²; spanisch: *Cantabria)* ist nicht nur Namensgeber des Kantabrischen Meers (auch: Golf von Biskaya) und des Kantabrischen Gebirges, sondern wird natürlich auch von diesen Ozean- und Berglandschaften geprägt. An der Küste schieben sich die Kaps Ajo und Mayor ins Meer hinein, welches wiederum in der Bucht von Santander und durch die Flussmündungen von Santoña und San Vicente de la Barquera weit ins Landesinnere greift. Das Kantabrische Gebirge bildet eine rund 470 Kilometer lange und bis zu 65 Kilometer breite Barriere zwischen der Küste und der nördlichen Meseta.

Im westlichen Teil, der sich bis zum nordgalicischen Bergland erstreckt,

Galiciens Riasküste

Auch wenn die galicischen Rias (span. *rías)*, jene tief ins Land eingreifenden Meeresbuchten, gelegentlich an Norwegens wildromantische Fjorde erinnern, sind sie doch anders entstanden. Sie verdanken ihre Entstehung der **Überflutung von Flusstälern** und ihren Mündungen durch den Ozean.

Von den **Gezeiten** sind die Rias wegen ihrer Trichterform besonders stark betroffen. Mitunter ist der Tidenhub so enorm, dass die Boote bei Ebbe einfach auf dem Trockenen – besser gesagt: im Schlick – zurückbleiben.

In Galicien unterscheidet man von Süd nach Nord-Nordost mehrere Ria-Zonen: Die **rías bajas** (galicisch: *rias baixas)*, also die „unteren Rias", reichen von der portugiesischen Grenze bis südlich von Kap Finisterre und umfassen die Rias von Vigo, Pontevedra, Arousa sowie von Muros und Noia.

Die **Rias der Todesküste** (galicisch: *rias da Costa da Morte)*, die ihren makaberen Namen den Unmengen an den Klippen zerschellter Schiffen verdankt, setzen sich aus der Ria von Corcubión, der Ria von Camariñas sowie der Ria von Corme und Laxe zusammen.

Die **Rias des Artabrischen Golfs** werden gebildet aus der Ria von La Coruña, der Ria von Ares und Betanzos sowie der Ria von Ferrol.

Was in Richtung Asturien folgt, sind die **rías altas,** die „oberen Rias": die Ria von Cedeira, die Ria von Ortigueira, die Ria von O Barqueiro, die Ria von Viveiro sowie die Rias von Foz und Ribadeo.

Manchmal taucht auch die einfachere Einteilung in die südlich von Kap Finisterre gelegenen *rías bajas* und nördlich von Finisterre gelegenen *rías altas* auf.

wird es auch Asturisches Gebirge genannt und nimmt weite Teile des rund 10.500 km² großen **Asturien** (auf Spanisch: *Asturias)* ein. Zwischen der Hauptkette und dem Meer liegen eine Längssenke und Küstenketten, deren Abdachungen vielerorts nur einem schmalen Streifen Küste Platz lassen. Die asturische Küste ist gemeinhin stark zergliedert und von vielen Steilabfällen geprägt. In der Hochgebirgslandschaft der Picos de Europa erreicht das Kantabrische Gebirge Höhen bis zu 2.648 Meter (Torre de Ceredo).

Das 29.434 km² große **Galicien** (spanisch: *Galicia)* lässt sich als Mittelgebirgsland einstufen. Es fällt von den südöstlichen, bis etwa 1.800 Meter hohen südöstlichen Randgebirgen Richtung Norden und Nordwesten bis auf Höhen von 200 Meter ab und geht dann in eine ausgesprochen zergliederte Küstenlandschaft über.

Klima und Reisezeit

So verschiedenartig wie die Landschaften, so unterschiedlich stellt sich auch das Klima dar. Im wesentlichen lassen sich zwei große Klimazonen unterscheiden: der von heißen Sommern und kalten Wintern bestimmte, **sommertrockene Bereich** der nördlichen Meseta und die **atlantisch-feuchten Gebiete** entlang der Atlantikküste.

Eine Sonderstellung nimmt das von ozeanischem Klima aus dem Norden und kontinentalen Einflüssen aus dem Süden geprägte **Kantabrische Gebirge** ein.

Sonnenstunden pro Tag

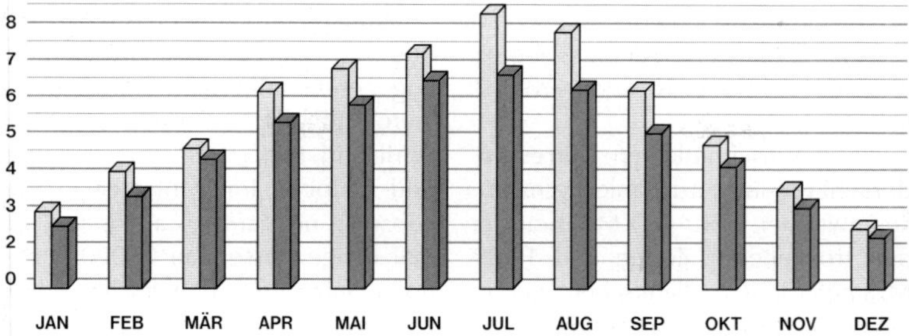

Regentage pro Monat

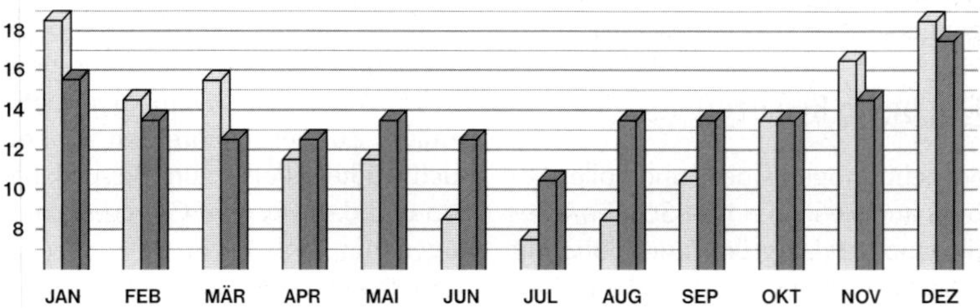

La Coruña
Santander

Maximale und Minimale Tagestemperaturen in °C

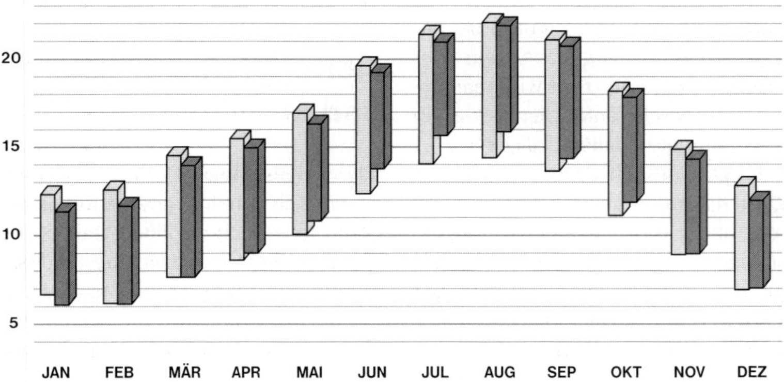

Auch bei den **Pyrenäen** schwankt die Zuordnung zwischen den Einflüssen des immerfeuchten Klimas Westeuropas und den Übergangsbereichen zum sommertrockenen Mittelmeerklima.

Die durchschnittlichen **Jahresniederschläge** in Nordspanien schwanken zwischen etwa 400 Millimeter in den trockeneren Zonen und 1.400 Millimeter in den atlantischen Feuchtgebieten. Allerdings können die westlichen Winde Niederschläge von bis zu 3.000 Millimeter im Jahresmittel mit sich bringen. Das üppig grünende Regengebiet Nummer eins ist Galicien.

Die beste Reisezeit

Manche mögen's heiß und voller Leben, andere lieben den Schnee, wieder andere das grüne und blühende Frühjahr und noch andere die Farben und Stimmung im Herbst. Insofern kann die Frage nach der Reisezeit nicht einheitlich beantwortet werden.

Hauptsaison ist natürlich der **Sommer,** was in dieser Region Spaniens nicht zwangsläufig bedeutet, beengt am Strand zu liegen. Abseits der Hauptstrände und -ziele wird man immer eine Nische entdecken, vor allem im dünner besiedelten Galicien.

Als gute Besuchszeiten für Spaniens grünen Norden gelten Frühjahr, Sommer und Herbst, wobei die Quecksilbersäule im Hochsommer bis über 35 Grad steigen kann. Die mittleren **Tagestemperaturen** liegen beispielsweise an der baskischen Küste bei 19° C im Juli und 17° C im September; die Höchsttemperatur beträgt dort rund 30° C im August.

Jakobspilger kommen – ob zu Fuß oder mit Fahrrad – aus Gründen der angenehmen Temperaturen und der leereren Pfade am liebsten zwischen April und Juni sowie im September und Oktober. Im Winter ist der Jakobsweg niemandem anzuraten, zumal einige Pässe über 1.000 Meter hoch aufragen und verschneit sein können.

Im **Winter** kann es insbesondere in den Höhenlagen Richtung Pyrenäen und Picos de Europa bitterkalt werden; dann sind manche Pässe wegen Eis und Schnee gesperrt. Skifahrer zieht es im Winter vor allem in die Pyrenäen. Zu dieser Jahreszeit können auch Städtetouren – zum Beispiel: Bilbao und das Museum Guggenheim – angenehm sein.

Auf **Niederschläge** muss man immer eingerichtet sein; laut Statistik sind – allerdings ohne Gewähr – die Monate Juni, Juli, August und September die regenärmsten.

Tiere, Pflanzen und Schutzgebiete

Die vielgesichtige Flora und Fauna spannt sich von den navarresischen Eichen- und Buchenwäldern mit üppigem Rot- und Schwarzwildbestand bis zu den schroffen Felsenküsten Galiciens mit Nistgebieten von Kormoranen und Dreizehenmöwen. Natürlich sind viele ursprüngliche Waldgebiete dem

Kahlschlag zum Opfer gefallen. Gegenmaßnahmen in der heutigen Zeit sind – wie beispielsweise in Galicien – weitflächige und von Naturexperten kritisierte Aufforstungen mit schnell wachsendem Eukalyptus.

Baskenland

Saftige Wiesen, Schaf- und Rinderweiden sowie dichte Kiefern-, Buchen- und Eichenwälder mit Wildschwein-Hirsch- und Rehbeständen prägen das Baskenland – aber leider nicht nur.

Baskische Küste unterhalb des Jaizkibel

026ns Foto: ad

Die **Küste** ist vielerorts dicht besiedelt und mitunter von Schwerindustrie verschandelt, so dass sich nur wenige ökologisch bedeutsame Nischen finden. Dazu zählen die Gebiete um die Kaps Matxitako (spanisch: *Machichaco)* und Villano sowie die östlich von Bermeo gelegene Ria von Mundaka, die vor allem wegen ihrer Vogelwelt bedeutsam sind. Hier kommen unter anderem Sturmschwalben, Heringsmöwen und Krähenscharben vor.

Navarra

Navarra ist vor allem für seine weiten **Buchenwälder** im Nordosten der Region bekannt. Die dortigen Waldgebiete der Sierra de Abodi und der Selva de Irati umfassen mehr als 6.000

Hektar und bieten einen idealen Lebensraum für Wildschweine, Rehe und Hirsche, aber auch für Marder und Siebenschläfer.

In den östlichen Zonen Navarras – Richtung Aragonien – liegen zwei zu kleinen Naturreservaten erklärte Schluchten, die für ihre Kolonien an Gänsegeiern bekannt sind: die „Grand Canyon Navarras" genannte und vom Río Salazar durchzogene **Schlucht von Arbayún** sowie die **Schlucht von Lumbier,** durch die zwischen 1911 und 1955 eine Eisenbahnlinie von Sangüesa nach Pamplona verlief. In der umliegenden kargen Bergwelt kann man außer den bis zu einem Meter großen Gänsegeiern auch Steinadler und Schmutzgeier beobachten.

Zu den weiteren Schutzgebieten in Navarra zählen der von Kastanien-, Eichen- und Buchenwäldern geprägte **Naturpark Señorío de Bértiz** (Nordnavarra, bei Oronoz-Mugaire) und die ausgedehnte Steppen- und Schluchtenlandschaft der mehr als 42.000 Hektar umfassenden **Bardenas Reales** (Südnavarra, nordöstlich von Tudela). In diesem weitgehend unwirtlichen Areal leben Füchse und Wildkatzen, doch auch Reptilien wie Perleidechsen und Eidechsennattern. Für die Vogelwelt sind Schwarz- und Rotmilan, Uhu sowie Zwerg- und Schlangenadler charakteristisch.

Im Pyrenäen-Übergangsbereich von Navarra zu Aragonien liegt der von Kalkstein sowie von Buchen- und Kieferwäldern bestimmte **Naturpark Larra.** In der Einsamkeit der Berge finden Gämsen, Murmeltiere und Wildkatzen einen weitgehend ungestörten Lebensraum vor. Dort sind auch die Schlingnatter, die giftige Aspisviper und Vögel wie Schwarz- und Weißrückenspecht heimisch. Auch das Auerhuhn kommt vor. Die stattlichsten Exemplare dieses Waldhuhns messen einen Meter; die Auerhähne erkennt man an ihrem grün schillernden Brustfleck.

Rioja

In der kleinen Rioja bilden die mit Kiefern, Buchen und Eichen besetzten **Höhenzüge** ein Habitat für Schwarz- und Rotwild sowie für Marder, Fischotter und Wildkatzen.

An den nieder gelegenen **Flussauen** – vor allem am Río Ebro – leben die bis zu 90 Zentimeter großen Graureiher und die kleinen, pfeilschnellen Eisvögel, deren Gefieder lebhaft gefärbt ist: oben blaugrün und unten rostrot. Lebende Wahrzeichen der Rioja sind die zahlreichen Störche – zumindest sieht man sie während der wärmeren Monate.

Kastilien-León

Von der Rioja aus reicht die Gebirgswelt der **Sierra de la Demanda** bis in die zu Kastilien-León gehörige Provinz Burgos hinein; die Berge sind für ihre reichen Populationen an Wildschweinen und Rehen bekannt, den Jägern laufen aber auch Wachteln, Rebhühner, Hasen und Kaninchen vor die Flinte.

Über den einzelnen Höhenrücken im Süden der Provinz Burgos kreisen vereinzelt Gänsegeier, ebenso wie in den **Peñas de Cervera** bei Santo Domingo de Silos.

Im gebirgigen Übergangsgebiet zwischen Kastilien-León und Kantabrien breitet sich der **Ebro-Stausee** aus. Zu den dort vorkommenden Wasservögeln zählen die Kolbenenten, wobei man die männlichen Exemplare an ihrem roten Schnabel und der roten Haube erkennt.

Im äußersten Nordwesten von Kastilien-León – genauer: in den unzugänglichen Übergangszonen zur galicischen Provinz Lugo – befindet sich die bis an die 2.000-Meter-Marke reichende **Sierra de Ancares,** in deren Wäldern außer Schwarzwild und Ginsterkatzen noch einige wenige Wölfe leben.

Kantabrien

Wendet man sich vom Binnenland wieder dem Meer zu, erwarten einen in Kantabrien ausgeprägte Kontraste zwischen Ozean und Gebirgswelt.

In den **Küstengebieten** gibt es die kleinen, wegen ihrer Dünenlandschaften unter Schutz gestellten Naturparks Dunas de Liencres und Playa de Oyambre sowie das Marschland der Bucht von Santoña. Letzteres ist ein für die Vogelwelt bedeutsames Naturreservat, in dem unter anderem Seidenreiher, Große Brachvögel, Austernfischer und Schilfrohrsänger leben.

Im **Hinterland** von Kantabrien liegen der rund 7.000 Hektar große Naturpark Saja-Besaya und – im extremen Westen und als Übergang zu den Picos de Europa – das Tal von Liébana.

Asturien

Damit ist man fast schon in Asturien und im 65.000 Hektar großen asturisch-kantabrischen **Nationalpark Picos de Europa.** In dieser eindrucksvollen Hochgebirgslandschaft streift man durch Waldgebiete aus Birken, Buchen und Eichen, sieht in der wärmeren Jahreszeit – mit Glück – sogar blü-

Asturische Berglandschaft nahe den Picos de Europa zwischen Unquera und Cangas de Onís

027ns Foto: ad

028ns Foto: ad

hende Osterglocken und Orchideen. Außer gewöhnlichem Schwarz- und Rotwild kommen auch Gämsen, Dachse, Gänsegeier und Steinadler vor.

Die bis zu zwei Meter groß werdenden Braunbären sind in Minimalpopulation in den einsamen Weiten des knapp 30.000 Hektar großen asturischen **Naturparks Somiedo** heimisch.

Mit den unter Naturschutz gestellten **Rias von Villaviciosa und Ribadeo** gibt die asturische Küste bereits einen Vorgeschmack auf jene extrem zergliederte von Galicien.

Typisch für Galicien sind die Meeresarme mit ihren Fischerdörfern

Galicien

Die **galicischen Rias,** die vorgelagerten Inseln und Inselchen sowie die Gegenden rund um felsige Kaps wie Fisterra (auch: Finisterre) zeichnen sich durch ihren außerordentlich großen Reichtum an Vögeln aus. Dazu zählen – außer verschiedenen Möwenarten – auch Basstölpel, Eistaucher, Eiderenten, Seeschwalben, Sterntaucher, Kormorane, Schnatterenten, Sturmschwalben, Ringelgänse, Regenbrachvögel, Trottellummen und Krähenscharben. Für diese Tiere bedeutet das bei der Tankerkatastrophe im November 2002 ausgelaufene Schweröl natürlich eine massive Bedrohung (s. Exkurs S. 75).

Geschichte und Gegenwart

Vorgeschichte

Spuren des vor dem Homo sapiens bekannten Menschen, des **Homo antecessor,** hat man Ende des 20. Jahrhunderts in Nordspanien bei dem nahe Burgos gelegenen Atapuerca gefunden. Der Homo antecessor soll bereits vor 800.000 Jahren gelebt haben.

Die späteren **Steinzeitmenschen** haben ihre Spuren in Höhlen wie in der bereits vor 14.000 Jahren verlassenen Altamira-Höhle (bei Santillana del Mar in Kantabrien) und in der nahe dem baskischen Guernica gelegenen Santimamiñe-Höhle hinterlassen.

Historiker vermuten, dass noch während der Jungsteinzeit die **Iberer** aus Afrika einwanderten, in den Süden und Osten der Iberischen Halbinsel vordrangen und eine blühende Stadtkultur entwickelten.

Durch die späteren Einwanderungsschübe der Kelten aus dem Gebiet des heutigen Frankreich – ab dem 6. vorchristlichen Jahrhundert – vermischten sich Iberer und Kelten zur Bevölkerung der **Keltiberer.**

Die **Kelten** waren es, die sich vor allem entlang der Atlantikküste bis ins heutige Galicien ausbreiteten, die Eisenbearbeitung entwickelten, oftmals in strohgedeckten Rundhütten *(pallozas)* wohnten und ihre Vorräte in den nach wie vor verbreiteten Stelzenbauten *(hórreos)* lagerten. Als Volksgruppe traten sie zu den bereits existierenden Regionalkulturen wie Kantabrern, Asturiern, Galiciern und Basken hinzu.

Basken

Eine Sonderrolle haben seit eh und je die Basken eingenommen, die im Gebiet des heutigen Baskenlands und Navarra ansässig waren und die sich selbst „die ältesten Europäer" nennen. Von wem sie abstammen und woher sie kamen, ist bis heute ungeklärt – ebenso wie die **Herkunft** ihrer Sprache Euskera ein Rätsel geblieben ist (vgl. dazu den Exkurs „Euskera, die Sprache der Basken" unter dem Stichpunkt „Sprache").

Die am weitesten verbreitete Theorie besagt, dass die Basken von dem ursprünglichen Cromagnon-Menschen abstammen, der in Osteuropa ansässig war und von anderen, aus Osteuropa ausgewanderten Volksgruppen bis zu den Pyrenäen getrieben wurde.

Folgt man einer zweiten wissenschaftlichen Theorie, sind die Basken und auch andere europäische Randvölker aus dem vorderindogermanischen Volk der Liguren hervorgegangen.

Wichtig ist, dass sich im Bereich des heutigen Baskenlandes und Navarras eine **eigenständige Volks-, Sprach- und Kulturgemeinschaft** dieses kleinen Volkes herausbildete, das in deutlicher Abgrenzung zu anderen benachbarten Kulturen stand.

Die ersten **Zeugnisse** der heutigen Basken verweisen auf eine Zeit von vor 8.000 Jahren. Spätere Zeugnisse ihrer religiösen Praktiken (Totenkult) sind monumentale Steinkonstruktionen, die sie in Form von heute noch zu sehenden Dolmen, Steinkreisen und Menhiren auf den Hügeln und in den Ebenen hinterließen, dort, wo ihre Herden weideten.

Antike

Römer

Im 7. und 6. Jahrhundert vor Christus griff die phönizische Kolonisation in Form der **Karthager** auf Spanien über, die abgelöst wurden von den Römern.

Geschichtlicher Markstein war der von *Hannibal* ausgelöste Zweite Punische Krieg (218-201 v. Chr.). Den Römern gelang es, sich im gesamten spanischen Raum auszubreiten. Sie legten nicht nur zahlreiche **Städte** an (wie das 75 vor der Zeitenwende gegründete Pamplona), sondern auch **Handelshäfen,** wie La Coruña, ein riesiges **Wegenetz** und – wenn man es so nennen will – **Industrien.** So förderten Zehntausende von Sklaven in den nahe Ponferrada gelegenen Bergwerken von Las Médulas im 2. nachchristlichen Jahrhundert so viel Gold, dass es für ein Zehntel der Einkünfte des riesigen römischen Reiches gesorgt haben soll. Im Übrigen dienten viele Römerwege als spätere Trassen des Jakobsweges.

Die Stadtmauern von Astorga stammen aus der Römerzeit

029ns Foto: ad

Auf die Römer gehen auch nachhaltige Fortschritte mit heute noch erkennbaren Spuren in der **Landwirtschaft** zurück: ausgeklügelte Bewässerungssysteme (Aquädukte) und die Anlage von Anbauflächen, die von Getreide auf Oliven und Trauben (Wein) ausgedehnt wurden. Das heutige Spanien war in vielerlei Hinsicht ökonomisch bedeutungsvoller als das römische Mutterland.

Völkerwanderung

Das 5. und 6. Jahrhundert brachte wichtige Einschnitte: den Zusammenbruch des Römerreiches und den Einfall von verschiedenen germanischen Volksgruppen wie den Vandalen, den Sweben (oder Sueben), den Alanen und den **Westgoten.** Letztere behielten die Oberhand, besiegten die Sweben und führten Spanien unter den Königen *Leowigild* und *Rekkared I.* erstmals zu so etwas zu wie einer politischen Einheit. Zudem gingen Herrscher und katholische Kirche ein enges Bündnis ein. Allerdings standen die Westgoten in Konflikt mit den unnachgiebigen Basken, wobei es vor allem um die fruchtbaren Ebenen im Zentrum und Süden des heutigen Baskenlandes ging. Zu jener Zeit formierten sich die verschiedenen baskischen Stämme zu einer Einheit, zumal sie sich auch von den aus dem Norden kommenden Franken bedrängt sahen.

Das maurische Spanien

Nach dem Tod des Westgotenkönigs *Witiza* im Jahre 710 kam es zu Thronstreitigkeiten und Wirren im Reich. So konnten kurze Zeit später, **im Jahre 711,** die Mauren ohne große Probleme im Süden der Iberischen Halbinsel einfallen und sich über fast das gesamte heutige Spanien ausbreiten. Beim andalusischen Jerez de la Frontera wurde der letzte Westgotenherrscher *Roderich* von den Muselmanen besiegt.

Ein weiteres Vordringen nach Zentraleuropa verhinderten *Karl Martell* und die Seinen bei der **Schlacht von Tours und Poitiers** im Jahre 732.

Auf spanischem Gebiet folgte bis zum Ende des Mittelalters dem politisch selbständigen Emirat zunächst das unabhängige **Kalifat von Córdoba,** der Zerfall in Kleinkönigreiche *(taifas)* und schließlich der Fall des letzten maurischen Reiches der Nasriden im südspanischen Granada (1492).

Vor allem im Süden manifestierte sich eine unvergleichliche **Blüte islamischer Kultur,** was sich noch heute an Bauwerken von Weltrang ablesen lässt: ob an der Alhambra in Granada, der Mezquita in Córdoba oder der Giralda in Sevilla. Außerdem machten sich die Mauren auf den Gebieten der Astronomie, Philosophie, Kartographie und Medizin verdient, führen den Terrassenfeldbau und zahlreiche Nutzpflanzen ein und waren weitaus toleranter und aufgeschlossener als die mittelalterliche Christenheit.

Reconquista

Allerdings gelang es den Mauren nicht, sich im gebirgigen, kühlen und

030ns Foto: ad

schwer zugänglichen **Norden** festzusetzen. Und genau dort begannen bereits im 8. Jahrhundert die ersten fassbaren **Auf- und Widerstandsbewegungen.** Die gemeinschaftliche Gegenwehr gegen die neuen Fremdherrscher schufen die Basis für die Reconquista, die oftmals alles andere als „christliche" Rückeroberung des Landes, sowie die Voraussetzungen für regionale Königreiche und damit für die autonomen Verwaltungsbildungen, wie man sie heute noch findet.

Im Jahre 722 (abweichende Quellen: 718) trugen die Christen – genauer: die sich als legitime Nachfolger der Westgoten betrachtenden Asturer – ihren ersten wichtigen Sieg davon, den Historiker als Keimzelle der Reconquista sehen. *Pelayo,* Begründer des Königreiches Asturien mit Sitz in Cangas de Onís (später Oviedo), gelang es in der **Schlacht von Covadonga,** die Mauren erstmals zu schlagen.

Für die **Basken** indes galt es, an allen Fronten zu kämpfen, um sich weder von den einen (den Mauren) noch den anderen (den aus allen Himmelsrichtungen kommenden Regionalisten) überrollen zu lassen. Eben in ihrer angestammten Zone, dem historischen Baskenland, fand im Jahre 778 eine legendäre Schlacht statt. Nach dem gescheiterten Versuch von *Karl*

Stilistische Einflüsse der Mauren an der Kathedrale von Zaragoza

dem Großen, das maurische Zaragoza zu erobern, ließ dieser auf dem Rückweg Richtung Heimat die Stadtmauern Pamplonas zerstören und überschritt mit seinem Heer die Pyrenäen nahe dem heutigen Jakobswegörtchen Roncesvalles. Die von *Roland,* einem Markgrafen der Bretagne, angeführte Nachhut des fränkischen Heeres wurde von den Basken – mutmaßlich unterstützt von einigen Mauren – vernichtend geschlagen.

Jakobuskult

In die vorrückende Reconquista fiel zu Beginn des 9. Jahrhunderts die wundersame **Entdeckung des Apostelgrabes,** die auf einen legendären Einsiedler und einen geheimnisvollen Sternenregen im heutigen Santiago de Compostela zurückging. Das zu jener Zeit herrschende asturisch-leonesische Königshaus ließ daran keinen Zweifel und verbreitet die Kunde von diesem Fund in ganz Europa: Das Grab des Apostels Jakobus ist entdeckt!

Die **Überlieferung** berichtet, dass der Apostel *Jakobus der Ältere* im Jahre 44 unserer Zeitrechnung durch ein Dekret des *Herodes Agrippa* hingerichtet wurde. Über das Meer gelangten *Jakobus'* von seinen beiden Jüngern begleiteten sterblichen Überreste auf einem „Engelsschiff" bis nach Padrón in Galicien und von dort – vielleicht auf einem Ochsenkarren – nach Santiago de Compostela, wo sie bestattet wurden. Wo die Grenze zwischen Geschichte und Legende liegt, ist nicht zu ermessen.

031ns Foto: ad

Was fest steht ist, dass die Auffindung des Grabes zweierlei bewirkte. Zum einen stieg Jakobus (spanisch: Santiago) zum **Schutzpatron** der „christlichen" Reconquista-Streiter auf.

Zum anderen avancierte **Santiago de Compostela** – neben Rom und Jerusalem – zu einem der bedeutendsten christlichen Wallfahrtsziele im Mittelalter. Auf kleinere Pilgerfahrten von Christen aus der näheren Umgebung Santiago de Compostelas folgten die ersten, von den Mönchen Clunys organisierten Pilgerzüge aus Burgund.

Die Kathedrale von Santiago de Compostela

032ns Foto: ad

Der Jakobsweg führt durch urige nordspanische Dörfer, hier Monreal

Später kamen Wallfahrer aus ganz Europa: britische über den Ärmelkanal, italienische über die Alpen, nordländische durch Zentraleuropa. Die Binnenlandpilger trafen sich im Wesentlichen auf den vier großen **Pilgerwegen,** die Frankreich durchzogen und die ihre Anknüpfungs-, bzw. Ausgangspunkte in Paris, Vezelay, Le Puy und Arles hatten. Im französischen Ostabat liefen die Wege aus Paris, Vezelay und Le Puy zusammen, um sich von dort aus über die Pyrenäen hinweg Richtung Roncesvalles, Pamplona und Puente la Reina fortzusetzen. Der Weg aus Arles führte über Toulouse, kreuzte den Pyrenäen-Pass von Somport und lief mit dem zweiten Hauptweg in Puente la Reina zusammen.

So wurde **Navarra** zum Hauptdurchgangs- und Knotenpunkt der Pilgerwege. Gleichlaufend bildete sich Navarra zu Beginn des 10. Jahrhunderts als ein von *Sancho Garcés* begründetes eigenständiges Königreich heraus, während im Westen weiterhin das asturisch-leonesische Königshaus herrschte.

Der Jakobsweg (spanisch: *Camino de Santiago*) und die regelrechten Pilgerschwemmen von einfachen Wallfahrern bis hin zu Königen sorgte für eine schier unglaubliche **internationale Bereicherung Nordspaniens.** Allüberall ließen sich Kaufleute und Händler nieder, wirkten bedeutende Künstler ihrer Zeit an jedweden Bauwerken mit. Es entstanden Siedlungen, Burgen, Klöster, Krankenhäuser, Kirchen, Einsiedeleien und Brücken, kurzum: eine vorzügliche Infrastruktur und ein hoher Lebensstandard. Und die künstlerischen Hinterlassenschaften von einst ziehen noch die Besucher von heute in ihren Bann.

Um auch die nach Vertreibung der Mauren menschenleereren Gegenden zu festigen, verfolgten die Königshäuser Strategien der **Neu- und Wiederbesiedlung** und lockten Siedler mit der Vergabe von Sonderrechten an. Gelegentlich waren es aus dem Süden geflüchtete Mozaraber (unter maurischer Herrschaft lebende Christen), die in den nördlichen Gebieten ideale Voraussetzungen für einen Neuanfang fanden. Stets die latente Gefahr der Muselmanen aus dem Süden im Auge, wurde der Norden durch den Jakobsweg immer sicherer – auch wenn manche Pilger Wegelagerern zum Opfer fielen.

Regional konfliktfrei lief der mit dem Pilgerweg gekommene Aufschwung nicht ab. Immer wieder kam es zu (ökonomisch bedingten) **Streitigkeiten** unter den Verantwortlichen einzelner Dörfer, da das Privileg begehrt war, obligatorische Absteige für Pilger zu sein. Mitunter musste der höchste Gebieter, wie der navarresische König *Sancho III el Mayor,* in die Auseinandersetzungen eingreifen, ein Machtwort sprechen und feste Hauptreiserouten festlegen.

Aufstieg zur Weltmacht und schwere Zeiten

Im Mittelalter gab es außer Navarra und Asturien-León auch die selbständigen Königreiche Aragonien und Kastilien. Durch Heirats-, Vertreibungs- und Expansionspolitik – insbesondere die Hochzeit zwischen *Isabella von Kastilien* und *Ferdinand von Aragonien* (1469), der Abschluss der Reconquista (1492) und die Eroberung Navarras (1512) – ging das zersplitterte spanische Gebiet in das zentralistisch gesteuerte **Großreich Kastilien** über.

Um die politisch-religiöse Einheit zu wahren, setzten die Herrscher auf die **Inquisition** mit ihren berüchtigten Autodafés (Ketzerverbrennungen).

Entscheidenden Anteil an Spaniens Aufstieg zur Weltmacht hatte die **Entdeckung Amerikas** im Jahre 1492 durch *Christoph Kolumbus.* Was folgte, waren Kolonisierung und Ausbeutung der so genannten „Neuen Welt", von der aus Gold und Silber nach Spanien wanderten, das man dort in Kriegen verpulverte und in Prunkbauten umsetzte.

Dieses **„Goldene Zeitalter"** *(Siglo de Oro)* deckte sich mit den Herrschaftszeiten der **Habsburger** *Carlos I (Karl I.,* auch: römischer Kaiser *Karl V.;* 1516-1556) und dessen Sohn *Felipe II (Philipp II.,* 1556-1598), wobei stets kriegerische Konflikte mit Frankreich, England und Portugal schwelten und Spanien auf Dauer schwächten.

Der Anfang vom Ende der spanischen Dominanz war 1588 der **Untergang der spanischen Armada,** der als unbesiegbar geltenden Flotte der Spanier im Krieg gegen England. In der Folgezeit vertrieb Spanien endgültig die Morisken (jene nach der Reconquista verbliebenen und bekehrten Mauren, 1609), verlor im Pyrenäenfrieden von 1659 Artois, Teile Flanderns und das Roussillon an Frankreich sowie – im Frieden von Nimwegen (1678) die Franche-Compté ebenfalls an Frankreich.

Hinzu gesellten sich die **Eroberung Gibraltars** durch die Briten (1704) und die territorialen **Verluste in Übersee.** Dort kämpften Briten, Niederländer, Franzosen und Portugiesen um die Besitzungen.

Doch damit nicht genug. Mit dem Tod von *König Carlos II (Karl II.)* im Jahre 1700 und dem damit verbundenen Erlöschen der spanisch-habsburgischen Linie kam es zu Beginn des 18. Jahrhunderts zum **Spanischen Erbfolgekrieg,** bei dem der von *Carlos II* eingesetzte Bourbone *Felipe V (Philipp V.)* sein Königtum behaupten konnte. Ein wichtiges Element seiner reformpolitischen Schachzüge bestand fortan in der besseren Eingliederung der peripheren Reichsteile in das Staatsganze, was bei Basken und Navarresern naturgemäß auf wenig Gegenliebe stieß.

Im Laufe des 19. Jahrhunderts stiegen die Bemühungen des **Zentralismus,** die Sonderrechte für jene Regionen abzuschaffen. So wurden gewaltsam ein einziges richterliches System und die Wehrpflicht für die Basken eingeführt; die einst zugestandenen steuerlichen Vorteile entfielen im Baskenland, blieben in Navarra jedoch – basierend auf einem Gesetz aus dem Jahre 1841 – bestehen.

Während des schweren 19. Jahrhunderts kämpfte Spanien innen- und außenpolitisch an mehreren Fronten – und ging unter dem Strich als Verlierer hervor, ob bei der **Vernichtung der Flotte** durch die Briten bei Trafalgar (1805) oder dem Kampf um die Unabhängigkeit der spanischen Kolonien. Im Jahre 1898 ist der **Verlust der letzten überseeischen Kolonien** Kuba, Puerto Rico und Philippinen endgültig besiegelt.

Einzig der Unabhängigkeitskrieg gegen die 1808 einsetzende **Fremdherrschaft durch die Franzosen** trägt Früchte, mündet jedoch wegen der Thronstreitigkeiten zwischen *Isabella II* und *Carlos V (Karl V.)* in den ersten von drei **Karlistenkriegen** (1833-1839, 1847-1849 und 1872-1876).

Dies wiederum führt zu stärkeren Tendenzen hin zum politischen **Regionalismus.** So keimen in der zweiten Hälfte des 19. Jahrhunderts die Absichten zur Gründung eines baskischen Bundesstaates auf, bei der der aus Bilbao stammende *Sabino Arana* als federführender Lenker hervortritt.

Spanien im 20. Jahrhundert

Zu Beginn des 20. Jahrhunderts steigen die **sozialen Probleme** in Spanien. Großgrundbesitzer und Großbürgertum zeigen sich um die Beibehaltung ihrer Macht und ihres Besitzstandes bemüht.

Die spanische Arbeiterschaft antwortet im Jahre 1917 mit einem Generalstreik, der sich zu einer allgemeinen **Staatskrise** ausweitet. Für weitere Konfliktstoffe sorgen die Einflüsse von Kirche und Militär auf die Politik sowie die Ein- und Unterordnung der wirtschaftlich erheblich weiter entwickelten Regionen Katalonien und Baskenland in das zentralistisch gesteuerte System. Kurzum: Das Land ist zerrissen, die Fronten zwischen Linken (liberal-progressiven Kräften) und Rechten (nationalistisch-konservativen Kräften) verhärten sich und sind kaum noch in den Griff zu bekommen.

Mit Zustimmung von *König Alfonso XIII* führt General *Miguel Primo de Rivera* 1923 eine **Militärdiktatur** ein, die aber auch auf Dauer die Krise im Land nicht zu lösen vermag.

Im April 1931 bringt die **Ausrufung der Republik** neue Hoffnung (auch für die Nationalisten im Baskenland und eine ins Auge gefasste Autonomie). Bürgerliche Linksparteien in ganz Spanien streben nach den Parlamentswahlen 1931 Reformversuche bei der Agrar- und Sozialstruktur an, doch rechte Kräfte bremsen nach den für sie erfolgreich verlaufenen Wahlen im Jahre 1933 weitere Bemühungen. Die Rechten befürworten einen traditionellen Zentralismus. Die Fronten verschärfen sich, Streiks und soziale Ausschreitungen nehmen landesweit zu.

Spanien unter Franco

Die Gewalt eskaliert und mündet in den **Spanischen Bürgerkrieg (1936-1939),** dessen Auslöser eine Militärrevolte im Juli 1936 in Marokko ist.

Noch im selben Monat wird der aus dem galicischen Ferrol stammende General **Francisco Franco** (1892-1975) zum Chef der nationalspanischen Regierung und des spanischen Staates ernannt. Drei lange Jahre kämpfen Spanier unnachgiebig und mit grausamer Härte gegen Spanier.

Ein Schlag für das gesamte Baskenland und die republikanischen Kräfte ist die **Bombardierung von Guernica,** der so genannten „heiligen Stadt der Basken", im Jahre 1937 durch die deutsche Legion Condor, die Diktator *Franco* unterstützte; an jene verhängnisvolle Zerstörung erinnert bis heute *Picassos* „Guernica"-Bild im Kunstzentrum Reina Sofía in Madrid.

Die Bilanz des Spanischen Bürgerkrieges ist schrecklich: 600.000 Tote (in einigen Quellen liest man von einer Million Toten), teilweise Verwüstung des Landes sowie 400.000 Exilierte und somit auch ein Exodus von Intellektuellen in Richtung Frankreich und Lateinamerika. Hinzu kommt, dass die **Militärdiktatur** erst 1975 mit dem Tode des Diktators *Franco* endet.

Man kann es Glück im Unglück nennen, dass Spanien nach dem Bürgerkrieg – trotz vehementen Drängens von *Hitler* und *Mussolini* – eine Beteiligung am **Zweiten Weltkrieg** erspart bleibt. Das Land ist einfach wirtschaftlich und demographisch ausgeblutet.

Zwischen 1945 und 1950 folgt eine Etappe der Hungerjahre und der **internationalen Isolation,** die zu Beginn der 50er Jahre vor allem auf Betreiben der USA durchbrochen wird.

Im Zuge des Kalten Krieges will man nicht auf eine politische und militärische Bastion im antikommunistischen Spanien verzichten. Im Austausch gegen Nahrung, Geld und **militärische Wiederaufbauhilfe** für Spanien begründen die USA vor Ort Militärstützpunkte (Vertrag von 1953). Mit dem UNO-Beitritt 1955 öffnet sich Spanien außenpolitisch weiter.

Innenpolitisch bestimmen **Zensur und Verbote** den Alltag. Unter dem so genannten *„Generalísimo"*, dem „Großen General" *Francisco Franco,* gibt es Versammlungsverbot, keine politischen Parteien und natürlich auch kein freies Wahlrecht.

Eine Region wie das Baskenland ist gewaltigem innenpolitischen Druck und Repressalien ausgesetzt. Der Gebrauch der baskischen Sprache ist

Erzkatholische Einflüsse: das Opus Dei

Opus Dei hat man es getauft, das – so wörtlich – „Werk Gottes". Die für viele dubiose Organisation wurde im Jahre 1928 vom spanischen Priester *Josémaría Escrivá de Balaguer y Albás* (1902-1975) gegründet. Der studierte Rechtswissenschaftler und Theologe war an der Universität von Navarra (Pamplona) tätig und wurde – lange nach seinem Tod – 1992 in Rom selig und 2002 heilig gesprochen.

Von der Keimzelle Spanien aus hat sich das Opus Dei weltweit verbreitet und umfasst gegenwärtig rund 100.000 Mitgliedern in über 100 Ländern. In Spanien wie andernorts sind sie vor allem in den oberen Schichten der Gesellschaft verwurzelt.

Opus Dei verfolgt als Hauptziel ein konsequent christliches Leben. Allerdings sind im Zusammenhang mit dem Opus Dei in Spanien immer wieder Vorwürfe des autoritären Konservatismus laut geworden, vor allem dann, wenn es deren Mitgliedern nicht zuletzt durch ausgeprägte Disziplin und Pflichtgefühl gelungen war, wichtige öffentliche Positionen zu bekleiden.

So stieg vor allem Ende der fünfziger Jahre der Einfluss des Opus Dei auf höchster politischer Ebene. Angesichts leerer Staatskassen, Inflation und sozialer Unzufriedenheit im Lande begann Diktator *Francisco Franco* mit einer Umstrukturierung Spaniens und leitete die wirtschaftliche Liberalisierung ein. Gleichzeitig startete Franco eine neue Personalpolitik und besetzte wichtige Ministerien mit Technokraten, die enge Kontakte zum Opus Dei besaßen oder selbst Mitglieder dieser ordensähnlichen Organisation waren. So wundert es nicht, dass in jener Zeit die bereits 1952 gegründete Opus-Dei-Universität von Navarra staatlich anerkannt wurde.

Das heutige Opus Dei in Spanien leitet nicht nur Hochschulen, Studentenheime, Landwirtschafts- und Frauenfachschulen, sondern auch kulturelle Zentren und ganze Supermarktketten – daher die abfällige Bezeichnung „christliche Mafia".

Ein spanischer Schwerpunkt von Opus-Dei-Anhängern ist die navarresische Hauptstadt Pamplona. Dort fungiert die Privatuniversität als Stätte der wissenschaftlichen Forschung und der universalen Bildung – und genießt einen internationalen Ruf. Annähernd 10.000 Studenten werden von über 750 Lehrkräften betreut.

Über jene Hochschule schreibt *Peter Berglar* in seinem Buch „Opus Dei" äußerst treffend: „Die Universität von Navarra ist deshalb ein ‚Portrait' Escrivás, weil sie seine Sendung, im Opus Dei und durch das Opus Dei die Einheit des Lebens schaffen oder wiederherstellen zu helfen, für den Bereich von Wissenschaft und Bildung verkörpert, dies wortwörtlich genommen. Die organische, leibhafte Einheit – ihre Wiederherstellung und Neubegründung – von Wissenschaft und Glaube, von Studium und Persönlichkeitsformung, von Beruf und Verantwortung, von Bildung und Religion, die der Gründer ein halbes Jahrhundert hindurch vorlebte und lehrte, ist das Gesetz, nach dem die Universität Pamplona angetreten ist."

Allerdings ist die Universität von Navarra kein erzkatholisches Ghetto, und es gibt auch keine – wenn man so will – Diskriminierungen von Studenten. Allerdings: Wer dem Opus Dei nicht angehört und trotzdem hier studiert, muss natürlich mit Bekehrungsversuchen und Anwerbestrategien von allen Seiten rechnen.

Finanziell getragen wird die Privatuniversität von Navarra sowohl von Studiengeldern als auch von einem so genannten Freundeskreis, dem Mitglieder aller Gesellschaftsschichten angehören. Gelehrt werden in Pamplona zahlreiche Fächer von Biologie bis Jura. Schwerpunkte liegen nicht zufällig auf Journalismus und Wirtschaftswissenschaften. So wird unter dem wissenschaftlichen Nachwuchs durch die vom Opus Dei betriebene Formung ein breites Fundament gelegt, um Wissen und Ideen in die Welt hinauszutragen.

Die Innenseite des Opus Dei mit seinen hierarchischen Strukturen, den Selbstgeißelungen, der Geschlechtertrennung, der internen Zensur und den konkreten finanziellen Quellen wird von Mitgliedern und Sympathisanten nicht nach außen gekehrt. Daher muss das, was sich hinter den Fassaden in Pamplona und andernorts abspielt, lediglich Nährboden für Spekulationen bleiben.

033ns Foto: ad

Opus-Dei-Kapelle oberhalb der Universität von Navarra

ebenso verboten wie die Verwendung von baskischen Symbolen. So mag es nicht verwundern, dass der **baskische Widerstand** neue Formen annimmt, um dem Regime die Stirn zu bieten. Im Jahre 1959 wird die **baskische Untergrundorganisation ETA** gegründet (siehe Exkurs Terror und „Freiheitskampf" im Baskenland).

In jener Zeit – Ende der 1950er Jahre – läutet das von Beratern und Ministern aus dem Umfeld des Opus Dei (siehe Exkurs „Erzkatholische Einflüsse: das Opus Dei") durchsetzte Franco-Regime mit einer Reihe von neuen Gesetzen die **Modernisierung Spaniens** ein, wobei ein Kernpunkt die Liberalisierung ausländischer Investitionen im Lande ist.

Bald darauf wird das Ventil des Arbeitskräfte-Exports nach Europa geöffnet. All dies bringt den Stein ins Rollen: In den 1960er Jahren vollzieht sich das **spanische Wirtschaftswunder** und der Übergang von einer Agrar- in eine Industriegesellschaft. Hauptstützen der wirtschaftlichen Entwicklung des Landes sind fortan der Auf- und Ausbau der Industrie, die Gelder der Emigranten und die Devisen aus dem aufkeimenden Tourismus.

Die spanische Demokratie

Diktator *Franco* selbst bereitet die spanische Zukunft für die Zeit nach seinem Tod vor und bestimmt per Nachfolgegesetz von 1969 *Juan Carlos de Borbón,* den Enkel von *König Alfonso XIII,* zum kommenden Monarchen Spaniens. Ziel ist die Weiterentwicklung auf autoritär-monarchistischer Li-

Terror und „Freiheitskampf" im Baskenland

Terror und „Freiheitskampf" im Baskenland haben seit 1959 einen Namen: **ETA.** Der Name jener baskische Untergrundorganisation, die von Teilen einer baskisch-nationalistischen Studentengruppe einer Jugendorganisation gegründet wurde, bedeutet „Euskadi ta Askatasuna", „Baskenland und Freiheit". Als radikale und extremistische Bewegung stellte sich die ETA gegen das repressive, zentralistische Franco-Regime und verlieh ihrem kompromisslosen Grundsatz von der Unabhängigkeit für das Baskenland Ausdruck – zunächst jedoch ohne Waffengewalt.

Erst ab 1968 nahm die Organisation die Züge einer bewaffneten Guerilla an, deren Anschläge sich zuvörderst gegen staatliche Einrichtungen und Repräsentanten jedweder Art richteten (vor allem natürlich gegen die Guardia Civil). **Zu Zeiten Francos** stießen die Aktionen von ETA unter den Basken auf relativ große Akzeptanz, da sich hier eine unterdrückte Minderheit auflehnte. Einheitlich war die Organisation der ETA allerdings nicht. Immer wieder gab es Auf- und Abspaltungen in Flügel und einzelne Kommandos.

Im Jahre 1970 kam es zum **Prozess von Burgos,** der die ETA weithin bekannt machte. In Burgos waren 16 ETA-Aktivisten angeklagt, Mitglieder einer terroristisch-separatistischen Vereinigung und am tödlichen Attentat gegen den Polizeichef *Melitón Manzanas* beteiligt gewesen zu sein. Allerdings waren die Anklagepunkte nicht stichhaltig. Trotzdem wurden neun Todesurteile, insgesamt 500 Jahre Gefängnis sowie eine Geldstrafe in Höhe von 1,5 Millionen Pesetas ausgesprochen. Daraufhin kam es zu landesweiten Protesten und internationalen Petitionen – auf Druck der Öffentlichkeit wurden die Urteile aufgehoben. Ein geschickter Schachzug der Etarras war es, den Prozess als politische Propagandabühne für ihre Organisation genutzt und selbst Anklage gegen die Knebelung des baskischen Volkes und die Foltermethoden der Polizei erhoben zu haben. So erhob sich nach dem Burgos-Prozess ein noch stärkerer Protest gegen den Franquismo.

Im Verlauf der **1970er Jahre** weitete die ETA die blutigen Gewaltakte aus. In dem bis heute spektakulärsten Bombenattentat jagten die Guerillas Ende 1973 unter dem Deckwort „Operation Menschenfresser" den von Franco kurz zuvor ernannten Regierungspräsidenten *Luis Carrero Blanco* samt Auto in die Luft.

Nach dem Tod *Francos* am 20. November 1975 war die Eta zunächst desorientiert. Die einen wandten sich linksnationalistischen Gruppen bzw. parteipolitischen Gemeinschaften zu, die anderen plädierten für den Fortbestand des militärischen Zweiges und der **terroristischen Anschläge.** Bei den Terrorakten wurde in steigendem und immer kaltblütigerem Maße auch die spanische Zivilbevölkerung in Mitleidenschaft gezogen. Zwischen 1968 und heute haben die Etarras bei ihren Attentaten knapp 1.000 Menschen getötet, die Verletzten und die gescheiterten Anschläge nicht mitgerechnet.

Ob hohe Offiziere, einfache Polizisten, Gemeinderatsmitglieder, Gefängnisbedienstete oder Richter: Viele werden von mobilen Kommandos durch Genickschüsse regelrecht hingerichtet oder durch Autobomben getötet. Über Entführungen, Erpressungen und Schutzgeldeintreibungen erhalten die Etarras Gelder. Mit welchen erpresserischen Schreiben die ETA zu Werke geht, bekam man in Deutschland Ende 2000 nachhaltig vor Augen geführt. *Bixente Lizarazu,* französisch-baskischer Fussballstar in Reihen des FC Bayern München, brachte einen an ihn gerichteten ETA-Brief an die Öffentlichkeit und musste fortan unter Polizeischutz gestellt werden. Die so eingetriebenen Gelder „investiert" die ETA in ein immenses Waffen- und Sprengstoffarsenal, häufig wechselnde Mietwohnungen, ausgeklügelte Kommunikationsmethoden und das Anwerben von „Nachwuchskräften".

Offiziell gilt der bewaffnete Kampf nach wie vor der Unabhängigkeit von Euskadi, dem Baskenland. Das oberste, realitätsferne gesellschaftliche **Endziel** ist ein nach innen und außen souveräner, aus den historischen spanischen und französischen Basken-Provinzen (samt Navarra) bestehender baskischer Staat mit sozialistischer Gesellschaftsordnung.

Immer wieder scheitern politische Verhandlungen, immer wieder gelingt es Etarras, sich in spanischen und französischen Pyrenäendörfern zu verschanzen – doch immer seltener. Die Bevölkerung ist wachsamer, französische und spanische Polizei arbeiten immer häufiger grenzüberschreitend zusammen. Und niemand mehr will bei der öffentlichen Verurteilung der Anschläge ein Blatt vor den Mund nehmen. Einzige Ausnahme bildet die baskisch-nationalistische Partei **Herri Batasuna** – später Euskal Herritarrok, dann Batasuna –, die als der legale politische Arm der ETA gilt. Mitte 2002 wurde Batasuna auf höchstes richterliches und politisches Betreiben hin in Spanien verboten.

Und die ETA machte Fehler. So führte ein in einer Telefonzelle vergessenes Notizbuch eines ETA-Aktivisten 1992 zur Festnahme der damaligen ETA-Spitzen *Francisco Mugica Darmendia („Artapalo"), José María Arregui („Fittipaldi")* und *José Luis Alvares („Txelis")*. Bis heute sind der spanischen Polizei immer wieder erfolgreiche Schläge gegen den Terrorismus gelungen. Gleichwohl kidnappte und mordete die ETA weiter. Zwischen 1997 und 2002 waren die Stadt- und Gemeinderatsmitglieder der regierenden Partido Popular vorrangige Ziele der blutigen Anschläge. Was folgten, waren nie dagewesene **Massendemonstrationen** der Bevölkerung für den Frieden: ob in Sevilla, San Sebastián oder Bilbao.

Durch den von der ETA einseitig angekündigten und zeitlich unbegrenzten **Waffenstillstand** gab es 1998 neue Hoffnung auf Frieden in Spanien. Im Rahmen ihrer Möglichkeiten machte die PP-Regierung 1999 rund 14 Monate lang Zugeständnisse in Form der Verlegung von politischen Gefangenen näher an deren Heimatregion. Und selbst inhaftierte Terroristen appellierten an ihre ETA-Kollegen für ein Ende des bewaffneten Kampfes.

Ende 1999 verkündeten die Terroristen die Wiederaufnahme ihrer Aktionen. Nach neuen Anschlägen wurde den politisch verantwortlichen erst jetzt der Hintergrund des Waffenstillstandes klar. Die ETA hatte sich neu organisiert und die Friedenszeit dazu benutzt, neue Mitglieder anzuwerben, Wohnungen zu mieten sowie Fahrzeuge und Sprengstoff zu beschaffen, unter anderem bei Diebstählen im benachbarten Frankreich. Im Laufe der Jahre 2000 bis 2002 jagten die Etarras zahlreiche Menschen mit Autobomben in die Luft. Dabei waren die versprengten Kommandos nicht nur im Baskenland und Navarra, sondern auch in Madrid, Katalonien und Andalusien aktiv. Ausgewählte und zuvor detailliert beobachtete Ziele Richter, Polizisten und Gemeinderatsmitglieder bzw. Sympathisanten sowohl der PP als auch der Sozialisten. Mitte 2000 wurden vier Terroristen in Bilbao Opfer einer eigenen Autobombe – und der Vorsitzende der politischen Partei Euskal Herritarrok, Arnaldo Otegi, beklagte öffentlich den Verlust und führte unverblümt die Spitze der Trauerzüge für die Etarras an.

Um politisch greifbare Ziele geht es den Terroristen ohnehin nicht mehr, sondern nur um das Ausleben von Gewalt. Der Freiheitskampf für das Baskenland ist da nur ein willkommenes Deckmäntelchen.

034ns Foto: ad

Immer noch sieht man oft ETA-Graffitis

Land und Leute

nie. Zwei Tage nach *Francos* Tod wird der damals 37-Jährige am 22. November 1975 als **Juan Carlos I** zum König Spaniens proklamiert. Von vielen zunächst mit Skepsis beäugt, etabliert er sich bald als eine der maßgeblichen Kräfte der Demokratisierung des Landes. Das Baskische und Galicische werden wieder Staatssprachen, der noch heute parteiübergreifend geschätzte *Adolfo Suárez* von der Union des Demokratischen Zentrums (UCD) wird Ministerpräsident.

Im Dezember 1978 nehmen die Spanier die neue Verfassung in einer Volksabstimmung mit großer Mehrheit an. Der Verfassung gemäß ist Spanien seitdem eine **konstitutionelle Monarchie** mit parlamentarischem Regierungssystem. Staatsoberhaupt und Oberbefehlshaber der Streitkräfte ist der König.

Die **Verwaltung** gliedert sich in 17 Autonome Gemeinschaften (Comunidades Autónomas) und 50 Provinzen.

Die Verfassung garantiert auch die **Autonomie der Nationalitäten und Regionen.** Dazu rechnen die angestammten Sonderrechte, denen zufolge Gemeinschaften wie das Baskenland und Navarra jeweils eine eigene Polizei unterhalten.

Die junge spanische Demokratie gerät bei einem militärischen **Putschversuch 1981** in Gefahr, doch der König greift mit Entschlossenheit ein.

Im Jahre 1982 – dem Jahr auch des **NATO-Beitritts** – beginnt mit dem **Wahlsieg der Sozialisten** unter dem seinerzeit jungen, dynamischen **Felipe González** (Jahrgang 1942) eine politische Etappe, die durch mehrere aufeinander folgende Wahlerfolge bis 1996 anhält.

Unter *González* und seiner Partei PSOE (Partido Socialista Obrero Español) tritt Spanien 1986 der **Europäischen Gemeinschaft** bei und geht als NATO-Mitglied im selben Jahr gestärkt aus einem Referendum hervor, in dem sich die Mehrheit für einen Verbleib in der Atlantischen Allianz ausspricht.

In die Jahre bis 1996 fallen auch der größte **Generalstreik** der nationalen Geschichte gegen die Wirtschafts- und Sozialpolitik der Regierung (1988), die Eingliederung der Peseta in das Europäische Währungssystem (1989), die **Weltausstellung** in Sevilla (1992), die **Olympischen Spiele** in Barcelona (1992), aber auch mehrfache Peseta-Abwertungen.

Gleichzeitig erfolgen immer neuen Attentate der Terrororganisation **ETA.** Doch die Sozialisten schlagen – zunächst in aller Heimlichkeit – gegen die ETA zurück und ordnen gezielt Ermordungen von Separatisten an – *González* will von nichts gewusst haben. Allerdings stürzen der **„schmutzige Krieg"** gegen die ETA, eine groß angelegte Abhöraffäre beim Geheimdienst, die Korruptions- und Parteifinanzierungsskandale sowie der Bruch des Regierungsbündnisses zwischen der sozialistischen Minderheitsregierung und der katalanischen Regionalpartei die Sozialisten in eine Krise.

Die Quittung folgt auf dem Fuße. Aus den vorgezogenen landesweiten

Neuwahlen 1996 geht die **konservative Volkspartei** (Partido Popular, kurz: PP) unter ihrem Vorsitzenden **José María Aznar** als Sieger hervor.

In die Zeit der von katalanischen und baskischen Regionalparteien gestützten Minderheitsregierung Aznar (seit 1996) fällt die **Umweltkatastrophe** im andalusischen Nationalpark von **Doñana** (1998) und die schrittweise Einführung des **Euro** (seit 1999).

In den Jahren 1997 und 1998 zieht auch eine neue **Terrorwelle der ETA** übers Land, doch fortan sind es Hunderttausende von Menschen, die bei zahlreichen **Demonstrationen** in allen Städten auf die Straße gehen und für den Frieden plädieren.

Nach dem 1998 von den baskischen nationalistischen Parteien verabschiedeten **„Manifest von Estella"**, mit dem sie ihre Einheit und mehr politisch-gesellschaften Einfluss beschwören, kündigt die ETA einen einseitigen, zeitlich unbegrenzten Waffenstillstand an. Leider ist damit die Gewalt im Baskenland und Navarra nicht vom Tisch, sprich: von der Straße.

Spaniens Königstochter *Elena* bringt 1998 einen Sohn, *Felipe,* zur Welt, womit die landesweit beliebte und von Skandalen freie **Königsfamilie in die neue Generation** gegangen ist.

Bei den Parlamentswahlen 2000 erhält die von José Maria Aznar angeführte *Partido Popular* 44,5 % der Stimmen und erringt die absolute Mehrheit. Die Sozialisten müssen herbe Stimmenverluste hinnehmen (34,1 %), während die katalanische Regionalpartei *Convergència i Unió* den Parlamentssitzen nach zur **drittstärksten politischen Kraft** im Lande wird.

Während der Jahre 2000 bis 2002 wird Spanien von einer neuen Terrorwelle der ETA heimgesucht, gegen die sich in zahlreichen Städten **Massenproteste** erheben. Auf der Positiv-Seite steht Spaniens **volkswirtschaftlicher Aufschwung** mit einem Wachstum von 3 %. Allerdings ist die Inflation – entgegen aller Prognosen – auf die 4 %-Marke geklettert. Und der neue **ökonomische Boom** führt nicht zu greifbaren Verbesserungen im sozialen Netz. Unter diesen Vorzeichen überrascht es nicht, dass die **Geburtenrate** zu den weltweit niedrigsten zählt. Dabei wird die Geburtenstatistik sogar noch von zahlreichen Einwanderinnen geschönt, die ins „gelobte Land" Spanien kommen und dort ihre Kinder zur Welt bringen. Besonders starke **Zuwanderungsströme** sind in den letzten Jahren aus Schwarz- und Nordafrika (inbesondere als *boat people),* aber auch aus lateinamerikanischen Ländern wie Ecuador, Peru und Kolumbien zu verzeichnen. Ab 2003 gibt es vorsichtige Ansätze zur Zahlung von **Kindergeld:** 100 Euro pro Monat für Kinder bis zu drei Jahren, allerdings unter der Voraussetzung, dass die Mutter berufstätig ist. In Spanien zahlt der Staat äußerst ungern ...

Hand in Hand gehen im August 2002 Justiz und die maßgeblichen politischen Parteien ihr innenpolitisches Großreinemachen an. Sie verbieten die ETA-nahe Partei **Batasuna,** lassen mit Polizeigewalt die Batasuna-Parteibüros und Versammlungsstätten (*herriko taberna*) im Baskenland und Navarra schließen und beschlagnahmen das Parteivermögen. Flugs verlegt Batasuna seine Zentrale ins französische Baskenland und kündigt verstärkte Aktionen an. Worauf sich die spanische Justiz um ein internationales Verbot bemüht. Ob mit oder ohne offizielle Präsenz von Batasuna: Mit dem Parteiverbot haben die Radikalen nicht ihre Gesinnung abgelegt, das Konfliktpotenzial ist da. Ende offen ...

Ende 2002 havariert der altersschwache Großtanker „Prestige" vor Nordwestspanien, die **Ölpest** verschmutzt die galicischen Küsten auf einer Länge von über 200 Kilometern. Über die atlantische Meeresflora und -fauna hinaus sind 5000 galicische Fischerfamilien betroffen, die über längere Zeit hinweg Totalausfälle ihrer Einkommen zu verkraften haben.

Bevölkerung

Auf die ca. 505.000 km² Spaniens verteilen sich rund 40 Millionen Menschen; somit leben 78,2 Menschen auf einem Quadratkilometer. Zu den **am dichtesten besiedelten Regionen** in Nordspanien zählen das Baskenland (296 Einwohner/km²) und Asturien (108 Einwohner/km²), während Kastilien-León (28 Einwohner/km²) und Aragonien (23 Einwohner/km²) die Schlusslichter bilden.

Die größten **Städte** im Norden sind die aragonesische Hauptstadt Zaragoza mit über 600.000 und das baskische Bilbao mit seinen rund 370.000 Einwohnern in den Kernzonen. Ansonsten liegen die bedeutsameren Städte in Größenordnungen zwischen rund 125.000 (Logroño) und 270.000 Einwohnern (Gijón).

Von „den Spaniern" und „dem Spanier" lässt sich kaum reden. Dazu haben sich im Laufe der Geschichte zu viele Fremdeinflüsse und -vermischungen von und mit Kelten, Griechen, Römern, Westgoten, Mauren und Franken ereignet. Wohl aber unterscheidet man regionale **Volksgruppen,** die sich durch kulturelle Eigenständigkeiten von anderen abheben und von denen manche ihren Regionalpatriotismus pflegen. Zuvörderst sind das die Basken und die Galicier, die über das Spanische hinaus ihre eigenen Sprachen gebrauchen (siehe Exkurs „Euskera, die Sprache der Basken").

Gemein ist den Bewohnern Spaniens, dass sie sich mit großer Mehrheit – rund 95 Prozent – zum **römisch-katholischen Glauben** bekennen. Was natürlich nicht gleichbedeutend mit regelmäßigen Kirchgängen ist!

Spanier sehen die **Familie** nach wie vor als wichtige Einheit. Allerdings brechen auch hier manche der traditionellen Strukturen auf. So ist die Geburtenrate im kinderfreundlichen Spanien in den Keller gesackt, was nachweislich mit den mangelhaften staatlichen Unterstützungen zusammenhängt. Kinderkriegen ist und bleibt in erster Linie ein Privatvergnügen.

Allerdings stehen die **Frauen** mittlerweile selbstverständlich im Arbeitsleben – was zu Zeiten *Francos* noch undenkbar war.

Umzug der Gigantenpuppen

Feste und Traditionen

Feste in Nordspanien

Im Feiern sind die Spanier kaum zu überbieten, und Anzahl und Termine von Festen sind schier unüberschaubar. Viele der Feste sind religiösen Ursprungs, wie zum Beispiel die **Wallfahrten** *(romerías)* zu abgeschiedenen Einsiedeleien und Heiligtümern; davon versprechen sich die Pilger traditionsgemäß eine Linderung ihrer Leiden.

- **Buchtipp:** Spaniens Feste und Traditionen nehmen großen Raum im 2002 erschienenen Buch **„Kulturschock Spanien"** ein, verfasst vom Autor dieses Buches, erschienen im Reise Know-How Verlag, Bielefeld.

Javierada

Eine bekannte Wallfahrt ist etwa die Javierada in Navarra. Normalerweise an den ersten beiden aufeinander folgenden Sonntagen im März sind es Tausende, die von Pamplona aus zur rund 50 Kilometer entfernten Burg von Javier marschieren und dem heiligen *Franz Xaxer (Francisco Javier)* ihre Ehrerbietung erweisen.

Jakobustag

Das bekannteste Kirchenfest in Galicien dreht sich rund um den Jakobustag (25. Juli), wobei natürlich der große Weihrauchwerfer *(botafumeiro)* in der Kathedrale geschwenkt wird.

Häufig stehen **ferias** im Festkalender. Dabei handelt es sich um bunte Volksfeste, die sich in Verbindung mit gelegentlichem Jahrmarkt, Stierkämpfen und folkloristischen Darbietungen jedweder Art über mehrere Tage erstrecken können.

Jede Stadt und jedes Dorf feiert in der Regel den **Tag des Schutzpatrons** oder seiner Schutzheiligen mit Prozessionen und bunten Feierlichkeiten, aber auch mit einer mehrtägigen *feria*.

Selbst in kleinsten Dörfern werden – wie bei den großen Sanfermines in Pamplona – *encierros* geboten, **Stiertreiben** durch die Straßen. Unvermeidlich sind auch hier wieder die **Stierkämpfe** *(corridas de toros)*.

Sanfermines in Pamplona

Die weltberühmten Sanfermines in Pamplona – alljährlich zwischen dem 6. und 14. Juli – werden auch **„feria del toro"** (Stier-Volksfest) genannt und stellen in Spaniens Norden alles in den Schatten.

Jeden Morgen kommt es dort zum *encierro,* dem weltberühmten **Stiertreiben** durch die abgesperrten Altstadtgassen, einem Spektakel, das landesweit live vom spanischen Fernsehen übertragen wird. Bei dem rund 850 Meter langen Lauf der Stiere von den Stallungen an der Cuesta de Santo Domingo bis zu jenen hinter der Arena spielen die waghalsig-verrückten Läufer eine gewichtige Rolle, die vor den Hörnern davonsprinten. Bis zu 3.000 Läufer drängen sich in den Schneisen. Ein Stiertreiben ist für die zweibeinigen Akteure alles andere als ein Kinderspaß. Auswärtige unterschätzen vor allem die hohe Geschwindigkeit der Stiere, die die 100-Meter-Distanz locker in 14 Sekunden und weniger schaffen. Immer wieder gibt es zahlreiche Leicht- und Schwerverletzte, doch auch Todesopfer sind schon zu beklagen gewesen. Eine Stierhatz ist und bleibt ein Spiel auf Leben und Tod, das kein Netz und keinen doppelten Boden kennt. Nicht umsonst sind Rotkreuzhelfer an zahlreichen Stellen der Strecke postiert.

Oft finden **Umzüge** statt, die von **Puppen** mit großen Köpfen *(cabezudos)* und den noch überdimensionaleren „Giganten" *(gigantes)* begleitet werden. Diese aus Holz, Pappe und Stoff bestehenden „Großköpfe" und

Spanische Feiertage im Überblick

- **1. Januar:** Neujahr *(Año Nuevo)*
- **6. Januar:** Heilige Drei Könige *(Día de Reyes* oder *Día de la Epifanía)*
- **19. März:** St.-Josefstag *(Día de San José)*
- Karfreitag *(Viernes Santo)*
- **1. Mai:** Tag der Arbeit *(Fiesta del Trabajo)*
- **25. Juli:** Jakobstag *(Día de Santiago)*
- **15. August:** Mariä Himmelfahrt *(Asunción de Nuestra Señora)*
- **12. Oktober:** Tag der Entdeckung Amerikas, auch Tag des Spaniertums *(Día del Descubrimiento* bzw. *Día de la Hispanidad)*
- **1. November:** Allerheiligen *(Todos los Santos)*
- **6. Dezember:** Tag der Verfassung *(Día de la Constitución)*
- **8. Dezember:** Mariä Empfängnis *(Día de la Inmaculada)*
- **25. Dezember:** Weihnachten *(Navidad)*

Darüber hinaus stehen in manchen Provinzen auch der Gründonnerstag *(Jueves Santo),* der Ostermontag *(Lunes de Pascua)* und Fronleichnam *(Día del Corpus)* im Feiertagskalender. Als ob das nicht schon genug wäre, gesellt sich eine geradezu unüberschaubare Zahl an lokalen Feiertagen hinzu, denn: das Fest des jeweiligen Stadtheiligen oder der kommunalen Schutzpatronin will ausgiebig gefeiert werden. Nimmt man als Beispiel die Riesenfiesta der alljährlich zwischen dem 6. und 14. Juli abgehaltenen Sanfermines in Pamplona, so liegt dort das Geschäftsleben gleich mehr als eine Woche brach.

Landesweit besonders beliebt sind jene Feiertage, die auf einen Donnerstag oder Dienstag fallen. Dann nämlich nehmen die Spanier den Freitag oder den Montag als **Brückentag** und schwärmen aus. Die Folgen sind verstopfte Straßen, mehr Unfälle und Engpässe bei den Unterkünften in Urlaubsgebieten.

„Giganten" sind die Könige der Straßen und die Lieblinge der Kinder. Mitunter sind die „Giganten" vier Meter groß; das Innenleben besteht aus einem hölzernen Tragegestell und einem muskelbepackten Träger.

Viele der Volksfeste sind mit **Sportwettkämpfen und ländlich-folkloristischen Spielen** verbunden. Dazu zählen im Baskenland und Navarra Steinbrockenstemmen, Holzhacken und Pelota, ein baskisches Schlagballspiel (siehe Exkurs).

Natürlich dürfen auch **typische Tänze und Musik** nicht fehlen. In Aragonien und Navarra tanzt man gerne die **jota** und in Galicien die **muñeira.** Zu den regional eigentümlichen Musikinstrumenten zählen in Galicien und Asturien der **Dudelsack** *(gaito)* und im Baskenland und Navarra die **Flöte** *(txistu)* sowie das **Akkordeon.**

In den ersten Tages des Jahres taucht dort der **Tag der Heiligen Drei Könige** (6. Januar) auf, wobei Fackelumzüge am Nachmittag oder Abend des 5. Januar angesetzt sind. Mitunter werden die „Könige" von echten Dromedaren begleitet.

Karneval wird in Bilbao besonders ausgiebig gefeiert; außer buntem Straßentreiben gibt es Feuerwerk und eine Menge an Livemusik.

In vielen Städten und Orten sind die Prozessionen während der **Karwoche** *(Semana Santa)* verbreitet, zumeist am

Eine Variante des Stierkampfes ist jene vom Pferd aus („rejoneo")

036ns Foto: ad

Pelota vasca – Volkssport im Baskenland

Ein Gummi- oder Lederball, Mauer und Schläger: drei Dinge braucht der baskische Mann. Aber nicht immer. Manche verzichten beim rustikalen Volkssport Pelota auf das Racket und spielen mit der blanken Hand. Ein richtiges Pelota-As ist bekannt wie ein bunter Hund – und reich wie ein Firmenboss. Berichte über Amateur- und Profi-Wettkämpfe füllen Zeitungsseiten und Titelblätter. In fast jedem baskischen Dorf, ob auf spanischer oder französischer Seite, gehört ein riesiger *frontón,* ein Pelota-Spielplatz, selbstverständlich ins Bild.

Pelota ist – ähnlich wie Squash – ein Rückschlagspiel für Reaktionsschnelle. Im Einzel und Doppel treten die Pelotaris auf den bis zu 100 Meter langen, aber nur 20 Meter breiten Feldern unter freiem Himmel oder in der Halle gegen einander an. Das Prinzip ist einfach. Spieler 1 schmettert mit Wucht und Dynamik einen Gummi- oder Lederball gegen die Stirnwand, Spieler 2 schleudert ihn aus der Luft oder nach maximal einer Bodenberührung zurück. Unterschiedlich sind die Spielarten. Die Palette der Schläger reicht vom knochenschweren Holzracket *(pala)* bis zur großen, bananenförmigen Fang- und Wurfröhre aus Weide und Leder *(chistera).* Dem rustikalen Naturell des Basken entspricht, dass viele Pelota mit der blanken Hand spielen und sich – wenn überhaupt – die empfindlichsten Stellen der natürlichen Schlagflächen mit Pflastern schützen. Mit ihren knapp 100 Gramm sind die Bälle alles andere als federleicht.

Ein Sonntagnachmittag im März, Pelotazeit in der Euskal-Jai-Berri-Halle in Huarte bei Pamplona. Vier Doppel-Matches in der chistera-Disziplin sind angesetzt. Vor vollen Reihen werden die kindsgroßen Schlagschaufeln an die Handgelenke der Spieler gebunden, die Augenpaare im Publikum verfolgen das rasende Hin und Her der Ballgeschosse. Das Publikum ist vom Spielfeld durch ein riesiges, feinmaschiges Auffangnetz getrennt. Zwischen Feld und Netz stehen Ballmänner älteren Jahrgangs in billig-braunem Anzugstoff, alle ausstaffiert mit Helmen. Einer kümmert sich um das Funktionieren der elektrischen Ballwärm-Maschine, ein Brutkasten in Kleinformat am Spielfeldrand. Jeder weiß: Je wärmer der Ball, desto schneller fliegt er.

Ebenso interessant wie der wilde Schlagabtausch auf dem Holzboden der Halle ist die Wettleidenschaft auf den Rängen. Eine Riege von Wettbüroprofis, die *corredores,* kurbelt das Geschäft vom Bereich der vorderen Sitzbänke aus an. Lauthals rufen sie, als wär's an der Jahrmarktbude, die Quoten für die Teams in Rot und Blau aus und beschwören seltsame Ballwechsel auf der Tribüne herbei. Ausgehöhlte, gelbe Tennisbälle nehmen punktgenauen Kurs vom Wettannehmer zum Wettenden. Letztgenannte stopfen Geldscheine ins Innere der demolierten Filzkugeln und schleudern sie in hohem Bogen – und oftmals unpräzise – zurück. Gut, dass die Fangnetze da sind. Flugs tauchen die Wetthaie zu den Tennisbällen ab, prüfen den Inhalt und notieren sich – nichts. Alles Glaube, Vertrauen und Zahlengedächtnis. Da ihnen später niemand an die Gurgel will, scheint das Geschäft ordnungsgemäß zu laufen. Bis kurz vor Spielende kann gewettet werden, die Quoten ändern sich, dann geht nichts mehr. Bald sausen die Tennisbälle mit den Gewinnen ins Publikum zurück, einzelne Verlierer pfeifen die Pelota-Besiegten aus.

Bei Pelota spannt sich der Bogen der Geschichte um Jahrtausende zurück. Zu römischen Zeiten nannte man den Sport *pila,* im alten Frankreich *jeu de paume.* Die römischen Dichter *Horaz* und *Vergil* und Frankreichs König *Heinrich IV.* eint eines: Sie alle sollen exzellente Pelotaris gewesen sein. Gespielt wurde in früheren Zeiten mit Bällchen aus Leder und Wolle, meist unter freiem Himmel und mit der bloßen oder handschuhbedeckten Hand. Nach der Einführung von Gummibällen um 1850 wurde die

Sportart im Baskenland revolutioniert und erweitert. So kam die rund 70 Zentimeter lange Fang- und Wurfröhre *chistera grande* auf. Bei den Olympischen Spielen 1924 in Paris, 1968 in Mexiko und 1992 in Barcelona war Pelota Demonstrationssportart. 2002 war Pamplona Schauplatz der Pelota-Weltmeisterschaften

Im spanischen und im französischen Baskenland schwört heute jeder einzelne auf seinen Favoriten unter den Spielarten, wie *rebote* (auf großen Freiluftfeldern mit der um die 900 Gramm schweren chistera), *pasaka* (in der Halle mit großen Lederhandschuhen und knapp 250 Gramm schweren Bällen), *mano desnuda* (mit der blanken Hand in der Halle oder auf Freiplätzen), *paleta de goma* (mit Holzschlägern und 40 Gramm leichten Gummibällen) und *chistera* (mit unterschiedlich geformten und zwischen 500 und 900 Gramm schweren Röhren). Bei der Disziplin *pala de cuero* unterscheidet man vier Schläger: die *pala grande* aus Buchenholz oder Esche (50 Zentimeter lang, 800 Gramm schwer, für lange Freiluftplätze), die ebenfalls aus Massivholz gefertigte, für kürzere *frontones* geeignete *pala corta,* die *pala larga* (55-60 Zentimeter lang, 4,5 Zentimeter dick und bis zu einem Kilo schwer, gedacht für schwerere Bälle) und die *paleta de cuero* (500-Gramm-Holzschläger für leichtere Bälle in der Halle).

Kurzum: Pelota ist eine Wissenschaft für sich. Wer sich in grauer Theorie in den baskischen Volkssport vertieft, dem werden bald kurze *frontones* und lange *frontones,* leichte Schläger und schwere Schläger, Gummibälle und Lederbälle und all die spezifischen Durchmesser und Gewichte vor Augen verschwimmen und ein diffuses Bild hinterlassen. Da hilft nur eines: Ball, Mauer, Schläger und Gegner. So begannen auch des Autors bescheidene Pelota-Versuche mit *pala*-Holzknüppeln an den öffentlichen frontones in Navarra. In Berriozar, Obanos und Torres de Elorz, gegen *Jontxu, Iñigo, Jose Mari, Roberto* und all die andern. Als Zwischenbilanz bleibt: Gegen Ur-Basken kommt man schwerlich an.

Karfreitag und am Ostersonntag. Bei diesen schleppen vermummte Büßergruppen tonnenschwere Heiligenbilder *(pasos)* durch die Straßen, wobei die Prozessionen auch schon mal kurzfristig den Unbilden des Wetters zum Opfer fallen können und sich – sollten sie stattfinden – nicht alles so darstellt wie in früheren Zeiten. Neuerdings ruhen die kunst- und wertvollen Schnitzarbeiten gelegentlich auf Aufbauten mit Rädern und werden einfach durch die Straßen gerollt.

Auch der **Wein** spielt eine nicht unerhebliche Rolle im jährlichen Festkalender. So bespritzen sich bei der **Batalla del vino,** der „Schlacht des Weins", am 29. Juni beim riojanischen Haro Unmengen an Fiestafreudigen gegenseitig mit Rotwein.

Das mit dem San-Mateo-Tag (21. September) einhergehende **Weinlesefest** *(Fiesta de la Vendimia)* in Logroño sollten sich jene nicht entgehen lassen, die einmal ein öffentliches Traubenstampfen in einem großen Bottich sehen wollen.

Auch **Heiligabend** gibt es **Umzüge** mit Karren, Ochsen und Tänzern.

In der Nacht vom 31. Dezember auf den 1. Januar ist es Sitte, bei jedem der zwölf mitternächtlichen Gongschläge eine so genannte **„uva de la suerte"** („Glückstraube") unfallfrei zu verspeisen – gar nicht so einfach, denn die Schläge kommen kurz hintereinander. Im feierfreudigen Pamplona schwärmt die Jugend danach karnevalistisch kostümiert in die Gassen des Altstadtviertels aus.

Stierkampf

Zu vielen Patronats- und Volksfesten gehören die für viele auswärtige Besucher unsäglichen und als blutiges Töten auf Raten bezeichneten Stierkämpfe. Bei diesen schlägt das letzte Stündlein für ein halbes Dutzend Kampfstiere, die in der Regel drei Toreros zugelost werden. Und diese stellen ihre so genannte „Stierkämpferkunst" *(tauromaquia)* unter Beweis.

Beim Stierkampf gliedert sich das Geschehen in drei Abschnitte. Gegen Ende steht der Matador dem gereizten und gequälten Tier mit Degen und rotem Tuch *(muleta)* alleine gegenüber, bis er es mit dem tiefen Stich zwischen die Schulterblätter tötet. Klappt es nicht beim ersten Streich, kommt Unmut im Publikum auf; der Torero läuft Gefahr, nicht angemessen belohnt zu werden: mit einem Ohr des Stiers, mit zwei Ohren oder mit zwei Ohren und Schwanz. Das Größte ist natürlich, wenn er auf Schultern aus der Arena getragen wird. Eine Variante beim Stierkampf ist jene vom Pferd aus *(rejoneo)*.

Eine Chance, mit dem Leben davonzukommen, haben die bis zu 600 kg schweren Kampfstiere *(toros bravos)* im Übrigen nicht, sie sind längst vorher an den Schlachter verkauft worden. In den Metzgereien liegt das zerstückelte Tier später aus; sein Fleisch eignet sich vorzüglich für Schmorbraten oder Gulasch.

Stierkämpfer sind in Spanien nach wie vor vergötterte Stars – und fürstlich entlohnte Millionäre. Zur neuen Generation der erfolgreichen **Toreros** zählen *El Juli* und *El Cordobés* (trägt denselben Namen wie sein Vater). Die mehr oder minder erfolgreich in die Männerdomäne eingebrochene *Cristina Sánchez* hat sich mittlerweile zurückgezogen, Showman Jesulín de Ubrique steht nach seinem Rücktritt vom Rücktritt wieder im Rund.

In Zeiten, in denen es noch keine Arenen gab, dienten die zentralen Stadtplätze als Rahmen für die Kämpfe. Heute gehört die **Stierkampfarena** *(plaza de toros)* auch in kleineren Städten zu den wichtigsten Bauten.

Stierkämpfe *(corrida de toros)* sind in erster Linie zwischen Frühjahr und Herbst angesetzt, vor allem jedoch während der warmen **Sommermonate** und speziell dann, wenn eine Stadt ihre Patronatsfeierlichkeiten abhält.

Es ist hier nicht der Platz, über Pro und Contra jenes Tötens auf Raten zu diskutieren oder über den Kampf als symbolisches Ritual und ob es angemessen ist, das blutige Spektakel als „Stierkämpferkunst" zu bezeichnen. Ob Stierkämpfe oder das unblutige Stiertreiben durch die Straßen *(encierros)*: All dies gehört zur **traditionellen Volkskultur,** und als solches muss man es als Ausländer hinnehmen. Schließlich weiß man, in welches Land man reist. Der Stierkampf selbst ist im Übrigen keine spanische „Erfindung", sondern gründet sich auf kretische und ägyptische Vorbilder.

Bischofspalast von Gaudí, Astorga

Immerhin hat jeder die freie Entscheidung, ob er zum Stierkampf geht oder nicht und dafür einen nicht unerheblichen Teil seiner Barschaft investiert. Es gibt grundsätzlich zwei **Preiskategorien:** Sonne *(sol;* preiswertere Plätze, auf denen es oft besonders hoch hergeht) und Schatten *(sombra).*

Tuna

Nicht nur in nordspanischen Universitätsstädten stößt man gelegentlich auf eine *Tuna,* eine in ihrer traditionellen Tracht aufspielende **Studentenkapelle.** Die auf den Umhängen aufgenähten Wappen zeugen von vergangenen Musikreisen. Mit Hingabe wahren Universitäten und Fakultäten die angestammte Tuna-Tradition. Gelegentlich sieht man auf dem Kathedralvorplatz in Santiago de Compostela Tuna-Mitglieder, die um den Absatz ihrer Kassetten bemüht sind.

In der *Tuna* singt man stimmgewaltig und unter Begleitung verschiedener Zupfinstrumente von Liebesfreud und -leid. Auftritte sind bei festlichen Umzügen und Feierlichkeiten aller Art. In traditionellem Kavaliersstil bringt man der Angebeteten auch schon mal ein Ständchen zu nachtschlafender Zeit.

Kunst und Literatur

Architektur und Bildende Kunst

Die Anfänge der Kunst reichen bis zu den **steinzeitlichen Höhlenmalereien** – wie in der bei Santillana del Mar gelegenen Altamira-Höhle – zurück.

An das spätere **baugeschichtliche Erbe Roms** erinnern z.B. die Stadtmau-

Rosalía de Castro, Galiciens große Dichterin

Die galicische Dichterin *Rosalía de Castro* (1837-1885) ist mit schwermütigen, auf galicisch verfassten Gedichten an die Öffentlichkeit getreten. Welch eine Ausnahmeerscheinung! Eine dichtende Frau zu jener Zeit, und dann noch auf galicisch. Heute gelten ihre Werke in der spanischen Literaturwissenschaft als Vorläufer des Modernismus und zu den persönlichsten und innigsten der Lyrik des 19. Jahrhunderts. Ihr allumfassendes Symbol war die Rose. Doch in ihren Werken gibt es nicht nur schwelgerische Töne von galicischen Landschaften, die „süßer ... als der Honig" sind, sondern auch realistisch-sozialkritische wie jene vom harten Los der galicischen Seefahrer und Auswanderer ohne Heimat. Heute geraten all jene Galicien-Reisenden mit *Rosalía de Castro* in Berührung, die das ihr zu Ehren eingerichtete Museum im nahe Santiago de Compostela gelegenen Padrón besuchen. Auf Deutsch ist Rosalía des Castros Gedichtband „An den Ufern des Sar" im Insel-Verlag erschienen.

038ns Foto: ad

Das Rosalía-de-Castro-Haus in Padrón

ern von Lugo und Astorga sowie der Herkules-Turm von La Coruña.

Aus der westgotischen Baukunst erwuchsen die **präromanischen Kirchen,** von denen viele in Asturien erhalten blieben; sie sind in ihrer Gesamtheit von der UNESCO zum Weltkulturerbe erklärt worden.

Gleiches gilt für einen gotischen Kirchenprachtbau schlechthin: die **Kathedrale von Burgos.**

Für spezielle spanische Stileinflüsse stehen der mozarabische, der mudejare und der platereske. Beim **mozarabischen Stil** handelt es sich um eine zwischen dem 10. und 12. Jahrhundert verbreitete Tendenz, romanische Bauwerke mit maurischen Elementen zu durchdringen; dazu zählten die Hufeisenbögen mit extrem geschlossenem Radius, wie in der nahe León liegenden Kirche San Miguel de Escalada.

Der **mudejare Stil** weist auf das 13. und 15. Jahrhundert und schuf als Bau- und Dekorationsstil eine Verbindung von maurischem und gotischem Formengut; charakteristisch sind die Einlagen von farbigen Schmuckkacheln.

Schließlich gibt es noch den **plateresken Stil** des 15. und 16. Jahrhunderts, ein spezifischer Ausdruck der Renaissance. Dieser leitete sich vom

Dekorationsstil der Silberschmiede ab und lässt sich an zahlreichen Kirchenfassaden an der kleinteiligen Aufrasterung in Schmuckelemente ablesen.

Aufs **Barockzeitalter** geht die Anlage zahlreicher Rathausplätze zurück.

Auf dem Gebiet der Kunst des **18. bis 20. Jahrhunderts** muss man den aragonesischen Maler, Radierer und Lithographen *Francisco de Goya y Lucientes* (1746-1828) nennen, dessen Werke oft bittere soziale Anklagen waren. Weitere Ausnahmekünstler, die besondere Verbindungen zu Nordspanien haben, waren der Jugendstilarchitekt *Antoni Gaudí* (1852-1926; Paläste in León und Astorga) sowie der Maler, Graphiker und Bildhauer *Pablo Picasso* (1881-1973; Guernica-Bild). Als Vertreter der modernen Kunst sei der aus San Sebastián stammende Metallbildner *Eduardo Chillida* (Jahrgang 1924) genannt, der im baskischen Hernani ein eigenes Museum eröffnet hat.

Das 1997 in Bilbao eröffnete **Museum Guggenheim** erhebt sich als Paradebeispiel moderner Architektur an den Ufern des Río Nervión und ist vom nordamerikanischen Stararchitekten *Frank O. Gehry* in kühnem Stil entworfen worden: ein Werk aus Kalkstein, Titan und Glas. An dem rund 100 Millionen Dollar teuren Werk mit seinem charakteristischen skulpturartigen Dach aus gekrümmten und vorspringenden Metallformen wurde vier Jahre gebaut. Zwischenbilanz 2002: Das Guggenheim-Museum wird jährlich von mehr als einer Million Menschen besucht und hat die kühnsten Erwartungen übertroffen.

039ns Foto: ad

Literatur

Hier sei ein kurzer Blick auf die baskische und galicische Literatur geworfen. Als einer der bekanntesten Vertreter der gegenwärtigen baskischen Literatur hat sich **Bernardo Atxaga** (Jahrgang 1951) profiliert. Von dem bereits mit dem Spanischen Literaturpreis ausgezeichneten Dichter sind mehrere Bücher ins Deutsche übersetzt worden, unter anderem „Obabakoak", „Ein Mann allein" und „Memoiren einer baskischen Kuh".

Büste von Literatur-Nobelpreisträger Camilo José Cela vor dem Cela-Museum in Padrón

Als Newcomerin hat sich auch die aus Bermeo stammende **Lucía Etxeberría** (Jahrgang 1966) frühen Ruhm erschrieben. Sie wurde 1998 für „Von Liebe, Neugier, Prozac und Zweifel" mit dem angesehenen kommerziellen Literaturpreis Premio Nadal ausgezeichnet.

Als einflussreichste Wegbereiterin der galicischen Literatur gilt **Rosalía de Castro** (1837-1885, siehe Exkurs).

Und einer sei nicht vergessen: der aus dem galicischen Padrón stammende **Camilo José Cela,** Literatur-Nobelpreisträger von 1989, verstorben 2002.

Wirtschaft

Keine Frage, das Spanien von heute ist ein relativ moderner **Dienstleistungs- und Industriestaat,** dessen „Rückständigkeiten" und alte Klischees sich vielleicht noch am ehesten in Andalusien, Galicien und der Extremadura festmachen lassen. In manchen Regionen sorgt der Dienstleistungssektor mittlerweile für einen mehr als 50-prozentigen Anteil am Bruttoregionalprodukt (zum Beispiel in Navarra).

„Schuld" trägt nicht zuletzt der **Tourismus,** der zwar keine Massendimensionen wie in Andalusien, auf den Balearen und Kanaren annimmt, aber im steten Aufwind begriffen ist. Damit das auch so bleibt, haben sich manche Regionen neue Strategien einfallen lassen. Dazu zählt der auch unter den Spaniern selbst immer beliebter werdende „grüne Tourismus".

Trotz des Einzugs von Industrie und Dienstleistung ist der **landwirtschaftliche Sektor** nicht verschwunden. Milch, Käse, Butter und andere Milchprodukte kommen unverändert aus Galicien und Asturien. Über den gesamten mit viel Feuchtigkeit gesegneten Norden verteilen sich üppige landwirtschaftliche Anbaugebiete von Weizen, Gerste, Mais, Sonnenblumen, Raps, Spargel, Paprika, Hülsenfrüchten, Futterpflanzen, Äpfeln, Birnen und – in geringerem Maße – Oliven und Mandeln.

Eine produktive Sonderstellung nimmt der **Wein** ein, der allein in der Rioja und Navarra auf einer Fläche von insgesamt 70.000 Hektar kultiviert wird. Hinzu gesellen sich der Weißweinproduzent Galicien sowie Asturien als eine Kernregion des Apfelweins *(cidra).* Kein Thekenwitz ist, dass in den Weingegenden im südlichen Navarra der Rebensaft in üppigen Erntejahren einst beim Kirchbau verwendet wurde, sprich: Man rührte den Kalk mit Wein statt mit Wasser an (wie beim Bau der Kirchen von Artajona, Peralta und Cirauquí). Nordspanien-Reisende werden in vielen Ortschaften der Rioja und Navarras sowie in Galicien und im nordwestlichen Kastilien-León (Landstrich Bierzo) ein ums andere Mal auf die großen Weinlager und -keller *(bodegas)* stoßen. Viele der spanischen Weinbauern haben sich heute zu Kooperativen zusammengeschlossen. Die Anbaugeschichte des Weins reicht in römische Zeiten zurück. Die spätere Gründung von Klöstern führte zur Belebung der Weinpro-

Neue Wege im Tourismus: die Landhausprogramme

Turismo Verde – der „grüne Tourismus" und *Turismo Rural* – der „Landtourismus" – meinen beide dasselbe und sind mehr und mehr im Kommen. Gemeint ist die urige Unterkunft in Landhäusern *(casas rurales* oder *casas de aldea),* der Urlaub im Dorf, die Nähe zu Mutter Natur und Großmutters Küche. Häufig wohnt man in den Landhäusern hinter klobigen Bruchsteinmauern, zündet abends den Kamin an und hat – mit Glück oder Pech, je nach Kontaktfreudigkeit – Familienanschluss, weil die Herbergsleute gerade nebenan wohnen. Doch das ist nicht immer so. Mitunter stehen die Landhäuser allein auf weiter Flur.

In einer boomenden Landhaus-Region wie Navarra hat sich diese Art des sanften Tourismus in den letzten Jahren bewährt. Die Resonanz ist groß, auch unter den Spaniern selbst. Somit kommt auch neues Leben in die Dörfer, die Landflucht wird gebremst, manche Dorfbewohner erschließen sich durch die Gäste neue Einkommensquellen. Natürlich wäre der Start zum „grünen Tourismus" nicht ohne die staatliche Hilfe möglich. Für die Renovierung von altehrwürdigen Häusern gibt es generöse Zuschüsse, und das wiederum kommt dem Kunden zugute. Manche Häuser sind wirklich vorzüglich renoviert.

duktion, deren Bedeutung sich bis heute erhalten hat. Die Weine von heute sind meist mit dem Etikett-Aufdruck *„Denominación de Origen"*, versehen, wobei es sich um eine „Herkunftbezeichnung" handelt, die zugleich einen gewissen Qualitätsstandard garantiert.

Bei der Struktur des spanischen Arbeitsmarktes spielen auch Rinder-, Schweine- und Schafzucht (Fleischgewinnung) sowie Forstwirtschaft und **Fischerei** eine nicht zu unterschätzende Rolle. Allerdings liegen die Fangquoten der Fischer wegen der überfischten Gründe längst nicht mehr so hoch wie früher; hinzu kommt die internationale Konkurrenz.

Die Schwerpunkte der nordspanischen **Industrie** liegen auf folgenden Bereichen: Metallverarbeitung sowie Eisen- und Stahlproduktion (Baskenland, Asturien, Kantabrien, Aragonien), Kohle/Erzprodukte (Asturien, nordwestliches Kastilien-León), Papierindustrie (Baskenland, Kastilien-León, Navarra), Kraftfahrzeuge (Navarra, Aragonien), Zement (Navarra), Glas und Keramik (Kastilien-León, Asturien), Schiffs- und Maschinenbau (Galicien, Baskenland), chemische Industrie (Asturien, Kastilien-León, Aragonien), Bekleidungsindustrie (Baskenland, Kastilien-León, Aragonien) und Nahrungsmittelindustrie (in allen Regionen). Bei der alternativen Energiegewinnung setzt die Region Navarra zu immer stärkeren Teilen auf die Windkraft.

Zu Spaniens wichtigsten Handelspartnern zählen Deutschland und Frankreich. Das volkswirtschaftliche Wachstum des Bruttoinlandsproduktes liegt bei etwa 3 %, die Inflationsrate neuerdings um die 4 %.

040ns Foto: ad

Der Jakobsweg

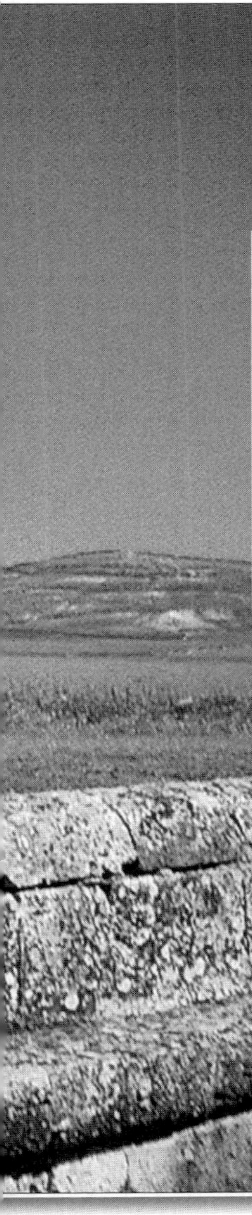

041ns Foto: ad

042ns Foto: ad

Jakobsweg-Landschaft am Ortsrand von Castrojeriz, Kastilien-León

Guter Ausgangspunkt für den Jakobsweg ist das französische Saint-Jean-Pied-de-Port

Ein Schmuckstück am Jakobsweg: die Kirche von Eunate

Unterwegs auf dem Pilgerpfad

Der Pilgerpfad ist im Grunde nicht zu verfehlen und vor Ort auf mehrere Arten ausgewiesen: auf blauen Schildern mit einem stilisierten Wanderer, auf Schildern mit einem stilisierten gelben Muschelsymbol auf blauem Grund, oder ganz einfach mit gelben, leuchtenden Farbpfeilen an Hauswänden, Bäumen oder auf Steinen.

Als Fuß- und Radpilger sollte man die Einteilung seiner Etappen nicht nur am persönlichen Leistungsvermögen messen, sondern vorab die vorhandenen Übernachtungsmöglichkeiten überdenken. Die Übernachtung in **Pilgerherbergen** *(albergues de peregrinos)*, deren Anzahl immer größer wird, je näher man Santiago de Compostela kommt, ist nur mit einem Pilgerausweis möglich, den man bei den Jakobusgesellschaften daheim beantragen muss. Wanderer haben bei Engpässen normalerweise Vorrang vor Radlern, motorisierte Pilger werden gar nicht aufgenommen. Weitere Informationen zu Pilgerherbergen stehen unter „Praktische Reisetipps, Pilgerherbergen".

Wanderer sollten mit guten und auf jeden Fall vorher ausgiebig getestetem Schuhen gehen und eine kleine Reiseapotheke mit sich führen. Des Weiteren gehören Sonnnen- und Regenschutz in den Rucksack (siehe auch „Vor der Reise, Ausrüstung und Reisegepäck"; zu Radwandern siehe „Praktische Reisetipps, Radfahren").

Zwei Achsen über die Pyrenäen

Über die Pyrenäen leiten zwei Hauptachsen des aus Frankreich kommenden Jakobsweges: Die küstennähere, westlichere Route führt über den **Pass von Ibañeta** (1.057 m) hinein nach Navarra und wird oft der **französische Weg** genannt. Dieser heute frequentiertere Wegbeginn durch Nordspanien mit der nachfolgend besseren Infrastruktur hinsichtlich der Pilgerherbergen läuft weiter über Roncesvalles, Burguete, Espinal, Erro, Zubiri und Pamplona bis nach Puente la Reina.

Die östlichere Route führt über den **Pass von Somport** (1.632 m) hinein nach Aragonien und wird folglich der **aragonesische Weg** genannt. Diese Variante, die Pamplona südlich umgeht, nimmt ab dem Somport-Pass folgenden Verlauf: Canfranc, Jaca, Puente la Reina de Jaca, Kloster von Leyre, Javier, Sangüesa, Rocaforte, Izco, Monreal, Eunate, Puente la Reina.

Beide Wege vereinen sich im rund 25 Kilometer westlich von Pamplona gelegenen Örtchen **Puente la Reina** und laufen dann als Hauptweg weiter durch Navarra, La Rioja, Kastilien-León und Galicien bis nach Santiago de Compostela.

Vom Ibañeta-Pass aus verbleiben rund 750 km bis zum Ziel der Ziele, vom Somport-Pass aus etwa 800 km. Vor allem für motorisierte Reisende erhöht sich natürlich das Kilometerpensum je nach Lust und Laune auf lohnende Abstecher.

Der aragonesische Weg durch Aragonien und den Osten Navarras

Vom Somport-Pass nach Jaca

XXI/D1-2

Auf französischer Seite windet sich der Weg vom Aspe-Tal her auf den 1.632 m hohen **Somport-Pass** hinauf und folgt in Spanien – genauer: in der aragonesischen Provinz Huesca – zunächst dem vom Oberlauf des Río Aragón durchzogenen **Tal von Canfranc.** Bis in die nächstgelegene Stadt Jaca sind es rund 30 km; wobei sich die Straße N-330 und der Pilgerpfad einige Male kreuzen.

Auf dem Weg nach Jaca geht es vorbei am modernen und von Hotelblocks zersetzten Wintersportort **Candanchú,** an **Canfranc-Estación** mit seinem riesigen, Ende des 19. Jh. erbauten Bahnhofsgebäude, am 500-Einwohner-Örtchen **Canfranc** sowie dem mittelalterlichen geprägten **Castiello de Jaca.**

Information

- Touristenbüro in Canfranc an der Plaza del Ayuntamiento 1, Tel. 974 373141.

Unterkunft

Typische und auf Wintersportgäste eingerichtete Hotels in **Candanchú:**

- **Hotel Edelweiss** (++), Carretera de Francia s/n, Tel. 974 373200, Fax 974 373046; drei Sterne, Zimmer mit schönem Ausblick, schließt von Mitte Mai bis Mitte Juni und Ende September bis Ende November.
- **Hotel Tobazo** (++), Carretera de Francia s/n, Tel. und Fax 974 373125; drei Sterne, schließt von Mai bis Juli und von September bis Ende November.
- **Hotel Candanchú** (++), Carretera de Francia s/n, Tel. 974 373025, Fax 974 373050; zwei Sterne, schließt seine Pforten von An-

fang Mai bis Mitte Juli und von Mitte September bis Ende November.

- In **Canfranc-Estación** findet man eine zweckmäßige und nicht zu teure Mittelklasseunterkunft: das Drei-Sterne-Hotel **Santa Cristina** (++), Carretera de Francia s/n, Tel 974 373300, Fax 974 373310. Das knapp 60 Zimmer umfassende Haus schließt von Mitte Oktober bis November.

Jaca – die alte Hauptstadt Aragoniens

↗XXI/D2

Jaca, auf rund 820 Höhenmetern am Río Aragón gelegen und 15.000 Einwohner groß, nimmt einen mit seinem Ambiente durchaus angenehm auf (sieht man einmal von den Neubauringen der Außenbezirken ab). Der Stadtkern besteht aus gemütlichen und ruhigen bis lebhaften Straßen und Gassen, in die an den Wochenenden eine besonders ausgehfreudige Jugend ausschwärmt und ihrer Lust am Lärm freien Lauf lässt.

Durch die Nähe zu Frankreich und den Pyrenäen ist Jaca von alters her ein wichtiger Handelsplatz sowie eine bedeutsame Pilgerstation gewesen. Römer, Westgoten und Mauren waren hier, bevor Jaca für kurze Zeit im 11. Jh. zur Hauptstadt des aragonesischen Königsreiches aufstieg.

Sehenswert in der Altstadt ist die in ursprünglich romanischem Stil zwischen 1040 und 1063 erbaute **Kathedrale,** die etwas gedrungen und klobig erscheint. Durch spätere Erweiterungen und Umbauten erklären sich die gotischen, plateresken und barocken Stilelemente. Hauptportal und Kapitelsaal sind jedoch romanisch. An den im 11. Jh. begonnenen **Kreuzgang** schließt sich das **Diözesanmuseum** mit seinen romanischen Fresken an (tgl. 10-14 und 16-20 Uhr).

Weitere wichtige Baudenkmäler in Jaca sind die auf Weisung von *Philipp II.* Ende des 16. Jh. erbaute sternförmige **Zitadelle** (Ciudadela) nordwestlich der Altstadt und das im aragonesischen Platereskenstil gestaltete, an der Einkaufsstraße Calle Mayor gelegene **Rathaus** (16. Jh.).

Ebenfalls zu beachten sind der **Uhrturm** (Torre del Reloj) mit seinen gotischen Fenstern, die im 17. Jh. errichtete **Kirche Virgen del Carmen** sowie das alte **Benediktinerinnen-Kloster** mit dem der Sarkophag der 1096 verstorbenen Infantin *Doña Sancha*.

Jaca kann man als Ausgangspunkt für **Natur- und Kulturausflüge** nehmen. Aufgrund der Witterungsverhältnisse kann es allerdings schon im Herbst und noch im Frühjahr für Autofahrer schwierig sein, in die Höhenlagen der Pyrenäen vorzudringen.

Information

- Das **Touristenbüro** in Jaca ist in der Avenida Regimiento Galicia 2 untergebracht, Tel. 974 360098, Fax 974 355165, Website: www.altoaragon.com.

Unterkunft

- **Hotel Conde Aznar** (+-++), Paseo de la Constitución 3, Tel. 974 361050, Fax 974 360797. Zwei-Sterne-Hotel mit 24 Zi. und Spezialitäten-Restaurant. Zentral gelegen.
- Pilgerherberge in Jaca in der Calle Conde Aznar s/n (Antiguo Hospitali; ca. 32 Plätze, im Sommer ausbaubar; kein Telefon).

Verkehrsverbindungen

- **Bahnstation** in der Calle de la Estación s/n, Tel. 974 361332. Züge nach Huesca, Zaragoza und Madrid.
- **Busbahnhof** an der Plaza Biscós s/n, Tel. 974 355060. Regelmäßige Busverbindungen nach Zaragoza, Pamplona, Huesca, Candanchú und Sabiñánigo.

Fest

- **Folklorefestival** der Pyrenäen alljährlich Ende Juli oder Anfang August (alle ungeraden Jahre in Jaca).

Umgebung von Jaca

Ein besonderer Ausflugstipp ab Jaca ist das Kloster San Juan de la Peña, das rund 15 Straßenkilometer südwestlich in der Bergwelt liegt. Bei der Anfahrt zum Kloster kommt man durch **Santa Cruz de la Serós** mit seiner romanischen Kirche Santa María.

Die spektakulär an den Fels gebaute Anlage von **San Juan de la Peña** mit ihrem prächtigen dicken Mauerwerk ist zum Nationaldenkmal erhoben worden; sie geht auf das 10. Jh. zurück (der Legende nach ist sie sogar noch älter). In der Außenansicht fallen die Hufeisenbögen auf, im Innern ist ein königliches Pantheon für viele aragonesische Herrscher untergebracht. Beeindruckend ist auch der romanische Kreuzgang mit seinen Kapitellen.

- Abzweig ab der N-240 Richtung Sangüesa; wechselnde Öffnungszeiten; Anfang Juni bis Ende August täglich 10-14.30 und 15.30-20 Uhr; Anfang September bis Mitte Oktober täglich 10-14 und 16-19 Uhr; Mitte Oktober bis Mitte März täglich außer Mo 10-14 und 16-17.30; Mitte März bis Ende Mai täglich 10-14 und 16-19 Uhr.

Von Jaca nach Sangüesa

⇗XXI/CD2

Auf den knapp 70 Kilometern von Jaca nach Sangüesa verlaufen Pilgerweg und Straße parallel zum Río Aragón, der westlich von **Puente la Reina de Jaca** und **Berdún** in das große aragonesisch-navarresische Grenzgewässer übergeht: den **Yesa-Stausee,** ein Ende der 1950er Jahre angelegter Trinkwasserspeicher mit über 500 Mio. m^3.

Für Fußpilger ist wichtig zu wissen, dass sich hinter Puente la Reina de Jaca zwei Varianten anbieten. Die erste Variante führt über **Arrés, Mianos** und **Artieda** sowie südlich des Yesa-Stausees direkt nach Sangüesa, ist aber die kunsthistorisch unattraktivere Strecke, weil sie mit dem Kloster von Leyre einen der unbestrittenen Höhepunkte am gesamten Jakobsweg auslässt.

Bei der zweiten Variante kommt man an **Berdún, Escó** und **Tiermas** vorbei und hält sich auf der Nordseite des Yesa-Stausees.

Noch ein Hinweis für Freunde von Abstechern: Zwischen Berdún und Escó zweigt rechts ein Sträßchen ab, das parallel zum Río Esca verläuft und in nördlicher Richtung das wunderschöne Tal von Roncal erreicht (siehe „Der französische Weg, Pyrenäenlandschaften und stille Dörfer: Abstecher in die Täler in Navarras Osten").

San Salvador de Leyre

⇗XXI/C2

Kurz hinter dem Durchgangsörtchen **Yesa** führt von der Landstraße N-240 eine vier Kilometer lange Straße rechts hinauf den imposanten Flanken der **Sierra de Leyre** und dem erwähnten Bergkloster Leyre entgegen.

Von dort oben bieten sich fantastische **Ausblicke** über den Yesa-Stausee und die Bergwelt. Mit scharfen Augen – besser: mit dem Fernglas – sieht man über der zerklüfteten Sierra de Leyre manchmal **Gänsegeier** kreisen (mehr zu diesen Tieren beim späteren Ausflugstipp in die Schlucht von Lumbier).

Mit der im Jahre 1057 begonnenen Anlage des **Klosters** San Salvador de Leyre hat die romanische Baukunst im nördlichen Spanien zweifelsfrei einen Höhepunkt erreicht. Dabei handelte es sich um ein Wiederaufbauprojekt, denn das zuvor bereits als königlicher Zufluchtsort genutzte Leyre war von den Mauren zerstört worden. Die historisch dokumentierten Wurzeln des Klosters reichen bis ins frühe Mittelalter zurück, als der heilige *Eulogius von Córdoba* bei seinem Besuch im Jahr 848 eine blühende Ordensgemeinschaft vorfand. Zu großer Bedeutung gelangte San Salvador de Leyre im 10. und 11. Jh. als Sitz des Pyrenäischen Rittergutes und dann zu den Herrschaftszeiten des navarresischen Monarchen *Sancho el Mayor,* der es „Zentrum und Herz meines Reiches“ genannt haben soll. Von Leyre aus wurden die Pyrenäenübergänge kontrolliert, das Kloster verfügte über riesige Besitzungen, und zu jener Zeit war der Abt von Leyre gleichzeitig Bischof von Pamplona.

Zwischen 1836 und 1954 war das Kloster unbewohnt, ehe **Benediktinermönche** aus dem in der Provinz Burgos gelegenen Santo Domingo de Silos kamen und für eine Renaissance des klösterlichen Lebens sorgten. Heute sind es rund 25 Ordensbrüder, die alltäglich ihrem „Ora et labora“ nachgehen. In der Klosterkirche kann man ihren wunderbaren Gesängen lauschen. Apropos Gesang: Ein Abt namens *Virila* soll einst hier dem lieblichen Gesang einer Nachtigall gelauscht haben, worüber nicht weniger als 300 Jahre verstrichen – so will es die Legende.

Höhepunkt bei einem Klosterbesuch ist die einzigartige **Krypta** aus dem 11. Jh., die einst als königliches Pantheon diente. Die klobigen und tief in den Boden eingelassenen Säulen, ihre einfachen, wuchtigen Kapitelle und die Bögen erstrahlen in künstlichem Licht, während Naturlicht durch die schmalen Alabasterfenster fällt.

Vor dem Zutritt zur Kirche werden kunsthistorisch Interessierte länger vor dem prachtvollen und figurenreichen **Speciosa-Portal** aus dem 12. Jh. innehalten. Hier entdeckt man nicht nur den Heiland im Bogenfeld, sondern weitere interessante Darstellungen im oberen Teil des Portals: wie Jonas und den Wal und den von Löwen umgebenen Johannes.

In der zwischen dem 11. und 14. Jh. entstandenen **Klosterkirche** fällt der Blick auf das Bildnis der Santa María de Leyre sowie auf einen gekreuzigten Christus aus dem 14. Jh. Die Ruhestätte der navarresischen Könige befindet sich an der Nordmauer (eine Truhe hinter einem Gitter).

043ns Foto: ad

Der Jakobsweg

Wer die Stille in den Bergen liebt, sollte zumindest eine Nacht im **Gästehaus** des Klosters verbringen und zu kleinen Wanderungen in die Bergwelt aufbrechen; ein ausgeschilderter Fußweg führt zur so genannten „Virila-Quelle".

Information

- Am **Ticketbüro** des Klosters von Leyre sollte man nach dem Faltblatt auf Deutsch fragen, das über Geschichte und Details von San Salvador de Leyre informiert.
- **Öffnungszeiten:** Mo-Fr 10.15-14 und 15.30-18.30 Uhr, Sa/So 10.15-14 sowie 16-18.30 Uhr.

Das Bergkloster von Leyre

Unterkunft

- **Hospedería de Leyre** (++), Tel. 948 884100, Fax 948 88413. Gediegene Zwei-Sterne-Unterkunft mit 33 recht kleinen, heimeligen Zimmern im klösterlichen Ambiente von Salvador de Leyre, in die morgens unweigerlich das Glockengeläut dringt. Mit Restaurantbetrieb, Snacks in der Bar.

Buchtipp

- Die Virila-Legende von Leyre ist eine von vielen mysteriösen Geschichten, die der Autor dieses Bandes in seinem Buch **„Geheimnisse am Jakobsweg"** nachzeichnet, erschienen 2003 im Tyrolia-Verlag (Innsbruck/Wien).

Javier XXI/C2

Vom Kloster Leyre aus fährt man die vier Kilometer hinab auf die N-240, kehrt nach Yesa zurück und bringt von dort aus etwa drei Kilometer bis in den 200-Einwohner-Ort Javier hinter sich.

Fast unwirklich erhebt sich bei der Anfahrt zur Linken die geschichtsträchtige **Felsenburg von Javier** (täglich geöffnet 9-13 und 16-19 Uhr). Die einem Felsplateau aufsitzende Burg hat einen ganz eigentümlichen Charakter. Wuchtig und doch grazil wirken die baulichen Elemente jener ursprünglich im 10. Jh. rund um einen Wachturm errichteten Anlage, der eine Kirche angegliedert ist.

Im Jahre 1506 kam in der Burg der **heilige Francisco Javier** *(Franz Xaver)* zur Welt. Er verbrachte hier seine Jugend, ging später nach Paris und traf dort *Ignatius von Loyola,* den späteren Ordensgründer der Jesuiten. *Javier* zog es als Jesuiten-Missionar nach Indien und Japan; er starb im Jahre 1552 auf der Insel Sancian nahe der chinesischen Stadt Kanton, ohne seine Heimat wiedergesehen zu haben. Im Jahre 1622 wurde Javier heilig gesprochen; heute ist er Schutzpatron von Navarra.

Ihm zu Ehren veranstalten die Gläubigen im März zwei Wallfahrten – **Javieradas** genannt –, bei denen sie die rund 50 km ab Pamplona zu Fuß zurücklegen und sich zu den großen Abschlussgottesdiensten auf dem riesi-

Wuchtig: die Felsenburg von Javier

044ns Foto: ad

gen Freiplatz vor der Burg versammeln. An den Javieradas nehmen heute Zehntausende aus durchschnittlich 70 Nationen teil. Die Tradition dieser Wallfahrt wurde im Jahre 1940 – nach dem Bürgerkrieg – wieder aufgegriffen, nachdem angesichts der großen Choleraepidemie zur Erbittung des Schutzes bereits 1886 eine Wallfahrt stattgefunden hatte. Bei den Javieradas lautet das Leitmotiv: *„Para sentirte navarro / ven con nosotros a pie. / Nada hay más grande en Navarra / que el castillo de Javier."* Natürlich ist das etwas hoch gegriffen und heißt sinngemäß übersetzt: „Wandere mit uns, um dich als Navarreser zu fühlen. In Navarra gibt es nichts Größeres als das Schloss von Javier."

Ein paar kleine **Bars** laden in der Nähe der Burg von Javier zum Verweilen ein. Das Preisniveau ist leider überdurchschnittlich hoch.

Unterkunft

- An der Plaza del Santo in Javier gibt es zwei Hotels: das mit drei Sternen dekorierte **Hotel Xavier** (++, Tel. 948 884006, Fax 948 884078, Website: www.hotelxavier.com, E-Mail: info@hotelxavier.com) und das mit zwei Sternen ausgezeichnete **Hotel El Mesón** (+ - ++, Tel. 948 884035, Fax 948 884226).

Sangüesa – ein monumentales Städtchen

↗XXI/C2

Von Javier aus verbleiben rund zehn Kilometer bis zum 5.000-Einwohner-Städtchen Sangüesa, das nahe dem Zusammenfluss von Irati und Aragón liegt und sich etwas überschwänglich als *ciudad monumental* ankündigt, als „monumentale Stadt". Natürlich gibt es auch in Sangüesa schlichte und triste Straßenzüge. Im 10. Jh. fungierte Sangüesa als wichtiger Verteidigungsort gegen die Mauren und war nicht nur als privilegierte und mit Sonderrechten ausgestattete Pilgerstation am Jakobsweg von Bedeutung, sondern auch als Sitz des königlichen Hofes von Navarra, der dort immer eine Vertretung unterhielt.

Von der mittelalterlichen Blütezeit zeugen noch heute zahlreiche Baudenkmäler, zuvörderst die nahe dem Flussufer gelegene **Kirche Santa María la Real,** die vor allem durch ihr meisterhaft bearbeitetes romanisches Portal besticht. Unter den Figuren erkennt man Heiligenfiguren und biblische Gestalten, doch auch Tiere und Fabelwesen; im Tympanon ist das Jüngste Gericht abgebildet. Das zum Nationalmonument deklarierte Gotteshaus geht auf das 12. Jh. zurück; der schlanke Turm – das Wahrzeichen der Stadt – wurde im 13. Jh. fertiggestellt. Im Innern sind das gotische Bildnis der Santa María de Rocamador und das von *Jorge de Flandes* geschaffene Renaissance-Retabel ebenso sehenswert wie die aus dem 15. Jh. datierende Prozessionsmonstranz.

An **Sakralbauten** hat Sangüesa des Weiteren zu bieten: die Kirche Santiago (12./13. Jh., mit zinnengekröntem Turm und gotischer Santiago-Statue), die Kirche San Salvador (12. Jh., Altaraufbau aus dem 17. Jh., platereskes Chorgestühl aus dem Kloster von Leyre) und die Kirche Carmen mit ihrem gotischen Kreuzgang. Im Konvent San Francisco de Asis sind vor allem der Kapitelsaal und der Kreuzgang beachtenswert; dieser Klosterkomplex geht auf eine Gründung von König *Tebaldo II* im Jahre 1266 zurück.

An interessanten **Profanbauten** stehen im Zentrumsbereich der Palacio del Príncipe de Viana mit seinen geschichtlichen Wurzeln aus dem 12. Jh. und einer bewegten Vergangenheit als Residenz der Könige von Navarra, der gotische Palacio del Duque de Granada und der barocke Palacio de Vallesantoro.

Fernerhin zu beachten sind das Rathaus mit seinen Arkaden, die romanische Einsiedelei San Adrián de Vadoluengo, das gotische Wegekreuz San Lazaro und Reste der Santa-María-Brücke aus dem 11. Jh.

Information

- Das **Touristenbüro** in Sangüesa liegt genau gegenüber der Kirche Santa María la Real in der Calle Mayor 2, Tel. und Fax 948 871411, E-Mail: oit.sanguesa@cfnavarra.es.

Unterkunft

- **Hotel Yamaguchi** (++), Carretera de Javier s/n, Tel. 948 870127, Fax 948 870700. Solides Zwei-Sterne-Haus, Zimmer mit Fernsehen, Zentralheizung. Der ungewöhnliche Name des Hotels rührt im Übrigen von Pamplonas japanischer Partnerstadt her.
- Über lediglich sechs Zimmer verfügt die preiswerte **Pensión La Navas** (+) in der Calle Alfonso el Batallador 7, Tel. 948 870077.
- Die kleine **Pilgerherberge** *(albergue de peregrinos)* in Sangüesa liegt in der Calle Enrique de Labrit 26 und verfügt über zwölf Plätze. Ganzjährig geöffnet, Tel. 948 870042.
- **Camping:** Campingplatz Cantolagua, Camino de Cantolagua s/n, Tel. 948 430352, Fax 948 871313. Ganzjährig geöffnet.

Umgebung von Sangüesa

Von Sangüesa aus bietet sich ein Ausflug ins etwa zwölf Kilometer südöstlich gelegene **Sos del Rey Católico** an. Der 1.000-Einwohner-Ort hat seinen bezaubernden mittelalterlichen Charakter bewahrt und ist deswegen bekannt, weil hier im Jahre 1452 der spätere König *Ferdinand von Aragonien* zur Welt kam.

Urig: Gasse in Sos del Rey Católico

045ns Foto: ad

Unterkunft

- Stilvolle Unterkunft in diesem unter Denkmalschutz stehenden Steinort bietet der **Drei-Sterne-Parador** (+++) in der Calle Arquitecto Sainz de Vicuña 1, Tel. 948 888011, Fax 948 888100, Web: www.parador.es, E-Mail: sos@parador.es.

Von Sangüesa nach Puente la Reina

↗XX/A-C2

Von Sangüesa aus geht es in nördlicher Richtung weiter durch den wahrhaft abstoßenden Zellstoff-Geruch der Papierfabrik am Stadtrand. Auf dem Pilgerpfad kommt man direkt an der Fabrik vorbei und passiert dann den Hügelort **Rocaforte** mit seiner spätgotischen Pfarrkirche Santa María mit heutigem Ausblick – leider – auf die Papierfabrik und der Einsiedelei San Bartolomé.

Der Pfad steigt zum rund 730 m hohen Aibar-Pass an und verläuft über **Izco** (romanische Kirche San Martín), **Abinzano** und **Salinas de Ibargoiti** (gotische Pfarrkirche San Miguel Arcángel aus dem 14./15. Jh.) weiter bis Monreal.

Motorisierte fahren ab Sangüesa bis ins etwa 5 km entfernte **Liédena** und weiter – über den Loiti-Pass – auf der Landstraße N-240 bis Monreal.

Unterkunft

- Kleine **Pilgerherberge** *(albergue de peregrinos)* in **Izco.** Mit acht Schlafkojen und Kochmöglichkeit, genzjährig geöffnet, Tel. 948 362129.

Abstecher von Liédena

↗XXI/C2

Rund 5 km nordwestlich von Liédena – inmitten eines kleinen Weinanbaugebietes und hinter einem kleinen Ausgrabungsfeld aus römischen Zeiten – bietet sich Gelegenheit zu einem Abstecher, bei dem man die Besichtigung zweier Naturschönheiten Navarras gut miteinander kombinieren kann: die zu Naturschutzgebieten erklärten Schluchten *(Foz)* von Lumbier und Arbayún. Am Kreuzungspunkt folgt man der Straße nach Lumbier, zweigt an der Ortseinfahrt rechts in Richtung der Schlucht ab und stellt sein Fahrzeug nach ungefähr zwei Kilometern auf dem Parkplatz (gebührenpflichtig) ab.

Schlucht von Lumbier

Vom Parkplatz aus wandert man hinein in die vom Río Irati durchzogene Schlucht von Lumbier, durch die einst eine Eisenbahn Passagiere von Sangüesa nach Pamplona transportierte. Dies erklärt die langen Tunnel, durch die man heute – am besten mit Taschenlampe – auf holprigem Weg gehen muss; die Schwellen sind allerdings verschwunden. Steil ragen die Gebirgswände über dem stillen Lauf des Río Irati auf, und in den Felsnischen kann man gelegentlich Gänsegeier ausmachen (unbedingt ein Fernglas mitnehmen). Am Ende der etwa 1,5 km langen Schlucht führt ein halsbrecherischer Pfad nach rechts zur romanischen Teufelsbrücke, die im 19. Jh. von französischen Truppen teilweise zerstört wurde.

Schlucht von Arbayún

Nach einer durchaus empfehlenswerten Bar-Rast in **Lumbier** selbst kann man die Fahrt weiter nordostwärts in Richtung Navascués und Ochagavía fortsetzen. Plötzlich taucht rechts unvermutet ein Parkplatz mit einem Aussichtsplateau auf. Von diesem aus blickt man direkt hinein in die Schlucht von Arbayún, den „Grand Canyon Navarras" mit seinen bis zu 400 m hohen Steilwänden. Hier hat sich der Río Salazar auf einer Länge von 6 km seinen spektakulären Weg geformt. Von diesem Punkt aus kann man an die Route durch das Tal von Salazar anknüpfen (vgl. dazu „Der Jakobsweg durch Navarra: Ausflüge von Pamplona").

Unterkunft

- Nicht allzu teure Unterkunft in Lumbier im Ein-Sterne-Hotel **Iru-Bide** (+ - ++), Calle Bijues s/n, Tel. 948 880435, nur zwölf Zimmer.
- **Camping:** Platz Iturbero in **Lumbier,** Término de Iturbero s/n, Tel. 948 880405, Fax 948 880414. Ganzjährig geöffnet.

Monreal ⇗ XX/B2

Das direkt an der Landstraße N-240 gelegene Pilgerörtchen Monreal wird überragt vom 1.289 m hohen Berg **Higa de Monreal,** der eine sehr eigenwillige konische Form hat und im Winter gelegentlich ein Schneehäubchen aufsetzt. Sehenswert im Ort sind die mittelalterliche Steinbrücke über den Río Elorz, die ursprünglich gotische Santa-María-Kirche sowie die Gassen mit ihren blumentopfgeschmückten Balkonen.

046ns Foto: ad

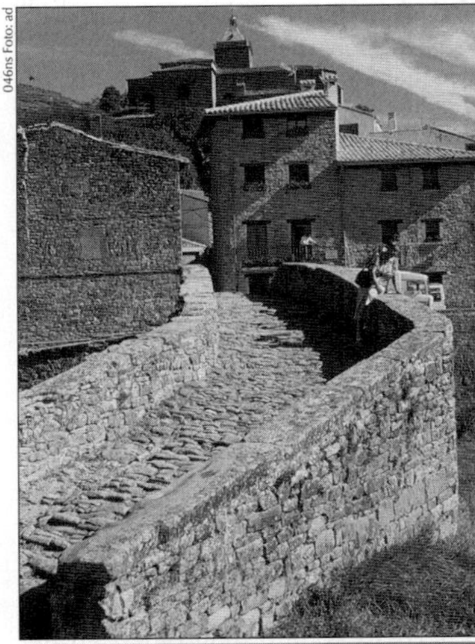

Von Monreal aus verbleiben rund 20 km durch landwirtschaftliches Gebiet bis nach Puente la Reina, dort, wo sich der aragonesische und französische Weg vereinen. Die Route dorthin führt über **Otano, Tiebas** (wo *Teobaldo I* im Jahre 1234 eine Burg errichten ließ), die Ebro-Autobahn und Enériz. Man muss sich vorstellen, dass diese Gegend im Hochmittelalter mit Gotteshäusern regelrecht übersät war.

Unterkunft

- **Pilgerherberge** in Monreal, Carretera Huesca s/n, nur Anfang April bis Ende Oktober, 15 Plätze, Tel. 948 362081. Einkehrmöglichkeit im **Hostal Unzué,** Carretera Huesca s/n.
- **Pilgerherberge** in Tiebas, ganzjährig geöffnet, 30 Plätze, Tel. 948 360222 o. 360047.

Mittelalterliche Brücke in Monreal

Santa María de Eunate ⇗XX/B2

Wenige Kilometer vor Puente la Reina erhebt sich noch vor Obanos eine der schönsten Kirchen am gesamten Jakobsweg aus den Feldern: Santa María de Eunate (geöffnet Di-Fr 10-14 und 17-19 Uhr, Sa/So 9-14 sowie 16-18 Uhr). Dieses **Glanzstück der Romanik** mit seinem achteckigem Grundriss und seiner fünfeckigen Apsis wurde um das Jahr 1170 errichtet. Umgeben ist das Heiligtum von einer Säulenreihe, bei der man auf die Kapitelle mit pflanzlichen Motiven achten sollte. Einen Blick verdienen auch die zahlreichen Steinmetzzeichen sowie die Sparrenköpfe an den äußeren Quadersteinwänden der Kirche; im Innern fällt das Licht durch schmale Alabasterfenster auf ein Marienbildnis. Der beeindruckende Arkadenvorhof wurde im 18. Jh. zum Teil restauriert.

Über die **Ursprünge** dieses ungewöhnlichen Bauwerks streiten sich die Gelehrten. Manche gehen von einer Gründung durch den Templerorden aus, während andere Forscher darin – ähnlich wie die Sancti-Spiritus-Kapelle in dem am französischen Weg gelegenen Roncesvalles – eine Friedhofskirche am Pilgerpfad sehen. Eine dritte Gruppe spricht von einer Grabkapelle für eine edle Dame aus der Gegend.

Heute ist Santa María de Eunate eine der beliebtesten **Hochzeitskirchen** in ganz Navarra.

Obanos ⇗XX/B2

Auf den letzten Kilometern bis Puente la Reina streift man das Hügelörtchen Obanos. In der San-Juan-Bautista-Pfarrkirche wird eine besondere Reliquie in Form des versilberten Schädels des heiligen Guillermo aufbewahrt.

Nahebei steht die **Kapelle Nuestra Señora de Arnotegui** auf einem Hügel oberhalb des Jakobsweges. Mit dieser ist eine kurze Jakobsweg-Legende verbunden, die von *Felicia,* einer Prinzessin von Aquitanien, erzählt. Sie war einst auf dem Pilgerpfad nach Santiago de Compostela unterwegs und tauschte, nachdem sie dem Apostel ihre Ehrerbietung erbracht hatte, auf dem Rückweg den Luxus des königlichen Hoflebens gegen das einfache Leben als Bäuerin auf einem abseits gelegenen Gutshof in Navarra. Nachdem die Kunde nach Aquitanien gedrungen war, machte sich ihr Bruder *Guillén* auf die Suche, spürte sie auf und versuchte, *Felicia* zur Rückkehr in die Heimat zu bewegen. Doch seine Versuche schlugen fehl. In einem Anfall von Wut tötete er seine Schwester. Von Reue geplagt lebte er danach bis zu seinem Tode als Einsiedler in Arnotegui bei Obanos.

In Puente La Reina stößt der „französische Zweig" des Jakobsweges auf die hier beschriebene aragonesische Route. Die Fortsetzung dieser Wegbeschreibung steht somit im übernächsten Kapitel.

Der französische Weg durch den Norden Navarras

Vom Ibañeta-Pass nach Pamplona ⇗XX/BC1-2

Für viele Jakobspilger der heutigen Zeit – seien sie nun zu Fuß, mit dem Fahrrad oder dem Auto nach Santiago de Compostela unterwegs – bilden der in den Pyrenäen gelegene Ibañeta-Pass und das Kloster von Roncesvalles den **klassischen Wegbeginn** schlechthin. Wegen seiner Verbindung von Frankreich her nennt man ihn den „französischen Weg" (spanisch: *camino francés*).

Anreise über Saint-Jean-Pied-de-Port

Man erreicht den Ibañeta-Pass per Rad, Auto oder zu Fuß von dem charmanten französischen Städtchen Saint-Jean-Pied-de-Port, das rund 25 km entfernt ist und mehr als 800 m tiefer liegt. Saint-Jean-Pied-de-Port wiederum ist von der französischen Atlantikküste bei Bayonne, Biarritz oder Saint-Jean-de-Luz gut erreichbar; dabei fährt man über den Thermalort Cambo-les-Bains und weiter auf der gut ausgebauten D-918 durch das Nivetal.

Einmal in Saint-Jean-Pied-de-Port, sollte man einen Stadtbummel durch die gepflasterten Gassen nicht auslassen. Man kann bis hinauf zu der im 17. Jh. unter dem königlichen Baumeister *Sébastien le Prestre de Vauban* erbauten **Zitadelle** gehen. Vom Aussichtsplateau vor der Burg aus blickt man bereits mitten hinein und hinauf in die faszinierende Bergwelt, die traditionsgemäß alle Pilger schluckt.

In Saint-Jean-Pied-de-Port gibt es ein Fremdenverkehrsbüro sowie **Unterkünfte** in Hotels und Pensionen; auch in privaten Gästezimmern kann man sich betten. Zudem gibt es im Gemeindegebiet drei von Frühjahr bis Herbst geöffnete Campingplätze.

Französisch-spanische Grenze

Von dem am Nive-Fluss gelegenen Saint-Jean-Pied-de-Port (spanisch: San Juan de Pie de Puerto) führen der ausgeschilderte Pilgerweg und die später unglaublich kurvige Straße (in Saint-Jean-Pied-de-Port folgt man dem Schild Richtung „Pampelune", dem spanischen Pamplona) über **Arneguy,** die alte französisch-spanische Grenzstation und **Valcarlos** (baskisch: Luzaide) bis hinauf auf den Ibañeta-Pass. Der Name Valcarlos ist mit „Karlstal" zu übersetzen und erinnert an den Durchzug *Karls des Großen.* Über die Grenzen Navarras hinaus bekannt sind die Tänzer von Valcarlos, die sich in farbige Trachten kleiden, zumeist rote Baskenmützen tragen und alljährlich am Ostersonntag sowie am Jakobustag, dem 25. Juli, in Aktion treten: die **bolantes.**

Hinter dem 600-Einwohner-Örtchen Valcarlos beginnt der richtige **Straßenanstieg** mit seinen schier unzähligen Haarnadelkurven. Für sommerlichen Schatten sorgen Kastanien- und Buchenwald.

Beim **Pilgerpfad** gibt es ab Saint-Jean-Pied-de-Port zwei Varianten. Die erste hält sich im Wesentlichen parallel zur Straße und kreuzt diese auch einmal. Die zweite Strecke verläuft weiter westlich und führt über **Erreculuch, Untto** und **Arbola Azpián,** die nur auf detaillierten Karten zu finden sind.

Unterkunft

- In **Valcarlos** findet man Unterkunft im Hostal Maitena (+-++, Calle Elizaldea s/n, Tel. 948 790210) sowie im preislich ähnlichen Hostal Casa Marcelino (+-++, Calle Elizaldea, s/n, Tel. 948 790186). Etwas außerhalb liegen die Landhäuser Casa Navarlaz (Tel. 948 790042) und Casa Toki-Ona (Tel. 948 790042; selbe Nummer).
- Es sei darauf verwiesen, dass nicht alle der in der Gegend vertretenen Landhäuser auf reine Tagesgäste eingestellt sind; manche haben nur komplette Wochenend- oder Wochenpreise. Die Häuser *(casas rurales)* zählen meist zur Niedrigpreiskategorie. Vor Ort sind sie auf Schildern häufig mit weißer Schrift auf rötlichem Grund ausgewiesen.

Ibañeta-Pass ↗XX/BC1

Welch ein Ausblick auf die umliegenden Täler und Pyrenäenspitzen, welch eine klare Höhenluft und welch eisige Winde an manchen Tagen! Seit dem Mittelalter haben die Wallfahrer von der französischen Seite aus einen langen, beschwerlichen und atem(be-)raubenden Aufstieg auf die 1.057 m hohe Passhöhe in Angriff nehmen müssen. Zwar braucht man sich als Wanderer in unseren Tagen nicht mehr vor Wegelagerern in der Bergwelt zu fürchten und kann rund einen Kilometer unterhalb der Passhöhe bequem in einer der Bars von Roncesvalles einkehren, doch die Strapazen sind die gleichen geblieben – im Mittelalter wie heute.

Auf dem Ibañeta-Pass stellt sich seit Mitte der 60er Jahre die kleine, moderne **Kapelle San Salvador** den Winden entgegen. An jener Stelle erhob sich einst die Vorläuferanlage des Klosters von Roncesvalles, ehe es aus Gründen des besseren Schutzes vor Wind und Wetter ein Stück weiter abwärts an den ruhigeren Hang verlegt wurde. Glockengeläut wies den Pilgern den rechten Weg durch das oftmals regen- und nebelverhangene Gebiet. Neben der Kapelle sieht man einen kleinen Steinhügel mit Erinnerungssteinen, die Pilger aufgeschichtet haben. Doch an individuellen Hinterlassenschaften hat man hier auch schon einfache Wanderstöcke mit Fähnchen oder auch – weniger geschmackvoll – durchlöcherte Wandersocken gesehen ...

Oberhalb der Kapelle und des Parkplatzes liegt das **Rolandsdenkmal,** das an die tragische Schlacht von Roncesvalles im Jahre 778 erinnert (siehe Exkurs). Auch erblickt man nahebei an den Berghängen kleine Unterstände von Wildtaubenjägern.

Fast unmittelbar am Wanderpfad wurde ein kleines **ornithologisches Informationszentrum** eingerichtet, das über die heimische Vogelwelt und Zuvögel informiert, wie Graugänse, Schwarzstörche und Weißstörche.

Blick vom Ibañeta-Pass auf die Pyrenäenlandschaft

047ns Foto: ad

Karl der Große, der Rolandsstoff und die Schlacht von Roncesvalles (778)

Es begab sich im Jahre 778, nachdem *Karl der Große* mit seinen Heerscharen nach Spanien gegen die Mauren ausgezogen war. Nach dem vergeblichen Versuch, Zaragoza aus muselmanischer Hand zu befreien, trat er den Rückweg in die Heimat an, ließ die Stadtmauern von Pamplona zerstören und überquerte bei Roncesvalles die Pyrenäen. Die Nachhut führte *Roland* – vormals: *Hruodlandus* und spanisch: *Roldán* – an, der Sage nach ein Neffe Karls des Großen, historisch Markgraf der Bretagne. Plötzlich, hier oben um den Ibañeta-Pass, gerieten Roland und die Seinen in einen tragischen Hinterhalt. Ob es die Mauren waren, die ihm die tödliche Falle gestellt hatten, oder die Basken oder beide zusammen, ist historisch nicht gekärt. Übten sie Vergeltung für die Zerstörungen in Pamplona? Fest steht, dass die christlichen Streiter ihren Feinden hoffnungslos ausgeliefert waren. Roland soll tapfer und heldenhaft gekämpft haben, doch der Sage nach nützte ihm auch sein Wunderschwert Durandal nichts. Erst in letzter Minute stieß er in sein Wunderhorn Olifant und sehnte die Hilfe Karls des Großen herbei – doch, zu spät, er wurde erschlagen.

Die geschichtliche Substanz hat seitdem viele Heldenepen hervorgebracht. Um das Jahr 1080 war es ein Anonymus, der den Stoff zum berühmten Rolandslied, dem Chanson de Roland, umarbeitete. Es ist das älteste bekannte französische Heldenepos, in dem Roland als vorbildlicher Vasall des Königs erscheint. Auf das Chanson de Roland folgten zahlreiche Nachdichtungen und thematische Nachbehandlungen in verschiedenen Ländern, ob Deutschland, Italien, England, Spanien oder sogar in Island. Zu den bekanntesten zählen das um 1170 verfasste Rolandslied des Pfaffen *Konrad* sowie die ebenfalls mittelhochdeutsche Bearbeitung des fränkischen Dichters *Stricker* im 13. Jh. Mal erleben wir Roland als ehrfürchtigen Gottesstreiter, mal als höfischen Ritter, mal als bewussten Märtyrer. Im Laufe der Geschichte hat der Rolandsstoff als Vorlage für Dramen, Balladen, Romanzen und sogar Opern hergehalten, in denen man – im extremsten Fall – einen liebestollen Helden Roland kennenlernt.

Roncesvalles

↗XX/BC1

Roncesvalles (baskisch: Orreaga) liegt auf einer Höhe von rund 960 m eingebettet in eine Welt aus Bergen und Wäldern und hat rund 40 Einwohner. Es besteht im Wesentlichen aus dem Komplex des alten **Augustinerklosters und -hospizes.** Dabei handelt es sich um eine der ältesten urkundlich belegten und gleichzeitig bedeutendsten Stätten der Pilgerbetreuung am Camino de Santiago. Die Anlage der königlichen Stiftskirche *(Real Colegiata)* ist für das Jahr 1127 auf dem Ibañeta-Pass dokumentiert, wurde jedoch schon 1132 – zu den Herrschaftszeiten von *Alfonso I el Batallador* – an ihren heutigen Standort verlegt und empfing in der Folge Schenkungen aus ganz Europa. Hier in Roncesvalles wurden die Wallfahrer verpflegt und versorgt, hier konnten sie sich einige Tage lang Zeit lassen, auf die andere Sprache einstellen und nach der mühseligen Überquerung der Pyrenäen ein wenig von ihren Strapazen erholen.

048ns Foto: ad

In Roncesvalles erinnert ein kleines Denkmal an den Streiter Roland

Doch manche schafften es einfach nicht. Sie starben und wurden in einer Krypta bestattet, über der sich die aus dem 12. Jh. datierende romanische **Grabkapelle Sancti Spiritus** erhebt. Diese liegt heute zusammen mit der kleinen, auf das 13. Jh. zurückgehenden gotischen **Pilgerkapelle Santiago** in unmittelbarer Nähe des Parkplatzes.

Gegenüber den beiden Bauwerken erblickt man ein winzig kleines **Rolandsdenkmal,** das an den Helden und die Schlacht von Roncesvalles erinnert. Ob die sterblichen Überreste von *Roland* und seinen Mitstreitern nahebei – vielleicht, wie manche vermuten, bei der Sancti-Spiritus-Kapelle – beigesetzt wurden, ist nicht belegt.

Die dreischiffige, gotische **Kirche Santa María** geht auf das 13. Jh. und die Herrscherzeit des navarresischen Königs *Sancho VII el Fuerte* (der Starke) zurück. In ihr wird unter einem silbernen Baldachin das etwa 90 Zentimeter kleine Bildnis der **Madonna von Roncesvalles** aufbewahrt, eine – bis auf Hände und Gesicht – silberbedeckte Statue aus Zedernholz.

Zum Komplex gehört ein eindrucksvoller kleiner **Kreuzgang** aus dem 17. Jh.; der ursprünglich gotische Kreuzgang hatte den Schneemassen nicht standzuhalten vermocht und war eingestürzt. Wer im Kreuzgang zwischen den Bögen hindurch nach oben schaut, erblickt etwas stilistisch Befremdliches: Wellblechdächer, damit die winterlichen Schneelasten direkt abrutschen.

Vom Kreuzgang aus erreicht man den restaurierten **Kapitelsaal** mit einer sternförmigen gotischen Kuppel, unter der sich eine prachtvolle marmorne Grablege mit den sterblichen Überresten von *Sancho VII el Fuerte (Sancho VII. der Starke)* und seiner Gemahlin *Doña Clemencia de Toulouse* befindet. Örtliche Führer wollen einem weis machen, dass die gewaltige, liegende, 2,25 m messende Statue des Herrschers seiner Original-Körpergröße entspricht.

Durch das riesige **Glasfenster** wird der Kapitelsaal mit einem warmen, gedämpften Licht durchflutet. Das Fens-

049ns Foto: ad

ter ist neueren Datums und zeigt teilweise grausige Szenen aus der blutigen **Schlacht von Navas de Tolosa** im Jahre 1212. Dort, im Süden der heutigen Landeshauptstadt Madrid, konnten die Spanier im Zuge ihrer Reconquista einen der entscheidenden Siege über die islamischen Streiter landen. Mit an der Front war *Sancho VII el Fuerte,* der zum Zeichen seines Triumphes über die Mauren jene Ketten mit nach Navarra brachte, mit denen sich der muselmanische Führer *Miramamolín* – den Untergang sehend und zu stolz zur Flucht – an sein Zelt gefesselt hatte. Ein Stück (angeblich) eben von jenen Ketten ist heute nicht nur im Regionalwappen von Navarra abgebildet, sondern auch in der Seitenkapelle des Kapitelsaals zu sehen, hinter einem Gitter und auf roten Samt gebettet.

Die Stiftskirche von Roncesvalles

Zum Komplex gehört auch das **Museum von Roncesvalles** (gesonderter Eingang), in dem sakrale Kunstwerke wie Schmiedearbeiten, Skulpturen, Gemälde und alte, schwere Kirchenbücher zu sehen sind. Manche Exponate waren Schenkungen wohlhabender Pilger. Prunkstücke im Museum sind ein romanisches, versilbertes Evangelienbuch, der von *Sancho VII el Fuerte* erbeutete Riesensmaragd aus

Zu Fuß auf dem Jakobsweg unterwegs: Hermann Künig von Vach (1494/95)

Äußerst amüsant für die Wallfahrer von heute ist es, unterwegs – oder daheim – einen authentischen Bericht aus lange vergangenen Zeiten in die Hand zu nehmen. Ein echter Klassiker unter den Reisebeschreibungen von anno dazumal ist das von *Hermann Künig von Vach* vor mehr als 500 Jahren verfasste Büchlein „Die walfart und Straß zu sant Jacob", das in heutiger Schreibweise unter dem Titel „Pilgerführer nach Santiago de Compostela (1495)" vorliegt (herausgegeben von Ludwig Hengstmann; Nink-Verlag, Solingen).

Der Servitenmönch *Hermann Künig von Vach,* der jener im 13. Jh. in Italien entstandenen katholischen Ordensgemeinschaft angehörte, war mutmaßlich von der Servitenniederlassung Vacha an der Werra nach Santiago de Compostela aufgebrochen. Wahrscheinlich war er von Frühjahr bis Herbst des Jahres 1494 unterwegs, schrieb bis Juli 1495 an seinem Buch und ließ es im selben Jahr in Straßburg drucken. In Versform legt *Hermann Künig von Vach* Zeugnis seiner Pilgerschaft quer durch Europa ab, die ihn unter anderem über Fribourg, Lausanne, Montpellier und Toulouse führte. Charakteristisch für seinen Stil ist, dass er den Pilger persönlich anspricht. Bei seinen Landschafts- und Städtebeschreibungen nennt er – auf dem spanischen Weg von Ost nach West chronologisch fein geordnet und noch heute nachvollziehbar – einzelne Orte mit Namen, ihren Sehenswürdigkeiten und Herbergen. Dazu gibt er handfeste Hinweise, wo man schmackhaftes Brot und Wein bekommt, wo Brunnen vergiftet und welche Gebirgspässe empfehlenswert sind. Außerdem versucht er sich in – wie auch immer gearteten – Entfernungsangaben in Meilen, verweist auf Hospitäler und Brücken und greift Begebenheiten und blutige Gerüchte der Zeit auf. So erfahren wir zum Beispiel in Burgos von einem Spitalmeister, der „dreieinhalbhundert Brüder vergiftet" hatte, bevor er selbst den Tod fand. Und aus dem riojanischen Jakobswegstädten Nájera hat der fromme Mönch zweischneidige Erinnerungen mit nach Hause gebracht. Er berichtet von der im Sankt-Jakobs-Spital tätigen Spitalsfrau, welche „Brüdern viel Bosheit tut", aber einen gewichtigen Vorteil der Übernachtungsstätte verschweigt er nicht: „die Betten sind sehr gut".

Lassen wir *Hermann Künig von Vach* einmal richtig im Zusammenhang zu Wort kommen und hören, was er über die bevorstehende Etappe von Roncesvalles nach Pamplona geschrieben hat:

„Über fünf Meilen
findest du ein Kloster zur Hand
Das liegt oben auf dem Rontzefall
(d.i. Roncesvalles)
danach über 3 Meilen
findest du auch ein Spital
Danach hast du 3 große Meilen
die sind nicht nah
dann kommst du in eine Stadt
heißt Pepelonia (d. i. Pamplona)
Und wenn du kommst über die Brücken
da magst du in ein Spital einziehen
Darin gibt man Wein und Brot
danach bald findest du auch eines
ist dirs Not."

dem Turban des Maurenführers *Miramolín* sowie eine prächtige, mit Emailleeinlagen verzierte Reliquie aus der Mitte des 14. Jh., die unter dem Namen Ajedrez de Carlomagno (Schachspiel Karls des Großen) bekannt ist.

Roncesvalles wird heute nicht mehr wie ursprünglich als Kloster genutzt. Allerdings gibt es noch einige wenige Kanoniker, die nicht nach Mönchsregeln, sondern nach den Richtlinien für Kleriker leben.

- **Eintritt:** Die Kirche von Roncesvalles ist frei zugänglich, für den Kreuzgang, den Kapitelsaal und das Museum gibt es ein kombiniertes Ticket. Öffnungszeiten: täglich 10-14 und 15.30-17.30, während der Sommermonate tgl. 10-14 und 15.30-19 Uhr. Pilgermessen in der Kirche im Regelfall um 20 Uhr.

Information

- **Touristenbüro** am Klosterkomplex von Roncesvalles, Antiguo Molino, Tel. und Fax 948 760301.

Unterkunft

- Einfache Unterkunft in Roncesvalles bietet das an der Hauptstraße gelegene **Hostal La Posada** (++), Tel. 948 760225, Fax 948 760266. Dort findet man auch eine urige Bar und ein überraschend gediegenes Restaurant.
- **Pilgerherberge** *(albergue de peregrinos)*: An der Stiftskirche, 100 Plätze, neun Duschen, Tel. 948 760000. Ganzjährig geöffnet.
- **Jugendherberge** *(albergue juvenil)* in Roncesvalles, Tel. und Fax 948 760302. Ganzjährig geöffnet, 65 Plätze.

Verkehrsverbindungen

- Mo-Sa ein Bus täglich von und nach Pamplona (Gesellschaft Montañesa, Tel. 948 330581). Viele Pilger, die in Pamplona per Flugzeug/Bus/Bahn gelandet sind, lassen sich per Taxi zum klassischen Wanderausgangspunkt Roncesvalles bringen.

Burguete

⇗XX/B1

Ab Roncesvalles folgt man dem Camino de Santiago an einem recht verwitterten gotischen **Pilgerkreuz** aus dem 14. Jh. vorbei (abgebildet sind *Sancho VII el Fuerte* und seine Gemahlin *Doña Clemencia;* linker Hand der Straße) und gelangt nach wenigen Kilometern nach Burguete. Bis zum knapp 50 km entfernt gelegenen Pamplona ist die Straße als C-135 markiert.

Auffällig im rund 300 Einwohner großen Burguete (baskisch: **Auritz)** sind die prächtigen Quadersteinbauten mit ihren typischen steilen Dächern sowie die Ortskirche San Nicolás de Bari. Burguete lag schon an einer alten Römerstraße und war im Mittelalter am Königshof von Navarra vertreten.

Wer viel Zeit mitbringt, neugierig auf Berglandschaften und urige Dörfer abseits des Stroms ist und nicht an einem direkten Fortkommen auf dem Jakobsweg hängt, nimmt Burguete als Ausgangspunkt für einen längeren **Abstecher in die Pyrenäentäler** Aézcoa, Salazar und Roncal. Wen's interessiert, der startet die Tour etwa zwei Kilometer südwestlich des Ortsausgangs Burguete (siehe unten: „Pyrenäenlandschaften und stille Dörfer").

Unterkunft

- Die Palette der Unterkünfte in Burguete reicht vom ansehnlichen Drei-Sterne-Hotel **Loizu** (++, Avenida Roncesvalles 7, Tel. 948 760008, Fax 948 790444; mit rustikalem Restaurant und ebensolcher Bedienung) bis zum **Hostal Burguete** (+-++, Calle San Nicolás 71, Tel. 948 790488, Fax 948 760005). Preiswer-

ter ist das **Hostal Juandebure** (+), Calle San Nicolás s/n, Tel. 948 760078, das über vier Zimmer verfügt.

- Unterkunft findet man auch in den rustikalen Landhäusern: **Casa Vergara** (Tel. 948 760044), **Casa Pedroarena** (Tel. 948 760164) und **Casa Loigorri** (Tel. 948 760016, geschlossen Mitte Dezember bis Mitte März).
- **Camping:** Der Campingplatz Urrobi liegt etwa zwei Kilometer südwestlich vom Ortsausgang Burguete und hat zwischen April und Oktober geöffnet (Carretera Nacional 135, km 42, Tel. und Fax 948 760200, E-Mail: info@campingurrobi.com).

Pfarrkirche von Burguete

Von Burguete nach Zubiri

⇗XX/B1

Hinter Burguete nimmt man die Eindrücke der so typisch grünen navarresischen Gebirgslandschaft der Wiesen und Weiden in sich auf und passiert das verschlafen wirkende Pilgerörtchen **Espinal** (baskisch: Aurizberri; Dorfkirche San Bartolomé).

Dann geht es wieder aufwärts auf die 922 m hohe **Anhöhe von Mezquíriz** (Alto de Mezquíriz), abwärts nach **Viscarret** (mit der romanischen San-Pedro-Kirche) und **Erro,** das im 11. und 12. Jh. den Mittelpunkt einer regional bedeutsamen Grafschaft bildete. Einst verlieh der navarresische König *Teobaldo I* der Ansiedlung Sonderrechte *(fueros)* und gelobte, das Areal keinem Ritter zu schenken. Es ist still geblieben in Erro; heute weisen gelegentlich Schilder auf den Verkauf von Schafskäse hin.

Von Erro aus windet sich die Straße hinauf auf den rund 800 m hohen **Pass von Erro,** wo sich schöne Fernblicke über die bewaldete Berglandschaft mit ihren Buchen, Fichten und Eichen eröffnen.

Während man sich von der Passhöhe auf dem Wanderpfad links in die Büsche schlägt, leitet die Straße in zahlreichen Kehren und durch herrliche Waldgebiete abwärts nach **Zubiri,** das nur noch etwa 550 m hoch liegt. Im Mittelalter gab es in Zubiri das Aussätzigenhospital Santa María Magdalena, von dem jedoch nichts mehr erhalten ist; als wichtigstes Baudenkmal

051ns Foto: ad

Zubiris hat die gotische Brücke über den Río Arga die Zeiten überdauert.

Abstecher zum Eugui-Stausee

Wer Zeit hat und Lust auf einen Abstecher verspürt, fährt ab Zubiri an den wenige Kilometer nördlich beginnenden Eugui-Stausee, der von sanften, grünen Hügeln umstanden ist. Dort befindet man sich mitten im **Landschaftsschutzgebiet Quinto Real,** ein Waldgebiet mit Buchen-, Eichen- und Eibenbeständen. Rot- und Schwarzwild finden dort einen idealen Lebensraum vor. Einen guten Ausgangspunkt zu Unternehmungen bietet das am gleichnamigen Stausee gelegene **Dorf Eugui.** Wanderausflüge führen ab dort zu den Berggipfeln Adi, Sayoa, Okoro und Arsal.

Einen Abstecher vom Jakobsweg wert: der Eugui-Stausee

Unterkunft

- In **Espinal** bieten die Casa Carmen (Tel. 948 760154), die Casa Alberto (Tel. 948 760125), Casa Patxikuzuria (Tel. 948 760167) und die Casa Yanborinberri (Tel. 948 790471) preiswerte Übernachtungsmöglichkeiten in **Landhäusern** (Casas Rurales).
- **Hostal Erro** (++), Carretera de Burguete s/n, Erro, Tel. 948 768120. An der Hauptstraße. Einfache Zimmer, Zentralheizung, Bar.

- In **Zubiri** gibt es eine kleine, ganzjährig geöffnete **Pilgerherberge** *(albergue de peregrinos)*, die in der Alten Schule *(antigua escuela)* untergebracht ist. Direkt an der Hauptdurchgangsstraße Avenida Zubiri. Ganzjährig geöffnet, 46 Plätze, zehn Duschen, Tel. 948 304114.
- Wer sich für den Abstecher ab Zubiri an den Eugui-Stausee entscheidet, stößt in **Eugui** auf zwei Herbergen: das Hostal Mesón Quinto Real (++), Carretera Pamplona-Francia, km 27, Tel. und Fax 948 304044, und das Hostal Etxeberri (+ - ++), Calle San Gil 30, Tel. 948 304454.

Von Zubiri nach Pamplona

⇗XX/B1-2

Die restlichen 20 Kilometer bis Pamplona verlaufen von Bauwerken und Steigungen her gesehen mehr oder minder höhepunktlos.

Historisch erwähnenswert ist **Larrasoaña,** das im Mittelalter Sitz eines Augustinerklosters war. Die gotische Flussbrücke über den Arga hat der Volksmund „Banditenbrücke" genannt, da hier einst Wegelagerer auf ihre arglosen Opfer warteten. Den einzigen Schrecken, den einem heute Larrasoaña einjagt, ist die Magnesit-Fabrik am Ortsrand; dort wird jener Rohstoff gewonnen, der der feuerfesten Auskleidung von Öfen in der Zement- und Glasindustrie dient.

Auf der Höhe von **Zabaldica** trennen sich die Straße und der ausgeschilderte Pilgerweg. Während die Straße durch Felderlandschaft, das Örtchen **Olaz** und Neubauzonen auf Pamplona zuläuft, kommt man auf der Pilgerstrecke über die miteinander verschmolzenen **Vorstädte Villava** und **Burlada** in die Hauptstadt Navarras, aus der sich die Türme der Kathedrale erheben. Für Radsportfans interessant: Aus Villava stammt der fünfmalige Tour-de-France-Gewinner *Miguel Induráin.*

Unterhalb der City Pamplonas marschiert man über die den Río Arga überspannende **Magdalena-Brücke** und steigt durch das Portal de Francia (auch: Portal de Zumalacárregui) direkt in die Altstadt von Pamplona auf. An dieser Stelle wiederum zeigt sich die Stadt mit dem alten Mauerwerk und den Grünzonen von einer ihrer schönsten Seiten. Und trotzdem gehören die letzten Wanderkilometer für Pilger nicht zu den erbaulichsten.

Unterkunft

- In **Larrasoaña** gibt es eine Pilgerherberge in der Calle San Nicolás s/n, Edificio Concejo, Tel. 948 304242. Mit 28 Plätzen, zusätzlich 25 auf dem Boden. Küche, ganzjährig zugänglich.
- Eine weitere Pilgerherberge heißt **Trinidad de Arre,** die von der Gemeinschaft Cofradía de la Trinidad unterhalten wird und etwas **südlich von Villava** liegt. Hier gibt es 34 Plätze, auch gesonderte Sälchen für Schnarcher oder Familien. Nur vier Duschen, Küche, abschließbare Unterstellmöglichkeiten für Fahrräder. Ganzjährig geöffnet, Tel. 948 394378.

Pyrenäenlandschaften und stille Dörfer: Abstecher in die Täler in Navarras Osten

Wer Bekanntschaft mit Pyrenäenlandschaften, mit stillen Dörfern und den Regionen der Eichen- und Buchenwälder machen will, liegt in den Gebieten östlich und nordöstlich von Pamplona goldrichtig. Hier erwarten einen die Täler von Aézcoa, Salazar und Roncal, die man bei einer mehrtägigen Exkursion kombinieren kann. Als Übernachtungsort bietet sich beispielsweise das im Tal von Salazar gelegene Steindorf Ochagavía an.

In Navarras östlichsten Berggegenden kann man leicht große Stücke auf kleine Dörfer aus Stein halten. Die schönsten unter ihnen sind das im Tal von Salazar gelegene Ochagavía sowie – im benachbarten Tal von Roncal – Isaba und Roncal. Ein Genuss für Naturliebhaber sind die ausgedehnten Buchenwälder des Selva del Irati, ein kulinarischer Genuss ist der herzhafte Schafskäse. Den weit und breit besten Käse nimmt man von Marengos Käserei mit, die recht unscheinbar an der Straße zwischen Isaba und der französischen Grenze liegt (Richtung Passhöhe von Belagua). Zum traditionellen Volksgut des Roncaltals gehört auch ein ganz besonderes Fest, nämlich der „Tribut der drei Kühe" alljährlich am am 13. Juli auf dem Pyrenäengipfel San Martín.

Tal von Aézcoa ⇗XXI/C1

Rund 50 km von der navarresischen Hauptstadt entfernt eröffnet sich das Tal von Aézcoa (baskisch: Aezkoa), das man gut von dem Jakobswegörtchen Burguete aus erreicht. Zu dieser idyllischen Szenerie mit ihren verloren scheinenden Dörfern gehört das auf rund 1.030 Höhenmetern gelegene Dorf **Abaurrea Alta,** das gleichzeitig der höchstgelegene Ort Navarras ist. Den Blickfang im Dorf bildet die gotische Kirche San Martín de Tours.

Weitere typische Dörfer im Tal von Aézcoa und an den Ausläufern der Sierra de Abodi sind **Arive** (romanische Brücke über den Río Irati), **Aria** (alte Speicherbauten auf Steinfundamenten), **Orbara** (gotische Kirche San Román mit romanischem Taufstein, Wandermöglichkeit zum Gipfel La Txanga), **Villanueva de Aézcoa** (baskisch: Hiriberri; gotische Kirche Salvador; nahegelegener Dolmen von Gibelea; Wandermöglichkeiten zu den Bergen Goñiburu, Auztarri und Berrendi), **Garayoa** (baskisch: Garaioa; gotische Kirche San Andrés Apóstol) und **Abaurrea Baja** (gotische Kirche San Martín de Tours mit Chor aus dem 16. und Retabel aus dem 17. Jh.).

Besonders interessant ist das Örtchen **Orbaiceta** (baskisch: Orbaitzeta). Hier sieht man die spätgotische Kirche San Pedro Apóstol, historische Getreidespeicher, ein Renaissance-Wegekreuz sowie – wenige Kilometer weiter nördlich – Reste einer königlichen Munitionsfabrik. Diese weithin bekannte **Fábrica de Oribaiceta** liegt am Río Irati, von dessen Forellengründen schon *Ernest Hemingway* so begeistert war, dass er die Hauptfiguren seines Romans „Fiesta" ebendort fischen ließ.

In dieser Gegend ist eine vielgesichtige Vogelwelt heimisch, zu der unter anderem Rotkehlchen, Buchfink, Zaunkönig, Sperber und Kuckuck rechnen. An größerem Getier kommen Wildschweine, Hirsche und Rehe vor; auch Siebenschläfer und Marder sind bekannt.

Orbaiceta eignet sich hervorragend, um von hier aus zu Erkundungen durch Natur pur aufzubrechen: nämlich durch die **Selva del Irati.** Dabei handelt es sich um ein großes Schutzgebiet, das aus riesigen Buchenwäldern besteht und bis an die Grenze zu Frankreich reicht. Man sieht viele Wanderfreunde, die ihr Fahrzeug nahe Orbaiceta stehen lassen und in frischer Höhenluft die Naturszenerie auf dem Hauptweg Richtung **Irabia-Stausee** durchstreifen. Besonders an den Wochenenden im Frühjahr, Sommer und Herbst sind es zahlreiche Einheimische, die ihre Rucksäcke schultern oder die zu den immer beliebter werdenden Mountainbike-Touren aufbrechen. Außer hundertjährigen Buchen sieht man im Irati-Wald auch Ulmen, Linden und Mandelbäume. Wer im Sommer nahe den Ufern des Irati-Flusses zeltet, kann sich die Legende um die *Doña Juana de Labrit* ins Gedächtnis rufen. In stürmischen Nächten soll ihr rastloser Geist erscheinen. Wer sich statt solcher Schauermärchen für Spuren von Megalithkulturen interessiert, sollte nahe Orbaiceta die Dolmen und Steinkreise von Azpegi aufsuchen.

Unterkunft

- Unterkunft findet man in rustikalen **Landhäusern.** Dazu gehören die Casa Txikirrin in **Aribe** (Tel. 948 764074, Fax 948 764064), die Casa Elizari in **Garayoa** (Tel. 948 764027), die Casa Iribarren in **Villanueva de Aézcoa** (Tel. 948 764152), die Casa Maisterra in **Abaurrea Baja** (Tel. 948 769092; nach 19 Uhr) sowie die Casa Alzat (Tel. 948 766055), die Casa Mujurdin (Tel. 948 766046) und die Casa Sastrarena (Tel. 948 766093) in **Orbaiceta.**

Tal von Salazar

↗ XXI/C1-2

Das Tal von Salazar ist vom Río Salazar durchzogen und von Buchenwäldern geprägt. Bis in die Mitte des 20. Jh. hinein wurden die **Holzprodukte** aus dieser Gegend auf Flößen den Fluss hinab transportiert. Auch wenn diese Tradition heute keinen Bestand mehr hat, so leben immer noch eine Reihe der Talbewohner von der Holzverarbeitung.

Weitere Einkommensquellen sind die Viehzucht und – bedingt durch die steigende Nachfrage nach Unterkunft in Landhäusern – der **grüne Tourismus.** Im Winter kann es bitterkalt werden, Skilangläufer kommen in kleinen Loipengebieten an den Ausläufern der Sierra de Abodi auf ihre Kosten.

Allen Wetterunbilden trotzen die ziegelgedeckten, massiven **Steinhäuser.** Mit ihren vergleichsweise kleinen Fenstern und schmiedeeisernen Balkonen wirken sie trutzig und anmutig zugleich.

Man sollte es nicht versäumen, in einer Dorfkneipe einmal Forelle auf Navarra-Art oder Schafskäse zu testen.

Von Abaurrea Alta aus gelangt man zunächst nach **Jaurrieta** mit der gotischen Kirche San Bartolomé Apóstol und der Einsiedlerkapelle San Pedro.

Wer von der Jaurrieta-Seite aus ins Tal einfährt, kommt zunächst nach **Ezcároz** (baskisch: Eskaroz), in dem vor allem die spätgotische Kirche San Román auffällt.

Wenige Kilometer weiter nördlich liegt der mit rund 600 Einwohnern größte Ort im Salazar-Tal: **Ochagavía,** ein malerisches Ensemble aus Stein. Ochagavía liegt am Zusammenfluss von Zatoya und Anduña, die den Río Salazar formen. Besonders schön für den Fotografen sind die Steinbrücken. An Baudenkmälern bietet Ochagavía weiterhin die Kirche San Juan Evangelista aus dem 16. Jh. Es gibt einige Unterkünfte und Restaurants.

Zudem eignet sich der Ort als Ausgangspunkt für Wanderungen zu den Bergen Orhy, Otxogorrigane und Mulidoyako-Gaina sowie zu den nahegelegenen **Dolmen** von Arrizala, Idorrokia, Boztubizkarra, Abodi und Landabiskarra.

Interessant für Fiestafreudige sind die von Tanz und Musik begleiteten **Patronatsfeierlichkeiten** in der ersten Septemberhälfte.

Interessant für Filmfans: In Ochagavía drehte der navarresische Filmemacher *Montxo Armendáriz* zahlreiche Szenen seines Streifens „Secretos del corazón", mit dem er einige Preise im In- und Ausland einheimste und 1998 sogar den Sprung nach Hollywood schaffte. Und fast hätte *Armendáriz* den Oscar als Regisseur des besten nicht-englischsprachigen Film gewonnen, er stand in der Endauswahl der letzten fünf.

Über ein 23 km langes Gebirgssträßchen erreicht man von Ochagavía aus die der **Virgen de las Nieves** gewidmete Einsiedelei mitten im Irati-Forst. Jedes Jahr in der ersten Augusthälfte ist die Virgen de las Nieves („Schneejungfrau") Ziel einer großen Wallfahrt. Ganz in der Nähe der Kapelle strömen der Urbeltza und der Urtxuria zusammen und bilden den Río Irati.

Weiter südlich im Tal von Salazar liegen **Oronz** (mit gotischer Kirche San Cosme y San Damián sowie einer Steinbrücke über den Río Salazar), **Esparza de Salazar** (ebenfalls steinerne Flussbrücke, mehrere wappenverzierte Bürgerhäuser, Forellenzucht), **Sarriés** (gotische Steinkirche San Martín de Tours mit einer holzgeschnitzten Figur der Virgen de Arguiloáin; Steinbrücke), **Güesa** (gotische Kirche San Esteban, zweibogige Steinbrücke über den Río Salazar), **Igal** (romanische Kirche San Vicente Mártir; Wandermöglichkeiten zu den Bergen Txorrotxarría, Urrua und Saseta), **Vidángoz** (gotische Kirche San Pedro Apóstol; Wandermöglichkeit zum Gipfel Argible), **Izal** (gotische Kirche San Vicente Mártir), **Iciz** (spätromanische Kirche San Cosme y San Damián) sowie **Uscarrés** (romanische Kirche Asunción mit barockem Altargemälde).

Verlässt man das Tal von Salazar in südwestlicher Richtung (Strecke nach Lumbier), sollte man es nicht versäumen, sich die Schluchten von Arbayún und Lumbier anzusehen (siehe oben: „Von Sangüesa nach Puente la Reina").

Information

- **Touristenbüro** im Ortszentrum von **Ochagavía,** Tel. 948 890641, Fax 948 890679, Mail: oit.ochagavia@cfnavarra.es.

Unterkunft

- Unterkunft bieten in erster Linie die **rustikalen Landhäuser,** von denen es alleine in **Ochagavía** über 25 gibt. Dazu zählen Casa Artxola (Tel. 948 890484), Casa Andrés Mancho (Tel. 948 890180), Casa Bernabé (Tel. 948 890386), Casa Mantxoto (Tel. 948 890352), Casa Eloico (Tel. 948 890464), Casa Dukea (Tel. 948 890062), Casa Pistolo (Tel. 948 890597) und Casa Sinco (Tel. 948 890439). Außerdem gibt es in Ochagavía auch zwei **Hostals** mit ländlich-rustikalem Charakter: Hostal Ori-Alde (+-++, Urrutia s/n, Tel. 948 890027) und Hostal Auñamendi (++, Plaza Gúrpide 1, Tel. 948 890189, Fax 948 890262). Weitere Informationen über die örtliche Touristeninformation.
- Eine Reihe an **Landhäusern** gibt es auch in **Jaurrieta:** Casa Lorencena (Tel. 948 890045), Casa Torrea (Tel. 948 890168), Casa Lucuj (Tel. 948 890165), Casa Belza (Tel. 948 890171) und die Casa Palazón (Tel. 948 890123).
- **Camping:** Der Campingplatz Murkuzuria liegt in **Esparza de Salazar** (Tel. und Fax 948 890190). In **Ochagavía** findet man den Campingplatz Osate (Carretera de Salazar s/n, Tel. und Fax 948 890184).

Essen und Trinken

- Über das Ortszentrum von **Ochagavía** verteilen sich mehrere kleine Bars und Restaurants.

Tal von Roncal ⇗XXI/C1-2

Das Tal von Roncal ist Navarras östlichstes Pyrenäental und wird vom Río Esca durchschnitten. Dieser bildet sich in Isaba durch den Zusammenfluss von Belagua und Uztárroz. Die Bergszenerie mit ihren Buchen- und Tannenwäldern sowie die pittoresken Steindörfer bilden die Hauptanziehungspunkte für Talbesucher.

In den Wintermonaten setzen die Berge häufig Schneehäubchen auf; dann kommen **Skilangläufer** auf den von Isaba aus erreichbaren Loipen auf ihre Kosten.

Zu den Besonderheiten des Tales von Roncal gehört ein Volksfest im Sommer, bei dem der historische **„Tribut der drei Kühe"** *(Tributo de las Tres Vacas)* begangen wird. Seit dem Jahre 1375 treffen alljährlich am 13. Juli die Bewohner des Roncaltals mit ihren Kollegen aus dem benachbarten französischen Baretoustal auf dem San-Martín-Gipfel zusammen, genau: am Grenzstein 262. In festlichem Rahmen übergibt die spanische Delegation der französischen Abordnung drei Kühe, ein Tribut, mit dem seinerzeit der Friede zwischen den bis dahin wegen der Weide- und Wassernutzungsrechte verfeindeten Tälern besiegelt wurde. Vorbei hingegen sind seit wenigen Jahrzehnten die Zeiten, da das in den Wäldern geschlagene Holz per Floß auf dem Esca transportiert wurde.

Die Bewohner des Roncaltales leben vorrangig von der Vieh- und Forstwirtschaft, doch auch der **grüne Fremdenverkehr** nimmt einen immer höheren Stellenwert ein. In rustikalen Restaurants und einfachen Bars sollte man Wildschwein- und Forellenspezialitäten sowie den berühmten Roncal-Schafskäse ordern – vielleicht nach einem anstrengenden Wandertag durch die wunderbar klare Höhenluft.

Von Ochagavía kommt man in nordöstlicher Richtung über den Pass von Lazar und durch **Uztárroz** (Steinkirche Santa Engracia aus dem 16. Jh.) ins Tal von Roncal.

In **Isaba** sind vor allem die Steinhäuser und die engen, pittoresken Gässchen interessant. Bedeutendste Baudenkmäler sind die Flussbrücke sowie die Kirche San Cipriano aus dem 16. Jh. mit platereskem Retabel (Altaraufsatz) und barocker Orgel.

Ein besonderer Tipp für diejenigen, die Käse einkaufen wollen: Wenige Kilometer nördlich des Dorfes Isaba und an der Straße, die sich parallel zum Río Belagua hält, gibt es eine vorzügliche **Käserei.** Es ist ein flaches Bauernhaus auf der rechten Seite, direkt am Bachlauf. Nur ein relativ kleines, handbeschriebenes Schild weist auf den dortigen Verkauf von Käse hin, den die Familie von Käsemeister *Marengo* hier in mühevoller Handarbeit und nach althergebrachten Methoden produziert. Insider wissen: Hier bekommt man die beste Qualität weit und breit.

Fährt man von Isaba aus gen Süden, kommt man über **Urzainqui** (gotische Kirche San Martín de Tours sowie ein Renaissance-Wegekreuz) in einen weiteren herrlichen Ort, der dem gesamten Tal seinen Namen gegeben hat und im geografischen Zentrum desselben liegt: **Roncal.** In diesem rund 400 Einwohner großen Ort schlendert man durch malerische Gassen, sieht das kleine Rathaus an der Plaza Consistorial und die auf das 16. Jh. zurückgehende Kirche San Esteban.

Nicht auslassen sollte man einen Abstecher auf den Friedhof mit dem von *Mariano Benlliure* entworfenen Mausoleum für den aus Roncal stammenden Tenor **Julián Gayarre** (1844-1890). *Gayarre* sang unter anderem in den Opernhäusern von St. Petersburg, Wien, Mailand, Buenos Aires, London und Madrid und beherrschte ein Repertoire von rund 80 Opern. Er starb im Januar 1890 als depressiver Mann in Madrid, der gegen Ende seines Lebens die erheblichen Probleme mit seiner Stimme nicht hatte bewältigen können. Auf seinen testamentarischen Wunsch hin wurden seine sterblichen Überreste nach Roncal überführt.

An *Julián Gayarre* erinnert auch die **Casa-Museo** in der Calle Arana s/n (geöffnet April bis September Di-So 11.30-13.30 und 17-19 Uhr, ansonsten nur Sa/So 11.30-13.30 und 16-18 Uhr). Zu sehen sind in dem Museum Fotos, Kostüme und persönliche Gegenstände *Gayarres.* Bei seinem Besuch Ende 1998 stiftete der mittlerweile verstorbene Startenor *Alfredo Kraus,* der *Gayarre* einst auf der Kinoleinwand verkörpert hatte, weitere Gegenstände.

Eine Wandertour führt vom rund 730 m hohen Roncal auf den Berggipfel **Santa Bárbara** (1.578 m). In den Läden Roncals kann man köstlichen Schafskäse erstehen.

Weiter südlich im Roncaltal liegt **Garde** mit der Kirche Santiago Apóstol und Wandermöglichkeiten zu den Bergen Idoya, Calveira und Punta Barrena.

In **Burgui** spannt sich eine romanische Brücke über den Esca. In der Nähe liegen die Einsiedlerkapellen Nuestra Señora del Camino und Nuestra Señora del Castillo sowie der Larra-Dolmen. Auch bietet sich Burgui als Ausgangspunkt zu einer Wanderung auf den Berg Virgen de la Peña an.

Von Burgui verbleiben knapp 80 km zurück nach Pamplona.

Information

- **Touristenbüro** im Ortszentrum von **Roncal,** Tel. 948 475256, Fax 948 475316, E-Mail: oit.ronchal@cfnavarra.es.

Unterkunft

- Ähnlich wie in den Tälern von Aézcoa und Salazar, so bieten auch im Tal von Roncal urige **Landhäuser** ein verlässliches, stilvolles Dach über dem Kopf. Im Hauptort **Roncal** sind dies die Casa Villa Pepita (Tel. 948 475133, Fax 948 475182), die Casa Txarpa (Tel. 948 475068) die Casa Tetxe (Tel. 948 475098), die Casa Pili (Tel. 948 475135) und die Casa Indiano (Tel. 948 475122). Weitere Auskünfte über die örtliche Touristeninformation. Preisgünstig kommt man in Roncal auch im Hostal Zaltua (⁺) unter, Calle Castillo 23, Tel. 948 475008, mit 13 Zimmern.
- In **Isaba** findet man nicht nur die Landhäuser Casa Katalingarde (Tel. 948 893154) und die Casa Francisco Mayo (Tel. 948 893166), sondern auch das ansehnliche Drei-Sterne-Hotel Isaba (⁺⁺, Calle Bormapea 51, Tel. 948 893000, Fax 948 893030), das Ein-Sterne-Hotel Ezkaurre (⁺ - ⁺⁺, Garagardoia 14, Tel. 948 893303, Fax 948 893302), das Hostal Lola (⁺⁺, Calle Mendigatxa s/n, Tel. und Fax 948 893012) und die einfache Pension Txiki (⁺, Calle Mendigatxa s/n, Tel. 948 893118, hier auch Speisemöglichkeit).
- **Camping:** Nahe Isaba liegt der Campingplatz Asolaze, Carretera Isaba-Francia, km 6, Tel. und Fax 948 893034. Ganzjährig geöffnet, einzig im November geschlossen; Vermietung von Bungalows.

Essen und Trinken

- **Restaurante Venta de Juan Pito** (⁺⁺), Puerto de Belagua s/n, Isaba, Tel. 948 893080. Eines der bekanntesten Restaurants in Navarra, gelegen zwischen Isaba und der französischen Grenze (noch hinter der Käserei von Marengo). Zu den Spezialitäten zählen z.B. Lammkoteletts und -rippchen. Vorzügliche Nachtische und Roncal-Käse. Anfang Juli bis Mitte September tgl. geöffnet, ansonsten nur an den Wochenenden und in den Ferienzeiten (Ostern, Weihnachten etc.)

Pamplona – stimmungsvolle Fiesta-Stadt

⇗XX/B2

Pamplona, baskisch **Iruña** oder **Iruñea** und auf einer Höhe von rund 450 m über NN im Pyrenäengürtel gelegen, ist noch heute eine wirkliche Entdeckung für Spanienreisende, Jakobswegpilger und Fiestafreudige.

Vor allem Spaniens größtes und bewegtestes Volksfest hat die am Río Arga gelegene Stadt weltbekannt gemacht: die **Sanfermines.** Alljährlich zwischen dem 6. und 14. Juli steht die navarresische Stadt Kopf, dann ist sie ein Tummelbecken für – im durchaus positiven Sinn – Verrückte aus aller Herren Ländern. Achteinhalb Tage wird gefeiert (und getrunken), ohne Pause. Auch der Romancier *Ernest Hemingway* war von den Sanfermines fasziniert; in dem zu Beginn seiner

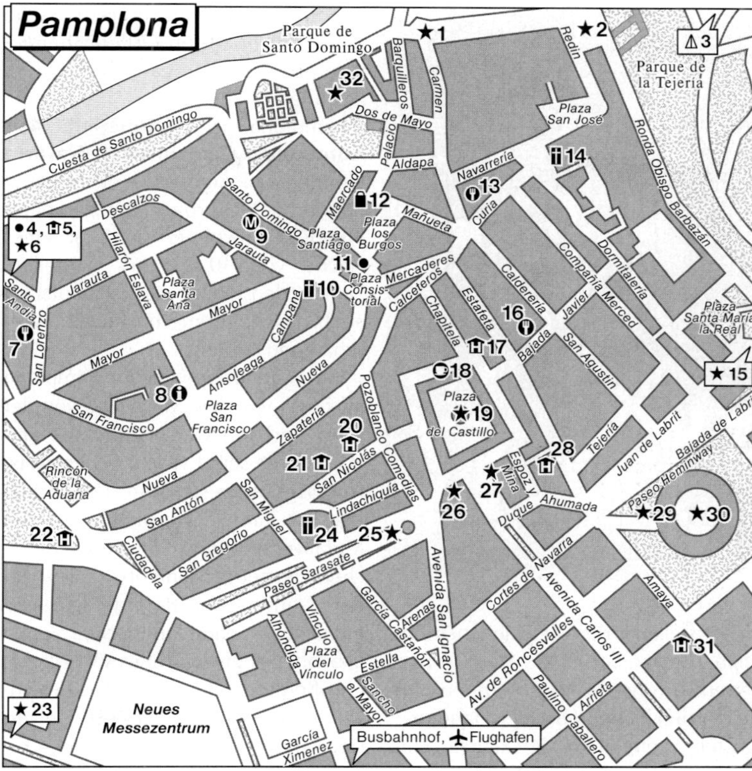

- ★ 1 Portal de Francia
- ★ 2 Redín-Bollwerk
- ⚠ 3 Richtung Camping Ezcaba
- ● 4 Bahnstation
- 5 Iruña Park Hotel
- ★ 6 Taconera-Park
- 7 Restaurante Askartza
- 8 Touristenbüro
- 9 Museum von Navarra
- 10 Kirche San Saturnino mit Pilgerherberge
- ● 11 Rathaus
- 12 Marktgebäude
- 13 Hostería del Temple
- 14 Kathedrale
- ★ 15 Media-Luna-Park
- 16 Restaurante Palacio Chino
- 17 Gran Hotel La Perla
- 18 Café Iruña
- ★ 19 Pavillon
- 20 Pensión Otano
- 21 Hostal Bearán
- 22 Hotel Iruña Palace Tres Reyes
- ★ 23 Richtung Zitadelle
- 24 Kirche San Nicolás
- ★ 25 Denkmal der Sonderrechte
- ★ 26 Palast von Navarra
- ★ 27 Teatro Gayarre
- 28 Hotel Europa
- ★ 29 Hemingway-Denkmal
- ★ 30 Stierkampfarena
- 31 Hotel Leyre
- ★ 32 Wiederaufbau von Navarras Königspalast

052ns Foto: ad

Rathausvorplatz während der Sanfermines

Schriftstellerkarriere erschienenen Roman „Fiesta" hat er die Stadt in den Pyrenäen und ihr buntes Treiben im Juli in den Mittelpunkt der Handlung gestellt (siehe auch die Exkurse „Hemingway, Pamplona und die Sanfermines" und „Sanfermines – Spaniens größte Fiesta").

Doch auch außerhalb der Fiestazeit hat die über 2.000 Jahre alte Stadt mit ihrem reichen **baugeschichtlichen Erbe** einiges zu bieten: Paläste und Kirchen, Altstadtgassen und Promenaden, Parks und urige Bars, Stadtmauern und Bollwerke. Was die Stadt ebenfalls reizvoll macht, ist, dass sie einen der höchsten Grünflächenanteile pro Person in ganz Europa verzeichnet.

Pamplona ist **Hauptstadt der Autonomen Gemeinschaft Navarra** (Comunidad Autónoma de Navarra; baskisch: Nafarroa), deren knapp 600.000 Einwohner sich auf einer Fläche von 10.420 km^2 verteilen. Selbstredend bildet die Hauptstadt auch das Zentrum von Politik, Wirtschaft und Bildung.

Während im Umland von Pamplona nach wie vor viele Menschen von der Land- und Forstwirtschaft leben, sind in der Stadt selbst viele im **Dienstleistungssektor** beschäftigt. Die **Industrie** hat ihre Schwerpunkte bei der Metallverarbeitung sowie den Bereichen Fahrzeug-, Zement-, Papier-, Leder-, Nahrungsmittel- und chemische Industrie; im pamplonesischen Vorort Landaben liegt ein großes VW-Werk.

Außerdem ist Pamplona Sitz der privaten **Opus-Dei-Universität** (Universidad de Navarra; seit 1952, siehe Exkurs im Kapitel „Geschichte") sowie einer **öffentlichen Hochschule** (Universidad Pública de Navarra). Rückschlüsse auf Opus-Dei-Anhänger kann man auf dem Universitätsgelände ziehen, wenn man morgens sieht, wie viele Jugendliche an einer kleinen Kapelle unterhalb des Kreuzungspunktes der Avenidas Pío XII, Navarra und Aróstegui ein Gebet sprechen. Im Innern der Universität hängen Kreuze in jedem Saal und Raum, der Unterricht ist tendenziös gefärbt. Hier werden kommende Führungskräfte aus Politik und Wirtschaft, aber auch zukünftige Journalisten geschult. Für alle Studierenden ist Religion im Nebenfach Pflicht; Psychologie wird dagegen nicht gelehrt ...

Geschichte

Im Jahre **75 v. Chr.** wurde Pamplona durch den **römischen General Pompejus** gegründet, auf den sich auch der Stadtname gründet.

Auf die ersten Einfälle von Franken und Alemannen um 275 folgte die Eroberungen der Westgoten (472) und – zu Beginn des 8. Jh. – der **Mauren.** Diese waren 711 im Süden der Iberischen Halbinsel eingefallen, bahnten sich relativ rasch den Weg in den Norden und drangen bereits 714 nach Pamplona vor.

Mit Beginn der Herrschaft von *Sancho Garcés I* (905) schälte sich **Navarra als eigenständiges spanisches Königreich** heraus, dessen Hauptstadt Pamplona war.

Das Nebeneinander von spanischen und französischen Landsleuten führte innerhalb der Stadt im 11. und 12. Jh. zur Bildung der **drei pamplonesischen Burgen** Navarrería, San Cernin und San Nicolás. Hintergrund war der, dass es zu jener Zeit zahlreiche französische Kaufleute und Handwerker gab, die sich um den ursprünglichen Stadtkern Navarrería herum ansiedelten; die Belebung des Jakobsweges hatte sie über die Pyrenäen gelockt. Nur war es damals wie heute: Spanier und Franzosen waren sich nicht grün. So bekriegten sich die drei Burgen lange Zeit, bis König *Carlos III el Noble* im Jahre 1423 die friedliche Vereinigung herbeiführte.

Die Einnahme der Stadt durch kastilische Heerscharen im Jahre 1512 bedeutete das Ende des eigenständigen Königreiches Navarra, das unter dem *Duque de Alba* gewaltsam in das **Großreich Kastilien** eingegliedert wurde. Unruhig wurde es noch einmal zu Beginn des 19. Jh., als französische Truppen in Pamplona einfielen, sowie in der Zeit des Spanischen Bürgerkrieges (1936-39).

Lebten zu Beginn des 19. Jh. lediglich 13.000 Einwohner in der Stadt, so umfasst Pamplona heute knapp **200.000 Bewohner.** Es ist eine relativ wohlhabende Stadt voller Atmosphäre und Lebensfreude, deren Partnerstadt in Deutschland seit einigen Jahren Paderborn ist.

Außerdem ist Pamplona Sitz der **Deutsch-Spanischen Gesellschaft für den Norden Spaniens,** die gelegentlich Konzerte und Ausstellungen organisiert und deren spanisch-deutsche Kulturwoche im Oktober mittlerweile zu einem festen Bestandteil des regionalen Kulturlebens geworden ist.

Keine Frage, die Stadt ist reich – und sie kehrt ihren Wohlstand in Form von brandneuen Prestigeobjekten auch gerne einmal nach außen: etwa mit dem von Stararchitekt *Rafael Moneo* konzipierten Wiederaufbau des **navarresischen Königspalastes (32)** am nördlichen Altstadtrand sowie mit dem Neubau des **Kongress- und Messezentrums** zwischen Paseo de Sarasate und Zitadelle.

Hemingway, Pamplona und die Sanfermines

Ernest Hemingway, 1899-1961, Literatur-Nobelpreisträger 1954, Haudegen in Bars und Betten, war zeitlebens fasziniert vom Fiestafieber in Pamplona. Im Jahre 1923 feierte er erstmals Spaniens größte Fiesta mit und kehrte in den beiden darauffolgenden Jahren eigens zu den Sanfermines in die navarresische Hauptstadt zurück. Er stieg im – heute verschwundenen – Hotel Quintana an der Plaza del Castillo ab, setzte sich mit Vorliebe auf die Platzterrassen der Cafés Iruña und Choko, stürzte sich in den Straßentrubel, jubelte den Toreros in der Arena zu und stellte ein ums andere Mal seine Trinkfestigkeit auf die Probe. Die Sanfermines boten *Hemingway* den idealen Rahmen für seinen **Roman „Fiesta"** (1926, engl. „The Sun also Rises"), den er der verlorenen Generation des Ersten Weltkrieges widmete.

Inmitten der Sanfermines suchen *Hemingways* Romangestalten neue Ziele und Wirklichkeiten. Jake Barnes, der Ich-Erzähler, Robert Cohn und die anderen US-Bohemiens sind von den Gräueln der jüngsten Kriegsvergangenheit gezeichnet. Sie durchleben die Fiesta, berauschen sich an Alkohol und Ausgelassenheit – und bleiben die vom Schicksal Besiegten, denen es lediglich gelingt, sich für ein paar Tage zu betäuben. Kritiker und Leserschaft nahmen den Roman begeistert auf. Es war die Anklage der Jugend gegen die Väter, die den Krieg zugelassen hatten – wobei in „Fiesta" das Wort „Krieg" kein einziges Mal auftaucht.

Die Szenen in Pamplona spielen an der Plaza und in den Altstadtgassen, in der Arena, in Bars, Cafés und Hotelzimmern. Mit der Beobachtungsgabe des Journalisten hat *Hemingway* die betäubende Szenerie der „Fiesta" dokumentarisch genau festgehalten, mit dem Erzähltalent des Romanciers hat er der Stadt und ihrer Feier ein literarisches Denkmal gesetzt. Vor uns liegt noch heute ein regelrechtes **„Pamplona-Lesebuch"**, ein „Fiesta-Puzzle", durchlebt von Jake Barnes.

So wie sein Erzähler, so mag auch *Hemingway* die Straßen Pamplonas von der Plaza del Castillo aus durchstreift haben: „Wir tranken im Iruña unseren Kaffee, saßen in bequemen Korbstühlen und sahen aus der Kühle unter den Arkaden auf den großen Platz. Ich saß vor dem Café und machte dann einen Spaziergang durch die Stadt. Ich ging zum Ayuntamiento."

Vom Rathaus *(Ayuntamiento)* gehen wir am heutigen „Unzu"-Kaufhaus vorbei, durch die leicht ansteigende Calle Curia und lesen: „Am Ende der Straße sah ich die Kathedrale und ging auf sie zu. Das erste Mal, als ich sie sah, fand ich die Fassade hässlich, aber jetzt mochte ich sie gern. Ich ging hinein." Einige Tage später starten die Sanfermines: „Sonntag mittag, den 6. Juli, brach die Fiesta aus. Es gibt keinen anderen Ausdruck dafür. Den ganzen Tag über waren Leute vom Land in der Stadt eingetroffen."

Ihren bäuerlich-ländlichen Charakter haben die Sanfermines mittlerweile verloren, woran *Hemingways* Roman nicht ganz schuldlos ist. Zehntausende Fiestafreudige aus aller Welt lockt die Stadt alljährlich zwischen dem 6. und 14. Juli an. Und die Skizzen Jake Barnes' haben unverändert Gültigkeit: „Die Fiesta hatte wirklich begonnen. Sie dauerte Tag und Nacht, sieben Tage lang. Man tanzte und trank unentwegt, und der Lärm nahm kein Ende. Die ganze Fiesta über hatte man das Gefühl, selbst wenn es ruhig war, dass man alles, was man sagen wollte, schreien müsse, damit die anderen es hörten." All die ohrenbetäubenden Töne, die Stimmung und die Gelage erlebte *Hemingway* ebenso intensiv mit wie die allmorgendliche Stierhatz, den *encierro*, ein Spiel auf Leben und Tod: „Und als die Stiere alle zusammen schwer galoppierend, die Flanken mit Kot bespritzt, mit geschwungenen Hörnern vorbeikamen, schoss einer vor, fasste einen Mann aus der laufenden Menge im Rücken und hob ihn in die Luft."

Hemingway kehrte immer wieder zur Fiesta nach Pamplona zurück: 1927, 1929, 1931, 1953 und 1959. Auch bei seinen letzten Sanfermines soll ihm nicht ein einziger encierro entgangen sein. Am 2. Juli 1961 setzte *Hemingway* seinem Leben in Ketchum, Idaho, mit einem Jagdgewehr ein Ende. Begraben wurde er am 7. Juli – ausgerechnet am Tag des heiligen Fermín. Dies gibt der Beziehung des Schriftstellers zu seiner Fiesta einen merkwürdigen Beigeschmack.

053ns Foto: ad

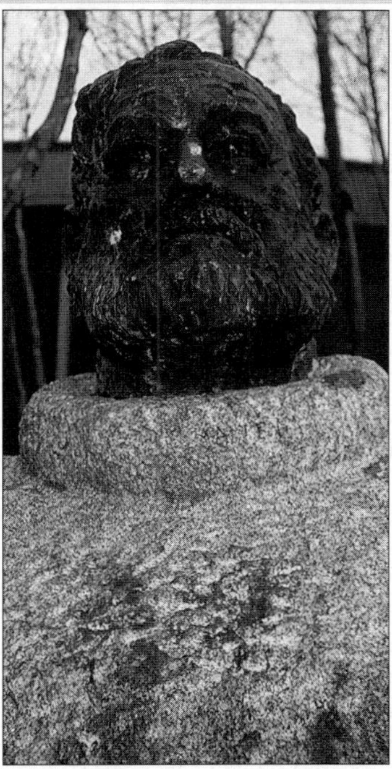

Hemingway-Denkmal vor der Arena in Pamplona

Sehenswertes

Orientierungspunkte in der Innenstadt sind die große Plaza del Castillo, die Kathedrale mit ihren beiden mächtigen Türmen sowie – etwas am Rande – die von Grünanlagen umgebene Zitadelle.

Die **Zahlen in Klammern** verweisen auf die Legendenpunkte des Stadtplans.

Rund um die Plaza del Castillo

Auf der großzügig angelegten Plaza del Castillo pocht das Herz Pamplonas, hier laufen die Fäden in der Altstadt zusammen und auseinander, von hier ist es ein Katzensprung in die Stierlaufgasse (Calle Estafeta), die Fußgängerzone sowie hinüber zu Kathedrale und Rathaus.

Auf Ruhebänken oder von den Stühlen der **Straßencafés** kann man das Leben an sich vorüberziehen lassen, wie es *Ernest Hemingway* bei seinen zahlreichen Pamplona-Besuchen von den Terrassen des aristokratischen Cafés Iruña (innen sehr schön im alten Stil dekoriert) immer wieder getan hat.

Hemingways bevorzugte Herberge war das **Gran Hotel La Perla (17),** heute mit einem altmodischen und etwas angestaubten Hemingway-Ambiente, inklusive der Stierköpfe im Foyer. Wer Glück hat, bekommt an der Rezeption den Schlüssel zum Hemingway-Zimmer (man fragt nach Habitación Hemingway, Zimmer Nummer 217), das zur Calle Estafeta hinauszeigt, allerdings als ganz normales Zimmer vermietet wird.

054ns Foto: ad

Die Plaza del Castillo wird von sehenswerten **Häuserzeilen aus dem 18. und 19. Jh.** mit Balustraden und Laubengängen, Schatten spendenden Platanen und gemütlichen Cafés geprägt. Ihr Ursprung geht bereits auf die Mitte des 16. Jh. zurück. Bei den Ausgrabungsarbeiten für ein neues Parkhaus wurden 2001-2002 beachtliche archäologische Reste aus Römerzeit und Mittelalter entdeckt. Seitdem streitet man sich, wie man das Kulturgut aus vergangenen Zeiten erhalten soll – denn die Tiefgaragenplätze waren vorher verkauft worden. Bei Redaktionsschluss klaffte in Pamplonas Stadtherz unverändert ein riesengroßes, umzäuntes Loch. Ende offen und vermutllich nur über gerichtliche Instanzen zu klären ...

Im Normalfall markiert die Plaza del Castillo während der Sanfermines einen Dreh- und Angelpunkt der Fiesta.

Hier beginnen Konzerte selbst nachts um zwei, hier schwingen Festfreudige aller Altersstufen unter einem abends erleuchteten Meer aus Glühlampen bei musikalischen Live-Auftritten im **zentralen Pavillon (19)** das Tanzbein, hier schluchzen und schmettern die Massen am Abend des 14. Juli das traditionelle Abschiedslied der

Pamplonas Plaza del Castillo

Sanfermines, das „Pobre de mí". Dann recken Tausende von Händen brennende Kerzen in die Luft – und die Wachsspuren sieht man noch bis zum Jahr darauf auf den Bodenplatten.

An die Südseite der Plaza del Castillo stößt der rund um die Uhr streng bewachte **Palast von Navarra (26,** Palacio de Navarra). Dieser wurde von 1843 bis 1851 nach Vorlagen von *José de Nagusía* in neoklassizistischem Stil errichtet, heute ist er Sitz der Regierung der autonomen Region Navarra und für Besucher nicht zugänglich.

Rund um das Rathaus

Geht man von der Plaza del Castillo durch die neben dem Gran Hotel La Perla beginnende Gasse Chapitela, gelangt man zum Rathaus **(11),** das sich als barockes Juwel an der **Plaza Consistorial** erhebt. Allerdings ist von dem Mitte des 18. Jh. errichteten Barockbau heutzutage nur noch die Fassade erhalten; die restlichen Gebäudeteile sind neueren Datums, viele Ämter sind ausgelagert. Das ursprüngliche Gemeindehaus aus dem 15. Jh. stand an dieser Stelle als das Symbol der unter König *Carlos III el Noble* besiegelten Vereinigung zwischen den drei verfeindeten Burgen San Cernin, San Nicolás und Navarrería.

Die von *José de Zailorda* entworfene **Rathausfassade** ist von unten nach oben in dorische, ionische und korinthische Stilstufen unterteilt. Die Skulpturen neben dem Haupteingang stellen die Gerechtigkeit und die Vorsicht dar. Allegorische Herkulesfiguren bilden die Fundamente, und auf dem vom königlichen Meister *Juan Lorenzo Catalán* konzipierten Dachaufbau ragt eine Ruhmesfigur in den Himmel. Die Wappen von Pamplona und Navarra werden von Löwen getragen.

Von den Rathausbalkonen aus eröffnen die honorigen Offiziellen am Mittag des 6. Juli unter dem schier unglaublichen Jubel der Menge die Sanfermines. Wird um Punkt zwölf Uhr mittags die **Eröffnungsrakete** – der *chupinazo* – gezündet, gibt es kein Halten mehr. Es ist der magische Moment, die Fiesta beginnt, jeder Einzelne singt und jubelt und verteilt Sektduschen nach rechts und links. Man darf nicht verschweigen, dass es mitunter zu einem riesigen Gelage und zu infantilen Sauereien ausartet, zum Beispiel dann, wenn man seine Nachbarn mit Sekt bespritzt und anschließend mit Mehl bestäubt. Glücklicherweise sind die Eierwürfe auf die Fassaden in den letzten Jahren eingedämmt worden. An den Zugängen führt die Polizei vor dem *chupinazo* neuerdings akribisch Kontrollen durch.

In Sichtweite zum Rathausvorplatz liegt die **Kirche San Saturnino (10)** mit ihrem alles überragenden schlanken Hauptturm. Im Mittelalter war der Sakralbau die Pfarrkirche der fränkischen Burg San Cernin und wurde als Wehrkirche genutzt. Sehenswert ist das Strebegewölbe aus dem 16. Jh. über dem Hauptportal.

Aus dem 18. Jh. stammt die an die Kirche angebaute **Barockkapelle Virgen del Camino.** An die – so wörtlich – „Jungfrau des Pilgerweges" erinnert auch eine Inschrift in vergoldeten Lettern: *Apareció aquí nuestra Señora del Camino, año 1487.* An jener Stelle also soll im Jahre 1487 die Jungfrau erschienen sein.

Auf der Straße vor dem Gotteshaus ist an der Stelle eine **Gedenkplatte** eingelassen, an der sich der mündlichen Überlieferung zufolge jener Brunnen befand, mit dessen Wasser der heilige *Saturnino,* Bischof von Toulouse, die ersten Gläubigen der Stadt im 1. Jh. taufte.

Direkt angeschlossen an die Kirche San Saturnino ist die **Herberge für Jakobswegpilger.**

Die rückwärtige Front des Rathauses stößt fast unmittelbar an das doppelstöckige **Marktgebäude (12).** Hier wirkt alles etwas nüchtern und steril, doch bekommt man gut und günstig Gemüse, Obst, Fisch, Fleisch und Käse.

Geht man an der Längsseite des Rathauses entlang und ein Stück die ebenfalls als Stierlaufschneise bekannte Cuesta de Santo Domingo entlang, erreicht man das regionalgeschichtlich bedeutsame **Museum von Navarra (9).** Das platereske Portal des heutigen Museums rührt vom vormaligen Krankenhausbau Nuestra Señora de la Misericordia her. Im Museum sieht man römische Mosaiken, romanische Kirchenkapitelle, Goldschmiedearbeiten und Münzen. Ein Prunkstück des Museums ist ein maurisches Schmuckkästchen aus Elfenbein, das zwischen 1004 und 1005 unter Meisterhänden in Córdoba entstand und später im Kloster San Salvador de Leyre gefunden wurde. Weiterhin beachtenswert ist das von *Goya* im Jahre 1804 gemalte Portrait des Herzogs von San Adrián. Das Museum von Navarra ist zu folgenden Zeiten geöffnet: Di-Sa 10-14 und 17-19 Uhr, So 11-14 Uhr.

In der **Cuesta de Santo Domingo** (etwas unterhalb des Museums von Navarra) sollte man auf eine Maueröffnung achten, in die die ganz in Rot und Weiß gekleideten Läuferburschen *(mozos)* am Morgen der Sanfermines traditionsgemäß eine Reliquie des heiligen *Fermín* stellen und sie vor dem Stiertreiben mit folgenden Worten anpreisen: *A San Fermín venimos, / por ser nuestro patrono, / nos guíe en el encierro, / dándonos su bendición.* Übersetzt heißt das sinngemäß: „Zu San Fermín sind wir gekommen, / weil er unser Schutzpatron ist, / er möge uns beim Stiertreiben helfen, / indem er uns seine Segnung gibt." Bei diesen Versen strecken die zahlreichen jungen Männer im Rhythmus der Silben die Hände gen Himmel. In ihren Händen halten sie Zeitungen, die ihnen später bei der Stierhatz durch die Gassen dienen und zumindest psychologischen Schutz geben: Man hält halt etwas in der Hand. Außerdem: Wirft man die Zeitung weg, wird der hinter einem schnaubende Stier für einen Sekundenbruchteil abgelenkt – und man kann den Hörnern entkommen.

Rund um die Kathedrale

Rund 300 m vom Rathaus entfernt, am Ende der gepflasterten Calle Curia, erhebt sich eines der Wahrzeichen von Pamplona: die gewaltige **Kathedrale Santa María (14)** mit ihren rund 50 m hohen Türmen, gelegen im ältes-

056ns Foto: ad

ten und am höchsten gelegenen Teil der Stadt.

Im Gotteshaus steckt nicht das, was der klassizistische Vorbau vermuten lässt. Hinter dieser Fassade aus dem 18. Jh. eröffnet sich ein herrlicher **gotischer Kirchenbau** nach französischen Vorbildern, an dem in den letzten Jahren umfangreiche Restaurierungsarbeiten vorgenommen worden sind.

Das Altstadtplateau von Pamplona mit der Kathedrale

An der Stelle der Kathedrale soll sich ursprünglich ein römisches Kapitol befunden haben, bis im 11. Jh. eine erste romanische Kirche errichtet wurde. Nach deren Einsturz im Jahre 1390 wurde zu Zeiten von *Carlos III el Noble* mit dem Bau der heutigen Kathedrale begonnen, doch bis zur Fertigstellung zogen noch mehr als zwei Jahrhunderte ins Land. Des Rätsels Lösung für die stilfremde **Fassade:** In der zweiten Hälfte des 18. Jh. wurde die ursprüngliche durch eine neue Konstruktion ersetzt; Architekt war *Ventura Rodríguez*.

Im Innern der Kathedrale sieht man das vor dem Hauptaltar gelegene **Mausoleum** für *Carlos III el Noble* und seine Gemahlin *Leonor de Trastámara*. Es handelt sich um ein von *Jehan Lome* zu Beginn des 15. Jh. geschaffenes Alabastergrabmal, das als eines der bedeutendsten bildhauerischen Werke in Navarra gilt. Zu beachten ist auch das kunstvolle Renaissancegitter.

Über dem Hauptaltar thront die **Virgen del Sagrario,** eine romanische Marienskulptur, vor der im Mittelalter die Könige von Navarra gekrönt wurden. Überall fallen die Stilmischungen auf. So wurde die **Sakristei** zwar Ende des 14. Jh. erbaut, doch im Zuge des barocken Zeitgeschmacks im 18. Jh. entsprechend dekoriert.

Stolz der Kathedrale ist ihr gotischer **Kreuzgang,** den man durch das **Diözesan-Museum** in der Calle Dormitalería Nummer 5 betritt (geöffnet Mo-Fr 10.30-13.30 und 16-18 Uhr, Sa 10.30-13.30 Uhr). Der zwischen 1277 und 1472 errichtete gotische Kreuzgang hat einen quadratischen Grundriss; die Galerien sind von einem einfachen Kreuzgewölbe und früheren Klosterwohnungen überdeckt. Am Kreuzgang liegt die Grabkapelle des Bischofs *Arnaldo de Babarzán* (1318-1355), die von einem sternenförmigen Gewölbe gekrönt wird. Auffällig sind die allgegenwärtigen Bodeneinlassgräber. Im Diözesan-Museum (Museo Diocesano) selbst sind religiöse Kunstwerke Navarras aus mehreren Jahrhunderten ausgestellt. Dazu zählen eine Reihe von mittelalterlichen Marienskulpturen und Altargemälden.

Geht man um die Kathedrale Santa María herum, kommt man über das lauschige Plätzchen San José und durch das Gässchen Redín weiter an die alten **Stadtmauern und Bollwerke.** Von den dortigen Aussichtsplattformen aus blickt man über die Mauergürtel, den Arga-Fluss, die modernen Stadtviertel mit ihren Hochhäusern sowie auf Teile der Pyrenäen und Pamplonas Hausberg, den von einer ehemaligen Kaserne gekrönten San Cristóbal.

Von der Aussichtsplattform am **Redín-Bollwerk (2)** nach links blickt man an den mächtigen Mauern hinab auf das historische **Portal de Francia (1).** Durch dieses auch unter dem Namen Zumalacárregui bekannte Stadttor ziehen noch heute die Jakobspilger in die Stadt ein.

Paseo de Sarasate und Ausgehzonen

Kehrt man wieder auf die Plaza del Castillo zurück und geht am Palast von Navarra vorbei, eröffnet sich sogleich der langgestreckte Paseo de Sarasate. Diese beliebte **Flanierpromenade** Pamplonas läuft auf den Justizpalast zu und ist nach dem Geiger *Pablo Sarasate* (1844-1908) benannt, einem berühmten Sohn der Stadt.

Nicht zu übersehen ist das einer Freiheitsstatue gleichende **Denkmal der Sonderrechte (25,** *Monumento a los Fueros*). Es wurde einst vom Volk finanziert und im Jahre 1903 errichtet, um die Verteidigung der historisch angestammten Sonderrechte von Navarra gegen den Finanzminister *Germán Gamazo* zu symbolisieren. Dieser hatte wenige Jahre zuvor – von seinem Ministersessel in Madrid aus – die steuerlichen Vorrechte der Region nicht berücksichtigt. Auf dem rund 30 m hohen und von *Manuel Martínez de Ugo* entworfenen Monument erkennt man die Wappen jener Dörfer, die an dem alten königlichen Gerichtshof einen Sitz hatten. Außerdem gibt es Skulpturen, die die Arbeit, den Frieden, die Autonomie, die Gerechtigkeit und die Geschichte darstellen. Auf der obersten Spitze des Denkmals hält die Bronzefigur in der rechten Hand ein Stück der auch im Wappen von Navarra abgebildeten Ketten – als Zeichen des einstmaligen Sieges der Navarreser über die Mauren – und mit der linken Hand das Sonderrechtsgesetz (*Ley Foral*) hoch.

Einen halben Block vom Denkmal der Sonderrechte entfernt, in der Calle San Ignacio und kurz vor der Kirche San Ignacio, sieht man eine **Gedenkplatte** im Boden. Sie ist **Ignacio de Loyola** (Ignatius von Loyola) gewid-

055ns Foto: ad

met, dem Begründer der Jesuitengemeinschaft, der hier zu Beginn des 16. Jh. verwundet wurde.

Vor den Häuserfassaden längs des Paseo de Sarasate mit ihren facettenreichen Balkongittern stehen links und rechts neben den Steinplatten der Promenade mitunter kopflose **Figuren.** Diese stammen aus dem 19. Jh. und waren ursprünglich für den Königspalast von Madrid bestimmt.

Pamplonas breite Flanierpromenade: Paseo de Sarasate

Am Paseo de Sarasate liegen auch das Gebäude der Hauptpost sowie die **Kirche San Nicolás (24),** die hier bereits zu Beginn des 12. Jh. existierte. Nach kriegerischen Zerstörungen durch Bewohner der benachbarten Burg San Cernin wurde das Gotteshaus im Jahre 1231 nochmals eingeweiht. Dass die San-Nicolás-Kirche von außen wie eine Burg wirkt, ist kein Zufall; einst hat sie als Wehrkirche gedient, auch wenn nach der Eingliederung von Navarra ins Reich von Kastilien im 16. Jh. wichtige militärische Bauteile abgerissen wurden. Im Innern sind die hölzernen Einlassplatten von Bodengräbern interessant.

Die Kirche San Nicolás weist auf der Gegenseite zur Plaza San Nicolás, die zwei der beliebtesten und belebtesten Ausgehgassen der Stadt trennt: die **Gassen San Nicolás und San Gregorio.** Dort reiht sich eine Bar an die andere, dort herrscht an den Wochenenden ein lebhaftes Nachtleben. In der San Nicolás gibt es auch einige Restaurants und Unterkünfte. Wer dort während der Sanfermines ein Bett gebucht hat, darf sich selbstverständlich nicht der Illusion eines ungestörten Schlafes hingeben ...

Mit seinen Parkanlagen zeigt sich Pamplona als ausgesprochen grüne Stadt

057ns Foto: ad

Herrenhäuser, Kirchen und Parkanlagen

Eine Verbindungsachse zwischen der Altstadt und den westlichen Stadt- und Parkzonen ist die **Calle Mayor,** in der man auf die schmiedeeisernen Gitter und die mit Blumentöpfen geschmückten Balkone achten sollte. Ebenfalls interessant sind einzelne mit Wappen verzierte Herrenhäuser. Dazu zählen der **Palacio del Condestable** (Calle Mayor 2; einst bischöfliche Residenz und während des Rathausneubaus zwischen 1753 und 1760 provisorisches Quartier), der **Palacio de los Redín y Cruzat** (Calle Mayor 31; renovierter Palast der Aristokratenfamilie Redín y Cruzat) sowie der **Palacio de los Ezpeleta** (Calle Mayor 65; barocker Palast von 1705).

Die Calle Mayor mündet auf die **Plaza Recoletas,** rechter Hand blickt man auf die barocke **Recoletas-Kirche.** Linker Hand erhebt sich die klobige **Kirche San Lorenzo,** deren größter Teil auf das 19. Jh. zurückgeht. Im Innern sieht man die **San-Fermín-Kapelle,** der bei den Sanfermines insbesondere am Tag des Heiligen, dem 7. Juli, besondere Verehrung zuteil wird. Das San-Fermín-Bildnis wurde vermutlich im 15. Jh. geschaffen; im Volksmund wird es aufgrund der geringen Größe Sanferminico (kleiner San Fermín) genannt.

Von der Plaza Recoletas schaut man bereits auf eine der beliebtesten grünen Lungen der Stadt: den **Taconera-Park (6).** Alte Stadtmauern und Verteidigungspunkte aus dem 16. Jh. bilden die Kulisse für diesen Park der lauschigen Winkel und Promenaden.

In den tiefen Burggräben mit ihren gepflegten Wiesenanlagen werden Hirsche und Rehe gehalten – erfreulich, dass eine militärische Anlage solch friedlichen Zwecken zugeführt worden ist. Zu Pamplonas kleinem **Tiergarten unter freiem Himmel** zählen auch Enten und Gänse rund um einen Minisee, den man am besten vom benachbarten **Antoniutti-Park** aus einsieht.

Nicht zu übersehen ist im Taconera-Park auch das imposante **Denkmal,** das dem Tenor **Julián Gayarre** gewidmet ist. *Gayarre* (1844-1890) stammte aus dem navarresischen Bergdorf Roncal und gelangte als Tenor zu Weltruhm. (siehe oben: Roncal, in „Abstecher in die Täler in Navarras Osten"). Das Monument im Taconera-Park wurde im Jahre 1950 von *Victor Eusa* und *Fructuoso Orduña* geschaffen.

In Nachbarschaft des Taconera-Parks liegt die aus dem 16. Jh. datierende **Zitadelle (23,** *Ciudadela)* mit ihren umliegenden Parkanlagen. Auch hier ist im Laufe der Zeit aus einer militärischen Bastion ein Ziel für Erholung Suchende und Spaziergänger erwachsen. Während der Sanfermines zieht es jeden Abend Zehntausende in den Park, um aus der Nähe das von der Zitadelle aus abgeschossene Feuerwerk mitzuerleben. Im Inneren der *ciudadela* sind mehrere historische Gebäudetrakte als Ausstellungssäle hergerichtet. Das Areal der Zitadelle ist zugänglich Mo-Sa 7.30-21.30 Uhr und So 9-21.30 Uhr. Die beiden Eingänge befinden sich an der Avenida Ejército und der Vuelta del Castillo.

Ein anderes gepflegtes Grüngelände, der **Media-Luna-Park (15),** liegt auf der ganz anderen Seite des Altstadtzentrums. Von der dortigen Promenade aus schaut man auf den Arga, die Pyrenäen und die Kathedrale, die gleichsam über der Stadt zu thronen scheint.

Geht man vom Media-Luna-Park auf direktem Weg zurück in die Stadt, kommt man an der **Stierkampfarena (30)** und dem **Hemingway-Denkmal (29)** vorbei. Über 19.000 Menschen gehen in Pamplonas Arena, die damit zu den größten in ganz Spanien zählt. Stierkämpfe finden hier ausschließlich während der Sanfermines statt; ansonsten wirkt diese Plaza de Toros ein wenig verwaist und bildet lediglich den Rahmen für einzelne Konzerte. Während der Sanfermines ist hier natürlich die Hölle los. Nach jedem morgendlichen Stiertreiben werden mitten in der Arena Jungrinder auf die Massen im Sand losgelassen – ein Spektakel, das für die zweibeinigen Teilnehmer nicht immer glimpflich ausgeht. Aber, keine Sorge, hinter den Kulissen warten Helfer- und Ärzteteams. Und außerdem ist die Arena von Pamplona eine der wenigen privilegierten mit zwei Operationssälen ...

Praktische Tipps

Information

- **Touristenbüro (8)** in der Calle Eslava 1, Tel. 948 206540, Fax 948 207034, Internet: www.cfnavarra.es, E-Mail: oit.pamplona@cfnavarra.es. In den Sommermonaten steht gelegentlich ein mobiles Büro an der Plaza del Castillo oder auf dem Paseo de Sarasate.

Sanfermines – Spaniens größte Fiesta

Wer sich mit Haut und Haar den Sanfermines hingibt, erlebt, wie ihn der mächtige Strudel der Fiesta mitreißt in einen Taumel aus Tanz und Trommelwirbel, in ein ekstatisches Erleben, bis die erschöpten Glieder zittern. 204 Stunden lang regiert der freudige Wahnsinn. Die Nacht wird zum Tag, getagt wird überall, unter freiem Himmel, ohne Pause. Heerscharen aus aller Herren Länder feiern bis zum Umfallen, kippen bis zum Umkippen. Viele kommen ohne Zimmer aus. Sie sacken schlichtweg dort zusammen, wo die Fiesta sie niederschlägt: auf den Plätzen, in den Parks, an den Stadtmauern. Der Trommelwirbel und die schrillen Flötenklänge der Musikgruppen holen sie alle wieder zurück ins Leben der Fiesta. Und die Wasserschläuche der Straßenreiniger natürlich auch ...

Pflichtprogramm an jedem Sanfermines-Morgen ist der **encierro,** die Stierhatz. Es gibt kaum jemanden, der sich nicht mit letzter Kraft und trotz des möglicherweisen höllischen Kopfschmerzes dort hinschleppt. Beim *encierro* laufen sechs Kampfstiere samt Begleitochsen und Treibern morgens um acht Uhr knapp 850 m durch die Altstadt – und vor ihnen ein riesiger Pulk an Läufern, *mozos,* die vor den Hörnern davonsprinten. Der Galopp geht von den Stallungen an der Cuesta de Santo Domingo über den Rathausplatz und durch die Gassen Mercaderes und Estafeta bis zum Einlauf in die Arena und in die hinterliegenden Stallungen. Das Rund wird in der Regel nur gekreuzt, dann werden die Tore geschlossen, der *encierro* ist vorbei.

Das Stiertreiben ist die Attraktion der Sanfermines, live übertragen vom spanischen Fernsehen und mit Zeitlupen der dramatischsten Szenen. Entlang jener Strecke warten sage und schreibe 20 Rotkreuz-Teams auf Arbeit – und die steht immer an. Durchschnittlich 28 Jahre soll er alt sein, der – will man das folgende Wort in dem Zusammenhang gebrauchen – „normale" *encierro*-Läufer. Es gilt, sich möglichst lange vor den Hörnern zu halten, das gibt den allergrößten Kick. Allerdings schafft man es angesichts der oftmals betrunkenen Mitläufer und der Stiergeschwindigkeit – 100 m schaffen sie locker in 14 Sekunden – kaum über eine Distanz von mehr als 50 m. Die Motivation der Läufer erklärt sich aus dem Bestreben, die Angst zu überwinden, sich selbst zu beweisen und sagen zu können „Ich habe es geschafft!" Man spürt die innerliche Genugtuung, den Triumph oder – in weniger erfolgreichen Fällen – einfach das Horn im Bauch. Schließlich hat es bei den *encierros* auch schon Todesfälle gegeben.

Zwischen den *encierros* gibt es **Konzerte, Tanz und Umzüge** rund um die Uhr, Jahrmarkt, Folklore, Feuerwerk und natürlich den für viele unsäglichen Stierkampf. Überall klebt der Asphalt in Pamplona, Gerüche durchziehen die Stadt: nach Wein, Vieh und viel, viel Volk.

Für Stimmung allerorten – ob um drei Uhr nachts, um sieben Uhr morgens oder um die Mittagszeit – sorgen die **peñas,** die Clubs aus Freunden. In verschiedenen Abordnungen und Schichten ziehen sie mit Pfeifen, Trommeln, Pauken und Trompeten durch die Innenstadt und sorgen bei all den Tänzern und Fiestafeiernden in ihrem Sog für eine Woge der Begeisterung. Peñas – von bösen Zungen schon als wild gewordene Dorfkapellen tituliert – hört man nicht nur, man erkennt sie auch an ihren Transparenten, die zwei Helfer unablässig mitschleppen, und an Sangría-Trägern. Mit kleinen Mengen Sangría geht gar nichts, nein, manche schleppen sogar komplette Plastikeimer mit – für den kleinen Durst zwischendurch.

Die **geschichtlichen Wurzeln der Sanfermines** reichen ins Mittelalter zurück und gründen sich auf drei Säulen: die religiösen Akte zu Ehren des heiligen Fermín ab dem 12. Jh., die von königlicher Seite protegierten Handelsmärkte vom 14. Jh. an und den ebenfalls auf jenes Jahrhundert zurückgehenden Beginn der Stierkämpfe.

Fermín, Namensgeber der Fiesta, lebte zu römischen Zeiten, stammte aus Pamplona, reiste später nach Gallien, um seinen Glauben zu vertiefen, wurde Bischof und endete als Märtyrer in Amiens. Einige Historiker geben sein mutmaßliches Sterbejahr mit 287 an, andere verweisen auf den Beginn des 4. Jahrhunderts. Gesichert ist, dass die Reliquien des heiligen Fermín 1186 nach Pamplona überführt wurden. 1591 war Pamplona erstmals Schauplatz der Sanfermines. Zu jenen Zeiten wurden die außerhalb der Stadtmauern angekommenen Stiere von den Hirten in die Stadt zur Stätte des Stierkampfs getrieben – der ureigene Sinn des *encierro.*

Der **Stierkampf** war seinerzeit ein wildes Gestochere auf der zentralen Plaza, doch viele der Tiere überlebten – im Gegensatz zu heute, wo hinter den Kulissen der Arena beim ungleichen Töten auf Raten Fleischerriege und Kühlwagen auf die sechs Kampfstiere des Abends warten. Zwischen *encierro* und Stierkampf liegen die letzten zehn Stunden im Leben der Kolosse, die sie in den Ställen der Arena verbringen. Aus deutscher Sicht unverständlich, dass sich die Spanier an dem grausamen Gemetzel begeistern können.

Der Stierkampf, die allabendliche *corrida,* ist bei den Sanfermines ein richtiges Happening. Wer hingeht, nimmt flüssige und feste Nahrung mit, am besten Sangría-Eimer und volle Picknickkörbe. Sogar Tisch-

058ns Foto: ad

Für die einen ein buntes Treiben, für die anderen ein Gräuel

grills für Koteletts und Sardinen sind schon gesichtet worden. Die Tradition auf den Rängen besagt: Nach dem dritten toten Stier packt man Brote aus, verteilt heiße Suppe oder frischen Schmorbraten unter den Freunden. Auch Fremde werden gelegentlich mitverpflegt. Man kaut und trinkt und steigert den Weinkonsum. Besondere Stimmung herrscht natürlich unter den *peñas*. Allmählich gerät der Stierkampf zur Nebensache – deswegen kommen die Toreros ungern nach Pamplona.

Am 14. Juli, dem **letzten Tag** von *encierro* und *corrida*, gehen die Freunde der Fiesta entkräftet und übernächtigtin die letzte Runde. Ein letztes Mal bäumen sie sich auf und singen und tanzen und jubeln alles aus sich heraus. Kurz vor Mitternacht drängen sich die Massen auf dem Rathausplatz und der Plaza del Castillo. Nach den mitternächtlichen Glockenschlägen werden Tausende, vielleicht Zehntausende von Stimmen zu einer Einheit. Kerzen werden gen Himmel gehoben, Wachs tropft auf die Finger. Es erklingt das **Abschiedslied „Pobre de mí"**, das man ein ums andere Mal bis zur krächzenden Heiserkeit anstimmt: *Pobre de mí, Pobre de mí, que se han acado las fiestas de San Fermín* – „Ich Unglücklicher, ich Unglücklicher, die Feiern von San Fermín sind zu Ende!" Bei derartiger Traurigkeit treibt es manchen wirklich die Tränen in die Augen. Der Trost ist knapp 360 Tage fern: die Sanfermines im nächsten Jahr ...

Zeitlicher Ablauf

- **5.30 Uhr:** Um diese Zeit sollte man sich spätestens einen Platz auf den Holzhürden längs der *encierro*-Strecke gesichert haben. Wer das Ende des *encierro* in der Arena erleben will, kann ruhig etwas später kommen.
- **7 Uhr:** Beginn des Platzkonzerts in der Stierkampfarena.
- **8 Uhr:** *Encierro.*
- **8.10 Uhr:** Loslassen von wilden Jungrindern auf die Massen in der Arena.
- **9.30 Uhr:** Häufiger Beginn des Innenstadt-Umzugs der Riesenfiguren *(gigantes)* und der Träger großer Kopfmasken *(cabezudos).*
- **12 Uhr:** Häufiger Start von Musikgruppen ab der Plaza Consistorial und der Plaza de Recoletas.
- **12 Uhr:** Landsport-Demonstration auf der Plaza de los Fueros.
- **13 Uhr:** *Apartado* an der Stierkampfarena (Einstallungszeremonie und Präsentation der sechs Kampfstiere für den Abend, die den Toreros zugelost werden).
- **13 Uhr:** Konzert auf der Plaza de la Cruz.
- **17.30 Uhr:** Umzug der Reiter und Maultiergespanne von der Plaza Consistorial oder der Plaza del Castillo aus zur Stierkampfarena.
- **18.30 Uhr:** Beginn der Stierkämpfe in der Arena.
- **20 Uhr:** In den Parks Antoniutti und Media Luna sowie auf der Plaza de San Francisco häufige Orchesterauftritte im Rahmen des offiziellen Programms.
- **21 Uhr:** Auf der Plaza del Castillo bzw. dem Paseo de Sarasete meist offizieller Beginn der Platzkonzerte mit Tanz unter einem Dach aus Glühlampen bis in die frühen Morgenstunden.
- **22 Uhr:** Häufiger Start des so genannten „Feuerstiers" *(toro de fuego)* ab der Plaza de Santiago; dabei handelt es sich um einen Mann mit Holzbauaufsatz, an dem Feuerwerkskörper explodieren – auch mitten in der Menge.
- **23 Uhr:** Feuerwerk in der Zitadelle.
- **23 Uhr:** *Encierrillo,* das kleine Stiertreiben, von den Stallungen außerhalb der Stadtmauern zu jenen in der Santo Domingo (bleibt in der Regel den Einheimischen vorbehalten, da weit vor den Sanfermines von der Stadtverwaltung spezielle Zugangstickets ausgegeben werden).
- **Nach Mitternacht:** Straßenleben pur. Dann brodelt das Leben nicht nur auf der Plaza del Castillo und Paseo de Sarasate (hier: Nachtstraßenmärkte), sondern insbesondere auch in der gegenüber der Arena gelegenen Calle Labrit (Discos, Ausschank unter freiem Himmel). Nachtkonzerte werden häufig auf der Plaza de San José und der Plaza de los Burgos gegeben, gelegentlich finden Lasershows auf der Plaza de San Francisco statt.

Unterkunft

●**Hotel Iruña Palace Tres Reyes** (+++) **(22),** Jardines de la Taconera, s/n, Tel. 948 226600, Fax 948 222930, Website: www.hotel3reyes.com, E-Mail: hotel3reyes@abc.ibernet.com. Zentrumsnaher Vier-Sterne-Block mit herrlichen Zimmeraussichten von den oberen Etagen. Leider lässt die Freundlichkeit des Personals mitunter zu wünschen übrig.

●**Iruña Park Hotel** (+++) **(5),** Calle Arcadio Larraona 1, Tel. 948 197119, Fax 948 172387, E-Mail: nhirunapark@nh-hoteles.es. Etwa zwei Kilometer von der Innenstadt entfernt und nahe bei den Multisaal-Kinos gelegen. Vier Sterne, Konferenzräume, großzügiges Foyer, zweckmäßige Zimmer, aber mäßige Restaurant-Qualität.

●**Hotel Europa** (+++) **(28),** Calle Espoz y Mina 11, Tel. 948 221800, Fax 948 229235, Web: www.hreuropa.com, E-Mail: europa@hreuropa.com. Günstig zentral und noch relativ ruhig gelegen, einen halben Block von der Plaza del Castillo entfernt. Durchschnittliche Drei-Sterne-Qualität. Mit Cafeteria und exzellentem Restaurant. An den Wochenenden häufig Schauplatz von Hochzeitsbanketten – dann kann es etwas unruhig sein.

●**Hotel Leyre** (+++) **(31),** Leyre 7, Tel. 948 228500, Fax 948 228318, Website: www.hotel-leyre.com, E-Mail: hleyre@hotel-leyre.com. Zweckmäßiges, zentrales Drei-Sterne-Haus nahe der Arena, in einer geschäftigen Zone gelegen.

●**Gran Hotel La Perla** (+++) **(17),** Plaza del Castillo 1, Tel. 948 227706, Fax 948 211566. Seit *Hemingways* Zeiten scheint die Zeit stillgestanden zu haben. Altmodisch – aber mit dem gewissen Etwas an Atmosphäre. Ein Stern, zentral. Eine Reihe an Zimmern zeigt zur Stierlaufgasse hinaus. Horrende Preise während der Sanfermines

●**Hostal Bearán** (+-++) **(21),** San Nicolás 25, Tel. und Fax 948 223428. Gehört noch zu den preiswerteren Pensionen. Saubere Zimmer. Sehr zentral, aber in einer der geschäftigsten und vor allem Bar-reichsten Altstadtgassen Pamplonas. Spitzenpreise während der Fiesta.

●Ein ähnliches Niveau hat die **Pensión Otano (20)** in derselben Gasse (+-++, Hausnummer 5, Tel. 948 227036, Fax 948 212012).

●Die **Pilgerherberge (10)** liegt neben der Kirche San Saturnino in der Calle Ansoleaga 2, Tel. 948 221479. Mit 20 Betten, Küche. Nur Aufnahme von Fuß-, nicht von Radpilgern. Geöffnet von Anfang April bis Anfang Oktober, doch die Monate Juli und August sind davon ausgenommen (dann Pilgerunterbringung in der baskischen Sprachschule Ikastola Amaiur, Calle Fuente del Hierro s/n, Richtung Cizur Menor, 100 Plätze).

●**Camping Ezcaba (3,** in Eusa). Carretera Pamplona-Irún, km 7, Tel. 948 330315 und 948 331316. Dieser Campingplatz liegt in nördlicher Richtung (Oronoz-Mugaire, Irún) sieben Kilometer vom Zentrum entfernt nahe der Nationalstraße 121-A und hat ganzjährig geöffnet.

Essen und Trinken

●**Kneipen und Cafés:** Viele Kneipen, Cafés und Restaurants liegen im Einzugsbereich der Plaza del Castillo, speziell in den Gassen San Nicolás und San Gregorio, aber auch Calle Estafeta und Bajada de Javier. Terrassencafés mit angenehmem Ambiente befinden sich an der Plaza del Castillo sowie in den Parks Taconera und Media Luna. Die besten belegten Brote in ganz Pamplona bekommt man in der Jesús Mari nahe dem Frontón Labrit in der Calle San Agustín.

●**Café Iruña** (+-++) **(18),** Plaza del Castillo 44, Tel. 948 222064. Qualitativ ansprechende Mittagsmenüs in diesem anheimelnd altmodischen Hemingway-Café, das in jüngster Zeit umfassend renoviert worden ist. Während man Fisch und Fleisch speist und sich Wein aus bauchigen Tonkrügen nachschenkt, sollte man einen Blick auf die Deckentäfelung werfen. Terrassenservice nur für Kaffee, Wein und kleinere Gerichte. Neuerdings auch Abendmenüs.

●**Hostería del Temple** (+) **(13),** Calle Curia 3, Tel. 948 225171. Sehr gemütliche Altstadtkneipe mit Mittagsrestaurant im Obergeschoss. Werktags gute, recht preiswerte Menüs von vorzüglicher Qualität.

●**Restaurante Askartza** (+) **(7),** San Lorenzo 39, Tel. 948 229123. Uriges und recht unscheinbares Restaurant, das im Speisesaal einen besseren Eindruck macht als von außen.

Aufmerksamer Service, üppiges und preisgünstiges Mittagsmenü (werktags) mit vier Gängen.

- **Restaurante Palacio Chino** (+) **(16),** Calle Estafeta 73, Tel. 948 222211. Gutes Chinarestaurant mit Auswahl an Mittags- und Abendmenüs. Zentral gelegen, nett und vielleicht etwas kitschig dekoriert. Gutes Preis-Leistungs-Verhältnis.
- **Restaurante Montón** (+)**,** Calle Jarauta 29, Tel. 948 222141. Sehr einfach und schnörkellos, werktags gute und preiswerte Mittagsmenüs.

Verkehrsverbindungen

- Der **Flughafen** liegt rund sieben Kilometer südlich der City bei Noáin, Tel. 948 168700. Nationale Flüge nach Madrid und Barcelona. Direkter Zubringer nur im Taxi.
- Die **Bahnstation (4)** liegt etwa zwei Kilometer außerhalb des Zentrums an der Plaza de la Estación nahe der Avenida San Jorge, Tel. 902 240202. Wichtige Bahnverbindungen nach San Sebastián, Irún, Hendaye, Madrid, Vitoria, Zaragoza, Barcelona, Burgos, Palencia, León, Oviedo, Gijón, Lugo, Vigo und La Coruña.
- **Busbahnhof** zentral in der Calle Conde Oliveto 2, Tel. 948 223854. Verbindungen unter anderem nach Barcelona, Bilbao, Estella, Gijón, Oviedo, Irún, Jaén, Logroño, Madrid, Soria, Roncesvalles, San Sebastián, Santander, Vigo, Tafalla, Vitoria und Zaragoza.

Feste

- Gefeiert wird in Pamplona nicht nur während der Sanfermines. Es gibt die **Karnevalsfeierlichkeiten,** die an zwei Wochenenden im Februar / März startenden **Javieradas** (Pilgerzüge zur 50 km entfernten Burg von Javier), die **Osterprozession,** die **kleinen Sanfermines** Ende September (aber ohne Stierprogramm), den **San-Saturnino-Tag** am 29. November, den **Navarra-Tag** am 3. Dezember, **volkstümliche Umzüge** am 24. Dezember und – in der **Neujahrsnacht** – ein wildes Straßenfest mit karnevalistisch kostümierter Jugend.

Ausstellungen

- Kunstfreunde zieht es nicht nur ins **Museum von Navarra (9,** Museo de Navarra) und in die Ausstellungssäle innerhalb der **Zitadelle (23**, Ausstellungen geöffnet Mo-Sa 18-20.30, So 12-14 Uhr) sondern auch in **Galerien.** Dazu zählen die Sala Zapatería 40 (Calle Zapatería 40) und Nuevo Casino (Plaza del Castillo, Aufgang neben dem Café Iruña).
- Ausstellungen gelegentlich auch in den zum **Planetarium** gehörigen Sälen (Sancho Ramírez s/n) sowie in Teilen des **Gefallenen-Monumentes** am südlichen Ende der Avenida Carlos III el Noble. Dieses Monument ist schon aus der Ferne leicht zu erkennen und gleicht in Form und Proportionen einem riesigen römischen Ehrentempel; es erinnert an Soldaten, die im Spanischen Bürgerkrieg gefallen sind (da es zu *Francos* Zeiten entstand, waren ursprünglich nur die franquistischen Anhänger gemeint).

Theater

- Im altehrwürdigen **Teatro Gayarre (27)** in der Avenida Carlos III el Noble finden häufig Theater- und Konzertveranstaltungen statt.

Sanfermines

- **Festprogramm:** Das aktuelle Programm wird von der Stadt Pamplona herausgegeben und gibt detaillierten Aufschluss über das offizielle Rahmenprogramm der Sanfermines. Das stattliche Heft ist zu einem moderaten Preis bei der mobilen Touristeninformation (Plaza del Castillo) oder am Informationsstand (Paseo de Sarasate) erhältlich. Abgedruckt wird das täglich umfangreiche Festprogramm auch in den lokalen Zeitungen Diario de Navarra und Diario de Noticias.
- **Stiertreiben:** Die Route beim encierro führt von der Cuesta de Santo Domingo, am Rathaus vorbei durch die Mercaderes und durch die lange Calle Estafeta bis zur Arena. Längs dieses Abschnitts werden an einzelnen Stellen doppelte Holzhürden-Reihen errichtet, und schon zwei bis drei Stunden vor dem Böllersignal um acht Uhr sind die Hürden der zweiten Reihe besetzt. Die erste Reihe bleibt aus Sicherheitsgründen unbesetzt bzw. ist Si-

cherheitspersonal oder Fotografen vorbehalten. Leser dieses Buches, die einmal im Schwall der Läufer vor den Stierhörnern mitspurten wollen, seien natürlich gewarnt (vor allem vor angetrunkenen Mitläufern). Wer mitläuft, darf sich auf keinen Fall in Ecken, tote Winkel oder Hausportale verdrücken; ansonsten hätte der Stier leichtes Spiel. Die Läufer formieren sich zwischen der Cuesta de Santo Domingo und dem Rathausplatz; der Zugang in die Laufgasse von Mensch und Tier wird um 7.30 Uhr geschlossen. Gute Laufschuhe sind für das Spurtwagnis unabdingbar. Das Tragen von Taschen, Kameras usw. ist offiziell verboten; bei ihren Kontrollen vor dem *encierro* gehen die zahlreichen Polizisten sehr harsch vor und lassen sich auf keinerlei Diskussionen ein. Wer das Sekundenspektakel dieser Stierhatz von einem sichereren Örtchen aus erleben will, mietet sich einen Balkonplatz in der Calle Estafeta. Zahlreiche Wohnungsbesitzer lassen sich dieses Geschäft nicht entgehen, bei dem man pro Person leicht und locker bis zu 40 Euro auf den Tisch des Hauses blättert.

- **Preise:** Während der Sanfermines ziehen die normalen Preise kräftig an. Für Übernachtungen muss man mitunter das Drei- bis Vierfache veranschlagen, sprich: ein Doppelzimmer in einem einfachen Drei-Sterne-Hotel, das normalerweise um die 60 Euro kostet, schlägt nun mit über 200 Euro zu Buche – ohne Frühstück und plus Steueraufschlag. Hotels sollte man allerspätestens bis Dezember des Vorjahres vorbuchen; obligatorisch ist die Vorab-Bezahlung (zum Beispiel per Auslandsüberweisung), sonst steht man später im Juli ohne Zimmer da. Im Ausschank der Bars werden die alkoholischen Rationen kleiner und die Preise höher. Eintrittskarten für die Stierkämpfe ab etwa 15-20 Euro, sofern man sie überhaupt bekommt. Schwarzhändler sind schon am frühen Morgen rund um die Arena unterwegs, um Tickets für den nachmittäglichen Stierkampf zu überzogenen Preisen zu verschachern.
- **Sonderregelungen:** Während der Fiesta haben öffentliche Verwaltungseinrichtungen geschlossen. Banken öffnen an Werktagen – wenn überhaupt – nur stundenweise am Vormittag. Zwischen dem 6. Juli, 6 Uhr, und dem 15. Juli, 6 Uhr, bleibt das Altstadtviertel für den Verkehr geschlossen.
- **Tipps:** Angesichts der **Diebstahlgefahr** durch Taschendiebe tun bei den Streifzügen durch die Gassen Brustbeutel oder Geldgürtel gute Dienste.

Wer in die Stierkampfarena geht, sollte angesichts der **Sauberkeit** von Steinbänken eine alte Zeitung als Unterlage mitbringen.

Druckfrische **Zeitungen** des Tages kann man sich bereits ab etwa 1 Uhr nachts im Bereich des Paseo de Sarasate und der Plaza del Castillo besorgen.

Während der Sanfermines empfiehlt es sich auf keinen Fall, sich mit dem Auto im erweiterten Stadtbereich fortzubewegen; **Parkplätze** sind Mangelware.

Die aktuellen Standorte von öffentlichen **Toilettenhäuschen** und Duschen erfährt man am Informationsstand am Paseo de Sarasate.

Weitere Reisetipps

- **Stadtführungen:** Kompetente Stadtführungen durch Pamplona kann man – ebenso wie Regionalführungen Navarra und Reiseleitungen auf dem Jakobsweg – über die Agentur Drouve-Doria (Calle del Carmen 35, 3°D, E-31001 Pamplona) buchen. Anfragen und Buchungen nur auf dem Postweg.
- **Parken:** Autofahrer sollten die Innenstadt mit ihrem Gewirr aus engen Gassen und Einbahnstraßen meiden; dort nur Anwohnerparken. Parkhäuser gibt es unter anderem an der Plaza Blanca de Navarra und der Stierkampfarena.
- **Autoverleih:** Zu den in Pamplona ansässigen Agenturen zählen National (Pedro I s/n, Tel. 948 258245) und Europcar (Avenida Pío XII 43, im Hotel Blanca de Navarra, Tel. 948 172523). Europcar (Tel. 948 312798) und National (Tel. 948 258245) haben auch Büros am Flughafen in Noáin.

Abstecher von Pamplona

Navarras Westen und Nordwesten

Buchenwälder und Berglandschaften sind bezeichnend für den Westen und Nordwesten Navarras, der darüber hinaus für viele Geschmäcker etwas zu bieten hat: für Wanderer und Historiker den in Echarri-Aranaz startenden Dolmenrundweg, für Spaziergänger den in Baquedano abgehenden Weg zur Quelle des Urederra-Flusses, für Pilger die in die Sierra de Aralar eingebettete Wallfahrtskirche San Miguel de Aralar und für Kunsthistoriker das Kloster Iranzu mit seinem beeindruckenden Kreuzgang.

Sierra de Aralar ↗XX/A1

Zwischen der Verkehrsachse Irurzun-Tolosa im Norden sowie dem Flusslauf des **Río Araquil** (baskisch: Arakil) im Süden erhebt sich die von Buchenwäldern geprägte Sierra de Aralar. Sie liegt im Nordwesten Navarras, rund 40 km nordwestlich von Pamplona an der Grenze zum Baskenland.

Das Gebirge lädt zu vielfältigen Wanderungen ein: so etwa zu den Gipfeln Altxueta, Putxerri und Irumugarrietaso oder ab dem Campingplatz von **Echarri Aranaz** (baskisch: Etxarri Aranatz, mit spätgotischer Kirche Santa María de la Asunción) zu jahrtausendealten Dolmen.

Der **Dolmenrundweg** (Ruta de los Dólmenes) ist ausgeschildert, rund 15 km lang und bietet keine besonde-

061ns Foto: ad

ren Schwierigkeitsgrade. Der niedrigste Punkt liegt bei 490 m, der höchste bei etwa 960 m. Bei der großen Dolmenrunde kommt man an insgesamt zehn, allerdings schon stark vom Zahn der Zeit angegriffenen Dolmen vorbei; bei der etwas kürzeren und 9,7 km langen Dolmenroute passiert man lediglich die beiden Dolmen Fagamendi und Maitzegur.

Wichtigste Dörfer an der Südflanke des Gebirges sind – außer Echarri-Aranaz – **Alsasua** (baskisch: Altsasu: Renaissancekirche Asunción, mittelalterliche Steinbrücke), **Arbizu** (mittelalterlicher Adelspalast), **Lacunza** (baskisch: Lacuntza; spätgotische Kirche San Salvador) und **Huarte-Araquil** (baskisch: Uharte Arakil).

Eine durch das Gebirge führende kleine Straße verbindet Huarte-Araquil mit Lecumberri und führt in einem Abzweig hinauf zur **Wallfahrtskirche San Miguel de Aralar.** Auf einem der höchsten Gipfel der Sierra de Aralar erhebt sich hier weithin sichtbar das klobige, steinerne Heiligtum San Miguel (Santuario San Miguel in Excelsis; geöffnet täglich 10-14 und 16-19 Uhr; falls geschlossen, fragt man in der Bar nach). Ziel zahlreicher Gläubiger, vor allem zu Fronleichnam, ist in erster Linie das Retabel im Innern der Kirche; die aus dem 12. Jh. datierenden Email-

Auf dem Dolmenrundweg bei Echarri-Aranaz

arbeiten zählen zu den bedeutendsten kunsthandwerklichen Zeugnissen in Navarra. Urkundlich erwähnt wurde die Kirche erstmals im Jahre 1032, und in den Jahrhunderten darauf wurden ihr große Schenkungen zuteil. Der Grund lag nicht zuletzt darin, dass schon Könige nach Besuch des Heiligtums wie von Wunderhand von ihren Krankheiten geheilt waren. Der Raub des Retabels im Jahre 1979 fand einen glücklichen Ausgang; in den letzten Jahren ist die Kirche stark restauriert worden. Etwas unterhalb des Heiligtums liegt eine Bar, in der man sich aufwärmen kann – schließlich kann es bitterkalt werden in der Sierra de Aralar. In den Wintermonaten kann sogar Schnee fallen; dann kommen Skilangläufer auf ihre Kosten.

An der Nordflanke der Sierra de Aralar geht es über **Baráibar** hinab ins Larraun-Tal mit dem 800 Einwohner kleinen Hauptort **Lecumberri** (baskisch: Lekunberri; gotische Kirche San Juan Bautista).

In der Nähe von Lecumberri kann man die Stimmung an der **Quelle des Larraun-Flusses** (Nacimiento del Larraun) genießen und die romanische **Einsiedlerkapelle Santiago de Itxasperri** bei Eguiarreta besichtigen.

Ein Abstecher lohnt sich von dort aus ins nördlich gelegene Örtchen **Leiza** (baskisch: Leitza) mit Panoramablicken von der Huici-Anhöhe aus auf der Fahrt dorthin.

Information

- **Touristenbüro** im Ortszentrum von **Lecumberri,** Calle Plazaola 21, Tel. und Fax 948 507204, E-Mail: oit.lekunberri@cfnavarra.es.

Unterkunft

- Unterkunft bieten **rustikale Landhäuser.** Dazu zählen die Casa Anatxonea (Tel. 948 504145) und die Casa Apezteguía in **Baráibar** (Tel. 948 504188) sowie die Casa Ozparrun in **Leiza** (Tel. 948 510019). In **Lecumberri** gibt es die in der Calle Aralar gelegenen Hostales Ayestarán I und Ayestarán II (+ - ++; Calle San Juan s/n, Tel. 948 504127).
- **Camping:** Campingplatz Etxarri in **Echarri-Aranaz** (Paraje Dambolintxulo, s/n; Tel. 948 460537, Fax 948 461509; ganzjährig geöffnet) und Campingplatz Aralar in **Lecumberri** (Carretera Pamplona-San Sebastián, km 32,8; Tel. und Fax 948 504011, Internet: www,campingaralar.com; geöffnet Ostern sowie Juni bis Ende September).

Essen und Trinken

- **Restaurante Aritzalko** (+ - ++), Carretera Vitoria, km 42, Echarri-Aranaz, Tel. 948 460051. Spezialisiert auf navarresische und baskische Gerichte, sowohl Fleisch als auch Fisch. Tagesmenüs.
- **Restaurante Alto de Leiza** (++), Alto de Leiza s/n, Leiza, Tel. 948 510125. Regionale Spezialitäten. Im November und Dezember sind Pilzgerichte und Wild besonders empfehlenswert.

Kalksteingebirge von Urbasa und Andía ⇗XX/A1-2

Rund 40 km westlich von Pamplona eröffnen sich andere Welten: die Sierras von Urbasa und Andía mit ihren **Hochebenen aus Kalkstein.** Diese Massive bilden eine natürliche Grenze zwischen den Weidegebieten und Buchenwäldern der Gebirgszone und den Weingärten und Getreidefeldern der mittleren Zone Navarras. Hier können Wanderer und Mountainbiker die Natur nach Herzenslust erkunden. Verkehrstechnisch werden die Sierras von zwei wichtigen Achsen begrenzt: im Norden von der Schnellstraße Irurzun-Vitoria, im Süden von der Jakobswegstrecke Pamplona-Estella.

Charakteristisch für die durchschnittlich 1.000 m hohen Gebirgszüge von Urbasa und Andía sind die steil abfallenden Felsflanken, die stillen Dörfer mit ihren klobigen Bauernhäusern, die ausgedehnten Buchen- und Eichenwälder sowie die weiten, *rasos* genannten Ebenen mit ihren Wiesengründen. Dort weiden Rinder- und Schafherden.

Eine besonders schöne kleine Wanderung führt von **Baquedano** aus zur **Quelle des Urederra-Flusses** (Nacedero del Urederra), der hier mehrere türkisfarbene Becken formt. So verlockend es im Sommer auch sein mag, man sollte sich an die Spielregeln halten: Baden ist in den Bassins stengstens verboten.

Ein vorzüglicher Ausgangspunkt für Wanderungen ist auch das an den Ostabhängen der Sierra de Andía gelegene **Goñi.** Dieses Dörfchen ist wirklich urbäuerlich geprägt, was im Klartext und nüchtern betrachtet heißt: Viele Mauern der rustikalen Bauernhäuser sind verfallen, nur einige Alte sind geblieben, während der Wind des Fortschritts die Jungen längst in die Täler von Navarra, nach Pamplona und in die baskischen Städte Vitoria, Bilbao und San Sebastián geweht hat. Oberhalb des Ortes liegt eine Einsiedlerkapelle.

Wenige kurvige Kilometer östlich von Goñi liegt das Örtchen **Arteta.** Dort ist in der Ende des 17. Jh. erbauten Casa Fanticorena ein Volkskundliches Museum untergebracht, das regionalgeschichtlich interessante Gebrauchs- und kunsthandwerkliche Gegenstände zeigt (Museo Etnográfico; Calle San Salvador 18; unregelmäßige Öffnungszeiten).

Kloster von Iranzu

Zu den Gebirgen von Urbasa und Andía werden auch die angrenzenden Täler von Burunda, Aranaz, Araquil, Goñi, Ollo, Guesálaz, Yerri und Améscoa gerechnet. Überall gibt es kleine Dorfkirchen, abgelegene Einsiedlerkapellen und erhabene Herrenhäuser zu entdecken. Einen Ausflug wert ist das nördlich von Abárzuza im Tal des Río Iranzu gelegene und von den Yerri-Bergen umstandene Kloster von Iranzu mit seiner beachtlichen mittelalterlichen Substanz. Dazu zählen die Klosterkirche, der Kapitelsaal und der zwischen dem 12. und 14. Jh. errichtete Kreuzgang mit seinen fein gearbeiteten Bögen und Dekorationen. Das Kloster geht auf eine Gründung durch Zisterziensermönche Ende des 12. Jh. zurück (in der Regel täglich geöffnet, außer Mo, 10-14 und 16-18 Uhr).

An den Wochenenden zieht es viele Einheimische auf den Picknick- und Grillplatz in Sichtweite des eigentlich einsam gelegenen Klosters; es kann dann recht voll in der Gegend werden.

Von **Abárzuza** (Herrenhäuser, Asunción-Kirche aus dem 16. Jh.) aus ist es nicht mehr weit bis zum südlich gelegenen Pilgerstädtchen Estella (siehe „Der Jakobsweg durch den Westen Navarras").

Unterkunft

- Preisgünstige Unterkunft in **Landhäusern** *(Casas Rurales):* Don Roque (Tel. 948 520084) und Casa Laguao (Tel. 948 520203) in **Abárzuza,** Casa Gatos Negros (Tel. 948 357012) in **Muez.** In **Zudaire** findet man das einfache Hostal Irigoyen (+), Carretera Estella-San Sebastián, km 16, Tel. 948 539006, Fax 948 539041.

Navarras Süden

Von Pamplona in Richtung Süden ändert die Landschaft gleich mehrfach ihr Gesicht. Von der Vorpyrenäenszenerie um Pamplona spannen sich fortan die Landschaftsformen über die Wein- und Mandelanbaugebiete um San Martín de Unx und Ujué sowie die Halbwüstenareale der Bardenas Reales bis in den Obst- und Gemüsegarten der Region: die Großlandschaft der Ribera, wo Tomaten, Spinat, Äpfel, Bohnen, Möhren, Artischocken und vieles mehr angebaut werden. Besonders bekannt sind die Salatherzen *(cogollos),* die man gerne mit Olivenöl und Knoblauch und Sardellen isst, sowie der auch für den Export bestimmte Spargel. Gleichzeitig bildet die Ribera auch Navarras Tor zum Süden, von wo aus man die Rioja – samt ihrer Weinanbaugebiete – und Aragonien mit ihren jeweiligen Hauptstädten Logroño und Zaragoza rasch erreicht. Zwischen all dem finden man kulturhistorisch interessante Orte, wie das bereits im Mittelalter bedeutsame Städtchen Tafalla, Olite und seine trutzige Königsburg sowie Navarras zweitgrößte Stadt Tudela.

Rund um Tafalla

XX/B2

Über die Landstraße N-121 oder die gebührenpflichtige Autobahn A-15 Richtung Zaragoza ist rund 35 km südlich von Pamplona rasch das 12.000-Einwohner-Städtchen **Tafalla** erreicht. Schon im Mittelalter war Tafalla ein wichtiger Stützpunkt auf dem Weg zwischen Pamplona und Tudela. Sehenswert ist der leicht überschaubare Altstadtkern mit der Pfarrkirche Santa María, die ein Altarbild des Bildhauers *Juan de Ancieta* beherbergt. Weitere wichtige Bauten sind der im 17. Jh. begründete Konvent Concepcionistas Recoletas, der Palast der Grafen von Guenduláin, das Cordón-Herrenhaus und das im Jahre 1862 errichtete Rathaus. Die Feierlichkeiten zu Ehren der Schutzpatronin Santa María finden alljährlich zwischen dem 14. und 20. August statt.

Von Tafalla aus lohnt sich ein Abstecher in das zehn Kilometer nordwestlich gelegene **Artajona.** Oberhalb des Ortes erreicht man die gut erhaltenen Reste einer mittelalterlichen Befestigungsanlage, den so genannten Cerco de Artajona, sowie die aus dem 13. und 14. Jh. stammende Wehrkirche San Saturnino. Bemerkenswert an diesem mächtig aufragenden gotischen Sakralbau ist sein Portal aus dem 13. Jh., das uns im Tympanon die Figuren des heiligen Saturnino und einer aus dem Teufelsreich kommenden Frauengestalt zeigt. Der auf die Jahre 1085 bis 1103 zurückgehende Cerco de Artajona besteht aus Mauern und mehreren, von Zinnen gekrönten Tür-

062ns Foto: ad

men. Allerdings wäre eine intensivere Pflege dieses Areals wünschenswert. Im Ort selbst sind die im 13. Jh. begonnene Kirche San Pedro und die Basílica de Nuestra Señora de Jerusalén (18. Jh.) von kunsthistorischem Wert.

Ein weiterer Abzweig ab Tafalla führt Richtung Osten in die von Weinreben geprägte Landschaft um San Martín de Unx und Ujué. Im 500-Einwohner-Dorf **San Martín de Unx** sollte man nicht nur auf wappenverzierte Bürgerhäuser und die Kirchen San Martín und Nuestra Señora del Popolo achten, sondern auch einmal einen edlen Wein in einer der örtlichen Weinkellereien (*bodegas*) kosten. Qualitativ hoch im Kurs steht nicht nur der Rot-, sondern auch der Roséwein; ein typisches Tröpfchen aus der Gegend heißt Nuestra Señora de Ujué.

Acht gebirgige Straßenkilometer trennen San Martín de Unx vom malerischen Örtchen **Ujué,** das sich auf rund 800 Höhenmetern als Kranz von ziegelgedeckten Häusern um eine Bergkuppe legt. Im 10. Jh. galt Ujué für die Mauren als uneinnehmbare Burg. Charakteristisch in diesem gerade einmal 250 Einwohner umfassenden Ort sind heute die extrem steilen, gepflasterten Gassen sowie die lauschigen Winkel und Plätzchen. In der mittelalterlichen Wehrkirche Santa María romanisch-gotischen Stils wird das Herz des 1387 verstorbenen navarresischen Herrschers *Carlos II* aufbewahrt. Vom Kirchplateau und den Umläufen bieten sich herrliche Ausblicke auf die umliegende Hügelwelt mit ihren Anbauterrassen.

In dieser Gegend sieht man derart viele **Mandelbäume,** dass die in einigen Geschäften Ujués verkaufte Spezialität nicht verwundert: gebrannte Mandeln *(almendras garrapiñadas).* Aus kulinarischer Sicht sind auch die in den Restaurants angebotenen gerösteten Brotwürfel *(migas)* interessant.

Die **Marienwallfahrt** findet alljährlich am Sonntag nach dem Fest des heiligen Markus (25. April) statt. Dann

Ansicht von Ujué

kommen viele der Pilger barfuß, sind in Büßergewänder gehüllt und tragen schwere Holzkreuze.

Unterkunft

● Rustikale Unterkunft bieten **Landhäuser** in San Martín de Unx und Ujué. In **San Martín de Unx** sind dies die Casa Luyando (Tel. 948 738142), die Casa Izaskun (Tel. 948 738036 und 948 738124) und die Casa Txoko del Vino I und II (Tel. 948 738120). In **Ujué** gibt es die Casa El Chofer (Tel. 948 739011), die Casa Mayka (Tel. 948 739095), die Casa Pilarraña (Tel. 948 149125) und die Casa Iriarte (Tel. 948 700541).

● Um einiges teurer als die Landhäuser ist das in Tafalla gelegene Hotel **Cindad de Tafalla** (++ - +++, Calle Escuelas Pías 7; Tel. 948 704046, Fax 948 703918). Zur Kategorie ++ zählen in Tafalla das zentral gelegene Hostal **Arotza** (Plaza de Navarra 3, Tel. 948 700716) und das etwas größere 28-Zimmer-Hostal **Tafalla** (Carretera Pamplona-Zaragoza, km 38, Tel. 948 700300, Fax 948 703052; hier auch Mahlzeiten).

Essen und Trinken

● **Restaurante Asador Brasas** (+-++), Avenida Sangüesa 15, Tafalla, Tel. 948 703148. Spezialisiert auf Fleisch und Fisch vom Grill, werktags preisgünstige Mittagsmenüs.

● **Restaurante Mesón Las Torres** (++), im Ortszentrum von Ujué, Tel. 948 739052. Außer gerösteten Brotwürfeln bekommt man auch schmackhafte Grillkoteletts und das Ganze mit einem typischen navarresischen Nachtisch gekrönt : *cuajada de la casa,* hausgemachtem Schafsmilchjoghurt.

Olite

↗XX/B3

Wenige Kilometer südöstlich von Tafalla und mittlerweile rund 40 km südlich von Pamplona ragt die Burg von Olite als trutziger Bau aus der Ebene mit ihren weitläufigen Getreidefeldern auf. Außerdem reifen hier unter Navarras Sonne die Trauben für köstliche Rot- und Roséweine heran, die schon mit manchen Preisen ausgezeichnet worden sind; rund um Olite kann man **Wein** (vor allem Roten) in verschiedenen Bodegas einkaufen. Das verschlafen-romantisch wirkende Örtchen selbst lädt zu einem Bummel ein, bei dem man auf einzelne wappenverzierte Herrenhäuser achten sollte.

Die imposante **gotische Schlossanlage** – ausgeschildert als Castillo – geht auf das 13. Jh. zurück und wurde später unter Navarras Monarch *Carlos III el Noble* umfangreich erweitert. Er fand in Olite seine bevorzugte Residenz, was noch heute den Charakter des Schlosses erklärt: teils Palast und teils auch Wehrburg, um jederzeit auf feindliche Übergriffe vorbereitet zu sein. Heute wirkt das umfangreich restaurierte Schloss wie ein riesiges, vernickeltes und verwinkeltes Relikt aus dem Kinderzimmer. Ein Rundgang führt zu grazilen Galerien, an mächtige Turmzinnen und in stille, kleine Patios.

Im ältesten Teil des zum Nationaldenkmal deklarierten Schlosses ist heute ein staatlicher **Parador** untergebracht (siehe Unterkunft).

Allsommerlich bildet die Burg von Olite den würdigen Rahmen für Veranstaltungen im Zuge der Festspiele von Navarra.

● **Öffnungszeiten des Castillo:** April bis Juni sowie im September täglich 10-14 und 16-19 Uhr; Juli und August täglich 10-14 und 16-20 Uhr; Oktober bis März täglich 10-14 und 15.30-17.30 Uhr).

Die Burg von Olite

Ebenso sehenswert wie das Schloss ist die benachbarte gotische **Kirche Santa María la Real** mit ihrem prächtigen, reichverzierten Portal aus dem 13. Jahrhundert und einem dem Meister von Agreda zugeschriebenen wertvollen Altaraufsatz.

Von Bedeutung sind in Olite auch die **Kirche San Pedro** mit ihrem spätgotischen Turm, das **Kloster San Francisco** mit einem Torbogen aus dem 15. Jh. und das **Klarissenkloster** aus dem 17. Jh.

See von Pitillas

Zwölf Kilometer südöstlich von Olite - noch hinter dem Ort Pitillas - liegt die **Laguna de Pitillas.** Es ist ein von Rohr und Dickicht umzogener Binnensee, an dem oftmals Zugvögel Station machen. Gelegentlich kann man Störche, Fischreiher, Wildenten und sogar Fischadler beobachten. Im rührigen kleinen **Vogelbeobachtungszentrum** am Rand des Sees werden Ferngläser zur Verfügung gestellt.

- **Öffnungszeiten** des Beobachtungszentrums: Juli bis September im Regelfall täglich 10-14 und 18-20 Uhr, während des restlichen Jahres normalerweise nur samstags, sonntags und feiertags 10-14 und 16-18 Uhr). Die Öffnungszeiten können sich spontan ändern.

Information

- **Touristenbüro** im Ortszentrum von **Olite,** Rúa Mayor 1, Tel. und Fax 948 741703, E-Mail: oit.olite@cfnavarra.es.

Unterkunft

- **Parador Nacional de Olite** (+++), Plaza de los Teobaldos 2, Tel. 948 740000, Fax 948 740201, Website: www.parador.es, E-Mail: olite@parador.es. Uriges Drei-Sterne-Haus der beliebten Paradores-Kette. Mit mittelalterlichem Ambiente und Spezialitätenrestaurant (siehe auch unter „Essen und Trinken").
- **Preisgünstigere Unterkünfte** in Olite bieten das Hotel Merindad de Olite (++, Rúa de la Judería 11, Tel. 948 740735, Fax 74021;, mit Spezialitätenrestaurant, siehe auch „Essen und Trinken"), das Hotel Carlos III el Noble (++, Rúa de Medios 1, Tel. 948 740644, Fax 948 740557) und das Hotel Casa Zanito (++, Rúa Revillas s/n, Tel. 948 740002, Fax 948 712087; Frühstück im Preis inbegriffen).

• **Camping:** Campingplatz Ciudad de Olite, Carretera Nacional 115, km 2,3, bei Olite, Tel. 948 741014. Ganzjährig geöffnet.

Essen und Trinken

• **Restaurante Parador Nacional de Olite** (++ - +++), Plaza de los Teobaldos 2, Tel. 948 740000. Erlesene Küche, die je nach Jahrzeit Erlesenes wie Entenpastete, Tintenfisch und Hirsch in Kirschsauce zu bieten hat.

• **Restaurante Hotel Merindad de Olite** (++), Rúa de la Judería 11, Tel. 948 740213. Gute Küche, nicht ganz preiswert. Auf der Speisekarte stehen unter anderem Blätterteigpasteten und Lachssalat. Hausgemachte Nachtische.

Bardenas Reales – Navarras Wüstenlandschaft ⇗XXII/B1-2

Eine mysteriöse, fast unwirkliche Welt tut sich rund 80 km südlich von Pamplona auf: eine faszinierende Welt der **bizarren Felsformationen,** der staubtrockenen Schluchten und der öden Weiten. Es ist die eigentümliche Landschaft der Bardenas Reales, die man gerne „Navarras Far West für jedermann" nennt. Ein ums andere Mal wird man Steingebilde gewahr, die, als stumme Zeugen einer voranschreitenden Erosion, die Fantasie des Betrachters anregen. Leicht mag man Tiere und Fabelwesen in die aufragenden Blöcke hineininterpretieren.

Die Bardenas Reales sind von einem schier unüberschaubaren Netz aus Wegen und Pfaden durchzogen. Das 42.500 Hektar große Naturgebiet wird von Orten und Gemeinden umkränzt, genauer: von **Caparroso, Rada, Mélida** und **Carcastillo** im Norden; von den bereits in Aragonien gelegenen **Alera, Pinsoro** und **Valareña** im Osten; von **Villafranca, Valtierra, Arguedas** und **Tudela** im Westen; sowie von **Fustiñana, Buñuel** und **Santa Engracia** im Süden.

Seit vielen Jahrhunderten ist die Trockenzone mit dem kleinen Cortinas-See im Westen (nordöstlich von Arguedas) und dem Zapata-See im geographischen Zentrum traditionelles Terrain von **Schafherden** und Hirten. Vor Einbruch des Winters werden die Schafe aus den hohen Pyrenäentälern in Richtung der wärmeren Bardenas Reales abgetrieben.

Aufgrund ihres großen ökologischen Wertes sind inmitten der Bardenas Reales drei kleine Zonen als **Naturschutzgebiete** ausgewiesen worden: **Caídas de la Negra** (nordöstlich von Buñuel), **Rincón del Bu** (nordöstlich von Tudela) und **Vedado de Eguaras** (nordöstlich von Valtierra). In der Fauna kommen zahlreiche Vogelarten vor, außerdem auch Füchse, Eidechsen und Schlangen.

Auf das Mittelalter und die frühe Neuzeit gehen Kapellen und Befestigungsbauten zurück. Von den **Burgen** sind nur mehr Ruinen geblieben, wie zum Beispiel vom Castillo de Peñaflorn, das zum Schutzgebiet El Vedado de Eguaras gehört .

Am Rande der Bardenas Reales erheben sich die **Einsiedlerkapellen** Santa Margarita, Sancho Abarca und die bekannteste, Nuestra Señora de Yugo.

Als besondere **Naturschönheiten** gelten die Hügel Pisquerra und Castildierra (auch: El Hermanito) sowie die Schlucht Barranco Grande.

Zu den Bardenas Reales gehören sagenumwobene Gestalten, die irgendwo zwischen Geschichte und Legende angesiedelt sind: so wie der Bandit *Sancho Rota,* genannt **Sanchicorrota.** Er soll im 15. Jh. gelebt und sich als absoluten Herrscher dieser Zone gesehen haben, was natürlich die Obrigkeit gegen ihn aufbrachte. Von den königlichen Heerscharen in die Enge getrieben, war *Sanchicorrota* zu stolz, um sich zu ergeben und erstach sich. Dann wurde der Leichnam des Banditen nach Tudela geschafft und – sicher ist sicher – dort an den Galgen gehängt ...

Am besten fährt man **mit dem Auto** in die Bardenas Reales von Carcastillo, Buñuel, Valtierra oder Arguedas aus, doch gibt es einige Besonderheiten und Sicherheitshinweise. So ist die Beschilderung mangelhaft, man braucht ein Allradfahrzeug und ggf. einen Kompass. Unabdingbar sind Abenteuer- und Pioniergeist. Wer es trotzdem mit einem normalen Fahrzeug versucht, dem sei gesagt: Mitunter gibt es auf den Pisten solch steile Abfälle, dass jeder Unterboden aufsetzt. Und: Bei Regen kommen Fahrzeuge nicht mehr voran, denn dann verwandeln sich die Wege in halsbrecherische Schlammpisten.

Sehr beliebt sind **Wanderungen** und Mountainbike-Touren. Bei Wandertouren sollte man genügend Trinkwasser und Nahrung mitführen. Ebenfalls vonnöten ist eine detaillierte Karte, die dem von der Regierung Navarras *(Gobierno de Navarra)* herausgegebenen Heft „Bardenas Reales" einliegt. Bei Tagesausflügen ins Naturgebiet wählt man eine Unterkunft in Tafalla, Olite oder Tudela (vgl. dort).

Eine beliebte Wanderung startet ab der östlich von Valtierra gelegenen Einsiedelei Nuestra Señora de Yugo. Dort folgt man in nordöstlicher Richtung dem **Fernwanderweg Nummer 13** *(Gran Recorrido 13,* abgekürzt: GR 13; auch: Camino Real de Tudela) und kommt am Naturschutzgebiet Vedado de Eguaras vorbei. Allerdings ist der nächste Ort an diesem Wanderweg, das rund 2.000 Einwohner große Carcastillo, knapp 25 km entfernt; Unterkunft gibt es in Carcastillo nicht.

Bei Carcastillo, bereits außerhalb der Bardenas Reales, liegt das **Kloster Santa María de la Oliva,** eine Mitte des 12. Jh. von Zisterziensermönchen geschaffene Anlage; diese erreicht man vom vorgenannten Olite aus auch per Auto auf normale Nebenstraßen (über Pitillas, Santacara und Mélida; Öffnungszeiten des Klosters: täglich 9.30-13.30 und 15.30-19.30 Uhr).

Noch ein Tipp, der die Strecke von Carcastillo nach Caparroso betrifft: Ein ausgeschildertes Stichsträßchen führt auf den weithin sichtbaren **Burgberg von Rada** („Rada – Recinto Amurallado"), über den sich spätmittelalterliche Relikte wie Hausfundamente, Wasserauffangbecken und eine Kirchenruine verteilen. Auch ein künstliches Skelett hat man nett drapiert. Weniger spektakulär als die archäologischen Hinterlassenschaften sind die Ausblicke in die Weite und über das Tal des Río Aragón. Öffnungszeiten von Rada: Di-Sa 10-13.30 und 17-20, So 10-14 Uhr.

Tudela

↗ XXII/B2

Tudela, die mit rund 30.000 Einwohnern **zweitgrößte Stadt Navarras,** liegt rund 95 km südlich von Pamplona und ist über die Nationalstraße und die gebührenpflichtige Ebro-Autobahn (A-15) rasch erreichbar. Seit römischen Zeiten ist das am Río Ebro auf einer Höhe von 260 m gelegene Tudela dokumentiert und war zwischen dem 9. und 11. Jh. eine wichtige Niederlassung der Mauren; doch aus der muselmanischen Epoche haben sich nur wenige Reste erhalten. Im Jahre 1119 eroberten die christlichen Streiter Tudela zurück.

In Tudela spannt sich eine 360 m lange, **mittelalterliche Brücke** über den Ebro.

Bereits aus der Ferne nicht zu übersehen ist der aus dem Altstadtviertel aufragende Turm der **Kathedrale Santa María,** mit deren Bau im 12. Jh. über den Grundmauern der großen Moschee (9. Jh.) begonnen wurde (geöffnet Di-Sa 9-13 und 16-19, So 9-13 Uhr). Allerdings wurde der Turm erst im 18. Jh. fertiggestellt.

In der Außenansicht der Kathedrale sind die drei **Portale** interessant: das Nord- oder Santa-María-Portal sowie das romanische Südportal zeigen Szenen aus dem Neuen Testament, zur Westseite hin weist das meisterhaft gearbeitete Hauptportal, die Puerta del Juicio, das „Portal des Jüngsten Gerichts".

Im Innern des Gotteshauses verdienen der von *Pedro Díaz de Oviedo* gestaltete Hochaltaraufsatz (Ende 15. Jh.), das schmuckvoll dekorierte gotische Chorgestühl (16. Jh.), das gotische Grabmal des *Mosén Francés de Villaespesa* sowie eine aus dem Jahre 1606 datierende Madonnenfigur Beachtung.

Ebenfalls sehr schön ist der romanische **Kreuzgang** mit seinen Bögen und den ausgesprochen fein gearbeiteten Kapitellen, die Szenen aus dem Alten Testament und dem Leben Jesu widerspiegeln.

Über das Zentrum verteilen sich einige altehrwürdige **Kirchen und Herrenhäuser.** Dazu zählen der Palacio del Deán, der Palacio del Marqués de San Adrián, der Palacio del Marqués de Huarte, die Casa de Almirante sowie die spätromanische Kirche Santa María Magdalena, die Ende des 16. Jh. erbaute Konventskirche Carmen und die Barockkirche San Nicolás de Bari.

Die **Patronatsfeierlichkeiten** zu Ehren der heiligen Anna Ende Juli haben die Plaza de los Fueros als Zentrum. Während des Stadtfestes gibt es – ähnlich wie bei den Sanfermines in Pamplona – Umzüge mit den *gigantes,* den berühmten Riesenpuppen.

Information

- **Touristenbüro** in Tudela an der Plaza Vieja 1, Tel. und Fax 948 848058, e-mail: oit.tudela@cfnavarra.es.

Unterkunft

- **Hotel Santamaría** (++), Calle San Marcial 14, Tel. und Fax 948 821200. Zentral gelegenes Drei-Sterne-Haus. Zimmer mit Fernsehen und Telefon. Reservierung während der Patronatsfeierlichkeiten dringend empfohlen. Mit Restaurant/Cafeteria.

Essen und Trinken

- **Restaurante Mesón Julián** (++ - +++), Calle La Merced 9, Tel. 948 822028. Regionale Hausmannskost auf gehobenem Niveau. Zu den Spezialitäten zählen Pilzomelette und Gemüsegerichte sowie, je nach Saison, Wild.
- **Restaurante Treinta y tres** (+++), Calle Capuchinos 4, Tel. 948 827606. Für Leckermäuler: Artischocken mit Pastete und gefüllter Stierbraten. Das Restaurant – auch geschrieben „33" – ist mit zwei Gabeln ausgezeichnet worden.
- **Restaurante Iruña** (++), Calle Muro 11, Tel. 948 821000. Die fruchtbare Gegend der Ribera bestimmt die Speisekarte. Man bekommt deftigen Gemüseeintopf, aber auch Artischocken mit Venusmuscheln.

Corella und Fitero ⇗ XXII/A2

Tudela bietet sich als Sprungbrett zu einem Ausflug ins rund 15 km westlich gelegene **Corella** an, wo man gleich mehrere Baudenkmäler nahe beieinander findet: die barocken Kirchen San Miguel und Nuestra Señora del Rosario, den im Renaissancestil errichteten Palacio de los Peralta sowie die im 18. Jh. erbauten Casa de las Cadenas und Casa de los Virto de Vera.

In der Calle Merced liegt das Museo de la Encarnación, ein **Museum der sakralen Kunst** aus Renaissance und Barock; Öffnungszeiten von Oktober bis Mai nur Sa und So von 10-13 Uhr.

Corella ist auch bekannt für seine Feierlichkeiten während der **Karwoche.** Bei der Karfreitagsprozession tragen die Büßergemeinschaften tonnenschwere Standbilder durch die Straßen; dann sind die Mitglieder der Gemeinschaften in lange, weiße Umhänge gehüllt und halten ihre Gesichter mit Kapuzen bedeckt.

Ab Corella fährt man über **Cintruénigo** (Kirche San Juan Bautista aus dem 16. Jh.) ins knapp zehn Kilometer südlich gelegene **Fitero.** Dort lohnt es sich, das in den vergangenen Jahren in großem Stil restaurierte **Kloster Santa María la Real de Fitero** anzuschauen, um das der heutige 2.000-Einwohner-Ort gewachsen ist. Dieses ursprüngliche Zisterzienserkloster geht auf die Mitte des 12. Jh. zurück und wurde im 17. Jh. erweitert. Zum reichen Kirchenschatz zählen ein um das Jahr 966 gefertigtes maurisches Elfenbeinkästchen sowie ein romanischer Reliquienschrein mit Emailleverzierungen.

Baños de Fitero

Einige Kilometer westlich von Fitero erreicht man den Ortsbezirk Baños de Fitero mit seinen Thermalquellen. Ruhebedürftige quartieren sich in einem der beiden **Thermalhotels** ein. Die seit römischen Zeiten bekannten Quellen sprudeln mit einer Temperatur um die 50 °C aus der Erde. Hier haben sich schon die Mauren und der spätromantische Lyriker und Novellist *Gustavo Adolfo Bécquer* (1836-1870) wohl gefühlt. Das Heilwasser ist gut gegen Erkrankungen der Atemwege sowie bei Rheuma.

Baños de Fitero liegt genau an der Grenze zwischen Navarra und der Rioja. Ist man mit dem eigenen Fahrzeug unterwegs, kann man von hier aus problemlos die Fahrt zu den Zielen der unteren Rioja fortsetzen: in die alte Bischofsstadt Calahorra und nach Arnedo und Cornago, wo man ganz in der Nähe interessante Dinosaurierspuren findet (vgl. dazu das Kapitel „Der Jakobsweg durch La Rioja: Abstecher von Logroño").

Unterkunft

● Unterkunft in **Baños de Fitero** in den beiden nicht zu verfehlenden Drei-Sterne-Thermalhotels **Balneario Bécquer** (++, Tel. 948 776100, Fax 948 776225) und **Balneario Virrey Palafox** (++, Tel. 948 776275, Fax 948 776225). Preisgünstige Unterkunft in der **Pensión Casablanca** (+) in Fitero, Calle Mayor 123, Tel. 948 404630.

Zaragoza

↗ XXIII/CD3

Rund 90 rasche Autobahnkilometer trennen Tudela von der **aragonesischen Hauptstadt** Zaragoza (deutsche Schreibweise auch: Saragossa). Zaragoza präsentiert sich als weit ausgeuferte, moderne Großstadt mit rund 610.000 Einwohnern. Sie ist heute ein Landwirtschafts-, Dienstleistungs- und Industriezentrum ersten Ranges.

Ein Blick ins Buch der **Geschichte** zeigt, dass Zaragoza unter dem Namen Cesaraugusta zu Augustus' Zeiten als römische Veteranenkolonie gegründet wurde. Später gingen Vandalen, Sweben, Westgoten und Mauren über die Stadt hinweg, die im Dezember des Jahres 1118 vom aragonesischen König *Alfonso I el Batallador* aus muselmanischer Hand zurückgewonnen wurde. Durch die Vereinigung der Kronen durch die Heirat zwischen *Isabella von Kastilien* und *Ferdinand von Aragonien* sowie die folgende Zentralisierung büßte Zaragoza vom Ende des 15. Jh. an an Bedeutung ein, was unter *Felipe V (Philipp V.)* im 18. Jh. im Verlust der letzten historischen Privilegien gipfelte.

Trotz eines beachtlichen Reichtums an Sakral- und Profanbauten sowie einiger Museen und großzügig angelegter Promenaden (wie im Bereich der Basilika Nuestra Señora del Pilar) fehlt Zaragoza das gewisse Etwas. Die bekannte Zone der Bars, El Tubo, ist durchaus stilvoll, fällt im Vergleich zu anderen nordspanischen Städten jedoch relativ bescheiden aus. Und auch sonst herrscht nicht das Flair, wie man es aus anderen Metropolen gewohnt ist. Allerdings gilt Zaragoza als recht günstige Einkaufsstadt.

Sehenswertes

Die **Zahlen in Klammern** verweisen auf die Legendenpunkte des Stadtplans.

Basilika Nuestra Señora del Pilar

Das Wahrzeichen der Stadt erblickt man schon aus weiter Ferne: die riesige Basilika Nuestra Señora del Pilar **(2)** an den Ufern des Río Ebro. Dieses Ensemble aus Gotteshaus und Fluss sowie die beiden nahebei gelegenen Brücken, Puente de Santiago und Puente de Piedra, bilden ideale erste **Orientierungsmarken** in Zaragoza. Auf der Basilika-Seite beginnt die Altstadt und damit die Zone der wichtigsten Besuchsziele.

Von außen – insbesondere aus der Nähe – wirkt Zaragozas sakrales Meisterwerk mit den vier hoch aufragenden Ecktürmen aus Ziegeln mittlerweile etwas angegriffen und verschmutzt. Für Farbe und Abwechslung sorgen einzig die Kuppeln und der Besatz mit Keramikplatten.

Im **Innern** indes eröffnet sich ein in allen Belangen „sauberes" Meisterwerk barocker und klassizistischer Kirchenbaukunst und -ausgestaltung; man geht durch drei hohe, von sieben Bogenreihen unterbrochene Kirchenschiffe.

Besondere Beachtung sollte man den **Gewölbegemälden** schenken; besonders wertvoll sind die Werke von *Goya*. In der wichtigsten Kapelle verehren die Gläubigen das Bildnis der Virgen del Pilar. Kurios nahe dieser Kapelle: An der Wand hängen zwei Original-Granaten, mit denen die Basilika im ersten Jahr des Spanischen Bürgerkrieges angegriffen wurde.

Der Basilika ist das **Museo Pilarista** angeschlossen, ein Museum, in dem unter anderem der Virgen del Pilar von Gläubigen gestiftete Schmuckstücke zu sehen sind (Zugang vom Inneren aus; täglich 9-14 und 16-18 Uhr). Die Basilika selbst ist im Regelfall täglich von 6 bis 21.30 Uhr geöffnet.

Rund um die Basilika

In unmittelbarer Nähe der Kathedrale und der großzügig angelegten **Plaza Nuestra Señora del Pilar** befinden sich weitere Sehenswürdigkeiten: der **Palacio de la Lonja (4,** ein heute als Ausstellungszentrum dienender Renaissancepalast aus dem 16. Jh.), das **Rathaus (3),** der **Erzbischofspalast (9,** 18. Jh.), das **Goya-Denkmal** und der an der Plaza de la Seo gelegene **Foro Romano (7),** auch Museo del Foro de Caesaraugusta (Di-Sa 10-14 und 17-20 Uhr, So 10-14 Uhr), wo man sich auf die unterirdischen Spuren aus der römischen Vergangenheit Zaragozas begibt.

An der Plaza de la Seo erhebt sich die **Kathedrale La Seo (8),** die viele Besucher mehr beeindruckt als die Basilika, und an der zwischen dem 14.

064ns Foto: ad

Pilar-Basilika, Zaragoza

Der Jakobsweg

und dem 18. Jh. gearbeitet wurde. Einst stand an dieser Stelle die Hauptmoschee. Unverwechselbar an der Kathedrale sind der rund 60 m hohe, achteckige Turm sowie der Kuppelbau und die Fassadengestaltung (gegenüber dem Erzbischofspalast) im mudejaren Stil. Nach über 20 Jahre langen Restaurierungsarbeiten erstrahlt die Kathedrale wieder in neuem, altem Glanz. Öffnungszeiten La Seo: im Sommer Di-Fr 10-14 und 17-19 Uhr, Sa 10-13 und 17-19 Uhr, So 10-12 und 17-19 Uhr; während des restlichen Jahres Di-Fr 10-14 und 16-18 Uhr, Sa 10-13 und 16-18 Uhr sowie So 10-12 und 16-18 Uhr.

- 1 Markthalle
- 2 Basilika Nuestra Señora del Pilar
- 3 Rathaus
- ★ 4 Palacio de la Lonja
- 5 Haupt-Touristenbüro
- ★ 6 Palacio de los Pardo
- ★ 7 Foro Romano
- 8 Kathedrale La Seo
- ★ 9 Erzbischofspalast
- 10 Kirche Santa Maria Magdalena

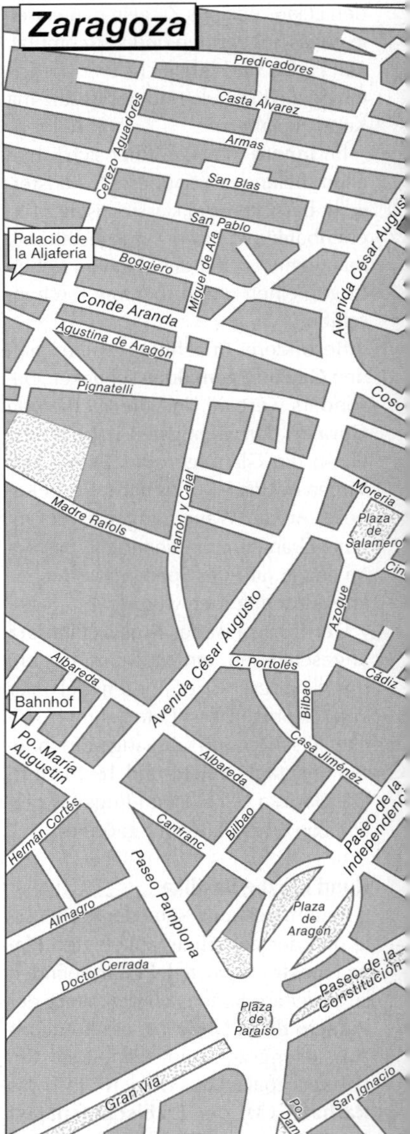

Avda. César Augusto
Murallas Romanas
Plaza Lanuza
Virgen
Prudencio
Manifestación
Santa Isabel
Temple
Torrenueva
Contamina
Alfonso I
Plaza del Pilar
Santiago
Espoz y Mina
Santa Cruz
Josepe Martínez
Méndez Núñez
Fuenclara
Libertad
Estébanes
Cuatro de Agosto
Coso
Don Jaime I
Refugio
Mayor
San Jorge
San Andrés
Plaza de S. Pedro Nolasco
Plaza de España
Verónica
de Marzo
Paseo de la Independencia
J. Amar
Sta. Catalina
San Miguel
San Vicente de Paúl
Cadena
Antonio Agustín
Heroísmo
Viejos
de la Torre
Cantín y Gamboa
Plaza de S. Miguel
Manuela Sancho
Asalto
A. Magdalena
Sancho y Gil
Zurita
Isaac Peral
San Clemente
J. Balmes
Allué Salvador
Plaza de los Sitios
Joaquín Costa
Moret
Paseo de la Mina
Escar
Meristo
Canalejas
Paseo de la Constitución
Loyola
Madre Vedruna
León XIII
Cesáreo Alierta
José Luis Pomarón Herranz
Coimbra
Gurpide
Concepción
Miguel Servet
Camino de las Torres
Reina Fabiola
Paseo de Echegaray y Caballero
Puente de Piedra
Río Ebro
Don Juan de Aragón
San Lorenzo
Gavín
Boterón
1
2
3
4
5
6
7
8
9
10

065ns Foto: ad

Zaragozas Kathedrale mit mudejaren Stilelementen

Kirchen und Paläste

In der Innenstadt sollten an Kunstgeschichte Interessierte folgende Kirchen und Paläste nicht auslassen: die **Kirche Santa María Magdalena (10)** mit ihrem mudejaren Turm (Calle Mayor), die aus dem 14. Jh. stammende **Kirche San Miguel** (ebenfalls mit Mudejarturm; Plaza de San Miguel), die alte **Klosterkirche Santa Engracia** mit ihrem Renaissanceportal (Plaza Santa Engracia) und der **Palacio de Montemuzo** (Renaissancepalais aus dem 16. Jh.; Calle Santiago s/n).

Museen

Im ebenfalls im Renaissancestil erbauten **Palacio de los Pardo (6)** ist das **Museo Camón Aznar** untergebracht, in dem Drucke von *Goya* zu sehen sind (Calle Espoz y Mina 23; Di-Fr 9-14.15 und 18-21 Uhr, Sa 10-14 und 18-21 Uhr, So 11-14 Uhr).

Überhaupt ist Zaragoza eine Stadt der Museen. Im **Museo de Zaragoza – Sección de Arqueología y Bellas Artes** sind archäologische Fundstücke und Gemälde – unter anderem von *Goya* – ausgestellt (Plaza de los Sitios 6; Di-Sa 10-14 und 17-20 Uhr, sonntags 10-14 Uhr).

Wer sich für alte aragonesische Trachten, Mobiliar und Keramik interessiert, geht in das **Museo de Zaragoza – Sección de Etnología y Cerámica** (Parque Primo de Rivera s/n; Di-So 10-14 Uhr).

Ein Stückchen westlich der Innenstadt, an der Avenida de Madrid, liegt der eindrucksvolle und im orientalischen Stil reich ausgeschmückte **Palacio de la Aljafería,** ein kunsthistorisches Erbe der Mauren, das einst als Lustschloss konzipiert wurde. Zwischen Mitte April und Mitte Oktober täglich geöffnet außer Do (ganz) und Fr vormittags 10-14 und 16.30-20 Uhr; während des restlichen Jahres ebenfalls täglich außer Do (ganz) und Fr vormittags 10-14 und 16-18.30 Uhr.

Praktische Tipps

Information

- Zaragozas **Hauptinformationsbüro (5)** liegt an der Plaza del Pilar s/n, Tel. 976 393537, Fax 976 721281, Website: www.turismo.ayto-zaragoza.es, E-Mail: ofturismopilar@ayto-zaragoza.es. Ein weiteres Büro im Torreón de la Zuda, Glorieta de Pío XII, Tel. 976 201200, Fax 976 200635.

Unterkunft

- **NH Ciudad de Zaragoza** (++ - +++), Avenida César Augusto 125, Tel. 976 442100, Fax 976 443361. Zentral gelegenes Drei-Sterne-Hotel aus der bewährten NH-Kette. Recht nüchterne Außenansicht, aber dafür nahe der Basilika gelegen.
- In Zaragoza gibt es **drei weitere NH-Hotels:** das mit vier Sternen versehene **Gran Hotel** (+++, Calle Joaquín Costa 5, Tel. 976 221901, Fax 976 236713), das Drei-Sterne-Hotel **Orus** (++ - +++, Escoriaza y Fabro 45, Tel. 976 536600, Fax 976 536163) und das ebenfalls drei Sterne tragende Hotel **Sport** (++ - +++, Moncayo 5, Tel. 976 311114, Fax 976 330689).
- **Hotel Las Torres** (++), Plaza de Nuestra Señora del Pilar 11, Tel. 976 394250, Fax 976 394254. Ideal von der zentralen Lage her, nicht zu teuer, moderater Frühstückspreis.

Essen und Trinken

- **Restaurante La Maison de la Fondue** (++ - +++), Bolonia 26, Tel. 976 237411. Italienische und französische Küche. Mit Fischgerichten sowie Fleisch- und Käsefondues.
- **Restaurante El Patio de Don Julián** (+), Calle Don Teobaldo 8-10, Tel. 976 201738. Außerordentlich günstig und gemütlich; das Preis-Leistungs-Verhältnis bei den werktags angebotenen Mittagsmenüs ist kaum zu schlagen. Zu den Tellergerichten zählen beispielsweise Lachs in Orangensauce, Spargel mit Jakobsmuscheln und Kaninchen in pikanter Sauce.

Verkehrsverbindungen

- Der **Flughafen** (Aeropuerto de Sanjurjo) ist für Inlandsflüge maßgeblich und liegt zwölf Kilometer westlich der Stadt bei Garrapinillos, Tel. 976 712300. Verbindungen u.a. nach Madrid.
- Neue **Bahnstation** und zentraler **Busbahnhof** im Bau in der Avenida Navarra, bei Redaktionsschluss noch nicht fertiggestellt.

Feste

- **Patronatsfeierlichkeiten** mit Höhepunkt am 12. Oktober zu Ehren der Virgen del Pilar; während des Stadtfestes Ausstellungen, Konzerte, Stierkämpfe, Sportwettbewerbe.
- Im November ist Zaragoza Schauplatz eines internationalen **Jazzfestivals.**

Einkaufen

- Beliebte **Floh- und Antiquitätenmärkte** sind El Rastro (sonntags vormittags bei der Stierkampfarena), El Mercadillo (mittwochs und sonntags morgens beim Fußballstadion La Romareda) und der Mercado de Antiguedades (ausschließlich Antiquitäten sonntags morgens auf der Plaza de San Bruno). Die große, zentrale Markthalle **(1)** liegt an der Avenida César Augusto; hier bekommt man frisches Obst und Gemüse und sollte auch auf die charakteristische Architektur vom Beginn des 20. Jahrhunderts achten.

Ausstellungen

- Einen guten Rahmen für Ausstellungen bilden der erwähnte **Palacio de la Lonja** an der Plaza del Pilar (Di-Sa 10-14 und 17-21 Uhr, So 10-14 Uhr) sowie der 1570-1574 erbaute Palacio de Sástago in der Calle del Coso 44 (Di-Sa 11-14 und 18-21 Uhr, So 11-14 Uhr).

Der Jakobsweg durch den Westen Navarras

Von Pamplona nach Puente la Reina ⇗XX/AB2

Auf dem ersten Teilstück der rund 25 km von Pamplona nach Puente la Reina winden sich der Pilgerweg und die Richtung Estella/Logroño verlaufende Landstraße N-111 getrennt voneinander zunächst durch die unansehnlichen Außenbezirke Pamplonas aus dem weitläufigen Talkessel der navarresischen Hauptstadt mehr als 300 Höhenmeter hinauf in die bewaldete **Sierra del Perdón.** Der an diesen Stellen rund 750 m hohe Gebirgszug ist schon aus der Ferne an seinen weißen Windkrafträdern leicht zu erkennen. Seit einigen Jahren steht die Energiegewinnung durch Windkraft hoch im Kurs; über die Region verteilen sich mittlerweile mehr als ein Dutzend solcher Großanlagen.

Während der Abschnitt für motorisierte Reisende über **Astráin** und bis hinter den Perdón-Pass ohne nennswerte Vorkommnisse verläuft, ist es für Fußpilger interessanter.

Hinter **Cizur Menor** (baskisch: Zizur Menor; romanische Kirche San Miguel de Arcángel) kommt man durch das malerische Steindörfchen **Zariquiegui** (gotische Kirche San Andrés Apóstol) und auf der Passhöhe an einem Pilgerdenkmal vorbei. Dann geht es abwärts in den **Landstrich Valdizarbe** und die Örtchen Uterga und Muruzábal, die man auch mit dem Fahrzeug erreicht (siehe unten). Auf gerade Strecke indes geht es für Autofahrer über **Legarda** (gotische La-Asunción-Pfarrkirche) und durch fruchtbare Felderlandschaft mit üppigem Wein-, Getreide- und Maisanbau direkt nach **Puente la Reina.** Kurz vor der Einfahrt in das Städtchen sollte man an der Einmündung durch die von links kommende Achse des aragonesischen Jakobsweges auf das moderne kleine Pilgerdenkmal achten.

Entscheidet man sich hinter dem **Perdón-Pass** für den Links-Abzweig knapp 1,5 km hinter dem Perdón-Pass, kommt man durch die pittoresken, ruhigen Bauerndörfer **Uterga** (mit gotischer Asunción-Pfarrkirche) und **Muruzábal** (von den Ursprüngen her gotische Kirche San Esteban), erreicht bei dem Hügelörtchen **Obanos** (siehe „Der aragonesische Weg") den aragonesischen Jakobsweg und kommt auf diesem bei dem metallenen Pilgermonument in Puente la Reina aus. Obanos ist für sein **Mysterienspiel** bekannt, das Laiendarsteller alle zwei Jahre Ende Juli (gerade Jahreszahlen) eine Woche hintereinander aufführen. Im „Misterio de Obanos" geht es um das tragische Schicksal zweier Geschwister, basierend auf einer Legende aus dem späten Mittelalter: das Martyrium der Santa Felicia und die Reue des San Guillén, der seine Schwester getötet hatte. In Zusammenarbeit zwischen der Bruderschaft Ermitaños de Arnotegui und der Stiftung „Misterio de Obanos" lebt das 1965 erstaufgeführte Laienschauspiel seit den 1990er Jahren wieder auf und ist 2001 zum „Fest von Nationalem Touristischem Interesse" erklärt worden. Verfasst wurde das Stück von Pfarrer *Santos Beguiristain,* die Garderobe für die zahlreichen Mitwirkenden besteht aus über tausend Kostümen; Internet-Infos auch auf Deutsch unter www.misteriodeobanos.org, Tel. 948 344544. Wer von Pamplona aus direkt nach Puente la Reina einfährt, sollte auf keinen Fall einen Abstecher zur **Kirche Santa María de Eunate** versäumen (siehe Schlussabschnitt des Kapitels „Der aragonesische Weg").

Unterkunft

- **Pilgerherberge** *(albergue de peregrinos)* in **Cizur Menor,** Encomienda Sanjuanista, geführt von Maltesern, Tel. 948 221479. Mit 27 Betten und drei Duschen, Küche. Nur Anfang Juni bis Ende September.
- **Albergue Familia Roncal** in **Cizur Menor,** Paseo de Lurbeltzeta s/n, Tel. 948 183885. Mit 16 Plätzen im Winter und 35 im Sommer, Küche.
- **Pilgerherberge** *(albergue de peregrinos)* in **Uterga,** Calle Mayor s/n, Tel. 948 344318. Lediglich vier Plätze in einem Zimmer, ganzjährig geöffnet.

Puente la Reina und seine romanische Brücke

↗ XX/AB2

Puente la Reina (baskisch: **Gares;** 2.000 Einwohner) gründet sich auf den Namen der romanischen Brücke: Puente Regina, die Brücke der Königin. Diese wiederum geht auf ihre Stifterin *Doña Mayor,* Gattin des navarresischen Königs *Sancho el Mayor,* zurück; andere behaupten, es sei *Doña Estafanía* gewesen, Königsgemahlin von *Don García él de Nájera*. Wie dem auch sei, am Ortsende von Puente la Reina erwartet den Reisenden die schönste und fotogenste Brücke am gesamten Jakobsweg. Deren Spiegelbild schwimmt im Río Arga.

Die wichtigsten Bauwerke Puente la Reinas sind links und rechts des Pilgersträßleins entstanden, das sich stimmungsvoll mitten durch den langgestreckten Ort zieht. Zunächst ist es am Ortseingang die mutmaßlich vom Templerorden begründete **Iglesia del Crucifijo** („Kreuzkirche") aus dem 12./13. Jh., die ein steinerner Bogen mit dem alten Pilgerhospital verbindet. Im Innern dieser Kirche findet man ein romanisches Bildnis der *Santa María de las Huertas* und ein in V-Form gearbeitetes Christuskreuz aus dem 14. Jh.

Folgt man den Pilgerzeichen weiter Richtung Ortskern, kommt man vorbei an der **Santiago-Pfarrkirche** mit romanischer Fassade, barock ausgestaltetem Inneren mit großem Retabel, das dem Jakobus gewidmet ist, sowie mit Holzschnitzarbeit des *Santiago Beltza*, des „schwarzen Jakobus".

Der **Hauptplatz** ist samstags vormittags Schauplatz eines kleinen Marktes.

Schließlich mündet der Weg – vorbei an wappenverzierten Häusern – auf die berühmte **romanische Brücke,**

Einen Abstecher vom Jakobsweg wert: der Alloz-Stausee

066ns Foto: ad

von der aus man auf die oberhalb des Arga liegenden Häuserzeilen und den Turm der spätmittelalterliche **Pfarrkirche San Pedro** blickt. Die Brücke und die San-Pedro-Kirche hängen der Geschichte bzw. einer Legende nach auf besondere Weise zusammen. Bis zum Jahr 1848 stand auf dem oberstem Punkt der Brücke und geschützt von einer winzigen Kapelle eine Marienstatue, die der **Virgen del Txori.** Der Grund des seltsamen Namens der heiligen Jungfrau - das baskische „txori" bedeutet „Vogel" - beruhte darauf, dass ein Vögelchen immer wieder gekommen sein soll, um mit seinem Schnabel das Gesicht der Jungfrau zu putzen. Dann, 1848, wurde das Bildnis im Rahmen einer Prozession für immer in die Kirche San Pedro gebracht und - man ahnt es bereits - vom Vögelchen ward seitdem nichts mehr gesehen.

Wer an einem kleinen Abstecher ab Puente la Reina interessiert ist, fährt in das fünf Kilometer südlich gelegene **Mendigorría,** das auf einem Hügel über dem Río Arga liegt. Mehrere mit Familienwappen versehene Häuser zeugen in Mendigorría noch von jener geschichtlichen Epoche, da dem Ort Abgesandte am königlichen Hofe von Pamplona entstammten. Weithin sichtbar erhebt sich der Turm der mittelalterlichen Pfarrkirche San Pedro Apóstol, in der man den vom Estellaner Bildhauer *Bernabé Imberto* zwischen 1594 und 1610 bearbeiteten Hauptaltar besichtigen kann. Aus dem 13. Jh. stammt die - allerdings im 19. Jh. restaurierte - Santa-María-Kirche.

Unweit des Ortes befinden sich die im Jahre 1087 erstmals erwähnte Einsiedelei Nuestra Señora de Andión und die Ruinen der Römerstadt **Andelos.** Auch wenn es sich hierbei um eine der historisch bedeutendsten archäologischen Stätten Navarras handelt, darf man keine spektakulären Hinterlassenschaften erwarten.

Acht Kilometer südöstlich von Mendigorría liegt das Festungsörtchen **Artajona** (siehe „Abstecher von Pamplona, Navarras Süden, Rund um Tafalla").

Unterkunft

- Am Ortseingang von **Puente la Reina** - von Pamplona aus kommend - liegen zwei nette, aber nicht gerade preiswerte **Hotels:** das mit drei Sternen bewertete Hotel **Jakué** (++ - +++, Tel. 948 341017, Fax 948 341120, Website: www.jakue.com) und das mit zwei Sternen ausgezeichnete Hotel **Mesón del Peregrino** (++ - +++, Tel. 948 340075, Fax 948 341190). Direkt am Pilgerweg durch den Ortskern ist vor nicht allzu langer Zeit das einladend-urige **Hostal Bidean** eröffnet worden, 19 Zimmer mit Bad, Heizung und TV (++, Calle Mayor 20, Tel. 948 341156, Fax 948 340293, Website: www.bidean.com, E-Mail: info@bidean.com).
- Die **Pilgerherberge** von **Puente la Reina** liegt gegenüber der Iglesia del Crucifijo, Calle del Crucifijo 1, Tel. 948 340050. Ganzjährig geöffnet, rund 80 Plätze, Küche.
- Am Ortsrand hinter der romanischen Brücke gelangt man zu einer weiteren **Pilgerherberge,** der **Albergue Santiago Apóstol.** Paraje Real, Tel. 948 340220, 100 Plätze, durchgängig geöffnet nur von April bis Oktober, Übernachtungsgebühr etwas höher als andernorts.

Essen und Trinken

- **Restaurante Lorca** (++), Calle Mayor 54, Tel. 948 340127. In Puente la Reina bekannt für seine schmackhaften Gemüsegerichte.

Weitere kleine Restaurants und Bars entlang der Calle Mayor, durch die der Pilgerweg führt.

Von Puente la Reina nach Estella ⇗XX/A2

Rund 20 km durch Berg und Tal sind es, die Puente la Reina von „Estella la bella", „Estella der Schönen", trennen und auf denen sich Straße und Pilgerpfad mehrmals kreuzen.

Am Ortsrand von Puente la Reina sieht man linker Hand die Mitte des 18. Jh. erbaute **Konventkirche Comendadoras del Sancti Spiritus,** dann geht es auf der schnellen Straße oder dem breiten, später schmaleren Weg weiter gen Westen durch herrliche Weingärten und Hügelland. Auch Oliven, Getreide und Mandeln werden in diesen bäuerlichen Gegenden angebaut.

Erstes Zwischenziel auf dem Jakobsweg ist **Mañeru** mit einem Steinkreuz, wappenverzierten Häusern und der aus dem 18. Jh. stammenden Pfarrkirche San Pedro.

Aus dem urigen, 500 Einwohner kleinen Hügelort **Cirauqui,** erheben sich die beiden auf das 13. Jh. zurückgehenden Kirchen San Román und Santa Catalina de Alejandría.

Hinter Cirauqui verläuft der Wanderweg ein Stückchen abwärts über interessante Reste einer **Römerstraße,** die man auch von der Landstraße aus einsieht.

Wenige Kilometer hinter Cirauqui zweigt rechts ein Nebensträßchen zum **Stausee von Alloz** ab, der im Sommer türkisfarben schimmert; dann ist er ein beliebtes Ausflugsziel für Schwimmfreudige.

Die nächsten Etappenorte bis Estella heißen **Lorca** (Pfarrkirche San Salvador mit romanischer Apsis und Kreuzgewölbe) und **Villatuerta** (mit klobiger Kirche La Asunción aus dem 13./ 14. Jh.).

Estella empfängt den Reisenden mit einer langgestreckten Stadteinfahrt und den aus einer Papierfabrik aufsteigenden Gerüchen. In der Ferne macht man bereits die Ausläufer der Gebirge Urbasa und Andía aus, die so manche Überraschung – wie etwa das Kloster von Iranzu und die türkisfarbenen Quellseen des Urederra-Flusses – zu bieten haben (siehe „Abstecher von Pamplona, Navarras Westen und Nordwesten").

Estella – Stadt der Kirchen und alte Königsresidenz ⇗XX/A2

Estella (baskisch: **Lizarra;** 13.000 Einwohner) öffnet sich mit seinen Kirchen und seinen Häuserkuben über dem Río Ega als höchst bemerkens- und sehenswerte Komposition aus Stein.

Zwar sind in der Nähe Reste einer römischen Siedlung gefunden worden, und auch eine alte baskische Ansiedlung mit dem Namen Lizarra (Eschenwald) war bekannt, doch erst ab dem 11. Jh. erlangte Estella Bedeutung. Zunächst war es König *Sancho el*

Mayor, der den Jakobsweg durch eben jenes Gebiet leitete, dann gründete der navarresische Monarch *Sancho Ramírez* 1090 die Burg von Estella. Die Beweggründe waren klar: Das Gebiet zwischen Pamplona und Nájera brauchte eine wichtige Station, und der Handel musste blühen. In der Folge siedelten sich hier zahlreiche Franken an, die bei ihren Existenzgründungen von steuerlichen Sonderrechten profitierten; außerdem gab es ein ausgedehntes Judenviertel. Navarras Könige nutzten Estella lange Zeit als Residenzstadt, und im Laufe des Mittelalters stieg die Zahl der religiösen Bauwerke auf über 20 Kirchen, Klöster und Kapellen an.

Wie sehr Estella sich sein mittelalterliches Gepräge und seinen großen Reichtum an baulichen Kunstwerken bewahrt hat, wird einem bereits am östlichen Stadtrand bewusst. Hier kommt der Pilgerweg zunächst an der im alten Judenviertel gelegenen gotischen **Kirche Santo Sepulcro** vorbei, die im 14. Jh. fertiggestellt wurde. Diese „Heilig-Grab-Kirche" besticht durch ihr reich dekoriertes Portal, unter anderem mit einer Darstellung des gekreuzigten Christus und einer weiteren des Abendmahles.

Über der Kirche sieht man – an den Hang gebaut – die mutmaßlich über der einstigen Synagoge errichtete Kirche **Santa María Jus del Castillo** mit Ursprüngen im 12./13. Jh.; beachtenswert sind die romanische Apsis und die barocke Fassade.

Folgt man dem Pilgerweg, der Calle de la Rúa, weiter Richtung Innenstadt, blickt man rechts auf den **Puente de la Cárcel,** eine 1873 an der Stelle des romanischen Vorläufers errichtete Brücke über den Río Ega.

Schließlich führt die Calle de la Rúa an der Pilgerherberge *(albergue de peregrinos)* sowie an einigen alten Herrenhäusern vorbei (der barocke Palacio del Gobernador und der platereske Palacio de los San Cristóbal) auf den kleinen Hauptplatz der historischen Altstadt, die **Plaza San Martín.** In der Mitte plätschert ein Renaissancebrunnen aus dem 16. Jh., die Fuente de los Chorros.

An der Plaza San Martín liegen das barocke Rathaus und der recht kleine **Palacio de los Reyes de Navarra** (Palast der Könige von Navarra) aus dem 12. Jh., ein gutes Beispiel romanischer Zivilarchitektur in der Region.

Eines der **Kapitelle** an der Fassade zeigt den Kampf zwischen dem Riesen *Ferragut* und unserem altbekannten Helden *Roland,* den das tödliche Schicksal in den Pyrenäen ereilte (siehe „Der französische Weg, Vom Ibañeta-Pass nach Pamplona"). Das zweite Kapitell zeigt – auf verschiedenen Seiten – einen Harfe spielenden Esel, zwei Geizhälse an einem Joch und mit einem Geldbeutel um ihre Hälse sowie einen Höllenkessel, an dem die Teufel auf die Geizhälse warten.

Das Innere des Palastes der Könige von Navarra ist vollkommen renoviert und beherbergt ein **Museum** mit Werken des baskischen Malers **Gustavo de Maeztu.** Dieser wurde 1887 in Vitoria geboren und verbrachte seine letzten Lebensjahre, von 1936 bis 1947, in Estella; der Nachlass des Künstlers wurde der Stadt übergeben (Öffnungszeiten des Museums Di-Sa 11-13 und 17-19, So 11-13 Uhr).

Von der Plaza San Martín steigt man hinauf zum bedeutendsten sakralen Bauwerk Estellas, das leicht am hohen Turm zu erkennen ist: die Kirche **San Pedro de la Rúa,** die aus dem 12./13. Jh. stammt und zunächst den Eindruck eines Wehrbaus macht. Das Portal der Kirche weist nicht nur Dekorationen mit Tier- und Pflanzenmotiven auf, sondern auch eindeutig maurische Schmuckelemente.

Außerdem ist ein **Chrismon** zu sehen, ein entlang des Jakobsweges immer wieder auftauchendes Christusmonogramm. Dabei handelt es sich um ein Namenskürzel mit den griechischen Buchstaben P (für: Vater), X (für: Christus) und S (für den Heiligen Geist). Weiterhin kann ein Chrismon – wie dieses für den Jakobsweg bezeichnende in Estella – durch die griechischen Buchstaben A (Alpha – steht für den Anfang) und W (Omega – steht für das Ende) ausgeschmückt sein. Die Besonderheit des Chrismons der Kirche San Pedro la Rúa besteht darin, dass zuerst das W und dann das A steht, was bedeutet, dass nach der Jakobsweg-Ankunft in Santiago de Compostela der Weg nicht endet, sondern auf symbolische Weise in Richtung des nachfolgenden Lebens und des Himmels weitergeht.

Das Innere der San-Pedro-Kirche besteht aus drei gotischen Schiffen und drei romanischen Apsiden; das Hauptgewölbe stammt aus dem 17. Jh. Neben einer Marienfigur aus dem 12. Jh. fällt ein gekreuzigter Christus aus dem 14. Jh. auf; er hat eine riesige und anatomisch falsche Anzahl an Rippen. Zwei Bildnisse zeigen den heiligen Petrus (spanisch: San Pedro; 17. Jh.) und den heiligen Andreas (spanisch: San Andrés; 19. Jh.). Die nicht minder auffällige Säule der drei Schlangen symbolisiert die drei Weisheiten und wurde von einem einheimischen Steinmetz im 19. Jh. gefertigt.

Von der Kirche aus gelangt man in den romanischen **Kreuzgang,** von dem nur die Hälfte erhalten ist. Der andere Teil wurde im 16. Jh. durch den Abriss der oberhalb gelegenen Festung Zalatambor zerstört; nahebei fließt heute der Verkehr vorbei. An all den Säulen und fein gearbeiteten Kapitellen sind mythologische Tierfiguren und auch die Heiligen Drei Könige zu erkennen. Kurios ist die gewundene Säule, die ein Künstler, dessen Name nicht überliefert ist, hinterlassen hat; eine ähnliche Säule sieht man im Kreuzgang des Klosters Santo Domingo de Silos in Burgos (siehe „Der Jakobsweg durch Kastilien-León, Abstecher von Burgos").

Geht man von der zentralen Plaza San Martín über die nahe Flussbrücke, erreicht man die belebteren Zonen Estellas mit der weitläufigen **Plaza de los Fueros** und der ursprünglich romanischen **Kirche San Juan** (im Inneren ein gotisches Kreuz und ein Renaissance-Hochaltar).

Wenige Häuserblocks weiter östlich liegt die romanische **Kirche San Mi-**

guel mit ihrem bildhauerisch eindrucksvoll gestalteten Nordportal; dort erkennt man Motive von der Flucht nach Ägypten sowie dem Dreikönigsfest.

Auf einer Bergkuppe oberhalb Estellas liegt der **Santuario de Nuestra Señora del Puy,** eine moderne Basilika, in dem ein gotisches Bildnis der heiligen Jungfrau von Puy aufbewahrt wird. Diese ist Schutzpatronin der Stadt, was erklärt, dass außergewöhnlich viele Frauen in Estella Puy heißen. Vom Heiligtum aus bietet sich dem Betrachter ein schöner Blick über die Stadt am Río Ega.

Information

- Das **Touristenbüro** liegt in der Calle San Nicolás 1, Tel. und Fax 948 556301, E-Mail: oit.estella@cfnavarra.es. Die freundlichen jungen Damen hier im Fremdenverkehrsamt haben den Schlüssel für die Kirche San Pedro de la Rúa und veranstalten auch Führungen.

Unterkunft

- In Estella liegt das Zwei-Sterne-Hotel **Yerri** (++, Avenida Yerri 35, Tel. 948 546034, Fax 948 555081). Das Hotel befindet sich nahe der Stierkampfarena. Wesentlich preiswerter: die **Fonda Izarra** (+, Calderería 20, Tel. 948 550678) und die **Fonda San Andrés** (+, Plaza Santiago 58, Tel. 948 550448)
- Die **Pilgerherberge** darf man getrost als eine der besten und modernsten am ganzen Jakobsweg bezeichnen. Sie hat ganzjährig geöffnet und liegt in der Calle de la Rúa 50 (Tel. 948 550200). Mit 114 Plätzen, Küche und Schließfächern; zur Not Schlafgelegenheiten auf dem Boden des Innenhofes.
- **Camping:** Campingplatz Lizarra, Ordoiz s/n, Tel. 948 551733, Fax 948 554755. Große Anlage mit rund 1.000 Plätzen, ganzjährig geöffnet. Mit Pool, Bar-Restaurant. Auch Vermietung von Bungalows.

Essen und Trinken

- **Restaurante Navarra** (++-+++), Calle Gustavo de Maeztu 16, Tel. 948 550040. Zu den Spezialitäten des Hauses gehören gefüllter Spargel und Ferkel. Die Qualität hat ihren Preis, auch beim Tagesmenü.
- **Restaurante Casanova** (++), Calle Nueva 7, Tel. 948 552809. Regionale Spezialitäten, etwas gehobenerer Stil.

Verkehrsverbindungen

- **Busbahnhof** bei der Plaza de la Coronación, Tel. 948 550127. Verbindungen nach Pamplona und Logroño.

Feste

- Folkloristische **Patronatsfeierlichkeiten** zu Ehren der Jungfrau von Puy am 25. Juli.
- Bunter und ausgelassener geht es beim **Stadtfest** Ende Juli/Anfang August zu, das von Stierkämpfen und dem traditionellen Stiertreiben *(encierro)* geprägt ist.

Von Estella nach Logroño

Auf den rund 50 km zwischen dem navarresischen Städtchen Estella und der riojanischen Hauptstadt Logroño liegt eine vielbucklige Hügellandschaft, über die sich Weingärten ohne Ende ziehen. Autofahrer halten sich auf der Landstraße N-111.

Rund um das Kloster von Irache ⇗XX/A2

Hinter Estella geht es über den von einigen neueren Wohnbauten geprägten Durchgangsort **Ayegui** (mit der Kirche San Martín de Tours aus dem

18. Jh.) zum etwa zwei Kilometer entfernten Kloster von Irache.

Von den zwei Varianten bis zum Örtchen Azqueta sollten sich Fußpilger für die südlichere entscheiden, die einen nicht nur direkt ans Kloster bringt, sondern auch - etwa 200 m vor der Klosterkirche - an einer der kuriosesten Sehenswürdigkeiten am Jakobsweg vorbeiführt: der **Fuente del Vino,** der Weinquelle. Hier sprudelt nach Öffnen des Hahns fürwahr kostenloser Wein hervor, den die angrenzende große Weinkellerei (Bodegas Irache) als Service für Pilger offeriert. Es versteht sich von selbst, dass dahinter ein riesiger Werbegag der Bodegas steht, der mehr Effekt haben dürfte als kostenintensive, großformatige Anzeigen in Tageszeitungen. Wie dem auch sei, hier gibt es Wein gratis - und doch einige Spielregeln: Ein Gläschen in Ehren ist schon recht, aber abfüllen und mitnehmen ist streng untersagt! Weinverkauf an den Bodegas Irache, dort gibt es auch ein kleines Weinmuseum mit Fässern und historischem Gerät (Der Begriff „Museum" ist allerdings etwas dick aufgetragen).

Das einstige **Benediktinerkloster von Irache** breitet sich an den Ausläufern des über 1000 m hohen Montejurra-Berges aus. Es ist bereits seit dem 10. Jh. beurkundet und damit das älteste Pilgerhospiz in Navarra. Im 17. Jh. wurde die Anlage als Sitz einer Universität genutzt. Interessant für die Besichtigung sind die romanische Klosterkirche, der im 17. Jh. angebaute Turm sowie der platereske Kreuzgang (nicht der eher moderne, den man beim Eintritt zuerst sieht). Seit dem Jahre 1839 wird die Anlage nicht mehr von Mönchen genutzt (Öffnungszeiten des Klosters Di 10-14 Uhr, Mi-Fr 10-14 und 17-19 Uhr, Sa/So 9-14 und 16-19 Uhr).

Vom Irache-Kloster geht es wenige Kilometer weiter nach **Azqueta,** wo man die spätgotische Kirche San Pedro Apóstol sieht und sich die beiden in Estella geteilten Fußwegvarianten wieder vereinen; bis Los Arcos hält sich der Weg fortan abseits der Straße N-111.

Rechts von Landstraße und Weg erhebt sich über dem Weinörtchen **Villamayor de Monjardín** (spätromanische Kirche San Andrés Apóstol; gute Bodega) der **Monjardín-Hügel** mit seinen Ruinen der Festung San Esteban de Monjardín. Bereits vom 10. Jh. an war an dieser Stelle eine Burg bekannt, die zeitweilig von den Mauren genutzt und unter dem navarresischen König *Sancho Garcés* erobert wurde. Unternehmungslustige können zu den Ruinen hinaufsteigen; dort hat man eine schöne Aussicht.

Schließlich gelangt man über **Urbiola** (Kirche San Salvador aus dem 16. Jh.) nach Los Arcos.

Unterkunft

- Ein typisches Durchgangshotel ist das **Hotel Irache** (++), Carretera Pamplona-Logroño, km 43, Tel. 948 551150, Fax 948 554754. Rund drei Kilometer hinter Estella an der Hauptstraße gelegen, mit Restaurantbetrieb (hier gibt es an Werktagen Mittagsmenüs, nicht billig).
- **Pilgerherberge** (Albergue Hogar Monjardín) in Villamayor de Monjardín bei der Kir-

che, Tel. 948 537136, zugänglich Mai bis Ende Oktober, 12 Plätze, zwei Duschen, Küche, Mahlzeitendienst zu moderaten Preisen.

Los Arcos

XIX/D1

Unter dem Namen Curnorium war Los Arcos bereits römische Ansiedlung. Im 13. Jh. bestand ein von *Teobaldo II* gegründetes Hospital, dem zahlreiche Schenkungen zuteil wurden. Im Jahre 1411 hatten hier *Carlos III al Noble* und *Doña Leonor* ihre Residenz.

Kernpunkt in diesem 1.500-Einwohner-Ort sind die Calle Mayor und der Zentralplatz mit seinem kleinen Pavillon. Wichtigstes Bauwerk hier ist die **Kirche Santa María,** in der sich Stile vom 12. bis 18. Jh. mischen. Man sieht ein plistereskes Portal und einen spätgotischen Kreuzgang, während im Innern des Gotteshauses der Barockstil dominiert.

Im Ortsbild von Los Arcos wird man fernerhin einige **barocke Herrenhäuser** und den aus dem 17. Jh. datierenden Konvent Religiosas Concepcionistas gewahr.

In der nordwestlich von Los Arcos gelegenen **Sierra de Codés** liegen zwei lokal bedeutsame Pilgerziele: der **Santuario de Nuestra Señora de Codés,** ein in die Bergwelt eingebettetes Heiligtum mit einer gotischen Muttergottesstatue aus dem 14. Jh. (nördlich von Torralba del Río), sowie die barocke **Basilika San Gregorio Ostiense** bei Sorlada; die letztgenannte erinnert an den Bischof *San Gregorio* aus dem italienischen Ostia, der in dieser Gegend im 11. Jh. verstarb.

Unterkunft

- In Los Arcos gibt es das **Hostal Ezequiel** (*, Calle La Serna 14, Tel. 948 640296, Fax 948 640278). Dem Hostal Ezequiel ist ein Restaurant angeschlossen, in dem preisgünstige Mittagsmenüs serviert werden (an den Wochenenden etwas teurer) und in dem gelegentlich auch Straußenfleisch von navarresischen Zuchtbetrieben serviert wird.
- Los Arcos hat sich in den letzten Jahren vorzüglich auf die Pilgerströme eingestellt und bietet nicht weniger als drei Herbergen: die **Albergue Isaac Santiago** (Calle San Lázaro s/n, Tel. 948 640230 u. 948 441091; 70 Plätze, zwei Küchen, April bis September, im Sommer auf kleiner Parzelle Camping möglich), die **Casa Alberdi** (Calle Hortal 3, Tel. 948 640764; 17 Plätze, ganzjährig) und die jedermann zugängliche **Casa Romero** (Calle Mayor 19, Tel. 948 640083; 28 Plätze, Küche, nur März bis Oktober).

Torres del Río

XIX/D1-2

Folgt man dem Jakobsweg, kommt man von Los Arcos über **Sansol** (Pfarrkirche San Zoilo mit einer gotischen Skulptur des heiligen Petrus aus dem 14. Jh.) nach Torres del Río, das in einem kleinen und vom Río Linares durchzogenen Talgrund liegt.

An dem kleinen Platz in der Ortsmitte erhebt sich die aus dem 12. Jh. stammende **Iglesia del Santo Sepulcro,** die „Heilig-Grab-Kirche“. Dieses romanische Kleinod hat einen achteckigen Grundriss, einen zylinderförmigen Turm und im Innern eine muselmanisch anmutende Kuppel mit Rippengewölbe. Der Ursprung des Kirchleins verliert sich – ebenso wie bei der nahe Puente la Reina gelegene Kirche Santa María de Eunate – im Dunkel der Geschichte. War es eine

Grabkapelle, eine Gründung des Templerordens oder ein Bauwerk der Mönche des nahegelegenen Klosters Irache? Man weiß es nicht.

Unterkunft

- **Pilgerherberge** *(hospital peregrino)* in Torres del Río: Calle Mayor 3, Tel. 948 648051, 32 Plätze, vier Duschen, spärliche Kochgelegenheit, ganzjährig zugänglich.

Viana ⇗ XIX/D2

Hinter Torres del Río eröffnen sich fruchtbare Hügelgebiete, in denen die Sonne Weintrauben, Oliven und Mandeln reifen lässt. Straße und Pilgerweg kommen an der **Einsiedlerkapelle Nuestra Señora del Poyo** vorbei und erreichen die nächste wichtige Station: das erstaunlich monumentale 4.000-Einwohner-Städtchen Viana. Autofahrer müssen unterwegs auf den richtigen Abzweig achten und nehmen nicht die neue Umgehungsstraße direkt nach Logroño, sondern folgen der ausgeschilderten Strecke nach Viana.

Gegründet wurde Viana im Jahre 1219 von dem navarresischen König *Sancho VII el Fuerte* und verfügte bald über mehrere Pilgerhospitäler. Im Jahre 1423 schuf *Carlos III el Noble* das Fürstentum (Principado) von Viana für seinen Enkel *Don Carlos.* Fortan stand allen navarresischen und – nach Eingliederung Navarras ins kastilische Königreich – allen spanischen Thronfolgern dieser Fürstentitel (Príncipe de Viana) zu. Daran hat sich bis heute nichts geändert.

Der wirtschaftliche und demographische Aufschwung der Handelsstadt zwischen dem 16. und 18. Jh. führte auch zum Zuzug adeliger Familien. Diese ließen sich prunkvolle Paläste und **Herrenhäuser** errichten, die noch heute das Stadtbild prägen. Zu den bekanntesten Bauten dieser Art zählen die mit Wappen verzierten Häuser der Familien Añon y Busto, Ichaso, Ripa, Cereceda, Dicastillo und Músquiz-Aldunate.

Hauptsehenswürdigkeit Vianas ist die im 13./14. Jh. in gotischem Stil erbaute **Kirche Santa María,** an die später der Turm und das Renaissance-Südportal angebaut wurden. Sehenswert im Innern des Gotteshauses sind der Kirchenschatz in der Sakristei, der barocke Hauptaltar und die Kapelle San Juan del Ramo mit Malereien von *Luís Paret y Alcázar.*

Vor der Kirche markiert ein Gedenkstein jene Stätte, an der einst die sterblichen Überreste des **Cesare Borgia** beigesetzt wurden; an ihn erinnert in Viana auch ein modernes Bronzedenkmal. Der italienische Renaissancefürst *Cesare Borgia* (1475-1507) stammte aus Rom und war eine illustre Persönlichkeit in der europäischen Geschichte des ausgehenden Mittelalters bzw. der frühen Neuzeit. Schon 1492 – als Jugendlicher – wurde *Borgia* Erzbischof von Valencia. Nach seiner Ernennung zum Kardinal (1493) gab er wenige Jahre später seine geistliche Laufbahn auf und wurde zur Ausschaltung der päpstlichen Gegnerschaft im Zuge der Fortsetzung französischer Eroberungspolitik mit dem

Herzogtum Valentinois belehnt. Im Jahre 1499 kehrte *Borgia* in sein Geburtsland Italien zurück, eroberte Imola und zielte in den Jahren darauf mit weiteren militärischen Zügen auf die Bildung eines mittelitalienischen Königreiches. Versuche, Bologna und Florenz zu erobern, schlugen allerdings fehl. Ebenso scheiterten seine politische Pläne. Er endete als Condottiere im Dienste seines Schwagers, des Königs von Navarra, und kam im März des Jahres 1507 bei Viana zu Tode.

Zu den **weiteren Baudenkmälern** in der Innenstadt von Viana zählen die Reste der alten Befestigungsmauer, das Rathaus mit seiner prachtvollen Wappenfassade, die zum Teil verfallene San-Pedro-Kirche mit ihrem erhaltenen barocken Portal aus dem 18. Jh. sowie das Kloster San Francisco mit barocker Kirche und Kreuzgang aus dem 17. Jh.

Wenige Kilometer südwestlich von Viana liegt die **Laguna de las Cañas,** ein rund hundert Hektar umfassender Stausee, an dessen Ufern man mit etwas Glück Reiher, Haubentaucher und Blesshühner ausmachen kann.

Von Viana aus schaut man bereits ins weitläufige **Talbecken von Logroño,** das vom Río Ebro durchschnitten wird. Logroño liegt bereits in der für seine Spitzenweine bekannten Autonomen Gemeinschaft La Rioja. Bei der Stadteinfahrt folgen Auto- und Radfahrer zunächst am besten den Schildern „Logroño Norte“ (Nord-Logroño). Fußpilger kommen – in der Nähe der Laguna de las Cañas – an der Einsiedelei La Trinidad de las Cuevas vorbei.

Unterkunft

- **Pensión La Granja/Casa Armendariz** (+), Calle Navarro Villoslada 19, Tel. 948 645078, Fax 948 446345. Einfache, zweckmäßige Unterkunft mit nur sieben Zimmern.
- Die **Pilgerherberge** in Viana heißt Alberguería Andrés Muñoz und ist nach einem der maßgeblichen Jakobsweg-Förderer in Navarra benannt. Sie liegt in der Calle San Pedro s/n, ist unter Tel. 948 645530 erreichbar, wird ganzjährig betrieben, bietet 54 Plätze und eine Küche.

Weitere Reisetipps

- **Feste:** Anfang/Mitte September begeht Viana seine Patronatsfeierlichkeiten mit Stiertreiben und Stierkämpfen.
- **Einkäufe:** In einigen Backstuben wird in Viana ortstypisches Schmalzgebäck verkauft; man fragt nach *pastas de Viana*.

Der Jakobsweg durch La Rioja

Logroño – Hauptstadt der Rioja am Río Ebro

↗XIX/D2

Mit rund 125.000 Einwohnern ist Logroño nicht nur die größte Stadt weit und breit, sondern auch die **Hauptstadt der** etwas mehr als 5.000 km² kleinen **Rioja** und damit ihr wirtschaftlicher, politischer und kultureller Dreh- und Angelpunkt. Unter ökonomischen Gesichtspunkten sind Wein-, Konserven-, Wurst-, Schuh- und Textilindustrie die wichtigsten Stützpfeiler.

Nein, eine Augenweide ist Logroño zunächst einmal nicht, und der Blick auf die von Neubauten zersetzten **Vororte** lässt nicht gerade Begeisterung aufkommen.

Doch sobald man die Brücke über den Ebro hinter sich gebracht hat und direkt danach in die alte Pilgergasse Rúa Vieja eingeschwenkt ist, ändert sich das Bild. Logroño ist keine Stadt von Welt und zieht einen nicht mit überragenden Bauwerken in ihren Bann, doch es gibt in der **Innenstadt** durchaus charmante Zonen: vor allem rund um die Plaza del Mercado (Kathedralvorplatz), entlang der Flanierpromenade Paseo del Espolón sowie im Gassengeflecht um die Calle Laurel.

Vor allem dort, in und um die Calle Laurel, findet man eine der stimmungsvollsten abendlichen Ausgehzonen (Freitag/Samstag) in ganz Nordspanien. Es ist ein **idealer Ort für Wein- und Häppchen-Touren,** denn zum einen schmecken die Rotweine aus der Rioja so nah an den Quellen ganz vorzüglich, zum anderen haben sich einzelne Bars auf ganz bestimmte tapas spezialisiert: ein Fleischspießchen hier, Champignons mit aufgespießten Krabben dort und Kroketten mit Schinken und Käse gleich nebenan. Alles in allem bleibt Logroño für Besucher sehr überschaubar.

Geschichte

Die historischen Wurzeln Logroños – dort, wo es heute liegt – sind nicht geklärt. Auf dem Monte Cantabria sind allerdings **Häuserreste aus vorchristlicher Zeit** entdeckt worden.

Fest steht, dass die **Mauren** kurze Zeit hier lebten und Mitte des 8. Jh. von den christlichen Heerscharen verdrängt wurden. Bei einem erneuten kriegerischen Konflikt im Jahre 844 beim nahegelegenen **Clavijo** soll der *Apostel Jakobus* den von Asturiens König *Ramiro I* befehligten Christen auf einem weißen Pferd als Maurentöter – *Santiago Matamoros* – erschienen sein – und für solch eine Moral unter den spanischen Truppen gesorgt haben, dass sie die Heiden besiegten. Schließlich ging es auch darum, den **Tribut der hundert Jungfrauen** (Tributo de las Cien Doncellas) abzuschaffen, den der Emir von Córdoba alljährlich einforderte. Geschichtlich belegt ist die Schlacht von Clavijo allerdings nicht.

Mit dem Durchzug der Jakobspilger, der Verleihung von Sonderrechten und der Anlage eines Brückenübergangs über den breiten Río Ebro wuchs im **Mittelalter** die Bedeutung Logroños. Außerdem war die Stadt wichtiger Umschlagplatz im Zuge des kastilischen Wollhandels und Grenzenklave zwischen den eigenständigen Königreichen Kastilien und Navarra.

Als ein blutiges Jahr ist 1610 in die Stadtgeschichte eingegangen. Auf die im nördlichen Navarra angestellten, äußerst dubiosen Erhebungen des Inquisitors des logroñesischen Hexentribunals hin, folgte im November jenen Jahres ein **Hexenprozess** und öffentliche Hinrichtungen (siehe „Atlantikküste, Baskenland, Abstecher in die Pyrenäen, Höhlen von Zugarramurdi").

Seit der zweiten Hälfte des 19. Jh. verdankt Logroño seine Bedeutung vor allem dem **Handel mit Wein.** Rund um die Stadt liegen heute zahlreiche Großbodegas, die den edlen Rebensaft in aller Herren Länder exportieren.

Sehenswertes

Die **Zahlen in Klammern** verweisen auf die Legendenpunkte des Stadtplans.

Auf dem Jakobsweg durch die Stadt

Hinter der steinernen **Ebro-Brücke** und dem Eintritt in die enge, kühle **Rúa Vieja** (auch: Ruavieja) schreitet man auf dem Pflaster voran und sollte durch die Travesía de Palacio einen kleinen Abstecher nach links zur **Iglesia de Santa María del Palacio (2)** einschieben. Der extrem spitz zulaufende, pyramidenförmige, 45 m hohe Turm der Kirche ist aus dem Stadtbild nicht wegzudenken und wird im

Volksmund *aguja* (Nadel) genannt. Die Iglesia del Palacio geht auf das 11./12. Jh. zurück und wurde im 16. Jh. wesentlich erweitert. Im Innern des Gotteshauses verdienen das Marienbildnis der Nuestra Señora de la Antigua und der von dem Brüsseler Meister *Arnaldo* im 16. Jh. gestaltete Hauptaltaraufsatz Beachtung.

Weiter auf dem Jakobsweg passiert man die breite Calle de Sagasta (rechts Blick in Richtung der neuen, eisernen Brücke über den Ebro) und kommt auf dem Vorplatz der **Iglesia de Santiago el Real (1)** aus. Diese im 16. Jh. errichtete Kirche ist – wie ihr spanischer Name besagt – dem Jakobus gewidmet, den wir sogleich als reitenden Maurentöter an der barocken Seitenfront über dem Südportal kennen lernen: in Form einer monumentalen Steinmetzarbeit. Im Innern der Kirche – genauer: am Hauptaltar – begegnen wir Jakobus in friedlicherer Pose: als geschnitztes Pilgerbildnis.

Auf dem Vorplatz der Santiago-Kirche liegt auch die **Pilgerquelle** *(Fuente del Peregrino)* mit Wappen und Inschrift von 1675. Ebenfalls auffällig: ein großformatiges **Bodenmosaik,** das das so genannte „Gansspiel" – *Juego de la Oca* – darstellt.

Umrundet man die Kirche, kommt man auf ein **Aussichtsplateau** mit Blick über den Ebro und auf die umliegende Bergwelt.

Ab der Santiago-Kirche leitet der Pilgerweg durch die schmale Calle de Barriocepo auf einen kleinen Platz zu, ehe er an den Resten der alten Stadtmauer vorbei durch ein klobiges, kleines Stadttor – die **Puerta del Camino** – den Zentrumsbereich verlässt.

Kurz zuvor wird einem das riesige Gebäude linker Hand nicht entgehen: die **alte Tabakfabrik (4),** in der heute – selbstredend nach langen Restaurierungsarbeiten – die Abgeordneten der Autonomen Gemeinschaft über ihren Papieren und Entscheidungen brüten. Besonders auffällig ist der historische Fabrikschlot.

Rund um die Plaza del Mercado

Auf ihrem letzten Teilstück verläuft die Calle de Barriocepo gerade einmal zwei Blocks parallel zu einer herrlichen und von Arkaden flankierten Einkaufsmeile: der **Calle de Portales.**

Diese ist zur Fußgängerzone umgewandelt worden und leitet geradewegs auf die von Laubengängen gesäumte Plaza del Mercado und die **Kathedrale Santa María la Redonda (3)** zu. Ihre beiden weithin sichtbaren Barocktürme sind das Wahrzeichen der Stadt, und auf diesen wiederum brüten die temporären Wahrzeichen Logroños: die Störche. Begonnen wurde der Kathedralbau im 15. Jh. über den

- 1 Kirche Santiago el Real
- 2 Kirche Santa María del Palacio
- 3 Kathedrale Santa María la Redonda
- ★ 4 Alte Tabakfabrik
- 5 Hotel Herencia Rioja
- 6 Regionalmuseum
- ★ 7 Ausgehzonen um die Calle Laurel
- 8 Touristenbüro
- 9 Busbahnhof

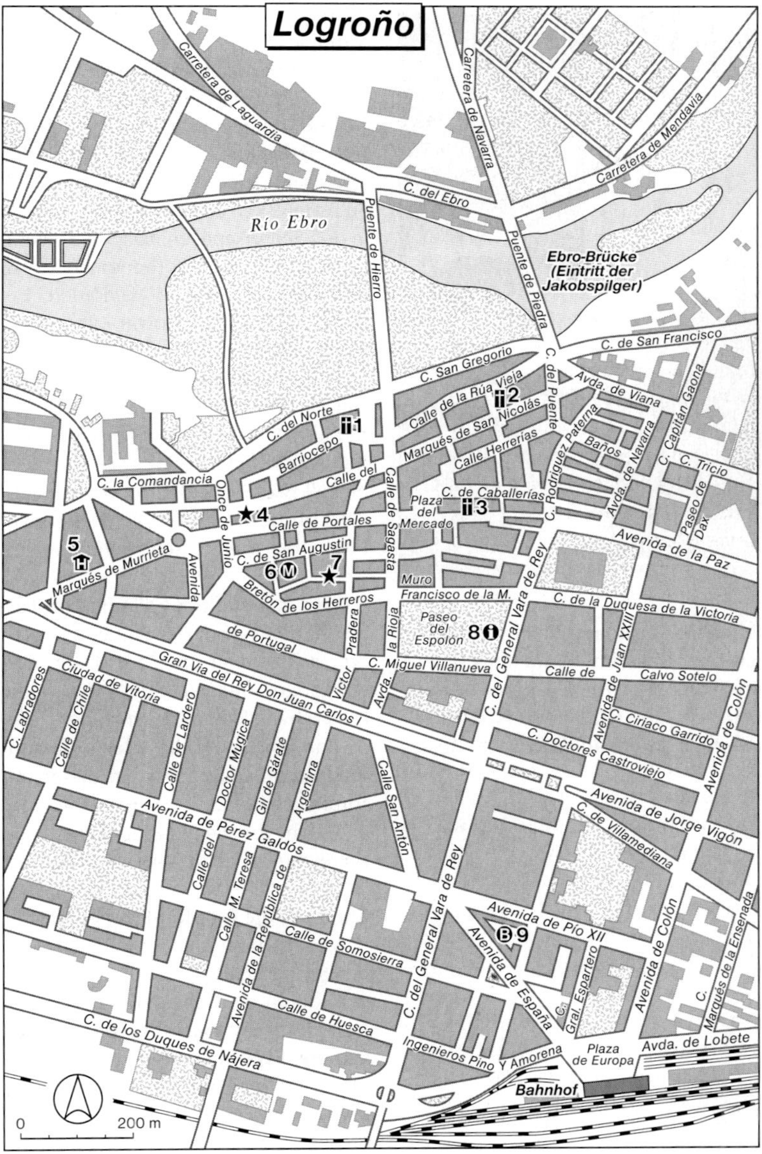
Logroño
Carretera de Laguardia
Carretera de Navarra
Carretera de Mendavia
C. del Ebro
Río Ebro
Puente de Hierro
Puente de Piedra
Ebro-Brücke (Eintritt der Jakobspilger)
C. de San Francisco
C. San Gregorio
C. del Puente
Avda. de Viana
C. Capitán Gaona
Calle de la Rúa Vieja
2
C. del Norte
1
Marqués de San Nicolás
Barriocepo
Calle Herrerías
Rodríguez Paterna
Baños
Avda. de Navarra
C. Tricio
Calle del
Calle de Sagasta
C. la Comandancia
Once de Junio
4
Plaza del Mercado
C. de Caballerías
3
Paseo de Dax
Calle de Portales
Avenida de la Paz
5
C. de San Augustín
7
6
Marqués de Murrieta
Avenida
Bretón de los Herreros
Muro
Francisco de la M.
C. del General Vara de Rey
C. de la Duquesa de la Victoria
Paseo del Espolón
8
de Portugal
Avda. la Rioja
Víctor Pradera
C. Miguel Villanueva
Calle de
Calvo Sotelo
Avenida de Juan XXIII
Gran Vía del Rey Don Juan Carlos I
Ciudad de Vitoria
C. Labradores
Calle de Chile
Calle de Lardero
Doctor Múgica
Gil de Gárate
Argentina
Calle San Antón
C. Ciriaco Garrido
Avenida de Colón
C. Doctores Castroviejo
Avenida de Jorge Vigón
C. de Villamediana
Avenida de Pérez Galdós
Calle del
Calle M. Teresa
Avenida de la República de
C. del General Vara de Rey
Avenida de Pío XII
9
Avenida de España
Calle de Somosierra
Gral. Espartero
Avenida de Colón
C. Marqués de la Ensenada
Calle de Huesca
C. de los Duques de Nájera
Ingenieros Pino Y Amorena
Plaza de Europa
Avda. de Lobete
Bahnhof
0
200 m

Resten der romanischen Rundkirche San Lucas und im 18. Jh. umfangreich erweitert. So wurden unter Leitung des baskischen Baumeisters *Martín de Beratúa* sowie *Juan Bautista de Abaiza* zwischen 1742 und 1756 die Zwillingstürme in die Höhe gezogen.

Das Innere der Kathedrale wirkt zu jeder Tageszeit ein wenig düster, hat jedoch einiges an Kunstschätzen zu bieten: das barocke Hauptretabel (Altaraufsatz), eine erstaunliche Vielzahl an plateresken und barocken Retabeln in den Seitenkapellen, das Mausoleum des in Logroño verstorbenen Generals und Politikers *Joaquín Baldomero Espartero* (1792-1879) sowie – angemessen geschützt und doch ganz aus der Nähe zu betrachten – ein kleines Kreuzigungsbild, das man keinem geringeren als *Michelangelo* zuschreibt (Öffnungszeiten der Kathedrale im Normalfall Mo-So 8-13.15 und 18.30-20 Uhr). In der Regel ist die Kathedrale Logroños abends sehr schön angestrahlt.

Geht man auf der Calle de Portales an der Seitenfront der Kathedrale vorbei, sollte man fast am Ende der Fußgängerzone ein Stückchen nach links schwenken und sich an der Calle de San Bartolomé die **Iglesia de San Bartolomé** anschauen. An dieser ursprünglich im 12. Jh. begonnenen Kirche sticht vor allem das herrliche, figurenreiche Portal gotischen Stils hervor.

Santiago-Kirche mit Jakobus als Maurentöter

Rund um die Espolón-Promenade

Wendet man sich etwa auf Höhe der Kathedraltürme nach Süden und geht durch die Calle del Marqués del Vallejo, kommt man direkt auf den **Paseo de Espolón.** Diese auch unter dem Namen Paseo del Príncipe de Vergara bekannte Flaniermeile ist in den letzten Jahren gründlich restau-

068ns Foto: ad

riert worden. Hier erlebt man schwatzende, schwitzende, turtelnde, Händchen haltende, Tauben fütternde und Zeitung lesende Logroñesen aller Altersgruppen. In der Mitte der Promenade begegnen wir wieder dem altbekannten General *Joaquín Baldomero Espartero,* diesmal in Form eines Reiterstandbilds.

Espolón-Promenade

Nach *Espartero* wurde auch ein aus dem 18. Jh. datierender Palast an der nahegelegenen **Plaza San Agustín** benannt. Dieser beherbergt heute das **Regionalmuseum (6)** mit ausgestellten archäologischen Grabungsfunden sowie einer regional bedeutsamen Gemälde- und Skulpturensammlung (geöffnet Di-Sa 10-14 und 16-20 Uhr, So 11.30-14 Uhr).

Von der Plaza San Agustín ist es ein Katzensprung in die beliebte Ausgehzonen um die **Calle Laurel;** am meisten ist freitags und samstags abends ab Mitternacht los.

Praktische Tipps

Information

- Das **Touristenbüro (8)** liegt am Paseo del Espolón s/n, Tel. 941 291260, Fax 941 291640. Allgemeine Internet-Infos über die Rioja unter www.larioja.com.

Unterkunft

- **Hotel Herencia Rioja (5,** ++-+++), Marqués de Murrieta 14, Tel. 941 210222, Fax 941 210206. Vier-Sterne-Hotel der NH-Kette, nahe der Innenstadt gelegen und nur 200 m von der Fußgängerzone entfernt, 83 Zimmer. Guter Standard, gutes Essen, Zimmer zur verkehrsreichen Straße hinaus.
- **Hostal Rioja Condestable** (++), Doctores Castroviejo 5, Tel. 941 247288. Zweckmäßige, zufriedenstellende Elf-Zimmer-Pension, Innenstadt wenige Gehminuten entfernt.
- Die moderne, gut eingerichtete und 88 Plätze umfassende **Pilgerherberge** findet man in der Rúa Vieja 32, Tel. 941 260234 und 941 239201. Mit Küche.
- **Camping:** Der Campingplatz liegt in der Avenida de la Playa s/n, Tel. 941 252253. Geöffnet ist er von Anfang Juni bis Ende September, außerdem in den Osterferien.

Essen und Trinken

- **Restaurante Mesón Egües** (+++), La Campa 3, Tel. 941 228603. Als hervorragend bekannte Speisestätte mit Fleisch und frischem Fisch vom Grill; die Qualität schlägt sich selbstverständlich im Preis nieder.
- **La Chatilla de San Agustín** (+++), Calle San Agustín 6, Tel. 941 204545. Exquisit und mit modernem Touch, z.B. bei dem mit Ziegenkäse gefüllten Schweinefilet. Verführerische Nachtische.
- **Restaurante La Unión** (+ - ++), Calle San Agustín 15, Tel. 941 220070. Einfaches Umfeld; schmackhafte Salatherzen *(cogollos)* und Tunfisch, als Dessert Schafsmilchjoghurt.
- Für alle, die es preiswerter lieben, gibt es erst einmal nur eine Adresse: die urgemütliche **Calle Laurel (7)** mit einer betriebsamen Bar neben der nächsten und mit Häppchen auf Häppchen und Wein auf Wein.

Verkehrsverbindungen

- **Bahnstation** an der Plaza de Europa s/n, Tel. 901 240202. Zugverbindungen unter anderem nach Bilbao, Zaragoza, Vigo, La Coruña, Madrid und Barcelona.
- **Busbahnhof (9)** an der Avenida de España 1, Tel. 941 235983. Busse unter anderem nach Pamplona, Burgos, Vitoria, San Sebastián, Santander und Bilbao.

Feste

- Um den 20. September beginnt das große, einwöchige **San-Mateo-Weinlesefest,** in dessen Rahmen unter anderem das Traubenstampfen auf dem Paseo del Espolón stattfindet. Dann sind auch gastronomische Stände an der Plaza del Mercado aufgebaut.

Einkaufen

- Sehr gut für einen Einkaufsbummel eignen sich die Ladengalerien an der Gran Vía del Rey Juan Carlos I.

Abstecher von Logroño

Clavijo

XIX/D2

Ein kurzer Ausflug ab Logroño führt rund 20 km gen Süden zur **Felsenburg** von Clavijo. Dort wachen die Türme und zinnengekrönten Mauern eines mittelalterlichen Kastells über der Landschaft. Von hier aus kann man herrliche Blicke über Hügelland und Ebro-Becken schweifen lassen. Es gibt keine Aufzeichnungen darüber, dass sich hier im Jahre 844 wirklich eine verheerende Schlacht zwischen Mauren und Christen zugetragen hat (siehe „Logroño, Geschichte").

Laguardia ⇗XIX/D1-2

Ein zweiter Ausflug führt knapp 20 km nordwestlich in die benachbarte baskische Provinz Alava in den 1.500-Einwohner-Ort Laguardia. *La guardia* ist mit „die Wache" zu übersetzen - der Name deutet auf seine Ursprünge zu Beginn des 10. Jh. als streng bewachter Grenzbefestigungsort.

Erhalten hat sich in Laguardia ein mittelalterliches Gepräge, zu dem Teile der Stadtmauer und die **Kirche San Juan Bautista** mit romanischen Skulpturen und gotischem Turm zählen.

An der besonders schönen **Kirche Santa María de los Reyes,** ursprünglich in romanischem Stil begonnen, sticht hinter dem Haupteingang das meisterhaft gearbeitete gotische Portal mit seinem Skulpturenschmuck ins Auge. Übermannsgroß dargestellt sind die Apostel. Sehr schön sind auch die Laubengänge an der Plaza Mayor.

Ein Stückchen nördlich von Laguardia liegt die **archäologische Ausgrabungsstätte La Hoya,** deren Geschichte über 3.000 Jahre zurückreicht und zu der alles Wissenswerte in einem Museum erklärt ist

- **Museo del Poblado de la Hoya,** wechselnde Öffnungszeiten, im Regelfall geöffnet Anfang Mai bis Mitte Oktober Di-Fr 11-14 und 16-20 Uhr, Sa 11-15 Uhr, So 10-14 Uhr; Mitte Oktober bis Ende April Di-Sa 11-15 Uhr, So 10-14 Uhr.

Auf der möglichen Weiterfahrt ins rund 25 km westlich von Laguardia gelegene Haro sollte man es nicht versäumen, bei den rechts der Straße gelegenen **Dolmen El Sotillo und San Martín** zu stoppen.

Etwa zehn Kilometer vor Haro liegt **San Vicente de la Sonsierra** mit der ursprünglich romanischen Kirche Santa María, der Basilika Nuestra Señora de los Remedios und den nahe gelegenen Cascaja-Dolmen. Ein besonderes Ereignis ist das Osterfest. Dann nämlich, am Gründonnerstag und Karfreitag, sind die Büßer unterwegs, die sich selbst blutig kasteien.

Information

- Das **Touristenbüro** in **Laguardia** liegt am Paseo Sancho Abarca s/n, Tel. und Fax 945 600845.

Essen und Trinken

- Die Restaurants in Laguardia genießen einen sehr guten Ruf. Vor allem die **Posada Mayor de Migueloa** (++ - +++, Calle Mayor 20, Tel. 945 621175), die in einem Palast aus dem 17. Jahrhundert untergebracht ist. Rustikales Ambiente und Speiseräume auf mehreren Ebenen bis unters Dach.

Haro ⇗XIX/C1

Reben, Reben und nochmals Reben: So sieht die Landschaft aus rund um das im Oberen Rioja (Rioja Alta) gelegene regionale **Weinzentrum** Haro. Das geschäftige 9000-Einwohner-Städtchen liegt rund 45 km nordwestlich von Logroño im fruchtbaren Ebro-Becken, dort, wo sich die Böden aus besonders gutem kalk- und eisenhaltigem Lehm und Schwemmland zusammensetzen. In und um Haro werden viele der bekannten und in alle Welt exportierten Rioja-Rotweine produziert, die in der gesamten Region auf einer Fläche von rund 50.000 Hektar angebaut werden. Die Trauben sind besonders dickschalig und saftig, die Rotweine zeichnen sich durch ihre kräftige, vollaromatische Blume und das von den Eichenfässern abgebene Vanillearoma aus. In der Rioja sind insgesamt rund 200 Bodegas und weit über 2.500 Weinbauern registriert.

Auf Haro verteilen sich über ein Dutzend Weinlager und -keller, die bekannten **Bodegas,** bei denen man direkt beim Erzeuger kaufen und in der Mehrzahl der Fälle auch testen kann. Natürlich sind jene neugierigen Koster nicht gerne gesehen, die mal ein Schlückchen gratis, darüber hinaus aber nur die Bodega sehen wollen und sich mit einem Lebewohl still und leise verabschieden.

Und da sich Haro nun mal als „Hauptstadt des Weins" bezeichnet, findet man in der örtlichen Avenida Bretón de los Herreros auch die moderne, regional bedeutsame Station für Weinbaukunde (Estación Enológica), der ein informativ aufbereitetes **Weinmuseum** angeschlossen ist (Museo del Vino, geöffnet Mo-Sa 10-14 und 16-20 Uhr, So 10-14 Uhr).

In Haro lädt auch die nette, kleine **Altstadt** zu einem Bummel und immer wieder zu Bar-Stopps ein, um den köstlichen Rioja nah und frisch an der Quelle zu testen. An Bauwerken verdienen die folgenden Beachtung: die im plateresken und barocken Stil gehaltene Kirche Santo Tomás, die der städtischen Schutzpatronin Virgen de la Vega gewidmete Basilika, das aus dem 18. Jh. datierende Rathaus und das heute zu einem feudalen Hotel umfunktionierte Augustinerkloster. Außerdem finden sich im Stadtbild wappengeschmückte Herrenhäuser.

Information, Bodegas

- Das **Touristenbüro** findet man an der Plaza Monseñor Florentino Rodríguez, Tel. und Fax 941 303366. Hier kann man sich darüber informieren, welche Bodega sich für einen Besuch anbietet.
- Zu den besonders schönen Weinlagern und -produzenten in Haro zählen im Übrigen die **Bodega Muga** (Barrio de la Estación, Tel. 941 310498; mit sehr interessanter Böttcherei), die **Bodegas Bilbaínas** (Barrio de la Estación, Tel. 941 310147) und die als Familienbetrieb gegründete **Bodega Martínez Lacuesta** (Calle Laventilla 71, Tel. 941 310050).

Unterkunft

- **Hotel Los Agustinos** (++ - +++), San Agustín 2, Tel. 941 311308, Fax 941 303148. Vier-Sterne-Spitzenhaus in einem umgebauten Kloster, Zimmer und altehrwürdiges Ambiente auf Paradores-Niveau. Schräg gegenüber liegt ein einfaches **Hostal** (+).
- **Camping:** Der Campingplatz Haro liegt in der Avenida de Miranda s/n, Tel. 941 312737. Ganzjährig geöffnet.

Essen und Trinken

- **Restaurante Beethoven** (+++), Calle Santo Tomás 3-5, Tel. 941 311181. Ansprechendes Haus in der Altstadt; Spezialität: Seehecht in Paprika; natürlich mit Rioja-Auswahl.
- **Restaurante Los Agustinos** (++ - +++), San Agustín 2, Tel. 941 311308. Sehr gemütliches und gutes Restaurant, das dem Hotel angeschlossen ist. Aufmerksamer Service.

Einkaufen

- Gute Einkaufsmöglichkeiten für **Wein** am Hauptplatz von Haro (Plaza de la Paz) sowie in der von dort abgehenden Gasse hinauf zur Iglesia de Santo Tomás (Calle Santo Tomás).

Feste

- Ein über die Grenzen La Riojas hinaus bekanntes Volksfest ist die so genannte „Batalla del Vino", die **„Schlacht des Weins"**, die alljährlich am 29. Juni stattfindet und bei der sich die Teilnehmer mit rund 70.000 Litern (!) Rebensaft geradezu bombardieren.

Umgebung von Haro ⇗XIX/CD2

Kleinere Ausflüge führen ab Haro ins rund sieben Kilometer südwestlich gelegene **Casalarreina** mit dem Convento de la Piedad aus dem 16. Jh. mit plateresken Portal.

In der Nähe von **Tirgo,** einem Ort hinter Casalarreina liegt die mittelalterliche Burg **Cuzcurrita.**

Im etwa 15 km weiter südlich gelegenen **Santo Domingo de la Calzada** kann man wieder an den Jakobsweg anbinden.

Von Haro aus ist man auch rasch in der 50 km nordöstlich gelegenen baskischen Hauptstadt **Vitoria** (siehe „Die Atlantikküste, Baskenland").

Zurück in Richtung Logroño und der Unteren Rioja fährt man ab Haro auf der Landstraße N-232 und erreicht zunächst **Briones** (zentrale Plaza, Stadtmauerreste, Herrenhäuser, Kirche aus dem 16. Jh. mit angebautem Barockturm sowie interessanten Skulpturen und Retabeln im Innern).

Weiter geht es ab Briones über **Cenicero** (zwischen beiden Orten Abzweig zum Kloster Santa de la Estrella aus dem 15. Jh.) und **Fuenmayor** (mit Bodegas und trutzigen Quadersteinhäusern) nach Logroño und von dort aus weiter in südöstlicher Richtung nach Calahorra.

Unterkunft

- **Camping:** In **Fuenmayor** gibt es in der Carretera La Estación einen ganzjährig geöffneten Campingplatz, Tel. und Fax 941 450330.

Calahorra ⇗XXII/A1

In der ebenfalls vom Río Ebro geprägten Unteren Rioja gibt es auch fruchtbare Anbauzonen jedweder Art, Weingärten und Bodegas - aber nicht nur. Größte Stadt weit und breit ist das rund 20.000 Einwohner zählende Calahorra, das etwa 50 km südöstlich von Logroño liegt und über die Landstraße N-232 erreichbar ist.

Calahorra blickt auf eine über 2.000jährige **Geschichte** zurück und hieß seinerzeit Calagurris. Dort wurden die römischen Denker und Dichter *Quintilian* (oder *Marcus Fabius Quintilianus*) und *Aurelius Prudentius Clemens* geboren.

Vorrangiges Besuchsziel in der Bischofsstadt Calahorra ist die zwischen dem 13. und 16. Jh. erbaute **Kathedrale** mit angeschlossenem Diözesan-Museum (Gemälde von *Ribera* und *Zurbarán*) und dem daneben liegenden Bischofspalast.

Auch die **Kirchen** San Andrés (mit barockem Retabel) und Santiago (17./18. Jh.) sowie der Convento de las Carmelitas mit einer von *Gregorio Fernández* gestalteten Christusskulptur lohnen einen Besuch.

Durch die **Altstadt** führen einige pittoreske Gassen; gelegentlich hängen Paprikaschoten und Maiskolben vor den weiß getünchten Häuserwänden zum Trocknen. Wer Ausblicke über die

Landschaft aus Feldern und sanften Hügeln genießen will, steigt zum Plateau an der Calle del Cabezo auf.

Information

- Das **Touristenbüro** von Calahorra findet man in der Calle Ángel Oliván 8, Tel. 941 146398.

Kathedrale von Calahora

069ns Foto: ad

Unterkunft

- **Hotel-Parador de Calahorra** (++ - +++), Paseo Mercadal s/n, Tel. 941 130358, Fax 941 135139, Website: www.parador.es, E-Mail: calahorra@parador.es. Stilvolles Drei-Sterne-Haus mit 62 Zimmern und regionalem Spezialitäten-Restaurant. Im Sommer kann man unter Palmen sehr nett draußen sitzen.

Feste

- Ende August sind die **Patronatsfeierlichkeiten** von Calahorra angesetzt, in deren Rahmen Stierkämpfe und Stiertreiben stattfinden.

Alfaro

↗XXII/B2

Calahorra bietet sich als Ausgangspunkt zu Touren durch die Rioja und in die benachbarte Region Navarra an. Nach rund 25 km auf der N-232 in südöstlicher Richtung ist das 9000-Einwohner-Städtchen Alfaro erreicht, das in ein weitläufiges Anbaugebiet von Getreide und Wein eingebettet liegt.

Blickfang im bereits zu römischen Zeiten gegründeten Alfaro ist die auf das 16. Jh. zurückgehende **San-Miguel-Kirche,** auf der in der wärmeren Jahreszeit zahlreiche Störche zu nisten pflegen. Über die Stadt verteilen sich einige altehrwürdige **Herrenhäuser.**

Alfaro wiederum eignet sich als Ausgangspunkt für Entdeckungstouren in der **Nachbarregion Navarra.** Dort liegen zum Beispiel das Kloster- und Thermalbadeörtchen Fitero, das wegen seiner Osterprozessionen bekannte Corella, die an Monumenten reiche Kleinstadt Tudela sowie die wüstenartige Landschaft der Bardenas Reales (siehe „Abstecher von Pamplona, Navarras Süden").

Unterkunft

- **Hotel Palacios Rioja** (++), Avenida de Zaragoza s/n, Alfaro, Tel. 941 180100, Fax 941 183622. Solides, großes und für eine Zwischenübernachtung gut geeignetes Zwei-Sterne-Haus, nicht zu teuer. Mit Restaurant.

Arnedo ⇗XXII/A2

Kommen wir zu einer neuerlichen Tour mit Ausgangspunkt Calahorra, die uns das mittlere Bergland der Rioja und die spektakulären Spuren von Dinosauriern näher bringt. Rund 20 Straßenkilometer trennen Calahorra von dem in der fruchtbaren Ebene Vega del Cidacos gelegenen Städtchen Arnedo.

Auf dem Weg nach Arnedo sollte man einen ausgeschilderten Schlenker über die Örtchen **Autol** und **Quel** einschieben. Dort – im Tal des Río Cidacos – erheben sich zerklüftete Felsflanken mit spektakulären Gesteinsformationen fast unmittelbar an der Straße, und hoch über Quel blickt man auf die Reste einer mittelalterlichen Bergburg.

Das kleine Häusermeer des 13.000 Einwohner großen Städtchens **Arnedo** wird von einem kargen Hügel überragt, auf dem baufällige Reste einer mittelalterlichen Burg sowie kleine Höhlen (vormals natürliche Speicher) zu sehen sind. Aus dem Stadtbild ragen die alle auf das 16. Jh. zurückgehenden Kirchen Santo Tomás, San Cosme y San Damián (mit Altarbild aus Holz und Alabaster) und Santa Eulalia auf. Ende September feiert Arnedo sein buntes Patronatsfest mit Stierkämpfen und Stiertreiben.

Information

- Das **Touristenbüro** in **Arnedo** ist im Palacio de la Baronesa untergebracht, Calle Carrera 9, Tel. 941 383988. Eine Verlegung in die nahe Casa de la Cultura ist geplant.

Unterkunft

- **Hotel Virrey** (++ - +++), Paseo de la Constitución 27, Arnedo, Tel. 941 380150, Fax 941 383017. Solide 36-Zimmer-Herberge.

Dinosaurierspuren bei Cornago ⇗XXII/A2 und Enciso ⇗XIX/D3

Von Arnedo aus kann man sich auf die Spuren der Dinosaurier begeben. Man gelangt von hier zu den zwei wichtigen Fundgebieten bei Cornago und Enciso (mit Abstecher nach Munilla).

Wer die versteinerten Hinterlassenschaften der riesigen Drachenechsen bei dem rund 20 km südlich gelegenen Cornago sehen will, braucht nicht ganz bis dort hin. Wenige Kilometer vorher gibt es von der Regionalstraße Nummer 123 einen kleinen, ausgeschilderten Links-Abzweig. Eine Piste führt etwa 2,5 km weiter zum **Spurenfeld Los Cayos,** wo sich mitten in einer unwirtlichen Gebirgslandschaft zahlreiche Abdrücke von Fleisch fressenden Dreizehern über einen zum Teil überdachten Fels ziehen.

Fährt man später weiter nach **Cornago,** kann man dort zum Stadthügel aufsteigen, wo man zu einer teils verfallenen mittelalterlichen Burganlage und zur Kirche San Pedro gelangt. Kleine Bars laden in Cornago zum Verweilen ein.

Dinosaurier in der Rioja

Man muss sich vorstellen, dass vor Jahrmillionen Dinosaurier durch die heutige Rioja gestapft sind. Sie haben uns rund 5000 Spuren hinterlassen, die zu den weltweit bedeutendsten zählen. Außer in der Rioja sind Fundstätten mit Spuren von Dinosauriern in den Vereinigten Staaten, Argentinien, Nigeria und in der Mongolei bekannt.

Dinosaurier hatten ihre größte Verbreitung während der Jura- und Kreidezeit und verschwanden vor etwa 65 Millionen Jahren von der Erde. Die riesigen Echsen konnten bis zu zu 35 m lang werden, waren ursprünglich räuberische Fleischfresser und bewegten sich gemeinhin auf den Hinterbeinen fort. Später wurden viele zu Pflanzenfressern, die auf vier Beinen vorankamen.

Die Paläontologen gehen davon aus, dass die meisten der Abdrücke in der Rioja rund 120 Millionen Jahre alt sind. Wie sich die Spuren erhalten haben, ist relativ leicht nachzuvollziehen. War ein Tier durch sumpfiges Gebiet gelaufen, erhärteten sich seine Fußabdrücke mit der Zeit. Dann wurden sie von anderen Materialien und Schichten überlagert und Jahrmillionen später durch Erosion freigelegt. Die fossilen Abdrücke in der Rioja stammen in erster Linie von Exemplaren der Familien Iguanandontiae und Tyrannosauridae. In ganz unterschiedlicher Qualität sind die nach Form, Tiefe und Größe variierenden Spuren erhalten. Manche Abdrücke – wie jene von Fleisch fressenden Carnosauriern bei Munilla – sind sehr gut zu erkennen, bis zu 40 Zentimeter lang und 25 Zentimeter breit. Als Größenvergleich hält man gerne seine Hand daneben. Nach Regengüssen stehen sogar kleine Wasserlachen in den Abdrücken. Die versteinerten Fährten verraten, ob das Tier ging oder rannte, ob es den langen Schwanz auflegte oder nicht, ob es ein Zwei- oder Dreizeher war, ob es über nassen Schlamm lief oder angetrockneten Lehm.

Die aufsehenerregendsten Spuren in der Rioja findet man im Südosten der Region: bei Cornago, Préjano (Fundstelle: Valdemurillo), Soto en Cameros, Munilla, Grávalos, Igea und Enciso.

070ns Foto: ad

Dinosaurierspuren bei Munilla

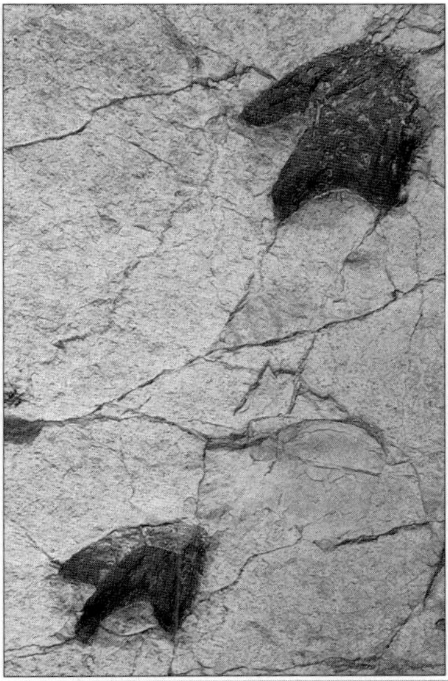

071ns Foto: ad

Richtung Enciso geht es ab Arnedo auf der Regionalstraße Nummer 115, die sich parallel zum Río Cidacos hält. Kurz vor Arnedillo bietet sich ein Links-Abstecher durch die Hügelwelt in das Dorf **Préjano** an, das Autofahrer durch seine extrem enge Ortsdurchfahrt abschreckt.

Aus diesem Grund sollte man seinen fahrbaren Untersatz irgendwo stehen lassen und zu Fuß in die Bergwelt zum etwa drei Kilometer entfernten **Spurenfeld von Valdemurillo** aufbrechen; der Weg ist durch Farbpfeile markiert.

Setzt man die Fahrt auf der Regionalstraße Nummer 115 fort, ist bald das am Cidacos-Fluss gelegene **Arnedillo** erreicht. Der Ort ist als Kurbad mit Moorbädern und natriumchloridhaltigem Wasser bekannt und befindet sich auf einer Höhe von rund 650 m in gemäßigtem Höhenklima. Empfohlen wird das Heilbad (hier: Thermalhotel) bei Leiden wie Ischias und Rheuma.

Fährt man von Arnedillo einige Kilometer weiter, gabelt sich die Straße: rechts nach Munilla, links in das „Dinosaurier-Zentrum" Enciso. Der Abstecher ins nahe **Munilla** lohnt sich nur für diejenigen, die ihrem Auto ein etwa drei Kilometer langes Pistenstück und ein nicht gerade einfaches Wendemanöver zumuten wollen. Kurz vor dem Ortseingang von Munilla führt eine staubige Steinpiste nach rechts in die lebensfeindliche Bergwelt der südöstlichen Rioja, wo man den Schildern „Huellas" („Fußabdrücke") folgt und – vor Ort ebenfalls ausgeschildert – Spurenfelder auf den nackten Felsen eines Hügelkamms sowie unten in der Schlucht findet.

Das Örtchen **Enciso** zieht sich an einem Hügel aufwärts. Im Ortsbild dominieren die beiden Kirchen Santa María de la Estella und San Pedro sowie die Reste einer mittelalterlichen Burg. Am Dorfrand kreuzt eine Brücke den Río Cidacos, an der Gabelung nimmt man die Links-Variante. Auf den folgenden sieben Kilometern erreicht

Dinosaurierspuren bei Cornago

072ns Foto: ad

man mehrere Spurenfelder, von denen Valdecevillo die interessanteste ist.

Die **Valdecevillo-Stätte** erkennt man unübersehbar an einer riesigen, grünen Saurierskulptur auf einer Bergkuppe. Es lohnt sich, das Fahrzeug dort auf dem kleinen Parkplatz abzustellen und zu Fuß dem steinigen Pfad bergaufwärts zu folgen. Er ist übersät mit Spuren, die von Iguanodonten, den „Leguanzähnen", herrühren. Charakteristisch für jene Echsen waren die dreizehigen Füße mit Hufnägeln, ihre fünfgriffigen Hände sowie die langen Oberschenkel. Meist gingen sie auf allen vieren, doch konnten sie sich auch aufrichten – wie die nahe Sauriernachbildung aus Metall und Kunststoff.

In Enciso gibt ein **Paläontologisches Museum** weiteren Aufschluss über die Dinosaurier in der Rioja: Centro Paleontológico, Tel. 941 396093, Anfang bzw. Mitte Juni bis Ende September täglich 11-14 und 17-20 Uhr, während des restlichen Jahres Mo-Sa 11-14 und 15-18 Uhr, So 11-14 Uhr.

Landschaft bei Cornago

Unterkunft

- **Hotel Spa Arnedillo** (++ - +++), Calle Joaquín Velasco s/n, Balneario, Arnedillo, Tel. 941 394000, Fax 941 394075. Sehr großes, gut ausgestattetes Thermalhotel mit über 130 Zimmern und Thermalpool. Ganzjährig geöffnet, spezielle „Wochenend-Pakete" – Qualität hat ihren erstaunlich hohen Preis.
- **Hotel Hospedería El Molino del Cidacos** (++ - +++), Carretera Arnedo, km 14, Arnedillo, Tel. 941 394063, Fax 941 394200. Rustikales Ambiente in dieser Herberge, in der sich einst im 17. Jh. eine Getreidemühle befand. Dem kleinen, äußerst gemütlichen Acht-Zimmer-Hotel ist ein vorzügliches, nicht ganz billiges Restaurant angeschlossen.
- Urige, preisgünstige Unterkunft bieten verschiedene **Landhäuser** *(Casas Rurales)*. Dazu zählen die Casa La Solana in **Préjano** (+, Calle La Solana 50, Tel. 941 399108) und die vorzügliche Casa Tahona in **Enciso** (+, Carretera de Soria 4, Tel. 941 396066).

Von Logroño nach Nájera

XIX/CD2

Es dauert eine ganze Weile, bis man Logroños alles andere als erbaulichen Gürtel an Satellitenvierteln und Gewerbegebieten Richtung Burgos durchstoßen hat.

Fußpilger kommen beim Aufstieg aus dem weitläufigen Ebrobecken Logroños am **Parque de la Grajera** vorbei, einem grünen Naherholungsgebiet, das als Oase zwischen Schnellstraße und Autobahn liegt. Zum Grajera-Park gehört ein kleiner, rund 30 Hektar umfassender Stausee, in dessen Uferzonen Schilf und spanisches Rohr wachsen und auf dem sich Wasserhühner und gelegentlich auch Reiher niederlassen.

Navarrete

XIX/D2

Ruhig für Wanderer und Radler wird es erst – nach Überquerung der Autobahn – kurz vor Navarrete. Die herrliche, weitgezogene Weinanbaulandschaft steht im Gegensatz zu den fernen Ausläufern der Sierra de la Demanda, die bis zu 2.271 m hoch aufragt und in den Wintermonaten Anhänger des weißen Sports sogar mit einem kleinen Skigebiet bei der Station Valdezcaray lockt.

Am Rand des 2000-Einwohner-Ortes Navarrete liegen die spärlichen Reste des auf das 12. Jh. und auf das Betreiben einer Dame namens *María Ramírez* zurückgehenden **Pilgerhospitals San Juan de Arce,** dessen Portal Ende des 19. Jh. Stein für Stein abgetragen und für den örtlichen Friedhofseingang verwendet wurde; dieses romanische Portal sieht man später an der Ortsausgangsstraße Richtung Nájera auf der linken Seite.

Navarrete selbst ist hier, im östlichen Tal des Río Regua, um einen kleinen Hügel angelegt worden und bietet im Ortsbild einige wappenverzierte Herrenhäuser und Laubengänge. Hauptbau ist die **Pfarrkirche Asunción** an der Plaza de la Iglesia, in deren Innern das barocke Hauptretabel einen Blick verdient.

Auffällig in und um Navarrete sind die üppigen **Weingärten** mit den dazugehörigen Bodegas sowie **Töpferwerkstätten** mit dem Verkauf von Gebrauchskeramik.

073ns Foto: ad

Felderlandschaft um Navarrete, im Hintergrund Ausläufer der Sierra de la Demanda

Unterkunft

- **Pilgerherberge** in Navarrete in der Calle San Juan s/n, Tel. 941 440776. Mit 40 Plätzen, sechs Duschen, Küche. ganzjährig geöffnet.

Poyo de Roldán

⇗XIX/CD2

Zwischen Navarrete und dem netten Jakobswegstädten Nájera liegen knapp 15 km, die Motorisierte und Radler weiter auf der N-120 und Wanderer auf dem Weg zurücklegen, der die Straße nahe der San-Antón-Anhöhe einmal kreuzt. Im Mittelalter soll die Gegend voll dunkler Gesellen gesteckt haben, die die Wallfahrer ausraubten.

Ein kleiner Hügel hinter Ventosa, der so genannte Poyo de Roldán, erinnert einmal mehr an unseren altbekannten und in den Diensten *Karls des Großen* stehenden Helden *Roland,* der hier gegen den **Riesen Ferragut** kämpfte. Die Legende berichtet, dass *Ferragut* mit einer 20.000-köpfigen Streitmacht von Babylonien ausgesandt worden war und hier – bei Nájera – christliche Ritter gefangenhielt. Und *Roland* kam, um diese letztendlich erfolgreich zu befreien. Was das Ende *Ferraguts* anbelangt, so kennen die Legenden mehrere Varianten. In einer soll *Roland* ihn mit Hilfe einer Steinschleuder ausgemerzt haben, in einer anderen soll er den Giganten mit dem Dolch in den Nabel gestochen und auf diese Weise tödlich verwundet haben. Heute ist der Poyo de Roldán zum Teil mit Weinstöcken besetzt, die Wegbegleiter in dieser sanften Hügelwelt bleiben (zum Thema *Roland* siehe Exkurs „Karl der Große, der Rolandsstoff und die Schlacht von Roncesvalles").

Unterkunft

- In Ventosa gibt es eine **Pilgerherberge** (Albergue San Saturnino) in der Calle Medio Pereda, Tel. 941 441899. Mit 24 Plätzen und Küche, ganzjährig geöffnet.

Nájera – Kloster am Felshang

XIX/C2

Das geschäftige 7.000-Einwohner Städtchen Nájera breitet sich beidseits des Río Najerilla aus. Der interessantere und älteste Teil liegt zwischen dem Fluss und dem schroffen Felsmassiv, an das sich das berühmte Kloster Santa María la Real schmiegt.

Nájera ist in Bezug auf die **Reconquista** ein äußerst geschichtsträchtiges Fleckchen. Im Jahre 918 eroberte der erste König Navarras, *Sancho Garcés I,* mit Unterstützung der Könige von León einen Teil der Rioja aus muselmanischer Hand zurück und ernannte seinen Sohn *García Sánchez* zum Herrscher über jene Gebiete um Nájera, die den Mauren im Jahre 923 schließlich ganz entrissen wurden. So trugen die Nachfolger *Sanchos Garcés'* den Titel eines Königs von Navarra-Nájera (auch: Pamplona-Nájera), was die Bewohner natürlich noch heute mit Stolz erfüllt.

Seine Blütezeit erlebte Nájera unter dem Monarchen *Sancho el Mayor,* der zwischen 1004 und 1035 regierte und die Siedlung zu einer wichtigen **Station am Jakobsweg** machte. In seine Herrscherzeit fiel die erste christliche Münzprägung der Reconquista. Danach gab es nur noch zwei Könige jenes unter dem Namen Navarra-Nájera bekannten Reiches: *García él de Nájera* (1035-1054), der Gründer des Klosters Santa María la Real, sowie *Sancho IV* (1054-1076). Zwischen dem ausgehenden 11. bis zum Ende des 12. Jh. war Nájera Zankapfel zwischen den Königen Aragoniens, Navarras und Kastiliens und verwandelte sich schließlich in einen Ort am Rand der kastilischen Territorien. Im Jahre 1217 wurde *Fernando III el Santo* (der Heilige) in Nájera unter einer Ulme zum kastilischen König gekrönt.

Das bedeutendste Bauwerk Nájeras ist das **Kloster Santa María la Real,** ein gewaltiger Komplex mit einer wechselvollen Geschichte. Sein Ursprung reicht ins 11. Jh. und die Regierungszeit des Königs *García* zurück und gründet sich auf eine Legende (siehe dazu den nachfolgenden Exkurs). Auf die Einweihung der romanischen Kirche im Jahre 1052 folgte ein reges Klosterleben, bei dem die Geistlichen zunächst den Regeln des heiligen *Isidor* folgten. Später kamen die

Benediktiner, die zahlreiche Um- und Ausbauten des Klosters vornahmen, wie die Anlage des gotisch-plateresken Kreuzgangs. Zu Beginn des 19. Jh. sorgten die eingefallenen napoleonischen Truppen für zahlreiche Zerstörungen. Nicht weniger schlimm ging es nach der Säkularisierung des Kirchengutes 1835 zu: Das Kloster wurde geplündert und zeitweise als Baulager, Infanteriekaserne und sogar als Tanzlokal zweckentfremdet. Im Laufe des 20. Jh. ist Santa María umfangreich restauriert worden.

Beim Rundgang durch das Kloster kommt man zunächst an einer imposanten Renaissance-Treppe und dem großen Wappen von König *Karl I. (Carlos I)* vorbei und betritt den herrlichen **Claustro de los Caballeros,** den – so wörtlich – „Kreuzgang der Ritter", dessen Bau *Carlos I (Karl I.)* im 16. Jh. generös unterstützte. An enthaupteten Figuren, beschädigten Mauern und leeren Wandnischen im Kreuzgang lassen sich die Zerstörungen im 19. Jh. am besten erkennen. Beachtung verdient auch das Mausoleum von *Diego López de Haro,* der zwischen 1170 und 1214 lebte.

An den Kreuzgang schließt sich die **Kirche Santa María** an, ein Mitte des 15. Jh. über dem romanischen Vorläufer errichteter Bau. Zum goldverzierten barocken Retabel gehört das von König García in der Höhle gefundenen Marienbildnis (siehe Legende). Das prächtig ornamentierte Chorgestühl vom Ende des 15. Jh. ist über eine Treppe zu erreichen. Im hinteren Teil der Kirche befinden sich der romanische Sarkophag der Königin *Blanca von Navarra* (1136-1156) sowie die Grüfte der Herzöge von Nájera und einzelner Mitglieder der Königsfamilie.

Durch einen schmalen Gang erreicht man von den Grabmälern aus die **Höhle Santa María,** die an den Felsen anschließt. Hier verehren die Gläubigen eine weitere Madonnenfigur.

● **Öffnungszeiten** des Klosters Mo-Sa 9.30-13 Uhr und 16-19 Uhr, So 10-12.30 und 16-18.30 Uhr; in manchen Jahren im Winter Mo geschlossen.

Nach dem Klosterbesuch bietet sich ein Bummel durch das nette kleine

Das Wunder von Nájera – eine Legende

Die Geschichte mag sich um das Jahr 1044 zugetragen haben. Es war zu jenen Zeiten, da König *García* zur Jagd auszuziehen pflegte, um sich inmitten der Natur von Politik und Krieg abzulenken. An einem dieser Tage wirkte der König äußerst unruhig und schien gar nicht recht bei der Sache zu sein, als er mit dem Tross seiner Getreuen unterwegs war. Plötzlich tauchte am Himmel ein Rebhuhn auf.

„Das ist ein rascher Fang", sagte König García.

Blitzschnell wurde der Jagdfalke des Königs auf den kleinen Vogel losgelassen. Der Falke kam näher und näher. Mit raschem Flügelschlag kämpfte das Rebhuhn um sein Leben. García und seine Getreuen verfolgten das Schauspiel, gaben ihren Pferden die Sporen und sprengten hinweg über die Wege und durch Wälder aus Eichen und

Buchen. Immer wieder hielten sie Ausschau nach dem tapferen Rebhuhn, das seinen Verfolger ein ums andere Mal mit geschickten Manövern narrte. Doch der Jagdvogel ließ nicht von ihm ab.

An den Gestaden des Najerilla-Flusses suchte das Rebhuhn in seiner Angst Schutz in einem dichten, schattigen Wald unterhalb eines gewaltigen Felsmassivs. Pfeilschnell schoss der Falke auf sein Opfer zu, doch zwischen den dunklen Bäumen verlor er es sogleich aus den Augen. Beide Vögel flogen ziellos umher und verirrten sich in dem unheimlichen Forst.

Als König García und die Seinen den Waldsaum erreichten, waren sie sicher, dass der Falke das Rebhuhn längst in seine Krallen hatte. Aber die Vögel blieben verschwunden. Der König selbst ritt ein Stück in den Wald hinein. Er hörte nichts.

García kam die Sache merkwürdig vor. Mit seinem Gefolge ritt er ein Stück am Waldsaum entlang und schaute in das dichte Ast- und Blattwerk. Plötzlich entdeckte er die Konturen eines Höhleneingangs.

„Ob mein Falke und das Rebhuhn dort hineingeflogen sind?" fragte sich der König.

Der König und die Seinen stiegen von ihren Pferden und bahnten sich den düsteren Weg zur Grotte. Im Innern brannte ein kleines Licht, das gleichwohl nicht hell genug war, die Höhlen auszuleuchten. So befahl der Herrscher einem seiner Diener, Fackeln zu enzünden.

Als die Höhle im Licht erstrahlte, fuhren der Monarch und seine Gefolgsleute erschreckt zusammen. Inmitten der Grotte blickten sie auf ein Bildnis der heiligen Jungfrau. Zu ihren Füßen lag eine Glocke, und es brannte eine winzige Lampe. Und von einer Vase mit langen, weißen Lilien – es waren herrliche Madonnenlilien – ging ein betörender Duft aus. Größer noch war die Überraschung, als sie alle zu Füßen der Statue das Rebhuhn und den Falken in friedlicher Eintracht sahen.

„Das müssen übernatürliche Kräfte sein", sagte König García.

Der König ordnete an, an jener Stelle ein Heiligtum zu errichten, dem man den Namen der heiligen Jungfrau gab: Santa María.

Geflecht der **Altstadtgassen** Nájeras an, das sich Richtung Río Najerilla erstreckt. Die Höhlen, die man an den Felsen über der Altstadt sieht, wurden früher zum Teil als natürliche Vorratslager genutzt.

Information

- Das **Touristenbüro** in Nájera findet man in der Calle Constantino Garrón 1, Tel. und Fax 941 360041.
- Am Ticketbüro des Klosters Santa María la Real ist in der Regel eine aufschlussreiche **Broschüre auf Deutsch** erhältlich; sie trägt den Titel „Santa María la Real de Nájera – Reiseführer und Souvenir".

Unterkunft

- **Hotel San Fernando** (++), Paseo de San Julián 1, Tel. 941 363700, Fax 941 363399. Günstig gelegenes und nicht allzu teures 40-Zimmer-Hotel nahe dem Río Najerilla, mit Zugang für Behinderte und Restaurant (siehe „Essen und Trinken").
- Die **Pilgerherberge** in Nájera liegt neben dem Kloster Santa María la Real und bietet Platz für 60 Pilger (Tel. 941 362121). Bei großem sommerlichem Andrang stellt das Rathaus den örtlichen Polideportivo zur Verfügung.
- **Camping:** Der Campingplatz El Ruedo liegt in Nájera nahe dem Río Najerilla am Paseo de San Julián 24, Tel. 941 360102. Geöffnet Anfang April bis Ende September.

Essen und Trinken

- **Restaurante El Río** (++), Paseo de San Julián 1, Tel. 941 363700. Zu den Spezialitäten zählen Lamm und Kartoffeln auf riojanische Art.

Verkehrsverbindungen

- Abfahrt der **Busse** nach Logroño, Haro, Santo Domingo de la Calzada ist auf dem Parkplatz bei dem am Paseo de San Julián gelegenen Hotel San Fernando.

Feste

- In der letzten Juniwoche feiert Nájera zu Ehren von San Juan und San Pedro (Johannes und Petrus) mit viel Musik sein **Stadtfest.**

Von Nájera nach Santo Domingo de la Calzada ↗XIX/C2

Während der Pilgerpfad Nájera am Kloster Santa María la Real vorbei und später in einem steilen Anstieg durch Kiefernwälder verlässt, nehmen Motorisierte die Landstraße N-120 Richtung Santo Domingo de la Calzada. Weinanbauzonen und sanfte Hügel sind charakteristisch für den folgenden Streckenabschnitt, bei dem die Hauptstraße allerdings das typische, urige Pilgerörtchen **Azofra** auslässt. Urkunden belegen, dass Azofra einst über ein großes Hospital und einen Pilgerfriedhof verfügte. In der Ortskirche von Azofra, der Iglesia de Nuestra Señora de los Angeles, sieht man ein Bildnis von *Jakobus* als Pilger. Außerdem gibt es in Azofra die so genannte Wallfahrerquelle, die Fuente de los Romeros.

Leitet die Landstraße N-120 durch Weinanbaugebiete und Hügellandschaft direkt auf Santo Domingo de la Calzada zu, so gabelt sich der Wanderpfad hinter Azofra. Außer der Direkt-Variante besteht hier die Möglichkeit, noch eine südwärtige weite Schleife zu ziehen, bei der es hinauf nach **Cirueña** geht. In allen Fällen ist das Ziel schon weit aus der Ferne zu sehen: der schmale, hohe Kirchturm von Santo Domingo de la Calzada.

Unterkunft

- Die 16 Plätze bietende **Pilgerherberge** in **Azofra** ist unter anderem dank der Hilfe deutscher Pilger wieder hergerichtet worden. Man findet sie bei der Pfarrkirche, Tel. 941 379057, mit Küche, ganzjährig geöffnet.

Santo Domingo de la Calzada – Kathedrale mit Hühnerstall ↗XIX/C2

Vor allem wegen eines leibhaftigen Hühnerstalls in der Kathedrale präsentiert sich das rund 6000 Einwohner zählende Santo Domingo de la Calzada als eines der bemerkenswertesten Städtchen am Jakobsweg. Benannt ist der Ort nach dem heiligen *Domingo,* der sich Mitte des 11. Jh. für das Wohlergehen der Pilger engagierte, indem er das Wegenetz ausbaute und ein Hospiz errichtete (zur Lebensgeschichte des *Domingo* siehe den Exkurs „Zwei gute Seelen am Jakobsweg: Santo Domingo de la Calzada und San Juan de Ortega“). Fortan entwickelte sich um das Hospiz ein

074ns Foto: ad

Kathedrale von Santo Domingo de la Calzada

Marktflecken, der immer größere Bedeutung erlangte und zu Beginn des 13. Jh. sogar zum Bischofssitz aufstieg.

Prunkstück von Santo Domingo de la Calzada ist die **Kathedrale,** die sich an jener Stelle erhebt, an der König *Alfonso VI* Ende des 11. Jh. das Grundstück für einen ersten romanischen Sakralbau stiftete. Auf die 1148 begonnenen ersten Erweiterungsbauten folgte 1232 die Erhebung von der Kirche zur Kathedrale, da der Bischof einen angemessenen Sitz beanspruchte. Beendet wurde das Gotteshaus, so, wie es sich heute präsentiert, mit dem Bau des dritten Turms 1762 bis 1766. Die beiden vorangegangenen Türme waren vom Blitz getroffen bzw. wegen Baufälligkeit abgerissen worden. Ganz deutlich sehen jene, die in Logroño gewesen sind und noch die Kathedrale Santa María la Redonda in Erinnerung haben, die Handschrift desselben Baumeisters: *Martín de Beratúa.* Kurios an dem rund 70 m hohen Turm ist, dass er vom Kathedralkörper isoliert an der Plaza del Santo steht.

Erstes Besuchsziel im Innern der Kathedrale ist der kleine, verglaste **Hühnerstall** *(gallinero)* weit über Kopfhöhe der Gläubigen. Natürlich hat die Tatsache, dass dort eine lebendige weiße Henne und ein gleichfalls munterer weißer Hahn gehalten und – dem Vernehmen nach – alle paar Wochen ausgewechselt werden, eine Geschichte.

Es ist die **Legende** von einem unschuldig erhängten Pilger, der auf wundersame Weise am Leben blieb: Es war einmal ein junger Bursche, der mit seinen Eltern nach Compostela pilgerte und in Santo Domingo de la Calzada Station machte. Im örtlichen Gasthof wies er die unkeuschen Bemühungen einer der Mägde zurück. Ihre Rache folgte auf den Fuß. Eilig versteckte sie einen silbernen Becher in seinem Gepäck und klagte ihn des Diebstahls an. Der Landrichter machte kurzen Prozess und verurteilte den Unschuldigen zum Tod durch Erhängen. Bevor seine Eltern weiter zum Grab des Apostels nach Santiago de Compostela zogen, hielten sie vor dem Henkerspfahl an und stellten fest, dass ihr Sohn noch lebte. Sogleich benachrichtigten sie den Landrichter, der sich an den Tisch setzen und einen gebratenen Hahn und eine gebratene Henne verspeisen wollte. Ungläubig rief er aus, dass der Hahn auf seinem Teller krähen und den beiden Federtieren Flügel wachsen würden, wenn der Bursche noch lebte. Und tatsächlich. Ihnen wuchsen Flügel, und der Hahn begann zu krähen ... So erinnern die Federtiere an das Hühnerwunder, bei dem, einer Version zufolge, der heilige *Domingo* die Beine des Burschen am Galgen gestützt und so seinen Tod verhindert haben soll.

Dem heiligen *Domingo de la Calzada* ist ein prächtiges **Alabastermausoleum** gewidmet; über eine Treppe kann man hinabsteigen in die Gruft des Heiligen.

Dann sollte man sich dem Altarraum und dem Chorumgang widmen, die beide zum **romanischen Hauptteil** der Kathedrale gehören.

In goldenem Glanz erstrahlt daneben in einer Kapelle der von *Damian Forment* geschaffene plätereske **Hauptaltar,** der alleine durch seine Maße von 13 m Höhe und 8 m Breite beeindruckt. Es war das letzte Werk des 1540 verstorbenen Künstlers.

Zahlreiche weitere reich ausstaffierte **Kapellen** sind unter anderem dem *Jakobus,* dem *Andreas* und *Johannes dem Täufer* gewidmet.

An die Kirche schließt sich der im 14. Jh. erbaute **Kreuzgang** an, der heute häufig den Rahmen für Ausstellungen bildet.

Im **Kapitelsaal** wird der Schatz der Kathedrale aufbewahrt, zu dem unter anderem mexikanische Silberwerke und drei flämische Altarbilder aus dem 15. und 16. Jh. gehören.

● **Öffnungszeiten** der Kathedrale Mo-Sa 10-18.30 Uhr, Eingang durch die Seitengasse Calle del Cristo; So vor und nach den Gottesdiensten in der Regel auch durch den Haupteingang (dann allerdings bekommt man den Kreuzgang mit seinem dort untergebrachten Museum nicht zu sehen).

Es lohnt sich, nahe dem markanten Turm an der Seitenfassade der Kathedrale bis zu der heimeligen **Plaza de España** zu gehen, an der der zentrale Brunnen, das Gericht und die zum Rathaus gehörigen Laubengänge auffallen.

Ansonsten spielt sich das Leben in Santo Domingo de la Calzada in der recht schmalen **Calle Mayor,** der Pilgergasse, sowie ihren Parallelstraßen bis zur Espolón-Promenade ab. In diesem äußerst übersichtlichen Bereich findet man auch kleine Bars, in denen man sich zu einer Wein- und Häppchenrast niederlassen kann.

Dem Haupteingang der Kathedrale gegenüber liegt im Übrigen der in einem Hospiz aus dem 12. Jh. untergebrachte **Parador.**

Die zum Teil mit Unkrautbüscheln bewachsenen **Stadtmauerreste** in Santo Domingo de la Calzada findet man an der Avenida de Burgos. Weitere erwähnenswerte Bauwerke in der Stadt sind der Konvent Bernardas Reales (17. Jh.) und der an der Ausfahrt Richtung Burgos gelegene Konvent

San Francisco (15. Jh.). Wie so häufig in der Rioja, nisten auf den Kirchtürmen gelegentlich Störche.

Information

- **Fremdenverkehrsbüro** in der Calle Mayor 70, Tel. 941 341230, 941 Fax 341231. In dem an der Calle del Cristo liegenden Eingangsbereich zum Kreuzgang und zur Kathedrale von Santo Domingo de la Calzada sollte man nach den farbigen **Faltblättern auf Deutsch** fragen. Ansonsten findet man diese mehrseitigen Broschüren zur Kathedrale häufig unterhalb des Hühnerstalls.

Unterkunft

- **Parador de Santo Domingo de la Calzada** (+++), Plaza del Santo 3, Tel. 941 340300, Fax 340325, Website: www.parador.es, E-Mail: sto.domingo@parador.es. Zentraler gelegen geht's nicht, direkt gegenüber der Kathedrale. Allerdings zeigen viele der recht geräumigen Zimmer auf den zuweilen sehr belebten lauten Platz hinaus. Der Parador ist sehr schön eingerichtet und empfängt die Besucher mit einer urigen Säulenhalle. Freundliches Personal.
- **Hotel El Corregidor** (++), Calle Mayor 14, Tel. 941 342128, Fax 941 342115. Zentrales Drei-Sterne-Haus mit 32 Zimmern (mit Fernsehen und Telefon).
- Die große **Pilgerherberge** in Santo Domingo de la Calzada ist in der altehrwürdigen Casa del Santo untergebracht, Calle Mayor 42, Tel. 941 340033. 70 Plätze, im Sommer Kapazität erweiterbar (dann steht mitunter zusätzlich der örtliche Polideportivo zur Verfügung). Ganzjährig geöffnet, mit Küche.
- Eine weitere **Pilgerherberge,** die Albergue de Abadía Cisterciense Nuestra Señora de la Anunciación, steht von Mai bis Oktober offen (Calle Mayor 29, Tel. 941 340700, mit Küche, 32 Plätze).
- **Camping:** Campingplatz Bañares bei Santo Domingo de la Calzada, Carretera Logroño N-120, km 42,2, Tel. 941 342804. Ganzjährig geöffnet.

Zwei gute Seelen am Jakobsweg: Santo Domingo de la Calzada und San Juan de Ortega

Zu den guten, uneigennützigen Seelen am mittelalterlichen Jakobsweg haben zwei regional bedeutsame Heilige gezählt: *Santo Domingo de la Calzada* (1019-1109) und sein Weggenosse und Schüler *San Juan de Ortega* (1080-1163). Der heilige *Domingo* stammte aus dem Dorf Viloria de Rioja und entschloss sich in der Gegend des später nach ihm benannten Städtchens zu einem Leben als Einsiedler. Bald entdeckte er seine Lebensaufgabe: die mühevollen Durchzüge der Pilger tatkräftig zu erleichtern. So errichtete er nahe dem Übergang über den Río Oja (daher der Name Rioja) ein Wallfahrerhospiz und baute Brücken und Wege aus. König *Alfonso VI* wusste dies bereits zu Lebzeiten des *Domingo* – deutsch: Dominikus – zu danken und schenkte ihm ein Grundstück zum Bau einer Kirche.

Neben dieser ließ sich der bescheidene Domingo – das nahende Ende ahnend – eine kleine Grabstätte errichten. Sicher wäre das später geschaffene, prächtige Mausoleum inmitten der Kathedrale von Santo Domingo de la Calzada nicht in seinem Sinne gewesen.

Ein Bewunderer und Schüler des Dominikus war der aus Quintanaortuño (heute Provinz Burgos) stammende *San Juan de Ortega,* der dessen Lebenswerk fortsetzte und zu seinem eigenen machte. Auch er kümmerte sich um den Aufbau von Kirchen und Spitälern, den Ausbau von Wegen und Brücken sowie überhaupt um die intensive Betreuung der durchziehenden Pilger. An jener Stelle, an der sich heute die abgeschiedene Kirche San Juan de Ortega erhebt (rund 45 km westlich von Santo Domingo de la Calzada), stand einst ein von ihm begründetes Kloster und Hospiz.

Essen und Trinken

- **Restaurante Parador de Santo Domingo de la Calzada** (++ - +++), Plaza del Santo 3, Tel. 941 340300. Gutes Parador-Restaurant, gemütlicher Rahmen, guter Service, nicht billig. Zu den Spezialitäten des Hauses zählen Stockfisch und Paprika *(Pimientos del Piquillo)*. Gute Auswahl an Rioja-Weinen.

Feste

- Alljährlich zwischen dem 10. und 15. Mai **Patronatsfeierlichkeiten** zu Ehren des Santo Domingo mit verschiedenen Umzügen und Prozessionen.

Abstecher nach San Millán de la Cogolla

XIX/C2

Ins südöstlich gelegene Hinterland – den Ausläufern der Sierra de la Demanda entgegen – führt ein beliebter Ausflug ab Santo Domingo de la Calzada, den man ebensogut von Nájera aus starten kann. Vorrangiges Ziel ist der etwas weniger als 20 km entfernte Ort San Millán de la Cogolla, der gleich zwei Klöster zu bieten hat: Das große, im Tal gelegene Kloster von Yuso wird gerne – aber vielleicht ein wenig übertrieben – in Anlehnung an die monumentale Klosteranlage bei Madrid als „Escorial der Rioja" tituliert.

Das kleine Kloster von Suso liegt in Sichtweite von Yuso am bewaldeten Berghang oberhalb.

Berceo

Wenige Kilometer vor San Millán de la Cogolla kommt man durch das Örtchen Berceo, in dem zu einen im 6. Jh. der heilige *Millán* gewirkt hat (vgl. weiter unten seine Lebensgeschichte) und aus dem zum anderen **Gonzalo de Berceo** stammte (verschiedene Lebensdaten; ca. 1180-1247, nach anderen Quellen 1198-1268). Dieser *Gonzalo de Berceo* war nicht nur Diakon und Priester, sondern auch ein eifriger Verfasser von Heiligen- und Mariendichtungen. Berceo war sein Geburts- und Sterbeort. In die spanische Literaturgeschichte ist er als erster Dichter in kastilischer Sprache eingegangen. Sein voluminöses Werk ist in nicht weniger als 13.000 Versen überliefert. Man muss sich vorstellen, dass in früheren Zeiten ein Werk *Berceos* nicht in der Buchhandlung um die Ecke zu haben war, sondern vom Volk einzig gehört werden konnte: mal in der Kirche, mal auf Marktplätzen und mal in den Innenhöfen von Burgen.

San Millán de la Cogolla

San Millán de la Cogolla ist nicht nur der Name des kleinen 200-Einwohner-Ortes, seit wenigen Jahren von der UNESCO zum **Kulturerbe der Menschheit** erklärt, sondern auch der eines Heiligen, mit dem die Geschichte der Gegend eng verknüpft ist.

Millán, geboren 473, stammte aus dem Dörfchen Berceo im selben Tal, verdingte sich bis zu seinem 20. Lebensjahr als Schafhirte und begab sich dann zu dem nahe Haro wohnenden Einsiedler *Felices*, der ihn aufnahm und bis hin zur Priesterschaft unterrichtete.

Millán kehrte nach einigen Jahren in seine Heimatgegend zurück und führte fortan als **Eremit** in den Grotten der nahen Berge ein asketisches Leben, gab sich ganz dem Gebet und der Buße hin. Er lebte sein Dasein so gewissenhaft und vorbildlich, dass sich sein Ruf im Laufe der Zeit von Mund zu Mund verbreitete.

Nach 40 Jahren Eremitenleben wurde er zum **Priester** der Pfarre seines Geburtsdorfes Berceo berufen, verteilte vieles der Kirche unter den Armen und – so berichten lokale Chroniken – „streute Wunder aus". Dies wiederum erweckte den Neid von anderen Kirchenmännern, die ihn beim Bischof wegen angeblichen Missbrauchs von Kirchengütern anzeigten, was zur Folge hatte, dass sich Millán erneut ins Distercios-Gebirge zurückzog.

Ihm folgten zahlreiche Schüler, die zusammen mit ihm um das Jahr 550 ein erstes **Kloster** begründeten, das bald zu einem für die damalige Zeit bedeutenden Zentrum für Religion, Wissenschaft und Kunst aufstieg. Aus ihren Eremitenhöhlen kamen die Mönche immer wieder zu gemeinsamen Gebeten, Mahlzeiten und Diskussionen in den Räumlichkeiten des Klosters zusammen. Im biblischen Alter von 101 Jahren starb San Millán de la Cogolla im November des Jahres 574.

Seine im Kloster Suso eingerichtete Grabstätte wurde zu einem wichtigen **Wallfahrtsziel** im Mittelalter. Derweil bestand die blühende Mönchsgemeinschaft weiter fort.

Im ausgehenden 10. Jh. brütete ein Ordensbruder, dessen Name nicht bekannt ist, über einem dicken altlateinischen Wälzer und versuchte bei seiner Übertragungsarbeit, die Worte den neueren, moderneren Sprachströmungen anzupassen. Er setzte Randnotizen und Anmerkungen hinzu, die von der Unsicherheit beim Verständnis einzelner Ausdrücke zeugten – und hinterließ damit die ersten bekannten Zeugnisse der heutigen kastilischen Sprache. Es sind die zum Werk „Códice Aemilianensis 60" gehörigen so genannten **„Glosas emilianenses".** Aus diesem Grund sieht sich der Ort San Millán de la Cogolla als spanischer Nabel der Welt: als „cuna del castellano", als **Wiege der kastilischen Sprache,** die heute von weltweit rund 400 Millionen Menschen gesprochen wird.

Kloster von Yuso

Beginnen wir – von der geschichtlichen Chronologie her umgekehrt,

Innenhof im Kloster Yuso

075ns Foto: ad

076ns Foto: ad

aber von der Anreise besser – unten am Ortsrand von San Millán de la Cogolla. Dort gründete König *García* in den Jahren Jahre 1053/1054 das ursprünglich romanische Kloster von Yuso. Allerdings hat sich vom romanischen Ursprungswerk nichts erhalten; zwischen dem 16. und 18. Jh. wurde das Kloster neu gebaut (geöffnet täglich 10.30-13.30 und 16-18.30 Uhr; Führungen, in manchen Jahren während der Wintersaison montags geschlossen).

Das **Portal** des 1931 zum Nationalmonument ernannten Klosters ist eine Barockarbeit aus dem 16. Jh. und zeigt ein Relief mit dem heiligen Millán zu Pferde und als Maurentöter.

Bei einem **Rundgang** durch das Kloster gelangt man in den San-Millán-Keuzgang, in den so genannten Königssalon (Salón de los Reyes), in die San-Millán-Kapelle mit Reliquien und wertvollen Elfenbeinschnitzereien, in die zwischen 1504 und 1540 errichtete Klosterkirche sowie in die Gemäldegalerie mit Werken des Mönchs *Juan de Ricci* (auch: Juan de Rizzi). Gemälde Riccis sieht man ebenso in der Klosterkirche. Beeindruckend sind auch die riesigen uralten Gesangsbücher der Mönche.

Früher wurde das Kloster von Yuso von Benediktinern genutzt, heute ist es in der Hand eines Reformzweigs

Kloster Yuso

des Augustinerordens. In der rund 10.000 Bände umfassenden **Klosterbibliothek** werden wertvolle Handschriften aufbewahrt.

Kloster von Suso

Über eine kurvige Straße oder einen schattigen Waldpfad bergauf erreicht man vom Yuso-Kloster aus das etwa einen Kilometer entfernte und ausgeschilderte Kloster von Suso (bei Redaktionsschluss wegen Restaurierungsarbeiten geschlossen; voraussichtliche Wiedereröffnung im Laufe des Jahres 2003). Nach heutigen Maßstäben hat das Kloster eher die Ausmaße einer etwas größeren Kapelle.

Alleine der **Ausblick** auf die Hänge der Sierra de la Demanda und hinab ins Tal auf das Kloster von Yuso rechtfertigt diesen Aufstieg bzw. die Auffahrt.

Die kleine, zu westgotischen Zeiten begonnene Anlage ist unmittelbar an den Fels angebaut worden und zeigt uns **Höhlenkapellen** sowie mozarabische Stilelemente insbesondere in den hufeisenförmigen Bögen der integrierten Kirche.

Bis in die Mitte des 11. Jh. befand sich hier die **Grabstätte des San Millán,** ehe seine sterblichen Überreste – gewissermaßen eine Etage tiefer – ins Kloster von Yuso überführt wurden. Erhalten ist jedoch hier oben der Steinsarg des Millán mit einem Sargdeckel aus Alabaster. Im Vorraum liegen die steinernen Grabstätten der sieben Infanten von Lara.

Am Kloster schaut man auf die vergitterte **Steinzelle** der regional bedeutsamen heiligen *Oria,* die sich hier während der Fastenzeiten einmauern ließ.

Cañas

Auf dem Rückweg von San Millán de la Cogolla nach Santo Domingo de la Calzada kann man noch einen kleinen, ausgeschilderten Abstecher nach Cañas einschieben. Dort befindet sich eine auf das 12./13. Jh. zurückgehende **Zisterzienserabtei** (geöffnet Di-Sa 10-13.30 und 16-17 Uhr, So 11-13.30 und 16-19 Uhr). Von Cañas aus verbleiben rund 15 km bis Santo Domingo de la Calzada.

Information

- Sowohl im Ticketbüro des Yuso-Klosters als auch am Zugang zum Suso-Kloster sind zu den jeweiligen Anlagen **Faltblätter auf Deutsch** erhältlich (allerdings gibt es keine Gewähr für den Tagesvorrat an Faltblättern).

Unterkunft

- **Hotel Monasterio de San Millán** (++ - +++), Monasterio de Yuso, San Millán de la Cogolla, Tel. 941 373277, Fax 941 373266. Edle und stimmungsvolle klösterliche Herberge mit vier Sternen und 25 Zimmern.

Essen und Trinken

- Am großen Parkplatz vor dem Yuso-Kloster gibt es mehrere gastliche Stätten, in den man gute Mittagsmenüs bekommt und im Sommer draußen sitzen kann.

Einkaufen

- Ein kleiner Laden an der Zufahrt zum Parkplatz des Yuso-Klosters bietet zu moderaten Preisen vielfältige Spezialitäten aus der Region an: nicht nur Wein, sondern auch gute Dosenwurst und herzhaft-scharfe Paprikawürste (*chorizo*).

Der Jakobsweg durch Kastilien-León

Von Santo Domingo de la Calzada nach Burgos ⇗XVIII/A-C2

Von Santo Domingo de la Calzada, der auf rund 650 m Höhe gelegenen und letzten wichtigen Jakobswegstation in der Rioja, verbleiben rund 70 km bis ins rund 860 m hoch gelegene Burgos. Dazwischen türmen sich die dicht bewaldeten **Montes de Oca** 1150 m hoch auf. Bis zum Zwischenziel Villafranca Montes de Oca können Radfahrer mit robustem Material statt der N-120 den Pilgerweg befahren, wobei Weg und Straße auf manchen Abschnitten deckungsgleich sind. Auf der Landstraße N-120 geht es von Santo Domingo de la Calzada und über den Río Oja hinweg nach Redecilla del Camino, das erste Örtchen in der zu Kastilien-León gehörigen Provinz Burgos.

Wanderer indes kommen noch an einem hölzernen Kreuz (Cruz de los Valientes) vorbei und durch die letzte Ortschaft in der Rioja, **Grañón.** Hier fällt nicht nur der Blumenschmuck auf den Balkonen auf, sondern auch die Pfarrkirche San Juan Bautista; diese birgt ein wertvolles und vor wenigen Jahren umfassend restauriertes Renaissance-Retabel.

Etwas südlich von Grañón liegt die barocke **Einsiedelei Nuestra Señora de Carrasquedo.**

Unterkunft

- **Pilgerherberge** in Grañón bei der Kirche im Hospital de Peregrinos San Juan Bautista, Tel. 941 420818. Mit 16 Plätzen, Küche, ganzjährig.

Redecilla del Camino ⇗XIX/C2

In Redecilla del Camino, dort, wo sich Straße und Wanderweg kreuzen, erhebt sich die **Kirche Virgen de la Calle.** Im Innern des im 17./18. Jh. wiederaufgebauten Gotteshauses verdient ein romanisches Taufbecken Beachtung.

Die Gegend um Redecilla del Camino bildet nicht nur den Übergang von der Rioja nach Kastilien-León, sondern steht auch für einen Wechsel im Landschaftsbild. Die grünen, fruchtbaren Anbaugebiete gehen über in eine von Getreidefeldern besetzte, recht spröde Hochebene.

Unterkunft

- Die **Pilgerherberge** in **Redecilla del Camino** liegt bei der Ortskirche in der Calle Mayor und bietet etwa 50 Plätze; zwei Küchen, sechs Duschen, ganzjährig geöffnet. Tel. 947 588078 und 947 580283.

Nach Belorado ⇗XVIII/B2

Nächst Stationen hinter Redecilla del Camino ist **Castildelgado** mit dem Stammhaus der Grafen von Berberena und der im 16. Jh. erbauten Pfarrkirche San Pedro.

Über einen kurzen Links-Abzweig von der N-120 erreicht man **Viloria de Rioja,** den Geburtsort des *Santo Domingo de la Calzada*. Das Becken, in dem der Heilige getauft wurde, ist in der Kirche zu sehen.

Über **Villamayor del Río** erreicht man schließlich das im Tal des Río Tirón gelegene Belorado. Nahebei liegen Eremitenhöhlen.

Vom 9. Jh. an war **Belorado** in den Verteidigungsgürtel der Grafschaft Kastilien integriert; vom mittelalterlichen Kastell sind noch Reste erhalten. Zu den sakralen Bauwerken im überschaubaren Ortsbild von Belorado zählen die Kirche Santa María (16. Jh.; mit Jakobusaltar), die Kirche San Pedro (17. Jh.) und die Einsiedelei Nuestra Señora de Belén (18. Jh.; hier stand einst das alte Pilgerhospital). Hauptplatz des Ortes ist die Plaza Mayor.

Unterkunft

- **Hotel Belorado** (+-++), Avenida Generalísimo 30, Belorado, Tel. 947 580684. Kleines, zweckmäßiges Ein-Sterne-Hotel, etwas außerhalb gelegen.
- In Belorado findet man zwei Unterkünfte für Pilger: die **Albergue de Peregrinos** (Barrio del Corro, Tel. 947 580085; mit 28 Plätzen, vier Duschen, Küche) und die erst 2002 in Betrieb genommene **Albergue Cuatro Cantones** (Calle Hipólito López Bernal 10, Tel. 947 214515; mit 35 Plätzen, Küche, der Übernachtungspreis liegt über dem Pilgerdurchschnitt).

Nach Villafranca Montes de Oca ⇗XVIII/B2

Hinter Belorado geht es über den Río Tirón und weiter bis **Tosantos** mit seiner Einsiedelei Nuestra Señora de la Peña, die nahe einiger alter Höhlen direkt an den Fels angebaut ist.

Die nächsten Orte sind **Villambistia** und **Espinosa del Camino,** bis man schließlich Villafranca Montes de Oca erreicht.

Das Örtchen liegt im Schatten des Gebirgszuges der Montes de Oca und weist in seinem Namen auch auf die einstige Besiedlungen durch die Franken hin. In **Villafranca Montes de Oca** befindet man sich auf geschichtsträchtigem Grund, denn bereits zu westgotischen Zeiten und bis zum Ende des 11. Jh. fungierte der heute äußerst dörflich-rustikal wirkende Ort als Bischofssitz.

Außerdem gibt es am Ortsrand die spärlichen Reste des auf das 9. Jh. zurückgehenden mozarabischen **Klosters San Félix de Oca.** In diesem wurde einst der Gründer von Burgos, Graf *Diego Porcelos,* beigesetzt.

Die wichtigsten Bauten von Villafranca Montes de Oca sind die **Santiago-Kirche** (18. Jh.; im Innern zwei Jakobusstatuen) und die Reste des Ende des 14. Jh. ins Leben gerufenen Pilgerhospitals San Antonio Abad.

Nicht mehr zum Jakobsweg gehört die **Einsiedelei Virgen de Oca,** zu der hinter dem Dorfausgang von Villafranca Montes de Oca von der Straße linker Hand ein ruppiger Weg hinaufführt. Sie ist am zweiten Sonntag im August Ziel einer lokalen Wallfahrt.

Unterkunft

- Die **Pilgerherberge** von Villafranca Montes de Oca liegt in der Calle Mayor, Tel. 947 582000. Ganzjährig, 23 Plätze, Küche.

San Juan de Ortega ⇗XVIII/B2

Von Villafranca Montes de Oca geht es lang anhaltend steil hinauf in die von Eichen-, Kiefern- und Kastanienwäldern überzogenen **Montes de Oca:** für Motorisierte und Radler auf der Landstraße N-120, für Wanderer durch den Wald.

Kurz hinter dem 1.150 m hohen **Pedraja-Pass** (Alto de la Pedraja), über den die Nationalstraße führt, treffen Asphaltader und Pilgerweg wieder zusammen: an der klobigen und unmittelbar an der Straße gelegenen **Einsiedelei Valdefuentes.** Bei dieser Kapelle handelt es sich um das einzige Überbleibsel der im 13. Jh. erbauten Kirche Santa Magdalena, die wiederum zu einem verschwundenen Zisterzienserkloster gehörte.

Auf Höhe der Kapelle führt der breite und auch für Radler hervorragend geeignete Pilgerweg durch die waldreiche Hochebene sechs Kilometer weiter nach **San Juan de Ortega.** Autofahrer nehmen einige Kilometer weiter abwärts einen ausgeschilderten Rechts-Abzweig über das Örtchen Santovenia. Selbst Dorf kann man San Juan de Ortega kaum nennen. Die Siedlung besteht im Wesentlichen aus der Klosterkirche, die sich für die vom Waldsaum kommenden Pilger weithin sichtbar aus den Feldern abzeichnet.

San Juan de Ortega (1080-1163) war ein zupackender Helfer für die Pilger (siehe Exkurs „Zwei gute Seelen am Jakobsweg: Santo Domingo de la Calzada und San Juan de Ortega“). Von ihm begründet und nach ihm benannt wurden hier das Pilgerhospiz und das bis ins 19. Jh. von Hieronymitenmönchen geführte Kloster.

Aus vergangenen Zeiten hat sich die **Klosterkirche** erhalten, in der man auf die romanischen Kapitelle achten sollte; eines zeigt wieder einmal den Kampf zwischen dem Helden *Roland* und dem Riesen *Ferragut.* Prachtvoll

ausgestaltet ist das von einem plateresken Gitter umzogene Mausoleum des *San Juan de Ortega*. Wer die Treppe hinabsteigt zur Krypta, gelangt zur Grabstätte des Heiligen.

Unterkunft

- Eingang zur **Pilgerherberge** von **San Juan Ortega** vom Innenhof vor der Klosterkirche, Tel. 947 560438. Ganzjährig geöffnet mit Küche, 58 Plätze.

Kirche San Juan de Ortega mit dem Vorplatz, von dem aus man auch in die Pilgerherberge eintritt

Essen und Trinken

- Im Innenhof vor der Klosterkirche **San Juan de Ortega** gibt es eine **kleine Bar** mit freundlichen Wirtsleuten. Im Sommer kann man sich an den Tischchen unter freiem Himmel niederlassen.

Feste

- Alljährlich am 2. Juni ist San Juan de Ortega Schauplatz einer kleinen **lokalen Wallfahrt,** bei der die Pilger mit Prozessionskreuzen und Standarten kommen.
- Das **„Sonnenwunder“** mit Sonnenstrahl auf die Kapitelle der Klosterkirche von San Juan de Ortega ist alljährlich am 21. März und 21. September mitzuerleben.

Von San Juan de Ortega nach Burgos ⇗XVIII/AB2

Von San Juan de Ortega bieten sich zwei Möglichkeiten des Fortkommens in Richtung des 25 km entfernten Burgos. Für Motorisierte (und Radler) ist es am einfachsten, das enge Nebensträßchen zurück über **Santovenia** zu nehmen und dann der Provinzhauptstadt auf der flachen und oftmals windgepeitschten Landstraße N-120 entgegenzufahren. Diese Variante führt über **Zalduendo** und Ibeas de Juarros nach Burgos.

Bei **Ibeas de Juarros** liegt das archäologische Ausgrabungsgebiet von **Atapuerca,** das jüngst zum Kulturerbe der Menschheit erklärt wurde (Yacimiento de Atapuerca; Führungen nach Anmeldung entweder ab Ibeas (Tel. 947 421462) oder Atapuerca (Tel. 947 430473). Hier haben Forscher vor wenigen Jahren menschliche Überreste des 800.000 Jahre alten Homo antecessor entdeckt.

1	Kirche San Lesmes	12	Busbahnhof
2	Museo de Marceliano Santa María	13	Arco de Santa María
3	Hotel Puerta de Burgos	14	Kathedrale
4	Kirche San Gil	15	Arco de San Esteban
5	Touristenbüro der Stadt	16	Kirche San Esteban, Museo del Retablo
6	Hotel Norte y Londres	17	Burg
7	Kirche San Lorenzo	18	Kirche San Nicolás de Bari
8	Casa del Cordón	19	Kirche Santa Agueda
9	Reiterstandbild des Cid	20	Arco de San Martín
10	Stadttheater	21	Künftiges Atapuerca-Museum
11	Museo de Burgos		

Je weiter man sich hinter Ibeas de Juarros Burgos und seinen von Gewerbegebieten durchsetzten Außenzonen nähert, desto mehr nimmt der Verkehr zu (für Radler sehr unangenehm).

Variante Nummer zwei richtet sich an Fußpilger: In **Agés** finden diese am Ortsausgang eine einbogige und San Juan de Ortega zugeschriebene Brücke sowie die Einsiedelei Nuestra Señora del Rebollar aus dem 18. Jh.

In **Atapuerca** mit seiner Pfarrkirche San Martín aus dem 15./16. Jh. fand im Jahre 1054 eine Schlacht statt, bei der der König von Navarra und Nájera, *García,* den Truppen des kastilisch-leonesischen Herrschers *Fernando I* unterlag und den Tod fand.

Der Vorort **Gamonal** zählt bereits zur Stadt Burgos. Auch für Fußpilger bleibt der Gang durch die städtischen Schluchten in heutiger Zeit mehr oder minder unerfreulich.

Unterkunft

- In Atapuerca findet man eine **Pilgerherberge** mit 20 Plätzen und Küche, ganzjährig, Tel. 947 430320, eine weitere in Olmos de Atapuerca, Calle La Iglesia s/n, Tel. 947 430328 (32 Plätze, ganzjährig, Küche).

Burgos – monumentale Gotik

↗XVIII/A2

Die Burgaleser streiten es ab und sagen, so schlimm sei es nicht. Aber wer von Burgos redet, spricht unwillkürlich vom **Wetter.** Denn das hat den Ruf, eines der ungemütlichsten in Spanien zu sein, und hat der Stadt am Río Arlanzón die Redensart beschert, der hiesige Sommer erstrecke sich vom Tag des heiligen Jakobus, dem 25. Juli, bis zum Tag der heiligen Anna, dem 26. Juli. Auch wenn die Saison etwas länger dauern mag, so pfeifen doch häufig genug eisige Winde vom Kantabrischen Gebirge her über jenen rund 860 m hoch gelegenen Teil der nördlichen Meseta. Kurzum: Man weiß nie, ob T-Shirt oder Thermojacke.

Doch sonst hat Burgos etwas, worauf andere Städte nur neidvoll schauen können: eines der schönsten Gotteshäuser Spaniens und – so behaupten wir – die eindrucksvollste **Kathedrale** am nordspanischen Jakobsweg. Dieses unvergleichliche Meisterwerk der Gotik ist von der UNESCO sogar

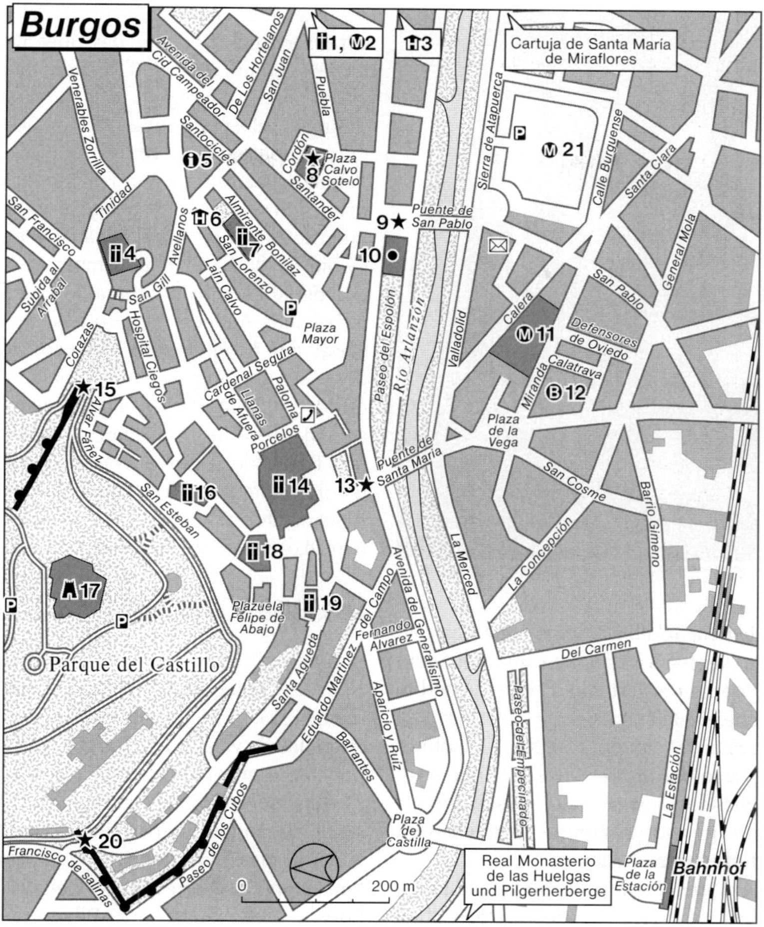

zum Kulturerbe der Menschheit erklärt worden.

Auch ist Burgos die Stadt des in der Kathedrale beigesetzten **El Cid,** jenes berühmten spanischen Ritters und Nationalhelden, der eigentlich *Rodrigo Díaz de Vivar* hieß und zwischen 1043 und 1099 lebte. Dieser scheute sich während der Reconquista nicht, von der christlich-königlichen Seite ins feindlich-maurische Lager des Fürsten von Zaragoza zu wechseln. Doch dann schwenkte er wieder über und eroberte 1094 Valencia, das er bis zu

078ns Foto: ad

Burgos, gotische Kathedrale

seinem Tod hielt. Seine Figur nahm in späteren Heldenepen – vor allem dem Poema del Cid von 1140 – unsterbliche Gestalt an.

Da das knapp 170.000 Einwohner starke Burgos die weit und breit einzige Stadt dieser Größe ist, bildet sie ein gewichtiges **Bildungs-, Handels- und Industriezentrum.**

In der Hauptstadt der 14.292 km² großen und mit 350.000 Menschen relativ dünn besiedelten Provinz selben Namens lebt annähernd die Hälfte der Menschen. Die **Provinz Burgos** ist bekannt für ihren schier unglaublichen Reichtum an Bauwerken. In Zahlen ausgedrückt bedeutet das: über 50 Klöster und um die 1.500 Kirchen, Kapellen und Einsiedeleien.

Burgos selbst präsentiert sich als äußerst lebhaftes Besuchsziel mit einer netten Altstadt, stilvollen Fußgängerbereichen und einer Unmenge an Bars und Restaurants. Auf kulinarischem Gebiet ist die Gegend für Lammbraten und die Rotweine der Ribera del Duero bekannt. Außerdem ist Burgos eine **Stadt der Kirchen und Museen,** in der auch die Grünzonen nicht fehlen dürfen: die gepflegten Parkanlagen am Arlanzón-Fluss (Paseo del Espolón und Paseo de la Isla) sowie rund um die mittelalterliche Burg oberhalb der Altstadt. Dort sind noch Teile der alten Befestigungsanlage zu sehen.

Geschichte

Als unser altbekannter Servitenmönch *Hermann Künig van Vach* im ausgehenden 15. Jh. auf dem beschwerlichen Jakobsweg nach Burgos kam, berichtete er von hübschen Türmen, 32 Pilgerspitälern und hatte gleich einen Geheimtipp für Wallfahrer parat: in des Königs Spital gebe man „satt zu trinken und zu essen“. Zu der Zeit war Burgos eine bedeutende **Pilgerstation,** die von Graf *Diego Porcelos* im Jahre 884 im Auftrag von *Alofonso III* als befestigter Platz gegründet wurde.

Später avancierte Burgos zur Hauptstadt der Grafschaft und zwischen 1035 und 1087 sogar zur **Hauptstadt von Kastilien-León,** ehe sie von Toledo abgelöst wurde.

Trotz dieses vermeintlichen Rückschritts wurde Burgos mit der Zeit reicher und reicher, was vor allem an der führenden Stellung als Umschlagplatz für den kastilischen **Wollhandel** lag, der sich in Richtung der spanischen Atlantikhäfen sowie England und Flandern orientierte.

Im Jahre 1221 fassten Bischof *Mauricio* und *König Fernando III el Santo* den Entschluss, ein neues, pompöses Gotteshaus anzulegen: die **Kathedrale,** bis zu deren Bauabschluss nicht weniger als drei Jahrhunderte vergehen sollten. Nach Abschluss des Prunkbaus setzte auch – bedingt durch wirtschaftlichen Einbruch beim Wollhandel – der Niedergang der Stadt ein.

Heute ist Burgos als **Industrie- und Handelszentrum** wiedererstarkt. Zu den Hauptgewerben zählen die chemische, die Metall verarbeitende sowie Leder-, Papier- und Nahrungsmittelindustrie.

Sehenswertes

Die **Zahlen in Klammern** verweisen auf die Legendenpunkte des Stadtplans.

Die Kathedrale

Keine Frage, mit ihren gewaltigen Maßen beherrscht das Gotteshaus die Innenstadt. Meister aus mehreren Jahrhunderten und aus ganz Europa legten Hand an sie und schufen ein formvollendetes Werk, das alleine durch seine Maße beeindruckt: 108 m lang, 61 m breit und im Mittelschiff 27 m hoch ist die **Kathedrale Santa María von Burgos (14,** geöffnet 9.30-13 und 16-19 Uhr). Damit zählt dieses Gotteshaus zusammen mit den Kathedralen von Sevilla und Toledo zu den größten Spaniens.

Hinzu kommen die von *Hans von Köln* – spanisch: *Juan de Colonia* – Mitte des 15. Jh. geschaffenen **gotischen Türme,** die sich an der Plaza Santa María weit über 80 m dem Himmel über Burgos entgegenstrecken.

Die **Hauptfassade** selbst ist mit einer Vielzahl dekorativer Elemente versetzt, wozu außer Bögen und Arabesken auch eine Skulptur des Bischofs *Mauricio* und eine Galerie mit acht Königsstatuen gehören. Diese stellen mutmaßlich die einstigen Herrscher von Kastilien und León dar, von *Fernando I el Magno* (der Große; 1016-1065) bis *Fernando III el Santo* (der Heilige; 1201-1252).

Unter den vier Portalen sticht die zur Calle de la Paloma weisende **Puerta de Sarmental** hervor, deren Name sich auf eine alteingesessene Familie gründet (deren Haus befand sich ganz in der Nähe). Im bildhauerisch meisterhaft gestalteten Tympanon (Türsturz) des gotischen Sarmental-Portals erkennt man den lehrenden Christus und die vier Evangelisten, die an einem Pult schreiben und von Symbolfiguren begleitet werden. Unter ihnen sind die Apostel zu sehen, die Bücher in Händen halten und miteinander zu reden scheinen.

Ein weiteres skulpturenreiches Portal ist die im 13. Jh. begonnene **Puerta de la Coronería;** sie weist zur Nordseite (Calle de Fernán González) hin.

079ns Foto: ad

Arco de Santa María

Begonnen wurde mit dem Bau des heutigen Wahrzeichens von Burgos im Jahre 1221 unter König *Fernando III el Santo* und **Bischof Mauricio.** Letzterer war kurz zuvor in Deutschland und Frankreich gewesen, wo ihn verschiedene gotische Gotteshäuser beeindruckt hatten. Außerdem verfügte seine Heimatstadt in jener Zeit nur über eine vergleichsweise bescheidene romanische Kirche. Also musste eine neue her! Es war ein neues Gotteshaus, in dem neun Jahre später die erste Messe gelesen und das nach vier Jahrzehnten geweiht wurde, doch bis zur endgültigen Fertigstellung drei Jahrhunderte später sollte noch viel Wasser den Río Arlanzón hinunterfließen. Somit haben sich gotischer und Renaissancestil vermischt (auch Barock, zählt man noch die später erbauten Kapellen hinzu).

Im **Kathedralinnern** entfaltet sich eine Pracht, eine Überfülle an Kunstschätzen, die viele mehr beeindrucken wird als jene am Endziel des Pilgerweges in Santiago de Compostela. Kunsthistorisch Beflissene werden sich angesichts von 19 Kapellen, 35 Gittern, 38 Altären, rund 60 gewaltigen Säulen sowie den zahlreichen Fensterrosetten, Skulpturen, Reliefs und Gemälden mit einem einzigen Besuch nicht zufriedengeben.

Zu jeder vollen Stunde sollte man hinter der Hauptfassade zunächst einmal die Augen weit nach oben richten: auf die Figur des so genannten **„Papamoscas“,** des über einer Uhr auf sein Publikum hinabschauenden „Fliegenschnappers“. Er ist seit dem 15. Jh. bekannt und öffnet und schließt seinen Mund bei jedem Glockenschlag.

Am Hauptaltarumlauf stößt man hinter dem herrlichen, von *Cristóbal de Andino* 1523 geschaffenen Gitter auf die am reichsten ausstaffierte Kapelle der Kathedrale: die des Kronfeldherrn, die **Capilla del Condestable.** Diese gotische Kapelle geht auf *Simon von Köln* – spanisch: *Simón de Colonia* – und das 15. Jh. zurück; Gründer waren *Don Pedro Fernández de Velasco* und *Doña Mencía de Mendoza,* die Kronfeldherren von Kastilien. Das Grabmal des Ehepaars ist von *Juan de Borgoña* aus Carrara-Marmor gefertigt worden, die Wappenschilder gehen auf *Diego de Siloé,* das Retabel auf *Felipe Bigarny* zurück. Überwölbt ist die Kapelle von einer sternförmigen Kuppel; das Gemälde der María Magdalena wird der Schule von *Leonardo da Vinci* zugesprochen.

Weitere beachtenswerte Kapellen sind die **Capilla de la Visitación** (mit einem von *Gil de Siloé* geschaffenen Alabastergrabmal des Bischofs *Don Alonso de Cartagena),* die **Capilla de Santa Ana** (mit Hauptaltaraufsatz von Gil de Siloé), die **Capilla de la Presentación** (mit dem von Felipe de Vigarny aus Alabaster gehauenen Grabmal von *Gonzalo de Lerma)* und die **Capilla de Santa Tecla** (churrigueresker Stil; Mitte 18. Jh.).

An einem ungewöhnlichen – da sehr realitätsnahen – gekreuzigten Christus erkennt man die **Capilla del Santísimo Cristo:** das hölzerne Bildnis des Herrn ist mit Büffelhaut überzogen, außerdem wurden menschliche Fingernägel und richtiges Haar verwendet. Zu seinen Füßen sieht man fünf afrikanische Straußeneier; mit diesem ungewöhnlichen Geschenk erwies ein Händler Christus einst die Ehre.

Zur Nordseite – und damit zur Puerta de la Coronería – weist die **Escalera Dorada,** die von *Diego de Siloé* 1519 im Renaissancestil geschaffene „Goldene Treppe“; das Geländer ist vergoldet.

Unter dem gewaltigen, auf *Juan de Vallejo* zurückgehenden Kuppelgewölbe (16. Jh.) wurde im Jahre 1921 das **Grabmal für den Nationalhelden El Cid** alias *Rodrigo Díaz de Vivar* und seine Gattin *Doña Jimena* in den Boden eingelassen. Zuvor hatten die sterblichen Überreste des Cid im nahegelegenen Kloster San Pedro de Cardeña geruht, ehe sie von den Mönchen 1835 aus berechtigter Furcht vor der Säkularisierung des Kirchengutes nach Burgos gebracht und im Rathaus aufbewahrt wurden. Doch dann, im Jahre 1921, entschloss man sich, dem Paar eine noch würdigere Ruhestätte zu geben.

Vom Cid-Grabmal aus hat man einen guten Blick auf das von den Brüdern *Rodrigo* und *Martín de la Haya* konzipierte **Hauptretabel.** In der Mit-

080ns Foto: ad

Burgos ist die Stadt des Cid, hier das monumentale Standbild nahe dem Fluss

te dieses pompösen Renaissancealtars sieht man die Silberstatue der Santa María la Mayor, der Schutzpatronin von Burgos.

Der **Chor** ist ein auf *Felipe Bigarny* zurückgehendes 103-stühliges Meisterwerk aus Nuss- und Buchsbaumholz.

Kein Besuch der Kathedrale wäre vollständig ohne eine Besichtigung des skulpturengeschmückten **Kreuzganges** (13. Jh.) und der angrenzenden Kapellen bzw. Schatzkammern.

Im Kreuzgang steht die üppige silberne Karosse, auf der die goldene Monstranz bei den Fronleichnamsprozessionen durch die Straßen Burgos' gefahren wird.

Vom Kreuzgang aus tritt man in zwei Kapellen, in denen Teile des reichen **Domschatzes** präsentiert werden: die Capilla de Santa Catalina und die Capilla de San Juan Bautista.

Auch den **Kapitelsaal** sollte man nicht auslassen. Dort sieht man eine Kollektion flämischer Wandteppiche aus dem 16. Jh. sowie ein Gemälde des niederländischen Malers *Hans Memling* (15. Jh.), das die ganz in Rot gehüllte Jungfrau mit dem Kinde zeigt.

Zwischen Kapitelsaal und Kreuzgang hängt hoch an der Wand eine **Truhe des Cid** *(Cofre de el Cid)*, die er der Legende zufolge zwei jüdischen Geldverleihern als Garantie hinterlassen hatte. Bei Hinterlegung der Truhe sprach der Cid von kostbaren Schätzen in deren Innern, machte aber zur Bedingung, dass sie nicht geöffnet werden dürfe, bevor ein Jahr ins Land gezogen war. Würde der Cid während dieses Zeitraums nicht zurückkehren, gingen die Schätze an die Juden über. Allerdings soll sie nichts als Steine und Sand enthalten haben, doch gleichwohl gab der Cid – ganz Ehrenmann – nach der Eroberung Valencias den Juden das Geld zurück.

Häufig ist die Kathedrale abends sehr schön angestrahlt. Einziger Wermutstropfen: die seit Jahren andauernden Restaurierungsarbeiten. Immer wieder sind Teile des Gotteshauses großflächig eingerüstet.

Rund um die Kathedrale und den Paseo del Espolón

Die Kathedrale ragt aus dem Herzen der Altstadt empor, die auf engstem Raum noch weitere sehenswerte Baudenkmäler zu bieten hat. Oberhalb der Hauptfassade gelangt man über einen breiten Treppenaufgang zur gotischen **Kirche San Nicolás de Bari (18).** Hinter der relativ schlichten Fassade aus der zweiten Hälfte des 15. Jh. verbirgt sich das mutmaßlich von *Franz und Simon von Köln* geschaffene Steinretabel. Im unteren Bereich des Retabels sieht man die prächtige Figur des San Nicolás, in einem Seitenteil die Grabstätte für die Auftraggeber des Kunstwerks: die reichen Kaufleute *Don Gonzalo López de Polanco* und *Doña Leonor de Miranda.*

Geht man an der Hauptfront der Kathedrale entlang und über die ineinander verlaufenden Vorplätze Plaza Santa María und Plaza de San Fernando hinweg, kommt man durch den **Arco de Santa María (13),** einen Torbogen, der einst in die steinerne Stadtummantelung integriert war. In der ersten Hälfte des 16. Jh. wurde das klobige Stadttor zu Ehren von König *Carlos V* in einen Triumphbogen umgewandelt. Das Innere des Arco beherbergt ein kleines **Museum**, welches Raum für wechselnde Ausstellungen lässt.

Linker Hand hinter dem Arco de Santa María eröffnet sich der **Paseo del Espolón,** Burgos' beliebte und von Platanen, Ruhebänken und gepflegten Grünzonen gesäumte Promenade. Diese hält sich parallel zum Río Arlanzón und läuft auf die Plaza del Cid zu. Zuvor laden Bars und Cafés zu einer Rast ein und tut sich zur Linken die große und mit ihren Laubengängen äußerst einladend wirkende **Plaza Mayor** auf.

Am Ende des Paseo del Espolón liegen das altehrwürdige **Stadttheater (10,** Teatro Principal, Mitte 19. Jh.) und – auf einer vom Verkehr umflossenen Insel – ein gewaltiges und 1955 von *Juan Cristóbal* geschaffenes **Reiterstandbild des Cid (9)** auf der Plaza del Cid.

Geht man von der Plaza del Cid, den Paseo del Espolón im Rücken, noch ein Stück geradeaus, gelangt man eine Ecke weiter links zur **Casa del Cordón (8).** Dieser breite und heute einem Geldinstitut dienende Stadtpalast liegt an der Plaza Calvo Sotelo und geht auf das 15. Jh. zurück; hier empfingen die Katholischen Könige *Christoph Kolumbus* vor seiner zweiten Fahrt in die so genannte „Neue Welt". Auch war die Casa del Cordón Sterbeort von *Philipp dem Schönen* (1478-1506).

Kirchen und Mauerreste

Über die Stadt verteilt sich eine ungewöhnlich hohe Zahl an kirchlichen Monumenten. Im Altstadtbereich sind dies die frühgotische **Kirche Santa Agueda (19,** Calle Embajadores), die aus dem 13./14. Jh. datierende **Kirche San Esteban (16,** Calle San Esteban; mit gotischem Kreuzgang und Retabel-Museum, siehe unter „Museen"), die im 14. Jh. erbaute **Kirche San Gil (4,** Calle Trinidad; mit Gemälde und Skulpturen aus Gotik und Renaissance) sowie die auf das 17. Jh. zurückgehende barocke **Kirche San Lorenzo (7,** Calle San Lorenzo). An der Plaza Lesmes erhebt sich die gotische **Kirche San Lesmes (1,** im Innern Renaissancegräber und mehrere barocke Retabel).

An weltlichen Bauwerken sind im Bereich um die City die Burg und die **Stadtmauerreste** zu nennen sowie der arabisch anmutende und unterhalb des Burgparks gelegene **Arco de San Martín (20,** einst Stadtzugang für königliche Besucher).

Die heute in den Stadtpark, den **Parque del Castillo,** eingebettete **Burg (17)** galt einst als eine der wichtigsten Kastelle Kastiliens und wurde von den napoleonischen Truppen Anfang des 19. Jh. gesprengt.

Bei der östlichen Aufstiegsvariante zur Burg passiert man den **San-Esteban-Torbogen (15),** ein mudejares Tor aus dem 14. Jh.

Klöster

Rund vier Kilometer östlich der Innenstadt liegt ein altes Kartäuserkloster, die **Cartuja de Santa María de Miraflores.** Die Klosteranlage wurde im Jahre 1441 von König *Juan II de Castilla* gegründet und nach Plänen des *Hans von Köln* und des *Simon von Köln* erbaut; im Jahre 1499 war sie fertiggestellt. Im Innern der gotischen Kirche sollte man sich auf dreierlei konzentrieren: das Renaissancechorgestühl des Meisters *Simón de Bueras,* das von *Gil de Siloé* geschaffene und von *Diego de la Cruz* vergoldete Retabel sowie die ebenfalls auf *Gil de Siloé* zurückgehenden königlichen Grabstätten von *Juan II de Castilla,* seiner Gemahlin *Isabel de Portugal* (Eltern der so genannten „katholischen Königin“ *Isabella von Kastilien)* sowie des Infanten *Don Alfonso.* Vier Jahre lang – ein für damalige Verhältnisse recht kurzer Zeitraum – arbeitete *Gil de Siloé* an dem Alabastergrabmal, das er 1498 beendete. Der Hauptaltar soll mit dem ersten Gold verziert sein, das der Entdecker *Christoph Kolumbus* aus der „Neuen Welt“ mitbrachte. Vom Haupttrakt der Kirche gelangt man in die San-Bruno-Kapelle mit einem Bildnis des Heiligen, auf den sich der seit Ende des 11. Jh. bestehende Kartäuserorden gründet. Das Kloster liegt nach wie vor in der Hand von Kartäusern, die für ihr strenges Gemeinschaftsleben bekannt sind.

- **Geöffnet** Mo-Sa 10.15-15 und 16-18 Uhr, So 11.20-12.30, 13-15 und 16-18 Uhr
- **Führungen** während der Sommermonate.

Im westlichen Stadtbereich – ausgeschildert von der Ausfallstraße Richtung León – liegt eine mächtige und im Innern sehr weitläufige Klosteranlage, die heute leider von den üblen Gerüchen einer nahen Papierfabrik umweht wird: das **Real Monasterio de las Huelgas.** Dieses alte Zisterzienserinnenkloster wurde Ende des 12. Jh. von *König Alfonso VIII* und seiner Gattin *Leonor de Inglaterra* gegründet und genoss fortan den Schutz des Königshauses. Die Anlage setzt sich aus dem Kloster, Kreuzgängen aus Romanik und Gotik (mit fantastisch gearbeiteten Kapitellen) sowie der gotischen

Kirche samt Nebengebäuden zusammen. In der Kirche sieht man einige Grabstätten von Mitgliedern einstiger Königsfamilien. Im Kapitelsaal ist die maurische Standarte *(pendón)* ausgestellt, die die Christen den Muselmanen bei der siegreichen Schlacht von Navas de Tolosa (1212) entrissen. Ein bemerkenswerter Ausstellungskomplex im Kloster ist mittelalterlichen Gewändern von Adeligen und Herrschern gewidmet.

Noch immer sind in Las Huelgas die Ordensschwestern zugegen.

●Compases de Huelgas s/n; **geöffnet** April bis September Di-Sa 10.30-13.15 und 15.30-17.45, So 10.30-14.15 Uhr; Oktober bis März Di-Fr 11-13.15 und 16-17.15, Sa 11-13.15 und 16-17.45, So 10.30-14.15 Uhr)

Etwa zehn Kilometer südöstlich von Burgos liegt das alte **Benediktinerkloster San Pedro de Cardeña.** Diese Anlage ist romanischen Ursprungs und wurde bekannt, weil dort lange Zeit die sterblichen Überreste des *Cid* und seiner Gemahlin *Jimena* ruhten. Aus dem 12. Jh. haben sich Kapitelsaal und Kreuzgang erhalten; allerdings wurde die Abtei im 17. Jh. weitgehend erneuert.

●**Geöffnet** April bis Oktober Mo-Sa 10-13.30 und 16-18 Uhr, So 12-13.30 und 16-18 Uhr; November bis März Mo-Sa 10-13.30 und 15.30-17.30 Uhr und So 12-13.30 und 15.30-17.30 Uhr).

Museen

Sein reiches kulturelles Erbe präsentiert Burgos auch in Form von Museen, von denen wir nachfolgend die wichtigsten nennen.

Beim **Museo de Burgos (11)** handelt es sich um das Provinzmuseum, das sich auf zwei alte Adelspaläste verteilt: die Casa de Miranda beherbergt die archäologische Abteilung und die Casa de Angulo jene der Schönen Künste.

●Calle Miranda s/n; **geöffnet** Di-Fr 10-14 und 16-19.30 Uhr, Sa 10-14 und 17-20 Uhr, So nur 10-14 Uhr

In der Kirche San Esteban ist das **Museo del Retablo (16)** untergebracht, ein Retabel-Museum mit Altaraufsätzen aus der kastilischen Schule des 16./17. Jh.

●Calle San Esteban s/n; **geöffnet** Mai bis November dienstags bis samstags 10.30-14 und 16.30-19 Uhr, sonntags 10.30-14 Uhr; November bis April nur samstags 10.30-14 und 16.30-19 Uhr sowie sonntags 10.30-14 Uhr

Ein weiteres Museum, das **Museo de Pintura Marceliano Santa María (2),** ist dem Werk dieses regional bedeutsamen Malers gewidmet, der von 1866 bis 1953 lebte.

●Plaza San Juan s/n; **geöffnet** Di-Sa 10-14 und 17-20 Uhr, So 10-14 Uhr

Auf der bislang als Großparkplatz genutzten Plaza de Caballería, direkt an der Avenida Sierra de Atapuerca, beginnen 2003 die Arbeiten zur Anlage eines Museums (**21,** geplanter Name **„Museo de la Evolución Humana“**). Das Museum wird sich um die Funde des legendären **Homo antecessor** drehen, den im nahen Atapuerca gefundenen Altmenschen, dessen Alter auf 800.000 Jahre geschätzt wird.

Praktische Tipps

Information

- Das **Touristenbüro (5)** der Junta de Castilla y León findet man an der Plaza Alonso Martínez 7, Tel. 947 203125, Fax 947 276529.
- Das **städtische Infobüro** liegt am Paseo del Espolón s/n, es ist in einem Seitenflügel des Stadtheaters untergebracht; Tel. 947 288874, Fax 947 288862. Internet-Infos unter der Kastilien-León-Homepage: www.jcyl.es.
- Im Andenkenladen der **Kathedrale** bekommt man ein aufschlussreiches **Heftchen auf Deutsch,** das von *Julián Pérez López* verfasst wurde und mittlerweile in der 14. Auflage vorliegt: „Die Kathedrale von Burgos".

Unterkunft

- **Hotel Puerta de Burgos** (+++) **(3),** Calle Vitoria 69, Tel. 947 241000, Fax 947 240707. Solides Vier-Sterne-Hotel etwas abseits der Innenstadt. Wer Glück hat – oder danach verlangt –, bekommt ein Zimmer in den obersten Stockwerken mit Weitblick. Leider wird hier gerne und für alles extra kassiert, obwohl der Übernachtungspreis alles andere als gering bemessen ist. Die Bäder hier sind kuriose „Spiegelkabinette".
- **Hotel Rice** (++ - +++), Avenida Reyes Católicos 30, Tel. 947 222300, Fax 947 223550, E-Mail: hotelrice@hotelrice.com. Etwa einen Kilometer von der Innenstadt entfernt, schlichte Fassade, angenehmes Restaurant. Viele Zimmer sind einem Vier-Sterne-Haus allerdings nicht angemessen, da kaum zu lüften und mit dürftigen Lichtkuppeln. Andere weisen auf den tristen Hinterhof. Devise: Je höher das Zimmer liegt, desto besser. Und: vorher zeigen lassen! Gelegentlich gibt es günstige Wochenendtarife. Das Frühstück ist im Preis inbegriffen.
- **Hotel Norte y Londres** (++) **(6),** Plaza Alonso Martínez 10, Tel. 947 264125, Fax 947 277375. Zweckmäßiges, in letzter Zeit umfangreich renoviertes Zwei-Sterne-Hotel.
- Einige **preiswertere Pensionen** finden Sie in den Straßen Vitoria und Don Juan de Austria sowie in der Avenida Constitución Española.
- Die im hölzernen Flach- und Fertigbaustil erbaute **Pilgerherberge** *(Albergue Parral)* liegt etwa zwei Kilometer außerhalb der Innenstadt in einem Parkgelände, das an die Ausfallachse Richtung León grenzt (Avenida de José Villacián). Massenschlaflager für rund 100 Pilger, ganzjährig geöffnet, Tel. 947 460922.
- **Camping:** Campingplatz Fuentes Blancas, Carretera Burgos-Cartuja de Miraflores, km 3,5, Tel. 947 486016. Geöffnet Anfang April bis Mitte September. Das Campingplatz-Restaurant ist für seine vorzüglichen Paellas bekannt.

Essen und Trinken

- **Restaurante Mesón del Cid** (+++), Plaza Santa María 8, Tel. 947 208715. Uriges Traditionshaus gegenüber der Kathedralfassade, Spezialität des Hauses ist gegrilltes Lammfleisch. Gute Weinauswahl aus dem Anbaugebiet Ribera del Duero.
- **Restaurante Mesón de los Infantes** (++), Calle Corral de los Infantes s/n, Tel. 947 205982. In einem stillen Winkel nahe der Kathedrale gelegen, kleiner Speiseraum unter Holzbalken. Spezialitäten u.a. Spanferkel, Kalbssteak und Seezunge.
- **Restaurante Hermanos Alonso** (+ - ++), Calle de la Llana de Afuera 5, Tel. 947 201711. Etwas versteckt gelegen, schmackhafte Hausmannskost, verschiedene Menüs.

Verkehrsverbindungen

- Die **Bahnstation** befindet sich in der Avenida Conde Guadalorce s/n, Tel. 902 240202. Zugverbindungen unter anderem nach Madrid, La Coruña, Vitoria, Pamplona, Bilbao und Irún.
- Der **Busbahnhof (12)** ist in der Calle Miranda 4 zu finden, Tel. 947 288855. Es gibt Busse unter anderem nach Madrid, Bilbao, Pamplona, Logroño, León, La Coruña, Valladolid, Castrojeriz, Palencia, San Sebastián, Santander, Vitoria, Zaragoza und Oviedo.

Feste

- Zweiwöchiges **Stadtfest** rund um den Peter- und Paul-Tag (29. Juni). Dieses Stadtfest wird von Umzügen, Stierkämpfen und viel, viel Musik begleitet; so steht am ersten Sonntag im Juli der so genannte *día de las peñas,* der „Tag der Festvereine", auf dem Programm, bei dem die Gruppen lautstark musizierend durch die Straßen ziehen. Im Juli und August musikalisches Sommerfestival Reina Sofía.

Einkaufen

- In Lebensmittelgeschäften sollte man sich einmal ein Stück **Burgos-Käse** *(queso de Burgos)* kaufen. Dabei handelt es sich um einen Frischkäse, den die Einheimischen gerne mit einer Süßpaste *(dulce de membrillo)* essen.

Abstecher von Burgos

Lerma

↗XVIII/A3

Nimmt man sich den Süden und Südosten von Burgos vor, gibt es drei Ausflugsziele auf einen Streich: Lerma, Santo Domingo de Silos und Covarrubias. Lerma ist ein 3000-Einwohner-Städtchen am Río Arlanza, liegt knapp 40 km südlich von Burgos und ist über die autobahnähnliche N-I Richtung Madrid rasch erreichbar.

Schon aus der Ferne wird man das monumentale Gepräge gewahr, das auf das 17. Jh. und den ersten Herzog von Lerma, *Don Francisco Gómez de Sandoval y Rojas,* zurückgeht. Dieser war ein Günstling des Königs *Felipe III (Philipp III)* und beauftragte *Francisco de Mora* mit dem Bau einer ganzen Reihe von Monumenten, die die Zeiten überdauert haben.

Dazu zählt vor allem der an der Plaza Mayor gelegene Palacio Ducal, der Palast des Grafen, die Stiftskirche San Pedro und verschiedene Kirch- und Klosterbauten, wie der Konvent San Blas, das Kloster Santo Domingo und das Kloster Santa Teresa. Von der einstigen Stadtbefestigung hat sich einzig der Bogen Arco de la Cárcel erhalten.

Information

- In **Lerma** arrangiert man Besuche des Herzogpalastes und der Stiftskirche über das zentrale **Touristenbüro,** Tel. 947 170143). Öffnungszeiten: Mi-Fr 10-14 und 17-20 Uhr sowie Sa und So 11-14 und 16-19 Uhr).

Covarrubias

↗XVIII/B3

Rund 20 km östlich von Lerma und 40 km von Burgos entfernt liegt – im Schatten der Sierra de las Mamblas und am Río Arlanza – das malerische 700-Einwohner-Örtchen Covarrubias. Und weil Covarrubias mit all seinen schmalen Gassen, Fachwerkhäusern und Stadtmauerresten so wohlig mittelalterlich anmutet, strapaziert man hier gerne die Floskel von der „stehengebliebenen Zeit". Seine Existenz verdankt der Ort der Siedlungspolitik des leonesisch-asturischen Königs *Alfonso III,* die im 9. Jh. aus maurischer Hand befreiten Landstriche neu bevölkern ließ. Wenig später rebellierten alteingesessene Adelige gegen die von Asturien und León aus gelenkte Vorherrschaft und begründeten unter dem Grafen *Fernán González* eine unabhängige Grafschaft Kastilien. Da all dies in und um Covarrubias geschah und *Graf González* hier einen Palast besaß, nennt sich der winzige Ort gerne „cuna de Castilla", die **„Wiege Kastiliens".**

Wichtigstes Besuchsziel in Covarrubias ist die gotische **Stiftskirche** (*colegiata;* geöffnet montags sowie mittwochs bis samstags 10.30-14 und 16-19 Uhr, sonntags 10.30-12 und 16-19 Uhr). Hier befinden sich die Gräber zahlreicher Adeliger, außerdem das des Grafen *Fernán González*. Im kleinen Kreuzgang findet man überraschenderweise eine norwegische Fahne: hier wurde im 13. Jh. die erste Gemahlin des Infanten *Felipe* und gleichzeitig Schwiegertochter von *Fernando III* beigesetzt, Prinzessin *Kristina von Norwegen.* Vom Kreuzgang aus erreicht man einige aufeinanderfolgende Räume mit dem reichen Kirchenschatz, zu denen Skulpturen, Ölgemälde, Messgewänder, kultische Gegenstände und ein flämischer, *Gil de Siloé* zugeschriebener Flügelaltar gehören; dieser zeigt die Anbetung der Heiligen Drei Könige.

Beim Bummel durch den Ort erblickt man den aus dem 10. Jh. datierenen **Wehrturm** des Grafen *Fernán González* und auch einige kleine Bars und Restaurants, die mit Spezialitäten dieses Landstrichs locken: ob mit kastilischer Brotsuppe *(sopa castellana),* im Ofen zubereitetem Lammfleisch *(cordero asado)* oder mit deftigem Eintopf *(olla podrida).*

Information

- Das zwischen März und Dezember geöffnete **Touristenbüro** in Covarrubias ist im Torbogen Felipe II untergebracht (Tel. 947 406461). Hier werden Führungen durch den Ort organisiert, hier gibt es in der Regel auch Faltblätter auf Deutsch.

Essen und Trinken

- Kulinarischer Klassiker im Herzen von Covarrubias ist die **Casa Galín,** wo man im urigen Holzsaal speist oder einfach nur einen Drink an der Bar nimmt. Freundlicher undS schneller Service. Das Restaurant (+-++) liegt an der Plaza Doña Urraca 4, Tel. 947 406552.

Santo Domingo de Silos

⇗XVIII/B3

Durch die von Hügeln durchsetzte Landschaft Kastiliens erreicht man knapp 20 km weiter südöstlich von Covarrubias das stille, im Tabladillo-Tal

Klosterkirche von Santo Domingo de Silos

081ns Foto: ad

gelegene Dorf Santo Domingo de Silos, in dem es zunächst nur ein Ziel gibt: das in voller Blüte stehende **Benediktinerkloster Santo Domingo de Silos** (Mo ohne Führungen 16.30-18 Uhr, Di-Sa mit Führungen 10-13 und 16.30-18 Uhr; während der Hauptreisezeit mitunter immenser Gruppendrang, der den Besuch zur Qual in der Enge werden lässt).

Die Mönche von Silos sind landesweit für ihre traditionelle Gastfreundschaft und die vorzüglichen **gregorianischen Gesänge** bekannt, mit denen sie schon eine Reihe von Preisen gewonnen haben.

Benannt sind Ort und Kloster nach dem heiligen *Dominikus von Silos,* der zwischen den Jahren 1041 und 1073 das Kloster leitete. Die geschichtlichen Ursprünge der Abtei reichen noch viel weiter, nämlich in die Westgotenzeit, zurück. Nach der Zerstörung durch die Mauren begann der Wiederaufbau im 10. Jh.

Unter *Dominikus* entstand der erste Teil des doppelstöckigen **romanischen Kreuzgangs,** der erst im 12. Jh. seinen Abschluss fand. Das Besondere am Kreuzgang sind die Basreliefs (flach gearbeitete Reliefs) an allen vier Seiten, die zahlreichen auf Doppelsäulen ruhenden und wunderbar gearbeiteten Kapitelle mit Pflanzen- und Tiermotiven sowie die im Mudejarstil getäfelte Decke. Bei den Basreliefs erkennt man Darstellungen wie die Himmelfahrt Jesu, Jesus mit den Jüngern von Emmaus und Mariä Verkündigung und Krönung. Auf den Kapitellen gibt es Motive wie Löwen, Flamingos, Kobolde und Hirsche. Bei den Doppelsäulen erkennt man eine gedrehte, die sich als Handschrift eines vormaligen Meisters deuten lässt, der auch im Kreuzgang der Kirche San Pedro la Rúa im navarresischen Estella tätig war.

Zum Kloster gehört auch eine traditionelle **„Apotheke“,** in die Besucher geführt werden. Beachtung verdient auch eine viele Jahrhundert alte, über 20 Meter hohe Zypresse in der Mitte des Hofes.

Gesondert tritt man in die im 18. Jh. errichtete **Klosterkirche** ein, die an der Stelle eines romanischen Gotteshauses steht; von dieser aus kommt man in die Kapelle des Santo Domingo de Silos.

Etwa drei Kilometer von Santo Domingo de Silos entfernt – Linksabzweig am Ortsausgang Richtung Lerma/Burgos – gelangt man in die **Yecla-Schlucht,** durch die waghalsig angelegte Fußgängerstege führen. Wenn man etwas Glück hat, kann man hier Gänsegeier beobachten.

Information

- Am Eintritts- und Verkaufsbüro des Klosters von Santo Domingo de Silos bekommt man in der Regel **Faltblätter auf Deutsch.**
- Käuflich zu erwerben sind dort auch Kassetten und CDs mit **gregorianischen Gesängen** der Mönche sowie von den Ordensbrüdern gefertigte kunsthandwerkliche Gegenstände.
- Wer die Anlage betritt, muss zusätzlich eine **Film- und Fotoerlaubnis** erwerben.
- Möglich ist die Teilnahme an den von gregorianischen Gesängen begleiteten **Messen** der Benediktiner (werktags um 9 Uhr, sonn- und feiertags um 12 Uhr) sowie an liturgischen Abendgottesdiensten (*vísperas* genannt) um 19 Uhr.

Von Burgos nach León

Viele Wege führen nach Castrojeriz, dem nächsten wichtigen Zwischenziel auf dem Jakobsweg, das rund 45 km von Burgos entfernt liegt. Das für diesen Teil Spaniens typische, recht dünn besiedelte und überwiegend flache **Mesetaland** ist gleichwohl von einigen Hügeln und Senken zerfurcht. Getreidefelder und rustikale Steinhäuser prägen Landschaft und Dörfer.

Fußpilger wandern auf den ersten 20 km zunächst durch **Villalbilla de Burgos** (dahinter Brücke über den Río Arlanzón), **Tardajos** (Kirche Santa María, 13.-18. Jh.) und **Rabé de las Calzadas** nach Hornillos del Camino.

Motorisierte und Radler halten sich hinter Burgos vorerst auf der N-120 Richtung León, wobei sie in drei Varianten an den historischen Pilgerweg anschließen können: a) sie folgen ihm bereits hinter Tardajos, b) sie fahren über **Las Quintanillas** bis **Villanueva de Argaño** und zweigen nach links auf ein Landsträßchen, das nach **Isar** ausgeschildert ist und einen nach rund vier Kilometern nach Hornillos del Camino bringt (man sieht es etwas rechts der Straße) oder c) sie biegen in **Olmillos de Sasamón** (zu erkennen an einem kleinen, mittelalterlichen Burgturm) nach links ab und fahren über **Villadiego** und **Castellanos de Castro,** streifen Hontanas und kommen direkt nach Castrojeriz.

Die Varianten a) und b) eignen sich für Radler mit robustem Material (Möglichkeit b ist die empfehlenswerte), da man hier Passagen auf holprigen Feldwegen hinter sich bringt. Variante c) verläuft nur auf der Straße und ist für Motorisierte und vorsichtige Radler gedacht. Zwischendurch können Reisende mit fahrbarem Untersatz auch – wie bei Variante b) – von Villanueva de Argaño aus das Sträßchen über Isar nach Hornillos del Camino nehmen, müssen aber wieder auf demselben Weg zurück.

Hornillos del Camino mag als Paradebeispiel für ein Pilgerdorf stehen, das die Zeiten überdauert hat: mit dem holprigen Weg durch den Ort, den Steinmäuerchen, den klobigen Steinhäusern mit Sitzbänkchen neben den Haustüren und dem Blumenschmuck vor den Fenstern. Ins Bild gehört selbstverständlich die kleine Dorfkirche, die hier in Hornillos del Camino in gotischem Stil erbaut wurde.

Unterkunft

- **Kleine Pilgerherbergen** gibt es in **Villalbilla de Burgos** (18 Plätze, Tel. 947 291210), **Tardajos** (Tel. 947 451189, 22 Plätze, ganzjährig geöffnet), **Rabé de las Calzadas** (Tel. 947 451341, 22 Plätze, Küche) und **Hornillos del Camino** (Tel. 947 411220, 32 Plätze, ganzjährig geöffnet, Küche).

Hontanas

↗XVII/D2

Hinter Hornillos del Camino schlagen sich Wanderer und Biker in die karge und in herrlich abgeschiedene Hügelwelt, wobei sie den gelben Jakobswegpfeilen und den Feldwegen folgen. Radler müssen mitunter absteigen, so schmal und steil ist der Pfad. Schließlich geht es über eine öde, stimmungsvolle **Hochebene** sowie über das Sträßchen Olmillos de Sasamón-Iglesias hinweg nach Hontanas. Dieses neuerliche Pilgerdorf sieht man bereits in einer Senke vor sich liegen; es ist etwa elf Kilometer von Hornillos del Camino entfernt.

Aus dem Ortsbild des urig-idyllischen **Bauernörtchens** Hontanas ragt die im 14. Jh. erbaute Pfarrkirche Nuestra Señora de la Concepción markant hervor. Daneben plätschert ein Brunnen, gegenüber liegen rustikale Steinhäuser, um deren Hauseingänge sich Rosen ranken. Wer ein bisschen Glück hat, findet die urige kleine Bar am Ortseingang, direkt rechts am Jakobsweg, geöffnet vor.

Hinter Hontanas kreuzt der Fußweg die aus Villadiego und Castellanos de Castro kommende Nebenstraße, die zur vorgenannten Variante c) gehört. Während der Weg an dem von Unmengen an Brombeerranken besetzten Hang entlangführt und auch für Mountainbiker geeignet ist, verläuft das Sträßchen als Allee an Eichen und Ahorn vorbei.

Beide Achsen treffen nahe bei einem der kuriosesten Punkte am Jakobsweg zusammen: den **Ruinen des gotischen Klosters San Antón.** Hier spannen sich die Bögen einer alten, verlassenen Abtei hoch über den Asphalt.

Jakobsweg kurz vor Hontanas

083ns Foto: ad

Dieses Kloster wurde einst von **Antonitern** (auch: **Hospitaliter** vom heiligen Antonius) geführt, einem Ende des 11. Jh. im südfranzösischen Saint-Didier gegründeten Krankenpflegeorden. In der spätmittelalterlichen Blütezeit belief sich die Zahl ihrer Niederlassungen auf über 300; im Jahre 1777 wurde die Hospitaliter vom heiligen Antonius mit den Maltesern vereinigt und verschwanden bald darauf ganz.

Unterkunft

- **Pilgerherbergen** findet man am **Arroyo de San Bol** (20 Plätze, nur im Sommer, Küche, Tel. 947 161053) und in **Hontanas** (**Alte Herberge,** 14 Plätze, ganzjährig geöffnet, Küche, Tel. 947 377436; **Neue Herberge,** 20 Plätze, ganzjährig geöffnet, vier Duschen, Küche, Tel. 947 377436).

Castrojeriz ⇗XVII/D2-3

Hinter dem San-Antón-Kloster läuft das Sträßchen, hier gleichbedeutend mit dem Weg, durch Felder auf das knapp fünf Kilometer entfernte Castrojeriz zu, das man aus der Ferne bereits an den Burgresten auf dem Hügel über dem Ort erkennt.

Castrojeriz ist ein äußerst langgestrecktes und bäuerlich geprägtes 1000-Einwohner-Dorf, das unserem altbekannten Servitenmönch *Hermann Künig van Vach* Ende des 15. Jh. besser als „Schloss Fritz" bekannt war und in dem es die erstaunliche Zahl von vier **Pilgerhospitälern** gab. Dies spricht für die Bedeutung von Castrojeriz in vergangenen Tagen. Heute jedoch ist die Geltung verblasst, und man wird mehr als einmal verfallene Häuser gewahr.

Am Ortseingang erreicht man zunächst ein steinernes Wegekreuz und dann die **Stiftskirche Virgen del Manzano** (geöffnet Di-So 10-14 und 17-19 Uhr; für den recht hohen Eintritt bekommt man vergleichsweise wenig geboten). Die historischen Wurzeln dieses auch Santa María del Manzano genannten Sakralbaus reichen ins 13. Jh. zurück, doch brachten das 17. und 18. Jh. umfangreiche Neuerungen. Im etwas düster wirkenden Innern sieht man ein Marienbildnis der Virgen del Manzano aus dem 13. Jh. sowie mehrere Skulpturen, ein Hieronymus-Ölgemälde von *Meister Carduccio* aus dem 17. und den auf *Rafael Mengs* und das 18. Jh. zurückgehenden Altar.

Folgt man dem Pilgerpfad durch Castrojeriz, kommt man an zwei weiteren Kirchen vorbei. Die aus dem 16. Jh. stammende **Kirche Santo Domingo** birgt Schätze religiöser Kunst sowie mehrere, auf Entwürfen von *Peter Paul Rubens* basierernde Wandteppiche aus dem 17. Jh. (der Erfahrung nach unzuverlässige Öffnungszeiten).

Zur ursprünglich romanische **Kirche San Juan** mit barockem Hauptretabel gehören Teile eines gotischen Kreuzgangs.

Der beschwerliche Aufstieg zu den **Burgruinen** lohnt einzig des Ausblicks wegen.

Unterkunft

- **Hostal Mesón de Castrojeriz** (+), Calle Cordón 1, Castrojeriz, Tel. 947 377400. Kleine und zweckmäßige Pension mit sieben Zimmern.
- In Castrojeriz zwei Unterkunftmöglichkeiten für Pilger: im **Refugio** in der Calle Cordón

s/n (Tel. 947 377400, ganzjährig, 32 Plätze) und in der **Albergue de San Esteban** (Plaza Mayor, Tel. 947 377001, nur Juni bis Oktober geöffnet, 25 Plätze).

● **Camping:** Campingplatz Camino de Santiago, zentral gelegen, Tel. 947 377255. Geöffnet Anfang Mai bis Mitte September.

Von Castrojeriz nach Frómista

↗XVII/CD3

Zu Beginn der rund 45 km von Castrojeriz nach Carrión de los Condes gabeln sich Pilgerpfad und Straße. Weithin sichtbar verläuft der konditionszehrende Fußweg zur Linken über das Plateau des **Mostelares-Berges,** während sich die Straße in einem großen Bogen um den majestätischen Buckel herumwindet, konkret: auf der Landstraße BU-400 Richtung Melgar de Fernamental und nach vier Kilometern

Stiftskirche Virgen del Manzano

in **Castrillo Matajudíos** links weiter auf der welligen Landstraße BU-403 Richtung Frómista. Bei Regen durchstiefeln Fußpilger ein besonders lehmiges Stück Jakobsweg über den Mostelares.

Der letzte Ort in der Provinz Burgos ist das etwas rechts von Straße und Weg gelegene Örtchen **Itero del Castillo,** von dessen mittelalterlicher Befestigungsanlage Teile erhalten sind.

Der malerische **Río Pisuerga** markiert die Grenzen zwischen den kastilisch-leonesischen Provinzen Burgos und Palencia. Über den Fluss führt eine ansehnliche, ursprünglich romanische Brücke.

Kurz dahinter gabeln sich Straße und Fußweg erneut. Der historische Jakobsweg führt nach rechts und leitet über **Itero de la Vega** (Piedad-Einsiedlerkapelle und Ortskirche San Pedro aus dem 16. Jh.) nach Boadilla del Camino, wo er wieder mit der Landstraße zusammentrifft. Da wir uns in einer anderen Provinz befinden, hat sie am Río Pisuerga bereits ihre Bezeichnung von BU-403 in P-432 gewechselt.

Bezeichnend für die Felderlandschaft rund um **Boadilla del Camino** ist der Anbau von Mais und Sonnenblumen. Für motorisierte Reisende lohnt sich in Boadilla del Camino ein kurzer Schlenker durch den Ort. Man gelangt zur Pfarrkirche Santa María mit einem plateresken Hochaltaraufsatz und einem reich ausgeschmückten romanisch-gotischen Taufbecken sowie – am Vorplatz der Kirche – zur so genannten „Rollo de Justicia", einer zum Nationalmonument erklärten, gotischen „Gerichtssäule". An dieser hohen, mit Pilgermotiven verzierten Säule wurde im Mittelalter öffentlich Gericht gehalten.

Während Fußpilger das rund fünf Kilometer lange Stück bis Frómista etwas abkürzen, mündet die Straße etwa drei Kilometer hinter Boadilla de Camino auf eine T-Kreuzung, an der man auf der Landstraße P-431 rechts Richtung Frómista durch eine Felderlandschaft (Maisanbau) fährt. Am Rand des 1.500-Einwohner-Ortes Frómista überquert man den für die Feldbewässerung so wichtigen **Kastilien-Kanal.**

Unterkunft

- **Pilgerherbergen** findet man in **Itero del Castillo** (Plaza Ayuntamiento, Tel. 9473773 59; 19 Plätze, ganzjährig geöffnet), bei der Brücke über den Río Pisuerga (**Albergue de San Nicolás,** sechs Plätze, nur Juni bis September, Tel. 947 377359) und in **Itero de la Vega** bei der Kirche (Tel. 979 151826 oder 979 151905). In **Boadilla del Camino** hat man die Wahl zwischen der kleinen **Albergue** in der Calle Escuelas (12 Plätze, ganzjährig, Tel. 979 810776) und der großen **Albergue** an der Plaza El Rollo (Tel. 979 810284 oder 979 730579; schöne Gartenanlagen, 48 Plätze, Küche, nur März bis Oktober, „Pilgermenü" im benachbarten Restaurant).

Frómista

⇗XVII/C3

In Frómista erwartet uns eines der schönsten Gotteshäuser am gesamten Jakobsweg: die romanische **Kirche San Martín** (täglich geöffnet 10-14 und 16.30-19.30 Uhr). Diese wurde mutmaßlich im Jahr 1066 von *Doña Mayor,* der Witwe des navarresischen Königs *Sancho III el Mayor,* gestiftet und gehörte einst zu einem großen, heute verschwundenen Klosterkomplex. In der Außenansicht der Kirche fallen zunächst die beiden Rundtürme und der achteckige Hauptturm auf. Wer sich nähert, entdeckt einen reichen bildhauerischen Schmuck, vor allem die über 300 kleinen Figuren an den Sparrenenden unter den Dachüberständen. Diese umziehen die Kirche und zeigen Fabelwesen, Tiere, Pflanzen und Ornamente. Der kleine Phallusmann hoch am Giebel des nördlichen Querschiffs (zur Freiplatzseite hin) zählt zu den wenigen erotischen Darstellungen am Jakobsweg.

Im Innern der San-Martín-Kirche sollte man nicht nur auf Bildnisse des Martin (14. Jh.) und des Jakobus (16. Jh.), die schmiedeiserne Öllampe (12. Jh.) sowie auf ein Kreuz aus dem späten 13. Jh. achten, sondern auch auf die Vielzahl der Kapitelle. Zu erkennen sind sowohl Tiermotive (Pelikane und Adler) als auch Geschichten aus der Bibel, wie Adam und Eva beim Sündenfall. Kunsthistoriker werden die umfangreiche Kirchenrestaurierung nicht übersehen; diese geht vornehmlich auf die Jahre 1896 bis 1904 zurück.

Von der vormaligen Bedeutung Frómistas als Jakobswegstation zeugt im Ortsbild auch die **Kirche San Pedro,** die auf das 15./16. Jh. zurückgeht und den Eindruck einer klobigen Wehrkirche macht (häufig mit Storchennest!).

Im Innern verdienen das um 1636 von *Francisco Trejo* entworfene Hauptretabel sowie der Zugang zu einem winzigen **Museum** Beachtung (unregelmäßige Öffnungszeiten, meist ist

085ns Foto: ad

der Küster in der Nähe). In diesem Museum werden außer verschiedenen wertvollen Skulpturen auch Teile des aus dem 15. Jh. datierenden Retabels der Kirche Santa María del Castillo aufbewahrt. Dieses war 1980 Opfer eines Diebstahls geworden; es fehlen nach wie vor Stücke. Bis zum neuerlichen Zusammenbau - wann auch immer - haben die Teile hier einen sichereren Hort gefunden.

Information

- Das **Touristenbüro** in Frómista liegt in der Calle Aníbal 2, doch findet man es der Erfahrung nach häufig geschlossen vor.

Kirche San Martín, Frómista

- Im Innern der **Kirche San Martín** in Frómista kann man ein ins Deutsche übersetztes Faltblatt kaufen, in dem man weitere Details zum Retabel Santa María del Castillo nachlesen kann.

Unterkunft

- In Frómista einfache, freundliche Unterkunft in der **Pensión Camino de Santiago** (+, Avenida Ejército 11, Tel. 979 810053 oder 979 810282).
- **Pilgerherberge** in Frómista (an der Plaza de San Martín, 30 Plätze, Tel. 979 810001).

Essen und Trinken

- **Restaurante Hostería de los Palmeros** (++), Plaza de San Telmo 4, Frómista, Tel. 979 810067 und 979 810192. Gemütlich eingerichtet in einem alten Pilgerhospital. Spezialitäten: Gemüseeintopf und Rinderfilet in Käsesauce. Zur wärmeren Jahreszeit Freiluftservice unter Arkaden; nahe San-Pedro-Kirche.

- Am Vorplatz der Kirche San Pedro in Frómista liegt eine kleine **Bar** mit Speisenangebot und (im Sommer) Bewirtung auch draußen. Nachteil sind die überzogenen Preise, beim schlitzohrigen Wirt sollte man auf jeden Fall die Rechnung kontrollieren!
- Probieren und/oder kaufen kann man in Frómista den für die Gegend typischen herzhaften **Käse,** dessen Basis Kuh- und Schafsmilch bilden.

Von Frómista nach Carrión de los Condes ↗XVII/C2-3

Knapp 20 km trennen Frómista von Carrión de los Condes, wobei sich der Pilgerpfad im wesentlichen als breiter, aufgeschotterter Weg präsentiert, der sich parallel zur Landstraße P-980 hält. In diesem Flachland passiert man **Población de Campos** (möglicher Links-Abzweig zur romanischen Einsiedlerkapelle San Miguel), **Revenga de Campo** (barocke Kirche San Lorenzo) und **Villarmentero de Campos** (Kirche San Martín de Tours mit mudejarer Kassettendecke).

Dann erreicht man die alte Tempelrittersiedlung **Villalcázar de Sirga** mit seiner interessanten **Kirche Santa María la Blanca.** Das romanisch-gotische Gotteshaus wurde mutmaßlich Ende des 12. Jh. fertiggestellt und gleicht von außen einer Burg. Beachtenswert sind die Vorhalle und das an Skulpturen reiche Südportal mit Darstellungen der Apostel, des Pantokrators, der Virgen Blanca und verschiedener kastilischer Könige.

Im Innern der Kirche verehren die Gläubigen in der Santiago-Kapelle ein Bildnis der wundertätigen „weißen Madonna", der *Santa María la Blanca,* die schon Tote zum Leben erweckt und viele Kranke geheilt haben soll. Weiterhin erwähnenswert: das Retabel des Hauptaltars (16. Jh.) und die reich dekorierten gotischen Grabmäler des Infanten *Don Felipe* (fünfter Sohn von *König Fernando III el Santo)* und seiner zweiten Frau *Doña Leonor Ruiz de Castro y Pimentel* sowie von *Juan Pérez,* einem Ritter des Templerordens. Des Infanten erste Frau, Prinzessin *Kristina von Norwegen,* ist im Übrigen in Covarrubias beigesetzt (siehe „Abstecher von Burgos").

Information

- Im Innern der **Kirche Santa María la Blanca** in Villalcázar de Sirga ist in der Regel eine kleine Broschüre zum Gotteshaus erhältlich.

Unterkunft

- **Pilgerherbergen** findet man in **Población de Campos** (mit 18 Plätzen, ganzjährig geöffnet, Küche, Tel. 979 810271) und **Villalcázar de Sirga** (mit 20 Plätzen, ganzjährig geöffnet, Küche, Tel. 979 888076).

Essen und Trinken

- **Restaurante Mesón Villasirga-Los Templarios** (++ - +++), Plaza Mayor s/n, Villalcazar de Sirga, Tel. 979 888022. Ansprechendes Haus, das in einem vormaligen Getreidespeicher aus dem 17. Jh. auf dem Kirchvorplatz untergebracht ist. Zu den Spezialitäten zählt unter anderem gebratenes Milchlamm. „Mittelalterliches" Mittag- und Abendessen inklusive Auftritt eines Pilgers in traditioneller Tracht. Der gestiegene Bekanntheitsgrad des Hauses hat – so scheint's nach jüngsten Berichten – auch ein wenig den Nepp gefördert. Stark von Gruppen frequentiert.

Carrión de los Condes ⇗XVII/C2

Hinter Villalcázar de Sirga verbleiben rund sechs Kilometer bis in den 2.500-Einwohner-Ort Carrión de los Condes, der sich aus dem typisch kastilischen Flachland der Meseta abhebt. Carrión de los Condes gehörte zu den alten mittelalterlichen Städten des Königreiches León; vor einem Jahrtausend sollen hier mehr als 10.000 Menschen gelebt haben. Heute ist vom einstigen Glanz ein vergleichsweise bescheidener Abglanz geblieben.

Beim Ortsspaziergang auf dem Jakobsweg kommt man gleichwohl an interessanten Bauwerken vorbei: dem aus dem 13. Jh. datierenden **Klarissinnenkonvent Santa Clara** mit einem schönen Innenhof und angeschlossenem Museum religiöser Kunst, den Stadtmauerresten und der romanischen **Kirche Santa María el Camino** mit skulpturenreicher Fassade.

Am kleinen Hauptplatz im Zentrum liegt die auf das 12. Jh. zurückgehende **Santiago-Kirche** mit der wegen ihres bildhauerischen Reichtums beeindruckenden Westfassade; die Darstellung des Pantokrators ist von den Evangelistensymbolen umgeben. Der Stil liegt im Übergang zwischen Romanik und Gotik.

Zwischen den Kirchen Santa María el Camino und Santiago sowie rund um den Rathausvorplatz macht Carrión de los Condes den gemütlichsten Eindruck; in diesen Bereichen liegen auch einige kleine, urige Bars und Restaurants.

Bereits an der Ortsausfahrt Richtung Sahagún – noch hinter der Brücke über den Río Carrión (hier: Blick hinab in die Aue auf ein Pilgermosaik) – liegt linker Hand das alte **Benediktinerkloster San Zoilo** mit einem sehenswerten Renaissance-Kreuzgang (geöffnet Di-Sa 11-13 und 16-19 Uhr).

Information

- Das **Touristenbüro** ist der Casa de Cultura angeschlossen, Tel. 979 880932.

Unterkunft

- **Hotel Real Monasterio San Zoilo** (++), Obispo Souto s/n, Carrión de los Condes, Tel. 979 880050, Fax 979 881090. Drei-Sterne-Haus in dem zum historischen Benediktinerkloster San Zoilo gehörigen Komplex. Etwas außerhalb gelegen, mit Restaurant.
- **Pilgerherbergen:** In Carrión de los Condes hat man die Wahl zwischen einer Herberge am Konvent Santa Clara (Calle de Santa Clara 1, Tel. 979 880134, ganzjährig geöffnet, 30 Plätze) sowie der billigeren und einfacheren Herberge an der Kirche Santa María del Camino (mit 58 Schlafstätten, Tel. 979 880072).
- **Camping:** Der Campingplatz El Edén liegt nahe Carrión de los Condes an der Nationalstraße 120 Logroño-Vigo, km 200. Tel. 979 881152.

Essen und Trinken

- **Restaurante Las Vigas** (++ - +++), Obispo Souto s/n, Carrión de los Condes, Tel. 979 880050. Dieser kastilische Spezialitäten-Tempel gehört zum Hotel Real Monasterio San Zoilo (altes Benediktinerkloster). Auf der Speisekarte stehen unter anderem Lamm und Gemüse.
- Mehrere Bars und Restaurants im Ortskern entlang des Pilgerweges.

Von Carrión de los Condes nach Sahagún ⇗XVI/B2–XVII/C2

Auf dem knapp 100 km langen Teilstück von Carrión de los Condes bis León reißt das typisch kastilische und zuweilen monoton wirkende Meseta-Flachland nicht ab. Etwas, das man als bedeutende Sehenswürdigkeiten einstufen könnte, gibt es nicht. Doch gilt für Fußpilger und Radler insbesondere auf der Etappe von Sahagún nach Mansilla de las Mulas einmal mehr die Floskel vom Weg als dem Ziel. Dort verläuft der Pfad schnörkellos in die Weite, von Baum zu Baum.

Hinter Carrión de los Condes teilen sich Straße und Pilgerpfad, wobei der Fußweg an den Ruinen der Abtei **Santa María de Benevívere** vorbei und weit versetzt von der Straße nach Calzadilla de la Cueza leitet.

Radler und Motorisierte nehmen die N-120 und kommen an **Calzada de los Molinos** und **Cervatos de la Cueza** vorbei. Die N-120 ist in diesem Bereich in jüngster Zeit in eine autobahnähnliche Schnellstraße verwandelt worden.

Nach rund 15 km, kurz hinter Cervatos de la Cueza, können Radfahrer (und auch Autofahrer) eine **Variante bis Sahagún** nehmen, die mit dem Jakobsweg nichts zu tun hat. Doch zum einen gibt es bis Sahagún recht wenig zu sehen, und zum anderen ist die N-120 bis dorthin sehr stark befahren. Diese rund 30 Kilometer lange Variante führt auf der Landstraße P-972 Richtung Villada durch eine typische Landschaft der Getreidefelder. Es geht vorbei an **San Román de la Cuba,** dann weiter nach **Villada** und von dort aus auf der ausnahmslos flachen Landstraße C-611 über **Grajal de Campos** (mit Schloss der Grafenfamilie *Grajal* aus dem 16. Jh., gräflichem Renaissancepalast und Pfarrkirche San Miguel aus dem 16./17. Jh.) nach Sahagún.

Auf dem Jakobsweg kommt man – zu Fuß oder auf der N-120 – bis Sahagún durch folgende Orte: **Calzadilla de la Cueza** (hier treffen Weg und Straße zusammen; Pfarrkirche San Martín aus dem 16. Jh.), **Ledigos** (Santiago-Pfarrkirche), **Terradillos de los Templarios** (San-Pedro-Pfarrkirche), **Moratinos** und **San Nicolás del Real Camino** (letzter Ort in der Provinz Palencia).

Unterkunft

- **Pilgerherbergen** findet man in **Calzadilla de la Cueza** (Tel. 979 883163, ganzjährig geöffnet, 100 Plätze), **Lédigos** (Tel. 979 883614; 52 Plätze, ganzjährig geöffnet, Küche, unterschiedliche Preise für Bett/Pritsche) und **Terradillos de los Templarios** (Tel. 979 883679, 55 Plätze, ganzjährig geöffnet).

Sahagún ⇗XVI/B2

Im bereits zur Provinz León gehörigen 3500-Einwohner-Städtchen Sahagún, das vor allem wegen seines Klosters einst zu den wohlhabendsten am ganzen Jakobsweg gehörte, will sich in unserer Zeit keine so rechte Begeisterung einstellen. Gut, es gibt einige Kirchen, doch über vielen Straßenzügen liegt Tristesse.

Sahagún war bereits zu römischen Zeiten bekannt. Im 11. Jh. wurde der spätere kastilisch-leonesische König *Alfonso VI* im Benediktinerkloster San Facundo y San Primitivo erzogen, der dann – als gekröntes Haupt und in bester Erinnerung an seine frühen Jahre in Sahagún – die Entwicklung des Marktfleckens mit Sonderrechten und Schenkungen vorantrieb.

Vom einst so bedeutenden und im 19. Jh. von einem verhängnisvollen Brand heimgesuchten **Kloster San Facundo y San Primitivo** zeugen heute nur noch Ruinen (unter anderem ein Turm und ein frei stehender Bogen).

Zu den weiteren Bauwerken im Ortsbild zählen die im Mudejarstil erbauten **Backsteinkirchen San Tirso und San Lorenzo** sowie, etwas außerhalb, die auf das 13. Jh. zurückgehende **Peregrina-Kirche.**

Im Benediktinerinnen-Konvent **Santa Cruz** mit angeschlossenem Museum (Avenida Doctores Bermejo y Calderón s/n; Öffnungszeiten nicht immer verlässlich; Tel. 987 780078) sieht man das Grabmal von *König Alfonso VI* sowie seinen Ehefrauen, außerdem eine *Enrique de Arfe* zugeschriebene Monstranz und Skulpturen aus verschiedenen Jahrhunderten.

Rund fünf Kilometer südlich von Sahagún liegt die romanische **Klosteranlage San Pedro de Dueñas.**

Information

- Das **Touristenbüro** liegt in der Travesía del Arco s/n (Tel. 987 782117).

Unterkunft

- **Hostal Hospedería Benedictina** (+), Avenida Doctores Bermejo y Calderón s/n, Tel. 987 780078. Einfaches Gasthaus, 21 Einzel- und Doppelzimmer.
- **Hostal Pacho** (+), Avenida Constitución 86, Tel. 987 780775. Einfache Acht-Zimmer-Pension, nur geöffnet von Anfang März bis Ende September.
- **Pilgerherberge** an der Iglesia de la Trinidad; 85 Plätze, ganzjährig, Tel. 987 780001.
- **Camping:** Campingplatz Pedro Ponce an der Carretera Nacional 120, ein Stückchen außerhalb Richtung León, Tel. 987 781112, Fax 987 781000. Geöffnet Anfang April bis Ende September.

Fest

- Bei den **Stadtfeierlichkeiten in Sahagún** zu Ehren von San Juan de Sahagún kommt es alljährlich zwischen dem 10. und 12. Juni zu **Stiertreiben von Jungstieren** *(encierros de novillos).*

Von Sahagún nach León

XVI/AB1-2

Hinter Sahagún halten sich der Pilgerpfad und die Landstraße N-120 in dieselbe Richtung León, trennen sich jedoch nach etwa fünf Kilometern bei **Calzada del Coto.**

Für motorisierte Reisende geht es mehr oder minder sang- und klanglos in das knapp 20 km vor León gelegene Mansilla de las Mulas.

Fußpilger und Radler ziehen über einen breiten, flachen Schotterweg an Platanenreihen entlang von Ort zu Ort (in Calzada del Coto wählt man den linken, an einem modernen, weißen Steinkreuz vorbeiführenden Weg und nicht die Variante über Calzadilla de Hermanillos). Die wohlige Abgeschiedenheit auf dem Pfad wird einzig von gedämpftem Verkehrslärm getrübt. Typisch für die bäuerlich geprägte Gegend sind die heftigen Winde, die Lehmbauten und die vereinzelten Weinberge. Hinter Calzada del Coto geht es an der links des Weges gelegenen Einsiedlerkapelle Nuestra Señora de Perales (davor: kleine Picknickzone) vorbei nach **Bercianos del Real Camino** (Salvador-Kirche) und weiter über **El Burgo Ranero** (San-Pedro-Kirche), die Gleise der Bahnlinie León – La Coruña und **Religos** nach Mansilla de las Mulas.

Mansilla de las Mulas liegt als gemütliches und von einigen netten Gassen durchzogenes 1700-Einwohner-Örtchen an den Ufern des Río Esla. Mansillas Namensbeiwerk „de las Mulas" heißt übersetzt „von den Mauleseln" und rührt von vergangenen, Viehmärkten her, die hier abgehalten wurden.

An Bauwerken sind die Ende des 12. Jh. unter *Fernando II* begonnenen Stadtmauern (zum Teil gut erhalten), die Santa-María-Kirche aus dem 17. Jh. und die außerhalb gelegene Einsiedelei Nuestra Señora de Gracia von Interesse.

Wenige Kilometer westlich von Mansilla de las Mulas – bei Villaverde de Sandoval – liegt das im 12. Jh. gegründete **Zisterzienserkloster Santa María de Sandoval.**

Man kann auch einen weiteren Abstecher zu der etwa 15 km nordöstlich von Mansilla de las Mulas gelegenen mozarabischen Kirche **San Miguel de Escalada** einplanen. Diese ist kurz hinter Mansilla de las Mulas als Rechts-Abzweig ab der Nationalstraße Richtung León ausgeschildert (siehe auch „León, Abstecher nach San Miguel de Escalada.").

Hinter Mansilla de las Mulas verbleiben knapp 20 km durch landwirtschaftliche Anbaugebiete bis León; der Pilgerweg hält sich fast unablässig parallel zur recht stark befahrenen Nationalstraße. Man kommt durch **Villamoros de Mansilla, Villarente** (zuvor äußerst schmale Brücke über den Río Porma) und **Valdelafuente,** ehe in einer weiten Senke León mit seinen gesichtslosen Satellitenvierteln und seinen fernen Kathedraltürmen auftaucht.

Unterkunft

- In **Mansilla de las Mulas** findet man zwei kleine Pensionen in der Avenida Picos de Europa: das **Hostal San Martín** (+, Tel. 987 310094) und das etwas preiswertere **Hostal Faroles** (+, Tel. 987 310949). Außerdem: das Drei-Sterne-Hotel **Bahillo** (++, Carretera de Cistierna s/n, Tel. und Fax 987 311910) und die **Alberguería del Camino** (+ - ++, Calle Concepción 12, Tel. 987 311193).
- **Pilgerherbergen** gibt es in **Calzada del Coto** (Tel. 987 781177, ganzjährig geöffnet, 24 Plätze), **Bercianos del Real Camino** (Tel. 987 784008, ganzjährig geöffnet, Küche, 37 Plätze), **El Burgo Ranero** (Tel. 987 330023; 26 Plätze, ganzjährig geöffnet, mit Kamin und Küche), **Religos** (Tel. 987 314103, 50 Betten, ganzjährig geöffnet, Küche) und **Mansilla de las Mulas** (mit 46 Plätzen und Küche, Tel. 987 310068; dies ist eine der urigsten und empfehlenswertesten am gesamten Jakobsweg).

León – alte Königsstadt

↗XVI/A1

Wer die alte, am Río Bernesga gelegene Königsstadt León nach dem ersten Ausblick auf die Hochhausfronten der Vorstädte beurteilt, liegt vollkommen falsch. Hinter diesen Gürteln der Moderne verbirgt sich eine gemütliche bis quirlige Stadt mit hochinteressanten Bauwerken wie der gotischen Kathedrale Santa María de la Regla, der königlichen Stiftskirche San Isidoro mit ihren berühmten Fresken und dem zum Parador umfunktionierten Kloster San Marcos. Leóns Grün- und Flanierzonen konzentrieren sich entlang der Flussaue.

Doch auch das Ausgehvergnügen im verwinkelten Altstadtbezirk kommt nicht zu kurz, vor allem in dem an Bars reichen *Barrio Húmedo,* dem „Feuchten Viertel". Beliebte Treffpunkte liegen im Bereich der Plaza Mayor. Manche Bars in León pflegen die erfreuliche Tradition, Appetithäppchen *(tapas)* gratis zum Getränk zu servieren – erfahrende Spanienreisende werden die Gepflogenheit aus andalusischen Städten wie Granada kennen.

Gleichwohl ist die Stadt, die sich zu Beginn des Spanischen Bürgerkriegs 1936 direkt auf die Seite *Francos* stellte, auch für ihren **konservativen Charakter** bekannt. Nun, wenigstens hat man in jüngster Zeit die zentrale Hauptstraße „Generalísimo Franco" in „Calle Ancha" umbenannt.

Wie Burgos, so ist auch León für ganzjährig widrige **Witterungsbedingungen** bekannt. Wann immer in den spanischen Wetterberichten von den niedrigsten Temperaturen die Rede ist, León ist mit Sicherheit dabei.

Geschichte

Die Bedeutung der zweitausendjährigen Stadt geht seit eh und je auf ihre strategisch günstige Lage zurück: als Kreuzungspunkt von Wegen und als Verbindungspunkt zwischen der Meseta einerseits und Asturien und Galicien andererseits. Angelegt wurde León zu **römischen Zeiten** im 1. Jh. nach der Zeitenwende; der Stadtname gründete sich auf die hier stationierte VII. römische Legion.

Kathedrale von León

086ns Foto: ad

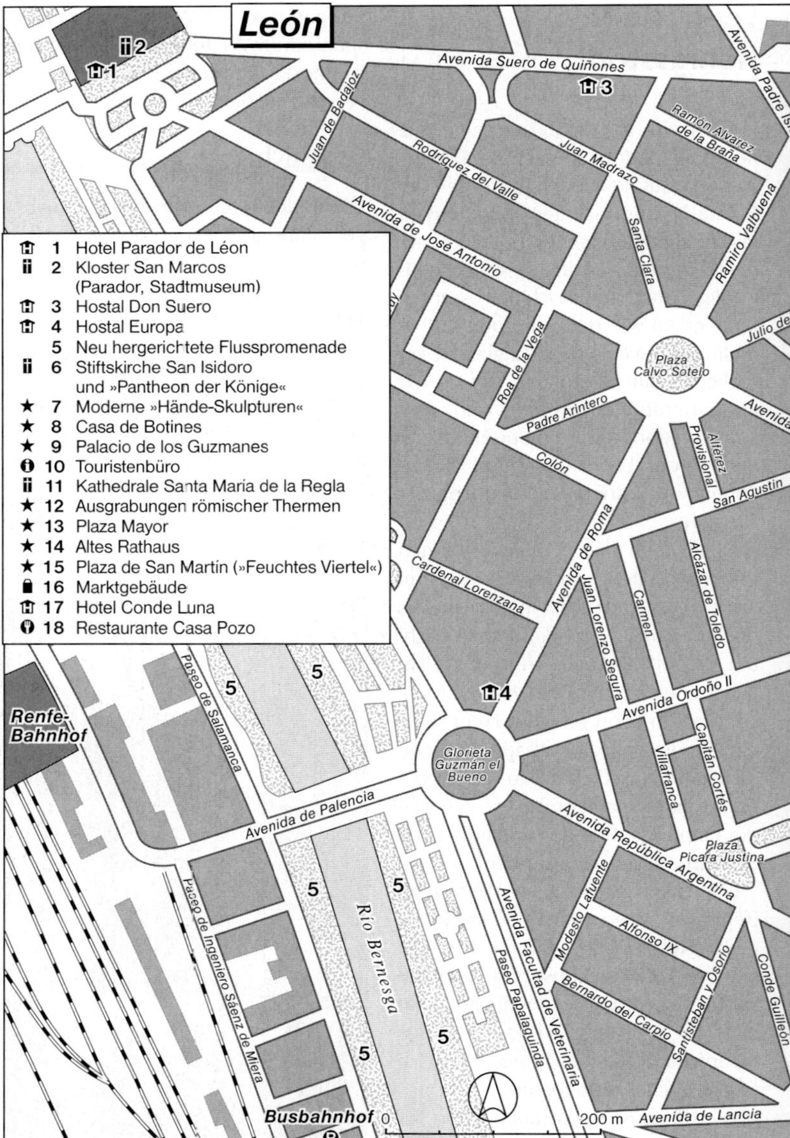
León
1 Hotel Parador de Léon
2 Kloster San Marcos (Parador, Stadtmuseum)
3 Hostal Don Suero
4 Hostal Europa
5 Neu hergerichtete Flusspromenade
6 Stiftskirche San Isidoro und »Pantheon der Könige«
7 Moderne »Hände-Skulpturen«
8 Casa de Botines
9 Palacio de los Guzmanes
10 Touristenbüro
11 Kathedrale Santa María de la Regla
12 Ausgrabungen römischer Thermen
13 Plaza Mayor
14 Altes Rathaus
15 Plaza de San Martín (»Feuchtes Viertel«)
16 Marktgebäude
17 Hotel Conde Luna
18 Restaurante Casa Pozo
Avenida Suero de Quiñones
Avenida Padre Isla
Juan de Badajoz
Ramón Alvarez de la Braña
Rodríguez del Valle
Juan Madrazo
Avenida de José Antonio
Santa Clara
Ramiro Valbuena
Roa de la Vega
Julio del
Plaza Calvo Sotelo
Avenida
Padre Arintero
Colón
Provisional
Alférez
San Agustín
Avenida de Roma
Cardenal Lorenzana
Juan Lorenzo Segura
Carmen
Alcázar de Toledo
Paseo de Salamanca
Renfe-Bahnhof
Avenida Ordoño II
Glorieta Guzmán el Bueno
Villafranca
Capitán Cortés
Avenida de Palencia
Avenida República Argentina
Plaza Picara Justina
Paseo de Ingeniero Sáenz de Miera
Río Bernesga
Avenida Facultad de Veterinaria
Paseo Papalaguinda
Modesto Lafuente
Alfonso IX
Bernardo del Carpio
Santisteban y Osorio
Conde Guillén
Busbahnhof
0
200 m
Avenida de Lancia

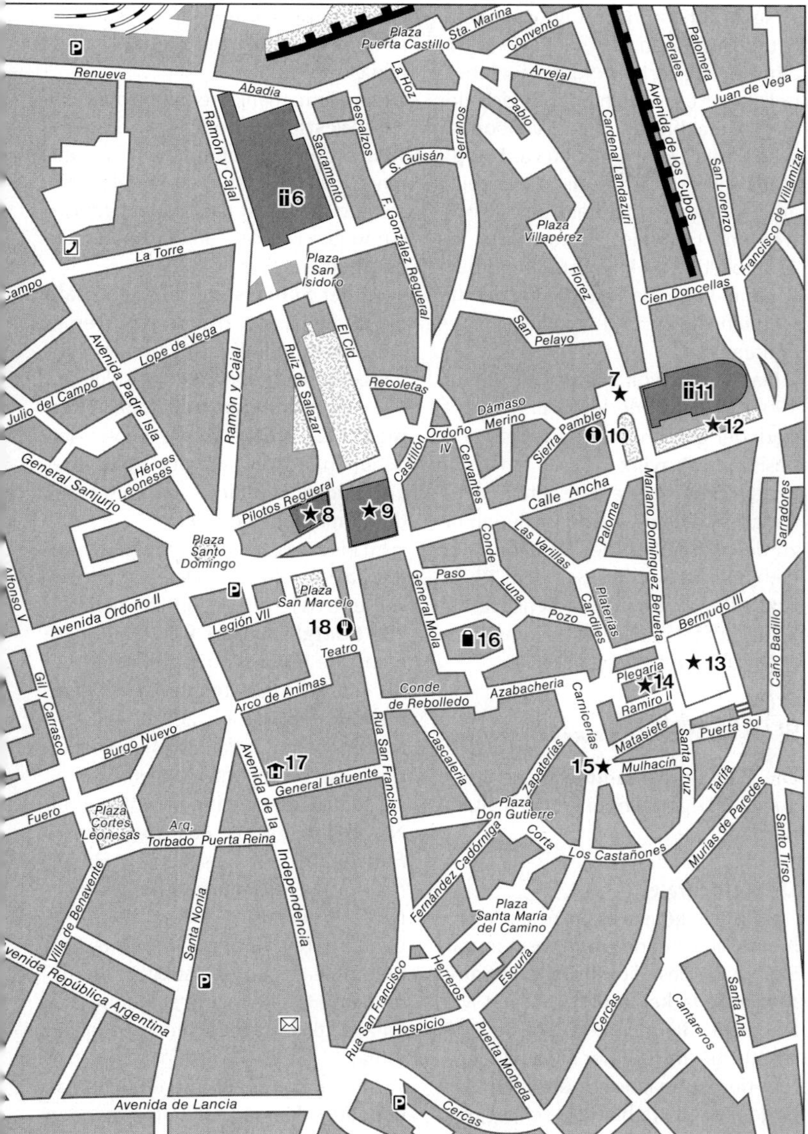

Der Jakobsweg

Nach Zerstörungen der Mauren im 8. und 9. Jh. kam es unter *Ordoño I* zu einer erfolgreichen Neubesiedlungspolitik der Landstriche. Zu Beginn des 10. Jh. machte der asturisch-leonesische König *Ordoño II* León zur **Hauptstadt** seines Reiches, die gleichzeitig als wichtiger Stützpunkt am Jakobsweg und Handelsplatz fungierte. Bis 1230 blieb León Hauptstadt und büßte dann durch die Vereinigung der Königreiche León und Kastilien an Bedeutung ein.

Das León von heute ist knapp 150.000 Einwohner groß und Hauptstadt der gleichnamigen kastilisch-leonesischen **Provinz** (15.581 km^2). Die relativ dünn besiedelte Provinz erstreckt sich vom Ödland im Süden bis zu den Ausläufern des Kantabrischen Gebirges im Norden. Seit dem 19. Jh. ist die Region für ihre Kohlenbergwerke bekannt – und leider ein ums andere Mal für Grubenunglücke.

Sehenswertes

Die **Zahlen in Klammern** verweisen auf die Legendenpunkte des Stadtplans.

Die Kathedrale

Sie ist ein gotisches Glanzstück, eine himmelstürmende Komposition aus Stein und Glas: die **Kathedrale Santa María de la Regla** (**11,** geöffnet Mo-Sa 8.30-13.30 und 16-19 Uhr, So 8.30-13.30 Uhr, im Sommer etwas länger).

In der Außenansicht der im 13. Jh. begonnenen Kathedrale schaut man zunächst steil auf zu den beiden ungleich hohen **Türmen,** dem 65 m messenden Glocken- und dem 68 m hohen Uhrturm.

Die Türme flankieren die eindrucksvolle **Westfassade** mit ihrer Fensterrose und den drei mit reichem Skulpturenschmuck versehenen Portalen. Besonders schön ist das Marienbildnis – die Virgen Blanca – an der Mittelsäule des mittleren Portals.

An der **Südfassade** sticht ebenfalls die große Fensterrose hervor. Wer an dieser Katthedralseite außen im Fußgängerbereich entlanggeht, sollte auf die **Ausgrabungen römischer Thermen (12)** buchstäblich unter den Schuhen achten – man geht über Glasböden, die diese Zeugnisse aus der Römerzeit bedecken.

Im bis zu 40 m hohen Innern der Kathedrale dominiert ein feines, ganz besonderes Licht, das durch mehr als 100 **Buntglasfenster** fällt. Diese nehmen eine Fläche von sage und schreibe 1.800 Quadratmetern ein, stammen aus dem 13. bis 20. Jh. und sind immer wieder umfangreichen Restaurierungsarbeiten unterworfen.

Ebenfalls zu beachten: der Chor mit Nussbaumgestühl, das von *Nicolás Francés* im 15. Jh. geschaffene Hauptretabel, die reich ausgeschmückte Kapelle Virgen del Camino sowie das Grabmal des Königs *Ordoño II*. Last but not least und unglaublich: der nahe dem Haupteingang stehende und für Kreditkarten gedachte Spendenautomat.

Von der Kathedrale aus erreicht man den aus dem 14. Jh. stammenden **Kreuzgang** und das üppig ausstaffier-

087ns Foto: ad

te **Kathedralmuseum,** in dem unter anderem wertvolle Handschriften und Skulpturen aus verschiedenen Jahrhunderten ausgestellt sind (Museum im Sommer geöffnet Mi-Fr 9.30-13 und 16-19 Uhr, Sa 9.30-13 und 16-18 Uhr; ansonsten Mo-Fr 9.30-13 und 16-18.30 Uhr, Sa nur 9.30-13 Uhr).

Einkaufszonen und Altstadt

Der arkadengesäumte Kathedralvorplatz heißt **Plaza de la Regla** und ist in den letzten Jahren in eine Fußgängerzone umgewandelt worden – so lässt sich alles genau und in Ruhe betrachten; inklusive der modernen Hände-Skulpturen **(7)**.

Auf den Platz läuft von Westen her die äußerst geschäftige, breite **Einkaufsstraße Calle Ancha** zu. Auf dieser kann man etwa 300 m hinabgehen, bis rechts zwei signifikante Gebäude aus vergangenen Zeiten auftauchen: zunächst der im 16. Jh. erbaute **Palacio de los Guzmanes (9)** mit seinem herrlichen Innenhof (heute mit Verwaltungsbüros, aber in der Regel kann man sich den Patio ansehen).

Direkt daneben steht die **Casa de Botines (8),** heute Sitz eines Kreditinstituts. Sie wurde Ende des 19. Jh. im neogotischen Stil von Spaniens bekanntestem Jugendstilarchitekten, *Antoni Gaudí* (1852-1926), entworfen.

Hauptportal der Kathedrale mit der „weißen Jungfrau"

Gaudí selbst sitzt vor der Casa auf einer Bank – in Bronze.

Plaza San Marcelo heißt der Freiplatz, der zwischen der Casa de Botines und dem in einem Renaissancepalais untergebrachten **Rathaus** sowie der **Kirche San Marcelo** liegt; im Innern des Gotteshauses sieht man zwei aus dem 16. Jh. stammende Bildhauerarbeiten von *Gregorio Fernández,* die Christus und San Marcelo zeigen.

Ist man an die Plaza de la Regla vor die Kathedrale zurückgekehrt (oder auf dieser geblieben), sollte man an der Ecke Calle Ancha durch die Mariano Domínguez Berueta einige Blocks weiter zur **Plaza Mayor (13,** auch **Plaza de la Constitución Española)** vorgehen. An dieser liegen Laubengänge und die Fassade des altehrwürdigen barocken ehemaligen **Rathauses (14);** außerdem dient sie als Rahmen für Freiluftmärkte. Jüngst wurden hier römische Ausgrabungsreste freigelegt.

Von der Plaza Mayor taucht man ein ins **Gassengewirr der Altstadt** und das „Feuchte Viertel", dessen Kern die **Plaza de San Martín (15)** bildet. Zur sonnigen Jahreszeit kann man hier in einer der zahlreichen Bars herrlich draußen sitzen.

Rund um San Isidoro

An der Plaza San Isidoro liegt die auf das 11. und 12. Jh. sowie König *Fernando I* zurückgehende **königliche Stiftskirche San Isidoro (6,** täglich geöffnet 8.30-13.30 und 16-19.30 Uhr). Diese gilt als Musterbeispiel der spanischen Romanik und beherbergt seit dem Jahre 1063 die aus dem muselmanisch besetzten Süden nach hier überführten Reliquien des *Isidor von Sevilla.* Dieser Bischof und Kirchenlehrer lebte zwischen 560 und 636 und setzte sich insbesondere für die Ausbildung des Klerus und der kirchlichen Disziplin ein. Heute ist San Isidoro bekannt für seine besonders rege Kirchengemeinde.

In der Außenansicht der Kirche fallen die beiden bildhauerisch interessanten **Portale** Perdón und das reich gestaltete Cordero auf.

Neben der Kirche führt eine separate Tür zum **Museum** mit dem „Pantheon der Könige", das man sich keinesfalls entgehen lassen sollte (geöffnet Di-Sa10-13.30 und 16-18.30, So 10-13.30 Uhr; Foto- und Filmaufnahmen streng verboten; während der Hauptreisezeit zuweilen unglaublicher Massenandrang). Das **„Pantheon der Könige"** gehört zu den Höhepunkten am gesamten Jakobsweg. Dieser Vorbau zur San-Isidoro-Kirche avancierte zur letzten Ruhestätte von insgesamt 23 Königen und Königinnen. Um das Jahr 1160 herum wurde die Decke mit einzigartigen romanischen Fresken verziert, die dem Pantheon den Beinamen „Sixtinische Kapelle der romanischen Kunst Spaniens" bescherten.

Vom „Pantheon der Könige" tritt man hinaus in den Kreuzgang und später – über Treppen hinauf – ins eigentliche Museum. Zu den wertvollen Kunstschätzen zählen Reliquienkreuze, ein Kelch der *Doña Urraca,* ein altarabisches Kästchen und – in einem gesonderten Raum – mehrere mittelalterliche Kirchenbücher.

Die Westseite der Stiftskirche San Isidoro zeigt zur Calle Ramón y Cajal hin, wo sich noch Reste der mittelalterlichen **Stadtmauer** befinden. Vom Kirchenvorplatz, der **Plaza San Isidoro,** findet man leicht in die geschäftigen Zentrumszonen zurück. Wenn man sich auf dem Sträßchen El Cid hält, kommt man an der kleinen **Parkanlage El Cid** vorbei und am altbekannten Palacio de los Guzmanes heraus.

Kloster San Marcos

Als generöses Dankeschön für die Santiago-Ritter, die sich maßgeblich an der Reconquista beteiligt hatten, stifteten die Katholischen Könige zu Beginn des 16. Jh. das **Kloster San Marcos (2).** In der Folge diente es nicht nur als ritterliches Stammhaus, sondern auch als Konvent und Pilgerhospiz.

Zur Plaza de San Marcos hin zeigt die monumentale und reich dekorierte plattereske **Fassade** des Klosters, hinter der sich heute ein Fünf-Sterne-Parador verbirgt – eines der schönsten Hotels in ganz Spanien. Auffällig über dem Eingang ist das Motiv, das den heiligen *Jakobus* als Maurentöter zeigt.

Besonders schön ist auch der **Kreuzgang,** in den man vom Hotel aus hinein gelangt, wenn man weiß wie. Also: Man passiert die Schwelle des Haupteingangs, geht ein Stückchen geradeaus und tritt durch die zweite Glastür auf der rechten Seite, die normalerweise geöffnet ist. Falls nicht, besteht ein weiterer Zugang durch eine Tür nahe dem Hauptaltar in der zum vormaligen Kloster gehörigen Kirche.

088ns Foto: ad

Parador von León (hier der Kreuzgang)

Auf dem jüngst vom Verkehr befreiten **Vorplatz** des Klosters San Marcos hat sich ein Pilger niedergelassen – in Bronze, ein Werk von *José María Acuña.*

Dem Komplex angeschlossen ist auch das regionalgeschichtlich bedeutsame **Stadtmuseum** (Museo de León), in dem unter anderem ein mozarabisches Kreuz (Cruz de Santiago de Peñalba) und ein im 11. Jh. aus Elfenbein gearbeiteter Christus ausgestellt sind (im Sommer geöffnet Di-Sa 10-14 und 17-20.30, So 10-14 Uhr; ansonsten Di-Sa 10-14 und 16.30-20, So nur von 10-14 Uhr).

Das Kloster San Marcos liegt nahe dem **Río Bernesga.** An den Uferzonen sieht man häufig Boulespieler; in jüngster Zeit sind die Flusspromenaden **(5)** ansehnlich hergerichtet worden und laden zu Spaziergängen ein.

Praktische Tipps

Information

- Das **Touristenbüro (10)** befindet sich direkt gegenüber der Kathedrale, Plaza de la Regla 4, Tel. 987 237082, Fax 987 273391. Internet-Infos über die Kastilien-León-Homepage: www.jcyl.es.

Unterkunft

- **Hotel-Parador de León** (+++) **(1),** Plaza de San Marcos 7, Tel. 987 237300, Fax 987 233458, Website: www.parador.es, E-Mail: leon@parador.es. Sensationelles Fünf-Sterne-Haus, das man gerne zu den schönsten in ganz Spanien zählt. Zwar sind die recht geräumigen Zimmer zur Flussseite hin durchaus einen Stern weniger wert, doch was zählt, ist das altehrwürdige Ambiente in diesem einstigen Konvent und Pilgerhospiz. Exzellentes Frühstücksbüffet. Aufgepasst: Lassen Sie sich im modernen Trakt des Hauses nicht mit einem Zimmer abspeisen, von dem aus man auf den Hinterhofparkplatz schaut!
- **Hotel Conde Luna** (++ - +++) **(17),** Avenida de la Independencia 7, Tel. 987 206600, Fax 987 212752. Zentraler, recht altmodischer 150-Zimmer-Block, vier Sterne. Das großzügige Foyer vermittelt allerdings einen falschen Eindruck: Manche Zimmer sind sehr klein und einem Hotel dieser Kategorie nicht angemessen. Gutes Restaurant.
- **Hostal Boccalino** (++), Plaza de San Isidoro 9, Tel. 987 223060, Fax 987 227878. Am Vorplatz der San-Isidoro-Kirche, ideal zentral. Angenehm gepflegter Stil. Mit Restaurant.
- **Hotel Paris** (++), Calle Ancha 18, Tel. 987 238600, Fax 987 271572. Mitten in der Fußgängerzone gelegen, 53 Zimmer. Direkt nebenan Bar-Restaurant.

089ns Foto: ad

Gaudí auf der Bank – allerdings nur in Bronze

- **Hostal Don Suero** (+ - ++) **(3),** Avenida Suero de Quiñones 15, Tel. 987 230600, Fax 987 246491. Etwas außerhalb der City gelegener Megakomplex mit mehr als 100 zweckmäßigen Zimmern.
- **Hostal Europa** (+) **(4),** Avenida Roma 26, Tel. 987 222238. Kleine, preiswerte Neun-Zimmer-Pension für Reisende mit Basisansprüchen; Zimmer mit Waschbecken. In derselben Avenida Roma liegen einige weitere Pensionen ähnlichen Qualitäts- und Preisstandards.
- In León gibt es **zwei Pilgerherbergen:** die zentrale Albergue del Monasterio de las Benedictinas (Plaza de Santa María del Camino s/n, 45 Betten, Tel. 987 252866) und die etwas außerhalb gelegene Albergue Ciudad de León (Campos Góticos s/n, Tel. 987 081832; 64 Plätze, ganzjährig geöffnet.

Essen und Trinken

- **Restaurante Adonías** (+++), Santa Nonia 16, Tel. 987 206768. Anspruchsvolle leonesische Küche in einem Haus mit langer Tradition, schon vielfach mit Preisen ausgezeichnet. Hier gibt es Fischgerichte aus dem Ofen, Gänseleber und – außer dem Tagesmenü – auch das teurere und erlesenere Spezialmenü *(menu degustación)*.
- **Restaurante La Gitana** (++), Travesía de Carnicerías 5, Tel. 987 256035. Im „Feuchten Viertel", Speisesaal der rustikalen Bar im 1. Stock. Mehrheitlich Fisch und Meeresfrüchte, doch auch gebratenes Milchlamm und Ferkel.
- **Restaurante Casa Pozo** (**18,** ++), Plaza San Marcelo 15, Tel. 987 237103. In einer kleinen, heimeligen Restaurantzone gelegen. Mehrere Gemüse- und Eintopfgerichte, gute Fisch- und Fleischauswahl, Tagesmenü, angenehmer Service, Bar im Unterbereich.
- **Restaurante Rancho Chico** (+), Plaza de San Martín 7, Tel. 987 256047. Mitten im „Feuchten Viertel", sehr preisgünstige Tagesmenüs. Freundlich, zur wärmeren Jahreszeit Terrassen-Service.

Verkehrsverbindungen

- Die **Bahnstation** liegt in der Avenida de Astorga s/n, Tel. 902 240202. Züge unter anderem nach Madrid, Ferrol, Bilbao, Ponferrada, Gijón, Vigo und La Coruña.
- Der **Busbahnhof** befindet sich in der Avenida Ingeniero Sáenz de Miera s/n, Tel. 987 211000. Busverbindungen unter anderem nach Astorga, Ponferrada, Burgos, Vitoria, Santander, Madrid, Oviedo, Gijón, Logroño, Zaragoza, La Coruña, Pontevedra, Irún und Bilbao.

Feste

- Im alljährlichen Festreigen stechen die vom 21. bis 30. Juni abgehaltenen und von Umzügen begleiteten **Patronatsfeierlichkeiten** (Fiestas de San Juan y San Pedro) hervor.

Einkaufen

- Das **Marktgebäude** (16) befindet sich bei der Plaza Conde Luna und hat werktags von 9/9.30 bis etwa 14 Uhr geöffnet.
- Sonntag vormittags **Allerleimarkt (Mercadillo)** am Río Bernesga, in der Nähe des Klosters San Marcos.

Ausstellungen

- Zu den **Galerien und Ausstellungszentren** in León rechnen der Bernesga (Roa de la Vega 8), Arte Lancia (Lancia 21), Arte Ausaga (Padre Isla 62), Sardón (Juan Madrazo 25) und Sala Provincia Edificio Fierro (Calle Puerta de la Reina 1).

Weitere Reisetipps

- **Parken:** Ein gutes, zentrales Parkhaus liegt an der Plaza Santo Domingo (nahe der Casa de Botines). Öffentliches Parkhaus auch unter der Plaza Mayor.
- **Autoverleih:** Büro von Europcar im Bahnhof (Avenida de Astorga s/n, Tel. 987 230551).

Abstecher nach San Miguel de Escalada

⇗XVI/AB2

San Miguel de Escalada, rund 30 km südöstlich von León gelegen, gilt als eine der **schönsten mozarabischen Kirchen Spaniens** (geöffnet Di-Sa 10.30-13.30 und 16-19 Uhr sowie So 10.30-13.30 Uhr; nicht immer zuverlässige Öffnungszeiten).

Mozaraber, das waren die unter muslimischer Herrschaft lebenden Christen. In diesem Fall waren es aus dem muselmanischen Córdoba geflohene Mönche, die an der Stelle einer westgotischen Kirche zu Beginn des 10. Jh. ihr Kloster errichteten.

Heute ist von der nach wie vor abgeschieden gelegenen Anlage einzig die dreischiffige **Kirche** erhalten, in deren Innern man sich eher wie in einer kleinen Moschee als in einem

Gotteshaus fühlt – schließlich hatten die Mönche auch künstlerische Einflüsse aus dem Süden mitgebracht. Besonders signifikant sind die Hufeisenbögen mit ihrem recht kleinen Radius sowohl im Innern als auch an der Arkadenfront. Der klobige Kirchturm wurde im 13. Jh. angebaut. Der zum Nationalmonument erklärte Komplex ist in den 50er und 80er Jahren des 20. Jh. gründlich restauriert worden.

Am besten erreicht man San Miguel de Escalada – auf der Nationalstraße 601 aus León kommend – von einem ausgeschilderten Links-Abzweig kurz vor Mansilla de las Mulas aus. Von diesem Kreuzungspunkt aus verbleiben noch etwa 15 km auf enger Straße.

San Miguel de Escalada, mozarabische Baukunst

Von León nach Astorga XVI/A1-2 – XV/D2-3

Zwischen León und Astorga liegen knapp 50 höhepunktlose, landschaftlich monotone und weitgehend flache Kilometer durch typische Meseta-Szenerie. Bis ins rund 30 km entfernte Hospital de Orbigo kreuzt der Pilgerpfad mehrfach die Landstraße N-120.

Auf dieser geht es aus den weit ausgreifenden Vorortzonen Leóns hinaus und bald ein Stückchen hinauf in den blassen Ort **Virgen del Camino,** zu

Deutsch „Jungfrau vom Wege". Eben diese soll hier einst einem Hirten erschienen sein und wird heute als Schutzpatronin Leóns verehrt. Rechts der Durchgangsstraße liegt die moderne, in den 60er Jahren des 20. Jh. in die Höhe und Breite gezogene Betonkirche, an deren Westfassade man die Jungfrau und die Apostel als monumentale Bronzefiguren erblickt. Im Innern des von außen glanzlosen Sakralbaus wird ein Marienbildnis aus dem 15. Jh. aufbewahrt.

Hinter Virgen del Camino setzt man den Weg durch das typisch kastilische und zuweilen einer Steppe ähnelnde Ödland fort, in dem gelegentlich Maisfelder und kleine Bewässerungskanäle für etwas Abwechslung sorgen. Man kommt durch **San Miguel del Camino** und **Villadangos del Páramo** mit der Santiago-Kirche und ihrem Retabel-Bildnis von *Jakobus* als Maurentöter.

Zwischen **Puente de Órbigo** und **Hospital de Órbigo** (San-Juan-Pfarrkirche) breitet sich der Río Órbigo aus, der von einer 20-bögigen, mittelalterlichen **Steinbrücke** überspannt wird. Während Fußpilger das unförmige Pflaster der Brücke passieren, müssen sich motorisierte Reisende bei der Fahrt über eine zweite Flussbrücke zur Aussicht nach rechts wenden. Die Brücke ist eine der schönsten am ganzen Jakobsweg!

In Hospital de Orbigo trennen sich der Fußweg und die Landstraße N-120 und treffen erst wieder bei Astorga zusammen. Auf der langen Straße in die Weite geht es – vorbei an gelegentlichen Mais- und Rübenfeldern und unterbrochen von einigen Senken – über **San Justo de la Vega** direkt nach Astorga.

Der Fußweg dagegen hält sich stets nördlich der Nationalstraße und verläuft über **Santibáñez de Valdeiglesias** (Santísima-Trinidad-Kirche) nach Astorga, das sich aus der Ferne bereits mit den Kathedraltürmen ankündigt.

Unterkunft

- **Pilgerherbergen** findet man in **Villadangos del Páramo** (Tel. 987 390003; ganzjährig, 80 Plätze, Küchenbenutzung gegen Zusatzgebühr), zwei in **Hospital de Órbigo** (Albergue Municipal mit 18 Plätzen, ganzjährig, Küche, Tel. 987 388250; Refugio Parroquial nur zwischen April und Oktober, 80 Betten, Tel. 987 388444) und **Santibañez de Valdeiglesias** (mit 60 Plätzen, ganzjährig, Küche, Tel. 987 377698).
- **Camping:** Campingplatz Don Suero de Quiñones in **Hospital de Órbigo,** Tel. 987 361018, Fax 987 388236. Geöffnet Anfang Mai bis Ende September.

Astorga – Römersiedlung und Pilgerstation

↗XV/D3

Astorga präsentiert sich als monumentales 13.000-Einwohner-Städtchen inmitten des Landstrichs **Maragatería.**

Bereits zu **Römerzeiten** fungierte die Siedlung Asturica Augusta als bedeutender Schnittpunkt von Heeres- und Handelsstraßen. Von und in den Süden – bis Salamanca, Cáceres und Sevilla – sowie in den Norden – Oviedo, Gijón – schaffte die im 2. vorchristlichen Jh. angelegte „Ruta de la

091ns Foto: ad

Das Ensemble von Astorga: römische Stadtmauer und Gaudí-Palast

Plata", die **„Silberroute"**, Anbindung und vereinfachte die Ausbreitung der Römer auf heute spanischem Terrain.

Doch bleiben wir in Astorga, das später zur Bischofsstadt und einer immens wichtigen **Station am Jakobsweg** aufstieg. Auch hier spielte die alte „Silberroute" eine wichtige Rolle, denn auf ihr erreichten die aus Andalusien und der Extremadura kommenden Pilger die Hauptachse Richtung Santiago de Compostela. Im Mittelalter verfügte die Stadt über nicht weniger als 20 Hospitäler für die Wallfahrer.

Auch wenn Glanz und Bedeutung Astorgas mittlerweile etwas verblasst sind, so haben doch zahlreiche Baudenkmäler die Zeiten überdauert.

Die **schönste Ansicht** auf Astorga und auf 2000 Jahre Geschichte bietet sich von der Promenade nahe dem städtischen Busbahnhof, der **Avenida de las Murallas.** Von hier aus schaut man auf eine Dreier-Komposition: die auf die Römer zurückgehenden **Stadtmauern** (seitdem ein ums andere Mal ausgebessert), der vom bekannten spanischen Jugendstilarchitekten *Antoni Gaudí* Ende des 19. Jh. entworfene Erzbischöfliche Palast und die Kathedrale Santa María.

Kurios und architektonisch verspielt präsentiert sich der granitene **Gaudí-Palast** innen wie außen. Kurios auch, dass er nach fast 25-jähriger Bauzeit (beendet 1913) niemals von den Kirchenobersten genutzt worden ist. Heute beherbergt er das – auch von innen sehenswerte – **Jakobswege-Museum** (Museo de los Caminos), das unter anderem Erinnerungsstücke von Wallfahrern sowie Jakobus-Skulpturen und Goldschmiedearbeiten zeigt (im Sommer geöffnet Di-Sa 10-14 und 16-20, So 10-14 Uhr; während des restlichen Jahres Di-Sa 11-14 und 16-18, So 11-14 Uhr; für Jakobswege- und Kathedralmuseum gibt es ein kostengünstigeres Kombiticket).

Die nach heutigen Maßstäben für eine Stadt dieser Größe viel zu pompöse **Kathedrale Santa María** (auch: Asunción de Nuestra Señora) wurde im Jahre 1471 in spätgotischem Stil begonnen und erst im 18. Jh. fertiggestellt. Reich dekoriert ist das Hauptportal, das die selten dargestellte Szene der Kreuzabnahme zeigt. Im Innern, das etwas finster wirkt, verdienen die mächtigen Bündelpfeiler, das Netzgewölbe, das Mitte des 16. Jh. von *Gaspar Becerra* geschaffene Hauptretabel und das ebenfalls auf das 16. Jh. zurückgehende, 97-sitzige Chorgestühl aus Nussbaumholz Beachtung. Die Kathedrale ist jüngst starken Restaurierungsarbeiten unterworfen worden.

Durch einen gesonderten Außeneingang betritt man das **Kathedralmuseum** (geöffnet täglich 10-14 und 16-20 Uhr). Dieses äußerst reich ausgestattete Museum umfasst mehrere Säle und rund 500 Exponate, darunter den Reliquienschrein des San Genadio aus dem 10. Jh., eine mit Edelsteinen verzierte Silbermonstranz aus dem 18. Jh. sowie zahlreiche Skulpturen und Prozessionskreuze.

Vor der Kathedrale, an der Plaza Eduardo de Castro, sieht man die **Kirche Santa Marta** (18. Jh.) und die **„Celda de las Emparedadas":** hier wurden einst Frauen mit „unsittlichem Lebenswandel" eingesperrt.

Ein Rundgang durch die Stadt sollte auch zur **Plaza Mayor** mit ihrem barocken **Rathaus** und der seit Mitte des 18. Jh. funktionierenden Figurenuhr führen. Nahebei stößt man auf Spuren aus der Römerzeit: das **Sklavengefängnis** *(ergástula)* und Häuserreste unter einem künstlichen Überhang in der Calle Padres Redentaristas. Zwei Ecken weiter betritt man gepflegte **Gartenanlagen** mit Blick auf die Gebirgszüge der Montes de León.

Und noch ein letztes: das kleine **Schokoladenmuseum,** das an Astorgas Industrien aus dem 18. und 19. Jh. erinnert und den Bogen von der Kakaobohne bis zur fertigen Schokolade spannt (Museo del Chocolate, Calle José María Goy 5; geöffnet Di-Sa 10.30-14 und 16.30-20 Uhr, So 10.30-14 Uhr).

Information

- Astorgas **Fremdenverkehrsbüro** findet man in der Glorieta Eduardo de Castro 5, Tel. 987 618222, Fax 987 603065.

Unterkunft

- **Hotel Gaudí** (++ - +++), Plaza Eduardo de Castro 6, Tel. 987 615654, Fax 987 615040. Ordentliches, günstig gelegenes Drei-Sterne-Haus gegenüber dem von *Gaudí* entworfenen Palast. Mit 35 Zimmern und Restaurant (siehe „Essen und Trinken").
- **Hotel Asturplaza** (++), Plaza España s/n, Tel. 987 618900, Fax 987 618949. Angenehmes Drei-Sterne-Haus im Zentrum.
- Zwei **Pensionen** des etwas gehobeneren Stils liegen in der Avenida Ponferrada: das **Hostal Gallego** (++, Avenida Ponferrada 78, Tel. 987 615450) und das etwas preisgünstigere **Hostal Coruña** (+ - ++, Avenida Ponferrada 72, Tel. und Fax 987 615009). Wer auf sein Budget achten muss, quartiert sich in der **Pensión Garcia** (+, Bajada Postigo 3, Tel. 987 616046) oder der **Pensión La Ruta Leonesa** (+, Carretera León 14, Tel. 987 615037) ein.
- In Astorga werden saisonal zwei verschiedene **Herbergen für Pilger** genutzt: in den Sommermonaten Albergue an der Plaza de los Marqueses de Astorga 13, sonst in der Calle Matías Rodríguez 24. Im Laufe des Jahres 2003 soll eine neue Herberge entstehen.

Essen und Trinken

- **Restaurante Gaudí** (++), Plaza Eduardo de Castro 6, Tel. 987 615654. Gutes, nicht gerade preiswertes Haus mit Spezialitäten aus der Region, auch Fischplatte; dem Hotel Gaudí angeschlossen.

- **Restaurante La Peseta** (++ - +++), Plaza San Bartolomé 3, Tel. 987 617275. Traditionelle, deftige Hausmannskost, unter anderem Bohnen mit Paprikawurst. Samstags typisch regionaler Fleisch- und Gemüseeintopf *(cocido maragato)*.

Verkehrsverbindungen

- In Astorga befindet sich die **Bahnstation** außerhalb der City in der Calle Pedro de Castro s/n, Tel. 902 240202. Züge unter anderem nach León, Ponferrada, Madrid, Bilbao, Ferrol, Vigo und La Coruña.
- Der **Busbahnhof** liegt sehr zentral in der Avenida de las Murallas 54, Tel. 987 619100. Verbindungen unter anderem nach León und Ponferrada.

Einkaufen

- Die alte Schokoladenstadt Astorga pflegt weiterhin ihre süßen Traditionen. Große und kleine Bäckereien und Konditoreien bieten in großen und kleinen Packungen Schmalzplätzchen *(mantecadas)* an.

Von Astorga nach Ponferrada ⇗XV/CD2-3

Ehe es losgeht, noch ein Hinweis für eilige Reisende mit fahrbarem Untersatz. Man muss nicht dem nachfolgend beschriebenen Jakobsweg durch die Bergwelt folgen, sondern hat als doppelte Alternative die alte National- und die neue Schnellstraße nach Ponferrada.

Hinter Astorga geht es dem rund 50 km entfernten Ponferrada und ganz unweigerlich der Bergwelt entgegen: den **Montes de León** und dem Cruz de Hierro, dem auf über 1.500 Höhenmetern gelegenen „Eisenkreuz“. Dort steht man auf dem höchsten Punkt, auf dem „Dach des Jakobsweges“. Bevor es soweit ist, warten eine Reihe interessanter Dörfer auf die Reisenden.

Castrillo de los Polvazares ⇗XV/D3

Das erste liegt hinter Murias de Rechivaldo, etwas weniger als sechs Kilometer von Astorga entfernt, und hätte in deutschen Unser-Dorf-soll-schöner-werden-Wettbewerben ein ums andere Mal mühelos Preise eingeheimst: Castrillo de los Polvazares. Ein unförmiger, breiter und langgestreckter Pflasterweg führt abseits der Provinzstraße LE-142 quer durch das Dorf an rustikalen Steinbauten vorbei. Am Ortsbeginn sollte man es als gläubiger (oder/und abergläubischer) Pilger nicht versäumen, einen Stein aus dem Bachbett mitzunehmen – der Tradition gemäß legt man ihn am Steinhaufen des Eisenkreuzes nieder.

Unterkunft

- **Hostería Cuca la Vaina** (++), Calle Jardín s/n, Castrillo de los Polvazares, Tel. und Fax 987 691078. Stilvolle, urige Steinherberge mit sieben Zimmern. Gut für Ruhesuchende. Mit Restaurant, in dem es den für die Region Maragatería typischen Gemüse- und Fleischeintopf *(cocido maragato)* gibt.
- **Pilgerherberge** in **Murias de Rechivaldo** (Tel. 987 691150, ganzjährig geöffnet, mit 18 Betten).

Essen und Trinken

In Castrillo de los Polvazares **Méson del Arriero** (++, Calle Real s/n, Tel. 987 691047). Eintopf (*cocido maragato*) als schmackhaftes Tagesmenü, nicht ganz billig.

Einkaufen

● Fast am Ende der Dorfdurchgangsstraße in Castrillo de los Polvazares liegt rechter Hand - recht unscheinbar beschildert - die **Künstlerwerkstatt „Grupo 18"** (Tel. 987 691073 und 987 616649). Hier bekommt man die etwas andere Keramik - und einige interessante Geschenkideen. Die Künstlerkommune freut sich über jeden Gast (und selbstverständlich auch über Käufer). Unregelmäßige Öffnungszeiten.

Santa Colomba de Somoza und El Ganso

⇗XV/CD3

Kurz hinter Castrillo de los Polvazares gabelt sich die Straße. Beide Varianten führen allmählich bergauf nach Rabanal del Camino: die linke geht über **Santa Colomba de Somoza** (mit bescheidenem volkskundlichem Museum; geöffnet täglich 9-13 und 15-20 Uhr, nicht immer zuverlässig).

Rechts verläuft der eigentliche Jakobs- und damit der Hauptweg. Fußpilger müssen sich größtenteils entlang der schmalen Straße halten. Fortan geht es durch herrliche Heide-, Feld- und Waldlandschaft und durch stimmungsvoll-urige Dörfer, die der Landflucht mit den letzten Kräften trotzen: **Santa Catalina de Somoza** (Kirche Santa María mit grazilem Glockenturm) und **El Ganso** (Santiago-Kirche mit einem Bildnis des Apostels). In der Dorfarchitektur fallen die auf keltischen Vorbildern beruhenden, strohgedeckten Bruchsteinhäuser auf. Manche Bauten sind allerdings von ihren Bewohnern schon vor langer Zeit verlassen worden.

Hinter El Ganso begleiten einen weiterhin Eindrücke der Heide- und Berglandschaft, man fährt oder geht durch Wäldchen aus Eichen und Kiefern und sieht kurz vor Rabanal del Camino die **Einsiedelei Santo Cristo de la Vera Cruz.** Während sich Autofahrer noch ein Stück auf der Straße halten und nahe dem Kirchturm parken sollten, wählen Wanderer und Radfahrer direkt den steilen Weg rechts hinauf nach Rabanal del Camino.

Unterkunft

● **Pilgerherbergen** gibt es in **Santa Catalina de Somoza** (38 Plätze, ganzjährig, Tel. 987 691819) und **El Ganso** in der Alten Schule (16 Plätze, ganzjährig, Tel. 987 691088).

092ns Foto: ad

Das „Eiserne Kreuz"

Rabanal del Camino ↗XV/C3

Rabanal del Camino ist ein herrliches, rustikales Stein- und Pilgerdorf. Es wird umweht von frischer Höhenluft und durchschnitten von der langen, holprigen Calle Real (auch: Calle Mayor). An dieser liegen – beim Aufstieg rechter Hand – die kleine **Einsiedlerkapelle San José** und die so genannte **Casa de las Cuatro Esquinas,** das „Haus der vier Ecken". In diesem stieg Spaniens König *Felipe II (Philipp II.)* bei seiner Pilgerreise im 16. Jh. ab.

Den Dorfmittelpunkt bilden die Bar und die klobige, ursprüngliche romanische **Steinkirche Santa María.** Schon im Mittelalter machten zahlreiche Pilger im rund 150 m hoch gelegenen Rabanal del Camino Station und tankten Kräfte vor dem beschwerlichen Aufstieg auf den Rabanal-Pass und zum rund sieben Kilometer entfernten Eisenkreuz.

Unterkunft

- **La Posada de Gaspa**r (++), Calle Real 27-29, Tel. und Fax 987 691079. Ein stilvolleres Haus als dieses hier in Rabanal del Camino ist weit und breit nicht zu finden. Heimelige Zimmer, Bergesruhe und -frische. Mit gutem Restaurant. Freundlich.
- Preislich ähnlich gelagert ist die **Hostería El Refugio** in der Calle Real s/n (++, Tel. 987 691274).
- **Pilgerherbergen** in Rabanal del Camino: die **Albergue Gaucelmo** (mit 46 Betten, ganzjährig geöffnet, Küche, Zeltmöglichkeit, Tel. 987 691901), die **Albergue Municipal** (mit nur 18 Betten, aber einer einer Kapazität für über 100 Pilger, Tel. 987 691272 und Tel. 987 691274) und die **Albergue de Nuestra Señora del Pilar** (mit 62 Betten, Küche, ganzjährig geöffnet, Tel. 987 691890).

Von Rabanal del Camino nach Ponferrada ↗XV/C2-3

Hinter Rabanal del Camino verlaufen der herrliche Wanderweg und die Straße zunächst getrennt, vereinen sich und trennen sich am Rand des größtenteils verfallenen Steindorfes **Foncebadón** wieder. Während Fußpilger und Biker den Ort auf steinigem Pfad durchqueren und in weiten Schleifen durch eine Buschlandschaft ansteigen (besonders traumhaft zur Blütezeit im Frühjahr), halten sich Motorisierte auf der engen Landstraße LE-142. Nach Foncebadón ist in jüngster Zeit etwas Leben zurückgekehrt, selbst eine urige Bar hat eröffnet.

Immer wieder eröffnen sich herrliche Aussichten in die Weite, vor allem rund um das **Eisenkreuz (Cruz de Hierro,** auch: Cruz de Ferro). Das kleine Kreuz sitzt auf einem mehrere Meter hohen Baumstamm auf, der wiederum aus einem gigantischen Steinhaufen ragt. Auf diesem legt man seinen eigenen Stein nieder – sofern man ihn aus Castrillo de los Polvazares oder gar von zu Hause mitgebracht hat. Manch einer hinterlässt auch einen beschrifteten Erinnerungsstein, einen Wanderstock oder – fernab von christlichen Traditionen – eine durchlöcherte Socke. Alles schon gesehen. Hier oben steht man auf einer Höhe von 1.504 m und inmitten eines oftmals von Regen, Nebel und eisigen Winden heimgesuchten Gebietes. Beim Eisenkreuz gibt es nichts weiter als einen großen Parkplatz und eine kleine, geschlossene Kapelle.

Hinter dem Eisenkreuz geht es zunächst moderat hinab durch den Geisterort **Manjarín** mit seinen verfallenen Häusern, dann – durch eine herrliche Bergszenerie – unablässig abwärts. Mehrere Male kreuzen sich Pfad und Straße, bei der Radfahrer angesichts von engen Kurven und Rollsplitt besonders vorsichtig sein sollten.

In **El Acebo** vereinen sich Straße und Weg und führen in einer engen Schneise durchs Dorf. Kaum zu glauben, dass selbst große Busse diese Passage zwischen den schiefergedeckten Steinhäusern und ihren abenteuerlich angelegten Holzbalkonvorbauten hindurch noch schaffen. In der Ortskirche San Miguel sieht man eine Jakobsskulptur.

Hinter El Acebo geht es weiter abwärts und über den nächsten Streckenort **Riego de Ambrós** nach **Molinaseca.** Dieser Ort ist nur noch 600 m hoch gelegen; hier haben die Steilpassagen ein Ende. Im urigen Molinaseca schaut man links hinab auf den aufgestauten Río Meruelo und die romanische Brücke. Wichtigstes Bauwerk ist die in neoklassizistischem Stil gehaltene Kirche San Nicolás (im Innern eine San-Rochus-Skulptur). Ein paar Bars und kleine Restaurants laden in Molinaseca zu einer Rast und zum Verweilen ein, ehe man den Weg – ohne besonderen Vorkommnisse – bis ins rund acht Kilometer entfernte Ponferrada fortsetzt.

Unterkunft

- **Pilgerherbergen** im ansonsten verfallenen **Ort Manjarín** direkt an der Durchgangsstraße hinter dem kuriosen Kilometerschild (20 Plätze, ganzjährig, Kamin), in **El Acebo** (Albergue-Mesón, Calle Real s/n, Tel. 987 69504, ganzjährig, 24 Betten; Albergue-Taberna de San José, Calle Real s/n, ganzjährig, 14 Plätze), **Riego de Ambrós** (Tel. 987 69510, mit 50 Betten, vier Duschen, Küche, ganzjährig geöffnet) und **Molinaseca** (Calle Manuel Fraga Iribarne s/n, Tel. 987 453180, mit 50 Pritschen, Küche, ganzjährig).

Essen und Trinken

- In Molinaseca das **Mesón Casa Marcos** (+, Calle Real 53, Tel. 987 453088); uriger Speisesaal, großer Barbereich, günstiges Tagesmenü, Häppchen für den kleinen Hunger.

Ponferrada – Industriestadt mit Templerburg

XV/C2

Ponferrada liegt bereits im Landstrich El Bierzo und präsentiert sich als eine an den Flüssen Sil und Boeza ausgeuferte Industriestadt von 62.000 Einwohnern. Ihr Name gründet sich auf die *Pons Ferrata,* eine mit Eisen verstärkte Brücke, Ende des 11. Jh. von Astorgas Bischof *Osmundo* gebaut.

Im Mittelalter errichteten die Tempelritter zum Schutz der Jakobspilger und des -weges hier eine gewaltige Burg, dann wurde Ponferrada zum Zankapfel mehrerer blaublütiger Geschlechter, ehe es die Katholischen Könige 1486 der Krone unterstellten. Heute sind viele Menschen in der Kohleindustrie tätig.

Ponferradas Besuchsziel Nummer eins ist das vor kurzem umfassend restaurierte und nun wieder zugängliche **Kastell der Tempelritter** (geöffnet im

093ns Foto: ad

Sommer Mo-Sa 10.30-14 und 17-21, So 11-14 Uhr; während des übrigen Jahres im Normalfall nachmittags/abends kürzer und Mo geschlossen). Dieses liegt am Rand der Altstadt, wirkt wie eine riesige Ritterburg aus dem Kinderzimmer und sitzt mit einer Grundfläche von rund 160 x 90 m auf einem Schieferplateau auf. Die Burg geht im Wesentlichen auf das 13. Jh. zurück und ist von außen am besten von der Avenida del Castillo (nahe der Brücke über den Río Sil) einzusehen. Allerdings wirkt das Kastell von außen beeindruckender als von innen; Mauern und Türme erlauben interessante Blicke in die Umgebung.

Geht man an der Templerburg entlang aufwärts, gelangt man in den **Altstadtbereich**. Bald sieht man rechter Hand die der städtischen Schutzpatronin gewidmete **Renaissancebasilika Nuestra Señora de la Encina** mit einem Hauptretabel aus dem 17. Jh. und dem Kirchenschatz in der Sakristei.

Ponferrada, Templerburg

Folgt man dem pittoresken Altstadtgässchen Calle del Reloj, erreicht man den **Torre del Reloj,** den Uhrturm. Dieser wurde im 16. Jh. auf ein mittelalterliches Stadttor aufgesetzt und trägt das Wappen von *Carlos I (Karl I.).*

Kurz vor dem Uhrturm liegt rechter Hand das der Region El Bierzo gewidmete **volkskundliche Museum** (Museo del Bierzo; geöffnet Di-Sa 11-14 und 17-20, So 11-14 Uhr).

Hinter dem Uhrturm eröffnet sich die Plaza del Ayuntamiento, der Platz vor dem barocken **Rathaus.** In diesem Bereich findet man einige kleine Bars und Restaurants. Im **Eisenbahnmuseum** von Ponferrada (Museo del Ferrocaril, Via Nueva 7; Di-Sa 10.30-14 und 16-19 Uhr, So 11-14 Uhr) stehen einige alte Loks auf dem Abstellgleis.

Information

- Ponferradas **Touristenbüro** liegt mit dem Rücken zur Templerburg in der Calle Gil y Carrasco 4, Tel. und Fax 987 424236.

Unterkunft

- **Hotel El Temple** (++ - +++), Avenida Portugal 2, Tel. 987 410058, Fax 987 423525. Auf alt getrimmter Vier-Sterne-Block.
- In Ponferrada gibt es noch einige **preisgünstige Pensionen** in den Straßen Antolín López Peláez, Las Delicias und Ave María sowie in der Avenida Galicia.
- Die **Pilgerherberge** liegt in der Calle La Loma (100 Schlafplätze, Tel. 987 413381).

Essen und Trinken

- **Restaurante La Fonda** (+ - ++), Plaza del Ayuntamiento 10, Tel. 987 425794. Vorzügliche Hausmannskost und mittags preiswerte Tagesmenüs, auch unter den Einheimischen sehr beliebt. Mehrere kleine Speiseräume, freundlicher Service. Am Rathausplatz.

Verkehrsverbindungen

- Die **Bahnstation** liegt in der Avenida del Ferrocarril s/n, Tel. 902 240202. Züge unter anderem nach Astorga, Bilbao, León, Vigo, La Coruña und Madrid.
- Der **Busbahnhof** befindet sich in der Avenida de Libertad, Tel. 987 401065. Verbindungen u.a. nach Astorga und León.

Feste

- Im Festkalender von Ponferrada stechen die **Karfreitagsprozession** und das **Patronatsfest am 8. September** zu Ehren der Schutzpatronin *Virgen de la Encina* hervor.

Abstecher von Ponferrada

Peñalba de Santiago ⇗XV/C3

Ab Ponferrada bieten sich zwei Ausflüge an. Der erste führt ins denkmalgeschützte Dorf Peñalba de Santiago, das rund 20 km südlich von Ponferrada an den Ausläufern der Montes Aquilianos liegt. Von den im 10. Jh. erbauten Klosteranlagen hat sich die mozarabische Steinkirche erhalten.

Las Médulas ⇗XIV/B3

Der zweite Ausflug hat die etwa 25 km südwestlich von Ponferrada und bei Carucedo gelegenen **Las Médulas** zum Ziel. Dabei handelt es sich um ein mehrere Quadratkilometer umfassendes **Goldminengebiet aus der Römerzeit,** das von der UNESCO zum Weltkulturerbe erklärt wurde und in dem einst Unmengen an Sklaven ihr Leben ließen. Das Areal wirkt bizarr, ist durchsetzt von Höckern und Zacken und geprägt von Höhlen- und Schachteingängen. Man folgt hier einem etwa zwei Kilometer langen Weg.

Besonders schöne Aussicht über die gesamten Médulas vom **Mirador de Orellán,** einem Aussichtspunkt (letztes Stück der Auffahrt im Auto über Schotter).

Unterkunft

- Im Ort Las Médulas in der **Pensión Mesón Agoga** (+, Tel. 987 422844, nur vier Zimmer).

Von Ponferrada nach O Cebreiro ⇗XIV/BC2

Auf den rund 50 km von Ponferrada ins erste galicische Jakobswegdörfchen O Cebreiro bringt man auf dem letzten Teilstück noch einmal 800 Höhenmeter hinter sich. Fußpilger und Radler werden die Strecke vor allem hinter Villafranca del Bierzo nicht gerade als Erfüllung sehen, denn durch das ohnehin schon enge Tal des Río Valvarce verläuft die Trasse der Autobahn Madrid – La Coruña mit monumentalen Betonbrücken.

Von Ponferrada aus geht es bis ins etwa 23 km entfernte Villafranca del Bierzo durch den äußerst fruchtbaren Landstrich des **Bierzo,** in dem Weintrauben, Mais, Paprika, Pflaumen und Kirschen angebaut werden.

Bis etwa auf die Höhe von **Camponaraya** (San-Ildefonso-Kirche) verlaufen Straße und Pilgerweg ganz getrennt und finden dann wieder im nächsten Streckenort **Cacabelos** zusammen. In Cacabelos gibt es einen kleinen, lauschigen Zentralplatz, ein Traubenpflücker-Monument und ein lokal bedeutsames archäologisches

Museum (Museo Arqueológico; geöffnet Mo-Fr 10-13 und 17-19 Uhr). Ins Ortsbild von Cacabelos gehören auch die Kirche Santa María de la Plaza sowie das auf das 18. Jh. zurückgehende Sanktuarium Quinta Angustia.

Kunstinteressierte zieht es ins etwa drei Kilometer südlich von Cacabelos gelegene **Zisterzienserkloster Santa María de Carracedo,** das auf eine mehr als 1.000-jährige Geschichte zurückblickt.

Unterkunft

- **Pilgerherberge** mit 70 Plätzen, nur April bis Oktober, in **Cacabelos.**

Villafranca del Bierzo ⇗XIV/B2

Hinter Cacabelos verbleiben rund acht Kilometer durch eine von Weinanbau geprägte Hügelwelt bis Villafranca del Bierzo, das sich rechts etwas versteckt von National- und Schnellstraße ausbreitet. Und das ist gut so, denn so kann man das 7.000-Einwohner-Städtchen mit seinen pittoresken Gassen, Kirchen und alten, wappenverzierten Adelshäusern in aller Ruhe erkunden. Orientierungspunkte im Zentrum sind die Plaza Mayor und der Alameda-Park.

Auf einem der höchsten Punkte liegt das aus dem 15. Jh. stammende **Kastell** der Markgrafen von Villafranca, an dem die wulstigen Rundtürme auffallen (nicht zu besichtigen).

An christlichen Bauwerken haben sich rund um das heutige Zentrum die romanische **Santiago-Kirche** mit ihrem Ablass-Portal (Puerta del Perdón), die ursprünglich romanische **Kirche San Francisco** und die in Grünanlagen eingebettete und auf Kluniazensermönche zurückgehende **Stiftskirche Santa María** erhalten. Auch der von den hiesigen Markgrafen im 17. Jh. geförderte Konvent La Anunciada und die im 17. Jh. im Jesuitenstil erbaute Kirche San Nicolás verdienen Beachtung.

Information

- In Villafranca del Bierzo gibt es an der zentralen Avenida Bernardo Díaz Ovelar Nummer 10 ein **Touristenbüro,** das lediglich in den Sommermonaten seine Pforten öffnet; Tel. 987 540028.

Unterkunft

- **Hotel Parador Villafranca del Bierzo** ($^{++}$ - $^{+++}$), Avenida Calvo Sotelo 28, Tel. 987 540175, Fax 987 540010, Website: www.parador.es, E-Mail: villafranca@parador.es. Eine etwas preiswertere und qualitativ niedrigere Hotel-Ausgabe aus der Paradores-Kette (drei Sterne). Recht kleine, altmodische Zimmer; mit gutem Restaurant. Nahe der Nationalstraße gelegen und etwa 700 m vom zentralen Platz entfernt.
- **Hostal Casa Méndez** ($^{+}$), Calle Espíritu Santo 1, Tel 987 542408. Solide Zwölf-Zimmer-Pension.
- **Hostal Comercio** ($^{+}$), Calle Puente Nuevo 2, Tel. 987 540008. Einfach und preiswert.
- In Villafranca del Bierzo zwei **Pilgerherbergen:** die **Albergue Municipal** nahe der Santiago-Kirche (Tel. 987 542680, nur Ostern bis Mitte November, mit 62 Pritschen und Küche) und der in der Calle Santiago 10 gelegene **Refugio Ave Fénix** (Tel. 987 540229; ganzjährig geöffnet, Küche, 50 Betten).

Einkaufen

- Guten **Rotwein** kauft man in Villafranca del Bierzo direkt beim Erzeuger ein: in der altehrwürdigen Bodega Palacio de Arganza, Avenida Díez Ovelar 17. Zur Auswahl stehen auch Weiß- und Roséweine.

Von Villafranca del Bierzo nach O Cebreiro ⇗XIV/B2

Hinter Villafranca del Bierzo gibt es vor allem für Radler und Wanderer nur eines: möglichst schnell durch das vom Durchgangsverkehr zerfressene und bedrückend enge Tal des Río Valcarce zu gelangen. Dabei kommt man an den Talörtchen **Pereje, Trabadelo** und **La Portela de Valcarce** vorbei und hat erst nach etwa 13 Streckenkilometern das Ärgste hinter sich. Dann nämlich können alle, ob zu Fuß oder motorisiert, die nach links abzweigende Uralt-Trasse der Landstraße N-VI Richtung Ambasmestas nehmen (ausgeschildert). Diese verläuft mal seitwärts, mal weit unterhalb der neuen Straßenachse und garantiert, abgesehen vom gedämpften Verkehrslärm, sicheres Fortkommen und weitgehende Ruhe (eilige Autoreisende bleiben bis zum Höhenort Pedrafita do Cebreiro natürlich auf der neuen Straße). Inmitten einer grünen Bergszenerie geht es an Farngewächsen, Brombeersträuchern und Walnussbäumen vorbei bergauf und durch beschauliche Bauernörtchen wie **Ambasmestas** und **Vega de Valcarce.**

Schließlich erreicht man den rund 1.100 m hoch gelegenen Ort **Pedrafita do Cebreiro,** wo die alte und neue Straßenachse sich wieder vereinen und wo bereits Galicien – genauer: die Provinz Lugo – erreicht ist. Kaum am Ortsrand von Pedrafita do Cebreiro (spanisch: Piedrafita de Cebrero) angekommen, nimmt man die nach links abzweigende kleine Landstraße LU-634 (ausgeschildert mit „Camiño de Santiago").

Dieses Sträßchen trägt einen weiter hinauf ins über 1.300 m hohe und 4,5 km entfernte **O Cebreiro.** Dies ist die einfachste Straßenvariante.

Wanderer indes folgen bereits hinter Vega del Valcarce dem Weg über **Ruitelán,** den alten Eisenschmelzort **Herrerías, La Faba** und **Laguna de Castilla** bis O Cebreiro.

Unterkunft

- **Pilgerherbergen** in **Pereje** (mit Küche und 30 Plätzen, geöffnet Ostern bis Ende Oktober), **Vega de Valcarce** (Tel. 987 543192; April bis September, 64 Pritschen, Küche), **Ruitelán** (Tel. 987 561322; ganzjährig geöffnet, 20 Pritschen, Küche) und **Laguna de Castilla** (nur während der Osterzeit sowie Juli und August, 15 Plätze, Küche).
- In **Vega de Valcarce** findet man die preisgünstige **Pensión Fernández** an der Plaza del Ayuntamiento (*, Tel. 987 543027).

Der Jakobsweg durch Galicien

O Cebreiro – Steindorf auf dem Höhenkamm

↗XIV/B2

Es ist nur ein winziges Steindorf mit nicht einmal 100 Einwohnern. Doch O Cebreiro (spanisch: **El Cebrero**) bezaubert in vielerlei Hinsicht seine Besucher: durch die Lage inmitten der saftiggrünen Bergwelt auf einem Höhenkamm zwischen den Gebirgen Ancares und O Courel, durch die grandiosen Fernblicke (falls sie galicische Regenschauer nicht trüben), durch die paar verwinkelten Gassen und die strohgedeckten Steinhäuser,

Dorfkirche von O Cebreiro

094ns Foto: ad

095ns Foto: ad

Strohgedeckte Steinhäuser sind typisch für O Cebreiro

die auf keltischen Vorbildern fußen und **„pallozas"** heißen. In einem dieser „pallozas"-Rundbauten in der Dorfmitte ist ein kleines volkskundliches Museum untergebracht.

Stimmungsvoll im Stile einer Bergkirche empfängt einen auch das **präromanische Kirchlein Santa María la Real.** Dies ist das einzige Überbleibsel von einem Kloster- und Spitalkomplex, der im 9. Jh. für die Pilger erbaut worden war und zu den frühesten überhaupt am Jakobsweg zählte. Im Innern der Kirche sieht man ein Bildnis der Santa María la Real mit dem Kinde (12. Jh.) sowie – in einer Vitrine – einen Kelch und eine Patene (Hostienteller), in denen sich im Mittelalter ein Wunder ereignet haben soll. Bei einer Messe soll sich die Hostie in der Patene in Fleisch und der Wein im Kelch in Blut verwandelt haben.

Unterkunft

- **Hospedería San Giraldo de Aurillac** (++), zentral in O Cebreiro, Tel. 982 367125. Zünftige Pension mit nur wenigen Zimmern. Mit einem Restaurant, das stark von Gruppen frequentiert wird.
- Die moderne und mit Küche ausgestattete **Pilgerherberge** liegt am Ortsrand und bietet Platz für rund 80 Pilger, Tel. 982 367026.

Feste

- Große Marienwallfahrt alljährlich am 8. September; dann ziehen Tausende hinauf nach O Cebreiro. Mit Messe, Prozession und Essen.

Von O Cebreiro nach Sarria

↗XIV/AB2

Gerade hat man in O Cebreiro einen Hoch-Punkt am Jakobsweg erreicht, schon geht es bis zum rund 45 km entfernten Sarria wieder abwärts, von rund 1.300 auf 450 m. Auf jeden Fall macht man ausgiebig Bekanntschaft mit dem grünen Galicien und seinen üppigen Wiesen und Weiden.

Hinter O Cebreiro halten sich der Weg und die Landstraße LU-634 mit viel Auf und Ab zunächst auf der Höhe. Man passiert das Bergdorf **Liñares,** den **Alto de San Roque** (San-Rochus-Anhöhe mit dem Pestpatron in Form eines großen Pilgerdenkmals), **Hospital da Condesa** (hier stand einst ein Pilgerhospital), den **Poio-Pass** (Alto de Poio) und **Fonfría.** Hinter Fonfría geht es so richtig abwärts durch grünes und im Frühjahr wunderbar blühendes Bergland. Gelegentlich atmet man frischen Kiefernduft ein.

Triacastela ist bereits 25 Straßenkilometer von O Cebreiro entfernt. Der Name rührt von drei mittelalterlichen Kastellen her, die sich hier einst erhoben, aber nicht mehr erhalten sind.

Galicische Gebirgslandschaft auf dem Weg nach Sarria

096ns Foto: ad

Einzig die ursprünglich romanische und im 18. Jh. umfassend ausgebesserte Santiago-Kirche ist erwähnenswert. Der Tradition gemäß nahmen die Pilger im Mittelalter einen Kalkstein aus Triacastela mit und trugen ihn bis zu dem etwa 45 km vor Santiago de Compostela gelegenen Castañeda; dort wurde der Kalk für die Kathedrale von Santiago produziert.

In Triacastela folgen Radler und Motorisierte den Schildern nach Samos und Sarria, während sich Wanderern bis ins rund 20 km entfernte Sarria eine Alternativroute bietet: über **San Xil, Montán, Pintín, Calvor** und **San Pedro do Camiño.**

Bei der Hauptroute erreicht man knapp zehn Kilometer hinter Triacastela das Örtchen **Samos,** das sich in bescheidenen Ausmaßen rund um das **Benediktinerkloster San Julián** ausgebreitet hat (Kloster täglich geöffnet 10.30-13 und 16.30-19 Uhr). Zu Zeiten der Westgoten existierte hier bereits eine der nachweislich ältesten Abteien Spaniens. Von der ursprünglichen Anlage ist nichts erhalten. Lediglich die historischen Wurzeln der Salvador-Kapelle reichen ins 10. Jh. zurück; ansonsten datiert die heute zu sehende barock-klassizistische Anlage aus dem 17. und 18. Jh. Erwähnenswert in dem umfassenden Baukomplex sind die beiden Kreuzgänge; im großen Kreuzgang erinnert ein Monument an den Benediktinermönch *Benito Jerónimo Feijóo,* der zwischen 1676 und 1764 lebte und der bereits als 14-Jähriger im Kloster von Samos Aufnahme fand.

Unterkunft

- **Hotel A Veiga** (+), Carretera Sarria-Pedrafita, Samos, Tel. und Fax 982 546113, Fax 982 546052. Zweckmäßiges und recht preisgünstiges Ein-Sterne-Hotel mit 15 Zimmern. Ganzjährig geöffnet.
- **Hostal Victoria** (+), Rúa Salvador 3, Tel. 982 546022, Samos. Einfach, vier Zimmer.
- **Pilgerherbergen** in **Hospital da Condesa** (Tel. 982 161336; 18 Plätze, ganzjährig geöffnet, Küche), **Alto do Poio** (Tel. 982 367172; 35 Pritschen, ganzjährig geöffnet) und **Triacastela** (Tel. 982 548067; 56 Pritschen, ganzjährig geöffnet). Die Albergue in **Samos** ist dem Kloster angeschlossen und wird von den Benediktinern geführt (Tel. 982 546046; mit 90 Pritschen, ganzjährig geöffnet).

Sarria

XIV/A2

Hinter Samos geht es durch eine fruchtbare Hügelwelt mit Rinderweiden, Mais- und Kartoffelanbau weiter nach **Foxos** und – nun auf der Landstraße LU-633 – nach Sarria.

Das freundliche und bereits zu römischen Zeiten bekannte 13.000-Einwohner-Städtchen an den Flüssen Celeiro und Sarria zeigt sich in der Oberstadt von seinen schönsten Seiten. Dort läuft der Pilgerweg durch die von netten kleinen Restaurants und Bars gesäumte Rúa Maior. An Bauwerken aus vergangenen Tagen stechen die Reste der Burg, die kleine romanisch-gotische Kirche El Salvador, die ins 13. Jh. zurückreichende Kirche Santa Marina und der von einer plateresken Fassade beherrschte Mercedarios-Konvent hervor.

Unterkunft

- **Hotel NH Alfonso IX** (++), Rúa do Peregrino 29, Tel. 982 530005, Fax 982 531261.

Modernes, hervorragendes Drei-Sterne-Haus aus der bewährten NH-Hotelkette. Komfortable Zimmer, aufmerksamer Service. Mit Restaurant und Cafeteria (im Sommer Service draußen).

- In Sarrias Straße Calvo Sotelo liegen zwei **Pensionen: Hostal Roma** (⁺⁺, Calvo Sotelo 2, Tel. 982 532211, Fax 982 533608) und das **Hostal Londres** (⁺-⁺⁺, Calvo Sotelo 153, Tel. 982 532456, Fax 982 533006).
- Sarrias **Pilgerherberge** liegt in der Rúa Maior 79, ganzjährig, Küche, 40 Pritschen.

Abstecher nach Lugo

↗XIV/A1

Lugo, immerhin knapp 90.000 Einwohner zählende **Provinzhauptstadt,** liegt heute – im Gegensatz zur früheren traditionellen Route – etwas abseits vom Jakobsweg. Für Wanderer ist der Abstecher in die rund 30 km nördlich von Sarria gelegene Stadt mangels geeigneter Wege nicht zu empfehlen.

Das Besondere von Lugo vorweg: der mehr als zwei Kilometer lange römische **Stadtmauerring,** der die Altstadt komplett umschließt und so breit ist, dass man hoch oben auf der Mauerpromenade von Wachtturm zu Wachtturm streifen kann.

Es war um das Jahr 270, als die **Römer** ihre Herrschaft in „Lucus Augusti", dem heutigen Lugo, im worteigensten Sinne festigten. Sie schlossen den strategisch wichtigen Kreuzungspunkt im Nordwesten Spaniens in einen monumentalen Mantel aus Schiefer und Granit: hoch über dem Tal des Miño-Flusses gelegen, 2.130 m lang, durchschnittlich 12 m hoch und 4,5 m breit.

097ns Foto: ad

Spaziergang über die Stadtmauern von Lugo

Bei den Eroberungen Lugos durch Mauren und Normannen blieb das historische **Stadtmauerwerk** verschont und hat sich – wenngleich ausgebessert und restauriert – fast komplett erhalten. Es ist wirklich ein Erlebnis, die Altstadt auf der Promenade zu Fuß zu umkreisen, während der Kies unter den Schuhen knirscht und man Wachttürme neben und Stadttore unter sich lässt. Dabei schaut man lässig hinab auf den Verkehr und die Dächer, begegnet Joggern, Hunden und uniformierten Schulklassen, die ein Stück spanischer Geschichte so anschaulich vor der eigenen Haustür haben. Der bröckelnde Putz an vielen Fassaden und der Verfall mancher Häuser am Mauerrundgang führt zurück in die Gegenwart der Provinzhauptstadt – für Sanierungsmaßnahmen fehlt es im ländlich-ärmlichen Galicien an Geld. Die römische Stadtmauer ist unlängst von der Unesco zum **Weltkulturerbe** erhoben worden.

Beim Mauerrundgang gleichen all die klobigen Vorsprünge, Türme (insgesamt 73) und Aufgänge wie ein Ei dem andern. Einziger verlässlicher Orientierungspunkt: die **Kathedrale Santa María,** deren Vorplatz an den Mauerring heranreicht und deren Besuch sich lohnt. Zwischen Baubeginn des romanischen Doms und Bauende mit der klassizistischen Fassade von 1778 zogen fast 650 Jahre ins Land. Unter den Kapellen sticht jene hervor, die „Unserer lieben Frau mit den großen Augen" gewidmet ist, einer Madonnenfigur aus Alabaster. Die Düsternis im Innern des Gotteshauses scheint den heutigen historischen Unsegen für die Stadt geradezu widerzuspiegeln: die Tatsache, dass der Hauptpilgerweg zum Grab des *Jakobus* nach Santiago de Compostela 20 km südlich vorbeiläuft.

Sehr interessant ist auch das im mittelalterlichen Konvent San Francisco untergebrachte, an der Praza do Saidade gelegene **Provinzmuseum** (geöffnet Mo-Fr 10.30-14 und 16.30-20.30, Sa 10.30-14 und 16.30-20, So 11-14 Uhr; im Juli und August Mo-Fr 11-14 und 17-20; Sa 10-14 Uhr). Das Museum bietet eine der bedeutendsten Präsentationen zur Volkskunde Nordspaniens: Keramik, Trachten und Münzen, römisches Goldschmiedewerk, eine detailverliebt nachgebaute Landküche und die **Sonnenuhrensammlung** im malerischen Kreuzgang.

Nahe dem Museum breiten sich Gassen und lauschige Plätzchen in der verwinkelten Fußgänger- und Geschäftszone aus. Wer es gesetzter als in den umliegenden Tavernen mit von der Decke baumelnden Schinken und Appetithäppchen wie Sardellen in Knoblauchöl liebt, lässt sich in einem der sommerlichen Straßencafés am Hauptplatz nieder. Dieser heißt **Praza Maior** (auch: Praza de España), ist von Arkaden gesäumt und mit viel Grün aufgelockert. Von hier blickt man auf das Rokoko-Rathaus.

Information

- Lugos **Touristenbüro** ist in den Galerías an der Praza Maior untergebracht, Tel. 982 231361, Fax 982 294238.

Unterkunft

- **Gran Hotel Lugo** (+++), Avenida Ramón Ferreiro 21, Tel. 982 224152, Fax 982 241660. Lugos erstes Haus am Platz ist dieser Vier-Sterne-Bau mit knapp 170 Zimmern, freundliches Personal.
- **Hotel Balneario de Lugo** (++), Barrio del Puente s/n, Tel. 982 221228, Fax 982 221659. Solide Zwei-Sterne-Qualität, 42 Zimmer.
- **Mehrere preisgünstige Pensionen** liegen an der Ronda de la Muralla, so zum Beispiel das **Hostal Mar de Plata** (+, Ronda de la Muralla 21, Tel. 982 228910), das **Hostal Rivera** (+, Ronda de la Muralla 21, Tel. und Fax 982 223836) und das einen ungewöhnlichen Namen tragende **Hostal km.511** (+, Ronda de la Muralla 36, Tel. 982 227763).

Essen und Trinken

- **Restaurante Mesón de Alberto** (+++), Cruz 4, Tel. 982 228310. Bekannt für seine feine, erlesene Küche mit Fischgerichten und dem Entrecote mit Steckrübencreme. Gute Käse- und Weinauswahl.
- **Restaurante Ferreiros** (+++), Rúa Nova 1, Tel. 982 229728. Feinschmeckerlokal, auf schmackhafte galicische Küche spezialisiert.

Verkehrsverbindungen

- Die **Bahnstation** liegt an der Praza Conde de Fontao, Tel. 902 240202. Zugverbindungen unter anderem nach León und La Coruña.
- Den **Busbahnhof** findet man an der Praza da Constitución, Tel. 982 223985. Busse unter anderem nach Santiago de Compostela, León, Viveiro und La Coruña.

Von Sarria nach Santiago de Compostela

Töne grün in grün und Hügel, Hügel, Hügel: mal mit Rinderweiden überzogen, mal mit wiederaufgeforsteten Eukalyptushainen besetzt, mal mit einsamen Gehöften bepunktet. So sehen sie im Wesentlichen aus, die letzten 120 Jakobsweg-Kilometer durch Galicien. Wirkliche kunsthistorische und landschaftliche Höhepunkte fehlen bis Santiago de Compostela.

Portomarín

↗ XIII/D2

Hinter Sarria nehmen die für Auto- und Radfahrer geeignete Landstraße C-535 und der Fußpfad bis kurz vor das etwa 23 km entfernte Portomarín getrennte Wege.

Die Straße steigt aus dem Tal von Sarria an, führt über **Paradela** (romanische Kirche San Miguel) und hinab an den Río Loio.

Kurz vor dem Belesar-See, führt ein ausgeschilderter Abzweig nach rechts zum nahegelegenen **Kloster Santa María de Loyo.** Dort sind spärliche Ruinen der auf das 12. Jh. und die Jakobs-Ritter zurückgehenden Klosteranlage erhalten.

Auf der Landstraße C-535 fährt man später ein Stück am **Belesar-See,** mit dem der Río Miño aufgestaut wird, entlang, ehe man über eine lange, hoch aufragende Brücke hinüberfährt nach Portomarín.

Je nach Wasserstand ragen aus der Belesar-Talsperre die steiernen Überreste von **Alt-Portomarín** hervor, das bei der Anlage des Stausees in den 50er und 60er Jahren des 20. Jh. geflutet wurde. Zuvor waren die bedeutendsten Bauwerke abgetragen und im neuen Ort wiederaufgebaut worden.

Auf dem Fußweg erreicht man Portomarín ab Sarria über die folgenden Stationen: **Vilei, Barbadelo** (mit der romanischen Kirche Santiago de Barbadelo), **Mouzos** (nahebei kreuzt der Weg die Landstraße C-535), **Ferreiros, Mirallos, Rozas** und **Moutras.**

Auch die Wanderer gehen auf **Portomarín** über die gewaltige Brücke zu, an dessen Ende eine lange Steintreppe hinauf zur Nieves-Kapelle führt. Der heute eher nüchtern wirkende 3.000-Einwohner-Ort Portomarín war einst eine wichtige Pilgerstation mit mehrern Hospitälern und dem Sitz verschiedener Ritterorden. An Baudenkmälern heben sich die festungsgleiche romanische Kirche San Xoán (gegenüber dem Rathaus), die auf das Ende des 12. Jh. zurückgehende Kirche San Pedro und die Herrenhäuser Casa del Conde und Berbetoros aus dem Ortsbild ab.

Rund um den Rathausplatz sollte man nicht versäumen, unter den Arkaden herzubummeln; einige kleine Bars laden zum Verweilen ein.

Unterkunft

- **Hotel Pousada de Portomarín** (++ - +++), Avenida de Sarria s/n, Tel. 982 545200, Fax 982 545270. Stilvolles und komfortables Drei-Sterne-Hotel, das einst zur Paradores-Kette gehörte. Mit 34 Zimmern. Wer eine wirklich angenehme Unterkunft sucht, ist hier genau richtig aufgehoben.
- **Pilgerherbergen** findet man in **Barbadelo** (Tel. 982 530412; 18 Pritschen, ganzjährig geöffnet, Küche), **Ferreiros** (Tel. 982 157496; ganzjährig geöffnet, Küche, 22 Pritschen) und in der renovierten alten Dorfschule von **Portomarín,** bei sommerlichem Andrang wird oft die Sporthalle als Massenlager der Pilger benutzt (Albergue Tel. 982 545143; 38 Pritschen, Küche, ganzjährig geöffnet). Die Herberge von Barbadelo spielt eine besondere Rolle: Von hier aus sind es noch 106 Kilometer bis Santiago – wichtig für den, der die „Compostela"-Urkunde erwandern will.
- In Portomarín gibt es auch die ganzjährig geöffnete **Jugendherberge** Benigno Quiroga, Tel. 982 545022. Mit 25 Betten.

Von Portomarín nach Palas de Rei

⇗XIII/D1-2

Hinter Portomarín folgt man der Landstraße C-535 Richtung Ventas de Narón, während sich der Wanderpfad fortan stets südlich (also links) der Straße hält. Aus dem Stauseetal geht es aufwärts durch grünes und bäuerlich geprägtes Bergland über **Gónzar** nach Ventas de Narón.

Wanderer kommen zwischen beiden Dörfern noch durch **Castromaior** mit der romanischen Kirche Santa María und Resten aus keltischer Zeit.

Das auf einer Anhöhe gelegene Mini-Dorf **Ventas de Narón** wird von der breiten Landstraße N-540 geschnitten.

Auf dieser folgen Autofahrer einer ausgeschilderten Jakobswegsumgehung Richtung Lugo, biegen kurz vor dem neun Kilometer entfernten **Guntín** von der N-540 nach links auf die N-547 ab und treffen in Palas de Rei wieder mit dem Fußpfad zusammen.

Etwa sechs Kilometer vor Palas de Rei gibt es einen Rechts-Abzweig zur romanischen San-Salvador-Kirche von **Vilar de Donas.** Sehenswert sind die gotischen Wandmalereien der Hauptkapelle, die Gräber von Jakobs-Rittern sowie das reichverzierte Portal.

Indes folgen Wanderer und Radler in **Ventas de Narón** den Schildern mit dem Wandersymbol, kommen an der Pilgerherberge vorbei, überqueren die N-540 und setzen den Weg auf einem namen- und nummernlosen Nebensträßchen fort. Hier nun geht es an Wiesen und Weiden vorbei mitten durch das grüne Hügel- und Bauernland und durch die Dörfer **Ligonde** und **Eirexe.**

Rund fünf Kilometer hinter Eirexe mündet das Nebensträßchen auf die breite Landstraße N-547, die links über **Rosario** nach Palas de Rei leitet. Zu dieser parallel verläuft bis Palas de Rei der Pilgerpfad.

Einzig erwähnenswert im Zentrum des langgestreckten **Palas de Rei** sind das romanische Portal der San-Tirso-Kirche und das kleine, moderne Pilgerdenkmal.

Unterkunft

- **Pilgerherbergen** in **Gónzar** (Tel. 982 157840; ganzjährig geöffnet, Küche, 20 Plätze), in **Narón** im Alten Schulhaus (Tel. 982 545232; ganzjährig geöffnet, Küche, 22 Pritschen, Kapazität stark erweiterbar), ebenfalls in der Alten Schule von **Ligonde** (Tel. 982 153483; ganzjährig geöffnet, Küche, 18 Pritschen) sowie in **Palas de Rei** (Tel. 982 380090; 60 Pritschen, ganzjährig geöffnet).
- In **Palas de Rei: Hostal Vilariño** in der Avenida de Compostela 16 (*, Tel. 982 380152, Fax 982 380973).

Von Palas de Rei nach Santiago de Compostela ↗XII/B-D1

Von Palas de Rei aus sind es knapp 15 km durch grüne galicische Hügelgebiete bis zur nächstgrößeren Pilgerstation Melide; der Pilgerpfad verläuft im Wesentlichen abseits der recht stark befahrenen Landstraße N-547 und passiert die Örtchen **San Xulián de Camiño** (romanische San-Julián-Kirche), **Casanova** und **Leboreiro** (romanische Kirche Santa María).

Melide ist der erste Ort in der Provinz La Coruña und eine der letzten erwähnenswerten Pilgerstationen bis Santiago de Compostela. Zu den Sehenswürdigkeiten zählen die romanische Kirche Santa María und die aus dem 15. Jh. stammende Kirche Sancti Spiritus (beide mit Wandmalereien), die Kapelle San Roque mit dem romanischen Portal einer verschwundenen Kirche sowie das volkskundliche Museum Terra de Melide, das mit der Lokalgeschichte vertraut macht.

Hinter Melide geht es durch Eukalyptushaine hinab ins Tal des Río Boente und vorbei an **Ribadiso** nach Arzúa.

Auf diesem Abschnitt kreuzt der Pilgerweg mehrfach die Landstraße N-547 und kommt durch **Castañeda,** wo sich einst jene Öfen befanden haben, in denen der Kalk für die Kathedrale von Santiago de Compostela produziert wurde.

In **Arzúa** sind einzig die Pfarrkirche Santiago mit ihren Jakobus-Skulpturen und die Reste der einst zum mittelalterlichen Augustinerkonvent gehörigen Magdalena-Kapelle eine Erwähnung wert.

Hinter Arzúa fehlen noch knapp 40 Kilometer bis Santiago de Compostela, bei denen sich Galicien unverändert von seinen hügeligsten und grünsten Seiten zeigt: ein Emsemble aus Wiesen, Feldern, Obst- und Eukalyptushainen. Ein ums andere Mal kreuzen sich der auch für Radler geeignete Pilgerpfad und die Landstraße N-547.

Erwähnenswerte Stationen sind **Salceda, Santa Irene** (mit Santa-Irene-Kapelle aus dem 18. Jh.), **Arca, Amenal** und **Lavacolla.** Der letztere Ortsname leitet sich vom spanischen „lavar" – „waschen" – ab, da sich hier einst die Wallfahrer an einem Flüsschen reinigten, bevor sie nach Santiago de Compostela einzogen. Schließlich musst sie einem alten Brauch zufolge dem Apostel sauber gegenüber treten.

Lavacolla heißt heute auch Santiagos internationaler **Flughafen,** bei dem man an einem großen Kreisverkehr eine monumentale Pilgerstatue in der Mitte sieht. Von hieraus verbleiben noch rund zehn mehr oder minder unerfreuliche und verkehrsreiche Kilometer über die Höhen und dann hinab ins Zentrum der ins weitläufige Grün eingebetteten Stadt.

Links der Straße erreicht der Pilgerweg den Hausberg von Santiago de Compostela, den **Monte do Gozo,** mit seiner gigantischen Pilgerherberge, dem Auditorium und dem Campingplatz (Unterkunft Monte de Gozo siehe im Reisepraktischen Teil zu Santiago de Compostela).

Kathedrale von Santiago de Compostela

098ns Foto: ad

Unterkunft

- **Pilgerherbergen** in **Casanova** (Tel. 982 173483; ganzjährig geöffnet, Küche, 20 Pritschen), **Leboreiro** (Tel. 981 507351; ganzjährig geöffnet, Küche, 20 Plätze), **Melide** (Tel. 981 506266; ganzjährig geöffnet, Küche, 130 Pritschen), **Ribadiso** (Tel. 981 501185; 62 Pritschen, ganzjährig geöffnet, Küche), in **Arzúa** neben der Kirche (Tel. 981 500455; ganzjährig geöffnet, Küche, 15 Pritschen, Kapazität stark erweiterbar), **Santa Irene** (Albergue de la Xunta, Tel. 981 511330, ganzjährig geöffnet, Küche, 36 Pritschen; Albergue de Santa Irene, Tel. 981 511000, ganzjährig geöffnet, im Winter möglichst vorab kontaktieren, 15 Plätze, Küche, Herberge steht jedweden Gästen offen) und **Arca** (ganzjährig geöffnet, 120 Pritschen).

Santiago de Compostela – Ziel aller Pilger

↗ XII/B1

Auf dem **Monte do Gozo,** dem „Berg der Freude", sanken die Wallfahrer einst in die Knie und zogen hinunter, das Pilgerlied Ultreia singend, in die sehnsüchtig erwartete Stadt.

Im Hochmittelalter avancierte Santiago de Compostela – genauer: das **Grab des Apostels Jakobus** – neben Rom und Jerusalem zum bedeutendsten Pilgerziel der Christenheit. Noch heute empfinden viele Gläubige, nach Wochen entbehrungsreicher Märsche durch Spaniens Norden, das Gefühl des Angekommenseins als überwältigend. Wobei sich die meisten Wanderer zunächst in den modernen Schlafpavillons auf dem Monte do Gozo betten (800 Plätze), denn die Kapa-

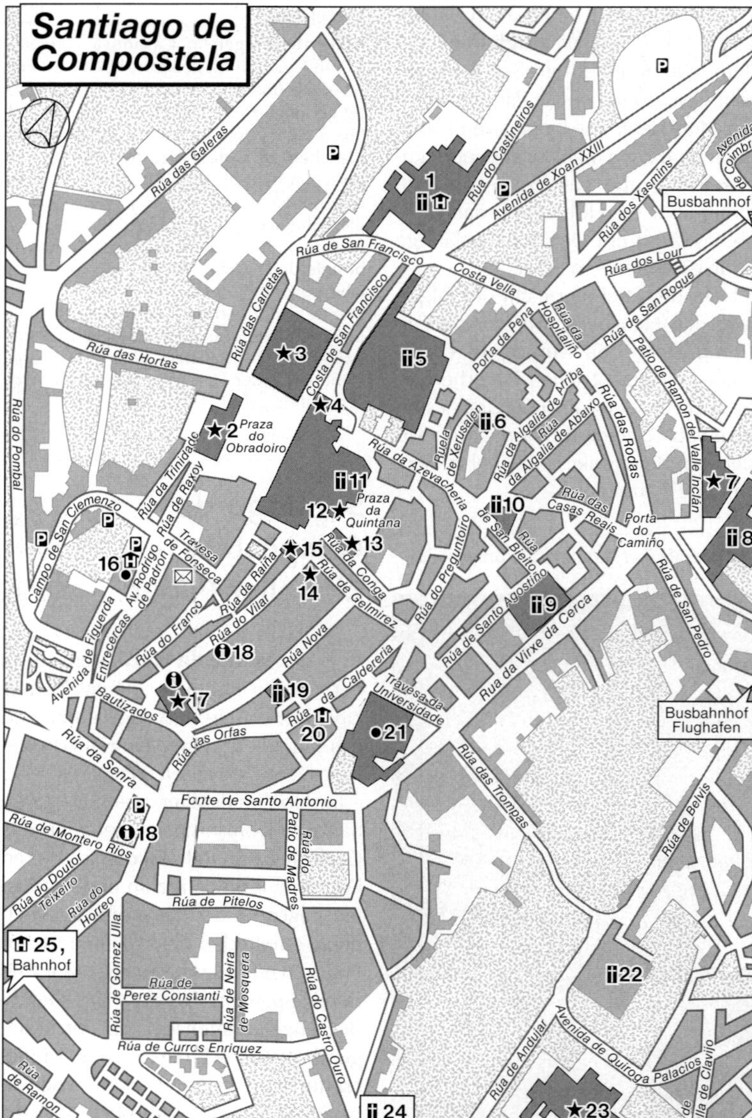
Santiago de Compostela
Rúa das Galeras
Rúa do Castiñeiros
Avenida de Xoan XXIII
Rúa dos Xasmins
Avenida de Coimbra
Busbahnhof
Rúa de San Francisco
Costa Vella
Rúa dos Lour
Rúa das Carretas
Costa de San Francisco
Rúa das Hortas
Rúa do Pombal
Porta da Pena
Rúa do Hospitaliño
Rúa de San Roque
Patio de Ramon del Valle Inclán
Praza do Obradoiro
Rúa da Algalia de Arriba
Rúa da Algalia de Abaixo
Rúa das Rodas
Ruela de Xerusalen
Rúa da Azevachería
Rúa da Trinidade
Rúa de Raxoy
Campo de San Clemenzo
Praza da Quintana
Rúa das Casas Reais
Porta do Camiño
Rúa de San Bieito
Travesa de Fonseca
Av. Rodrigo de Padron
Rúa da Raíña
Rúa da Conga
Rúa de Gelmírez
Rúa do Preguntoiro
Rúa de Santo Agostiño
Rúa da Virxe da Cerca
Rúa de San Pedro
Avenida de Figuerda
Entrecercas
Rúa do Franco
Rúa do Vilar
Rúa Nova
Rúa da Caldereria
Travesa da Universidade
Bautizados
Rúa das Orfas
Rúa da Senra
Busbahnhof Flughafen
Rúa das Trompas
Fonte de Santo Antonio
Rúa de Montero Rios
Patio de Madres
Rúa do
Rúa de Belvis
Rúa do Doutor Teixeiro
Rúa do Horreo
Rúa de Pitelos
25, Bahnhof
Rúa de Gomez Ulla
Rúa de Perez Consianti
Rúa de Neira de Mosquera
Rúa do Castro Ouro
Rúa de Curros Enriquez
Rúa de Ramon
Rúa de Andujar
Avenida de Quiroga Palacios
Rúa de Batalla de Clavijo
1 2 3 4 5 6 7 8 9 10 11 12 13 14 15 16 17 18 19 20 21 22 23 24

	Nr.	
	1	Konvent San Francisco
★	2	Pazo de Raxoi
★	3	Hospital Real, heute Parador
★	4	Palacio de Gelmírez
	5	Abtei San Martín Pinario
	6	Kirche San Miguel dos Agros
★	7	Zentrum der Zeitgenössischen Galicischen Kunst
	8	Kloster Santo Domingo de Bonaval (mit Museum des galicischen Volkes)
	9	Kloster San Agustín
	10	Kirche San Benito
	11	Kathedrale
★	12	Puerta Santa
★	13	Casa de los Canónigos
★	14	Casa do Deán (mit Pilgerbüro)
★	15	Casa del Cabildo
	16	Hostal 25 de Julio,
•		Polizei
★	17	Pazo de Bendaña
	18	Touristenbüros
	19	Kirche Santa María Salomé
	20	Hostal Pazo de Agra
•	21	Universität (heute Sitz des Instituto de la Lengua Gallega)
	22	Kloster Belvís
★	23	Seminario Menor (mit zentraler Pilgerherberge)
	24	Stiftskirche Santa María la Real de Sar
	25	Richtung Hotel Hespería Gelmírez

zität der Pilgerherberge in der Innenstadt reicht bei weitem nicht aus.

Santiago de Compostela, die rund 100.000 Einwohner große Bischofs- und Universitätsstadt, hat sich rund um die Kathedrale entwickelt. Die wundersame Entdeckung des Apostelgrabes zu Beginn des 9. Jh. läutete den Beginn der Pilgerzüge zu Ehren des *Jakobus* ein. So bietet **Galiciens Hauptstadt** eine grandiose Fülle an Baudenkmälern, von Romanik bis Gotik, von Renaissance bis Barock.

Zentraler Treffpunkt von Besuchern und Wallfahrern aus aller Welt ist der Kathedralvorplatz, **Praza do Obradoiro** (galicisch: *praza* für das spanische *plaza*).

In der prachtvollen **Kathedrale** herrscht alltäglich ein unglaubliches Kommen und Gehen, ein babylonisches Sprachgewirr unter romanischen Rundbögen. Überall Spendendosen, Blumengebinde, das Gemurmel der Gruppen. Blitzlichter zucken, Wallfahrer treten ein und aus mit geschulterten Rucksäcken, es riecht nach Schweiß und Weihrauch. Man steigt hinab zum Mausoleum des Heiligen und über eine schmale Treppe hinauf zum thronenden Jakobus am Hochaltar, darf das edelsteinbesetzte Gewand der Skulptur berühren und küssen – unter den gestrengen Blicken des Wachpersonals.

Ausgehfreudige finden in den Altstadtgassen Santiagos urige **Restaurants und Bars,** die **Andenkenläden** bersten vor Devotionalien und Nippes: Wanderstöcke und Muscheln, Püppchen und Bierkrüge mit Kathedral- und Jakobusmotiven. Stilvoller sind **Klöppelspitzen- und Silberschmiedearbeiten.**

In der zweiten Julihälfte (15.-31.) feiert die Stadt zu Ehren des Jakobus ihr

099ns Foto: ad

Pittoreske Altstadtgassen

größtes Volksfest. Höhepunkt ist der Tag des Heiligen am 25. Juli. Fällt dieser Tag auf einen Sonntag, sieht der Kalender ein **Jakobusjahr** vor, so wie im Jahr 2004.

Trotz aller Monumentalität ist die Stadt auf sonderbare Weise **provinziell** geblieben. Beim Blick vom Monte do Gozo mag sich mancher verwundert die Augen reiben (falls nicht gerade der so häufige Regen die Sicht trübt). Dieses kleine, zerrissene Häusermeer, umrankt vom Grün der Wiesen und Weiden und fast unscheinbar überragt von den Türmen der Kathedrale, soll das große Santiago de Compostela sein? Wenige Autominuten entfernt spürt man von der Pilgermetropole ohnehin nichts mehr. Einsame Dörfer, Maisfelder, Haselnusssträucher, Apfelbäume und der frische Duft von Eukalyptus prägen die Landschaft.

Geschichte

Zwar war das von den Flüssen Tambre und Ulla begrenzte Tal von Santiago bereits zu **Römerzeiten** besiedelt, doch beginnt die eigentliche Geschichte erst im 9. Jh. Der Legende nach entdeckte der fromme Einsiedler *Paio,* einem Sternenlicht folgend, das **Grab des Jakobus** (spanisch: Santiago). Der Apostel war im Jahre 44 n. Chr. in Palästina enthauptet und seine sterblichen Überreste in einem Boot in den äußersten Nordwesten Spaniens gebracht worden, wo er zuvor das Evangelium verkündet hatte.

Bischof *Teodomiro* ließ über der zu Beginn des 9. Jahrhunderts von *Paio* entdeckten Fundstätte sogleich eine Kapelle errichten. Durch das asturisch-leonesische Königshaus verbreitete sich die Kunde wie ein Lauffeuer in ganz Europa, die Zahl der Wunder und Erscheinungen nahm mit den ersten Pilgerankünften zu.

Aber noch waren die Wallfahrten nach Santiago zu unsicher, die Nordgebiete Spaniens von feindlichen **Mauren** bedroht. Bei der großen Invasion 997 ließ der muslimische Heerführer *Almanzor* die Ende des 9. Jh. unter *Alfonso III* erbaute Jakobus-Basilika zerstören und machte den Ort dem Erdboden gleich.

In der Folge wurde Santiago neu aufgebaut und von einer Stadtmauer umzogen, während sich die **Reconquista** gen Süden verlagerte – mit dem heiligen *Jakobus* als Schutzpatron der so genannten „christlichen" Kämpfer gegen die Mauren.

Damit war im Norden der Weg frei nach Santiago de Compostela. 1075 begann unter Bischof *Diego Peláez* der **Bau der Kathedrale,** sein Nachfolger *Diego Gelmírez* weihte 1105 einen Teil der Basilika. Allerdings sollten sich die Arbeiten bis in die Mitte des 18. Jh. erstrecken.

Im 11. und 12. Jh. erreichten die **Pilgerfahrten** nach Santiago ihren ersten Höhepunkt. Die Stadt entwickelte sich zu einem wichtigen Handels- und Kulturzentrum, zu einem Schmelztiegel der Zivilisationen, zu einem Zentrum der Klöster und Kirchen. Wichtigste Ereignisse am Ende des Mittelalters waren die Gründungen der Universität, des Königlichen Gerichtshofes und des Königlichen Hospitals. Allerdings veränderte die Wallfahrt nach Santiago im Lauf der Zeit ihren Charakter und kam Ende des 16. Jh. fast ganz zum Erliegen. Religiöse Begeisterung und Glaubenseifer hatten nachgelassen und die Unwägbarkeiten auf dem gefährlichen Weg – allen voran Diebesbanden – zugenommen.

Seit Beginn der 1990er Jahre feiert die Wallfahrt eine nie geglaubte Renaissance. Alleine während des Jakobusjahres 1993 verzeichnete die Stadt eine Rekordmarke von sieben Millionen **Besuchern,** die 1999 auf zehn Millionen anstieg. Allerdings wurden im Jakobusjahr 1999 „nur" 155.000 „Compostela"-Urkunden für eifrige Wanderer und Radler verteilt. Nicht jeder, der in die Stadt kommt ist ein „richtiger" Pilger. Nächster Großansturm: im „heiligen Jahr" 2004!

Von der UNESCO ist die Altstadt von Santiago de Compostela zum **Weltkulturerbe** erklärt worden.

Sehenswertes

Die **Zahlen in Klammern** verweisen auf die Legendenpunkte des Stadtplans.

Die lebendige, leicht überschaubare **Altstadt** Santiagos breitet sich über einen kleinen Hügel aus. Enge Gassen, lauschige Plätzchen, ineinander verschachtelte Häuser und Laubengänge sorgen für Charme, die Kathedrale, Klöster und kleine Kirchen für einen würdevollen historischen Rahmen auf engstem Raum. Zum Westen hin wird die Altstadt vom großzügig angelegten Alameda-Park begrenzt, von dessen Flanierpromenaden sich vorzügliche Blicke auf die Kathedrale bieten. Die gesamte Stadt lässt sich problemlos zu Fuß erkunden.

Der Kathedralvorplatz

Auf der **Praza do Obradoiro** laufen alle Fäden zusammen. Diesen riesigen Freiplatz im Herzen der Stadt verwandeln Pilger, Musikanten und umherschwirrende Souvenirhändler bei Sonnenschein zu einem polyglotten Treff unter freiem Himmel. Mit einem mo-

numentalen Rahmen zu allen Seiten: der himmelstürmenden Barockfassade der Kathedrale, der neoklassizistischen Front des Pazo de Raxoi, dem zum Parador umfunktionierten Königlichen Hospital und dem gedrungenen **Colegio San Jerónimo** (1501), dessen Portal von einem noch älteren Pilgerhospital stammt. Nahe dem Parador blickt man über ziegelgedeckte Häuserdächer hinweg auf die grünen, bewaldeten Hügel des Umlands.

Der streng bewachte **Pazo de Raxoi** (**2,** gebaut 1766), mit seinen 25 kühlen Arkaden genau gegenüber der Kathedrale gelegen, ist Sitz des Präsidiums der galicischen Regionalregierung. Das gewaltige Marmorrelief im Giebel stellt die Schlacht von Clavijo dar, bei der sich im Jahre 844 Mauren und Christen in der heutigen Rioja bekriegt haben sollen (historisch nicht belegt) und bei der den christlichen Streitern der Apostel auf einem Schimmel als Santiago Matamoros – Jakobus der Maurentöter – erschienen sein soll.

Gegen Norden hin schließt das von den Katholischen Königen zu Beginn des 16. Jh. gestiftete **Hospital Real (3)** die Plaza ab. Ein prachtvolles platereskes Portal schmückt die Fassade dieses um vier säulenflankierte Patios angelegten Baus, der heute einen der

Kathedralvorplatz, die Fraza do Obradoiro; das lange Gebäude ist der Paxo do Raxoi

ns Foto: ad

stil- und stimmungsvollsten sowie luxuriösesten **Paradores** in Spanien beherbergt. In der Regel wird Gruppenbesuchern – und eben nicht nur Hotelgästen – Zugang in die Innenhöfe gewährt. Individualisten haben es hier schwer; zugänglich ist aber auf jeden Fall die Cafeteria.

Zwischen Parador und Kathedrale liegt der **Palacio de Gelmírez (4,** galicisch: Pazo de Xelmírez, geöffnet Di-So 10-13.30 und 16.30-19.30 Uhr). Es ist eines der bedeutendsten Profanbauwerke der spanischen Romanik und wurde um 1120 auf Betreiben des Erzbischofs von Santiago, *Diego Gelmírez,* begonnen. Hinter der relativ unauffälligen Fassade des Palastes verbirgt sich ein Winkelwerk an Räumen und Räumchen, von dem man sich jedoch nicht allzuviel versprechen sollte; vieles ist in den letzten Jahren gründlich restauriert worden. Beachtung verdient das Kreuzrippengewölbe im Festsaal.

Die Kathedrale

Die Kathedrale **(11)** ist seit jeher der Grund für den Ruhm Santiagos. In die ursprünglich meisterhaft reine Romanik haben die Baumeister im 18. Jh. üppigen Barock gesetzt. So entstanden zwischen 1738 und 1750 unter Leitung des Architekten *Fernando de Casas y Novoa* die wuchtigen Zwillingstürme aus Granit, die in die Fassade integriert wurden.

Die romanische Fassade, der fantastische und mit überbordendem Skulpturenschmuck ausstaffierte **Pórtico de la Gloria** des *Meisters Mateo* vom Ende des 12. Jh., wird vom spätbarocken Vorbau verdeckt und geschützt. Den mittleren der drei Bögen des Portikus beherrscht eine Christusstatue, die von den vier Evangelisten umgeben ist. Acht Engel tragen die Symbole der Passion, in den Archivolten sieht man die 24 Ältesten der Apokalypse.

Dieser Pórtico de la Gloria führt ins **Innere des Gotteshauses,** das über einem kreuzförmigen Grundriss errichtet wurde. Selbst kunstgeschichtlich weniger Interessierte werden sich an der romanischen Kunst begeistern

Eingang zum Parador Reyes Católicos

Foto: ad

können: eine Harmonie aus Rundbögen, Galerie, Skulpturen und Seitenkapellen. Allerdings hat sich hier und da auch üppiger Barock in den rund 100 m langen Innenraum gedrängt, und mancher Leuchter passte doch besser in ein Theater als in ein Gotteshaus.

Zum Fixpunkt im Dämmerdunkel erwächst, in goldenes Licht getaucht, die silberüberzogene Figur des Jakobus, die am **Hochaltar** thront.

Hat man dem Apostel nach schmalem Treppenaufstieg seine Reverenz erwiesen, geht man hinab ins **Mausoleum** unter dem Hauptaltar, in dem ein Silberschrein die Reliquien des Heiligen birgt.

Detail der Hauptfassade

An Festtagen und zu anderen feierlichen Gelegenheiten sollte man es nicht versäumen zu sehen, wie der riesige **Weihrauchwerfer** *(botafumeiro)* im Vierungsschiff mit Hilfe eines Flaschenzugs und einem Dutzend kräftiger Männer in Gang gesetzt wird und über die Köpfe der Gläubigen hinweg pendelt. Je nach Wichtigkeit oder Finanzkraft der Wallfahrer wird der Weihrauchwerfer auch bei Pilgermessen in Gang gesetzt.

Beachtung verdienen in der Kathedrale auch die Zugänge: die kleine **Puerta Santa** am Kirchenhaupt (1611), die barocke **Puerta de la Azabachería**

(1765-70, Nordportal) und die figurenreiche, im Jahre 1103 vollendete **Puerta de las Platerías** (Südportal).

Zur Kathedrale gehören die Schatzkammer und das **Kathedralmuseum** mit wertvollen Manuskripten, frühen Drucken und einer Sammlung flämischer Wandteppiche (im Sommer Mo-Sa 10-13.30 und 16-19.30, So 10-13.30 Uhr; März bis Juni So 10.30-13.30 Uhr; ansonsten Mo-Sa 11-13 und 16-18, So 11-13 Uhr). Vom Museum aus hat man Zutritt zum Kapitelsaal, zur Reliquienkapelle, zur Krypta und zum Kreuzgang aus dem 16. Jh.

Rund um die Kathedrale

Rund um die Kathedrale lässt man sich am besten von Platz zu Platz treiben und verlässt das Gotteshaus durch die Puerta de la Azabachería (zur Orientierung: mit dem Gesicht zum Hochaltar gewandt, geht man nach links). Vor diesem Portal der Kathedrale breitet sich die kleine **Praza do Inmaculada** aus.

Dahinter erhebt sich die mächtige Fassade der **Abtei San Martín Pinario (5),** die im 17. und 18. Jh. über einem mittelalterlichen Kloster um drei große Kreuzgänge herum angelegt wurde (Grundfläche: 20.000 m²).

Geht man in einem Rechtsbogen um die Kathedrale herum, eröffnet sich die weite **Praza da Quintana,** die einst als Friedhof diente.

Zur Linken erhebt sich die langgestreckte Front des nach wie vor von Ordensschwestern bewohnten **Convento de San Paio** (um 1700) und voraus die **Casa de los Canónigos (13),** das zu Beginn des 18. Jh. fertiggestellte Haus der Kanoniker.

Zur Rechten zeigt sich die Ostfassade der Kathedrale mit dem im Barockstil verzierten **Uhrturm,** der **Puerta Real,** dem Königstor, und der **Puerta Santa (12),** dem Heiligen Tor, das nur am 25. Juli und während der Jakobusjahre geöffnet wird.

Geht man noch ein Stück weiter, gelangt man auf die **Praza das Praterías,** den traditionellen Platz der Silberschmiede, mit Juwelierläden, dem prächtigen **Platerías-Portal** der Kathedrale, der barocken **Casa del Cabildo (15,** Haus des Domkapitels, 18. Jh.) und dem **Pferdebrunnen.** Schon bei diesem ersten kleinen Rundgang wird man feststellen: Santiago de Compostela präsentiert sich als ein einziges kulturhistorisches Freilichtmuseum.

Altstadt: Gassen und Monumente

Von der Praza das Praterías/Ecke Rúa de Gelmírez schlendert man durch die zur Fußgängerzone umgewandelte **Rúa do Vilar,** kommt am barocken Dekanatspalais **Casa do Deán (14,** heute zentrales Pilgerbüro), der Touristeninformation und lauschigen Arkadengängen vorbei, bis man die geschäftige Praza do Toral mit dem Barockbau **Pazo de Bendaña (17)** erreicht.

Parallel zur Rúa do Vilar verlaufen die stimmungsvollen Fußgängergassen **Rúa da Raiña** und **Rúa do Franco,** in denen sich Restaurants, Bars und Souvenirshops wie an einer Perlenkette aufreihen. Die Rúa do Franco ist im Gegensatz zu anderen galicischen

Städten nicht nach Spaniens langjährigem Diktator, sondern nach den Franken benannt, die einst in diesem Stadtteil wohnten und sich als Händler und Geschäftsleute verdingten.

Von der Praza do Toral kann man den Rundgang durch die **Rúa Nova** fortsetzen, kommt vorbei an der romanischen **Kirche Santa María Salomé (19,** mit Barockturm) und zurück auf die Rúa de Gelmírez.

Voller Atmosphäre stecken auch die oberhalb der Praza da Quintana beginnenden Gässchen: unförmiges Pflaster, winzige Läden und kleine Plätze wie die Praza de San Miguel mit der **Kirche San Miguel dos Agros (6,** 18. Jh.) und dem interessanten **Pilgermuseum** in der **Casa Gótica** (Museo das Peregrinacións, Rúa de San Miguel, geöffnet Di-Freitag 10-20, Sa 10.30-13.30 und 17-20, So nur 10.30-13.30 Uhr). Bei der Casa Gótica handelt es sich um eines der wenigen erhaltenen gotischen Zivilgebäude der Stadt. In acht Sälen gibt das lohnende Museum Aufschluss zur Geschichte der Jakobuswallfahrt, unter anderem mit Skulpturen, die *Jakobus* als Pilger zeigen.

Ein weiteres pittoreskes Plätzchen ist die Praza de Cervantes mit den alten Adelshäusern **Casa de Bazán** und **Pazo de Fondevilla** sowie der **Kirche San Benito (10),** eine der ältesten der Stadt (10. Jh.).

Folgt man ab der Praza de Cervantes der Gasse Ruela das Animas, steht man nach kurzer Zeit auf der kleinen **Praza de San Parga** mit der **Animas-Kapelle** aus dem 17. Jh.

Die Rúa das Casas Reais läuft ab dem San-Parga-Plätzchen, vorbei an der romanischen **Kirche Santa María del Camino,** geradewegs auf die **Altstadtumgehung** zu (Rúa das Rodas, Übergang Rúa da Virxe da Cerca). An dieser Stelle betraten die Wallfahrer im Mittelalter die Stadt.

Es lohnt sich, die vielbefahrene Umgehungsstraße zu überqueren und geradeaus knapp 100 m zum **Kloster Santo Domingo de Bonaval (8)** aufzusteigen. Der romanisch-gotische Bau mit seiner barocken Fassade beherbergt heute das lohnenswerte **Museum des galicischen Volkes** (Museo do Pobo Galego, geöffnet Mo-Sa 10-13 und 16-19 Uhr). Volkskundliche Abteilungen informieren anhand von zahlreichen Exponaten sehr umfangreich über Landwirtschaft, Fischfang, Handwerk, Architektur und Musik in Galicien.

In direkter Nachbarschaft des galicischen Volksmuseums liegt das moderne **Zentrum der Zeitgenössischen Galicischen Kunst (7,** Centro Galego de Arte Contemporánea) das mit wechselnden Ausstellungen einheimischer Künstler aufwartet (geöffnet Di-So 11-20 Uhr).

Randzonen der Altstadt

Den östlichen Teil der Altstadt schließen Monumente ab, an denen die Rúa da Virxe da Cerca (Umgehungsstraße) direkt vorbeiläuft: die 1501 gegründete **Universität (21,** heute die Fakultät für Geografie und Geschichte), das 1617 eingeweihte **Kloster San Agustín (9)** und die **Kirche**

103ns Foto: ad

Altstadtgasse nahe der Kathedrale von Santiago de Compostela

San Fiz de Solovio, die um 900 an jener Stelle errichtet wurde, an der der Einsiedler *Paio* erstmals die übernatürlichen Lichter erblickte, die den Weg zum Apostelgrab wiesen.

Im Norden der Altstadt liegt der **Konvent San Francisco (1),** der gotische Reste des Ursprungsbaus einzig im Kreuzgang aufweist. Den Konvent erreicht man ganz einfach, indem man ab der Praza do Obradoiro etwa 300 m der Rúa de San Francisco folgt. In den Klostermauern leben nach wie vor Franziskaner.

Außerhalb der Innenstadt

Oberhalb des Belvís-Parks, östlich des Altstadtviertels, erhebt sich das **Kloster Belvís (22),** welches vom Ende des 17. Jh. stammt. Vom ursprünglichen Bau aus dem 14. Jh. ist hier einzig noch das Bildnis der *Virgen del Portal* erhalten.

In direkter Nachbarschaft zum Kloster liegt der **Seminario Menor (23),** in dem heute eine der beiden Pilgerherbergen Santiagos untergebracht ist (bei Redaktionsschluss vorübergehend geschlossen).

Am Südrand Santiagos liegt das **Kloster Santa María de Conxo,** das 1129 vom Erzbischof *Diego Gelmírez* gegründet und im 17. Jh. umfassend umgebaut wurde. Bemerkenswert: die Reste des Kreuzgangs, die barocke Kapelle Cristo de Conxo sowie das Bildnis des Santiago Peregrino, Jakobus als Pilger, an der Kirche.

Etwa zwei Kilometer außerhalb der Innenstadt gelangt man durch die Calle de Sar zur **Stiftskirche Santa María la Real de Sar (24),** eine bemerkenswerte romanische Basilika mit Kreuzgang und Museum. Die geneigten Säulen des Gotteshauses – ein Konstruktionsfehler – erzeugen einen ungewöhnlichen optischen Effekt. Alleine deswegen ist das Kirchlein einen Besuch wert. Mitte des 18. Jh. wurde die Außenseite der Kirche mit Strebepfeilern verstärkt. In dem der Stiftskirche angeschlossenen Museum (geöffnet Mo-Sa 10-13 und 16-19 Uhr) sind Gold- und Silberschmiedearbeiten ausgestellt, in der Kirche selbst gibt es bemerkenswerte Skulpturen.

104ns Foto: ad

Kirche Santa María de Sar

Praktische Tipps

Information

- **Haupt-Touristenbüro (18)** in der Rúa do Vilar 43, Tel. 981 584081, Fax 981 565178. Die **städtischen Informationsbüros** liegen in der Rúa do Vilar 63 (Tel. 981 555129, Fax 981 554748) und der Praza de Galicia (Tel. 981 573990).
- Im **Pilgerbüro (14,** Oficina de Acogida al Peregrino) in der Casa do Deán, Ecke Rúa do Vilar/Rúa de Gelmírez, Tel. 981 562419, erhalten Wallfahrer gegen Vorlage ihres Pilgerausweises und nach absolviertem Pensum (mindestens die letzten 100 km zu Fuß oder die letzten 200 km mit dem Rad) die Compostela-Urkunde.
- **Internet-Infos** über die Galicien-Homepage: www.turgalicia.es.

Unterkunft

Santiago de Compostela zeigt sich gut auf die Besucherströme eingestellt; alleine die offiziellen Listen verzeichnen mehr als 70 Hotels und Pensionen. In den Sommermonaten, insbesondere während der Feierlichkeiten in der zweiten Julihälfte, sollte man trotzdem Zimmer vorab reservieren. Bei knappem Reisebudget oder Engpässen bei der Quartiersuche kann man in der gesamten Altstadt nach kleinen Schildern in Fenstern Ausschau halten, die auf private Zimmervermietung weisen *(habitaciones)*.

- **Hotel Parador Reyes Católicos** (+++) **(3),** Praza do Obradoiro 1, Tel. 981 582200, Fax 981 563094, Web: www.parador.es, E-Mail: santiago@parador.es. Stilvoller und teurer geht es in ganz Santiago nicht. Erst wenn die Besuchergruppen des Tages aus den Patios verschwunden sind, kann man die Stille im altehrwürdigen, zum Fünf-Sterne-Hotel umfunktionierten Königlichen Hospital genießen. Allerdings hat der Service mitunter den

Charme von Massenabfertigung, die Qualität mancher Zimmer (zum Beispiel zur lauten Seitenstraße hinaus) lässt zu wünschen übrig. Makaberer Beigeschmack: Überall dort, wo es einst von Kranken wimmelte und Leichen aufbewahrt wurden, wandelt man heute durch die Gänge und lässt sich gemütlich zum Tafeln nieder. Mit sehr gutem Restaurant, erstklassiges Frühstücksbüffet.

- **Hotel Hespería Gelmírez** (++), Rúa do Hórreo 92, Tel. 981 561100, Fax 981 555281. Drei-Sterne-Block wenige Gehminuten von der Altstadt entfernt. Saubere, nicht allzu große Zimmer (am besten wählt man eines in den beiden oberen Stockwerken). In jüngster Zeit renoviert, stark von Gruppen frequentiert.
- **Hotel Peregrino** (+++), Avenida Rosalía de Castro s/n, Tel. 981 521850. Gepflegter 149-Zimmer-Block mit hinterliegender Grünzone und Freiluftpool (nur im Sommer). Vier Sterne, der Altstadtkern ist in weniger als zehn Minuten zu Fuß erreichbar. Je nach Stock schöne Blicke ins Grün um Santiago.
- **Hostal 25 de Julio** (**16,** ++), Avenida Rodrigo de Padrón 4, Tel. 981 582295, Fax 981 589695. Günstig zentral gelegen. Lediglich sechs Zimmer, gut eingerichtet mit Bad und TV. Der Preis schließt das Frühstück mit ein.
- **Hostal Pazo de Agra** (**20,**+), Rúa da Caldereria 37, Tel. 981 583517. In der oberen Altstadtzone, unscheinbarer Eingang, recht ruhig. Zimmer mit Bad.
- **Pilgerherberge Seminario Menor (24),** Avenida de Quiroga Palacios, oberhalb des Belvís- Parks, 119 Betten, keine Küche, maximaler Aufenthalt drei Nächte (bei Redaktionsschluss vorübergehend geschlossen).
- **Pilgerherberge Monte do Gozo,** etwa drei Kilometer östlich der Innenstadt. Mit 800 Betten, Verkaufsshops, weiten Grünflächen, Sport- und Freizeitanlagen sowie einem Auditorium für 30.000 Personen. Tel. 981 558942; ganzjährig geöffnet.
- Auf demselben Gelände liegen die **Jugendherberge** und der **Campingplatz Monte do Gozo,** Kapazität 1.100 Personen, beide Tel. 981 558942.

Essen und Trinken

- **Bars** und kleine **Restaurants** konzentrieren sich in der **Altstadt** vor allem im Bereich von **Rúa da Raiña** und **Rúa do Franco.** Hier locken Terrassen, Gerüche und die Präsentationsteller der Mahlzeiten in den Fensterauslagen. Durch die Nähe Santiago de Compostelas zum Atlantik steht fangfrisches **Meeresgetier** jedweder Art auf den Speisekarten obenan, so wie Tunfisch *(bonito)*, Tintenfisch *(pulpo)*, Tintenfischringe *(calamares)*, Kabeljau *(bacalao)* und Venusmuscheln *(almejas)*. Den Terrassenservice lassen sich manche Bars mit einem fürstlichen Zuschlag honorieren; vorab kann man auf die Preisaushänge achten. Den kleinen Hunger stillt die große Auswahl an *tapas* in vielen Altstadtkneipen.
- **Restaurante Casa Vilas** (+++), Rosalía de Castro 88, Tel. 981 591000. Traditionsreiches Haus der Familie Vilas mit vorzüglicher galicischer Küche: Meeresfrüchte und Eintöpfe. Die Qualität hat ihren Preis.
- **Restaurante Toñi Vicente** (+++), Avenida Rosalía de Castro 24, Tel. 981 594100. Feinste galicische Kochkunst, bei der sich Tradition und Moderne vermischen. Gute Weinauswahl. Angemessene Spitzenpreise.
- **Restaurante ó-42** (+ - ++), Rúa do Franco 42, Tel. 981 581009. Unter den Meeresfrüchte-Restaurants in Santiago nahezu unschlagbare Qualität. Rustikales Holzambiente, auch im Barbereich, Publikum aller Altersklassen. In Teilen des Restaurants gibt es Sitzplätze unter Lauben.
- **Mesón El Hispano** (+), Praza de Abastos 7, Tel. 981 561850. An den Markthallen, einfach, Tagesmenü, Freiluftservice zur wärmeren Jahreszeit.

Verkehrsverbindungen

- Der **Flughafen** Lavacolla liegt rund zehn Kilometer östlich der Stadt, Tel. 981 547500 und 981 547501. Zubringer durch Taxis oder mit dem Flughafenbus der Gesellschaft Freire ab der Calle General Pardiñas/Ecke República de El Salvador. Nationale Flüge unter anderem nach Barcelona, Bilbao und Madrid.
- **Bahnstation** an der Avenida de Lugo s/n, Tel. 902 240202. Die wichtigsten Zugverbindungen gehen nach La Coruña, Vigo, Madrid, Bilbao, Irún, Alicante und Ourense.
- **Busbahnhof** an der Praza de Camilo Díaz Baliño, Tel. 981 587700. Internationale Busse

nach Deutschland und in die Schweiz (Gesellschaft Alsa). Nationale Busse unter anderem nach La Coruña, Lugo, Pontevedra, Madrid, Zaragoza, Barcelona, Sevilla, Burgos, Muros, Noia, Fisterra, Ponferrada, Astorga, Vitoria und Bilbao.

Feste

- Die **Stadtfeierlichkeiten** in der zweiten Julihälfte werden von einem umfassenden Kultur- und Freizeitprogramm begleitet (Ausstellungen, Theater, Konzerte). Am Vorabend des Jakobustages am 25. Juli **Feuerwerk** auf der Praza do Obradoiro. Bei der feierlichen Messe am 25. Juli in der Kathedrale kommt der berühmte Weihrauchschwenker, der *botafumeiro,* zum Einsatz.

Einkaufen

- Der große, stimmungsvolle **Markt** bietet ein reiches Angebot an Fisch, Gemüse und Obst und liegt an der Praza de Abastos. An einigen Marktständen kann man den bekannten, wegen seiner Rundungen so genannten galicischen „Brüstchenkäse" (*tetilla gallega*) erstehen. Samstags vormittags herrscht das bunteste Treiben.

Weitere Reisetipps

- **Parken:** Auch wenn nicht solch eine Aufbruchgefahr wie in anderen spanischen Städten herrscht, sollten **Autofahrer** mit ausländischem Kennzeichen ihr Vehikel in einem der zentrumsnahen **Parkhäuser** abstellen: an der Avenida de Xoan XXIII, der Praza de Galicia und der Avenida Rosalía de Castro/Ecke Avenida da Coruña.
- **Autoverleih:** Vertretungen von internationalen Gesellschaften findet man direkt am Flughafen Lavacolla sowie bei folgenden Agenturen in der Stadt: Autos Brea (General Pardiñas 2, Tel. 981 563181) und Atesa (im Parador, Tel. 981 581904).

Von Santiago zum Kap Fisterra

⇗XII/AB1-2

Knapp 120 km durch einen herrlichen Teil Galiciens sind es von Santiago de Compostela aus bis zum Kap Fisterra (auch: Finisterre). Wichtigste Stationen auf dem von viel Grün und Meeresarmen gesäumten Weg dorthin sind Noia, Muros, Cée, Corcubión und das Örtchen Fisterra. Nach so viel Jakobsweg ist die Zeit des Wanderns vorbei, man braucht einen fahrbaren Untersatz. Auch ein Fahrrad ist geeignet. Von Santiago aus gibt es auch regelmäßig verkehrende Busse nach Noia, Muros sowie Fisterra (die restlichen Kilometer bis zum Kap Fisterra und zum Leuchtturm muss man dann laufen).

Padrón

⇗XII/B2

Ein Abstecher auf dem Weg zum Kap führt zu dem rund 20 km südwestlich von Santiago gelegenen, heute auf den ersten Blick etwas unscheinbaren 10.000-Einwohner-Städtchen Padrón, das man über die Landstraße (N-550) oder die Autobahn (A-9) erreicht.

Das am Río Ulla gelegene Padrón war zu römischen Zeiten unter dem Namen **Iria Flavia** bekannt. Hier soll – der Legende zufolge – einst das Engelsschiff mit den sterblichen Überresten des Apostels *Jakobus* angelegt und an einem Stein festgemacht haben.

Eben jenen Stein sieht man heute unter dem Altar der **Santiago-Kirche,** die direkt am Flussufer und am Ende einer herrlichen Flanierpromenade liegt (unverlässliche Öffnungszeiten der Kirche; man blickt nur dann auf den Stein, wenn sich der Verwalter bequemt, die Flügeltüren aufzuklappen).

Der Zufall der (Literatur-)Geschichte will es, dass Padrón den Ruhm von zwei großen spanischen Literaturschaffenden auf sich vereint: von der hier verstorbenen *Rosalía de Castro* (siehe Exkurs im Kapitel „Kunst und Literatur") und dem aus Padrón stammenden Literatur-Nobelpreisträger von 1989, *Camilo José Cela* (1916-2002).

Im etwa einen Kilometer außerhalb des Zentrums gelegenen **Museum Rosalía de Castro** (ausgeschildert, nahe der Bahnstrecke; geöffnet Di-Sa 10-14 und 16-20 Uhr, So 10-13.30 Uhr, Tel. 981 811204) erinnern Fotos und Bilder in einem typischen Landhaus an die Dichterin.

Im **Museum Camilo José Cela** (am Stadtausgang der Landstraße nach Santiago de Compostela auf der linken Seite; geöffnet Di-Fr 10-14 und 16-19 Uhr, Sa und So 11-14 Uhr) sind Manuskriptteile, Gemälde und eine kuriose Flaschenkollektion zu sehen. Immer wieder hat *Cela* mit Dichter- und anderen Künstlerkollegen gemeinsam Weinflaschen geleert – unter der einzigen Voraussetzung, dass die Mittrinker diese signierten.

Malerische Flusspromenade in Padrón

105ns Foto: ad

Auf kulinarischem Gebiet ist Padrón für seine kleinen, grünen **Pfefferschoten** *(pimientos)* bekannt.

Noia

↗XII/A1-2

Von Santiago de Compostela aus nimmt man die Landstraße C-543, die einen knapp 35 km weiter durch Galiciens grüne Welt der Hügel, Weiden, Wiesen und Eukalyptushaine nach Noia trägt.

Noia (spanisch: **Noya**) präsentiert sich als nettes und weit auseinandergezogenes Städtchen von 16.000 Einwohnern, das seinen Charakter der Lage am Meeresarm von Muros und Noia verdankt. Das Einlaufen größerer Schiffe verhindert jedoch die in diesem Bereich teilversandete Ria. Natürlich weht in Noia schon frische, würzige Atlantikluft, und eine kleine Fischerflotte gibt es auch, doch Baden ist hier noch nicht möglich. Dazu ist das Wasser einfach zu schmutzig.

Dafür entschädigt Noia mit einer pittoresken **historischen Altstadt,** aus der die im 14. Jh. erbaute Kirche Santa María a Nova aufragt (Friedhof mit interessanten Grabplatten). Weiterhin beachtenswert sind die gotische Kirche San Martín aus dem 15. Jh. (mit skulpturenreicher Fassade), die Kirche San Francisco (16. Jh.) sowie einige alte Adelshäuser.

In den über die Altstadt verteilten netten, kleinen **Bars** kann man Tintenfisch, gegrillte Sardinen und die mit Fisch oder Fleisch gefüllten Pastetchen *(empanadas)* kosten.

Unterkunft

- **Hotel Park Ría de Noia** (++), Río do Porto s/n, Noia, Tel. 981 823729, Fax 981 823133. Nettes, zweckmäßiges Drei-Sterne-Hotel mit sauberen Zimmern.
- **Hotel Noia** (+-++), Rúa Curros Enríquez 27, Tel. 981 822552, Fax 981 823458. Solide Ein-Stern-Qualität, 26 Zimmer, günstigste Preise zwischen November und Ende Mai.
- Als Alternative bietet sich das **Hostal Singapore** an (+, Boa s/n, Tel. 981 823736).

Feste

- **Patronatsfeierlichkeiten** in Noia alljährlich Ende August mit viel Tanz und Musik, außerdem *empanadas*-Wettbewerb.

Muros

↗XII/A1

Hinter Noia folgt man der Landstraße C-550 Richtung Muros, die bald zu einer der malerischsten Strecken in diesem Teil Spaniens wird: mit Eindrücken von Skandinavien gleichenden Fjordlandschaften (wie bei der Brücke über den Río Tambre) und vom vielfingrigen **Meeresarm von Muros und Noia** (einzig eine Holzfabrik vernebelt das Bild). Auf dem Weg ins knapp 35 Straßenkilometer westlich von Noia gelegene Muros hält man sich zum Teil auf der Ria-Randstraße, sieht typische Kornspeicherbauten *(hórreos),* Muschelzuchtbänke, Eukalyptus- und Kiefernwälder.

Man kommt durch Ortschaften wie **Espiñeiro, Serra de Outes, Cruceiro de Roo, Ribeida** (mit kleinen Molen), **Esteiro** und **Serres.**

Das malerische Muros liegt am breiten Eingang des Meeresarms von Muros und Noia und nimmt den Besucher mit seiner Atmosphäre rund um den betriebsamen **Fischerhafen,** die Arkadenfronten und die dahinter liegenden schmalen Gassen freundlich auf.

Ein erwähnenswertes Bauwerk ist die romanisch-gotische **Pfarrkirche San Pedro** mit ihrem barocken Turm. Die kleinen Bars und Restaurants von Muros, insbesondere jene an der Hauptpromenade (Paseo de A Mariña oder Avenida de la Marina) laden zum Verweilen ein.

In Muros selbst findet man keine **Strände,** dafür aber wenige Kilometer südlich und südwestlich nahe dem Campingplatz (schöner sandiger San-Francisco-Strand) und nahe der Lagune Xarfas-Louro.

Stimmungsvoller Fischerhafen in Muros

Unterkunft

- **Hostal Lago** (++), Avenida Calvo Sotelo 3, Tel. und Fax 981 827503. 24-Zimmer-Pension, Zimmer mit Telefon und TV.
- **Hostal Ría de Muros** (+), Avenida Calvo Sotelo 53, Tel. 981 823776, Fax 981 823133. Recht günstige Tarife, neun Zimmer.
- **Camping:** Der Platz Playa San Francisco liegt am gleichnamigen Strand, ca. drei Kilometer hinter dem Ortszentrum von Muros an der Straße nach Corcubión, Tel. 981 826148. Geöffnet Ende Juni bis Mitte September.

Weitere Reisetipps

- Vom Hafen Muros' aus **Bootstouren** durch den Meeresarm und zu den Muschelzuchtinseln. Mit Glück entdeckt man Delfine.

Rund um Carnota

↗XII/A1

Hinter Muros geht es weiter auf der Landstraße C-550 durch die Dörfer **San Francisco** und **Louro,** bevor man

106ns Foto: ad

107ns Foto: ad

Der längste Getreidespeicher Galiciens steht in Carnota

linker Hand auf die stille **Lagune Xarfas-Louro** hinüberschaut (rundherum verlockende Strände).

Im nächsten Ort **Lira** gibt es einen Abzweig zum Strand Mar de Lira und einen langen Getreidespeicher.

Außerdem bietet sich von hier aus eine herrliche Aussicht auf die hufeisenförmige **Bucht von Carnota,** das nahebei mit einem sieben Kilometer langen Sandstrand auftrumpft, der auch unter Windsurfern beliebt ist.

Man sollte nicht versäumen, in Carnota links der Durchgangsstraße (auf Höhe des kleinen Platzes) in Richtung der Santa-Columba-Kirche mit ihrem schlanken Turm hinabzugehen. Dort gelangt man an den mit über 30 m längsten und für viele auch schönsten **Getreidespeicher** Galiciens – ein imposantes Bauwerk aus Granit, das auf Doppelpfeilern ruht und bereits Ende des 18. Jh. errichtet wurde.

Unterkunft

- **Camping:** Zum Campingplatz Ancoradoiro zweigt man ab der Landstraße C-550 nahe der Lagune Xarfas-Louro ab, Tel. 981 878897, Fax 981 878550. Geöffnet von Mitte März bis Mitte September.

Cée und Corcubión

↗ XII/A1

Hinter Carnota bleiben die typischen *hórreos* Wegbegleiter in Richtung des Fischerörtchens **O Pindo** (spanisch: El Pindo), das an Ausläufern des bis zu 641 m hohen Ruña-Gebirges liegt und von dem aus man bereits hinüber auf die Silhouette des Fisterra-Kaps schauen kann.

Die Uferstraße führt weiter über den Fischerort **Ezaro** (schöne Promenade) und hinab an die Ria von Corcubión, wo eine Eisenhütte gen Himmel stinkt.

Kurz dahinter erreicht man die praktisch miteinander verschmolzenen und insgesamt 9.000 Einwohner starken Ortschaften **Cée** und **Corcubión** (Links-Abzweig auf die Landstraße C-552). Charakteristisch für Cée und Corcubión sind nicht nur die granitenen Getreidespeicher, sondern auch die Glasgalerien und die alten Herrenhäuser, wie der Pazo de Cotón in Cée (18. Jh.). Corcubión hatte einst einen stark befestigten Hafen. Unter den Bauwerken in Corcubión hebt sich die ursprünglich romanisch-gotische Kirche San Marcos ab, doch geht deren Fassade auf das 19. Jh. zurück.

Unterkunft

- **Hotel El Hórreo** (++), Santa Isabel s/n, Corcubión, Tel. 981 745500, Fax 981 745563. Stattliches und ansehnliches Drei-Sterne-Hotel mit 44 Zimmern, guter Standard. Das Essen ist nicht allzu teuer.
- **Hostal Galicia** (+), Finisterre 85, Cée, Tel. 981 746057. Einfache, preisgünstige Zehn-Zimmer-Herberge.
- **Camping:** Der Campingplatz Ruta de Finisterre ist an der Straße zwischen Corcubión und Fisterra gelegen, etwa vier Kilometer hinter Corcubión. Große Kapazität von rund 800 Personen, Tel. und Fax 981 746302. Geöffnet nur während der Karwoche sowie Anfang Juni bis Mitte September.

Fisterra

XII/A1

Von Corcubión aus verbleiben rund 15 km bis zur weit in die raue See vorgeschobenen Halbinsel mit dem Kap Fisterra (auch **Finisterre**), dem „Ende der Welt".

Zuvor passiert man einen Höhenrücken mit Eukalyptus- und Kiefernwäldern, den Strandort **Sardiñeiro**, den Abzweig zum **Strand Langosteira**, das Dorf **Escaselas** und schließlich den gemütlichen 2.000-Einwohner-Ort **Fisterra.** Das dortige Leben konzentriert sich im wesentlichen rund um das kleine Hafenbecken. Direkt in Fisterra gibt es keinen Badestrand.

Kap Fisterra

Autofahrer können ihr Gefährt ruhig im Ortskern abstellen und die knapp vier Kilometer an dem engen Sträßchen entlang bis zum ausgeschilderten **Leuchtturm** *(faro)* über dem Kap Fisterra laufen. Dabei geht es zunächst an einem mittelalterlichen Wegekreuz und der romanischen Pfarrkirche Santa María das Áreas vorbei, ehe die Straße vor allem durch eine reiche Buschvegetation ansteigt (herrliche Düfte im Frühjahr).

Nicht nur entlang der Strecke, sondern auch rund um den Leuchtturm genießt man fantastische Ausblicke über die oftmals windgepeitschte See und die steilen Flanken dieses Küstenabschnitts, der seinen Beinamen **Todesküste** (Costa da Morte) zurecht trägt. Die gefährlichen Strömungen und Klippen haben in den letzten Jahrhunderten unzählige Schiffe zerschellen lassen – daran hat sich trotz moderner Technik und Technologien bis in unsere Tage nichts geändert. Und für die Orte Fisterra, Corcubión und

Cée bleibt häufig genug das Problem der unbeseitigten Wracks und der möglicherweise austretenden Schadstoffe, wie die Havarie des Öltankers „Prestige" im November 2002 wieder vor Augen führte.

Mit gutem Schuhwerk kann man vom Leuchtturm in Richtung der Kap-Spitze absteigen. Bei schlechtem Wetter erschallt - ohrenbetäubend - das Nebelhorn.

Einst galt das Fisterra-Kap als westlichste Spitze Kontinentaleuropas, doch das ist mittlerweile widerlegt. Das ein Stück weiter nördlich gelege **Kap Touriñán** schiebt sich noch ein bisschen weiter in den Ozean hinein.

Fest steht, dass Fisterra schon in vorgeschichtlicher Zeit eine wichtige Rolle bei Kulthandlungen gespielt hat. Hier vermutete man fürwahr das „Ende der Welt", und noch zahlreiche Jakobspilger zogen im Mittelalter hierhin, um einmal am Rand der Welt zu stehen.

Unterkunft

- **Hotel Finisterre** (+ - ++), Federico Ávila 8, Tel. 981 740000, Fax 981 740054. Netter Ein-Sterne-Block mit knapp 50 Zimmern, zentral gelegen. Von Anfang Oktober bis Ende Mai sind die Zimmer billiger (außer Ostern).
- **Hostal Rivas** (+), Carretera Finisterre-Faro s/n, Tel. 981 740027. Preisgünstige, einfache Herberge an der Straße zum Kap, in der Hochsaison sind die Zimmer rasch vergeben.
- **Hospedería O Semáforo** (++), Faro de Finisterre s/n, Tel. 981 725869, Fax 981 740807. Winziges Hotel in exponierter Lage: Hoch auf Kap Finisterre nahe dem Leuchtturm. Nur fünf Zimmer. Mit Restaurant-Bar.
- Im Sommer bieten in Fisterra häufig **Privatanbieter preisgünstige Unterkünfte** an, die oft als *hospedaje* ausgeschildert sind.

Weitere Reisetipps

- **Bootsfahrten** durch den Meeresarm ab dem Hafen Fisterra.

Weiterreise nach Norden

↗ II/A2-3

Wer von Fisterra aus nicht nach Santiago de Compostela, sondern die Tour in Richtung Norden in die bezaubernden Küstenorte Muxía und Laxe ausdehnen will, fährt zunächst ein Stück zurück Richtung Corcubión. Mitten in dem belanglosen Dorf Escaselas biegt man nach links auf ein nummernloses Nebensträßchen, das mit **Val do Duio** ausgeschildert ist und einen durch herrlich abgeschiedene Landschaften trägt. Allerdings darf man eine ausreichende Beschilderung in diesen bäuerlichen Gegenden nicht erwarten.

In das rund 30 km von Escaselas entfernte Muxía gelangt man fortan über folgende Orte: **Herme de Suxo** (dort rechts halten), **Denle, Buxán, Padris** (hinter dem Ort an einer Gabelung links), **Lires** (nahebei das Kap Touriñán; Richtung Muxía im Ort rechts auf die Landstraße CP-2301 und später an einer Kreuzung links auf die CP-2303), **Sinagoga** und **Caberta.** (Zu Muxía und der gesamten nordgalicischen Küste siehe „Atlantikküste, Galiciens Norden".)

Kap Fisterra, das „Ende der Welt"

108ns Foto: ad

Abstecher in Galiciens Süden

Südlich von Santiago de Compostela tastet man sich an Galiciens sehenswerte Untere Meeresarme heran, die **Rias Baixas** – und mit ihnen an beliebte Feriengebiete sowie die Städte Pontevedra und Vigo. Highlight unter den Rias Baixas ist die weit verästelte **Ria de Arousa,** in die sich eine Brücke zur Illa de Arousa schiebt (Insel mit Campingplatz) und in der zahlreiche künstliche Muschelzuchtinseln *(bateas)* dümpeln. In den populären Urlaubsorten **O Grove** und **Vilagarcía de Arousa** starten organisierte Bootsausflüge zu den *bateas*. Oft sind im Ausflugspreis die an Bord servierten gedämpften Miesmuscheln und Weinkostproben inbegriffen. Auch mit festem Boden unter den Füßen kann man ausgiebig den leiblichen Genüssen frönen, ob in der „Muschelhauptstadt" O Grove oder in Cambados, der „Hauptstadt des Albariño-Weins". Nicht versäumen: in Cambados ein Bummel über die urige Plaza Fefiñanes mit ihrem mächtigen Adelspalast, ab O Grove ein Kurzausflug auf die benachbarte Illa da Toxa (spanisch: La Toja) mit ihrem beherrschenden Luxushotel und der Kapelle San Sebastián, deren Außenhaut mit Muscheln verziert ist.

Information

- In Vilagarcía de Arousa **Fremdenverkehrsamt** in der Rúa Juan Carlos I 37, Tel. 986 510144.

Unterkunft

- In **Vilagarcía de Arousa: Campingplatz Río Ulla,** Tel. 986 505997, Fax 986 50 54 30; nur Anfang April bis Ende September sowie während der Osterzeit. Ganzjährig haben die zu **Vilanova de Arousa** gehörigen Plätze **Arco Iris** (O Terrón, Tel. und Fax 986 555444) und **El Terrón** (Playa de O Terrón, Tel. und Fax 986 554394) geöffnet. Vilanova de Arousa liegt südlich von Vilagarcía de Arousa.
- Auf der **Illa de Arousa** Campinglatz **Salinas,** Playa de Xastelas, Tel. 986 527444. Geöffnet Anfang Juni bis Ende September.
- In **Cambados** Drei-Sterne-Parador (++ - +++) in einem typischen alten galicischen Landhaus; Paseo Calzada s/n, Tel. 986 542250, Fax 986 542068, Website: www.parador.es, E-Mail: cambados@parador.es.
- Auf der **Illa da Toxa** liegt das rund 200 Zimmer starke **Gran Hotel de la Toja** (+++, Tel. 986 730025, Fax 986 730026), von dem aus der Blick über die Ria schweift. Traumhaftes Wohlergehen, auch im Luxus-Restaurant!

Essen und Trinken

- In **O Grove** reichlich Meeresfrüchte-Restaurants, wohliger kulinarischer Luxus in der Posada del Mar (+++, Castelao 202, Tel. 986 730106).

Einkaufen

- **Weinshops** im Ortskern von Vilagarcía de Arousa rund um die Plaza Fefiñanes.

Feste

- Nördlich von Vilagarcía de Arousa, an den mittelalterlichen Fluss-Wehrtürmen von Catoira (am Río Ulla), Anfang August **„Wikingerfest“** mit nachgespielten kriegerischen Einfällen der Nordländer (reichlich Alkohol!).
- **Albariño-Weinfest,** die Festa do Viño Albariño, Anfang August in Cambados.
- **Meeresfrüchtefest,** die von Folklore begleitete Festa do Marisco, am zweiten Oktober-Sonntag in O Grove.

Sanxenxo

Südlich von O Grove führt die Fahrt am Sandstrand der Praia da Lanzada vorbei an die Nordflanke der Ria de Pontevedra. Dem Buchtauslauf vorgelagert ist die Illa de Ons, eine Insel, die man im Sommer per Boot ab Sanxenxo erreichen kann. Sanxenxo hat sich einen Namen als galicische Hauptferiengemeinde gemacht und trumpft rund 120 Hotels und Pensionen sowie über zehn Campingplätzen auf.

Unterkunft

- Angenehme Unterkunft im Vier-Sterne-Hotel **Sanxenxo Playa** (++ - +++, Avenida Playa de Silgar 15, Tel. 986 721007, Fax 986 721075).
- Zu den preiswerteren Herbergen zählt das **Hostal Cervantes** (+ - ++, Calle Progreso 27, Tel. 986 724334).
- Ganzjährig betriebener **Campingplatz** in der Gemeinde Sanxenxo ist der Camping Paxariñas, Carretera Pontevedra-O Grove, km 2,2, Tel. 986 723055, Fax 986 723066.

Pontevedra

Nordöstlich von Sanxenxo erreicht man das interessante Örtchen **Combarro** (viele typische Speicherbauten, *hórreos*) und fährt schließlich in die 75.000 Einwohner starke Provinzhauptstadt Pontevedra ein, wo der Río Lérez in die Ria mündet. Sehenswert ist der denkmalgeschützte Altstadtkern mit der von Arkaden geprägten Plaza da Leña und einigen Kirchenbauten wie der Iglesia de San Francisco (13./14. Jahrhundert), der Basílica Menor de Santa María (14. Jahrhundert) und dem barocken Santuario de la Virgen Peregrina mit seiner außergewöhnlichen Halbrund-Fassade. Vieles in der Altstadt wirkt ländlich-beschaulich. Als Flaniermeile gilt die mit Palmen und Kamelien aufgelockerte Alameda, die sich an den Ruinen der spätmittelalterlichen Iglesia de Santo Domingo vorbeizieht.

Information

- **Oficina de Turismo** in Pontevedra in der Rúa Gutiérrez Mellado 1, Tel. 986 850814.

Unterkunft

- Spitzenunterkunft und -küche in Pontevedras Drei-Sterne-**Parador** (++ - +++), ein umgebauter Renaissancepalast der Grafen von Maceda: Calle Barón 19, Tel. 986 855800, Fax 986 852195, Website: www.parador.es, E-Mail: pontevedra@parador.es.
- Um einige Nummern preiswerter kommt man im Hotel **Virgen del Camino** (++, Calle Virgen del Camino, 55-57, Tel. 986 855904, Fax 986 850900) und im Zwölf-Zimmer-Hostal **Pintos** (+, Calle Otero Pedraio 8, Tel. 986 858409) unter.

Essen und Trinken

- In Pontevedra nette **Bars** in der Zone um die Rúa de Cousiño.
- Erlesene galicische Küche kredenzt das **Restaurant Alameda de Doña Antonia** (+++, Soportales de la Herrería 4, Tel. 986 847274).

Vigo

Rund 20 Kilometer trennen Pontevedra von Galiciens dynamischer Hafenstadt Vigo. Wer Zeit mitbringt, wählt die landschaftlich reizvollere Strecke um die Morrazo-Halbinsel mit dem Fischerort Bueu, Stränden wie Lapamán und Barra sowie dem Örtchen Hío (schönes Steinkreuz mit Motiv der Kreuzabnahme bei der Kirche).

Ein längerer Aufenthalt im knapp 300.000 Einwohner umfassenden Vigo lohnt sich nicht. Hauptanziehungspunkte sind der Hafen, das alte Fischerviertel O Berbés (zwischen Hafen und Plaza Constitución) sowie der landeinwärts gelegene Schlosspark mit seiner aus dem Mittelalter datierenden Festung. Tipp für Naturfreunde: ein sommerlicher Bootstrip zu den Illas Cíes, schroffen Vogelinseln, die der Ria de Vigo vorgelagert liegen.

Information

- In Vigo **Oficina de Turismo** in der Avenida Cánovas del Castillo s/n, Tel. 986 430577.

Unterkunft

- Auf den Illas Cíes **Campingplatz Islas Cíes,** Tel. 986 438358, Fax 986 434655, nur Anfang Juni bis Mitte September sowie während der Osterfeiertage.

Essen und Trinken

- **Fischlokale** in Vigo um die Avenida de Montero Ríos und Rúa do García Olloqui, **Straßencafés** in der Rúa do Principe.

Tui und Baiona

Lohnende Abstecher führen ab Vigo gen Süden ins spanisch-portugiesische Grenzstädtchen Tui (schöne Wehrkathedrale in mittelalterlich geprägter Altstadt) sowie gen Südwesten am Meer entlang an die herrliche Bucht von Baiona. Südlich von Baiona kann man die Tour bis zur Mündung des Río Miño bei **A Guarda** ausdehnen und sich dort die Reste der keltischen Hügelsiedlung Santa Tegra ansehen.

Information

- In Tui **Fremdenverkehrsbüro** im Edificio Sampaio in der Rúa Colón, Tel. 986 601789.

Unterkunft

- In Baiona vorzüglicher **Vier-Sterne-Parador** auf dem alten Festungsplateau (+++, Tel. 986 355000, Fax 986 355076, Website: www.parador.es, E-Mail: baiona@parador.es).
- **Campingplätze** u.a. in **Baiona** (Camping Bayona Playa, Tel. 986 350035, Fax 986 352952, ganzjährig, erste Kategorie) und **A Guarda** (Camping Santa Tecla, Tel. 986 613011, Fax 986 613063, ganzjährig, erste Kategorie).

111ns Foto: ad

Die Atlantikküste

109ns Foto: ad

110ns Foto: ad

Baskische Küstenlandschaft vom Berg Jaizkibel gesehen

Typische Häuserzeile an der Straße zwischen Unquera und Cangas de Onís

Mit viel Liebe zum Detail sind die Promenaden in San Sebastián gestaltet

Baskenland

Wer seine an industrielle Schandflecke und Unabhängigkeits-Graffitis geknüpften Vorurteile vom Baskenland pflegen will, liegt richtig – und liegt ebenso falsch und ist ungerecht. Gut, nicht überall ist es schön in dieser von Meer und Bergen geprägten Region, doch ein ums andere Mal warten angenehme Überraschungen. So wie die herrlichen Flanierpromenaden von San Sebastián, die Ausstellungssäle im gigantischen Guggenheim-Museum in Bilbao, die Altstadtgassen von Hondarribia und stimmungsvolle Fischerorte wie Getaria.

Wichtige **Verkehrsknotenpunkte** sind San Sebastián (mit Autobahn- und Zugverbindung in den Westen nach Bilbao und in den Osten nach Frankreich) sowie Bilbao mit seinem großen internationalen Flughafen.

Bekannt ist das Baskenland für seine vergleichsweise hohen Preise und die vorzügliche **Küche.** Wie sollte es anders sein: Meeresfrüchte schwimmen im Angebot obenan. Statistisch gesehen ist der Baske im Übrigen einer der größten Fischverzehrer in Europa. Pro Person und Jahr schlagen nicht weniger als 36 Kilogramm zu Buche.

Das knapp 7.300 km² umfassende spanische Baskenland (baskisch: Euskadi) setzt sich zusammen aus den drei **Provinzen:**

- **Alava,** baskisch: Araba; 3.047 km²; Hauptstadt Vitoria
- **Guipúzcoa,** baskisch: Gipuzkoa; 1.997 km², Hauptstadt San Sebastián
- **Vizcaya,** baskisch: Bizkaia; 2.217 km²; Hauptstadt Bilbao

Irún

XI/C1

Gleich hinter der spanisch-französischen Grenze beginnt die für das Baskenland typische Landschaft aus **Meer und Bergen.**

Erste wichtige Stadt im Grenzgebiet ist das 56.000 Einwohner zählende Irún, das vor allem Bahnreisenden als **Durchgangsstation** ein Begriff ist. Die geschäftige und wenig charmante Stadt hat bis auf die spätgotische Kirche Santa María del Juncal (mit romanischem Marienbildnis), das Rathaus, die auf das 10. Jh. zurückgehende Einsiedelei Santa Elena sowie einige alte Adelshäuser nicht viel zu bieten.

Farbenfroh geht es am 30. Juni bei den Feierlichkeiten zu Ehren des Schutzpatrons *San Marcial* zu. Mit einem gigantischen **Umzug** *(alarde)* feiern die in rot-weiße Trachten gekleideten Männer den Sieg ihrer baskischen Vorfahren über die französischen Truppen im Jahre 1522.

Irún eignet sich auch als Sprungbrett in die benachbarte Region Navarra. Vom benachbarten Grenzörtchen **Behobia** aus erreicht man Besuchsziele wie den Naturpark Señorío de Bértiz, das Tal von Baztán und die Hexenhöhle von Zugarramurdi (siehe folgendes Kapitel „Abstecher in die Pyrenäen").

Verkehrsverbindungen

- Die wichtige **Bahnstation** von Irún liegt in der Calle Estación s/n, Tel. 902 240202. Verbindungen nach San Sebastián und nach Frankreich.

Abstecher in die navarresischen Pyrenäen

XI/CD1-2

Gleich hinter der französisch-spanischen Grenze kann man eintauchen in ein typisches Stück Nordspanien: die grünen Täler Bidasoa und Baztán. Dazwischen wartet ein Wanderweg im Naturpark Señorío de Bértiz, zu dem auch ein kleiner botanischer Garten und ein altehrwürdiges Herrenhaus der Adelsfamilie derer von Bértiz gehören. Wer das Baztántal mit seinem trutzigen Hauptort Elizondo in Richtung Frankreich (Grenzstation Dancharinea) verlässt, kann eine leitmotivische Hexen-und-Höhlen-Tour starten. Besonders beeindruckend und auf jeden Fall einen Besuch wert ist die Höhle von Zugarramurdi, in der einst Hexenversammlungen abgehalten worden sein sollen.

Tal des Bidasoa-Flusses

XI/CD1-2

Wer vom nahe Irún gelegenen französisch-spanischen Grenzort Behobie (spanisch: Behobia) auf der Nationalstraße 121-A Richtung Pamplona ins Hinterland fährt und vielleicht zu nächst im Verkehrsbandwurm des Schwerlastverkehrs steckt, ahnt noch nichts von der Beschaulichkeit der Landschaft und Dörfer, die einen bald erwarten. Hier, im Tal des Bidasoa-Flusses, findet der Besucher eine ausgesprochen grüne Szenerie mit Wie-

112ns Foto: ad

sen, farnbewachsenen Hängen, Buchen, Eichen und Edelkastanien. Immer wieder fallen in diesem Landstrich die einsam stehenden Gehöfte in ihren typischen rot-weißen Farben und mit ihren markanten Ziegeldächern auf. Wer all dies für sich entdecken will, muss nur ein Stück von der engen, vielbefahrenen Nationalstraße abzweigen.

Blumengeschmücktes Haus in Vera de Bidasoa

Ein Paradebeispiel ist das gerade mal 20 Autominuten von der baskischen Küstenlandschaft entfernte **Vera de Bidasoa** (baskisch: **Bera;** 4.000 Einwohner). Hier sieht man malerische Gassen, Häuserbalkons und Fenstervorsprünge, die mit all ihrer floralen Pracht als wahre botanische Gärten en miniature herausgeputzt wurden. Außer der gotischen Pfarrkirche San Esteban kann man das in neoklassizistischem Stil gehaltene Rathaus, die mittelalterliche Brücke San Miguel sowie die altehrwürdigen Herrenhäuser Larumbe, Larratxe und Zelaya sehen.

Vera de Bidsoa ist auch eng verknüpft mit dem Namen **Pío Baroja.** Dieser aus San Sebastián stammende spanische Romancier und Essayist (1872-1956; Romane wie „Jahrmarkt der Gescheiten" und „Der Baum der Erkenntnis") wuchs in dem hiesigen Herrenhaus Itzea auf; ihm ist im Ort auch ein Monument gewidmet.

Weiter südlich im Tal des Bidasoa und in den angrenzenden Nebentälern liegen weitere typische Dörfer: Im knapp 3.000 Einwohner großen **Lesaca** (baskisch: **Lesaka)** sieht man die mittelalterlichen Türme Casherna und Minyurinea, die Herrenhäuser Marichalar und Yoanederrenea mit barocken Fassaden und die Kirche San Martín de Tours. In der Nähe liegt die Einsiedlerkapelle San Antonio Abad sowie die Dolmen von Biandiz-Izo und Amargungo Egia.

Echalar (baskisch: **Etxalar:** Asunción-Kirche aus dem 17./18. Jh., ein Wegekreuz von 1735 sowie mittelalterliche Steinbrücken) ist für seine herbstliche Taubenjagd bekannt.

In **Yanci** gibt es drei Gotteshäuser zu bewundern; die Kirche San Miguel Arcángel, die Einsiedlerkapelle Nuestra Señora de la Piedad sowie die nahe gelegene Einsiedelei San Juan.

In **Sunbilla** steht eine mittelalterliche Steinbrücke, und das besonders schöne **Santesteban** (baskisch: **Doneztebe;** 1.000 Einwohner) mit seinen überaus stattlichen Steinhäusern und der Steinkirche San Lorenzo glänzt mit einer netten, kleinen Flussuferpromenade.

Von Santesteban aus sind Abstecher möglich nach **Donamaría,** mit dem Jauregía-Palast aus dem 15. Jh. und der Asunción-Pfarrkirche und nach **Elgorriaga** mit der Steinkirche San Pedro und einer mittelalterlichen Brücke.

Das 500-Seelen-Dorf **Ituren** (Sagardía-Palast, Steinkirche San Martín de Tours mit einem von *Juan Huici* zu Beginn des 17. Jh. gestalteten Altarbild) ist für seine bunten, ausgelassenen Karnevalsfeierlichkeiten bekannt.

Ein nahegelegenes kleines **Stauseegebiet** lockt mit umliegenden Wäldern, Wanderwegen und Picknickzonen vor allem im Sommer Unmengen von Einheimischen an seine Ufer.

Unterkunft

- Ansprechende Unterkunft findet man in **rustikalen Landhäusern.** Dazu rechnen die Casa Garaikomendian bei **Lesaca** (Tel. und Fax 948 637281), die Casa Xuanter (Tel: 948 450512) und die Casa Urristibil in **Sunbilla** (Tel. 948 393046), die Casa Crispola in **Santesteban** (Tel. 948 450564), die Casa Zabaltenea I und II in **Donamaría** (Tel. 948 450050 und 948 451573) sowie die Casa Arzenea (Tel. 948 450441) und die Casa Galantenea (Tel. 948 450564) in **Ituren.** Eine besonders umfangreiche Auswahl an Landhäusern bieten die Orte Vera de Bidasoa und Echalar. In und um **Vera de Bidasoa** hat man zum Beispiel die Qual der Wahl zwischen der Casa Larrutxoko (Tel. 948 630217 oder 948 630093), der Casa Alkeberea (Tel. 948 630540), der Casa Gura-Naia (Tel. 948 630322) und der Casa Iratxeko-Berea (Tel. 948 631049 oder 948 630532). In und um das Örtchen **Echalar** findet man beispielsweise die Casa Domekeneko-Borda (Tel. 948 635031), die Casa Peruarnea (Tel. 948 635174) und die Casa Mikelestonea I und II (Tel. 948 635075), die Casa Oyarburu (Tel. 948 635184), die Casa Katton (Tel. 948 635164), die Casa Añorbe (Tel. 948 581102 oder 948 580154) und die Casa Bagoleko (Tel. 948 387077 oder 948 635075). Weitere detaillierte Auskünfte über die Touristeninformation Oronoz-Mugaire beim nachfolgend beschriebenen Naturpark Señorío de Bértiz (siehe dort).

Vor Ort sind die Landhäuser *(casas rurales)* auf Schildern häufig mit weißer Schrift auf rötlichem Grund ausgewiesen.

- Einfache und zweckmäßige **Pensionen** findet man in **Santesteban** (Hostal Ameztia, +, Ameztia 31-1°, Tel. 948 450028, Fax 948 451665), **Donamaría** (Hostal Donamariako Venta, ++, Barrio Bentas 4, Tel. 948 450925, Fax 948 450708) und **Ituren** (Pensión Aurtizko Ostatua, +, Calle Baja 18, Tel. und Fax 948 450477). In **Lesaca** gibt es ein kleines **Hotel** mit zwei Sternen und elf Zimmern: Hotel Bereau, ++, Barrio Frain s/n, Tel. 948 627509, Fax 948 627647. Ebenfalls in Lesaca: das **Hostal Ekaitza,** +-++, Plaza Berria 13, Tel. 948 637559; untergebracht in einem restaurierten Traditionshaus aus dem 17. Jh. Nahe **Echalar,** an der Durchgangsstraße 121-A, liegt das für gute Kost bekannte **Hotel Venta de Etxalar** (++, Carretera Pamplona-Irún, km 70, Tel. 948 635000, Fax 948 635263; siehe auch „Essen und Trinken"). Das Haus ist mit 40 ordentlichen Zimmern ausgestattet
- **Camping:** Campingplatz Ariztigai in **Sunbilla,** Carretera Pamplona-Irún, km 57, Tel. 948 450540. Geöffnet während der Karwoche sowie Anfang Juni bis Ende September.

Essen und Trinken

- **Venta de Etxalar** (+-++), Carretera Pamplona-Irún, km 70, Echalar, Tel. 948 635000. Deftige Küche. Zu den Spezialitäten zählen Pilze in Blätterteig und im Ofen gegarter Seehecht. Werktags preisgünstige Mittagsmenüs.
- **Restaurante Casa Santamaría** (+-++), Calle Mayor 30, Santesteban, Tel. 948 450043. Zu den Spezialitäten zählen gebratenes Lamm und gebratenes Ferkel. Außerdem gibt es recht preiswerte und gute Tagesmenüs.

Naturpark Señorío de Bértiz

↗ XI/D2

Weiter Richtung Pamplona streift die Nationalstraße 121-A den rund 600 Einwohner kleinen Doppelort **Oronoz-Mugaire** (baskisch: Oronoz-Mugairi), in dem man – über den Bidasoa-Fluss hinweg – zu überraschend schönen Grünanlagen und einem Wandergebiet gelangt. Von der neuen Umgehungsstraße aus gesehen liegt der Ort links.

Es ist der Naturpark Señorío de Bértiz. Zu diesem gehören die bis in die Hügelkette hinaufreichenden und über 2.000 Hektar umfassenden Wald- und Wandergebiete sowie ein Kleinod direkt am Fluss: die etwa 3,4 Hektar großen und sehenswerten Gartenanlagen rund um einen **Herrensitz.**

Die Geschichte der alten Adelsfamilie von Bértiz reicht ins Mittelalter zurück; das Familienwappen erkennt man an einem Fabelwesen. Im Jahre 1421 war es Navarras König *Carlos III,* der dem in der Diplomatie verdienten *Michel de Bértiz* zum Lohn ein großes Herrschaftsgebiet übergab. Nach wechselnden Besitzern vermachte im Jahre 1949 der letzte Eigentümer, *Pedro Ciga Mayo,* das Gut samt der Ländereien der Region Navarra. Señorío de Bértiz wurde 1984 zum Naturpark deklariert und verzeichnet heute rund 60.000 Besucher pro Jahr.

Anziehungspunkt für die meisten unter ihnen ist der **botanische Garten,** der exotische Pflanzen aus mehreren Kontinenten sowie ein kleines Wegenetz, Pavillons, Pergolas, Springbrunnen und einen künstlichen See umfasst. Diverse Bänkchen laden zur Rast in diesem Kleinod ein, in dessen Zentrum sich der Herrensitz von Bértiz befindet.

Der Haupttrakt des **Palastes** bietet Platz für Ausstellungen und für studentische Universitätskurse. In einem Nebentrakt des Gebäudes ist ein kleiner **Ausstellungssaal** mit naturkundlichen Schautafeln untergebracht.

Seit einiger Zeit werden die Außenanlagen für **Skulpturenausstellungen** unter freiem Himmel genutzt, bei denen bisher zeitgenössische, regional bedeutsame Künstler wie *Jesús Alberto Eslava, Faustino Aizkorbe, Manuel Clemente Ochoa, Xabier Santxotena* und *Leopoldo Ferrán* ausgestellt haben.

- **Öffnungszeiten** der Gärten stark variierend; im Sommer täglich 10-14 und 16-20 Uhr, im Winter kürzer.

Wanderfreunde kommen im Naturpark auf ihre Kosten. Vom Parkplatz aus bricht man in Richtung Bergwelt auf. Ein 11 km langer **Wanderweg** führt auf den 840 m hohen Berg Aizkolegi mit seinem kleinen Palast gleichen Namens. Der atlantische Mischwald setzt sich unter anderem aus Buchen, Eiben, Kastanien, Eichen und Erlen zusammen. Bei dieser stetig bergauf führenden Wanderung sollte man - trotz der Breite des Weges - nicht nur an angemessenes Schuhwerk denken, auch ein Regenschutz tut gute Dienste, denn der durchschnittliche Jahresniederschlag liegt mit rund 1.800 Millimetern relativ hoch.

Information

- **Touristenbüro** (Centro de Turismo Rural) am großen Parkplatz des Naturparks, Oronoz-Mugaire, Tel. 948 592386, Fax 948 592275, E-Mail: oit.bertiz@cfnavarra.es. Auskünfte u.a. zu Unterkunft in Landhäusern.

Unterkunft

- In Oronoz Unterkunft im Zwei-Sterne-Hotel **Urgain,** direkt an der alten Ortsdurchfahrt (⁺, Cruce de Carretera Oronoz, Tel. 948 592063). Noch preisgünstiger ist das **Hostal Urgain II** in gleicher Lage (⁺, Cruce de Carretera Oronoz, Tel. 948 592198).

Das grüne Tal von Baztán

↗XI/D1-2

Eine herrlich grüne Naturszenerie, weite Weideflächen, Ackerbauterrassen, Flüsschen, einsame Gehöfte und beschauliche Dörfer gehören zu den typischen Bildern im Tal von Baztán, das rund 50 km nördlich von Pamplona beginnt und in das man über das vorangehend beschriebene Örtchen Oronoz-Mugaire einfährt. In Oronoz-Mugaire folgt man dem Abzweig auf der Nationalstraße 121-B Richtung Elizondo. Mit Ruhe und Muße sollte man die Dörfer für sich erkunden und in einem lokalen Restaurant einmal Forellenspezialitäten kosten.

Von alters her sind die Orte im Tal von Baztán zu einer einzigen Kommune zusammengeschlossen. Rund 80 Prozent des Bodens ist von der Generalversammlung verwalteter, **gemeinschaftlicher Besitz** zu kommunaler Nutzung und Ausbeutung. Dies erklärt den Reichtum der Talbewohner und die Vielzahl solch stattlicher Herrenhäuser, wie man sie sonst in Navarra nur schwerlich findet.

Die im 15. Jh. königlich anerkannte adlige Abstammung der Einwohner des Baztántales spiegelt sich noch heute in vielfältigen Wappen an prächtigen Herrenhäusern wider, dies vor allem im zentralen 3.000-Einwohner-Ort **Elizondo.** In Elizondo sollte man durch die steinernen Gässchen und am Fluss entlang schlendern, sich die Steinbrücken, die Santiago-Kirche, das barocke Rathaus und den aus dem 18. Jh. stammenden Arizcunenea-Palast ansehen. In mehreren Süßwaren- und Feinkostgeschäften finden Leckermäuler köstliche – aber alles andere als preiswerte – Bruchschokolade mit Nüssen sowie hausgemachte Trüffel und Marmeladen. Qualität hat in Elizondo ihren Preis.

Doch das Baztántal besteht nicht aus Elizondo allein. Im Gebiet zwischen dem Ort und dem Straßenkreuzungspunkt Oronoz-Mugaire liegen weitere typische Ortschaften: **Arráyoz** (baskisch: Arraioz; Paläste Jaureguizar und Zubiria aus dem 17. Jh.), **Irurita** (Salvador-Kirche aus dem 18. Jh., Herrenhäuser Gastón de Iriarte und Casa Torre, Dorrea-Turm aus dem 15. Jh.; nahegelegene Dolmen von Argibel, Luurzu, Urkizte und Armatela sowie die Menhire von Argintzu) und **Lecároz** (baskisch: Lekaroz; Internatskirche Nuestra Señora del Buen Consejo; nahegelegene Dolmen von Lerate, Urriki, Xaldarri, Mairuharri und Xolborroko Harria).

In Irurita führt ein kurzer, lohnender Abzweig Richtung **Ciga** (Kirche San Lorenzo aus dem 16./17. Jh.) zum **Baztán-Aussichtspunkt** (Mirador de Baztán), von dem aus sich ein herrlicher Rundblick über das Grün bietet.

Fährt man von Elizondo aus das Baztántal weiter aufwärts, wird man mit Eindrücken vom puren, grünen Nordspanien belohnt. Auf dem Weg hinauf zur Passhöhe von Otsondo hat man Gelegenheit, sich in weiteren Dörfern umzusehen: **Elvetea** (Jarola-Palast und Azkoa-Palast aus dem 17. Jh., Pfarrkirche Santa Cruz) und **Arizcún** (baskisch: **Arizkun;** Kirche San Juan Bautista aus dem 17. und 18. Jh., Konvent Nuestra Señora de los Angeles mit barocker Fassade, Waffentürme Ursúa und Vergara).

Das etwas östlich gelegene **Errazu** (baskisch: **Erratzu;** Kirche San Pedro Apóstol aus dem 17. Jh., Palast Gastón de Iriarte aus dem 18. Jh., nahe gelegene Einsiedelei Nuestra Señora de la Soledad; kunsthandwerkliche Fertigung von *kaikus,* Holzbottichen für Sauermilch) bietet eine Wandermöglichkeit zum Berg Auza.

Abseits der Hauptstraße nach Frankreich liegt das extrem bäuerlich geprägte 300-Einwohner-Dorf **Maya** (baskisch: **Amaiur;** Asunción-Kirche, bei der Ortseinfahrt Wegekreuz aus dem 17. Jh.). In Maya sollte man in der winzigen Dorfbar ruhig einmal zum rustikalen Mittagsmahl einkehren und einen Verdauungsspaziergang etwa einen Kilometer hinauf zum Obelisken anschließen. Von hier oben hat man traumhafte Ausblicke über Wiesen und Weiden.

Unterkunft

- Das Tal von Baztán ist eine der beliebtesten navarresischen Gegenden für **Landhaus-Unterkünfte** *(casas rurales).* Dazu zählen die Casa Fosenea (Tel. 948 580756) in **Arráyoz,** die Casa Istarbey bei **Lecároz** (Tel. 948 580046) sowie – in und um **Errazu** – die Casa Kordoa (Tel. 948 453222), die Casa Indatxipia (Tel. 948 453121), die Casa Barazabal (Tel. 948 630885 und 948 453158), die Casa Urrain (Tel. 948 453110) und die Casa Martikotenea (Tel. 948 453094). Noch größer ist die Auswahl in und um **Arizcún,** wo unter anderem folgende Häuser zur Wahl stehen: Casa Barrantxea (Tel. 948 453026), Casa Atsotenea (Tel. 948 453097), Casa Landaberroa (Tel. 948 453208), Casa Gontxea (Tel. und Fax 948 453433), Casa Bixta Eder (Tel. 948 599271), Casa Enekoneko Borda (Tel. 948 453419, Fax 948 452434) und die Casa Lartezarrea (Tel. 948 393031). Ein echter Geheimtipp für Landhaus-Begeisterte ist **Maya** mit rustikalen, urgemütlichen Häusern wie der Casa Eguzkialde (Tel. 948 453047), der Casa Bordaberea (Tel. 948 453021), der Casa Alamanttonea (Tel. 948 453049), der Casa Goiz-Argi (Tel. 948 453234), der Casa Miguelenea (Tel. 948 453224) und der etwas außerhalb gelegenen Casa Jaimeneko Borda (Tel. 948 453043). Weitere detaillierte Auskünfte über die Touristeninformation in Oronoz-Mugaire, die beim Naturpark Señorío de Bértiz liegt (siehe dort).

- Teurere Unterkunft in **Elizondo** bietet das **Hostal Saskaitz** (++, Calle María Azpilikueta 10, Tel. 948 580488, Fax 948 580615). Das Hostal liegt mitten im Ort, Zimmer mit Bad und TV.
- Besonders stilvoll in **Elizondo:** das in einem aufwändig restaurierten Landhaus aus dem 19. Jahrhundert untergebrachte **Hostal Trinquete Antxitonea** (+-++, Calle Braulio Iriarte 16, Tel. 948 581807, Fax 948 581853).
- Ein Quartier in **Lecároz** ist die **Pénsion Hiru-Iturri** (+, Plaza Mayor s/n, Tel. 948 580389). Nur drei Zimmer; mit Bad und Heizung. Mit Bar und Restaurant. Auch eine preisgünstige Möglichkeit zu Mittag oder zu Abend zu essen.

Die Höhle von Zugarramurdi ⇗XI/D1

Folgt man der Nationalstraße 121-B hinter Maya weiter aufwärts, verlässt man das Baztántal. Die Straße führt nun auf den **Otsondo-Pass** und leitet in zahlreichen Kehren abwärts und der spanisch-französischen Grenze in **Dancharinea** (baskisch: **Dantxarinea**) entgegen. In den dortigen Shops bieten sich preisgünstige Einkaufsmöglichkeiten vor allem für Spirituosen.

Kurz vor der Grenze führt ein Links-Abzweig ins nahe gelegene und zunächst etwas verschlafen wirkende **Zugarramurdi.** Dieser 300-Einwohner-Ort bietet nicht nur ein paar nette Straßenbars nahe der kleinen Plaza, mächtige Steinhäuser in traditionellem Baustil und die Asunción-Kirche, sondern etwas ganz Besonderes nahe dem Ortsrand: die **Hexenhöhle** (täglich geöffnet 9-19 Uhr bzw. außerhalb der Sommermonate bis Sonnenuntergang, Tel. 948 599170). Beim Besuch ist man auf eigene Faust unterwegs; ein Lageplan ist in der Regel im Ticketbüro erhältlich.

Die Höhle von Zugarramurdi gehört zur Vielzahl der Grotten, die das historische Baskenland beidseits der spanisch-französischen Grenze durchlöchern. Aus dem Nährboden der Legenden ist erwachsen, dass diese Höhle vor Jahrhunderten Schauplatz von *akelarres* war, den berühmt-berüchtigten **nächtlichen Zusammenkünften von Hexen.**

Vom Eingangshäuschen führt eine Steintreppe unter Blätterdächern geradewegs hinab in die **„Kathedrale des Teufels"**, wie der Volksmund die Höhle getauft hat. Auf oftmals schlüpfrigem Boden folgt man dem Weg hinein in den schwarzen Schlund der Hauptgrotte. Dabei handelt es sich um einen gigantische Tunnel durch Karst-

113ns Foto: ad

gestein, 120 m lang und bis zu 12 m hoch, durchzogen vom harmlosen Bachlauf Arotzarena, für den auch hier wieder der Volksmund einen speziellen Namen gefunden hat: Arroyo del Infierno, der „Höllenbach". Dort, im Innern der Grotte, gurgelt und gluckst es und riecht nach Moder. Ein treffender Rahmen für den Blick ins Buch der Geschichte:

Wir schreiben das Jahr 1610. In Europa grassiert der **Hexenwahn.** Unschuldige Frauen verlieren ihr Hab und Gut, werden eingekerkert, gefoltert, verbrannt, ertränkt oder geköpft. Das historische Baskenland bildet keine Ausnahme. Als Vertreter des Tribunals von Logroño trifft in jenem Jahre der Inquisitor *Don Juan del Valle Alverado* in Zugarramurdi ein. Über Denunziationen geht er den vermeintlichen Hexenversammlungen, den *akelarres,* in der örtlichen Höhle nach und häuft „Daten und Fakten" zu 300 beschuldigten Personen an.

Von den 40 vorläufig als schuldig befundenen Frauen verurteilen die Richter beim **Hexenprozess** in der heutigen riojanischen Hauptstadt **Logroño** im November 1610 zwölf zum Tod auf dem Scheiterhaufen – vor mutmaßlich 30.000 Schaulustigen auf dem zentralen Platz. In den Anklagen

Die Höhle von Zugarramurdi

tauchen nicht nur Teufelsbuhlschaft und schwarze Messen, sondern selbst die Verzauberung des Meeres auf. Man legt ihnen den Einfluss auf atlantische Stürme zur Last, bei denen die Boote nicht den Weg zurück in den nahen Hafen von Saint-Jean-de-Luz gefunden hatten. Außerdem sollen sie sich bei ihren geheimnisvollen Treffen unter Vorsitz des leibhaftigen Teufels mit einem Gemisch aus Kräutern, zermahlenen Knochen und Gehirnresten von Kadavern eingesalbt und „Hexenpulver" aus Kröten, Schlangen, Salamandern, Schnecken und Pilzen hergestellt haben ...

Es sind Geschichten aus der dunklen Vergangenheit Navarras. Wer sich wieder der Natur zuwendet, sollte sich in Zugarramurdi an dem **markierten Pfad** orientieren. Er führt durch die Grotte und ihre schummerigen Seitengalerien, am glasklaren „Höllenbach" und an Rinderwiesen entlang und später auf den grünen Hügel über der Höhle. In der Hauptgrotte wirken Menschen inmitten der Überhänge und Felskonturen verschwindend klein.

Die Erinnerung an die „Hexen" haben die Dörfler aus Zugarramurdi auf die ihnen eigene Art bewahrt: mit dem alljährlichen **Höhlentreff** am Samstag vor dem Johannestag (24. Juni) und dem Hammelessen in der Hauptgrotte während der Patronatsfeiern Mitte August.

In ganz Navarra werden getöpferte „Zugarramurdi-Hexen" verkauft. Langnasige Minigestalten mit schwarzen Gewändern und breitkrempigen Hüten, mit und ohne Besen ...

Urdax

Wer einmal auf den Höhlen-Geschmack gekommen ist, sollte das wenige Kilometer von Zugarramurdi gelegene Dorf Urdax (baskisch: **Urdazubi**) aufsuchen, das sich einst rund um das Kloster San Salvador entwickelte.

Etwas außerhalb des Ortskerns erreicht man die kleine **Tropfsteinhöhle** (der Erfahrung nach unzuverlässige Öffnungszeiten, Tel. 948 599241). Vor rund 16.000 Jahren soll die Höhle unseren Vorfahren schon Unterschlupf geboten haben. Heute geht man auf schmalem Höhlenpfad vom Eingang bis an ein Miniaturfeld aus Stalagmiten und Stalaktiten und wieder zurück – es ist ein unspektakulärer Ort der Stille und voller Atmosphäre.

Abstecher über die Grenze

Für den, der nun ganz vom Höhlenfieber gepackt worden ist, bietet sich ein Abstecher in den **französischen Teil des Baskenlands** an.

Dort zeigen sich die Karstgrotten beim Pyrenäendorf Sare, das 1609 Schauplatz eines vom Inquisitor *Delancre* initiierten Hexenprozesses war, in einem ganz anderen Licht. Besser gesagt: Das **Höhlenlabyrinth von Sare** ist außergewöhnlich touristisch erschlossen – ob mit oder ohne Geschmack, darf man selbst entscheiden. Bei den obligatorischen Führungen folgt man blauen Weglichtern und erlebt mit plötzlichen Licht- und Toneffekten einen nicht alltäglichen Besuch. Felswände füllen sich mit Leben: Dias werden auf steinerne „Leinwände" projiziert. Derweil erklingen fremdartige Melodien unter den steinernen Überhängen: baskische Instrumente vom Band. Und in irgendeinem Winkel steht man unverhofft dem dreieinhalb Meter großen Modell eines Höhlenbären gegenüber. Nach dem rund einstündigen Rundgang kehrt man in der Cafeteria ein oder sucht das kleine **Museum** auf, das über Mythen, Mineralien und das Höhlenleben unserer Vorfahren informiert

- **Öffnungszeiten/Führungen** Grottes de Sare: Januar bis Karneval tgl. 14-16 Uhr, Karneval bis Ostern tgl. 14-17 Uhr, Ostern bis Juni tgl. 10-18 Uhr; Juli und August tgl. 10-19 Uhr, September tgl. 10-18 Uhr; Oktober bis Mitte November tgl. 10-17 Uhr, Mitte November und Dezember tgl. 14-17 Uhr.

Eine baskische Tour der „Höhlen und Hexen" lässt sich auf französischer Seite sogar noch bis zu den **Doppelhöhlen von Isturits und Oxocelhaya** mit ihren prähistorischen Gravierungen und Tropfsteingebilden ausdehnen. Diese liegen zwischen Hasparren und Saint-Palais, rund 40 km südöstlich von Bayonne.

Auf spanischer Seite fährt man – mit dem Leitmotiv der Hexen vor Augen – von der Grenze aus **zurück durch das Baztántal** und wird manche Orten vielleicht mit etwas anderen Augen sehen. So wie das Örtchen **Irurita,** dessen Jaureguizar-Palast im Jahre 1612 als provisorisches Gefängnis für acht Frauen diente, die im im Hexenprozess von Arráyoz angeklagt wurden. Kinder hatten sie fälschlich belastet. Für eine der Angeklagten kam der Freispruch vor Gericht zu spät. Sie war zu Tode gefoltert worden.

Unterkunft

- **Landhäuser** in Zugarramurdi und Urdax: In und um **Zugarramurdi** sind dies die Casa Teltxeguía (Tel. 948 599167), die Casa Sueldeguía (Tel. 948 599088), die Casa Etxeaundía (Tel. 948 599001), die Casa Ipaerrea (Tel. 9448 599126) und die Casa Martienea (Tel. 948 599079). In und um **Urdax** sind dies die Casa Aterbea (Tel. 948 599028), die Casa Alzuartea (Tel. 948 58012), die Casa Lezeondoa I und II (Tel. 948 599136), die Casa Dutaria (Tel. und Fax 948 599237; hier auch Mahlzeiten) und die Casa Monasterio (Tel. 948 599027).
- Ebenfalls in **Urdax** gibt es zwei **Pensionen:** das Hostal Irigoinea (⁺⁺, Calle San Salvador, Tel. 948 599267, Fax 948 599243) und die Pensión Beotxea (⁺, Carretera Zugarramurdi s/n, Tel. 948 599114).

Hondarribia

↗XI/C1

Ein Juwel und einer der beliebtetesten Urlaubsorte an der gesamten baskischen Küste liegt – unvermutet, keine Frage – wenige Kilometer meerwärts von Irún: Hondarribia (spanisch: **Fuenterrabía).** Das 15.000-Einwohner-Städtchen grenzt an die Mündung des Bidasoa-Flusses, verfügt über einen schönen Sandstrand und schiebt sich auf eine Landzunge zu, die mit dem **Kap Higuer** endet (dort Leuchtturm). Im Hafen von Hondarribia schaukeln Sport- und Fischerbötchen, im Hintergrund sorgen die gewaltigen grünen Ausläufer der Pyrenäen für markante Kontraste zum Blau des Meeres. Außerdem bietet Hondarribia ausgedehnte Fluss- und Meerespromenaden sowie eine mittelalterlich anmutende **Altstadt,** die in ihrer Gesamtheit unter Denkmalschutz steht. Dass das Städtchen immer wieder Schauplatz kriegerischer Konfrontationen zwischen verfeindeten Franzosen und Spaniern (oder Basken) und dementsprechend stark befestigt war, unterstreicht ein Teil der noch erhaltenen **Stadtmauer.**

Die Altstadt breitet sich rund um die Plaza de Armas aus, an der sich die trutzige **Wehrburg Carlos V** erhebt. Bereits im 10. Jh. hatte an dieser Stelle eine Festung gestanden, doch geht die Anlage in ihrer jetzigen Form auf das 16. Jh. zurück. Sie wurde zu einem rustikalen Parador umfunktioniert.

In den umliegenden Straßenzügen präsentiert sich das historische Viertel mit engen, gepflasterten Gassen, Arkaden, Torbögen, lauschigen Plätzen sowie wappengeschmückten Häusern mit Erkern und blumentopfüberladenen Balkonen.

Über den Ziegeldächern der Stadt erhebt sich die dreischiffige **Renaissancekirche** Nuestra Señora de la Asunción.

Für **Lärm** ganz unterschiedlicher Art sorgen in Hondarribia die in schöner Regelmäßigkeit mit Kind und Kegel anrückenden sommerlichen Sonntagsausflügler, die Ausgehfreudigen in den zahlreichen Bars und leider auch die Jets, die auf dem Flughafen von San Sebastián landen. Und dieser liegt justament am südlichen Stadtrand von Hondarribia.

Bis vor wenigen Jahren hätte der Autor Hondarribia noch uneingeschränkt als „malerisch" und „atmosphäregeladen" beschrieben, doch Bodenspekulation und **Bauboom** haben dem Ort zugesetzt. Unglaublich aber wahr ist,

114ns Foto: ad

dass alte baskische Häuser gnadenlos abgerissen werden, um den Boden für neue, die Landschaft verschandelnde zu bereiten. Außerdem hat der Hafenumbau samt **„Strandkürzung"** am Stadtbild umfangreiche Änderungen beschert.

Im Hinterland von Hondarribia ist vor kurzem der **Parque Ecológico de Plaiaundi** eröffnet worden, ein kleiner ökologischer Park mit einem Besucherzentrum, mehreren winzigen Seen und einem Wegenetz. Mit Glück bekommt man Reiher und Kormorane

Fischerboote im Hafen von Pasajes de San Juan, nahe Hondarribia

115ns Foto: ad

zu Gesicht. Der Abzweig zum Parque Ecológico ist von der Nationalstraße Irún-San Sebastián her beschildert (von der Grenze kommend, nahe der großen Brücke über die Bahngleise von Irún).

Information

- Das **Touristenbüro** liegt in der Calle Jabier Ugarte 6, Tel. 943 645458, Fax 943 645466.

Unterkunft

- **Hotel-Parador de Hondarribia** (+++), Plaza de Armas 14, Tel. 943 645500, Fax 943 642153, Web: www.parador.es, E-Mail: hondarribia@parador.es. Herrliches altes Burgambiente, das den recht hohen Preis rechtfertigt. Mit mittelalterlichem Interieur, wohin man auch schaut.
- **Camping:** Der Campingplatz Jaizkibel befindet sich an der Auffahrt zum Jaizkibel-Berg (ganzjährig geöffnet; Tel./Fax 943 641679).

Essen und Trinken

- **Restaurante de Mariscos Güell** (++), Barrio Amute s/n, Tel. 943 643297. Meeresfrüchte der Spitzenklasse zum Spitzenpreis. Sehr urig, stark von Einheimischen frequentiert. Allerdings sitzt man etwas unbequem und beengt.

Feste

- Hondarribias bedeutendstes, mehrtägiges Fest findet alljährlich um den 8. September zu Ehren der Madonna von Guadalupe statt; am 8. September selbst findet ein musikalisch umrahmter Umzug *(alarde)* mit Tausenden von Teilnehmern statt.

September-Umzug in Hondarribia zum Gedenken an den Sieg über die Franzosen

Monte Jaizkibel ⇗XI/C1

Ein kleiner Ausflug ab Hondarribia führt auf den rund 550 m hohen Jaizkibel-Berg (ausgeschilderte Nebenstraße ab der Ortsmitte). Man kommt an Neubauten und Hondarribias zweitem Campingplatz vorbei, bevor das Sträßchen ansteigt und sich wenige Kilometer aufwärts durchs Grün windet.

Vor der **Kirche Nuestra Señora de Guadalupe** befindet sich eine Aussichtspromenade; von hier aus genießt man die Panoramablicke über Hafen, Meer und Berge (sofern man nicht einen baskischen Regentag erwischt). Im Innern des Gotteshauses verehren die Gläubigen ein aus dem 15. Jh. stammendes Madonnenbildnis.

Von der Kirche aus kann man die Fahrt weiter aufwärts durch ausgedehnte Wiesen- und Farngebiete fortsetzen, bis man die höchsten Punkte erreicht. Die Belohnung: **grandiose Fernblicke.** Wer nicht nach Hondarribia zurückkehren will, hält sich unvermindert auf dem Nebensträßchen und genießt zur Rechten hin Aussichten auf wellige Wiesenareale, Steilküstenabschnitte und die Weite des Ozeans.

Nach vielen Kurven wieder auf Meereshöhe angelangt, kann man an einer T-Kreuzung noch eine kleine Runde nach rechts Richtung **Pasajes** (baskisch: **Pasaia**) einschieben. Im Grunde gibt es Pasajes gleich dreifach: in Form der alten Fischerdörfer Pasajes de San Pedro und Pasajes de San Juan sowie in Gestalt von Pasajes Ancho mit dem Handelshafen von San Sebastián. Dort beginnen die Industriegebiete mit ihren Schloten sowie mit Wohnblöcken und vom Zahn der Zeit angenagten Docks – und doch hat das, was jetzt in **Pasajes de San Juan** kommt, Atmosphäre. Am besten, man lässt sein Fahrzeug am Ortsrand stehen und geht zu Fuß durch die enge Durchfahrt. Diese liegt samt der umliegenden Häuser eingeklemmt zwischen Berg und Meeresarm. Zur Fischerortatmosphäre tragen einige Bars und Meeresfrüchte-Restaurants bei. Typisch sind auch die Holzbalkone mit ihren farbigen Anstrichen. Hat man den Rathausplatz und ein weiteres Plätzchen passiert, bieten sich gute Blicke auf die natürliche Hafeneinfahrt im Hintergrund, während vor einem bunte Fischerboote auf dem nicht gerade sauberen Wasser schaukeln.

In das auf der gegenüberliegenden Seite des Meeresarms gelegene **Pasajes de San Pedro** gelangt man mit kleinen Personenfähren. Von Pasajes aus kommt man über Lezo auf die Landstraße N-1 und die Autobahn A-8 nach San Sebastián.

San Sebastián – Aussichtsberge und Promenaden ⇗XI/C1

Die Stadt schmeckt nach Meer und Hafen und ein bisschen nach der **Belle Époque** von gestern. Zwar sind die Zeiten vorbei, da es Spaniens Regentin *María Cristina* samt Gefolgschaft im Sommer hierhin zog und Adelige ihre Barschaft im Casino verspielten, doch das lebendige und feierfreudige San Sebastián hat sich einen gewissen **Chic und Eleganz** erhalten. In der Skala der schönsten (und auch teuersten) spanischen Städte liegt diese hier mit an der Spitze.

San Sebastián (baskisch: **Donostia;** 180.000 Einwohner) ist Seebad, Handels- und Hafenstadt sowie Hauptstadt der Provinz Guipúzcoa. Ihre herrliche Lage zeichnet sie aus.

Vorzeige-Ansicht ist die von den Bergen Urgull und Igueldo geflankte, muschelförmige Bucht mit ihren sandigen Stränden, die **Bahía de la Concha;** den Buchteingang unterteilt die kleine Insel Santa Clara. San Sebastiáns zweite und ungeschütztere Bucht mit dem Zurriola-Strand (vormals Playa de Gros) wird von den Bergen Ulía und Urgull begrenzt. Badefreunde und Sonnenanbeter sollten wissen, dass bei Flut weite Teile der Strände vom Wasser eingenommen werden.

Ins Bild von San Sebastián gehören pompöse Herrenhäuser, breite **Promenaden** mit kunstvollen Laternen sowie verwinkelte Altstadtgassen, in denen die urigen Bars mit ihren Appetithäppchen um die Gunst der Kunden wetteifern.

Nicht zu übersehen sind die an der Peripherie immer weiter ausufernden **Wohnblocksilos.**

Doch das braucht einen andernorts, dort, wo San Sebastián sich von seinen besten Seiten zeigt, nicht zu stören: zum Beispiel – mit der Stadt zu Füßen – auf den Spitzen der **Hügel Igueldo** (baskisch: Igeldo) und **Urgull** oder rund um den **Fischerhafen,** wo das Leben pulsiert und im Sommer Tütchen mit Schnecken verkauft werden. Ungeübte werden einige Zeit damit beschäftigt sein, die wurmgleichen Weichtiere mit Hilfe der Nadel – ist im Preis inbegriffen – aufzuspießen und aus dem Gehäuse zu ziehen. Eine der jüngsten Attraktionen ist das **Aquarium** in seinem neuen Gewand.

San Sebastián weiß ausgiebig zu feiern. So wie beim alljährlich am 20. Januar beginnenden **Tamborrada-Fest:** mit Trommelparaden, Umzügen und buntem Treiben 24 Stunden lang.

Mitte August steht dann die **Semana Grande** auf dem Programm, die von Konzerten, Umzügen, Shows, dem Internationalen Feuerwerk-Wettbewerb sowie Sport- und Folkloreveranstaltungen jedweder Art begleitete „Große Woche".

Cineasten merken sich die **Internationalen Filmfestspiele** in der zweiten Septemberhälfte vor. Von manchen wird der späte Termin im Jahr als Nachteil empfunden, da dann viele der mutmaßlich besten Filme bereits bei anderen Festivals gelaufen sind. Seit 1952 gibt es die Filmfestspiele, bei der es um die Goldene Muschel *(Concha de Oro),* die Silberne Muschel *(Concha de Plata)* und natürlich um viel Prestige – und damit natürlich Geld – geht. Immer wieder sieht man dann Filmstars, die sich hier ein Stelldichein geben, so etwa *Anthony Hopkins* oder *Michael Douglas.* Schauplatz der Filmfestspiele ist der neue Kongresspalast Kursaal.

116ns Foto: ad

Blick vom Berg Igueldo über San Sebastián

Geschichte

Mutmaßlich reicht San Sebastiáns Geschichte weit über tausend Jahre zurück. Eine kleine **Fischersiedlung** bestand wahrscheinlich vom 9. Jh. an, doch urkundlich erwähnt wird der Ort erstmals im Jahre 1014, gehörte seinerzeit zum selbstständigen Königreich von Navarra und war später sogar dessen wichtigster **Hafen. Fischfang** spielte von alters her eine große Rolle, und die Waljagd verschlug manche Basken Tausende von Seemeilen bis nach Neufundland. Die **Handelsverbindungen** im Mittelalter – dann auch als kastilischer Ausfuhrhafen für Wolle – reichten über den unmittelbaren Nachbarn Frankreich hinaus bis England und Flandern. Und an den Ufern des Urumea-Flusses entstanden im Zuge des lebhaften Seehandels Werften, Schmieden und andere kleine Werkstätten.

Im 18. Jh., unter *Carlos III (Karl III.)*, verlagerten sich die Handelsaktivitäten auf den Hafen von Bilbao. San Sebastián verlor an Bedeutung, wurde zu Beginn des 19. Jh. von französischen Truppen besetzt und ging 1813 zum Teil in Flammen auf. Doch im weiteren

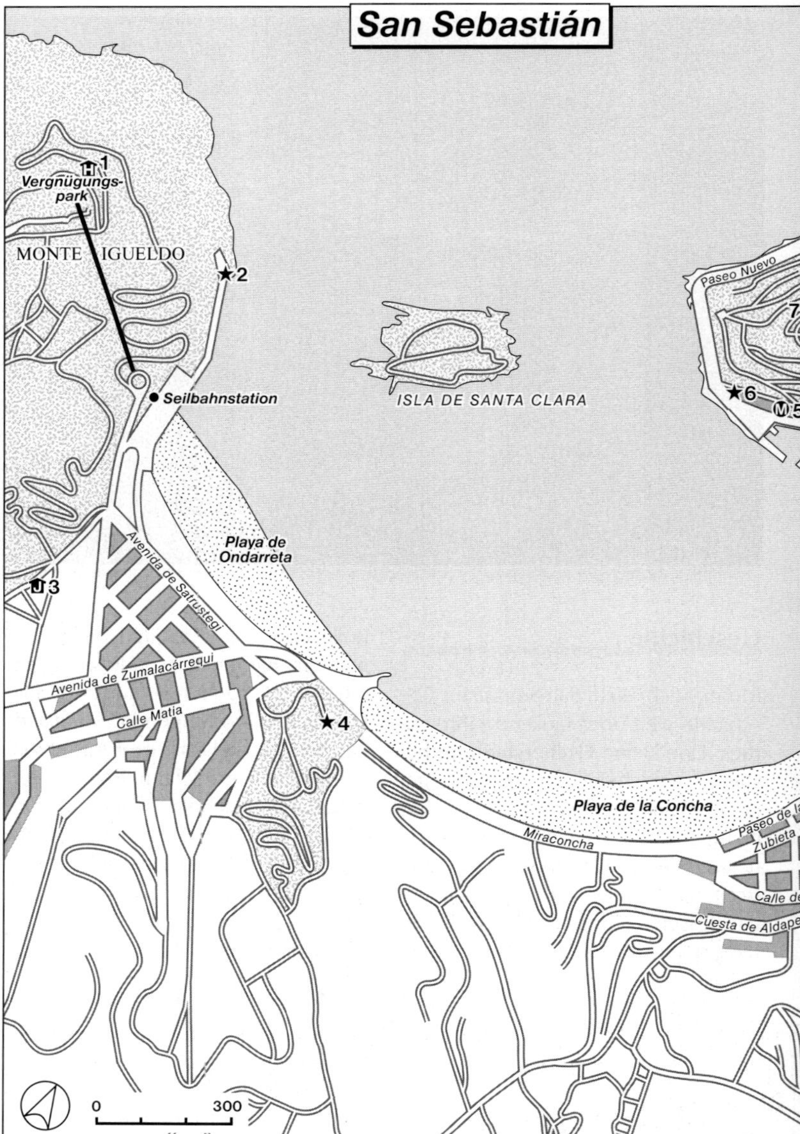
San Sebastián
1
Vergnügungspark
MONTE IGUELDO
2
Seilbahnstation
ISLA DE SANTA CLARA
Paseo Nuevo
7
6
5
Playa de Ondarreta
Avenida de Satrustegi
3
Avenida de Zumalacárrequi
Calle Matia
4
Playa de la Concha
Miraconcha
Paseo de la
Zubieta
Calle de
Cuesta de Aldape
0
300

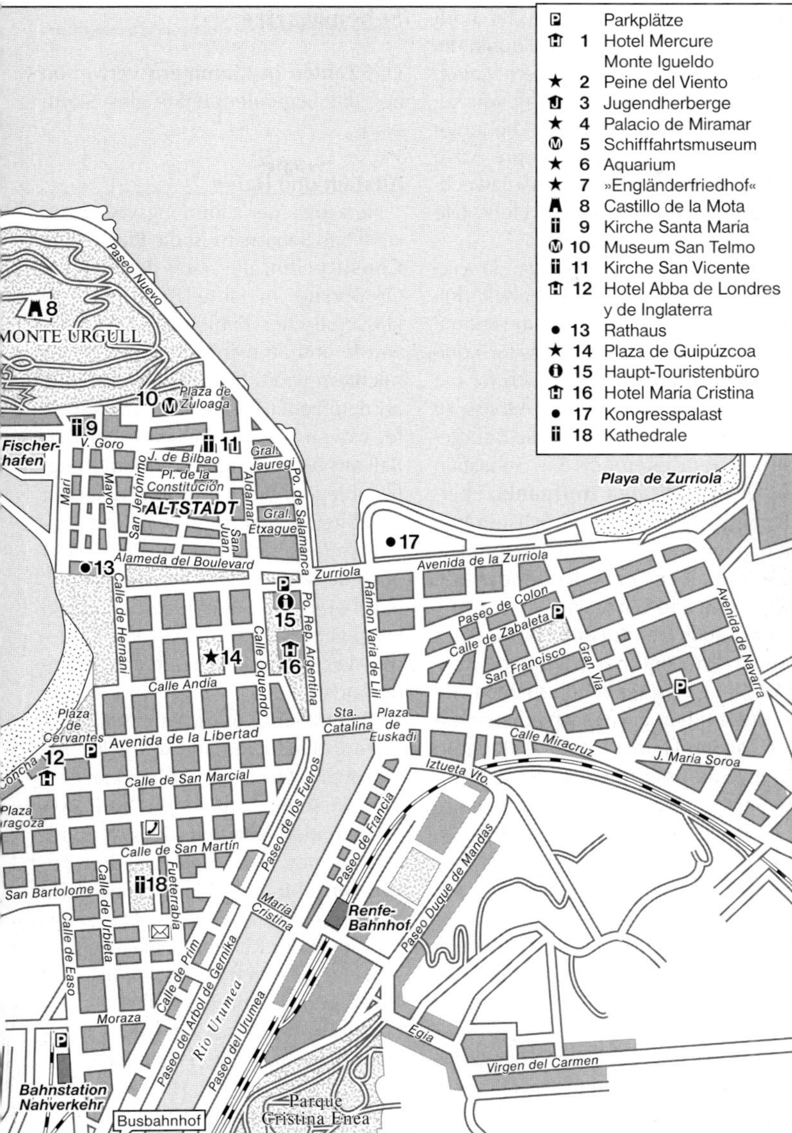

Die Atlantikküste

Verlauf des 19. Jh. gewann die Stadt wieder an Boden. Nicht nur durch die **Industrialisierung,** sondern auch durch den Bläschenausschlag von *Königin Isabel II* (1830-1904). Die junge Herrscherin litt an Herpes, ihre Ärzte in Madrid legten ihr einen Klimawechsel und **Meeresbäder** ans Herz. Die Wahl fiel auf San Sebastián.

Und es dauerte nicht lange, da wurde es zur jährlichen Gewohnheit, den gesamten Hof in den Sommermonaten dorthin zu verlegen. Was für Königin *Isabel II* gut war, war auch für die nachfolgenden Monarchen *Alfonso XII* und *Alfonso XIII* sowie für die Bourgeoisie jener Zeiten gut. San Sebastián wurde zum **elitären Treffpunkt,** überall legte man Wert auf höchste Qualität. Herrenhäuser und Luxushotels schossen ebenso aus dem Boden wie Clubs und Sportanlagen.

Und auch das **Casino** durfte nicht fehlen. Im Zuge der Neutralität Spaniens im Ersten Weltkrieg suchten viele Aristokraten aus verschiedenen europäischen Ländern eine Zuflucht in jener Stadt, die noch relativ nah der Heimat war. So dauerte das blühende Leben der Belle Epoque hier noch einige Jahre länger als in Frankreich. Von dieser Entwicklung zeigt sich San Sebastián noch heute geprägt, auch wenn zu Zeiten des Franco-Regimes der Tourismus nur eine geringe Rolle spielte und der Glanz ein wenig zu bröckeln begann.

Neuere Casinotraditionen pflegt das Hotel Abba de Londres y de Inglaterra **(12)**, gleich hinter der Playa de la Concha gelegen.

Sehenswertes

Die **Zahlen in Klammern** verweisen auf die Legendenpunkte des Stadtplans.

Altstadt und Hafen

Herzstück der stimmungsvollen Altstadt San Sebastiáns ist die **Plaza de la Constitución,** die nach dem letzten Großbrand im Jahre 1813 im Zuge klassizistischer Einflüsse neu erbaut wurde und an manchen Tagen etwas nüchtern wirkt. Einst diente der Platz als natürlicher Rahmen für Stierkämpfe, wovon noch heute die über den Balkons befindlichen Nummern Zeugnis ablegen; diese wurden seinerzeit als Logen verkauft. An dem von Laubengängen umzogenen Platz liegt auch das ehemalige Rathausgebäude, das heute als Stadtbibliothek dient. Wer in einem Platzcafé rastet, muss etwas tiefer in die Tasche greifen als andernorts.

Die Straßenzüge rund um die Plaza de la Constitución stecken voller Atmosphäre. Das liegt natürlich an den ausgelassenen Studenten und den über hundert **Kneipen,** die sich in der Altstadt und den angrenzenden Zonen konzentrieren. Jede Kneipe buhlt mit ihren jeweiligen Spezialitäten um die Gunst der Kunden. Um seine persönliche Favoriten zu finden, hilft nur eines: durchprobieren und dann das Ganze nochmal von vorn. Gute Kneipengassen sind die Pescadería, die San Jerónimo und die 31 de Agosto.

Doch die Altstadt präsentiert sich nicht nur als beliebte und frequentierte Bar- und Ausgehzone, sondern bietet auch Kultur anderer Art. An erster Stelle steht das in einem Dominikaner-Konvent aus dem 16. Jh. untergebrachte **San-Telmo-Museum (10,** Plaza Ignacio Zuloaga; geöffnet Di-Sa 10.30-13.30 und 16-20 Uhr sowie So 10.30-14 Uhr). Der erhaltene Renaissance-Kreuzgang ist zum Nationalmonument deklariert worden. Das Museum umfasst sowohl eine volkskundliche baskische Abteilung als auch eine wertvolle Sammlung von Gemälden aus den unterschiedlichsten Epochen; unter anderem Werke von *El Greco*. Sehenswert sind auch die alten baskischen Grabstelen.

Ganz in der Nähe des San-Telmo-Museums liegen die bedeutendsten Sakralbauten der Altstadt: die **Kirche San Vicente (11,** 16. Jh.; Calle Narrica/San Vicente) und die barocke **Kirche Santa María (9,** 18. Jh., mit bemerkenswerter Kuppel und reich verzierter Fassade; Calle 31 de Agosto).

Am südlichen Rand der Altstadt liegt die breite **Alameda del Boulevard,** von der aus man den wichtigsten **Markt** der Stadt, **La Brecha,** erreicht; hier riecht es intensiv nach Fisch und Käse.

Verlässt man die Altstadt gen Westen (nahe der Santa-María-Kirche), erreicht man sogleich den kleinen **Hafen** mit dümpelnden Fischer- und Sportbooten; San Sebastiáns Handelshafen liegt im Übrigen einige Kilometer östlich in Pasajes. Der Hafen ist von einer **Promenade** umzogen, an der sich Souvenirshops, sommerliche Straßenstände und kleine Restaurants wie an einer Perlenschnur aufreihen; letztere verströmen verlockende Düfte.

117ns Foto: ad

Vom Hafen aus kann man nicht nur zum Monte Urgull aufsteigen (siehe unten), sondern sich im Sommer auch per Motorboot zur nahen **Insel Santa Clara** schippern lassen. Sonnenhungrige finden dort eine Alternative zu den direkten Stadtstränden.

An der Hafenpromenade, dem Paseo del Muelle, bieten sich noch zwei lohnende Besuchsziele: Während es im **Schifffahrtsmuseum (5)** mit seinen ausgestellten Bootsteilen, Tauen und Werkzeugen eher beschaulich zu-

Der Fischerhafen von San Sebastián

geht, ist seit der Neugestaltung richtig Leben ins **Aquarium (6)** zurückgekehrt: mit Rochen, Haien, Muränen und einer Reihe an tropischen Fischen.

- **Schifffahrtsmuseum** (Museo Naval; geöffnet Di-Sa 10-13.30 und 16-19.30 Uhr sowie So 11-14 Uhr)
- **Aquarium** (geöffnet Mitte Juni bis Mitte September täglich 10-21 Uhr; sonst Mo-Fr 10-19 Uhr, Sa und So 11-20 Uhr).

Monte Urgull

Mit seinen rund 120 m erhebt er sich so majestätisch wie er kann über der Altstadt, dem kleinen Hafenbecken und dem Paseo Nuevo: der Monte Urgull. Gut ausgebaute **Fußwege** winden sich ab den Zonen nahe der Plaza de la Trinidad und des Hafens aufwärts. Auf das 12. Jh. geht eine erste Bergfestung zurück, die vom 15. bis 17. Jh. angesichts drohender kriegerischer Übergriffe aus Frankreich aus- und umgebaut wurde. Die heute noch zu sehenden Geschützstände stammen aus dem 18. und 19. Jh.

Als die militärische Stellung San Sebastiáns 1863 aufgegeben wurde, stand der Abriss der Stadtmauern an; lediglich die Festung auf dem Urgull, der **Castillo de la Mota (8),** blieb erhalten.

Zu sehen gibt es außer Mauerwerk und Geschützen auch den **Cementerio de los Ingleses (7),** den „Engländerfriedhof", auf dem im ersten Karlistenkrieg Gefallene ihre letzte Ruhestätte fanden.

Auf dem Gipfel des Monte Urgull gelangt man an eine Kapelle sowie die monumentale, weiße **Christusskulptur,** die auf das Jahr 1950 und die Künstler *Pedro de Muguruza* und *Federico Coullant* zurückgeht. Von hier oben bieten sich herrliche Ausblicke auf Stadt und Strände, auf die muschelförmige Bucht und hinein ins hügelige Hinterland.

Promenaden und Strände

San Sebastiáns Promenaden und Strände breiten sich beidseits des Urgull-Berges aus. Im Osten – dem Stadtviertel Gros vorgelagert – ist es der Strand Zurriola, im Westen La Concha und Ondarreta.

Wer Lust auf einen ausgedehnten, rund sechs Kilometer langen Spaziergang verspürt, startet an der **Playa de Zurriola** (vormals Playa Gros), lässt den neuen **Kongresspalast (17)** hinter sich, blickt auf der Brücke rechts in den Mündungsbereich des Urumea-Flusses und nach links auf den Paseo de la República Argentina mit dem altehrwürdigen Prachthotel María Cristina.

Der neue Kongresspalast heißt übrigens **Kursaal**, dient auch als Rahmen von Messen und hat dem Zurriola-Strand nicht gerade seinen schönsten inwärtigen Abschluss beschert. Im Volksmund heißt das Werk **„Torres de Moneo"**, „Türme von Moneo"; benannt nach seinem Architekten *Rafael Moneo*.

Beide Seiten des **Río Urumea** sind von weiteren Promenaden, pompösen Herrenhäusern, schmuckvollen Blumenkübeln, schmuckvollen Ruhebänken und mächtigen Kugellaternen gesäumt – das freilich ist einen gesonderten Bummel wert.

Schließlich geht man an der Seeseite auf dem Paseo Nuevo **um den Monte Urgull** herum (bei starkem Wind wegen des Wellenschlags über die Mauer gesperrt), bis man am Aquarium und dem Fischerhafen herauskommt. Hier genießt man die herrliche Aussicht auf das Miteinander aus muschelförmiger Bucht, Santa-Clara-Insel und Igueldo-Berg.

Vom Hafen aus sind das **Rathaus (13)** und der Alderdi-Eder-Park die nächsten Stationen beim Spaziergang. In dem breiten, gelben Rathausbau mit seinen kleinen Kuppeln und den Doppeltürmchen war früher das Casino untergebracht – welch eine seltsame Wandlung des Innenlebens.

Neben dem Rathaus lockt der **Parque de Alderdi Eder** mit seinen gepflegten Grünanlagen. Sehenswert ein Detail inmitten eines großen Beetes: Don Quijote, Sancho Pansa und das Pferd Rosinante als Mini-Skulpturen.

Fortan zieht sich die Promenade in einem weiten Bogen an der Bahía de la Concha und den **Stränden La Concha und Ondarreta** vorbei.

Eine kleine, zum **Miramar-Park** gehörige Landzunge trennt den Concha- vom Ondarreta-Strand. In diese Parkanlage (täglich geöffnet 10-17 Uhr, im Sommer 9-21 Uhr) eingebettet ist der im 19. Jh. im englischen Cottage-Stil erbaute **Miramar-Palast (4),** der heute gelegentlich den Rahmen für kulturelle Veranstaltungen bildet.

Ziel des Spaziergangs ist der **Peine del Viento (2,** „Kamm des Windes“; auch: Peine de los Vientos), von dem baskischen Metallbildner *Eduardo Chillida* unterhalb des Monte Igueldo geschaffene Monumente. Ganz in der Nähe startet die Bahn hinauf auf den Igueldo-Berg.

Apropos *Chillida:* Im rund zehn Kilometer südlich gelegenen Örtchen Hernani steht das **Museo de Chillida-Leku** ganz im Zeichen des 1924 geborenen Bildhauers. Den Rahmen für eine umfassende Ausstellung an Skulpturen bietet ein aus dem 16. Jahrhundert datierendes Landhaus mit Wald- und Gartengrundstück. Öffnungszeiten: im Juli und August Mo sowie Mi-Sa 10.30-19 Uhr und So 10.30-15 Uhr;

Das Rathaus

118ns Foto: ad

während des restlichen Jahres Mo sowie Mi-So 10.30-15 Uhr; aktuelle Internet-Infos: www.eduardo-chillida.com.

Monte Igueldo

Keine Frage, der Monte Igueldo gehört zum Pflichtprogramm eines jeden San-Sebastián-Besuches. Ganz gleich, ob man mit dem eigenen Fahrzeug oder mit der bis in die Abendstunden betriebenen **Seilbahn** *(funicular)* hinaufgelangt; die untere Seilbahnstation befindet sich im Übrigen am Ende des Ondarreta-Strandes (extrem wechselnde Fahrzeiten).

Von den **Aussichtspromenaden** auf dem Monte Igueldo (nahe dem gleichnamigen Hotel) bieten sich **fantastische Panoramablicke** über die Stadt und das Meer. Nicht nur tagsüber, auch bei Dunkelheit ist der Ausblick ein Erlebnis. Dann schaut man auf die Lichterreihen der Laternen, die Schattenrisse von Booten in der Bucht und die angestrahlte Christus-Statue auf dem kleineren Monte Urgull und lauscht dem nimmermüden Wellenschlag des Atlantiks.

Ein bisschen antiquiert wirkt hier oben der bereits 1912 eingerichtete **Parque de Atracciones,** ein kleiner Vergnügungspark.

Andere Stadtteile

Sicher erlebt man es nicht alle Tage in einer spanischen Stadt, dass das eigentliche Haupt-Gotteshaus außerhalb des Altstadtbezirks liegt. Doch so ist es hier. Als nach dem Abbruch der Stadtmauern im Jahre 1863 die Einwohner dazu übergingen, ihre Häuser in den Sand- und Sumpfgebieten am damaligen Stadtrand zu errichten, musste auch Platz für eine neue Kathedrale her. Erst 1883 wurde mit dem Bau der **Catedral del Buen Pastor (18)** begonnen. Herausgekommen ist ein neogotisches Bauwerk an der Plaza del Buen Pastor mit einem 75 m hohen Glockenturm und Platz für rund 4000 Gläubige.

Von der Kathedrale aus sollte man es nicht versäumen, an das **Ufer des Urumea-Flusses** zu gehen und dort ein wenig zu flanieren: zum Beispiel in Richtung Meer auf dem Paseo del Árbol de Guernica, dem Paseo de los Fueros und dem Paseo de la República Argentina. Hier sieht man nicht nur trutzige Herrenhäuser, sondern auch kleine Brunnen, verschnörkelte Brückengeländer sowie Schmuckkacheln an Hausfassaden und Pflanzenkübeln.

Zum Schluss noch der Hinweis auf drei Grünanlagen: zum einen den **Parque Cristina Enea** auf der – vom Kathedralbereich aus gesehen – gegenüberliegenden Seite des Urumea-Flusses sowie den etwa einen Kilometer südlich der Playa de la Concha gelegenen **Parque de Aiete,** ein gepflegtes Areal mit einem 1878 erbauten Herrenhaus selben Namens (Park geöffnet täglich 10-17 Uhr, im Sommer 10-20.30 Uhr). Die dritte kleine Anlage ist die zwischen der Altstadt und der Kathedrale gelegene **Plaza de Guipúzcoa (14)** mit einem kleinem Teichgelände mitten im urbanen Strudel.

Südlich der Innenstadt (nahe der Krankenhäuser) ist in der Zone Miramon mit „KutxaEspacio – Museo de la

119ns Foto: ad

Ciencia" ein neues **interaktives Wissenschaftsmuseum** samt Planetarium entstanden (im Sommer geöffnet Di-Sa 10-20, So 11-20 Uhr, sonst Di-Sa 10-19, So 11-19 Uhr; unter www.miramon.org Internet-Infos).

Praktische Tipps

Information

- Das **Haupt-Touristenbüro (14,** Centro de Atracción y Turismo) liegt in der Calle Reina Regente 3, Tel. 943 481166, Fax 943 481172. E-mail: cat@donostia.org. Internet-Infos unter www.sansebastianturismo.com.

San Sebastiáns altehrwürdiges Hotel María Cristina

Unterkunft

- Während der Mitte August stattfindenden Semana Grande, der „Großen Woche" von San Sebastián ist dringend anzuraten, ein **Zimmer vorzubestellen.** Gleiches gilt für die Zeit der Filmfestspiele im September.
- **Hotel María Cristina** (+++) **(16),** gelegen in der Calle Oquendo 1. Tel. 943 424900, Fax 943 423914. Vornehm-gediegen, Atmosphäre der guten alten Zeit, erstes Haus am Platze und einfach unschlagbar bei den Preisen. Interieur im besten Belle-Epoque-Stil. Mit Restaurant, Bar, mehreren Konferenzsälen und nicht weniger als 28 Suiten.
- **Hotel Mercure Monte Igueldo** (+++) **(1),** Monte Igueldo s/n, Tel. 943 210211, Fax 943 215028. Etwas ab vom Schuss: nämlich auf dem Igueldo-Berg. Einige Zimmer haben eine traumhafte Aussicht. Vier-Sterne-Komfort.
- **Hostal Alemania** (++), San Martín 53, Tel. 943 462544, Fax 943 461771. In der Nähe des Concha-Strandes, 21 Zimmer mit Bad, Telefon und TV. Gehobenes Preisniveau.
- In der zentral gelegenen Calle Easo Nummer 12 findet man gleich zwei Pensionen: die **Pensión Añorga** (+-++, Tel. 943 467945) und die etwas teurere **Pensión Aralar** (++, Tel. 943 470410).
- Die **Jugendherberge (3),** findet man am Paseo Igueldo (baskisch: Igeldo Pasealuka) Nummer 25, Tel. 943 310268.
- **Camping:** Der Campingplatz Igueldo, liegt am Monte Igueldo, wenige Kilometer westlich des Zentrums. Geöffnet während der Osterzeit sowie von Mitte Juni bis Mitte September, recht teuer, Tel. 943 214502, Fax 943 280411.

Essen und Trinken

- Von den fast schon sagenumwobenen **Appetithäppchen (pinchos)** in San Sebastián ist bereits die Rede gewesen. Eine ganze Reihe von beliebten Bars konzentriert sich in den folgenden Straßen: Calle San Jerónimo, Calle Pescadería und Calle 31 de Agosto. Eine *pinchos*-Tour im stimmungsvollen Altstadtviertel kann durchaus sättigend sein. Im erweiterten Innenstadtbezirk liegen *pinchos*-Kneipen zum Beispiel in den Straßen San Marcial, Vergara, Elkano und San Martín.

●**Restaurante Arzak** (+++), Alto de Miracruz 21, Tel. 943 278465. Spitzenhaus mit Spitzenpreisen, eines der exquisitesten in ganz Spanien, gegründet bereits Ende des 19. Jh.
●**Restaurante Barbarín** (++), Puerto 21, Tel. 943 421886. Nahe dem Fischerhafen, aber noch im Fußgängerbereich der Altstadt gelegen. Mehrere Menüs, zu den Spezialitäten zählt der Seehecht *(merluza)*.
●**Restaurante Zurriola** (++), Paseo de la Zurriola 41, Tel. 943 322906. Schön über dem Zurriola-Strand gelegen, zahlreiche Fischspezialitäten, aufmerksamer Service.

Verkehrsverbindungen

●Der **Flughafen** von San Sebastián liegt etwa 20 km östlich bei Hondarribia. Von hier aus regelmäßige Verbindungen nach Barcelona und Madrid, Tel. 943 668500.
●Die **Renfe-Bahnstation** (Estación del Norte) liegt etwas außerhalb am Paseo de Francia s/n, Tel. 902 240202. Züge unter anderem nach Madrid, Pamplona, Zaragoza und Vitoria. Der *topo* genannte **Nahverkehrszug** über Pasajes ins französische Hendaye startet an der Plaza Easo (Eusko Tren; Tel. 943 450131).
●Vom **Busbahnhof** an der Plaza de Pío XII starten Busse in alle Landesteile. Verbindungen unter anderem nach Bilbao, Pamplona, Burgos, Santander, Oviedo, Gijón, León, Logroño, Madrid und Vitoria. Dieser Bahnhof ist kein geschlossenes Gebäude; die verschiedenen Gesellschaften haben ihre Büros in den angrenzenden Straßen.
●In der Diskussion steht der Bau einer „richtigen" Busstation – im Gegensatz zum vorherrschenden ewigen Provisorium.

Feste

●Außer den im Haupttext genannten Festen und Festivals sieht der jährliche Veranstaltungskalender San Sebastiáns die Karnevalsfeierlichkeiten, das Internationale Jazzfestival im Juli sowie die Woche des Fantastischen und Horrorfilms (Semana de Cine Fantástica y de Terror) Anfang November vor.

Weitere Reisetipps

●**Parken:** Da die Parkplatzsuche im Zentrum für Autofahrer zur Geduldsprobe ausarten kann und die Straßenparkplätze ohnehin gebührenpflichtig sind, sollte man direkt **Parkhäuser** bzw. Großparkplätze ansteuern. Diese liegen unter anderem an der Reina Regente (Parking Okendo), beim Park Alerdi-Eder (Parking La Concha), nahe der Kathedrale (Parking Buen Pastor) sowie an der Plaza Easo und der Plaza de Cataluña.
●**Autoverleih:** In San Sebastián gibt es Vertretungen von Avis (Triunfo 2, Tel. 943 461527) und Europcar (Estación de Renfe, Tel. 943 322304).
●**Fahrradverleih:** Drahtesel kann man sich bei Bicirent (Avenida de la Zurriola 22, Tel. 943 279260) leihen.
●**Spanisch-Kurse für Ausländer:** Kursangebote gibt es bei Tandem (Plaza de Guipuzcoa 2, Tel. 943 425157).
●**Motorboot- und Schiffsausflüge:** Motorboote ab dem Hafen (Paseo del Muelle) zur Insel Santa Clara sind in der Regel zwischen Mitte Juni und Mitte September in Betrieb, allerdings wetterabhängig.

Von San Sebastián nach Guernica ⇗X/A-C1-2

Sicher, auf der gebührenpflichtigen **Autobahn A-8** erreicht man Bilbao in einer schnellen Stunde Fahrzeit von San Sebastián aus. Und wer mag, schiebt an der Autobahnabfahrt Amorebieta-Echano noch einen 15-Kilometer-Abstecher nordwärts nach Guernica, in die so genannte „heilige Stadt der Basken", ein.

Doch viel attraktiver westlich von San Sebastián ist die Route, die sich zunächst parallel zur Küste hält und sich dann durch das extrem kurvige **Küstenhinterland** schlängelt (zunächst auf der N-634, hinter Deba auf der GI-638; von dort aus geht es dann ins Landesinnere nach Guernica). Die Küstenorte Zarautz und Deba sind auch mit der Eisenbahn gut von San Sebastián aus erreichbar.

Westlich von San Sebastián liegt zunächst das heute industriell geprägte **Orio,** ein vormaliges Fischerdorf, von dessen Flusshafen aus einst Walfängerflotten in See stachen und bis in die Gewässer des heutigen Kanada vordrangen. Die Walfänger von Orio waren in der Regel auf ihren rund 80 Mann starken Booten zwischen Frühjahr und Winterbeginn unterwegs. Der Strand von Orio liegt am Ende der Flussmündung und ist vom Ort durch die Autobahn getrennt; am Meer befindet sich ein Campingplatz.

Zarautz ⇗XI/C1

Zarautz (spanisch: Zarauz; 19.000 Einwohner) heißt das nächste Küstenstädtchen, das im Sommer unter den Einheimischen ausgesprochen populär ist und überhaupt zu den meistfrequentierten an der gesamten baskischen Küste zählt. Für die natürliche Anziehungskraft sorgt der langgestreckte, aber ungeschützte **Sandstrand.** Hier ist höchste Vorsicht vor Strömungen geboten, Surfer kommen auf ihre Kosten.

Flankiert wird der Strand von einer ebenso langgezogenen **Promenade,** an der sich Bars und Restaurants aufreihen und mit riesigen Terrassenflächen und verführerischen Meeresfrüchtedüften locken. Natürlich hat die vorzügliche Lage ihren Preis.

Das zu Füßen des Monte Bárbara gelegene Zarautz präsentiert sich mehr oder minder zweigeteilt: Strand und Promenade diesseits und das malerische, kleine **Altstadtviertel** jenseits der Durchgangsstraße. Dort finden sowohl die Liebhaber von Bars und Appetithäppchen als auch sommerliche Nachtschwärmer ein ausgiebiges Betätigungsfeld.

Die bedeutendsten Bauwerke im Ort sind der im Spätmittelalter aus Quadersteinen errichtete **Luzea-Turm** und die in gotischem Stil begonnene **Santa-María-Kirche** mit ihrem wehrhaftem Glockenturm.

In der Villa Manuela ist ein **Fotomuseum** eröffnet worden, das als Exponate historische Apparate und das Baskenland in alten Ansichten zu bieten hat (geöffnet von Di bis So 10-13 und 16-20 Uhr).

Information

● Das **Touristenbüro** liegt in der Nafarroa Kalea s/n, Tel. 943 830990, Fax 943 835628.

Unterkunft

● **Hotel Karlos Arguiñano** (+++), Mendilauta 13, Tel. 943 130000, Fax 943 133450. Kleines, exklusives Zwölf-Zimmer Hotel am Meer, benannt nach Spaniens bekanntestem Fernsehkoch *Karlos Arguiñano,* der hier viele seiner TV-Sendungen aufzeichnet. Wie sollte es anders sein: Dem Haus ist ein vorzügliches Restaurant angeschlossen, in dem man für die gebotene Qualität allerdings tief in die Tasche greifen muss.

● **Pensión Lagunak** (+-++), San Francisco 22, Tel. 943 833701, Fax 943 134656. Vergleichsweise preiswerter Anbieter. Im Sommer freilich muss man sich sputen, denn die sieben Zimmer sind rasch ausgebucht.

● Die **Jugendherberge** findet man in der San Ignacio Kalea s/n, Tel. 943 132910.

● Der **Campingplatz** Playa de Orio liegt am **Orio-Strand** und hat von Anfang Juni bis Ende Oktober geöffnet, Tel. 943 834801. Demhingegen hat Zarautz' Campingplatz **Gran Camping Zarautz** (Monte Talai-Mendi, Tel. 943 831238) ganzjährig geöffnet. Ein weiterer Campingplatz heißt **Talai-Mendi** (Carretera Nacional 634, km 17,5; geöffnet Ende Juni bis Mitte September, Tel. 943 830042).

Hinterland von Zarautz

Von Zarautz aus bietet sich ein etwa 15 km langer Abstecher ins Hinterland Richtung **Aya** (baskisch: Aia) an. Dort liegt der rund 1.200 Hektar umfassende **Park Ernio-Pagoeta,** ein Areal mit Eichen- und Buchenwäldern, kleinen Kaskaden und Botanischem Garten. Zum Park gehört ein Naturkundezentrum und die alte Eisenschmiede *(ferrería)* von Agorregi.

Getaria

↗X/B1

Die etwa vier Kilometer **Küstenstraße von Zarautz nach Getaria** (spanisch: Guetaria) gehören zu den schönsten Abschnitten im Baskenland. Zunächst der Blick zurück über den kleinen Hafen, den Sandstrand von Zarautz und die angrenzenden grünen Hügel, dann die Windungen direkt am Ozean entlang und schließlich die Aussicht voraus auf das Wahrzeichen von Getaria: den zur San-Antón-Halbinsel gehörigen **„Mausfelsen"** *(ratón).*

Am Ortseingang von Getaria sieht man kleine Promenaden und ein von *Victorio Macho* entworfenes Monument, das an den berühmtesten Sohn der Stadt erinnert: **Juan Sebastián Elcano** (1476-1526). *Elcano* war Seefahrer, nahm 1519 an der Expedition des Weltumseglers *Fernão de Magalhães (Magellan)* teil, übernahm nach dessen Tod das Kommando der „Victoria" und gelangte im Jahre 1522 nach Spanien zurück. *Elcano* kam bei seiner zweiten Reise 1526 im Pazifik ums Leben; seinen Namen trägt heute auch das große Schulschiff der spanischen Marine.

Das Leben in Getaria spielt sich rund um den malerischen **Fischerhafen** ab; an der Hafeneinfahrt sieht man ein kleines Marienbildnis.

Über dem Hafen erheben sich die **Altstadt** mit ihren engen Gassen sowie die ursprünglich gotische **Kirche San Salvador,** deren Bau dem Felsen angepasst wurde und einen unregelmäßigen Grundriss aufweist. Getarias **Rathaus** ist von dem baskischen Maler *Ignacio Zuloaga* mit Fresken ausgeschmückt worden.

Von Getaria aus bietet sich ein Spaziergang ins Landesinnere hinauf zur **Kapelle San Prudencio** an, wobei man einem Weg folgt, der bereits zu römischen Zeiten Bestand hatte. In jener Zone gedeihen Trauben, die man zur Herstellung eines leichten, säuerlichen Weines benutzt, des *chacolí* (baskisch: *txakolí*).

Information

- Das nur in den Sommermonaten geöffnete **Touristenbüro** von Getaria befindet sich am Parque Aldamar 2, Tel. 943 140957.

Der Mausfelsen von Getaria

Unterkunft

- **Pensión Guetariano** (++), Errerieta 3, Tel. 943 140567. Einfache 16-Zimmer-Pension, preiswerteste Unterkunft in Getaria (zwischen Oktober und Juni billiger).

Zumaia

X/B1

Ein ums andere Mal von Steilküstenabschnitten geprägt ist die knapp sieben Kilometer lange Strecke von Getaria nach Zumaia (spanisch: Zumaya), das sich an einer tiefen Bucht und der Mündung des Río Urola erstreckt.

Kurz vor der Einfahrt nach Zumaia liegt rechter Hand der Straße das von einer kleinen Parkanlage umgebene **Museum Ignacio Zuloaga** (unregelmäßige Öffnungszeiten, im Sommer meist nur nachmittags und auch nur

120ns Foto: ad

Mi-So; ansonsten Besuche nach vorheriger Anmeldung unter Tel. 943 861015). *Ignacio Zuloaga y Zabaleta* (1870-1945) war nicht nur ein bekannter baskischer Maler, sondern auch ein eifriger Kunstsammler. So umfasst das Museum nicht nur Werke von ihm selbst, sondern auch von *El Greco, Goya* und *Zurbarán* sowie mittelalterliche Skulpturen, Truhen, Kästchen und Keramikgegenstände.

Das 8.000-Einwohner-Städtchen Zumaia ist von sanften Hügeln umgeben und leider von einigen Industriebetrieben geprägt. Doch gibt es auch nette, geschmackvoll angelegte Boulevards und die drei **Strände** Itzurun, Santiago und Algorri.

Bekannteste Baudenkmäler sind die festungsgleiche **San-Pedro-Kirche** gotischen Ursprungs (mit Retabel von *Juan de Ancheta)* und der aus dem 17. Jh. datierende **Karmelitinnenkonvent;** hinzu kommen einige Herrenhäuser und ein dem regional bekannten Bildhauer *Julio Beobide* gewidmetes **Museum** am Paseo Julio Beobide.

An der Küste zwischen Zumaia und Deba ragt bei Ebbe eine langgezogene Felsplattform mit Tausenden von Zacken hervor, die unter dem Namen **Flysch** bekannt ist.

Information

- Das nur in den Sommermonaten geöffnete **Touristenbüro** liegt an der Plaza Ignacio Zuloaga s/n, Tel. 943 143396.

Feste

- Die bedeutendsten Feierlichkeiten werden in Zumaia zu Ehren von **San Telmo** am Montag nach Ostern und von **San Pedro** am 29. Juni abgehalten. Im Rahmen der alljährlichen Sommerveranstaltungen (**Fiestas del Verano**) findet ein internationales Musikfestival in der ersten Augusthälfte statt.

Hinterland von Zumaia

Von Zumaia aus kann man einen rund 20 km langen Ausflug ins gebirgige Küstenhinterland einplanen, genauer: ins südlich gelegene **Azpeitia** und zum Loyola-Heiligtum.

Zunächst geht es ein Stück auf der N-634 Richtung Deba, dann auf der Landstraße GI-631 weiter ins Landesinnere und über das alte Heilbad **Zestoa** in das von einigen alten Herrenhäusern geprägte Azpeitia.

Von dort verbleiben zwei weitere Kilometer Richtung Azkoitia zum **Loyola-Heiligtum.** Dort erhebt sich eine gewaltige, dem Jesuitengründer *Ignatius von Loyola* gewidmete **Barockbasilika,** deren Kuppel eine Höhe von rund 60 m erreicht. Portale, Pfeiler, Friese und Einlegearbeiten und Retabel sind weitgehend aus Marmor geschaffen worden.

Besuchen kann man auch die reich ausstaffierte **Santa Casa,** das so genannte „Heilige Haus", einst Wohnhaus derer von Loyola und Geburtshaus des *Ignacio de Loyola* (baskisch: Loiola; 1491-1556).

Ignacio de Loyola galt als streitbarer Edelmann und als typischer, grobkörniger Baske. Zunächst stand er in höfischem und militärischem Dienst, wandte sich nach einer schweren Beinverwundung in Pamplona 1521 religiöser Literatur zu, nahm später an einer Palästina-Wallfahrt teil, studierte in Barcelona, Alcalá, Paris und Venedig und begründete dann mit sechs Studiengefährten die Ordensgemeinschaft der Jesuiten. Er starb am 31. Juli 1556 in Rom.

Deba

↗X/B1

Südwestlich von Zumaia geht es durchs Hinterland weiter über **Itziar** (spanisch: **Iciar**) nach Deba (spanisch: **Deva**). Wichtigster Bau in dem an der Mündung des gleichnamigen Flusses gelegenen **Strand- und Fischerort** Deba ist die Kirche Santa María la Real mit einem Portal aus dem 13. Jh.

In Deba zweigt man von der N-634 auf die Nebenstraße GI-638 ab.

Information

- Das **Touristenbüro** von Deba hat nur im Sommer geöffnet; es befindet sich in der Portu 1, Tel. 943 192452.

Mutriku und Ondárroa

↗X/B1

Nordwestlich von Deba geht es auf der kurvigen GI-638 durch Kiefernwälder und zuweilen hoch über der Steilküste in Richtung des verhältnismäßig zugebauten Fischerdorfes Mutriku (spanisch: **Motrico**) und weiter am Abzweig zum Saturrarán-Strand vorbei nach Ondárroa.

Dieser geschützte Fischerort gehört bereits zur **Provinz Vizcaya** (baskisch: **Bizkaia**) und bietet rund um den Hafen und mit der Vielfarbigkeit der Häuserbalkone ganz nette Ansichten. Wichtigstes Bauwerk Ondárroas ist die spätgotische Kirche Santa María.

Information

- Das **Touristenbüro** von **Mutriku** liegt an der Plaza Txurruka s/n, Tel. 943 603244.

Unterkunft

- **Camping:** Bei **Mutriku** liegt der ganzjährig geöffnete Campingplatz Aitzeta, Tel. 943 603356.

Lekeitio

↗X/B1

Nordwestlich von Ondárroa schlängelt sich die BI-638 rund 13 km an der Küste entlang bis Lekeitio (spanisch: **Lequeitio**) mit seinen netten Altstadtgassen, dem sehenswerten Hafen und der vorgelagerten Insel San Nicolás. Der lebhafte Ort wird von der im 16. Jh. fertiggestellten Kirche Santa María de la Asunción beherrscht.

Nahziele ab Lekeitio sind die **Strände** Carraspio und Isuntza sowie die Landzunge Santa Kataliñe.

Information

- Das **Touristenbüro** liegt an der Plaza Independencia s/n, Tel. 94 6844017.

Unterkunft

- **Hotel Zubieta** (++ - +++), Portal de Atea s/n, Tel. 94 6843030, Fax 94 6841099. Angenehmes 24-Zimmer-Haus, drei Sterne, schließt Anfang Dezember bis Mitte Februar.

Von Lekeitio nach Guernica

↗X/AB1

Von Lekeitio aus löst man sich von der Küste und fährt auf der BI-638 durch wald- und wiesenreiche Gebiete ins 30 km südwestlich gelegene Guernica. Knapp zehn Kilometer vor der

121ns Foto: ad

„heiligen Stadt der Basken" blickt man in den weitläufigen und vom Río Oka (spanisch: Oca) durchzogenen Talkessel von Guernica. Weiter nordwärts geht der Oka in den Meeresarm von Mundaka über.

Eine Alternativmöglichkeit, nach Guernica zu gelangen, ist in einem großen Schlenker und auf kleinen Nebenstraßen mehr oder minder **parallel zur Küste** und bis zum Mundaka-Meeresarm zu fahren, von dort südwärts über die BI-3234 und bei **Gauteguiz de Arteaga** wieder auf die Hauptachse Lekeitio – Guernica. Dieser Umweg über **Ispaster, Ea, Ibarranguelua** und **Kanala** lohnt sich für all diejenigen, die abgelegene Landzungen und Strände entdecken wollen (wie den weitläufigen und auch unter Surfern beliebten Laga-Strand nordwestlich von Ibarranguelua).

Baskische Küstenlandschaft nahe Ondárroa

Höhle von Santimamiñe

Wenige Kilometer vor Guernica bietet sich Gelegenheit zu einem interessanten Abstecher. Kurz hinter **Kortezubi** führt ein Sträßchen linker Hand rund 2,5 km weiter zur Höhle von Santimamiñe (Cueva de Santimamiñe; nur im Rahmen von Führungen zugänglich: Mo-Fr um 10, 11.15, 12.30, 16.30 und 18 Uhr, max. 15 Personen; keine Vorabreservierung möglich). Die Höhle wurde 1916 entdeckt und hat prähistorische Wandzeichnungen mit Bison-, Bär- und Pferdemotiven zu bieten; allerdings sind die Zeichnungen für die Öffentlichkeit nicht zugänglich.

In der Nähe der Höhle liegt der **Bosque Pintado,** der so genannte „Bemalte Wald" – bemalte Baumstämme, ein Werk des baskischen Künstlers *Agustín Ibarrola*. Da sich *Ibarrola* immer wieder gegen Gewalt im Baskenland ausgesprochen hat, ist sein Wald des Öfteren von ETA-Sympathisanten mit Graffitis verunziert worden.

Guernica – die heilige Stadt der Basken

⇗X/A1

Guernica (baskisch: **Gernika)** hat traurige Berühmtheit erlangt durch eines der dunkelsten Kapitel der spanischen – und deutschen – Geschichte. Zur Unterstützung *Francos* wurde die Stadt durch einen **Luftangriff der deutschen Legion Condor am 26. April 1937** dem Erdboden gleichgemacht.

Tief erschüttert von den Gräueln und dem Tod von rund 2.000 Menschen schuf **Pablo Picasso** sein weltberühmtes Gemälde „Guernica" – eine Mahnung zum Frieden, die heute im Museum Reina Sofía in Madrid ausgestellt ist.

Der englische Staatsmann *Winston Churchill* wertete Jahre später Guernica als ein „Experiment des Schreckens", und *Hermann Göring* sagte während des Nürnberger Prozesses aus, man habe die junge deutsche Luftwaffe erproben und ihr Gelegenheit geben wollen, Erfahrungen zu sammeln ...

Guernica wurde wieder aufgebaut und zeigt sich heute als geschäftiges, weitläufiges Städtchen von 16.000 Einwohnern, das nach wie vor seine große (symbolische) politische Rolle im Baskenland spielt. Es nennt sich **ciudad de la paz,** „Stadt des Friedens".

Gegründet wurde die Siedlung im 14. Jh., und den Überlieferungen zufolge hielten schon im Mittelalter die Basken ihre **Versammlungen unter einer großen Eiche** *(roble)* ab und fällten hier ihre gemeinschaftlichen Entscheidungen. Und nach der Eingliederung der Region ins Großreich Kastilien legten die spanische Könige ihren Eid auf die den Basken zugestandenen Sonderrechte *(fueros)* ab. All dies festigte den Ruf von Guernica als der „heiligen Stadt der Basken".

Durch die Zerstörungen ist die Stadt am Río Oka (spanisch: Oca) weitgehend ihrer historischen Substanz beraubt worden, doch **Eichen** gibt es nach wie vor in Guernica: die neue an der Casa de Juntas (Tagungsort des Parlaments von Vizcaya) und nahebei der Stumpf der alten, die in einem kleinen Tempel zu sehen ist. Sofern die Abgeordneten nicht tagen, kann das

122ns Foto: ad

Die Eiche von Guernica

mit vielen Wand- und Deckenzeichnungen verzierte Parlament besichtigt werden (täglich 10-14 Uhr und 16-18 Uhr, von Juli bis September abends bis 19 Uhr, Tel. 94 6251136).

Weitere Besuchsziele sind die restaurierte, ursprünglich im Stil von Gotik und Renaissance erbaute **Santa-María-Kirche,** die in einer Parkanlage stehenden **Skulpturen von Eduardo Chillida und Henry Moore** sowie das im Palacio de Alegría untergebrachte **Museum des Baskenlands,** das über die Vorgeschichte und die baskischen Menschen informiert (Museo de Euskal Herria, geöffnet Di-Sa 10-14 und 16-19 Uhr, So 11-15 Uhr).

Information

- Guernicas **Touristenbüro** liegt in der Artekalea 8, Tel. 94 6255892, Fax 94 6253212. Internet-Infos unter www.gernika-lumo.net.

Unterkunft

- **Hotel Gernika** (++), Carlos Gangoiti 17, Tel. 94 6250350, Fax 94 6255874. Zufriedenstellendes Zwei-Sterne-Haus mit 24 Zimmern, Frühstück gegen Aufpreis.
- **Hotel Boliña** (+ - ++), Barrencalle 3, Tel. 94 6250300. Solide Herberge mit einem Stern und 17 Zimmern, die mit Telefon und TV ausgestattet sind. Hier kann man auch zu Mittag und zu Abend essen (günstige Mittagsmenüs, ansonsten recht teuer à la carte).

Verkehrsverbindungen

- Ab der zentralen **Bahnstation** an der Plaza Geltoki fahren Nahverkehrszüge nach Bilbao und Bermeo. **Busse** nach Bilbao und Bermeo mit Bizkaibus ab der Calle Loizaga (Tel. 94 4540544).

Feste

- Die Höhepunkte der von viel Musik und Tanz begleiteten Patronatsfeierlichkeiten von Guernica liegen um den **San-Roque-Tag** am 16. August.

Umgebung von Guernica

X/AB1

In die südöstlich von Guernica gelegene Bergwelt führt ein lohnender Ausflug. Man fährt von Guernica auf der kurvigen Landstraße BI-2224 über Berreño und Arbacegui nach **Bolíbar** (spanisch: **Bolívar).**

Hier ist in dem alten Errementarikua-Gutshof das Simón-Bolívar-Museum eingerichtet, das an den Staatsmann **Simón Bolívar** (1783-1830) erinnert, der als eine der Leitfiguren der lateinamerikanischen Unabhängigkeitsbewegung in die Geschichte eingegangen ist. *Bolívar* entstammte einer im 16. Jh. nach Amerika ausgewanderten baskischen Adelsfamilie, die wiederum ihre Wurzeln in diesem Örtchen hatte (Museum geöffnet Di-Fr 10-13 Uhr sowie Sa und So 12-14 Uhr; im Juli und August nur Di-So 17-19 Uhr).

Wenige Kilometer weiter, südwestlich von Bolíbar, liegt die urkundlich seit dem 11. Jh. belegte Stiftskirche von **Zenarruza.**

Mundaka und Bermeo

X/A1

Zu einem Küstenausflug ab Guernica folgt man der Landstraße BI-635 nordwärts in Richtung des 15 km entfernten Bermeo. Bald erreicht man den imposanten **Meeresarm von Mundaka** und schaut auf ferne Sandbänke und bewaldete Hügel.

All dies sind hervorragende Rückzugsgebiete für Seevögel, die hier im **Naturreservat Urdaibai** unter Schutz stehen (Fernglas mitbringen); das Gebiet wurde 1984 von der UNESCO zum Biosphärenreservat ernannt.

Ein äußerst gefälliges Strand- und Hafenörtchen ist **Mundaka** (spanisch: **Mundaca),** das vom Turm der Santa-María-Kirche überragt wird. Die Gegend steht bei Surfern hoch im Kurs.

Nur wenige Kilometer sind es von Mundaka bis zum hügelumflankten Hafenort **Bermeo,** der über eine beachtliche Flotte an Fischerbooten verfügt. Und weil das auch in früheren Zeiten schon so war und die Walfänger bei ihren langen Touren sogar Island und Labrador erreichten, schmückt noch heute ein Wal-Symbol das örtliche Wappen.

Erstes Besuchsziel in Bermeo ist der von vielfarbigen Häusern umstandene **Hafen** (hier auch Fischauktionen).

An Bauwerken seien die im 13. Jh. begonnene **Santa-Eufemia-Kirche,** der **Franziskanerkonvent** (mit gotischem Kreuzgang) und die wappenverzierten **Herrenhäuser** genannt.

In dem aus dem 16. Jh. stammenden Ercilla-Wehrturm ist das **Museo del Pescador** („Museum des Fischers") untergebracht, das sich ganz um Fisch und Fischfang dreht (geöffnet Di-Sa 10-13.30 und 16-19.30 Uhr sowie So 10-13.30 Uhr).

Bermeo und dem Meeresarm von Mundaka ist die kleine **Izaro-Insel** vorgelagert. Ab dem Hafen von Bermeo starten Bootstouren in das Urdaibai-Naturreservat.

Information

- Bermeos **Touristenbüro** liegt in der Askatasun Bidea 2, Tel. 94 6179154.

Unterkunft

- **Camping:** Der Campingplatz Portuondo liegt **bei Mundaka** und ist ganzjährig geöffnet; Tel. 94 6877701, Fax 94 6876368, Website: www.campingportuondo.com.
- Ein ansprechendes Dach über dem Kopf und eine gute Alternative zur Hotelunter-

kunft bieten die hölzernen **Bungalows** auf dem **Campingplatz Ortuondo.** Es gibt sie (++) für zwei bis vier, vier bis sechs sowie für sieben Personen.

Matxitxako-Kap ⇗X/A1

Ab Bermeo folgt man den Schildern nach Bakio und nimmt nach wenigen Kilometern einen knapp drei Kilometer langen Sackgassen-Abzweig zum sehenswerten Kap Matxitxako (span. **Machichaco**) mit seinem Leuchtturm.

Nach der Rückkehr auf die Straße BI-3101 Richtung Bakio lohnt sich wenige Kilometer weiter ein erneuter Rechts-Abzweig. Das Ziel an dieser wildromantischen, windgepeitschten Steilküste mit ihren aus dem Atlantik ragenden Felsnasen ist die **Kapelle San Juan de Gatzelugatxe.** Diese krönt einen mächtigen Felsen und ist nur über einen steilen, Schwindel erregenden Weg erreichbar - ein wirkliches Erlebnis, das überdies mit fantastischen Ausblicken auf Klippen, felsige Inseln und weit ins Meer hineinragende Landzungen belohnt wird. Die Geschichte der Seefahrerkapelle reicht ins 11. Jh. zurück; zuvor soll dort bereits ein Wachtturm gestanden haben.

Von Bermeo nach Bilbao ⇗X/A1

Erneut auf die Hauptstraße zurückgekehrt, besteht die Möglichkeit zur Rückfahrt nach Guernica oder die Weiterfahrt Richtung Bilbao. Bei der zweiten Variante geht es über den Küstenort **Bakio** und eine weite, zunächst sehr kurvige Westschleife über **Plentzia, Sopelana** und **Getxo** nach Bilbao, das einen mit Industrieanlagen von der schäbigsten Seite empfängt.

Wenige Kilometer östlich von Sopelana - auf halbem Weg nach Gatika - liegt im Übrigen die **Schlossanlage Butrón** mit ihren zinnengekrönten Türmen. Sie geht auf das 13. Jh. zurück, war zwischen dem 16. und 19. Jh. dem Verfall preisgegeben und wurde dann kühn und fantasievoll restauriert (geöffnet täglich 10.30-20 Uhr, im Winter sehr unregelmäßige Verschiebungen im Zeitplan, Tel. 94 6151110).

Bilbao

Alleine im Kerngebiet von Bilbao (baskisch: **Bilbo**) leben rund 370.000 Menschen, Groß-Bilbao umfasst etwa 850.000 Einwohner.

Im weiten Becken des Río Nervión schneiden sich die uniformen **Wohnblockwüsten bis** weit hinauf in die grünen Hänge. Unten, im Tal des Flusses (auch: Ría de Bilbao genannt), liegen Lagerhallen, Kräne und Werften neben weiten **Industrieanlagen** und grauen Mietskasernen.

Bilbao ist Hauptstadt der Provinz Vizcaya und Spaniens Inbegriff einer **Metropole für Handel, Schiffsbau und Industrie.** Das hat sie reich gemacht - und in mancherlei Ansicht hässlich, sogar schockierend hässlich, aber eben nicht nur. Gewiss, die einen verteufeln sie, halten sich Augen und Ohren zu und rauschen vorbei, doch

123rf.com Foto: ad

die anderen gewinnen ihr immerhin so viel Stimmung und Atmosphäre ab, dass sie ihr manchen Schandfleck verzeihen. So zum Beispiel im Altstadtviertel mit den verwinkelten Kneipengassen „Siete Calles" sowie an der Plaza Nueva mit ihren malerischen Laubengängen.

Keine Frage, seit der Einweihung des **Guggenheim-Museums (2)** Ende 1997 erlebt Bilbao einen Höhenflug bei den Besucherzahlen. Jenes futuristische Bauwerk auf einem keilförmigen Gelände am Ufer des Nervión hat sich auf Wechselausstellungen moderner und zeitgenössischer Kunst spezialisiert. Allein die spektakuläre Architektur des Guggenheim-Museums lohnt eine Stippvisite in Bilbao (siehe auch Exkurs).

Im Jahre 2000 ist ein weiteres architektonisches Monumental eingeweiht worden: **Bilbaos neuer Flughafen** mit dem weißen Terminal La Paloma, **„Die Taube"**, ein Werk von *Santiago Calatrava.*

Nahe dem Palacio Euskalduna wird 2003 das **Meeresmuseum** eingeweiht, das u.a. von der Geschichte der Seefahrt in Bizkaia Zeugnis ablegt.

Treppenaufstieg San Juan de Gatzelugatxe

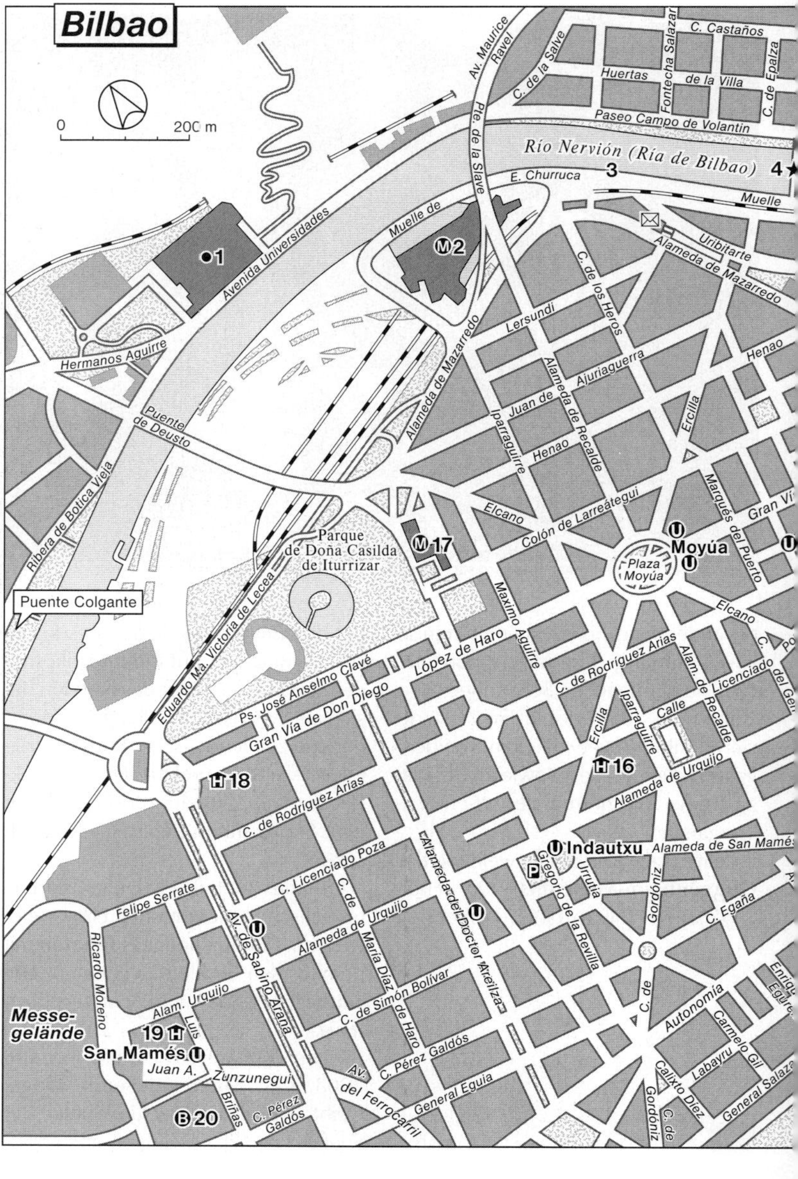
Bilbao
0 200 m
Av. Maurice Ravel
C. de la Salve
C. Castaños
Huertas
de la Villa
Fontecha Salazar
C. de Epalza
Paseo Campo de Volantin
Río Nervión (Ría de Bilbao)
3
4
E. Churruca
Pte. de la Slave
Muelle
Uribitarte
Alameda de Mazarredo
Muelle de
Avenida Universidades
1
M 2
Lersundi
C. de los Heros
Henao
Hermanos Aguirre
Alameda de Mazarredo
Ajuriaguerra
Juan de
Alameda de Recalde
Ercilla
Puente de Deusto
Iparraguirre
Henao
Ribera de Botica Vieja
Marqués del Puerto
Gran Vía
Elcano
Colón de Larreátegui
Parque de Doña Casilda de Iturrizar
M 17
Moyúa
Plaza Moyúa
Puente Colgante
Eduardo Ma. Victoria de Lecea
Maximo Aguirre
Elcano
C. Po
López de Haro
C. de Rodríguez Arias
Alam. de Recalde
C. del Licenciado
Ps. José Anselmo Clavé
Gran Vía de Don Diego
Iparraguirre
Ercilla
Calle
18
16
Alameda de Urquijo
C. de Rodríguez Arias
Alameda del Doctor Areilza
Indautxu
Alameda de San Mamés
Gregorio de la Revilla
Urrutia
C. Licenciado Poza
Felipe Serrate
C. de María Díaz de Haro
Gordóniz
C. Egaña
Alameda de Urquijo
Av. de Sabino Arana
Ricardo Moreno
Alam. Urquijo
C. de Simón Bolívar
Enrique Eguren
C. de
Autonomía
Carmelo Gil
Messegelände
19
Luis
San Mamés
Juan A.
C. Pérez Galdós
Zunzunegui
Briñas
Av. del Ferrocarril
General Eguia
Labayru
Calixto Díez
C. de Gordóniz
General Salazar
20
C. Pérez Galdós

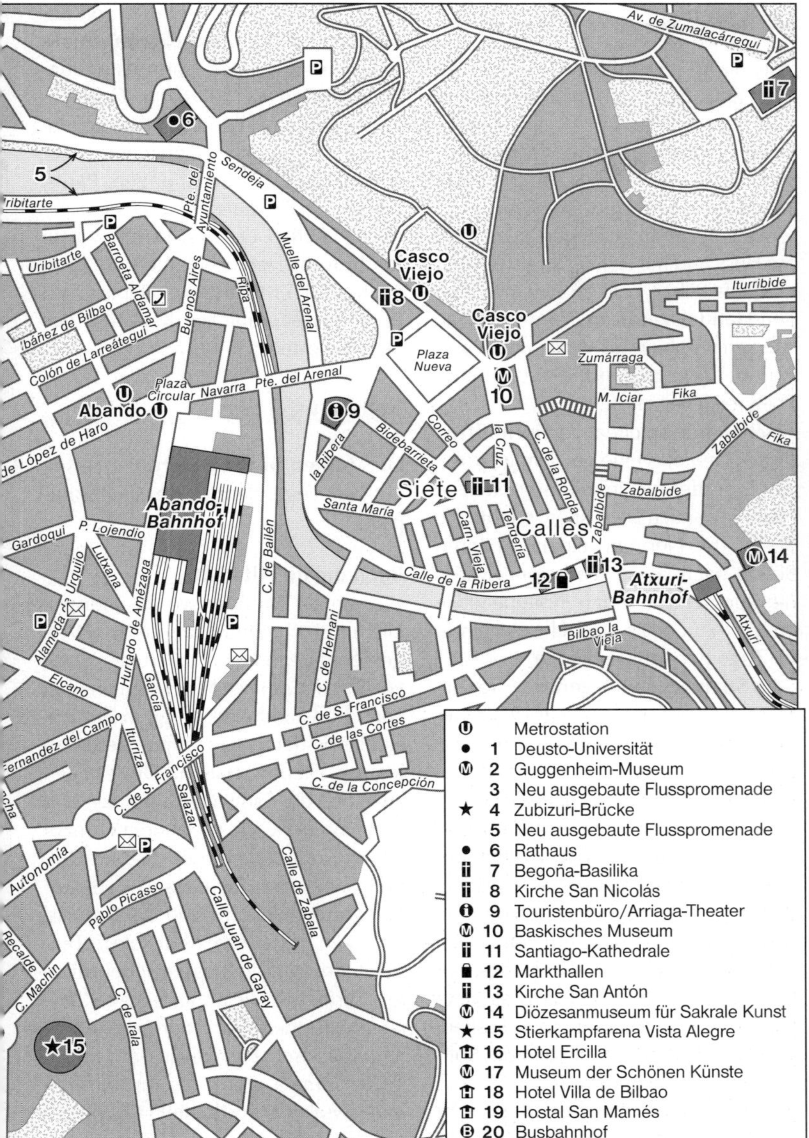
Av. de Zumalacárregui
Sendeja
Muelle del Arenal
Pte. del Ayuntamiento
Uribitarte
Barroeta Aldamar
Buenos Aires
Ribera
Ibáñez de Bilbao
Colón de Larreátegui
Plaza Circular
Navarra
Pte. del Arenal
Abando
de López de Haro
Casco Viejo
Plaza Nueva
Iturribide
Zumárraga
M. Iciar
Fika
Zabalbide
Correo
Bidebarrieta
la Ribera
la Cruz
C. de la Ronda
Siete Calles
Santa María
Carn. Vieja
Tenería
Calle de la Ribera
Atxuri-Bahnhof
Atxuri
Bilbao la Vieja
Abando-Bahnhof
Gardoqui
P. Lojendio
Urquijo
Lutxana
Hurtado de Amézaga
C. de Bailén
C. de Hernani
Alameda de Urquijo
Elcano
García
C. de S. Francisco
C. de las Cortes
C. de la Concepción
Fernandez del Campo
Iturriza
Salazar
Autonomía
Pablo Picasso
Calle Juan de Garay
Calle de Zabala
Recalde
C. Machin
C. de Irala
Metrostation
1 Deusto-Universität
2 Guggenheim-Museum
3 Neu ausgebaute Flusspromenade
4 Zubizuri-Brücke
5 Neu ausgebaute Flusspromenade
6 Rathaus
7 Begoña-Basilika
8 Kirche San Nicolás
9 Touristenbüro/Arriaga-Theater
10 Baskisches Museum
11 Santiago-Kathedrale
12 Markthallen
13 Kirche San Antón
14 Diözesanmuseum für Sakrale Kunst
15 Stierkampfarena Vista Alegre
16 Hotel Ercilla
17 Museum der Schönen Künste
18 Hotel Villa de Bilbao
19 Hostal San Mamés
20 Busbahnhof

Geschichte

Was die geschichtlichen Wurzeln Bilbaos anlangt, so geht man davon aus, dass hier bereits im 11. Jh. eine **Fischersiedlung** bestand. Offiziell gegründet wurde die Stadt im Jahre 1300 von *Diego López de Haro.*

Dank der strategisch günstigen Lage am Fluss und mit Anbindung ans Meer erwuchs Bilbao bald zu einem wichtigen **Handelszentrum.** Vom 16. Jh. an wurden von hier aus Wolle und Eisenwaren nach England, Flandern und Frankreich verschifft.

Schon früh spielten die **Eisenhütten** dieses Gebietes eine gewichtige Rolle. Als Ende des 19. Jh. die europaweite Nachfrage nach Eisen stieg, erlebte die Stadt am Nervión einen weiteren Schub nach vorne. Vergessen waren die Rückschritte durch Pirateneinfälle im 17. Jh. und die vielfachen Angriffe im Zuge der Karlistenkriege.

Im **Spanischen Bürgerkrieg** war die Stadt als Zentrum des baskisch-republikanischen Widerstands hart umkämpft.

Der Widersinn der spanischen Geschichte zeigt auf, dass gerade Bilbao in Spaniens **goldenen sechziger Jahren** des Wirtschaftswunders als ein Stützpfeiler der nationalen Ökonomie diente – inmitten des vom Franco-Regime unterdrückten Baskenlandes. Auf der Suche nach Arbeit zog es viele spanische Nicht-Basken nach Euskadi und nach Bilbao: vor allem in die Roheisen- und Stahlindustrien.

Und da heute manches so aussieht wie vor 100 Jahren, haben die Stadt- und Regionalväter eine Reihe von **Sanierungs- und Modernisierungsmaßnahmen** eingeleitet. Darin eingebunden worden ist auch das Guggenheim-Museum, in dessen Nähe gegenwärtig die Umwandlung ehemaliger Frachtanlagen in Wohnungen, Parks, Büros und Einkaufszonen ansteht. Etwa ein Drittel des bis weit ins dritte Jahrtausend veranschlagten Gesamtetats von 1,5 Milliarden US-Dollar wird in die Erweiterung der Kapazität des Hafens gesteckt.

Sehenswertes

Die **Zahlen in Klammern** verweisen auf die Legendenpunkte des Stadtplans.

Rund um die Altstadt

Beginnen wir dort, wo das industrielle und verbaute Bilbao rasch in Vergessenheit gerät und sich die Stadt von ihren malerischsten Seiten und frei von Großstadthektik zeigt: in der Altstadtzone der so genannten **Siete Calles,** der „Sieben Straßen". Diese liegen zwischen der Santiago-Kathedrale und dem von der Calle de la Ribera umzogenen Fluss. Jede dieser „Sieben Straßen" – besser wäre: Gassen – verläuft in Richtung Fluss. Es sind die Somera, Artecalle (baskisch: Artekale), Tendería, Belosticalle (baskisch: Belostikale), Carnicería Vieja, Barrencalle (baskisch: Barrenkale) und Barrencalle Barrena (baskisch: Barrenkale Barrena).

Die Somera grenzt fast an die stimmungsvollen **Markthallen (12,** Mercado de la Ribera, viel Meeresgetier, aber auch Käse, Fleisch, Obst und Gemüse) und die im 15. Jh. in spätgotischem Stil begonnene **Kirche San Antón (13),** die Stilmischungen von Renaissance (Portal) bis Barock (Turm) aufweist.

Geht man an der Kirche vorbei und lässt den Fluss rechter Hand liegen, erreicht man bald die **Atxuri-Bahnstation** (ab hier Nahverkehrszüge nach Guernica) und dahinter die Plaza Encarnación.

An dieser liegt der aus dem 16. Jh. stammende Encarnación-Konvent mit dem **Diözesanmuseum für Sakrale Kunst,** das Silberwaren, Skulpturen und religiöse Malerei quer durch die Jahrhunderte zeigt (Plaza de la Encarnación, geöffnet Di-Sa 10.30-13.30 und 16-19 Uhr, So 10.30-13.30 Uhr).

Das **Altstadtviertel** lädt ein zu herrlichen kleinen Streifzügen durch die verwinkelten Straßen, in denen man kunstvolle Erker und mit Blumentöpfen überladene Minibalkone sieht. Selbstverständlich gehören nette Geschäfte, Bars und Restaurants mit ins Bild.

Geht man die Gassen Tendería oder Belosticalle vom Fluss aus hinauf, gelangt man zur **Santiago-Kathedrale (11).** Die im 14. Jh. erbaute Kathedrale fiel im Jahr 1571 weitgehend einem Brand zum Opfer und wurde umgestaltet. Aus dieser Epoche vom Ende des 16. Jh. stammen der Kreuzgang und das Portal.

Folgt man von der Kathedrale der Gasse La Cruz, kommt man zum **Baskischen Museum (10).** Dieses ist in einem alten Jesuitenkolleg untergebracht, firmiert auch unter dem Namensbandwurm „Archäologisches, Ethnographisches und Historisches Museum des Baskenlandes" und zeigt unter anderem Exponate zu Prähistorie (mit Höhlenfunden), Fischfang, Mobiliar, Waffen und Eisenbearbeitung (nahe Plaza Miguel de Unamuno; geöffnet Di-Sa 11-17 Uhr, So 11-14 Uhr). Allerdings hat das Museum einen recht bescheidenen Attraktionswert. Gleich um die Ecke liegt die **Plaza de Unamuno**, die mit ihrem Namen und einem kleinen Monument an den aus Bilbao stammenden und 1936 verstorbenen Philosophen *Miguel de Unamuno* erinnert.

Vom Baskischen Museum sind es gerade mal ein paar Gehminütchen hinüber zu einem Kleinod im großen Stil: die von Arkaden umzogene **Plaza Nueva,** ein im 19. Jh. gestalteter neoklassizistischer Platz und ein wirklicher Treffpunkt von alt und jung.

Etwas nördlich versetzt der Plaza Nueva liegt die Ende des 15. Jh. errichtete **Kirche San Nicolás (8,** mit Skulpturen und Schnitzaltar). Während es von hier aus auf der gleichen Flussseite noch ein gutes Stück weiter zum **Rathaus (6,** 19. Jh.) ist, kann man sich ebensogut wieder dem Fluss und der Arenal-Brücke zuwenden. Neben dieser liegt das 1890 erbaute **Theater Arriaga (9).** Kreuzt man die Arenal-Brücke, geht es geradeaus automatisch auf die breite Gran Vía.

In jüngster Zeit sind die **Flusspromenaden (5)** nahe dem Rathaus vorzüglich ausgebaut worden und schaffen Anbindung ans Guggenheim-Museum. Zwischendurch noch ein Kunstwerk: die **Zubizuri-Brücke (4)** von *Santiago Calatrava.*

Gran Vía und angrenzende Zonen

Die breite Gran Vía heißt in ihrer vollen Namenslänge **Gran Vía de Don Diego López de Haro** und erinnert an den offiziellen Stadtgründer. Und diesem ist an der nahe der Arenal-Brücke gelegenen **Plaza Circular** (auch: Plaza de España) ein monumentales **Denkmal** gewidmet.

Die Gran Vía durchzieht einen großen Teil der Stadt bis hin zur Plaza Sagrado Corazón und präsentiert sich als Bilbaos wichtigste **Geschäftsader** mit allem, was dazugehört: Bars, Cafés (einige im Bohemienstil vergangener Tage), Restaurants, Hotels, Banken, Juwelierläden und Modegeschäften.

Wichtiger Zwischenplatz ist die **Plaza Moyúa.** Von hier aus kann man entweder in Richtung Guggenheim-Museum (siehe Exkurs) oder hinüber zum **Parque de Doña Casilda de Iturrizar** gehen, ein große und stilvoll angelegte Parkanlage mit Wasserspielen, Rosengarten und einer Pergola, die häufig für Konzerte benutzt wird.

An der Südostflanke des Parks lohnt das **Museum der Schönen Künste (17)** auf jeden Fall einen Besuch; zur Sammlung zählen Werke unter anderem von *El Greco, Zurbarán, Goya* und *Gauguin* (Plaza del Museo 2, geöffnet Di-Sa 10-20 Uhr sowie So 10-14 Uhr). Allerdings sind die Säle sehr klein; ein moderner Komplex schafft Raum für Wechselausstellungen. Für dieses und das Museum Guggenheim gibt es ein preiswertes Kombiticket.

Gigantismus am Río Nervión: das Museum Guggenheim

Ein gigantisches Wahrzeichen und eine Hülle aus Titan, Kalkstein und Glas: So präsentiert sich Bilbaos Guggenheim-Museum für moderne und zeitgenössische Kunst. Im Tal des Río Nervión, dort, wo Verladekräne, Lagerhallen und Fabrikschlote das Bild prägen, taucht es plötzlich und unverhofft auf: jenes sonderbare Bauwerk mit seinen ineinander verschachtelten Flächen und Formen und seinem silberweißen Glanz. Scheint die Sonne (was in Bilbao nicht immer der Fall ist), sticht der grelle Widerschein in die Augen. „Metallische Blume" nennt der Volksmund das mächtige, metallverkleidete Dach des Guggenheim-Museums. Fürwahr: Wie Blütenhüllen streben die asymmetrisch aufgefächerten Wände und Türme dem Himmel über Bilbao entgegen. Im weitläufigen Innern erwarten den Besucher wechselnde Ausstellungen.

Hier der Gigantismus des Guggenheim-Museums in Zahlen: 24.290 m² Fläche, 19 Ausstellungssäle, 100 Millionen Dollar teuer, vier Jahre Bauzeit (von 1993 bis 1997), 5.000 Tonnen verbauter Stahl. All dies ist ein Werk von **Frank O. Gehry,** dem gebürtigen Kanadier und Architektur-Professor an der Yale-Universität, der 1991 die Jury aus Vertretern der baskischen Regierung und der New Yorker Solomon R. Guggenheim Foundation mit seinen kühnen Plänen überzeugt hatte.

Es entstand ein Werk aus Kalkstein, Titan und Glas, dessen miteinander verbundene Gebäudeformen sich um ein zentrales Atrium gruppieren. Das Dach aus gekrümmten und vorspringenden Metallformen fügt das Ganze zur architektonischen Einheit. Zur Flussseite hin ist das 50 m hohe Atrium verglast. Bei Design- und Bautechnik setzte *Gehry* auf das ursprünglich für die Luftfahrtindustrie entwickelte dreidimensionale Computerprogramm Catia. Dies eröffnete ihm neue plastische Planspiele, bei denen eine von Catia gesteuerte Fräsmaschine maßstabsgenaue Modelle herstellte.

Treffpunkt Atrium. Unter verglasten Öffnungen im Titandach steht man inmitten von Lichtdomen und schaut durch die Fensterfront hinaus auf den Fluss und die Bergwelt. Über Glasaufzüge, Treppentürme und geschwungene Stahlbrücken erreicht man jeden Winkel der beiden oberen Galeriegeschosse. Auf der unteren Ebene tritt man ein in den größten Saal der Pinakothek. Die rund 130 m lange und 30 m breite Halle ist frei von tragenden Säulen und ermöglicht dadurch Installationen, die in konventionellen Museen keinen Platz fänden.

Das Mitte Oktober 1997 von Spaniens Königspaar eröffnete Museum wird von der baskischen Regierung und der Solomon R. Guggenheim Foundation getragen. Die Verantwortlichen haben sich, einer Selbstdarstellung des Museums zufolge, zum Ziel gesetzt, „die bedeutendste Kunst unserer Zeit zu sammeln und zu präsentieren". Was reichlich hochtrabend klingt, da in jüngster Zeit selbst chinesisches Porzellan und alte deutsche Motorräder in den heiligen Museumshallen zu sehen waren. So etwas wie eine ständig präsentierte Sammlung mit hochwertigen Exponaten gibt es nicht. Bis heute nicht erfüllt hat sich allerdings der sehnlichste Wunsch von Museumsdirektor *Juan Ignacio Vidarte: Pablo Picassos* „Guernica" aus dem Madrider Museum Reina Sofia nach Bilbao zu holen. Sogar ein Ausstellungssaal ist vorsorglich für das Gemälde freigelassen worden. Ob mit oder ohne dieses Antikriegs-Gemälde zum Spanischen Bürgerkrieg und zur Bombardierung der heiligen baskischen Stadt Guernica durch die deutsche Legion Condor 1937: Auch so strömen mehrere tausend Tagesbesucher durch die Säle und sind Motoren des touristischen Aufschwungs in Bilbao.

Die wenigsten werden sich – trotz der stets frischen Blumengebinde auf der Esplanade vor dem Haupteingang – an den tragischen Vorfall wenige Tage vor der Einweihung erinnern. Vor *Jeff Koons'* stählerner Blütenhundskulptur „Puppy" stoppt ein Blumentransporter. Gestohlen, wie die Behörden später mitteilen. Im Innern: drei ETA-Terroristen, getarnt als Gärtner mit Arbeitsanzügen – und eine tödliche Fracht. Granaten, versteckt in Blumentöpfen. *José María Aguirre,* 35-jähriger Polizist und zur Wache vor dem Museum eingeteilt, schöpft Verdacht, geht hinüber – und wird erschossen. Die Etarras flüchten – ein quälendes Stück Gegenwart im Baskenland.

Jüngsten Statistiken zufolge wird das Guggenheim-Museum von mehr als einer Million Menschen pro Jahr besucht – was selbst die optimistischsten Anfangserwartungen übertroffen hat.

- **Guggenheim-Museum (2),** Abandoibarra Calle 2.
- **Öffnungszeiten:** Di-So 10-20 Uhr, im Juli und August täglich 9-21 Uhr.
- Nächste **Metrostation:** Plaza Moyúa.
- **Innenaufnahmen** (Foto, Video) sind strikt verboten.
- **Gepäckaufbewahrung** nahe der Kasse.
- **Infos** unter www.guggenheim-bilbao.es.

ns Foto: ad

Vor dem Museum Guggenheim

In den Außenbezirken

Auf einer Anhöhe oberhalb des Altstadtbezirks erreicht man die der Schutzheiligen der Stadt gewidmete **Begoña-Basilika (7).** Hier verehren die Gläubigen ein Bildnis der Muttergottes, das der Überlieferung nach einst an einer Steineiche gefunden worden sein soll. Auf den Bau einer ersten Kapelle folgte zu Beginn des 16. Jh. die Errichtung dieser Wallfahrtskirche im Renaissancestil. Der von *José María de Basterra* geschaffene Glockenturm ist modern. Von hier aus bieten sich gute Blicke über Bilbao.

Im südlichen Teil der Stadt, in der Martín Agüero 1, liegt die **Stierkampfarena Vista Alegre (15).** In dieser ist Bilbaos **Stierkampfmuseum** untergebracht, in dem man Plakate und getötete Kolosse aus vergangenen Zeiten sieht (Mo-Fr 10-13 und 16-18 Uhr).

Ein guter Rundblick auf Bilbao und seine Berge bietet sich vom südöstlich gelegenen **Artxanda-Hügel** aus, auf den eine Zahnradbahn *(funicular)* hinaufführt. Seit 1983 befördert diese bereits 1915 in Betrieb gegangene Bahn wieder Passagiere. Die 770 m lange Strecke schafft das bis in die Abendstunden verkehrende Bähnchen in drei Minuten (Station an der Carretera Artxanda-Santo Domingo); der **Höhenunterschied** beträgt 226 Meter, der maximale Steigungsgrad 45%.

Apropos Bahn: Seit 2002 hat Bilbao über seine Metro hinaus auch eine **Straßenbahn** - ein Hoch auf die gute alte Zeit.

Nordwestlich der Innenstadt - in Richtung der Mündung des Nervión in den Atlantik - spannt sich die **Puente Colgante** über den Fluss und verbindet die Vororte Las Arenas und Portugalete miteinander. Bei der Puente Colgante handelt es sich um die mutmaßlich älteste Schwebebrücke der Welt, ein modernisiertes Werk des Architekten *Alberto Palacios,* 1888 eingeweiht. Im „Gleitflug" transportiert sie rund um die Uhr Fahrzeuge und Passagiere, der in 50 Metern Höhe verlaufende Panorama-Fußweg *(pasarela)* ist über Aufzüge erreichbar (täglich 10-20 Uhr) und nur Schwindelfreien zu empfehlen!

Praktische Tipps

Information

- Bilbaos **Touristenbüro (9,** Bilbao Iniciativas Turísticas) liegt am Paseo del Arenal 1, Tel. 94 4795760, Fax 94 4795761. Im Internet unter www.bilbao.net.

Ein weiteres Büro findet man in der **Ankunfthalle des Flughafens** (Tel. 94 4532306, Fax 94 4533056).

Unterkunft

- **Hotel Villa de Bilbao** (**18,**+++), Gran Vía 87, Tel. 94 4416000, Fax 94 4416529. Direkt an der Hauptader Bilbaos gelegene Vier-Sterne-Herberge aus der für ihre gute Qualität bekannten NH-Hotelkette. Nahe dem Park Doña Casilda de Iturrizar, aber etwas weit weg von der Altstadt. Nüchterne Fassade, zweckmäßige Zimmer, freundlicher Service. Mit Frühstücksbüffet.
- **Hotel Ercilla** (**16,** +++), Ercilla 37-39, Tel. 94 4705700, Fax 94 4439335. Gepflegtes Vier-Sterne-Haus, wenngleich viele Zimmer mit Ausblick in Hinterhoftristesse. Vorzügliches Frühstücksbüffet. Guggenheim-Museum zu Fuß in 10-15 Minuten erreichbar.
- **Hostal San Mamés** (**19,**++), Luis Briñas 15, Tel. 94 4417900, Fax 94 4418562. Saubere

und gepflegte Pension - was man bei diesem Preis auch erwarten darf. Stark frequentiert von Messebesuchern und -ausstellern, daher frühzeitige Reservierung anzuraten. Etwas hellhörig. Verteilt sich über mehrere Ebenen.

Essen und Trinken

- Über die **Altstadt** verteilen sich eine Menge **Bars,** in denen man sich den Genüssen von Wein und Appetithäppchen hingeben und sich natürlich daran satt essen kann.
- **Restaurante Ama-Lurre** (+++), Máximo Aguirre 1, Tel. 94 4237150. Für den erlesenen Geschmack und den gut gefüllten Geldbeutel: Seebarsch aus dem Ofen, warmer Ziegenkäse mit Apfelgelee und Milchreis-Eis. Im Vorderbereich des Restaurants ist die Bar zu finden.
- **Restaurante Serantes II** (+++), Alameda Urquijo 51, Tel. 94 4211045. Gediegen-gepflegt. Spezialisiert auf Meeresfrüchte, aber es gibt auch luftgetrockneten Schinken. Gerne bestellt man die Fischplatte *(patrilla de pescado)* für zwei Personen. Service nicht übermäßig freundlich. Mit Bar.
- **Café Iruña** (+-++), Calle Colón de Larreategui s/n (Jardines de Albia), Tel. 94 4249059. Für viele das schönste Kaffeehaus der Stadt, in dem man auch Häppchen zu sich nehmen kann. Klientel durch alle Altersstufen. Plüschige Bänke, Schmuckziegelschnörkel in neomaurischem Stil, im Sommer drehen sich die großen Ventilatoren. Recht preisgünstiges Tagesmenü.

Verkehrsverbindungen

- Bilbaos **internationaler Flughafen La Paloma** (Tel. 944 532306) liegt etwa zwölf Kilometer nördlich der Innenstadt bei Loiu. Flüge u.a. nach Barcelona, Brüssel, Frankfurt am Main, Madrid, Santiago de Compostela, Vigo, Basel, Genf und Paris. Buszubringer in die Innenstadt bis/ab Plaza Moyúa (werktags 6.30-22 Uhr halbstündlich, an den Wochenenden 6-22 Uhr bzw. 6.30-22.30 Uhr zu jeder vollen Stunde).
- Die **Renfe-Bahnstation** (Estación de Abando, Tel. 90 2240202) liegt südlich der Plaza Circular. Verbindungen unter anderem nach Madrid, San Sebastián, und Barcelona.
- Der **Feve-Bahnhof** befindet sich in der Calle Bailén 2, Tel. 94 4232266; von hier aus Verbindungen nach Santander. Nahverkehrszüge *(Eusko Tren)* unter anderem nach Deba, Guernica und Bermeo starten ab der Station in der Calle Atxuri 6 (Tel. 94 4019900).
- Der **Busbahnhof** (**20,** Termibús, Tel. 94 4395205) liegt in der Calle Gurtubay 1 (nahe dem Fußballstadion San Mamés). Von hier aus Verbindungen unter anderem nach Logroño, Pamplona, Tolosa, Valladolid, Salamanca und San Sebastián sowie nach Deutschland, Belgien, Niederlande und in die Schweiz.
- Sehr praktisch ist Bilbaos **Metronetz;** Haltestellen in der erweiterten Innenstadt sind unter anderem San Mamés (nahe Busbahnhof), Plaza Moyúa und Abando (Renfe-Bahnhof).

Feste

- Besonders lebhaft geht es in Bilbao beim **Karneval,** dem **Jakobus-Tag** (25. Juli) und der **Semana Grande**, der „Großen Woche" ab Mitte August zu. Zu den Feierlichkeiten während der „Großen Woche" zählen Umzüge, Feuerwerk, Stierkämpfe sowie Kultur- und Sportveranstaltungen aller Art.

Einkaufen

- Beliebteste Shoppingmeile ist die **Gran Vía,** u.a. mit dem Großkaufhaus **Corte Inglés.**

Weitere Reisetipps

- **Parken:** Parkhäuser liegen an der Plaza Nueva, der Plaza del Ensanche, der Plaza de Indauchu und an der Alameda Urquijo.
- **Autoverleih:** Die wichtigsten, international bekannten Verleiher haben Büros im Gebäude des Flughafens La Paloma.

Vitoria – Hauptstadt des Baskenlands ⇗X/AB3

Viele lassen sich von den Hochhaussiedlungen am Stadtrand abschrecken und fahren am weitläufigen Talkessel von Vitoria einfach vorbei - zu Unrecht. Vitoria (baskisch: **Gasteiz)** zeigt sich im Zentrum als lebhafte und **freundliche Einkaufsstadt** mit viel Atmosphäre. Sehr schön bummeln kann man durch die Altstadtgassen und die breit angelegten Fußgängerzonen. Weltbewegende Sehenswürdigkeiten findet man allerdings nicht.

Erfreulicherweise ist das Stadtbild durch die **Parkanlagen** La Florida, Molinuevo und El Prado grün aufgelockert. Für den, der's nachzählen will: Über die Stadt verteilen sich 127.000 Bäume. Auch haben die Stadtväter ein Faible für moderne Skulpturen, die an zahlreichen Punkten zu sehen sind.

Das rund 220.000 Einwohner große Vitoria ist nicht nur **Hauptstadt der Provinz Alava** (baskisch: **Araba),** sondern auch **des Baskenlandes.** Hier tagt das Parlament, hier sitzen Behörden aller Art. Und da das Baskenland recht wohlhabend ist und die Staatsbediensteten wie fast überall gut bezahlt werden, ist Vitoria ein nicht gerade preiswertes Pflaster. Vor allem die Wohnungsmieten haben - selbst gemessen an deutschen Verhältnissen - astronomische Höhen erreicht.

Große Bedeutung hat Vitoria auch als **Verkehrsknotenpunkt** von Autobahnen und Schnellstraßen: Richtung Norden nach Bilbao, Richtung Osten und Nordosten nach San Sebastián und Pamplona, gen Süden nach Logroño und Richtung Südwesten nach Burgos und Madrid.

Geschichte

Auf westgotische Zeiten geht die erste Besiedlung dieser Zone zurück, doch erst 1181 - nach einem Sieg über die aufständischen Basken - wurde Vitoria von Navarras König *Sancho VI* gegründet. Die navarresische Vorherrschaft dauerte nicht lange, denn bereits zwei Jahrzehnte später war die Stadt in kastilischer Hand. Aus jener Zeit soll der heutige Stadtname stammen, der sich vom spanischen *victoria* (Sieg) ableitet. Während des Einfalls der napoleonischen Truppen zu Beginn des 19. Jh. avancierte Vitoria zu einer Art Zentrum des Guerilla-Krieges. In der Schlacht von Vitoria im Jahre 1813 wurden die Franzosen geschlagen.

Seit 1980 fungiert Vitoria als Hauptstadt des Baskenlands und hat sich auch als ein wichtiges Industriezentrum etabliert. Textil-, Nahrungsmittel- und Getränkeindustrie sind hier ebenso ansässig wie metallverarbeitende, chemische, holzverarbeitende und Autoindustrie (Mercedes).

Sehenswertes

Die **Zahlen in Klammern** verweisen auf die Legendenpunkte des Stadtplans.

Rund um die Plaza de la Virgen Blanca

Das Gebiet rund um die Plaza de la Virgen Blanca gehört zu den stimmungsvollsten Ecken Vitorias. Man hat die Wahl zwischen alten und neuen Zeiten, sprich: zuerst die **geschäftige Fußgängerzone** zu entdecken oder sich den Monumenten zuzuwenden.

Besonders schön sind rund um den Platz die Glasbalkone der Häuser. Während der Stadtfeierlichkeiten zu Ehren der Virgen Blanca Anfang August ist die Plaza de la Virgen Blanca ein Kardinalpunkt der Fiestafreudigen, die sich dann zu Tausenden über Straßen und Gassen verteilen.

Das zentrale **Monument (6)** auf der gepflegten, weitläufigen Plaza de la Virgen Blanca **erinnert an die Schlacht von 1813** und den Sieg über die französischen Truppen.

Unmittelbar neben der Plaza de la Virgen Blanca liegt ein weiterer Platz, quadratisch, äußerst monumental und von Arkaden umzogen: die Ende des 18. Jh. erbaute **Plaza de España.** An dieser erhebt sich auch die breite Front des ebenfalls auf jene Zeit zurückgehenden **Rathausbaus.**

Einmal an der Plaza de España angelangt, kann man zwei Blocks weiter – an der Post vorbei – zur großen, modernen **Plaza de los Fueros** gehen, dem granitenen Platz der Sonderrechte. Dieser geht auf das Jahr 1979 und die Künstler *Eduardo Chillida* und *Luis Peña Ganchegui* zurück.

Die Nordseite der Plaza de la Virgen Blanca wird unübersehbar bestimmt von der etwas höher gelegenen **Kirche San Miguel (7),** die man über einige Treppenstufen erreicht. Am Hauptportal des dreischiffigen Sakralbaus sieht man – hinter Glas – die gotische Statue der städtischen Schutzpatronin **Virgen Blanca,** der „Weißen Jungfrau". Im Innern der Kirche verdient der um 1630 von *Gregorio Fernández* geschaffene Hauptaltar Beachtung.

Steht man mit dem Rücken zur Jungfrau, lohnt sich ein Bummel links hinüber zu den malerischen **Arkadengängen (8),** Los Arquillos.

Hinter der San-Miguel-Kirche breitet sich die **Plaza del Machete** aus, an der wiederum die Glasbalkone (manche renovierungsbedürftig), das **Herrenhaus Villa Suso** (16. Jh.) und die in gotischem Stil begonnene **Kirche San Vicente (9)** auffallen (mit barockem Hauptaltar und Turm aus dem 19. Jh.).

Obere Altstadt

Von der Plaza del Machete aus steigt man auf zum ältesten Teil der Stadt, der **El Campillo** genannt wird.

Die Calle de Santa María führt am **Renaissancepalast Montehermoso** vorbei und geradewegs auf die Plaza de Santa María mit der Kathedrale zu (siehe weiter unten).

Einen Abstecher ist die zwei Parallelstraßen von der Calle de Santa María versetzt laufende Calle Cuchillería wert. Haus Nummer 54 ist dort der **Arrieta-Palast (5),** in dem sich das außergewöhnliche und auf die Firma Fournier zurückgehende **Museum der Spielkarten** befindet (Museo Fournier de Naipes; geöffnet Di-Fr 10-14 und

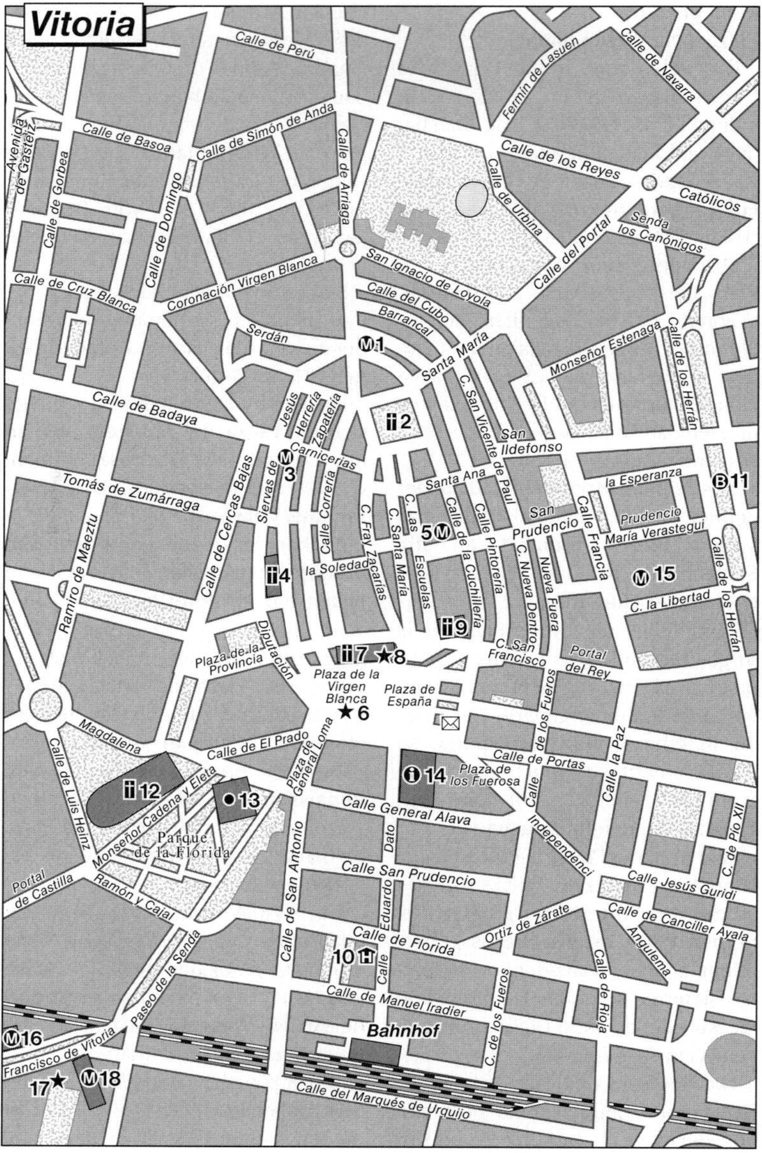
Vitoria
Calle de Perú
Calle de Basoa
Calle de Simón de Anda
Calle de Arriaga
Fermín de Lasuen
Calle de Navarra
Calle de los Reyes
Católicos
Calle de Urbina
Senda los Canónigos
Calle del Portal
Avenida de Gasteiz
Calle de Gorbea
Calle de Domingo
Coronación Virgen Blanca
San Ignacio de Loyola
Calle del Cubo
Barrancal
Calle de Cruz Blanca
Serdán
1
Santa María
Monseñor Estenaga
Calle de los Herrán
Calle de Badaya
Jesús
Herrería
Zapatería
2
C. San Vicente de Paul
San Ildefonso
Carnicerías
3
Siervas de
Tomás de Zumárraga
Calle de Cercas Bajas
Calle Correría
C. Fray Zacarías
C. Santa María
C. Las Escuelas
Santa Ana
5
Calle de la Cuchillería
Calle Pintorería
San Prudencio
Calle Francia
la Esperanza
Prudencio
María Verastegui
11
15
la Soledad
4
Ramiro de Maeztu
C. Nueva Dentro
Nueva Fuera
C. la Libertad
9
Diputación
7
8
Plaza de la Provincia
C. San Francisco
Portal del Rey
Plaza de la Virgen Blanca
Plaza de España
6
Magdalena
Calle de El Prado
Plaza de General Loma
Calle de los Fueros
Calle de Portas
Calle la Paz
Calle de Luis Heinz
12
13
14
Plaza de los Fuerosa
Monseñor Cadena y Eleta
Parque de la Florida
Calle General Alava
Independencia
C. de Pío XII
Calle de San Antonio
Dato
Calle San Prudencio
Calle Jesús Guridi
Portal de Castilla
Ramón y Cajal
Calle de Canciller Ayala
Ortiz de Zárate
Angulema
Calle Eduardo
Calle de Florida
10
Paseo de la Senda
Calle de Rioja
Calle de Manuel Iradier
C. de los Fueros
16
Bahnhof
Francisco de Vitoria
17
18
Calle del Marqués de Urquijo

Ⓜ 1 Archäologisches Museum	10 Hotel Dato
2 Kathedrale Santa María	Ⓑ 11 Busbahnhof
Ⓜ 3 Naturwissenschaftliches Museum	12 Neue Kathedrale
4 Kirche San Pedro	• 13 Baskisches Parlament
Ⓜ 5 Arrieta-Palast (Spielkarten-Museum)	14 Touristenbüro
★ 6 Denkmal der Schlacht von 1813	Ⓜ 15 Artium (Museum für zeitgenössische Kunst
7 Kirche San Miguel	Ⓜ 16 Museum der Schönen Künste
★ 8 Arkaden	★ 17 Palast Ajuria Enea (Sitz der Baskischen Regierung)
9 Kirche San Vicente	Ⓜ 18 Waffenmuseum

16-18.30 Uhr, Sa 10-14 Uhr, So 11-14 Uhr). Ausgestellt sind unter anderem Europas mutmaßlich älteste Spielkarte (mit gotischem Design aus dem 14. Jh.) sowie Spielkarten aus aller Herren Länder und quer durch die Jahrhunderte: ob italienische aus dem 16. oder persische aus dem 18. Jh.

Der neue im Jahr 2002 eröffnete Kulturpol heißt **„Artium" (15),** das Museum für Zeitgenössische Kunst in der Calle Francia 24 (Centro-Museo Vasco de Arte Contemporánea; geöffnet Di-Fr 11-20 Uhr, Sa und So 10.30-20 Uhr).

An der Plaza de Santa María erhebt sich die **Kathedrale Santa María (2)** (auch: Alte Kathedrale), ein in gotischem Stil begonnenes Gotteshaus mit einem knapp 60 m hohen Turm (17. Jh.). Prachtvoll ist das reichverzierte und erst 1962 wieder zum Vorschein gekommene Santa-Ana-Portal aus dem 14. Jh. Beachtenswert sind auch der westliche Portikus mit einem gotischen Marienbildnis, die Kapellen Santiago und Inmaculada sowie ein barockes Christusgemälde von *Gaspar de Crayer.*

Von der Plaza de Santa María aus sind es zwei Ecken weiter bis zur **Plaza de la Brullería,** in deren unmittelbarem Umkreis ferne Jahrhunderte in Form mehrerer Bauwerke fortleben: mit der Casa Armera de los Gobeo-Landázuri (Ende 16. Jh.), dem Haus El Portalón (Ende 15. Jh.) und der wehrhaften Torre de los Anda (15. Jh.).

Die Casa Armera de los Gobeo-Landázuri beherbergt heute das regional bedeutsame **Archäologische Museum (1,** Correría 116; geöffnet Di-Fr 10-14 und 16-18.30 Uhr, Sa 10-14 Uhr, So 11-14 Uhr). Zu den Exponaten im Museum zählen unter anderem römische Grabplatten, eine Reiterstele und eine Marmorskulptur aus dem alten Iruña.

Vom Bereich nahe der Plaza de la Brullería kann man eines der malerischen Gässchen abwärts zurück zur Plaza de la Virgen Blanca wählen: ob die **Calle Zapatería** (alte Schuhmachergasse) oder die an der gotischen **Kirche San Pedro (4)** vorbeiführende **Calle Herrería** (Gasse der Schmiede).

Diejenigen, die an den Themen Geologie (Fossilien), Botanik und Zoologie interessiert sind, schieben noch ei-

126ns Foto: tv

nen Abstecher zu dem im Doña-Ochanda-Turmhaus untergebrachten **Naturwissenschaftlichen Museum (3)** ein (Siervas de Jesús 24; geöffnet Di-Fr 10-14 und 16-18.30 Uhr, Sa 10-14 Uhr, So 11-14 Uhr).

An der Plaza de la Virgen Blanca mit dem Turm der San-Vicente-Kirche im Hintergrund

Rund um den Parque de la Florida

Für Natur mitten in der Stadt steht der von den Einheimischen gerne aufgesuchte und mit seinen 35.000 m^2 sehr weitläufige **Parque de la Florida.** In der im 19. Jh. angelegten Parkanlage findet man annähernd 100 verschiedene Baumarten.

An den Florida-Park grenzen der Mitte des 19. Jh. errichtete **Bau des Baskischen Parlamentes (13)** sowie die in neogotischem Stil gehaltene **Neue Kathedrale (12);** an dieser (auch Catedral de María Inmaculada genannt) wurde zwischen 1907 und 1973 gebaut.

Folgt man vom Baskischen Parlament aus dem Paseo de la Florida und dem Paseo de la Senda stadtauswärts, kommt man hinter der Bahnlinie zu einem weiteren kleinen Besuchsareal. Dort blickt man auf den **Palast Ajuria Enea (17),** den Sitz des baskischen Regierungschefs, und gelangt zu zwei interessanten Museen:

Im **Waffenmuseum (18)** sind u.a. mittelalterliche Schutzwesten, Helme und Rüstungen zu sehen, aber auch Feuerwaffen und orientalische Schlag- und Stechgeräte mit Schwertfischoberkiefern und Haifischzähnen (Museo Armería, Paseo de Fray Francisco 3; geöffnet Di-Fr 10-14 und 16-18.30 Uhr, Sa 10-14 Uhr, So 11-14 Uhr).

Zur Sammlung im **Museum der Schönen Künste (16)** gehören Werke bedeutender Bildhauer und Maler wie *Antoni Tàpies, Joan Miró* und *Pablo Picasso* (Museo de Bellas Artes, Paseo de Fray Francisco 8; geöffnet Di-Fr 10-14 und 16-18.30 Uhr, Sa 10-14 Uhr, So 11-14 Uhr).

Praktische Tipps

Information

- Das städtische **Haupt-Touristenbüro (14)** mit seinen hilfreichen Mitarbeitern findet man in der Calle Dato 11, Tel. 945 161598, Fax 945 161105, Website: www.alavaturismo.com, E-Mail: turismo@vitoria-gasteiz.org.

Unterkunft

- **Hotel Barceló Gasteiz** (+++), Avenida de Gasteiz 45, Tel. 945 228100, Fax 945 226258; E-Mail: hotelbcgasteiz@barcelo.com. Sehr gut ausgestattetes Vier-Sterne-Hotel, wichtig für Autofahrer ist die Garage. Wer ein ganzes Wochenende bleibt, kann gelegentlich von guten Pauschalangeboten profitieren.
- **Hotel Parador de Argómaniz** (+++), im zwölf Kilometer östlich von Vitoria gelegenen Örtchen Argómaniz, ausgeschilderter Abzweig ab der Landstraße N-I Richtung Pamplona; Tel. 945 293200, Fax 945 293287, Website: www.parador.es, E-Mail: argomaniz@parador.es. Ein idealer Hort für Ruhesuchende, die Zimmer sind im alten Renaissance-Herrenhaus der Familie Larrea untergebracht. Stilvoll, drei Sterne. Mit regionalem Spezialitäten-Restaurant.
- Günstig gelegen und günstig im Preis ist das **Hotel Dato** (++) **(10)** in der Calle Dato 28, Tel. 945 147230, Fax 945 232320, Website: www.hoteldato.com, E-Mail: info@hoteldato.com. Interieur mit Kunstgeschmack dekoriert, alle Zimmer mit Bad, Telefon und Satelliten-TV.

Essen und Trinken

- **Bars** (+) mit guten **Appetithäppchen-Angeboten** findet man beispielsweise in den Straßen und Gassen Herrería, Calle Portal del Rey und Calle Dato .
- **Restaurante El Portalón** (+++), Calle Correría 151, Tel. 945 144201. Edler Speisetempel, schon oft mit Auszeichnungen bedacht. Den Rahmen bildet ein Altstadthaus aus dem 15. Jahrhundert.
- **Restaurante Zaldiarán** (+++), Avenida de Gasteiz 21, Tel. 945 134822. Weiteres erstklassiges Haus für Feinschmecker, in dem es unter anderem fangfrische Meeresfrüchte und – je nach Jahreszeit – Taube mit Pastete und Pilzen gibt.
- Das **Restaurante Kintana** (+), Mateo Benigno Moraza 15, Tel. 945 230010 bietet recht preisgünstige Tagesmenüs (werktags am Mittag), auch herzhaft-sättigende Bohnengerichte.

Verkehrsverbindungen

- Der **Flughafen** Foronda-Vitoria liegt neun Kilometer nordwestlich der Stadt, Tel. 945 163500. Flüge nach Madrid, Barcelona.
- Die **Bahnstation** liegt am Ende der Calle Dato, an der Plaza de la Estación, Tel. 902 230202. Züge unter anderem nach Irún, San Sebastián, Pamplona, Barcelona, León, Ponferrada, Vigo, Gijón, Burgos, Zaragoza und Madrid.
- Der (für eine Stadt dieser Größe ein wenig klein geratene) **Busbahnhof (11)** liegt in der Calle Los Herrán/José Mardnes, Tel. 945 258400. Regelmäßige Verbindungen unter anderem nach Bilbao, San Sebastián, Pamplona und Madrid.

Feste

- Im alljährlichen Fest- und Festivalkalender Vitorias stehen der bunte **Karneval,** der 28. April **(San-Prudencio-Tag,** Patronatsfeierlichkeiten von Alava), der **Mes de la Danza** („Monat des Tanzes") im Mai, das Internationale **Jazzfestival** Mitte Juli, das mehrtägige und von Tanz, Theater sowie weiteren Kultur- und Sportveranstaltungen begleitete Stadtfest zu Ehren der Schutzpatronin **Virgen Blanca** Anfang August, die Woche der **klassischen Musik** im September sowie im Oktober/November das **Internationale Theaterfestival.**

Weitere Reisetipps

- **Parken:** Zentral gelegene Parhäuser bzw. Parkplätze findet man in der Calle Olaguibel (nahe Hauptpost), in der Avenida Gasteiz 77, in der Calle del Arca, in der Calle Independencia sowie an den Plätzen Juan de Ayala und Santa Bárbara.

127ns Foto: tv

Plaza del Machete

• **Lektüre:** Alles Wissenswerte über Vitoria steht in dem von *Miguel González de San Román* verfassten und mit vielen Farbbildern ausgestatteten Buch *„Guía de Vitoria Gasteiz - En todos los sentidos"*. Erhältlich in örtlichen Buchhandlungen (aber nur auf Spanisch).

Ausflüge ab Vitoria

⇗X/AB2-3

Iruña und Mendoza

Ein kleinerer Ausflug führt zum **vorgeschichtlich-römischen Fundort Iruña,** der Mauer- und Straßenreste bietet und etwa zehn Kilometer westlich der Stadt bei dem Örtchen **Trespuentes** liegt. Diesen Ausflug kann man noch verbinden mit dem ein Dorf nördlich von Trespuentes gelegenen **Mendoza.** Im dortigen mittelalterlichen Mendoza-Wehrturm ist ein rührig aufbereitetes **Wappenmuseum** untergebracht (Museo de la Heráldica Alavesa; Di-Fr 10-14 und 16-18.30 Uhr, Sa 11-15 Uhr, So 10-14 Uhr.

Stauseen

Eine zweite kleinere Exkursion ab Vitoria führt zu den nördlich gelegenen Stauseen von Ullibarri, Urrunaga (auch: Santa Engracia) und Albiña, die bei den Einheimischen im Sommer hoch im Kurs stehen und lauschige Ecken bieten – sobald man sich von der Nationalstraße Richtung Bilbao gelöst hat.

Salinas de Añana

Ein weiterer Ausflug führt ins rund 30 km westlich von Vitoria gelegene Salinas de Añana. Dabei handelt es sich um alte **Salinen,** also Salzbergwerke, die schon zu römischen Zeiten ausgebeutet wurden.

Wallfahrtsort Arantzazu

Eine etwas umfangreichere Exkursion führt über das rund 30 km nordöstlich von Vitoria gelegene Städtchen

Arrasate-Mondragón, dann weiter über Oñati (spanisch: Oñate) und weitere zehn Kilometer hinein in die **Sierra de Aizkorri.**

Dort liegt, auf einer Höhe von rund 900 m und eingebettet ins Gebirge, der Wallfahrtsort Arantzazu.

Ein Stopp lohnt sich bereits in **Oñati,** das im 16. Jh. Sitz einer Universität war. An Bauwerken haben sich außer dem reich verzierten plateresken Universitätsgebäude auch die gotische Kirche San Miguel und das barocke Rathaus erhalten.

Warum in der Bergeinsamkeit von Arantzazu ein **Heiligtum** liegt, ist einfach zu erklären: Vor Jahrhunderten soll dort einem Schäfer die Jungfrau Maria erschienen sein. Ende des 15. Jh. wurde eine Einsiedlerkapelle erbaut, ehe Ordensbrüder aus der Franziskaner-Gemeinschaft ein Kloster errichteten. Um 1950 wurde mit dem Bau einer neuen Basilika in avantgardistischem Stil begonnen; auffällig an der Außenfront ist eine Steinfiguren-Reihe.

Salvatierra

Wer sich von Vitoria aus auf den Weg Richtung Osten begibt – z.B. ins navarresische Städtchen Alsasua oder nach Pamplona – passiert das mittelalterlich geprägte Städtchen Salvatierra; hier sieht man wappenverzierte Herrenhäuser, Stadtmauerreste und die Wehrkirchen San Juan und Santa María.

Kantabrien

Das Grün der Wiesen und Weiden und das Blau des Ozeans geben die (Farb-)Töne an in Kantabrien. Für Kontraste sorgen auch die knapp 60 gelbweißen Strände, die dichten Eichen-, Buchen- und Kastanienwälder sowie die dunklen Moorlandschaften und die Grau- und Braunschattierungen der Steilküstenabschnitte und des zerklüfteten Gebirges. Und das erhebt sich in Gestalt der im kantabrisch-asturischen Grenzgebiet gelegenen Picos de Europa mit all seiner Kraft und Gewalt weit über 2.000 m. Zu entdecken gibt es im knapp 5.300 km² kleinen Kantabrien vielerlei. Ob malerische Fischerdörfer, Höhlen, Ferienorte an der Küste oder die Hauptstadt Santander.

Um keinen falschen Eindruck zu erwecken: Kantabrien ist natürlich nicht frei von Industrie. Die übelsten und – diesmal im negativen Sinn: kaum zu übertreffenden – Impressionen dieser Art begleiten einen auf der küstennahen Fahrt vom baskischen Bilbao Richtung Castro Urdiales, dem ersten beachtenswerten Ort in Kantabrien. Dieses Stück sollte man von Bilbao aus auf der schnellen Autostraße rasch hinter sich bringen und bis Castro Urdiales fahren. Eiligen sei gesagt: Wer auf die Küstenorte verzichten will, bleibt bis Santander auf der Schnellstraße.

Castro Urdiales

↗IX/D1

Als freundliches Städtchen – allerdings nur abseits der Durchgangsstraße und der Neubauviertel – zeigt sich das 17.000 Einwohner große Castro Urdiales, das zu römischen Zeiten unter dem Namen Flaviobriga bekannt war.

Die schönsten Bilder nimmt man an der Küstenlinie in sich auf, wo man auf den **Hafen** mit seinen bunten Booten schaut, auf die gotische Kirche Santa María (auch Nuestra Señora de la Asunción) und die mutmaßlich auf die Tempelritter zurückgehende **Burg,** aus der heute der Leuchtturm ragt. Ein Bummel sollte auch durch die **Altstadtgassen** und zur Plaza Mayor führen. Bei einem Streifzug an den Molen entlang hat man die beste Perspektive auf die Burg

Dass Castro Urdiales ein beliebter Sommerurlaubsort ist, zeigt sich an den zur Saison recht vollen **Stadtstränden** Ostende und Brazomar sowie am Paseo de Amestoy, an dem sich Cafés und Bars aufreihen; hier verdienen auch die Glasbalkone Beachtung.

Information

- Das **Touristenbüro** findet man in der Avenida de la Constitución 1, Tel. 942 871512, Fax 942 871337.

Unterkunft

- **Hotel Miramar** (++ - +++), Avenida de la Playa, Tel. 942 860204, Fax 942 870942. Günstige Lage am Brazomar-Strand, modern, drei Sterne, im Sommer häufig ausgebucht.

Laredo

↗IX/D1

Ab Castro Urdiales hält man sich auf der alten Landstraße N-634 und gelangt über **Islares** an den **Meeresarm von Oriñón** mit seinen Stränden Arenillas und Oriñón und weiter nach Laredo.

Keine Frage, der **Sandstrand** der beliebten Ferienstadt Laredo ist einfach atemberaubend. Über eine Länge von fünf traumhaften Kilometern breitet er sich sichelförmig aus und hat in diesem vormals idyllischen Fischerort dafür gesorgt, dass die ständige Einwohnerzahl auf mittlerweile über 14.000 geklettert ist und sich im Sommer vervielfacht. Der Tourismus ist in Laredo zur Einnahmequelle Nummer eins aufgestiegen. Bars, Restaurants, Sportclubs und Unterkünfte jedweder Art findet man in Hülle und Fülle. Allerdings geht es im Winter naturgemäß beschaulicher zu.

Nicht unbedingt fürs Auge präsentiert sich die fast im übelsten Costa-del-Sol-Stil zubetonierte **Promenade.**

Dafür haben sich in der winzigen und nur auf wenige Straßenzüge beschränkten **Altstadt** malerische Winkel und einige historische Bauwerke erhalten, zuvorderst die gotische Kirche Santa María (auch Nuestra Señora de la Asunción) sowie einige wappengeschmückte Herrenhäuser.

Information

- Das **Touristenbüro** findet man an der Alameda Miramar s/n, Tel. 942 611096.

Unterkunft

- **Hotel El Risco** (++ - +++), Calle Arenosa 2, Tel. 942 605030, Fax 942 605055. Sehr schön gelegenes Drei-Sterne-Hotel, 25 Zimmer, Blick über den Strand. Mit Parkplatz und vorzüglichem Restaurant, das Seehecht und Schmorbraten ebenso anbietet wie eine große Käseauswahl.
- **Hostal Salomón** (+ - ++), Calle Menéndez Pelayo 11, Tel. 942 605081. Ansprechende 16-Zimmer-Pension, Zimmer mit Bad. Zentral gelegen und mit angeschlossenem Restaurant.
- **Camping:** Im Gemeindegebiet von Laredo gibt es mehrere Campingplätze. Dies sind **Camping Laredo** (República de Filipinas 2, Tel. 942 605035; geöffnet Anfang Juni bis Mitte September), **Camping Costa Esmeralda** (Plaza Carlos V, Tel. 942 603250; geöffnet Mitte Juni bis Mitte September), **Camping Carlos V** (Carretera Residencial Playa, Tel. 942 605593; geöffnet Anfang Juni bis Mitte September) und **Camping Playa del Regatón** (Playa del Regatón, etwa vier Kilometer außerhalb, Tel. 942 606995; geöffnet Ostern bis Mitte September).
- Zum **Campingplatz Oriñón** zweigt man bei Oriñón von der Landstraße N-634, km 163, ab; geöffnet April bis September, Tel. 942 878630.

Santoña

⇗ IX/D1

Ab Laredo folgt man der Landstraße N-634, die über den **Fischerort Colindres** und den mit der Mündung des Asón-Flusses verschmelzenden **Meeresarm von Treto** und schließlich über eine schmale, malerische Deichstraße nordwärts nach Santoña führt.

Diese enge Nebenstraße leitet durch ein weitläufiges Flachmeergebiet, das bereits zum 3.500 Hektar umfassenden **Naturreservat Bahía de Santoña** gehört. In diesen Marschlandschaften *(marismas)* stehen zahlreiche Vogelarten wie Austernfischer, Große Brachvögel und Fischreiher unter Schutz – aus diesem Grund ist es umso bedenklicher, dass die Straße justament durch diese Zone führt. Direkt an der Straße liegt ein großes Vogelbeobachtungshaus.

Im rund 12.000 Einwohner großen und Laredo genau gegenüber gelegenen Santoña mischen sich **Ferien- und Fischerambiente.** Rund um die Hafenanlagen und die Konservenfabriken liegt stets ein derber Fischgeruch.

Strände findet man hier auch: die Playa de San Martín und die größere, wenige Kilometer nördlich gelegene Playa de Berria.

Wichtigstes Baudenkmal in Santoña ist die **Kirche Santa María del Puerto,** in deren Innern man ein gotisches Marienbildnis und das aus dem 15. Jh. datierende San-Bartolomé-Retabel sieht.

Darüber hinaus gibt es in Santoña eine nette Promenade, die Ruinen der Wehrburg San Carlos, einige Herrenhäuser und ein Monument, das an den Seefahrer *Juan de la Cosa* (1460-1510) erinnert. Dieser war *Kolumbus'* Wegbegleiter auf dessen ersten beiden Reisen; er erstellte erste Karten der „Neuen Welt“. Historisch interessant: In Santoña wurde das Hauptschiff des *Kolumbus,* die **„Santa María“,** gebaut.

Information

- Santoñas **Touristenbüro** findet man in der Calle Santander 5, Tel. 942 660066.

Unterkunft

- **Hotel Castilla** (++), Calle Manzanedo 29, Tel. 942 662261, Fax 942 662451. Zweckmäßiges, recht modernes und nicht überteuertes Drei-Sterne-Hotel mit 42 Zimmern. Gelegentlich gibt es Spezialpreise für ein komplettes Wochenende.

Von Santoña nach Santander

⇗IX/CD1

Von Santoña aus sollte man nicht direkt auf die wenige Kilometer südlich verlaufende N-634 zurückkehren, sondern sich auf dem Sträßchen durch das grüne, küstennahe Hinterland halten (zuerst C-629, dann vor Argoños rechts auf die SP-4141). Diese Nebenstraße führt durch das langgezogene **Argoños** und weiter Richtung Ajo.

Im Abseits dieser Durchgangsachse liegt der populäre und im Hochsommer gelegentlich überlaufen wirkende Ferienort **Noja** (2.000 Einwohner). In Noja hat man die Wahl zwischen den Stränden Ris und Tregandín. Typisch hier für das grüne Küstenland sind felsige Abschnitte, die ins Meer hineinzüngeln.

Ein weiterer Abzweig führt nach **Isla,** das im Ortsbild einige Herrenhäuser zu bieten hat.

Und noch ein Vorschlag für einen Abstecher in dieser von Wiesen, Hügeln, Schaf- und Rinderweiden geprägten Gegend: an Ajo vorbei bis zum fünf Kilometer entfernten und für seine Schiffsunglücke berüchtigten **Kap von Ajo,** das mit einem Leuchtturm besetzt ist.

Westlich von Ajo blickt man bald auf die **Bucht von Santander** und erreicht die von den Städtern heißgeliebten und schnell erreichbaren Strände.

Einer davon ist die **Playa de Langre,** die man von Osten her kommend über **Galizano** und von Westen her anreisend bei einem Links-Abzweig hinter Somo erreicht.

Somo schließlich kündigt sich ebenfalls mit Villengebieten und Appartementkomplexen an. Der breite **Sandstrand von Puntal** (auch: Arenal de Somo) schiebt sich tief in die Bucht von Santander hinein, fast bis an die Stadt heran.

Doch bis zur Ankunft in der kantabrischen Hauptstadt vergeht noch ein Weilchen, denn die Straße windet sich hinter **Pedreña** in einer riesigen Schleife um die Bucht mit ihren angrenzenden Gewerbegebieten herum. Fußgänger und Radfahrer haben es hier besser und nehmen ab Somo oder Pedreña den ganzjährig betriebene **Fährservice** in Anspruch. In Santander kommt man zentrumsnah an der Calderón-Mole an.

Unterkunft

- **Hotel Torre Cristina** (++ - +++), La Sierra 9, **Noja,** Tel. 942 675420, Fax 942 631024. Typisches Strandhotel, das seine Pforten zwischen Ostern und Oktober öffnet. Mit 49 ordentlichen Zimmern, zwei Sterne.
- **Hotel Las Dunas** (++), Barrio Las Ventas, **Somo,** Tel. und Fax 942 510040. Strandnahes Ein-Sterne-Hotel, Zimmer mit Seeblick oder in einen kleinen Garten. Mit angeschlossenem Meeresfrüchte-Restaurant.
- **Noja** verfügt über zwei populäre Campingplätze: **Camping Playa Joyel** (geöffnet Ende März bis Ende September, Tel. 942 630081, Fax 942 631294) und **Camping Suaces** (geöffnet Anfang April bis Ende September, Tel. 942 630324).
- Bei Ajo liegt der ganzjährig geöffnete **Campingplatz Cabo de Ajo,** Carretera del Faro s/n, Tel. 943 670624, Fax 942 630725.

Santander – Paläste und Strände

IX/C1

Santander ist eine Stadt mit Stil und Flair, mit Boulevards, Palästen und Parks. Das rund 190.000 Einwohner große Santander ist aber nicht nur Hafenstadt und traditionelles Seebad, sondern auch die **Hauptstadt der Autonomen Gemeinschaft Kantabrien.**

Ihre Lage ist exquisit: auf einer weit in den Ozean ausgreifenden **Landzunge,** die einseits zum offenen Atlantik und andererseits zur weiten, geschützten Bucht von Santander weist.

Santander bietet für jeden Besucher etwas: die **Strände** Magdalena und Sardinero für die Sonnen- und Wasserfans, die **Festivals** und die **Sommeruniversität** Menéndez Pelayo für die Kulturhungrigen, das große **Casino** für die Spiel- und die **Promenaden** und **Parkwege** auf der Halbinsel La Magdalena für die Flanierfreudigen.

In Santander kann man sich glücklich schätzen, dass die zum **Hafen** gehörigen Anlagen längst nicht so abstoßend wirken wie in Bilbao oder Gijón. Gleichwohl sind natürlich in und um Santander vielfältige Industrien vertreten. Dazu zählen Nahrungsmittel-, Holz-, chemische und Schwerindustrie.

Im munteren **Universitätsleben** mischen rund 15.000 Studenten mit.

Geschichte

Wie so häufig, so beginnt auch die Geschichte Santanders mit den **Römern.** Allerdings ist nicht belegt, ob hier wirklich der römische Hafen Portus Victoriae gelegen hat.

Fest steht, dass sich der Ort im **Mittelalter** rund um die Abtei San Emeterio und San Celedonio entwickelte und zu einem kleinen Fischer-, dann zu einem großen **Handelshafen** heranreifte. Wichtig waren vor allem die Wollexporte in Richtung Flandern und England sowie der spätere Schiffsverkehr in und aus den Kolonien.

Für Schubwirkung ganz anderer Art sorgten die Kirche (1754 Ernennung zum Bischofssitz) und das spanische Königshaus Ende des 19. und zu Beginn des 20. Jh., das Santander zur **Sommerresidenz** machte. Und dem Königshaus folgte der Geldadel natürlich auf den Fuß – daher die Vielzahl der Herrenhäuser im Stadtbild.

Bei einer verheerenden **Feuersbrunst** im Jahre 1941 wurde allerdings vieles der historischen Bausubstanz in Mitleidenschaft gezogen.

Sehenswertes

Die **Zahlen in Klammern** verweisen auf die Legendenpunkte des Stadtplans.

Rund um die Plaza Porticada

Im Altstadtbereich – oder dem, was die Brandkatastrophe 1941 übrig gelassen hat – tritt die von Laubengängen umzogene **Plaza Porticada** als wichtiger Punkt hervor.

Von hier aus sind es nur wenige Häuserblocks bis hinüber zum Anfang des 20. Jh. erbauten **Rathaus (3).**

Dieses liegt in einer äußerst geschäftigen Zone, in der man es auch nicht versäumen sollte, um den Rathausbau herum zu den **Markthallen (2)** zu gehen, in denen Meeresfrüchte in Hülle und Fülle im Angebot stehen.

Einen Abstecher vom Rathaus aus ist die kleine Calle Rubio wert, in der man gleich auf zwei interessante Museen stößt: Das wertvollste Ausstellungsstück im **Städtischen Museum der Schönen Künste (1)** ist ein von *Goya* gemaltes Portait von *König Fernando VII;* ansonsten sind international weniger renommierte spanische Künstler aus dem 19. und 20. Jh. vertreten (geöffnet Mo-Fr 10-13 und 17-20, Sa 10-13 Uhr, im Sommer Mo-Fr 10.30-13 und 17.30-20, Sa 10.30-13 Uhr).

Die **Casa-Museo Menéndez Pelayo (1)** erinnert an den aus Santander stammenden Literaturhistoriker und Philosophen *Marcelino Menéndez Pelayo* (1856-1912), der seiner Heimatstadt einst über 40.000 Bücher vermachte, von denen viele Randnotizen von ihm tragen (Führungen Mo-Fr um 9.30, 10, 10.30, 11 und 11.30 Uhr).

Zurück an der Plaza Porticada, wendet man sich dem Meer zu. Dazwischen erhebt sich jedoch – einer Burg gleich – die in ihren Ursprüngen gotische **Kathedrale (7),** von der Teile bei der verhängnisvollen Feuersbrunst 1941 in Mitleidenschaft gezogen und dann wieder aufgebaut wurden.

Die Kathedrale betritt man von der Seite des gotischen **Kreuzgangs** her, in dem das vom Bildhauer *Victorio Macho* gestaltete Mausoleum für *Marcelino Menéndez Pelayo* zu sehen ist.

Durch einen separaten Eingang auf der Gegenseite und praktisch „eine Etage tiefer" erreicht man die frühgotische **Christus-Krypta,** die von gedrungenen Bögen überspannt ist; über dem Altar ist ein gekreuzigter Christus zu sehen. Kurios ist, dass mitten in der Krypta Glasplatten liegen, die römische Ausgrabungsreste schützen. Kathedrale im Regelfall geöffnet Mo-Fr 10-13 und 16-19.30, Sa 10-13 und 16-19.45, So 8-14 und 16.30-21 Uhr.

Promenaden, Strände und die Halbinsel La Magdalena

Dass die Stadtväter von gestern und heute Geschmack haben, zeigt uns Santander mit seiner Vielzahl an Promenaden. Zu einem ausgiebigen Bummel kann man ab den nahe der Kathedrale gelegenen **Jardines de Pereda** starten.

Von diesen zentralen Gartenanlagen geht man hinüber an die Wasserlinie und der etwa 2,5 km entfernten Halbinsel La Magdalena entgegen, während man die Blicke über die Bucht und auf Schiffe jedweder Art genießt: auf die Jachten und Fischerboote im **Puerto Chico** (Kleinen Hafen) und auf die großen im Hafenbecken, in das gelegentlich auch riesige Fährboote aus dem englischen Plymouth einlaufen.

Vom Puerto Chico aus gesehen zwei Blocks landeinwärts liegt das **Museum der Vorgeschichte (11),** das unter anderem Fundstücke aus den Höhlen von Altamira und Puente Viesgo zeigt (Calle Casimiro Sainz 4; geöffnet Di-Sa 10-13 und 16-19, So11-14 Uhr; im Winter Di-Sa ab 9 Uhr).

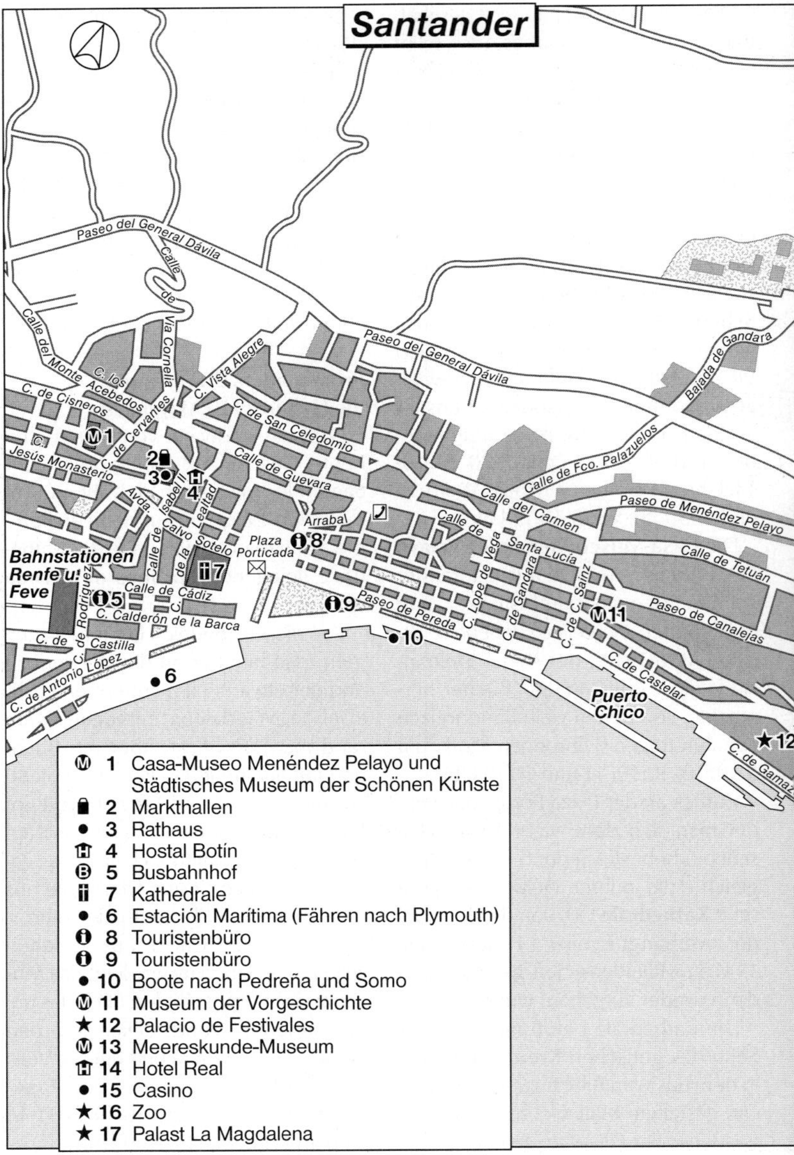
Santander
Paseo del General Dávila
Calle de Vía Cornelia
Calle del Monte
C. los Acebedos
C. de Cisneros
C. de Cervantes
C. Vista Alegre
C. de San Celedomio
Calle de Guevara
C. Jesús Monasterio
Avda. Calvo Sotelo
C. Isabel II
Calle de la Lealtad
Arrabal
Plaza Porticada
Bahnstationen Renfe u. Feve
Calle de Cádiz
C. Calderón de la Barca
C. de Castilla
C. de Rodríguez
C. de Antonio López
Paseo de Pereda
Calle del Carmen
Calle de Santa Lucía
C. Lope de Vega
C. de Gandara
C. de C. Sainz
Calle de Fco. Palazuelos
Bajada de Gandara
Paseo de Menéndez Pelayo
Calle de Tetuán
Paseo de Canalejas
C. de Castelar
Puerto Chico
1 Casa-Museo Menéndez Pelayo und Städtisches Museum der Schönen Künste
2 Markthallen
3 Rathaus
4 Hostal Botín
5 Busbahnhof
7 Kathedrale
6 Estación Marítima (Fähren nach Plymouth)
8 Touristenbüro
9 Touristenbüro
10 Boote nach Pedreña und Somo
11 Museum der Vorgeschichte
12 Palacio de Festivales
13 Meereskunde-Museum
14 Hotel Real
15 Casino
16 Zoo
17 Palast La Magdalena

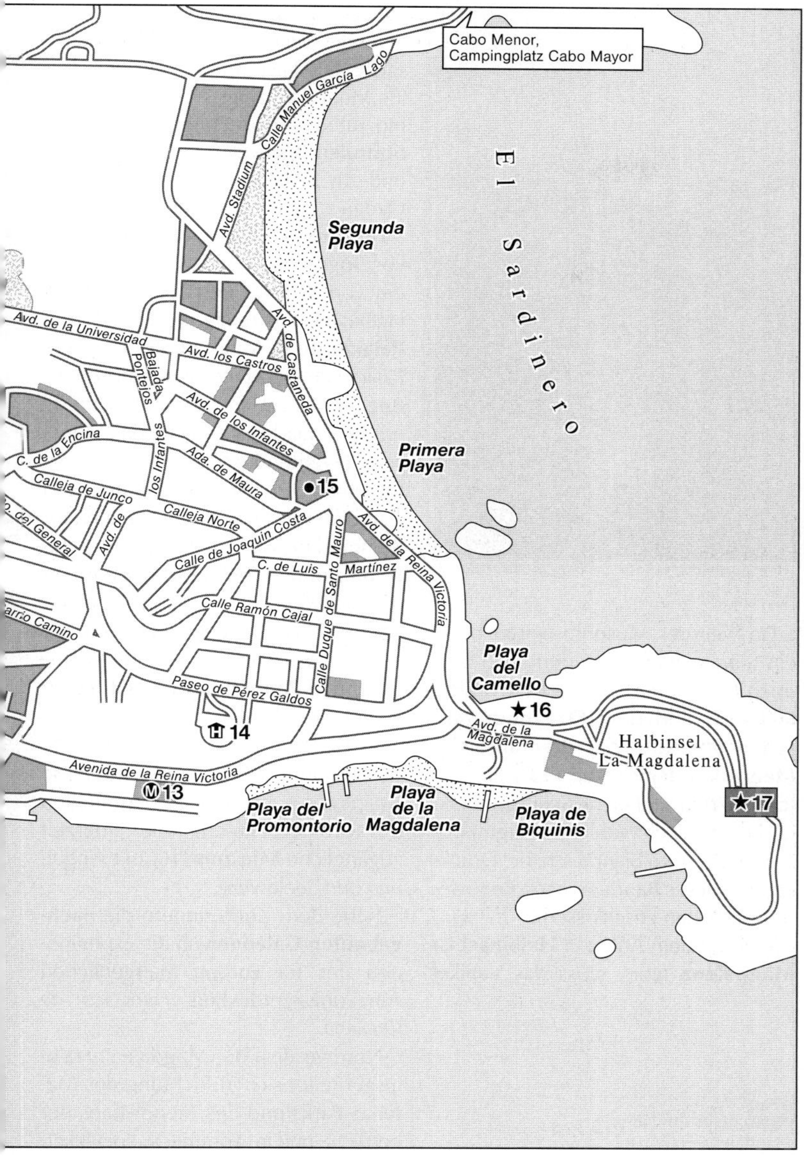
Cabo Menor,
Campingplatz Cabo Mayor
Calle Manuel García Lago
Avd. Stadium
El Sardinero
Segunda Playa
Avd. de la Universidad
Avd. los Castros
Bajada Pontejos
Avd. de Castañeda
Avd. de los Infantes
C. de la Encina
los Infantes
Ada. de Maura
Calleja de Junco
Primera Playa
15
Calleja Norte
del General
Avd. de
Calle de Joaquín Costa
Avd. de la Reina Victoria
C. de Luis Martínez
Calle Duque de Santo Mauro
Calle Ramón Cajal
Barrio Camino
Playa del Camello
16
Paseo de Pérez Galdos
14
Avd. de la Magdalena
Halbinsel La Magdalena
Avenida de la Reina Victoria
13
17
Playa del Promontorio
Playa de la Magdalena
Playa de Biquinis

128ns Foto: ad

Aussichtspromenade, Magdalena-Halbinsel

Ein weiteres Museum wartet noch ein Stück weiter nahe dem Ufer und noch hinter dem großen **Festival-Palast (12)** und dem **Ozeanographischen Institut:** das **Kantabrische Meereskundemuseum (13),** das unter anderem zahlreiche Schiffsmodelle und ein riesiges Walskelett zeigt (Avenida de Carrero Blanco s/n; bei Drucklegung dieses Bandes wegen Renovierungsarbeiten geschlossen).

Wer mit dem Auto zur **Halbinsel La Magdalena** fährt, muss das Vehikel auf dem Parkplatz abstellen. Freie Plätze sind – wie so oft – natürlich Glückssache. Die Halbinsel schiebt sich weit ins Meer vor, zeigt sich zur Südseite hin ruhig und freundlich – mit den **Stränden Biquinis und Magdalena** – und zur Nordseite hin, dem offenen Ozean zu, schroff und abweisend.

Ein Netz an Wegen, das auch gerne von Joggern genutzt wird, überzieht die von Wiesen und Wald besetzte Halbinsel und reicht bis hinauf zum **Palacio de la Magdalena (17,** auch: Palacio Real). In diesem pompösen, zu Beginn des 20. Jh. in englischem Stil erbaute Palais ließ es sich *König Alfonso XIII* während der spanischen Sommer wohl ergehen. In der heutigen Zeit bildet der Palast den Rahmen für Sommerkursveranstaltungen der **Internationalen Universität Menéndez Pelayo.**

Man sollte es nicht versäumen, die Aussicht von den um den Palast verlaufenden **Panoramapromenaden** zu genießen.

Ins Bild auf der Magdalena-Halbinsel gehören auch einige moderne Skulpturen sowie – nahe dem Beginn des Sardinero-Strands – der jederzeit zugängliche **Minizoo (16,** mit Pinguinen und Seelöwen).

Nahe dem Zoo erinnern die **nachgebauten Galeonen** an die Expeditionen des für Europa maßgeblichen Amazonas-Entdeckers *Francisco de Orellana.*

Nordwestlich der Magdalena-Halbinsel breitet sich in Richtung des Mateñas-Parks und des Menor-Kaps der herrliche und im Sommer vielbevölker-

129ns Foto: ad

Magdalena-Palast

te **Sandstrand El Sardinero** aus. Spezialisten unterteilen den Strand in die Abschnitte Playa del Camello, Playa de la Concha, Primera Playa und Segunda Playa.

An den Sardinero-Strand grenzen die Küstenstraße mit ihren Hotels und dahinterliegenden eleganten Villenvierteln, Grünanlagen und Promenaden – nicht zu vergessen das große, 1916 eröffnete **Casino (15),** das nach wie vor in Betrieb ist.

Nördlich des Sardinero-Strandes liegen das **Cabo Menor** („Kleinere Kap"), der **Parque de Mataleñas** (mit Golfclub) und das von allen Winden gepeitschte **Cabo Mayor** („Größere Kap") mit seinem Leuchtturm. Eine Fahrt oder ein Spaziergang dorthin lohnt auf alle Fälle.

Praktische Tipps

Information

- Santanders **Haupt-Touristenbüro (8)** findet man in den Jardines de Pereda, Tel. 942 203000, Fax 942 203005. Ein **weiteres Büro (8)** befindet sich an der Plaza Porticada 5, Tel. 942 310708. Internet-Infos unter www.turismo.cantabria.org.

Unterkunft

- **Hotel Real** (+++) **(14),** Paseo Pérez Galdós 28, Tel. 942 272550, Fax 942 274573; E-Mail: realsantander@husa.es. Prächtiges Fünf-Sterne-Haus im besten Stil der Belle Epoque, Zimmer mit kleinen Balkonen. Mit Parkplatz, Terrassen und Restaurant.
- **Hotel María Isabel** (++ - +++), Avenida García Lago 7, Tel. 942 271850, Fax 942 271049. Großer 63-Zimmer-Block nahe dem Sardinero-Strand. Nicht unbedingt eine Augenweide, dafür mit preisreduzierten Zimmerangeboten an den Wochenenden.
- **Hostal Carlos III** (++), Avenida Reina Victoria 135, Tel. und Fax 942 271616. Gute und vor nicht allzu langer Zeit renovierte Altbau-Pension. Vorteil: die Nähe zum Sardinero-Strand. Nachteil: weit weg von der City.
- **Hostal Botín** (+) **(4),** Isabel II 1, Tel. 942 210094. Einfache und recht preisgünstige Pension. Nachteile: Zimmer mitunter von „Mauseloch"-Größe, laut. Vorteilhaft ist die zentrale Lage.
- **Camping:** An der Avenida del Faro gelegen ist der Campingplatz Cabo Mayor (Tel. 942 391542); ganzjährig geöffnet.

Essen und Trinken

- **Restaurante El Puntal** (+++), Paseo Pérez Galdós 28 (im Hotel Real), Tel. 942 272550. Eleganter und vorzüglicher Gourmettempel, in dem man zum Beispiel Entenleber in Wein

130ns Foto: ad

Casino, Santander

und Seebarsch in Knoblauch probieren sollte. Und danach: ein Kaffee auf der Terrasse.

● **Restaurante La Costera** (+++), Plaza de las Brisas, Tel. 942 280611. In der Nähe des Casinos gelegen und für edle Geschmäcker gedacht. Fangfrische Meeresfrüchte, Fleisch aus eigener Schlachterei. Reiche Dessertauswahl.

● **Restaurante Mesón Leonés** (+-++), Nicolás Salmerón 12, Tel. 942 313633. Einfache Gastlichkeit, hervorragende Meeresfrüchteplatte, mittags (werktags) preiswertes Menü.

Verkehrsverbindungen

● Santanders **Flughafen** Parayas liegt etwa sechs Kilometer südlich der Stadt, Tel. 942 202111. Flüge gehen unter anderem nach Madrid und Barcelona.

● Die **Bahnstationen von Renfe und Feve** liegen an der Plaza de las Estaciones, Tel. 902 240202 (Renfe) bzw. 942 209522 (Feve). Züge gehen unter anderem nach Bilbao, Oviedo und Madrid.

● Den **Busbahnhof (5)** findet man ebenfalls an der Plaza de las Estaciones, Tel. 942 211995. Von hieraus Verbindungen unter anderem nach Bilbao, Vitoria, Oviedo, Gijón, Madrid, Barcelona, Pamplona, Burgos, San Sebastián, Irún, La Coruña, Logroño, Zaragoza und Brüssel.

● **Bootsverkehr:** Ab der **Estación Marítima (6)** – je nach Saison – ein bis zwei wöchentliche Fährverbindungen über den Ärmelkanal nach Plymouth, Tel. 942 360611. Von der **Calderón-Mole (10)** aus starten Buchtrundfahrten im Sommer und – ganzjährig – kleine Personenboote nach Pedreña und Somo (Fahrräder gegen Aufpreis, Tel. 942 216753).

Feste

● Wichtige Vorkommnisse im Festkalender sind die **Jakobus-Feierlichkeiten** rund um den 25. Juli (mit Stierkämpfen und Feuerwerk) und das **Internationale Musik- und Tanzfestival** im August.

Einkaufen

- Die **Markthallen (2)** mit ihrem riesigen Angebot an Fisch liegen direkt hinter dem Rathaus. Der Markt heißt Mercado de la Esperanza.

Weitere Reisetipps

- **Parken:** Parkhäuser bzw. Parkplätze findet man an der Alameda Jesús de Monasterio und der Avenida de Alfonso XIII sowie an den Plätzen Numancia und José Antonio.
- **Autoverleih:** Zu den in Santander ansässigen Verleihern zählen Atesa (Estación de Renfe, Tel. 42 222926) und Hertz (Estación Marítima, Tel. 942 362821).

Ausflüge von Santander ⇗IX/C1

Natur- und Wildpark Cabárceno

Wer Lust auf Bären, Giraffen und Löwen verspürt, fährt von Santander aus in den rund 20 km südlich gelegenen Natur- und Wildpark Cabárceno (Anfahrt über **Obregón).** Auf einer Fläche von rund 800 Hektar breitet sich das Areal genau dort aus, wo sich die einstigen und schon zu römischen Zeiten bekannten Eisenlager befanden und in denen noch bis 1989 gearbeitet wurde. Heute sind mehr als 300 Tierarten aus allen Kontinenten vertreten; das Rahmenprogramm eines Besuchs lässt sich mit dem Reptilienhaus und der Teilnahme an Seelöwen- und Raubvögelshows anreichern. Während der Sommermonate täglich geöffnet 9.30-19 Uhr, ansonsten 9.30-18 Uhr; Website: www.cantur.com, Tel. 942 563736.

Naturpark Liencres

Naturbelassener geht es rund um das knapp zehn Kilometer westlich von Santander gelegene Liencres zu. Dort erstreckt sich der sandige **Valdearenas-Strand** über eine Länge von fast drei Kilometern.

Und im kleinen, gerade einmal 200 Hektar umfassenden **Naturpark Dunas de Liencres** sind die Dünen mit ihren Seevögelkolonien offiziell geschützt.

Tal des Río Pas und Ebro-Stausee ⇗VIII/BC1-2

Eines der beliebtesten Ziele im Hinterland von Santander ist das grüne und sowohl für seine grobsteinigen Landhäuser als auch für den hervorragenden Käse bekannte Tal des Río Pas, dem man ins geografische Herz Kantabriens folgt.

Einen Stopp, vor allem wegen seiner Höhlen am Monte Castillo, verdient **Puente Viesgo.** Hier sieht man **prähistorische Felsbilder** mit facettenreichen Motiven wie jenen von Pferden, Bisons und den Abbildungen menschlicher Hände (geöffnet Mai bis September täglich 10-14 und 16-20.30 Uhr, sonst Mi-So 9.30-16.55 Uhr; letzte Führung eine Stunde vor Kassenschluss; Vorab-Reservierungen möglich unter Tel. 942 598425).

Setzt man die Tour von Puente Viesgo aus gen Süden fort, geht es über **San Vicente de Toranzo** (mit mittelalterlichem Agüedo-Turm) und **Entram-**

basmestas in das urige Örtchen **Vega de Pas.**

Ebensogut kann man auf den letzten Abstecher nach Vega de Pas verzichten und fährt hinter Entrambasmestas unablässig in südlicher Richtung weiter, bis sich der herrlich ins Bergland eingebettete **Ebro-Stausee** (Embalse del Ebro) öffnet. Dieser nimmt eine Fläche von rund 60 km² ein, liegt zum Teil bereits in der Region Kastilien-León und ist für seinen Reichtum an Wasservögeln bekannt.

Eine kleine, malerische Uferstraße führt westlich nach **Reinosa.**

Weit im kantabrischen Hinterland am Ebro-Stausee

Vom 12.000-Einwohner-Städtchen Reinosa aus erreicht man einige Kilometer weiter westlich das Örtchen **Fontibre** und die **Quelle des Ebro** (Nacimiento del Ebro).

Rund 15 weitere Kilometer westlich von Fontibre – noch ein ganzes Stück hinter **Espinilla** – befindet sich die **Skistation Alto Campóo,** von der aus man per **Lift** bis auf den 2.175 m hohen **Berg Tres Mares** gelangt.

Ab Espinilla besteht eine alternative Fahrtmöglichkeit Richtung Küstenhinterland: über den rund 1.250 m hohen Palombera-Pass und später das Tal des Río Saja abwärts bis zum alles andere als erbaulichen Industriestädtchen **Cabezón de la Sal.**

Beidseits des Palombera-Passes breitet sich der rund 7.000 Hektar umfas-

131ns Foto: ad

sende **Naturpark Saja-Besaya** aus. Dieser ist für seine Hirsch, Reh- und Auerhuhnbestände bekannt.

Information

- Das **Touristenbüro** von **Reinosa** findet man in der Avenida del Puente de Carlos III 23, Tel. 942 755215.

Unterkunft

- **Hotel Vejo** (++), Avenida Cantabria 83, **Reinosa,** Tel. 942 751700, Fax 942 754763. Zufriedenstellendes, vielleicht etwas unpersönliches Drei-Sterne-Haus mit 68 Zimmern und Restaurant.
- **Preisgünstigere, einfache Unterkünfte** findet man in **Reinosa** in der Calle Julióbriga: das Hostal San Cristóbal (+, Hausnummer 1; Tel. 942 751768) und das Hostal Sema (+, Hausnummer 12; Tel. 942 750047).

Santillana del Mar und die „neue" Höhle von Altamira

↗VIII/B1

Rund 30 km westlich von Santander liegt eines der bezauberndsten Städtchen in ganz Nordspanien: Santillana del Mar.

Auf der Fahrt dorthin verpasst man nicht viel, es sei denn, es ist gerade ein Mittwoch zwischen 6 und 15 Uhr und man kommt durch **Torrelavega.** Dann nämlich findet im Cuadrona-Komplex der ansonsten nicht gerade ansehnlichen Industriestadt ein riesiger **Viehmarkt** statt; einer der Eingänge liegt an der Avenida de Cantabria.

Spanisch-Kundige werden sich in dem denkmalgeschützten 1.000-Einwohner-Ort Santillana del Mar zunächst wundern. Der Namenszusatz „del Mar" heißt „vom Meer", doch das liegt noch einige Kilometer entfernt und Santillana eingebettet ins ländlich-bäuerliche Hügelgrün. Ganz in der Nähe des Ozeans ist hier ein Ziel erwachsen, das sich als Symphonie in Stein zeigt und die Besucher in seinen Bann zieht (auch wenn es im Sommer eng werden kann in den Gassen).

In der vom Verkehr unbeleckten **Altstadt** spaziert man über Kopfsteinpflaster und durch Torbögen, sieht stolze Häuser mit efeuumrankten Mauern und alten Wappen sowie Balkonen, die mit ihrer Vielzahl an Blumentöpfen wie botanische Gärten im Kleinformat wirken. Dann tritt man ein in kleine Kunstgalerien und urige Geschäfte, in denen man sich mit Mitbringseln und Produkten zum Sofortverzehr eindecken kann. Die Palette reicht von Keramiktellern und Schmuckkacheln über Wildschweinwurst, Käse und Kuchen bis hin zu frischer Milch vom Bauern (nur im Sommer).

Die Ursprünge des bald 1.000-jährigen Santillana del Mar gründen sich auf das frühe Mittelalter und einige Mönche, die im Besitz der Reliquien der heiligen *Juliana* waren. Sie erbauten eine kleine Kapelle, aus der sich später ein blühendes Kloster entwickelte, das zahlreiche Schenkungen erhielt. Das wichtigste Bauwerk im Santillana del Mar von heute ist die romanische **Colegiata** (Stiftskirche) mit ihrem zylinderförmigen Turm und dem Grabmal der heiligen Juliana. Sehenswert sind auch das gotische Hauptretabel und der Kreuzgang mit seinen

132ns Foto: ad

fein gearbeiteten Kapitellen, darunter findet man Motive wie die Kreuzigung und Daniel mit zwei Löwen (Kreuzgang/Stiftskirche täglich geöffnet 10-13.30 und 16-19.30 Uhr; Kombiticket für das Diözesanmuseum).

Als weitere Monumente ragen die rund um die zentrale **Plaza Ramón Pelayo** (auch genannt: Plaza Mayor oder Plaza del Mercado) gelegenen **Steinpalais Aguila-Parra und Barreda** (heute Parador) sowie die trutzigen **Türme Merino und Don Borja** hervor.

Uriges Steinhaus in Santillana del Mar

Im Palast Águila-Parra sind oft interessante Ausstellungen zu sehen (wechselnde Zugangszeiten).

Weitere Besuchsziele in der Stadt sind das in dem **Klarissinnenkonvent Regina Coeli** aus dem 18. Jh. untergebrachte **Diözesanmuseum** (an der Durchgangsstraße; täglich geöffnet 10-13 und 16-18-Uhr, außerhalb der Sommersaison Mi geschlossen), das nahe der Stiftskirche gelegene, mit diabolischen Folterinstrumenten ausgestattete **Inquisitionsmuseum** (Edificio El Solar; täglich geöffnet 10-13 und 16-19, im Sommer 10-21 Uhr) sowie der **Zoo** (Carretera de Puente San Miguel; mit Reptilienhaus und Schmetterlingsgarten; täglich geöffnet von 9.30 Uhr bis Sonnenuntergang).

134ns Foto: ad

Andenkenladen, Santillana del Mar

Altamira

Ab Santillana del Mar ist eine zwei Kilometer lange Straße hinauf in die Hügelwelt zu den Höhlen von Altamira ausgeschildert. Dort wurden im Jahre 1879 mit einer solchen Perfektion gefertigte **prähistorische Felsmalereien** und -gravuren entdeckt, dass Altamira den Beinamen „Spaniens Sixtinische Kapelle der Steinzeit" trägt und von der UNESCO zum Weltkulturerbe ernannt worden ist. Zu den Motiven gehören Wisente, Ziegen und Hirsche, aber auch bislang unergründete rote Flächen und Kohlezeichen.

Entgegen anderslautender Meldungen ist der Besuch der Originalhöhle nach wie vor möglich. Das ist die gute Nachricht. Die Schlechte: Wartezeit gegenwärtig drei Jahre! Seinen Antrag stellt man an das Altamira-Forschungszentrum (Museo y Centro de Investigación de Altamira, E-39330 Santillana del Mar, Fax 942 840157).

Als Trost vor Ort bleibt der jüngst eröffnete **Höhlen-Nachbau**; geöffnet im Sommer Di-Sa 9.30-19.30, So 9.30-17 Uhr, sonst Di-So 9.30-17 Uhr.

Information

- Das **Touristenbüro** von **Santillana del Mar** liegt in der Calle Jesús Otero 22; Internet-Infos: www.santillanadelmar.com.

Unterkunft

- Die Gemeinde Santillana del Mar hat nicht weniger als **900 offiziell registrierte Betten** in Hotels und Pensionen zu bieten. In der Sommersaison bieten zahlreiche Privatanbieter Zimmer an; man sollte auf Hinweisschilder wie *camas, habitaciones* und *casa de huéspedes* achten. Auskünfte auch über das Fremdenverkehrsamt.
- **Hotel-Parador de Santillana del Mar** (+++), Plaza Ramón Pelayo 11, Tel. 942 818000, Fax 942 818391, Web: www.parador.es, E-Mail: santillana@parador.es. Ideal gelegen im Herzen des Städtchens und in einem Herrenhaus aus dem 17./18. Jh. Wohlig altertümliches Ambiente, drei Sterne, Vorab-Reservierungen zu jeder Jahreszeit dringend empfohlen.
- **Hotel Los Hidalgos** (++), Campo de Revolgo s/n, Tel. 942 818101, Fax 942 840170. Zentrales 40-Zimmer-Haus, alle Zimmer mit Bad, Heizung, Telefon und Satellitenfernsehen. Mit Restaurant und Cafeteria, moderater Frühstückspreis.
- **Landhausunterkunft** u.a. in der Posada La Abadía (Revolgo s/n, Tel. 942 840304, Fax 942 840366) und der Casa del Organista (Calle Los Hornos 4, Tel. 942 840352).

Essen und Trinken

- Viele kleinere **Restaurants jedweder Preisklasse und Qualität** im überschaubaren Bereich zwischen Durchgangsstraße und Plaza Ramón Pelyo sowie in den angrenzenden Gassen. Wer es besonders stilvoll mag und gut bei Kasse ist, kehrt im empfehlenswerten Restaurant des Paradors ein (+++) und bestellt Lachs oder Venusmuscheln.

Weitere Reisetipps

- **Parken:** Am Ortsrand ausgewiesener Großparkplatz (gebührenpflichtig).
- **Lektüre:** Vor Ort kann man sich ein aufschlussreiches, nicht allzu teures und mit vielen guten Farbfotos ausgestattetes **Buch zu Santillana del Mar und zur Höhle von Altamira** besorgen: Santillana – Altamira (Autoren: *Enrique Campuzano* und *José A. Lasheras;* Verlag: Editorial Everest).

Comillas

↗VIII/B1

Westlich von Santillana del Mar fährt man durch hügeliges Wiesen- und Weideland nach **Cóbreces,** wo es rechts hinab zum ausgeschilderten Strand und links hinauf zu einer Zisterzienserabtei geht.

Wenige Kilometer weiter westlich erreicht man eine herrliche Küstenstraße (C-6316), die bis Comillas führt. Mit seinem Strand, dem Fischerhafen, beschaulichen Altstadtgassen und efeuumrankten Häusern zeigt sich der 2.500-Einwohner-Ort gleich von mehreren freundlichen Seiten. Unter Spaniern ist Comillas im Sommer außerordentlich beliebt, im Klartext: Dann kann es manchem Ruhe Suchenden überlaufen vorkommen.

Ins Bild gehören außer einigen alten Adelshäusern und einem Denkmal zu Ehren des Grafen von Comillas auch mehrere Aufsehen erregende Monumente: der architektonisch verspielte und vom bekannten Jugendstilmeister *Antoni Gaudí* entworfene **Palast El Capricho** (heute mit Restaurant), der 1890 erbaute **Sobrellano-Palast** (heute Kultur- und Ausstellungszentrum) sowie der gewaltige, Ende des 19. Jh. von mehreren namhaften Architekten konzipierte Komplex der **Universidad Pontificia.**

Information

- Das **Touristenbüro** findet man in der Calle Aldea 6, Tel. 942 720768; nur während der Sommersaison geöffnet.

Unterkunft

- Im **Sommer** machen zahlreiche **private Zimmeranbieter** ihr Geschäft, von dem auch weniger Betuchte profitieren. Man sollte auf Schilder wie *pensión, habitaciones* und *camas* achten.
- **Hotel Casal del Castro** (++), San Jerónimo s/n, Tel. 942 720036, Fax 942 720061. Stilvolle Drei-Sterne-Herberge, untergebracht in einem Herrenhaus aus dem 17. Jh.
- **Landhausunterkunft** in Comillas in der Posada La Montañesuca (Calle General Piélagos 9, Tel. 942 722178) und in der Casa Luisa (Calle El Perujo 1, Tel. 942 720231).

Playa de Oyambre

Von Comillas aus geht es Richtung San Vicente de la Barquera, wobei Strandliebhaber auf dem Weg voll auf ihre Kosten kommen. Hinter **La Rabia** und nahe einem Sumpfgebiet sind zwei Abzweige zur Playa de Oyambre ausgewiesen, einem Sandstrand von über 1,8 km Länge. Ansonsten geht es durch eine grüne, bäuerliche Gegend auf die N-634 und auf dieser abwärts und über die vielbogige Brücke nach San Vicente de la Barquera. Vor der Brücke zweigt man rechter Hand ab zum langen Sandstrand **Merón.** Hier bietet sich ein fast unwirkliches Binnenlandpanorama mit den majestätischen Ausläufern der Pícos de Europa.

Unterkunft

- **Camping:** Der Campingplatz Playa de Oyambre liegt am Oyambre-Strand und ist zwischen Anfang April und Ende September zugänglich, Tel. 942 711461.

Seefahrerkapelle nahe dem Hafen von San Vicente de la Barquera

133ns Foto: ad

San Vicente de la Barquera

VIII/B1

Bezieht man den erwähnten Merón-Sandstrand mit ein, gehört das am tiefen Einschnitt des San-Vicente-Meeresarms und der Mündung des Río Escudo gelegene Örtchen San Vicente de la Barquera mit zum Schönsten, was Kantabriens Küstenlandschaft zu bieten hat. Gut, manche Neubauzonen und die im Sommer mitunter verstopfte Durchgangsstraße muss man sich in dem 5000-Einwohner-Städtchen wegdenken.

Doch ansonsten geht es munter und stimmungsvoll zu, Bars und Restaurants locken mit fangfrischen Meeresfrüchten, und einiges zu entdecken gibt es auch: den **Altstadthügel** zum Beispiel mit seinen Mauer- und Burgresten, den **Corro-Palais** (heute Rathaus) sowie die romanischen Kirche **Santa María de los Angeles.**

Bei einem Bummel entlang der Wasserlinie sollte man den **Fischerhafen** und die kleine, etwas zurückgesetzte Seefahrerkapelle Virgen de la Barquera nicht auslassen.

Information

- In San Vicente de la Barquera findet man das **Touristenbüro** in der Calle Generalísimo 20, Tel. und Fax 942 710797.

Unterkunft

- **Hotel Miramar** (++), Paseo de la Barquera s/n, Tel. und Fax 942 710075. Nettes Drei-Sterne-Hotel mit angeschlossenem Restaurant. Nur 15 Zimmer, Reservierung dringend anzuraten. Gleich gegenüber liegt ein **Hotelneubau** unter derselben Leitung.

●**Camping:** Der etwas außerhalb von San Vicente de la Barquera gelegene Campingplatz El Rosal hat von Juni bis September geöffnet. Carretera Santander-Oviedo, km 63, Tel. 942 710165.

Essen und Trinken

●Am **Paseo de la Banquera** sowie – vom Großparkplatz aus gesehen – den dahinterliegenden Gassen locken zahlreiche Bars und Restaurants mit fangfrischen Meeresfrüchten.

In die kantabrischen Picos de Europa

↗VIII/A1-2

Westlich von San Vicente de la Barquera verbleiben zunächst zwölf recht kurvige Kilometer bis **Unquera,** wo der Río Deva in den Meeresarm Tina Mayor übergeht. Ansonsten ist Unquera für dreierlei bekannt: als westlichster küstennaher Ort Kantabriens, wegen seines Blätterteiggebäcks *corbatas* (wörtlich: „Krawatten"; viele Verkaufsschilder) und als Ausgangspunkt für einen beliebten Abstecher ins Hinterland (die Küstenroute wird fortgesetzt im Kapitel „Von Unquera nach Llanes").

Bei dieser Tour geht es südlich von Unquera auf der Landstraße N-621 unablässig parallel zum Río Deva dem mächtigen Gebirge der Picos de Europa entgegen. Dabei fährt man ein Stückchen durch Asturien und den strategisch bedeutsamen Gabelungsort **Panes.** Hier geht es rechts ab durch das enge Tal des Río Cares und weiter in den bedeutenden Fremdenverkehrsort Cangas de Onís (siehe nächstes Kapitel).

Geradeaus hingegen fährt man der bald zum Greifen nahen Hochgebirgsszenerie mit ihren Zinnen und Zacken entgegen und kommt dabei durch die spektakuläre, zuweilen von bis zu 600 m hohen Steilwänden beflankte **Hermida-Schlucht** *(Desfildadero de la Hermida).*

Beide Varianten ab Panes haben ein Ziel: die zum **Nationalpark** erklärten **Picos de Europa,** die – wortwörtlich übersetzt – „Berggipfel von Europa". Rund 65.000 Hektar umfasst dieser in Kantabrien und Asturien liegende Nationalpark, in dem die höchsten Gipfel über 2.600 m hoch aufragen. Angesichts der schroffen Wände und des hellgrauen Gesteins werden sich hier manche an die Dolomiten erinnert fühlen. Hier kommen unter anderem Gämsen, Wildkatzen, Dachse, Gänsegeier und Steinadler vor.

Auf dem Weg zwischen Panes und Potes lohnt sich noch ein kurzer Abstecher linker Hand nach **Lebeña** mit seiner gedrungen wirkenden, aus dem 10. Jh. stammenden mozarabischen Kirche Santa María de Lebeña.

Potes, der rund 1.500 Einwohner große Hauptort des fruchtbaren Landstriches Liébana, liegt auf lediglich 290 m Höhe – und damit der Bergkulisse der Picos de Europa zu Füßen. Trutzig hebt sich ein spätmittelalterlicher Festungsturm, die Torre del Infantado, aus dem Ortsbild ab. Rundherum findet man zahlreiche Einkehrmöglichkeiten.

Einen kleinen Ausflug ist das wenige Kilometer südwestlich gelegene **Klos-**

ter Santo Toribio de Liébana wert, das bereits seit dem 8. Jh. bekannt ist und dessen älteste Teile aus dem 12./13. Jh. stammen.

Von Potes aus leitet eine Straße 23 km über **Camaleño** und **Espinama** hinauf ins westlich und bereits auf einer Höhe von 1.070 Meter gelegene **Fuente Dé.**

Dort startet eine **Seilbahn** und trägt einen in kurzer Zeit weitere 800 Meter hinauf (Seilbahnbetrieb Anfang Juli bis Mitte September täglich 9-20 Uhr; ansonsten 10-18 Uhr und stets vom Wetter abhängig). Der Lohn allüberall: ein grandioses Panorama, das im Winter häufig verschneit ist.

Die obere Seilbahnstation dient Bergwanderern als Ausgangspunkt zu **Touren durch das Zentralmassiv der Picos de Europa** oder hinab ins Tal nach Espinama. Der Vollständigkeit halber sei erwähnt: Adäquate Ausrüstung samt detailliertem Kartenmaterial sind bei diesen Wanderungen unerlässlich. Für Gefahr im Gebirge können die plötzlichen Wetterumschwünge sorgen.

Information

- Das **Touristenbüro** in **Potes** findet man in der Calle Independencia 30, Tel. 942 730787. Hier Information über Berghütten, Fahrradverleih und Reittouren.

Unterkunft

- **Hotel-Parador de Fuente Dé** (++ - +++), **Fuente Dé,** Tel. 942 736651, Fax 942 736654, Web: www.parador.es, E-Mail: fuentede@parador.es. Großer, auf den ersten Blick unpersönlicher Komplex nahe der Seilbahnstation, doch die umliegende Landschaft macht alles wett. Ideal für Naturfreunde. Zimmer dringend vorher reservieren. Mit regionalem Spezialitäten-Restaurant.
- **Hostal Lombraña** (+), Calle Sol 2, Potes, Tel. 942 730519, Fax 942 730987. Einfache Acht-Zimmer-Pension in einem alten Landhaus, im Unterbereich Restaurant. Zimmer mit Bad, außerordentlich günstige Nebensaisonpreise. Ganzjährig geöffnet.
- **Camping:** Zwischen Potes und Fuente Dé liegen die Campingplätze La Isla-Picos de Europa (geöffnet Anfang April bis Ende Oktober; Tel. 942 730896) und San Pelayo (geöffnet Mitte April bis Ende September; Tel. 942 733087).

Asturien

Grüne Buchten, schroffe Schluchten und die von der UNESCO zum Weltkulturerbe erklärten präromanischen Kirchen gehören zu Asturien wie der prickelnde Apfelwein *(sidra)* und der geruchlich und geschmacklich alles durchdringende Schimmelkäse *(queso de Cabrales)*.

Apropos **Apfelwein:** In Asturiens Kneipen breiten sich häufig heftige Alkohol-Düfte aus. Dort gibt sich der Asturier ganz den Freuden seiner berühmt-berüchtigten *sidra* hin, die in Massen vor allem rund um Villaviciosa produziert wird – und das auf ganz besondere Weise. Bestellung nur flaschenweise, kredenzt wird von Kopf zu Knie. Und das sieht dann so aus: Man entkorkt eine gekühlte Flasche, führt sie weit über Kopfhöhe und lässt den Strahl in hohem Bogen in ein Glas auf Kniehöhe plätschern, das man in der anderen Hand hält. Ein akrobatischer Brauch, der Sauerstoff bindet und der *sidra* perlige Frische gibt. Es folgt des Kultes zweiter Teil. Man lässt einen Schluck im Glas, schwenkt um und schüttet den Rest in hohem Bogen auf den Boden. Für den unbedarften Außenstehenden bleibt die Erkenntnis: Es regnet öfter als man denkt in Asturien. Und: Wer seinen Durst mit *sidra* stillt, sollte Stunden später Aspirin zur Hand haben.

Deftige Grundlage gegen Kater ist die **fabada,** der üppige Eintopf aus Bohnen, Speck, Paprika- und Blutwurst.

Kein Weg führt in Asturien an **Oviedo** vorbei, der zu Füßen des Naranco-Berges gelegenen **Hauptstadt** des rund 10.600 km² großen Fürstentums.

Trotz all der Reize Asturiens mit seiner wildromantischen **„Grünen Küste"** (Costa Verde), einigen **pittoresken Fischerstädtchen** sowie den Labyrinthen aus Tälern, Bergen und Flüssen ist die Region nicht frei von manch landschaftlichem Schandfleck. In Gijón mögen Strände, Promenaden und Kulturzentren noch über die schauderlichen Hafen- und Industrieanlagen am Stadtrand hinwegtrösten. Doch im 25 km weiter westlich gelegenen Avilés, einer Metropole der Schwerindustrie, wünscht man sich nur eine Atemschutzmaske. Zum Trost sei gesagt: Normalerweise kann man frei einatmen in Asturien.

Wer sich von der Küste Kantabriens her Asturien nähert, hat im Wesentlichen zwei Möglichkeiten der Weiterfahrt: die **Hinterlandroute** durchs Gebirge und am Nationalpark Picos de Europa vorbei nach Oviedo oder die **Küstenroute** nach Gijón. Oviedo und Gijón sind untereinander per Autobahn verbunden.

Und noch zwei Hinweise, warum – sieht man einmal von Käse, sidra und fabada ab – Asturien in aller Munde ist. Zum einen nennt man es die **„Wiege der Reconquista"**, da im Jahre 722 bei der Schlacht von Covadonga die Spanier erstmals die Mauren besiegten. Und zum anderen tragen Spaniens Kronprinzen seit 1388 – bis heute unverändert – den Titel **Príncipe de Asturias** (Fürst von Asturien).

Durchs asturische Bergland nach Cangas de Onís

⇗ VII/CD2

Vom westlichsten küstennahen kantabrischen Ort Unquera wählt man die Landstraße N-621 gen Süden. Diese hält sich parallel zum Deva-Fluss und leitet geradewegs auf die mächtige Hochgebirgslandschaft zu. Im 2.000-Einwohner-Ort **Panes** gabeln sich die Straßen. Während die N-621 geradeaus in Richtung der Hermida-Schlucht, Potes und des Örtchens Fuente Dé führt (siehe voriges Kapitel), zweigt man bei dieser Variante rechts ab auf die AS-114 Richtung Cangas de Onís.

Hinter Panes erwartet einen eine immer atemberaubendere Bergszenerie im **Tal des Río Cares,** das sich weiter und weiter verengt.

Bis zum rund 55 km entfernten Cangas de Onís verweisen Schilder ein ums andere Mal auf den Verkauf von pikantem und monatelang in Naturhöhlen oder Kellern gereiftem **Schimmelkäse** *(queso de Cabrales).* Man sieht Stromschnellen, an stillen Stellen smaragdgrün glänzendes Flusswasser und riesige, senkrecht abfallende Felswände.

Erster größerer Streckenort ist das 2.500 Einwohner große und zwischen den Gebirgszügen Cuera und Dobros gelegene **Las Arenas de Cabrales.** Der schönste Wanderweg weit und breit führt durch die nahe Garganta del Cares, die „Cares-Schlucht".

Dahinter löst sich das Sträßchen allmählich aus der Schlucht, kommt durch **Carreña de Cabrales** und windet sich in langen Serpentinen und an nackten Felswänden vorbei aufwärts.

Kurz vor dem Örtchen **Canales de Cabrales** lohnt sich der Halt auf dem Panoramaparkplatz und der Blick zurück über die imposante Bergwelt.

Danach setzt man die Fahrt durch eine bäuerlich-idyllische Gegend über **Ortiguero, Robellada** und **Benia de Onís** fort. Hier bereits befindet man sich im grünen und von mächtigen Hängen beflankten Tal des Río Güeña mit seinen umliegenden, fast verloren wirkenden Dörfern. **Mestas de Con, La Estrada, Soto de Cangas** (nahebei Links-Abzweig nach Covadonga, siehe „Gletscherseen in den Picos de Europas") und **La Venta** heißen die nächsten Stationen bis Cangas de Onís.

Information

- **Touristenbüros** findet man in **Panes** (Carretera General s/n, Peñamellera Baja, Tel. 98 5414297) und **Las Arenas de Cabrales** (Carretera General s/n, Tel. 98 5846484); nur in der Sommersaison geöffnet.

Unterkunft

- **Hotel Picos de Europa** (++ - +++), Carretera General s/n, **Las Arenas de Cabrales,** Tel. 98 5846491, Fax 98 5846545. Schmuckes Drei-Sterne-Hotel mit Pool, auch behindertengerechter Zugang. Nur 35 Zimmer, im Sommer häufig ausgebucht. Mahlzeiten zu angemessenem Preis
- **Hotel Torreceredo** (+ - ++), Barrio Los Llambriosos s/n, **Las Arenas de Cabrales,** Tel. 985 846640, Fax 985 846656. Ein-Stern-Hotel, Frühstück zu moderatem Preis, sehr günstige Nebensaisontarife. Ganzjährig geöffnet.
- **Camping:** An der Strecke liegen die Campingplätze Naranjo de Bulnes (Las Arenas de Cabrales, Tel. 98 5846578; geöffnet März bis Oktober) und Covadonga (Soto de Cangas, Tel. 98 5940097; geöffnet von Anfang Juni bis Mitte September).

Essen und Trinken

- Mehrere einfache Bars und kleine Restaurants an der Durchgangsstraße in Las Arenas de Cabrales.

Cangas de Onís ↗VII/C2

Kaum zu glauben, aber dieses am Zusammenfluß von Güeña und Sella gelegene 6500-Einwohner-Städtchen war einst Hauptstadt des asturischen Reiches.

Nun, die Zeiten waren anders und liegen schon lange zurück. Zu Beginn des 8. Jh. war es der sagenumwobene Fürst *Pelayo,* der die Mauren 722 in der Schlacht von Covadonga besiegte und sich hier als Herrscher über ein kleines Königtum niederließ.

An ihn erinnert ein Denkmal an der **Avenida de Covadonga,** die sich als Hauptachse durch die langgezogene Kleinstadt zieht. An dieser Straße liegen auch mehrere Unterkünfte, Restaurants, Bars, Cafés, Souvenirshops, Touranbieter sowie die Informationsstellen.

Und daran lässt sich ablesen, dass Cangas de Onís der unbestrittene asturische Hauptort für **Touren in den Nationalpark Picos de Europa** ist. Dieses geschützte Areal nimmt eine Fläche von rund 65.000 Hektar ein und wird von Asturien und Kantabrien geteilt. Gerade einmal 30 km Luftlinie vom Ozean entfernt, gelangt man in die urwüchsigen Landschaften eines

135ns Foto: ad

136ns Foto: ad

verkarsteten Gebirgsstockes. Die höchsten der schroffen Gipfel ragen über 2.600 Meter hoch auf. Doch die Szenerie besteht nicht aus Felsmassiven allein. Hinzu kommen dichte Buchen- und Fichtenwälder, eiskalte Gebirgsflüsse und -seen sowie eine artenreiche Tierwelt mit Gemsen, Wildkatzen, Mardern und vielen Raubvogelarten. Während im Sommer an mancherlei Stellen Orchideen blühen, toben in den oberen Bereichen im Winter gelegentlich Schneestürme. Die einfachste Möglichkeit, Natur zu entdecken, ist die Auffahrt zu den Seen Enol und Ercina; im Sommer muss man sich allerdings auf Besuchermassen einstellen.

An Bauwerken bietet Cangas de Onís die **romanische Brücke** links am Ortsausgang Richtung Arriondas, das **Renaissancepalais Cortés,** die über einem Dolmen erbaute **Santa-Cruz-Kapelle** sowie die **Kirche Santa María** mit ihrem pyramidenartigen Glockenturm.

Information

- Das **Touristenbüro** von Cangas de Onís liegt an der Plaza del Ayuntamiento s/n, Tel. und Fax 98 5848005. Darüber hinaus findet

Typisch für Asturien sind die Getreidespeicher

Bergpanorama an der engen Straße zwischen Unquera und Cangas de Onís

man in der an der Avenida de Covadonga gelegenen Casa Dago ein **Informationsbüro zum Nationalpark Picos de Europa,** Tel. 985 848614, Fax 985 848699. Dorthin wenden sich im Sommer jene, die Interesse an geführten Bergwanderungen haben; außerdem gibt es eine Ausstellung rund um den Nationalpark. Wanderkarten und -bücher gibt es in den örtlichen Andenkenläden.

Unterkunft

- Vor allem in den Sommermonaten sieht man längs der Avenida de Covadonga Schilder von **privaten Zimmervermietern;** man sollte auf jene mit den Aufschriften *hospedaje, camas* und *pensión* achten. Als Nachteil mögen manche Reisende den gelegentlichen Familienanschluss in diesen Herbergen empfinden.
- In Villanueva, zwischen Cangas de Onís und Arriondas, liegt ein exzellenter **Fünf-Sterne-Parador** ein Stückchen abseits der Hauptstraße (+++, Tel. 985 849402, Fax 985 849520, Web: www.parador.es, E-Mail: cangas@parador.es). Von den Zimmern herrliche Blicke ins Grün, Flussrauschen direkt vor der Haustür. Der äußerst verwinkelte Parador ist im einstigen Kloster San Pedro de Villanueva untergebracht, das zwischen dem 12. und 18. Jahrhundert erbaut und zum Nationalmonument erklärt wurde.
- **Hotel Monteverde** (+ - ++), Sargento Provisional 5, Tel. 985848079, Fax 985 848370. Nettes Ein-Sterne-Hotel in einer Seitengasse zwischen Fluss und Zentrum. Einige Zimmer mit Blick über den Fluss auf die Berge. Freundlicher Service, faire Preise, Cafeteria anbei. In einem Nebenraum des Hotels ist das „Abenteuerzentrum" eingerichtet, in dem man **Kanutouren** auf dem Río Sella arrangiert; auch Canyoning und Reitausflüge können hier organisiert werden.

Essen und Trinken

- **Restaurante El Cenador de los Canónigos** (++ - +++), Avenida Contranquil s/n (Hotel La Cepada), Tel. 985 849567. Vorzügliche Fisch- und Fleischgerichte, Schlemmermenü, gute Weinauswahl.

Verkehrsverbindungen

- **Busverbindungen** von Cangas de Onís nach Las Arenas de Cabrales, Panes und Oviedo.

Höhle von Buxú ⇗VII/C2

Noch ein kurzer Ausflugstipp ab Cangas de Onís: die wegen ihrer **vorgeschichtlichen Felsbilder** bekannte Höhle von Buxú. Diese erreicht man über einen ausgeschilderten Abzweig von der AS-144 genau drei Kilometer östlich von Cangas de Onís (Straße Richtung Las Arenas de Cabrales).

- Gegenwärtig Höhlenzugang nur für maximal 25 Personen pro Tag, geführter Zutritt in Fünfer-Gruppen. Im Regelfall öffnet die kleine Höhle nur Mi-So ab 9.30 Uhr – je früher man ansteht, desto größer sind die Chancen. Auf jeden Fall vorher aktuelle Informationen und Zeiten im Fremdenverkehrsbüro von Cangas de Onís einholen!

Gletscherseen in den Picos de Europa ⇗VII/C2

Vom knapp 100 m hoch gelegenen Cangas de Onís geht es über 1000 m hinauf in die Bergwelt und hinein in den **Nationalpark Picos de Europa.**

Dazu fährt man von Cangas de Onís ein paar Kilometer auf der AS-114 Richtung Las Arenas de Cabrales und schlägt den ausgeschilderten Rechts-Abzweig in Richtung des etwa sechs Kilometer entfernten 150-Einwohner-Örtchens **Covadonga** ein. Mit der von den „christlichen" Streitern unter *Pelayo* gewonnenen Schlacht von Covadonga begann die Reconquista, die

137ns Foto: ad

Rückeroberung der von den Mauren besetzten Iberischen Halbinsel. Dies erklärt die Anziehungskraft, die alleine der Name Covadonga noch heute auf viele Spanier ausübt.

Zu sehen gibt es die hoch über einem kleinen Teich gelegene **Grotte,** in der sich Fürst *Pelayo* und die Seinen vor den anrückenden Mauren versteckt haben sollen. Dort sieht man auch *Pelayos* Grabmal und ein Marienheiligtum mit dem Bildnis der asturischen Schutzheiligen Virgen de las Batallas. Die nahebei gelegene **Basilika Virgen de las Batallas** wurde Ende des 19. Jh. erbaut.

Die Grotte von Covadonga

Hinter Covadonga geht es so richtig los, sprich: unaufhaltsam steil in die gewaltige Gebirgswelt hinein. Ziele sind die etwa 12 bzw. 14 km von Covadonga entfernten **Gletscherseen Enol und Ercina;** der letztgenannte liegt auf einer Höhe von knapp 1.150 m. Beim Ercina-See endet die Straße an einem Großparkplatz. Ab dort kann man zu schönen **Wandertouren** aufbrechen.

Arriondas

↗VII/C1

Hinter Cangas de Onís fährt man auf der breiten, flachen Landstraße sieben Kilometer weiter in einen im Sommer ebenfalls belebten Besucherort und Stützpunkt zu Ausflügen in die Berg-

138ns Foto: ad

welt: Arriondas. Das freundliche, nette 6000-Einwohner-Städtchen liegt zu Füßen der Cordillera de Sueve im Tal des Río Sella.

Auf diesem Fluss sind **Kanutouren** in Richtung Ribadesella beliebt. Und zwar nicht nur jene, die man über lokale Anbieter arrangieren kann, sondern auch die große alljährlich Anfang August. Dann sind es Tausende Kanuten, die sich beim **Descenso Internacional del Sella** auf die gemeinschaftliche Abfahrt nach Ribadasella begeben. In Arriondas kann man über die nordostwärts Richtung Ribadasella verlaufende N-634 an die Küstenroute anknüpfen.

Ercina-See mit Gipfeln der Picos de Europa

Unterkunft

- In den **Sommermonaten offerieren Privatanbieter Zimmer;** man sollte auf die Schilder *hospedaje* und *camas* achten.
- **Camping:** Der Campingplatz Sella liegt am Flussufer und hat von Mitte Juni bis Mitte September geöffnet, Tel./Fax 98 5840968.

Von Arriondas nach Oviedo

⇗VI/BC1-2

Hinter Arriondas ist es zwar noch nicht mit der Bergwelt, aber doch mit der Beschaulichkeit vorbei. Schließlich geht es auf der viel befahrenen Landstraße N-634 Asturiens Hauptstadt Oviedo entgegen. Über **Arobes, Soto de Dueñas** und **Villamayor** kommt man durch das Tal des Río Piloña und an vereinzelten Apfelplantagen und Maisfeldern vorbei 20 km weiter bis **Infiesto.** Von hier aus verbleiben knapp 45 km auf der N-634 bis Oviedo, die über Nava, **La Secada** und **Pola de Siero** führen.

Dabei ist **Nava** durchaus einen Stopp wert. Im Ortsbild von Nava fallen die Glasfensterfronten sowie die bunten Anstriche der Häuser auf. Links unterhalb der Durchgangsstraße breitet sich der ansehnliche, kleine Zentralplatz aus, und einige Blocks dahinter liegt ein monumentaler Neubau. In diesem ist seit wenigen Jahren das **Sidra-Museum** untergebracht, das bei der Information rund um den Apfelwein kaum Wünsche offen lässt. Hier erhält man Aufschluss über die Verarbeitungsmethoden und sieht altes Arbeitsgerät; in der großen Vorhalle ist eine **„Sidra-Bar"** untergebracht.

- **Geöffnet** Mitte Juni bis Mitte September Di-Sa 12-14 und 16-20 Uhr, So 12-14 und 17-20 Uhr; sonst Di-Fr 11-14 und 16-19 Uhr, Sa 11-15 und 16.30-20 Uhr sowie So 11-14 Uhr).

Noch ein Tipp für diejenigen, die es zurück an die Küste zieht. Wenige Kilometer hinter Infiesto gibt es einen Rechts-Abzweig auf die herrliche Nebenstraße AS-255 ins 20 km entfernte **Villaviciosa.** Diese idyllische Strecke führt durch ein grünes und bäuerlich geprägtes Mittelgebirge mit Birken-, Ahorn-, Eukalyptus- und Eichenwäldchen, aber auch mit Maisfeldern, Ginstersträuchern, Farnen, Apfelplantagen und Walnussbäumen. In Villaviciosa hat man Anschluss an die Küstenroute.

Oviedo – Hauptstadt Asturiens

↗VI/B1-2

Weit auseinandergezogen liegt sie da, in einem grünen Becken und im Schatten des **Monte Naranco:** Trotz des Ballungsraumes mit 205.000 Menschen und trotz manch gesichtsloser Wohnblockviertel zeigt sich Oviedo als nette, freundliche und vor allem lebhafte Hauptstadt Asturiens. Und

Auf dem Naranco-Berg über Oviedo erhebt sich eine monumentale Christusstatue

139ns Foto: ad

- 1 Hotel Principado
- 2 Plaza Porlier (mit Palais Toreno, Palast Camposagrado)
- 3 Kirche San Tirso, Rúa-Palast, Palais Valdecarzana
- 4 Archäologisches Museum
- 5 Kathedrale San Salvador
- 6 Museum der Schönen Künste
- 7 Restaurante-Bocateria RQR
- 8 Rathaus
- 9 San Isidoro
- 10 Fontán-Markt
- 11 Restaurante Casa Ramón
- 12 Touristenbüro

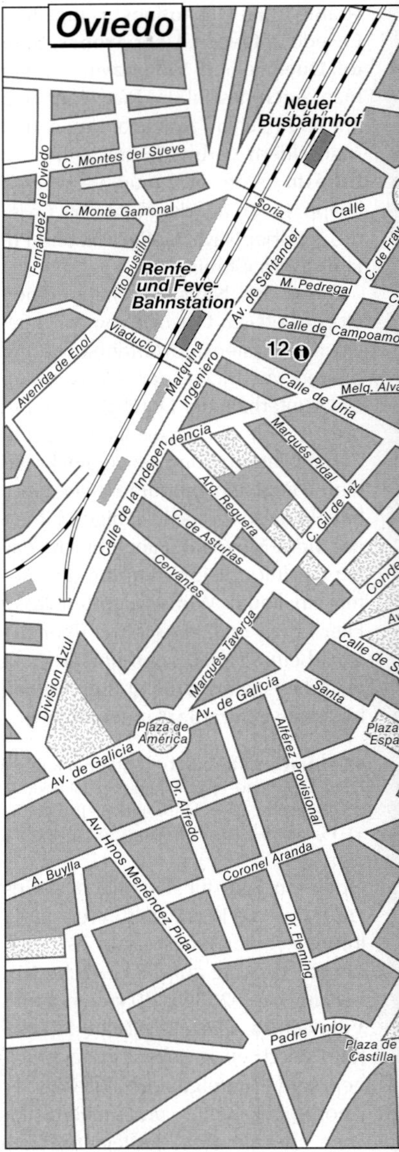

die ist gleichermaßen Dreh- und Angelpunkt für Studenten wie für die Arbeiter in den umliegenden Kohlebergwerken und Industrien. So gehören im nahen Umland Schlote jedweder Art mit ins Bild.

Solche Eindrücke sind im pittoresken **Altstadtviertel** und den Cidra-Bars schnell vergessen. Dass es sich die Einheimischen gut gehen lassen und nicht wenig Geld ins Essen investieren, lässt sich auch an der Vielzahl der Restaurants und der üppigen Auslagen in Bäckereien und Metzgereien ablesen.

Außerdem findet man in Oviedo gepflegte **Geschäftsbezirke,** Einkaufsgalerien und stilvolle Straßen mit dem gewissen Etwas. Konkret: ein paar Pflastereinlegearbeiten hier, ein paar moderne Skulpturen da und fünfarmige Laternchen dort. Immer wieder fallen auch die Häuser mit ihren schönen Holzbalustraden und Glasfronten auf.

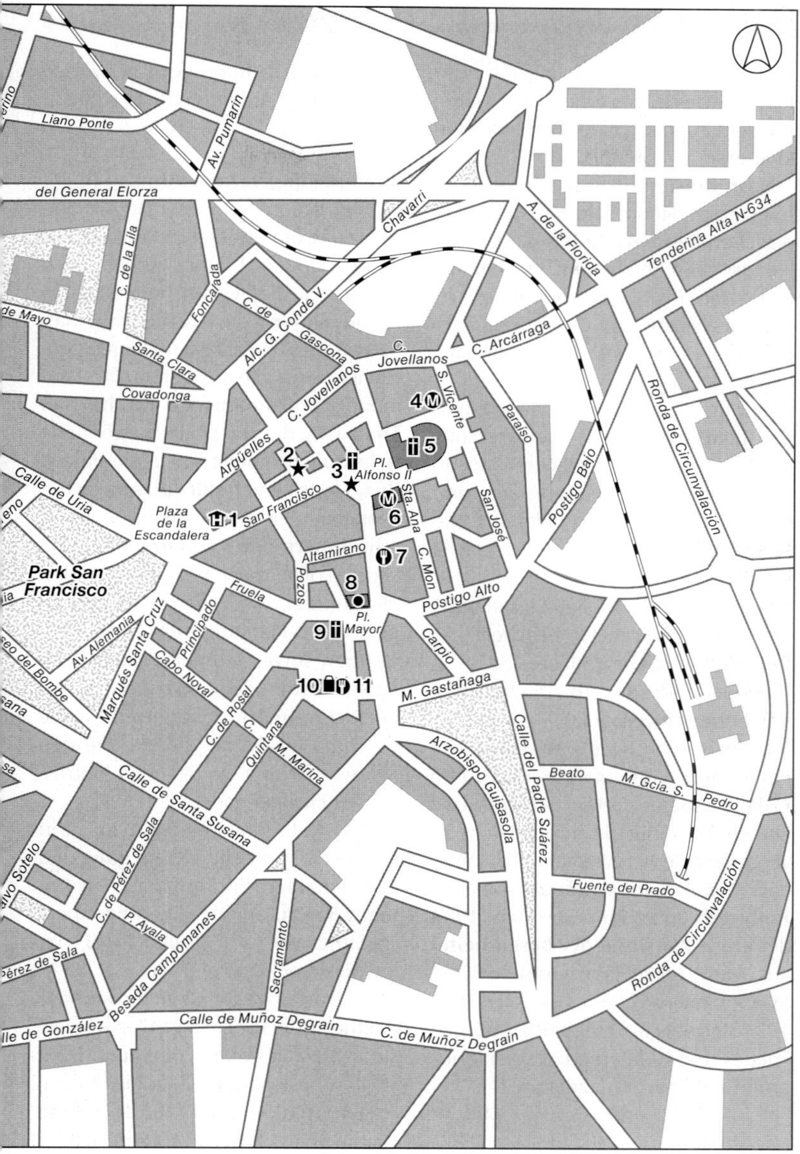
Llano Ponte
Av. Pumarín
del General Elorza
Chavarri
A. de la Florida
Tenderina Alta N-634
C. de la Lila
Foncalada
C. de Gascona
Alc. G. Conde V.
de Mayo
Santa Clara
C. Jovellanos
C. Arcárraga
Covadonga
C. Jovellanos
S. Vicente
Paraíso
Ronda de Circunvalación
4
5
Argüelles
2
3
Pl. Alfonso II
Postigo Bajo
Calle de Uría
6
Sta. Ana
San José
Plaza de la Escandalera
1
San Francisco
Altamirano
7
C. Mon
Park San Francisco
Pozos
8
Fruela
Postigo Alto
Pl. Mayor
9
Av. Alemania
Principado
Marqués Santa Cruz
Cabo Noval
Carpio
10
11
M. Gastañaga
C. de Rosal
C. Quintana
M. Marina
Arzobispo Guisasola
Calle del Padre Suárez
Beato
M. Gcia. S. Pedro
Calle de Santa Susana
C. de Pérez de Sala
Fuente del Prado
Sotelo
P. Ayala
Pérez de Sala
Besada Campomanes
Sacramento
Ronda de Circunvalación
Calle de Muñoz Degrain
C. de Muñoz Degrain
lle de González

Geschichte

Oviedos Geschichte reicht in die zweite Hälfte des 8. Jh. zurück und beginnt mit der Gründung eines **Benediktinerklosters.**

Nach Zerstörungen durch die Mauren steigt Oviedo bald darauf zur königlichen **Residenzstadt** des asturisch-leonesischen Reiches auf. Doch dann, zu Beginn des 10. Jh., kommt *Ordoño II* an die Macht und verlegt das Zentrum des Prunks und der Macht nach León.

Gut für Oviedo, dass es wenigstens den **Jakobsweg** und dessen verschiedene Zubringerachsen nach Santiago de Compostela gibt. Denn der sorgt für eine kontinuierliche Belebung und lockt auch zahlreiche französische Kaufleute an.

Einen verhängnisvollen Einschnitt in der Stadtentwicklung beschert die **Brandkatastrophe** im Jahre 1521.

Bereits Ende des 18. Jh. zeichnen sich neue Schwerpunkte – nämlich industrielle – in Oviedo ab. Eine 1794 gegründete Waffenfabrik macht den Anfang, später treten Schwer- und chemische Industrie hinzu. Nicht zu vergessen die Bergwerke, wo es innerhalb der Arbeiterschaft zu sozialem Aufbegehren kommt. So bricht **1934** der große **Aufstand der Bergarbeiter** aus, den schließlich große Militärtrupps niederschlagen. Die Folgen von 1934 und des nachfolgenden Bürgerkrieges sind verheerend, werden doch große Teile der Stadt zerstört.

Sehenswertes

Die **Zahlen in Klammern** verweisen auf die Legendenpunkte des Stadtplans.

Rund um die Plaza de Alfonso II

Zu Beginn schnuppert man Altstadtstimmung am besten rund um die Plaza de Alfonso II. Dort erheben sich gleich eine Reihe von bedeutsamen Monumenten: die **Kathedrale San Salvador (5)** mit ihrem markanten gotischen Turm, die aus dem 9. Jh. stammende **präromanische Kirche San Tirso (3),** die im 17. Jh. begonnene **Balesquida-Kapelle** sowie die **Palais' Rúa, Llanes** und **Valdecarzana** (zu erkennen am großen Wappen).

Im Innern der Kathedrale San Salvador sollte man sich dem golden glänzenden, von mehreren Meistern gestalteten Hauptretabel (16. Jh.) zuwenden sowie – unter all den reich ausstaffierten Seitenkapellen – der überschwänglich dekorierten Capilla de Santa Eulalia de Mérida, die den Schrein mit den sterblichen Überresten der Heiligen birgt.

Vom Kathedral-Inneraum aus tritt man in den gotischen **Kreuzgang** und geht hinauf zur präromanischen **Cámara Santa,** der „Heiligen Kammer" (geöffnet Mo-Sa 10-13 und 16-18 Uhr; im Sommer Mo-Fr 10-20, Sa 10-18 Uhr). Dort erwartet einen fürwahr das Allerheiligste, sprich: das Allerwertvollste in Gestalt der aus Gold und Edelsteinen bestehenden Reliquienkreuze Ángeles und Victoria (10. Jh.); beide stammen aus dem frühen Mittelalter.

Der weitere Altstadtbereich

Gerade mal zwei Gehminuten von der Kathedrale entfernt – allerdings in unterschiedliche Richtungen – liegen zwei regional bedeutende Museen.

Das **Archäologische Museum (4,** Calle de San Vicente s/n; geöffnet Di-Sa 10-13.30 und 16-18, So 11-13 Uhr) steht an jener Stelle, an der sich bereits Ende des 8. Jh. das Kloster San Vicente befand; ausgestellt sind hier sowohl vorgeschichtliche Funde als auch solche aus der Römerzeit.

Einige wenige Häuser weiter in der Calle de San Vicente liegt das **Benediktinerinnenkloster San Pelayo,** Turm und Fassade stammen aus dem 17. und 18. Jh.

Der auf die Jahre 1771 bis 1773 zurückgehende und umfangreich restaurierte **Velarde-Palast** bildet heute den Rahmen für das **Museum der Schönen Künste (6,** Calle de la Rúa s/n; geöffnet Di-Sa 11-14.30 und 17-21 Uhr sowie So 11-14.30 Uhr). Zu sehen sind überwiegend Werke von asturischen Malern und Bildhauern wie *Carreño de Miranda, Evaristo Valle* und *Nicanor Piñole*.

Von der Plaza de Alfonso II schaut man – mit der Kathedrale genau im Rücken – geradeaus bereits auf den Nachbarplatz, die **Plaza Porlier (2).**

Den Kontrast zu den alten Palästen Toreno (16. Jh.) und Camposagrado (18. Jh.) setzt *Williams B. Arrensbergs* moderne **Bronzeplastik „El Regreso“,** zu Deutsch: „Die Rückkehr“.

Folgt man von der Plaza Porlier den Sträßchen Ramón y Cajal und Peso, kommt man an der belebten **Plaza Mayor** heraus, an der das **Rathaus (8)** und die **Jesuitenkirche San Isidoro (9,** mit barockem Retabel) liegen.

Rundherum liegen herrliche **Kneipenzonen.** Beliebte Treffpunkte findet man insbesondere entlang der Richtung Plaza Alfonso II leitenden Gasse Cimadevilla sowie an der einen Block südlich gelegenen Plaza Daoiz y Velarde. Dort liegt auch der **Fontán-Markt (10).**

Außerhalb der Altstadt

Auch an anderen Stellen hat Oviedo nette Fleckchen zu bieten. So zum Beispiel westlich des Zentrums mit dem großzügig angelegten **Park San Francisco,** der von großen Flanierpromenaden durchschnitten wird.

An diesem Park führt die **Calle de Uría** vorbei, die sich zur Einkaufsmeile in der Neustadt entwickelt hat und geradewegs auf das neue Fremdenverkehrsbüro und den Bahnhof zuläuft.

Im erweiterten Stadtbereich kann man drei **präromanische Kirchen** besuchen, die zum UNESCO-Weltkulturerbe gehören:

Die **Kirche San Julián de los Prados** (auch: El Santullano, geöffnet Mo 10-13 Uhr, Di-Fr 10-13 und 16-18 Uhr, Sa 9.30-11.30 sowie 15.30-17.30 Uhr) liegt etwa einen Kilometer nordöstlich der Stadt (Richtung Gijón – Avilés) und stellt mit einer Länge von 30 und einer Breite von 25 m die größte ihrer Art dar; bedeutend sind die Wandmalereien.

Markantes und von der City aus nicht zu übersehendes Ziel bei der Anfahrt zu den beiden anderen, etwa drei Kilometer entfernten Kirchen (beide geöffnet Mo-Sa 10-13 und 15-17 Uhr, So 10-13 Uhr; im Sommer täglich 9.30-13.30, außerdem Di-Sa 15.30-19.30 Uhr) ist der über 600 m hohe **Monte Naranco,** Oviedos nordwestlich gelegener Hausberg. An dessen Hängen liegen die zwei bedeutende Kirchen nur etwa 300 m voneinander entfernt.

Die untere heißt **Santa María de Naranco** und diente dem asturischen Herrscher *Ramiro I* vor der Umwandlung in ein Gotteshaus als Landpalast – inklusive der integrierten Thermen, die heute von der Krypta aus zugänglich sind.

Die obere, **San Miguel de Lillo,** war von vorneherein als Kirche geplant, doch hat nur etwa ein Drittel des Original-Gebäudes das letzte Jahrtausend heil überstanden. Bedeutsam hier: Reste von Wandmalereien im Innern, die Gitterfenster sowie die reich dekorierten Pfeiler neben dem hölzernen Portal.

Im Anschluss an die Kirchenbesuche lohnt sich – vor allem der Fernsicht wegen – noch die kurvige Auffahrt auf das Plateau des Naranco-Berges, auf dem sich eine riesige weiße **Christusstatue** erhebt.

Reich dekorierte Säulen zeichnen die präromanische Kirche Santa María de Naranco aus

140ns Foto: ad

Praktische Tipps

Information

- Oviedos **Haupt-Touristenbüro (12)** liegt in der Calle Uria 64, Tel. 985 213385, Fax 985 228459. Nahe dem Bahnhof.

Unterkunft

- **Hotel Principado** (++ - +++) **(1),** Calle San Francisco 6, Tel. 98 5217792, Fax 98 5213946. Zentrales und empfehlenswertes Drei-Sterne-Haus, komfortable Zimmer, Frühstück gegen angemessenen Aufpreis.
- **Hotel La Gruta** (++ - +++), Alto de Buenavista s/n, Tel. 98 5232450, Fax 98 5253141. Am Stadtrand gelegen, drei Sterne, wegen der Parkmöglichkeit günstig für Autofahrer. Schöne Blicke ins Umland.
- **Hotel Alteza** (+ - ++), Calle Uria 25, Tel. 98 5240404. Sehr günstig inmitten der Geschäftszone und nahe dem Bahnhof gelegenes Ein-Sterne-Hotel, auch die Altstadt ist bequem zu Fuß erreichbar. Zimmer recht klein, mit Bad und TV, faires Preis-Leistungs-Verhältnis.

141ns Foto: ad

- **Weitere** vergleichsweise **günstige Pensionen** entlang der **Straßen Uria und Independencia.**
- Oviedos kleine **Jugendherberge** trägt den Namen Ramón Menéndez Pidal und ist in der Calle Julián Clavería 14 zu finden; Tel. 98 5233393; bei Redaktionsschluss wegen Renovierungsarbeiten geschlossen.

Essen und Trinken

- **Restaurante Casa Ramón** (++), Plaza Daoiz y Velarde 1, Tel. 98 5201415. Eine der urigsten Speisestätten in ganz Oviedo, gemütlicher Holzstil, moderate Preise. Bar unten, Restaurant im Obergeschoss. Hier kann man sich auch im Barbereich an in *sidra* geschmorter Blut- und Paprikawurst satt essen.

San Miguel de Lillo

- **Restaurante-Bocatería RQR** (+), Calle Cimadevilla 16, Tel. 98 5203694. Gut und günstig sind die Tagesmenüs am Mittag und belegte Brote für den kleineren Hunger. Zentral, zur wärmeren Jahreszeit Tische und Stühle draußen in der Fußgängerzone.

Verkehrsverbindungen

- Der für ganz Asturien maßgebliche **Flughafen** befindet sich knapp 50 Straßenkilometer nordwestlich von Oviedo, Tel. 98 5127509. Flüge unter anderem nach Barcelona und Madrid.
- **Bahnstation von Renfe und Feve** in der Calle de Uria s/n, Tel. 902 240202 bzw. 98 5981700; ab dort Züge unter anderem nach León, Madrid und Santander
- Im Laufe des Jahres 2003 wird der neue **Busbahnhof** in der Avenida de Santander eröffnet. Verbindungen wird es unter anderem nach Bilbao, Madrid und Santiago de Compostela geben.

Ausflüge von Oviedo ↗ VI/AB1-2

Im Umkreis von Oviedo liegen weitere **präromanische Kirchen** wie Santa María de Bendones (im etwa fünf Kilometer südöstlich gelegenen Bendones), San Pedro de Nora (im etwa 15 km westlich gelegenen Ort Nora), San Adriano de Tuñón (in Tuñón, 25 km in südwestlicher Richtung) und Santa Cristina de Lena (Pola de Lena, rund 40 km gen Süden).

Minen- und Industriemuseum

Ein äußerst interessantes und insbesondere für Familien mit Kindern geeignetes Ausflugsziel liegt 35 km südöstlich von Oviedo inmitten des Bergbaugebietes von **El Entrego:** das Minen- und Industriemuseum (geöffnet Di-Sa 10-14 und 16-19 Uhr, So 10-14 Uhr). Hier rattert man im Aufzug in Begleitung eines Bergmanns hinab in eine nachgebaute und daher schlammfreie Mine, kraxelt durch schmale Gänge und sieht Szenen aus der Welt der Minen (mit Puppenfiguren). Doch das Museum beschränkt sich nicht allein auf den Erlebnischarakter in der bedrückend engen Unterwelt. In den oberen Bereichen geht man durch eine umfangreiche Ausstellung, die Grubenlampen und Dampfmaschinen ebenso umfasst wie informative Schautafeln und eine Krankenstation mit historischem Gerät.

Naturpark Somiedo

Wer viel Zeit mitbringt und abgeschiedene Gebiete liebt, fährt von Oviedo aus nach Westen über **Grado** (Valdecarzana-Palais) nach **Cornellana** (Benediktinerkloster San Salvador) und dann südwärts über **Belmonte** und **Aguasmestas** bis **Pola de Somiedo.** Dieser Ort im tiefen Südwesten Asturiens dient als Ausgangspunkt für Touren in den rund 29.000 Hektar großen Naturpark Somiedo. Dieser ist ein Schutzgebiet für mehrere Dutzend Braunbären, doch die bevorzugen natürlich die Einsamkeit der Wälder – und nicht die Gegenwart von Besuchern. Also: Keine falschen Hoffnun-

142ns Foto: ad

Ein neues Wahrzeichen Asturiens: das Minenmuseum von El Entrego

gen. Zu Tagesmärschen bricht man am besten ab dem etwa acht Kilometer südöstlich von Pola de Somiedo gelegenen **Valle de Lago** auf.

Von Unquera nach Llanes

⇗VII/D1-2

Hat man das an der kantabrisch-asturischen Grenze gelegene Unquera und den **Meeresarm Tina Mayor** passiert, bietet sich wenige Kilometer dahinter sogleich ein von der Hauptstraße N-634 unscheinbar ausgeschilderter Rechts-Abstecher durch die Hügelwelt nach **Pimiango** an.

Unterhalb dieses küstennahen Bauernörtchens liegt die wegen ihrer prähistorischen Felsbilder bekannte **Pindal-Höhle** (geöffnet Juni bis September Mi-So 9.30-13 und 15-17.30 Uhr; Oktober bis März Mi-So 10-14.30 und 15.30-17 Uhr; April und Mai Mi-So 9-13 und 15-17.30 Uhr; der Zugang ist auf täglich 200 Personen begrenzt; der Erfahrung nach sind die Öffnungszeiten nicht die zuverlässigsten). Unterhalb des Höhleneingangs brechen sich die Wellen des Atlantiks an Klippen und Felsbögen.

Vom Parkplatz aus führt ein ausgeschilderter und gleichwohl verschlungener Pfad etwa einen Kilometer wei-

San Salvador de Valdediós

143ns Foto: ad

ter über die Höhen zum **Kloster Tina,** einst Raststation von Jakobuspilgern. Den Jahrhunderten getrotzt haben bemooste Wände und ein verfallener Glockenturm inmitten von mächtigen Farnen.

Llanes ↗VII/D1

Zurückgekehrt auf die N-634, setzt man die Fahrt Richtung Llanes fort, das man wie das zuvor gelegene **Vidiago** (mit Strand und Campingplatz) ebenfalls auf einer Sonderschleife erreicht.

Bemerkenswert im netten **Fischer- und Strandort** Llanes im Schatten des über 1.300 m hohen Cuera-Gebirgszugs sind die Promenaden, einige alte Herrenhäuser, die romanische Santa-María-Kirche und die mittelalterlichen Burg- und Stadtmauerreste.

Information

- **Touristenbüro** in der Calle Alfonso IX s/n, Tel. 98 5400164, Fax 985 401999. Hier auch Informationen über Unterkünft in Landhäusern *(casas de aldea)*.

Unterkunft

- **Hotel Don Paco** (+++), Parque de Posada Herrera, Tel. 98 5400150, Fax 98 5402681. Ruhiges, schönes Drei-Sterne-Haus, Frühstück gegen recht hohen Aufpreis, 42 Zimmer, von Anfang Oktober bis Ende Mai geschlossen.
- **Camping:** In der Gemeinde Llanes gibt es mehrere Campingplätze, darunter am Strand von Vidiago (Camping La Paz, geöffnet Ostern sowie Mitte April bis Mitte September; Tel. 985 411012).

Ribadesella ↗VII/C1

Westlich von Llanes warten raue Küstengebiete, die ein ums andere Mal von **Stränden** unterbrochen sind, wie der Playa del Portillo, der Playa de Barro und der bei Naves gelegenen Playa de San Antolín.

Nächstwichtiger Ort ist das 6.000 Einwohner große Ribadesella, gelegen an der Mündung des Río Sella in den Ribadasella-Meeresarm. Pluspunkte von Ribadasella sind der weite, von einer langen **Promenade** umzogene **Sandstrand** und eine nette, kleine **Altstadt** mit einem Fußgängerbereich nahe bei den Fischerdocks.

Am südlichen Ortsrand wartet eine zusätzliche Attraktion: die erst 1968 entdeckte **Höhle Tito Bustillo** mit ihren Tropfsteinen und an die 20.000 Jahre alten Felsbildern (geöffnet nur Anfang April bis Anfang September, nur Mi-So 9.30-12.30 und 15-17 Uhr ; maximal 360 Besucher pro Tag).

In Ribadesella kann man über die N-634 südwestwärts an die **Inlandsroute** anknüpfen und erreicht rasch die Fremdenverkehrsorte Arriondas und Cangas de Onís. Außerdem die Hochgebirgslandschaft der Picos de Europa.

Information

- **Touristenbüro** in der Calle Marqueses de Arguelles s/n, Tel. 985 860038.

Unterkunft

- **Hotel Ribadesella Playa** (++), Calle Ricardo Cángas 2, Tel. 985 860715, Fax 985 860220. Keineswegs überteuertes Drei-Sterne-Haus, 17 Zimmer, Strand.

Villaviciosa

↗ VI/B1

Westlich von Ribadesella windet sich die N-632 durch das Küstenhinterland und die Ausläufer der Sierra del Sueve bis **Colunga,** von wo aus sich ein kurzer Abstecher in den Fischerort **Lastres** anbietet. Alleine das Ensemble aus kleinem Hafen und den wie ineinander verschachtelt wirkenden Häusern rechtfertigt den kleinen Umweg an die Küste. Außerdem erreicht man bei Lastres den populären Sandstrand La Griega.

Nach der Rückkehr auf die N-632 sind Eukalyptuswäldchen und Apfelwiesen die Wegbegleiter bis Villaviciosa, dessen äußerste Nordausläufer an den **Meeresarm von Villaviciosa** heranreichen. Durch den Tidenhub des Atlantiks läuft die Ria bei Ebbe zum Teil leer.

Wenige Kilometer vor der Einfahrt nach Villaviciosa werden Strandfans einem Rechts-Abstecher nach **Rodiles** nicht widerstehen können; die schöne Playa de Rodiles liegt bereits am östlichen Beginn des weit ins Landesinnere greifenden und wegen seiner Seevögel unter Naturschutz gestellten Meeresarms von Villaviciosa.

In Spaniens Geschichtsbücher ist das Städtchen Villaviciosa eingegangen, weil im Jahre 1517 Spaniens in Gent geborener **König Carlos I** *(Karl I.)* hier anlandete und – man stelle es sich vor – zum ersten Mal spanischen Boden betrat. Unglaublich war nach unserem Ermessen auch das damalige Alter des Reichsherrschers: Er war gerade mal 17. Eine Tafel an einem schlichten Steinhaus an der zentralen Plaza Carlos I erinnert daran, wo der junge König bei seinem viertägigen Aufenthalt in Villaviciosa untergebracht war.

Eindrucksvoller als jenes Haus sind die in romanischem Stil begonnene **Kirche Santa María Oliva,** das von *Mariano Benlliure* geschaffene, von einer Bäuerin gekrönte **Monumento a la manzana** („Apfelmonument") und der beim freistehenden Rathaus gelegene Palmenpark.

Viele werden den Besuch in einer Bars Villaviciosas für unvermeidlich halten. Schließlich ist dies Asturiens sprudelnde **Hauptstadt des Apfelweins,** in deren Umgegend alljährlich 20 Millionen Liter sidra produziert werden. Na, denn prost!

Westlich von Villaviciosa verbleiben rund 30 Kilometer durch ein an grünen Weiden und Wiesen reiches Hinterland bis Gijón. Allgegenwärtig sind auch die verstreut liegenden Gehöfte und die massiven Getreidespeicher.

Information

- **Villaviciosas Touristenbüro** liegt am Parque Vallina und hat nur in den Sommermonaten geöffnet; Tel. 985 891759

Unterkunft

- **Hotel Avenida** (++), Calle del Carmen 10, Tel. 985 892047, Fax 985 891509. Akzeptable Acht-Zimmer-Herberge, zwei Sterne, Frühstück gegen Aufpreis.
- **Pensión Sol** (+), Calle Sol 27, Tel. 985 891130. Preisgünstigstes Angebot vor Ort, fünf Zimmer, einfach, zuvorkommend.
- **Camping:** In **Rodiles** gibt es die beiden Campingplätze La Ensenada (ganzjährig; Tel. 985 890157) und Fin de Siglo (geöffnet über Ostern sowie Mitte Juni bis Mitte September; Tel. 985 891631).

Ausflüge von Villaviciosa ⇗VI/BC1

Von Villaviciosa aus führt die ausgeschilderte Nebenstraße AS-255 südwärts durch eine abgeschiedene dörfliche Mittelgebirgslandschaft und einige Kilometer westlich von Infiesto auf die N-634 ; hier bietet sich eine weitere gute **Anbindung nach Arriondas und Cangas de Onís** und damit außerdem in den Nationalpark Picos de Europa.

Von Villaviciosa aus leitet die AS-113 in südwestlicher Richtung Oviedo entgegen, wobei man nach etwa 7 km einen ausgeschilderten Abzweig nach rechts nimmt und bald in einem Tal sein Ziel erreicht. Es ist die **Kirche San Salvador de Valdediós,** eines der schönsten präromanischen Gotteshäuser in ganz Asturien. Das Kirchlein geht auf das Ende des 9. Jh. zurück und steht einsam auf einer Wiese; bei dem wesentlich größeren benachbarten Bau handelt es sich um das Kloster Santa María, an dem zwischen dem 13. und 17. Jh. gebaut wurde.

Knapp 10 km nördlich liegt – am westlichen Auslauf des Villaviciosa-Meeresarms unterhalb von bewaldeten Hängen – das kleine Fischerdorf **Tazones.** Hier genau soll sich die Ankunft von König *Carlos I* im Jahre 1517 ereignet haben.

Gijón – Industriestadt mit Strandbesatz ⇗VI/B1

Gijón mag man über weite Strecken allenfalls das Prädikat „Ausreichend" ausstellen – und das noch mit Abstrichen. Schließlich handelt es sich bei der knapp 270.000 Einwohner zählenden Großstadt um eine der führenden nordspanischen **Industriemetropolen.** Die Palette reicht von der Fischerei- und Glas- über die Textil- bis zur Schwerindustrie, nicht zu vergessen den riesigen **Verladehafen** für Kohle. Kurzum: An manchen Stellen ist Gijón – das römische Gigia – schlichtweg nichts für Augen und Nase und darüber hinaus mit unansehnlichen Hochhaushälsen besetzt.

Unter dem Aspekt der nahen Industrien sehen viele Besucher auch die Strände und deren Sauberkeit: mit Skepsis. Dabei lässt es sich hier an manchen Stellen – vor allem an der extrem langen und vom Hafen abgewandten **Playa de San Lorenzo** – durchaus gut aushalten. Dass es in Gijón wenig Bauten aus alter Zeit gibt, liegt am Spanischen Bürgerkrieg. Da nämlich wurde die Hafenstadt zu großen Teilen zerstört.

Natürlich bietet Gijón auch über die Strände hinaus manch schöne Seiten. Die **Flanierpromenaden** um den **Sporthafen** zum Beispiel sowie das **alte Fischerviertel Cimadevilla,** das sich auf der Landzunge Santa Catalina ausbreitet und auf dessen höchsten Punkten noch Reste der alten Wehranlage zu sehen sind. In diesem Altstadtbereich findet man nette, kleine Gassen, Plätze und Bars, schaut auf den Hafen und die Strände (und großzügig über manch baufälliges Haus hinweg).

Auf die bedeutendsten Bauwerke Gijóns stößt man am Rande des Cimadevilla-Viertels – genauer: an der **Plaza del Marqués.** Dort liegen der heute als Kulturzentrum dienende **Renaissancepalast Revillagigedo** sowie die aus dem 18. Jh. datierende **Stiftskirche San Juan Bautista.**

Zwei weitere Plätze markieren in diesem Bereich den Übergang von der Alt- in die Neustadt: die **Plaza Mayor** (mit Rathaus) und die **Plaza de Jovellanos,** die nach dem aus Gijón stammenden Politiker und Dichter *Gaspar Melchor de Jovellanos* (1744-1811) benannt ist. Am letztgenannten Platz liegt auch des Meisters Geburtshaus mit dem dort untergebrachten **Jovellanos-Museum** in Gestalt einer Pinakothek (geöffnet Di-Sa 10-13 und 17-20 Uhr, So 11-14 Uhr; im Juli und August Di-Sa 11-13.30 und 17-21 Uhr, So 11-14 Uhr).

Interessant sind auch die **Termas Romanas del Campo Valdés,** römische Thermen im Cimadevilla-Viertel (geöffnet Di-Sa 10-13 und 17-20 Uhr, So 11-14 Uhr; im Juli und August Di-Sa 11-13.30 und 17-21, So 11-14 Uhr).

Der Revillagigedo-Palast dient heute als Kulturzentrum

144ns Foto: ad

145ns Foto: ad

Ein Trumpf Gijóns sind weitere Museen, die sich in erster Linie um einzelne regional bedeutsame Künstler drehen. Dies sind das **Museum Juan Barjola** (Calle Trinidad 17; geöffnet Di-Sa 11-30-13.30 und 17-20 Uhr, So 12-14 Uhr), das **Museum Nicanor Piñole** (Plaza de Europa; geöffnet Di-Sa 11-13.30 und 17-20 Uhr, So 11-14 Uhr; im Juli und August Di-Sa 11-13.30 und 17-21 Uhr, So 11-14 Uhr) sowie das **Museum Evaristo Valle** (Plazuela de Villamanín im etwas östlich gelegenen Örtchen Somió; geöffnet Di-Sa 16-18 Uhr sowie So 12-14 Uhr, im Sommer Di-Sa 17-20 Uhr).

Hinzu kommt das ganz im Zeichen der hier typischen Dudelsäcke stehende **Gaita-Museum** (La Güelga s/n; geöffnet Di-Sa 10-13 und 17-20 Uhr, So 11-14 Uhr; im Sommer Di-Sa abends bis 21 Uhr).

Information

- Das **Touristenbüro** liegt in der Calle Marqués de San Esteban 1, Tel. und Fax 985 346046, Website: www.ayto-gijon.es.

Unterkunft

- **Hotel-Parador de Gijón** (+++), Parque Isabel la Católica, Tel. 985 370511, Fax 985 370233, Website: www.parador.es, E-Mail: gijon@parador.es. Ein Kleinod in Gijón, ein-

Beschaulich geht es um den Jachthafen von Gijón zu

gebettet in eine Parkanlage. Vier Sterne, rund 40 Zimmer, das Ambiente einer hundertjährigen Mühle. Mit asturischem Spezialitäten-Restaurant.

- **Hotel Begoña Park** (+++), El Rinconín s/n, Tel. 985 133909, Fax 985 131602. Für Autofahrer angenehme Lage in den Außenbezirken - das erspart die lästige Parkplatzsuche in der Innenstadt. Gepflegte vier Sterne.
- **Hotel Tryp Rey Pelayo** (+++), Avenida Torcuato Fernández Miranda 26; Tel. 985 199800, Fax 985 199809. Im Jahre 2000 neu eröffnetes Haus, solide Vier-Sterne-Qualität der Tryp-Kette.
- **Hostal Manjón** (+), Plaza del Marqués 1, Tel. 985 352378. Saubere Zimmer, freundlicher Service, zentrale Lage bei Sporthafen und Revillagigedo-Palast.

Essen und Trinken

- **Restaurante Casa Víctor** (+++), Calle del Carmen 11, Tel. 985 350093. Dies halten viele für das exquisiteste Fischrestaurant in der Stadt.
- **Restaurante La Zamorana** (+++), Avenida Hermanos Felgueroso 38, Tel. 985 380632. Feinschmeckerkost für Fischfans.

Verkehrsverbindungen

- Der für ganz Asturien - nicht nur Gijón - maßgebliche **Flughafen** liegt über 40 km westlich noch hinter Avilés, Tel. 985 127509 Flüge unter anderem nach Barcelona und Madrid.
- **Bahnhof von Renfe und Feve** an der Plaza del Humedal, Tel. 902 240202 bzw. 985 342415. Züge unter anderem nach León, Oviedo und Madrid.
- Die **wichtigsten Busse** starten ab der Calle Magnus Blikstad 2, Tel. 902 422242 (Alsa).

Feste

- Gijóns Feste- und Festivalkalender sieht alljährlich den bunten **Karneval,** den **Asturien-Tag** am ersten Augustsonntag, die rund um den 15. August stattfindenden Haupt-Stadtfeierlichkeiten der **Semana Grande** („Große Woche") sowie die **Filmfestspiele** im November vor.

Luanco und Peñas-Kap

↗VI/B1

Nordwestlich von Gijón zackt sich die Küstenlinie bis zum Cabo de Peñas, der äußersten Landspitze. Hat man erst einmal die Grauen erregenden und extrem weitläufigen Hafen- und Industriegebiete hinter sich gebracht, präsentiert sich die Landschaft allmählich ansehnlicher. Das gilt vor allem im Gebiet um das knapp 20 km entfernte Hafen- und Strandstädtchen Luanco; hier gibt es auch ein recht interessantes **Meereskundemuseum,** das sich um Seefahrt, Fischfang und Meeresbiologie dreht (Museo Marítimo de Asturias in der Calle de Gijon 6, geöffnet Di-Sa 11-13 und 16-19 Uhr, So 11-14 Uhr; im Sommer täglich 11-13.30 und 18-21 Uhr).

Von Luanco aus windet sich ein Sträßchen nordwestwärts zum wind- und wellengepeitschten Peñas-Kap; auf dem Weg dorthin kommt man am beliebten **Bañugues-Strand** vorbei.

Will man nicht nach Gijón zurückkehren, sondern an die Route weiter gen Westen anbinden, führt an der südwestlich gelegenen Industriestadt Avilés kein Weg vorbei.

Information

- **Touristenbüro** in **Luanco,** Pasco Párroco Gonzáles Pla s/n, Tel. 98 5882644.

Cudillero

↗VI/A1

Den ersten großen Abschnitt westlich von Gijón bringt man nach Möglichkeit schnell hinter sich. Das gilt zuvorderst für die Gegend um die **Schwerindustriestadt Avilés.** Trotz einer gepflegten Fußgängerzone und einer ganz netten, überschaubaren Altstadt mag man niemanden zum Halt in dieser 90.000-Einwohner-Stadt bewegen. Es dampft und stinkt erbärmlich – und das in unmittelbarer Nähe der City.

Auf schönere Aussichten und ein gesünderes Klima kann man erst wieder bei **Cudillero** (also noch hinter dem Abzweig zum Asturien-Flughafen) hoffen. Cudillero ist ein ansehnliches Städtchen, das sich von den Hängen bis an die Küste heranschiebt und einen dort mit einem malerischen **Fischerhafen,** urigen Kneipen und mehreren Stränden erwartet.

Ein Stück weiter östlich liegt die etwa 600 m lange **Playa de Aguilar,** in Richtung Westen zum felsigen **Vidio-Kap** hin breiten sich kleine Strände wie die **Playa de las Rubias,** die **Playa Concha de Artedo** und die **Playa de San Pedro** aus. Wer sich Zeit nimmt und seinen eigenen Favoriten unter den abgelegenen Stränden entdecken möchte, sollte also nicht dem Fehler verfallen, auf der neu ausgebauten und über mehrere moderne Viadukte führenden Schnellstraße einfach davonzurauschen.

Information

- **Touristenbüro** in **Cudillero** an der Plaza de San Pedro, Tel. 985 590118.

Unterkunft

- **Camping:** Den über Ostern sowie von Anfang Juni bis Mitte September geöffneten Campingplatz von Cudillero findet man an der Carretera Playa de Aguilar, El Pito, Tel. 98 5590663.

Luarca

↗V/C1

Nächstwichtige Station westlich von Cudillero ist das pittoreske, freundliche Hafenstädtchen Luarca – ohne Zweifel eines der schönsten in ganz Asturien. Beliebtestes Fotomotiv ist der von Felshängen und Häuserzeilen derart eng eingefasste **Fischerhafen,** dass ihm in Richtung Ozean nur eine schmale Ein- und Ausfahrtschneise bleibt. Von der langen Vergangenheit als Fischerstadt legt das städtische Wappen Zeugnis ab, in dem ein Wal zu sehen ist und das an die gefährlichen Expeditionen der hiesigen Walfangflotten erinnert.

Ein Bummel sollte in Luarca auf jeden Fall um das Hafenbecken, durch das kleine Fischerviertel und hinauf auf den **Stadthügel Atalaya** führen. Aus Luarca stammt im Übrigen der Biochemiker *Severo Ochoa* (1905-1993), der 1959 mit dem Medizin-Nobelpreis ausgezeichnet wurde.

Information

- **Touristenbüro** an der Plaza Dolores Fernández s/n, Tel. 98 5640083.

Unterkunft

- **Hotel Báltico** (++), Paseo del Muelle s/n, Tel. und Fax 98 5640991. Zentral gelegenes Zwei-Sterne-Hotel, nicht gerade preiswert für die Qualitätsklasse.

Im Hinterland von Luarca

- **Camping:** Bei Luarca liegen die beiden Campingplätze **Playa de Taurán** (geöffnet über Ostern sowie Anfang April bis Ende September; Tel. 985 641272) und **Los Cantiles** (ganzjährig geöffnet; Tel. 985 640938). Außerdem: **Camping Playa de Otur** an der Playa de Otur, nur Anfang April bis Ende September, Tel. 985 640117.

Feste

- **Meeresprozessionen** der Fischer von Luarca alljährlich am 15. August zu Ehren der Virgen del Rosario. An diesen Tag schließen sich die rund einwöchigen **Patronatsfeierlichkeiten** an.

Navia

⇗V/C1

Westlich von Luarca sollte man nicht auf der Schnellstraße bis Navia durchfahren, sondern einen kleinen Umweg Richtung Küste und über Puerto de Vega einplanen. Es ist ein Gebiet der kleinen Parzellen und verstreut liegenden Gehöfte, der grasgrünen Weiden und der vereinzelten Eukalyptus- und Kiefernhaine.

In **Puerto de Vega** grenzt das bäuerliche Gebiet bis fast an den kleinen, fotogenen Fischerhafen, über dem sich – einige wenige hundert Meter entfernt – die barocke Kirche Santa Marina de Puerto de Vega erhebt. Von Puerto de Vega aus setzt man die Fahrt durchs grüne Hinterland nach Navia fort.

In **Navia** heißt zunächst einmal alles nur Navia: die lebhafte und 9.000 Einwohner große Klein- und Flusshafenstadt, der Fluss selbst und der damit verschmelzende Meeresarm.

Wer mag, plant einen kleinen Bummel durch die Altstadtgassen ein oder bricht zu einem rund fünf Kilometer langen Abstecher landeinwärts zum **Castro de Coaña** auf; dort liegen die Überreste einer befestigten keltischen Siedlung (im Sommer zugänglich Di-So 11-14 und 16-19 Uhr, sonst Di-Fr 11-15, Sa/So 11-13 und 16-17 Uhr).

147ns Foto: ad

Information

●**Touristenbüro** von **Navia** nahe der Brücke in der Calle El Muelle, Tel. 98 5473795. Nur in den Sommermonaten.

Unterkunft

●**Hotel Palacio de Arias** (++ - +++), Avenida de los Emigrantes 11, Tel. 985 473675, Fax 985 473683. Stilvolle Drei-Sterne-Unterkunft in einem alten Herrenhaus, Frühstück gegen Aufpreis. Preiswerter als im Haupt- ist es im Nebenbau (Hotel Arias++, dieselbe Adresse).

●**Preiswertere Unterkünfte** findet man in **Navia** in der kleinen Calle San Francisco (Hotel El Arco, + - ++, Tel. und Fax 98 5473495). Außerdem: **Hostal La Marina** (+), Alejandro Salazar 61, Tel. 98 5630602.

●**Camping:** Bei **Puerto de Vega** liegt der Campingplatz El Ancla, Tel. 98 5648205; geöffnet Ende Juni bis Anfang September, außerdem über Ostern.

Verkehrsverbindungen

●Mit den **Feve-Bahnen** geht es ab Navia nach Gijón, Oviedo und Ferrol.

●**Busse der Gesellschaft Alsa** (Avenida José Antonio s/n; Tel. 98 5630153) bedienen unter anderem Gijón, Luarca, Oviedo, La Coruña und Santiago de Compostela.

Häuserzeile in Navia

Tapia de Casariego

⇗IV/B1

Man verlässt Navia Richtung Westen über den Navia-Meeresarm und schlägt die durchs grüne und von Maisfeldern durchsetzte Hinterland verlaufende N-634 Richtung Tapia de Casariego ein.

In der Folge bieten sich von der Strecke immer wieder kleine Abstecher zu ausgeschilderten **Stränden** an, wie zum Beispiel zum Castelo-Strand kurz hinter **Cartavio** und zum Porcia-Strand zwischen **Valdepares** und **El Franco.**

Tapia de Casariego heißt das letzte nette **Strand- und Fischerstädtchen** in Asturien. Einige kleine Bars und Restaurants bieten fangfrische Meeresfrüchte an. Ein Stückchen westlich von Tapia de Casariego – schon wieder abseits der großen N-634 – leiten Stichsträßchen zu Campingplätzen und **Stränden** wie Serantes und Santa Gadea.

Rund zehn Kilometer westlich von Tapia de Casariego – nach einer Fahrt durch grasgrünes Küstenflachland – verabschiedet man sich am tiefen, einem norwegischen Fjord ähnelnden **Meeresarm von Ribadeo** aus Asturien und erreicht Galicien.

Information

- **Touristenbüro** in **Tapia de Casariego** an der Plaza de la Iglesia, Tel. 985 472968.

Unterkunft

- **Hotel Puente de los Santos** (+ - ++), Calle Primo de Rivera 31, Tapia de Casariego, Tel. 985 628155, Fax 985 628437. Zweckmäßiges Ein-Sterne-Hotel, 27 Zimmer, recht preiswertes Frühstück auf Wunsch, günstige Wochenendangebote außerhalb der Sommersaison.
- **Camping:** Den zu Tapia de Casariego gehörigen Campingplatz Playa de Tapia findet man in der La Reburdia s/n, Tel. 98 5472721; geöffnet von Anfang Juni bis Mitte September.

Abstecher ins Hinterland

⇗IV/B2

Wer in Tapia de Casariego Lust auf einen Inlandabstecher verspürt, fährt ins rund 40 km südwestlich gelegene **Taramundi** (Anfahrt über die N-634, dann N-640 über Castropol und Vegadeo, ab Vegadeo die AS-21). Das kleine Dorf ist für seine traditionelle **Messerherstellung** mit Griffen aus Buchsbaumholz bekannt.

Wenige Kilometer entfernt liegt das für die Öffentlichkeit zugängliche **Mühlengehöft Teixois** mit seinen ausgestellten alten Gerätschaften (unregelmäßige Öffnungszeiten).

Galiciens Norden

Galiciens Norden ist durchsetzt von malerischen Meeresarmen und kleinen Ferien- und Fischerorten, die wirklich Entdeckungen wert und normalerweise touristisch nicht überlaufen sind. Ins Bild gehören schiefergedeckte Bauernhäuser, Kornspeicher sowie Schaf- und Rinderwiesen. Das kleinparzellige, flache, grüne Küstenland wechselt sich mit steilen Flanken ab und geht gelegentlich in weit vorgeschobene Landzungen über. Für Kontraste sorgen auch dicht bewaldete Eukalyptushänge, Fuchsien- und Brombeerhecken sowie die Hafenstädte La Coruña und Ferrol.

Ribadeo

↗IV/B1

Gleich hinter der langen Brücke beginnt eine neue Welt: Galicien. Hier gleicht die tief ins Land greifende Ria von Ribadeo einer skandinavischen Fjordszenerie, hier eröffnet sich im Hintergrund eine sanfte, grüne Berglandschaft. Der erste galicische Ort, das etwa 4.000 Einwohner zählende Ribadeo, liegt ein Stück links der Landstraße N-634 und breitet sich über einen kleinen Hügel und entlang des malerischen Meeresarms aus, der hier mit der Mündung des Río Eo verschmilzt.

Die hiesige Ria markiert den Beginn der bis Ferrol reichenden Oberen Trichtermündungen Galiciens, die **Rías Altas**.

Ribadeo ist mittelalterlichen Ursprungs; Ende des 8. Jh. wurde hier ein heute verschwundenes Kloster gegründet. Fischfang und Seehandel bestimmten fortan das Leben, spielen aber heute eine eher unbedeutende Rolle.

Zentraler Anlaufpunkt ist die **Plaza de España,** von der aus man hinuntergeht zur Ria und zum kleinen Hafen. Wichtigste Bauwerke sind der Konvent Santa Clara (14. Jh.), die Reste der Festung San Damián sowie alte, trutzige Herrenhäuser, wie der Pazo de los Ibañéz und der Pazo de los Moreno.

Information

- Ribadeos **Touristenbüro** liegt an der Plaza de España s/n, Tel. 982 128689.

Typische Küstenlandschaft zwischen Ribadeo und Ferrol

148ns Foto: ad

Unterkunft

- **Hotel-Parador de Ribadeo** (+++), Calle Amador Fernández 7, Tel. 982 128825, Fax 982 128346. Ein stilvolles, altehrwürdiges Ambiente werden Paradores-Verwöhnte in diesem Bau neueren Datums nicht finden, dafür werden sie mit sehr schönen Blicken von den Zimmern und dem Speisesaal über die Ria entschädigt.
- **Hostal Costa Verde** (+), Plaza de España 13, Tel. 982 130305. Zentrale, akzeptable Zwölf-Zimmer-Pension, Nebensaisonpreise von Oktober bis Juni.
- Der nahe **Campingplatz Ribadeo** liegt an der Carretera Ribadeo-La Coruña, km 2, Tel./Fax 986 131167; geöffnet Anfang Juni bis Ende September.

Feste

- Am ersten Sonntag im August findet in Ribadeo die **Xira a Santa Cruz,** eine von Dudelsackspielern begleitete Wallfahrt statt.

Strände westlich von Ribadeo

IV/B1

Westlich von Ribadeo hält sich die N-634 im Inland, wobei Strand- und Campingfans einiges verpassen, wenn sie nicht einmal auf den unscheinbaren Sträßchen nach rechts Richtung Küste abzweigen.

Bis zur Rückkehr auf die Nationalstraße bei **Remior/San Cosme de Barreiros** findet man in diesem bäuerlich geprägten Gebiet kreuz und quer verlaufende Landwirtschaftsstraßen, Rinderweiden, Maisfelder, Kornspeicher und – zwischen felsigen Abschnitten – malerische kleine Strände wie **Arealonga, Reinante, Catedrais, Esteiro, Illas** und **Castros.** Allerdings fehlt eine adäquate Beschilderung; in den vielen Zweifelsfällen hilft, sich am

Meer zu orientieren und immer parallel zur Küste zu halten. Bei sommerlichen Badefreuden sollte man angesichts der möglichen **Strömungen** Vorsicht walten lassen.

Besonders interessant sind die Gesteinsformationen am Strand Catedrais, die man aber nur bei Ebbe zu Gesicht bekommt. Sie liegen etwa acht Kilometer westlich von Ribadeo.

Nahe **Benquerencia** liegen Dünen, kleine Sandstrände und Campingplätze. Allerdings beschränken sich die Ferienangebote, zu denen kleine Pensionen, Restaurants und Bars gehören, rein auf die Sommersaison; ansonsten wirkt alles reichlich ruhig, um nicht zu sagen: tot.

Unterkunft

- **Hotel A Mariña** (+ - ++), Playa de Reinante, Tel. 982 134012. Ein-Sterne-Hotel mit 30 Zimmern, das lediglich von Anfang Juli bis Ende September öffnet. Hier kann man auch zu Mittag und zu Abend essen.
- Zu den **Campingplätzen** zählen Nosa Casa Reinante (Playa de Reinante, Tel. 982 134065; ganzjährig geöffnet), A Gaivota (Playa de Barreiros, Tel. 982 124451; geöffnet von Mitte Juni bis Mitte September) und Benquerencia (Benquerencia, Tel. 982 124450; geöffnet Januar bis Ende September).

Abstecher ins Hinterland

⇗ IV/A2

Hinter Remior kehrt man bei **San Cosme de Barreiros** auf die N-634 zurück, die am Mündungstrichter des Río Masma nach rechts in die N-642 übergeht und bald Foz erreicht. Wer hingegen auf der N-642 bleibt und Lust auf Abstecher verspürt, kommt nach knapp 20 km in das Städtchen **Mondoñedo,** das einst Bischofssitz und Station am küstennahen Jakobsweg war; aus dem verwinkelten Ortsbild ragen der Bischofspalast und die Kathedrale auf (Baubeginn 13. Jh.; im Innern Fresken, angeschlossenes Diözesanmuseum).

Weitere 35 km südwestlich von Mondoñedo liegt das 16.000 Einwohner große **Villalba** (galicisch: **Vilalba),** der Hauptort des Landstriches Terra Cha ist und Gaumenfreudigen wegen seiner Käse und seines großen **Kapaun-Marktes** am 21. Dezember bekannt ist.

Besuchsziele in Villalba sind der zum mittelalterlichen Andrade-Kastell gehörige und heute zum Parador umfunktionierte **Homenaje-Turm** sowie das kleine archäologische Lokalmuseum (geöffnet Di-Sa 11-13.30 und 17-20 Uhr).

Unterkunft

- **Hotel-Parador de Villalba** (+++), Calle Valeriano Valdesuso s/n, Villalba, Tel. 982 510011, Fax 982 510090. Exklusives Vier-Sterne-Haus in einem Turm aus dem 15. Jh. Reservierung empfohlen. Mit regionalem Spezialitäten-Restaurant.

Foz

⇗ IV/A1

Bleibt man hinter San Cosme de Barreiros hingegen der Küste treu (und damit auf der in der Folge vorgestellten Hauptroute), fährt man in dem rund 10.000 Einwohner umfassenden **Hafenstädtchen** Foz ein, das sich im Sommer von seiner lebhaftesten Seite zeigt. Foz liegt an der Ria gleichen Namens, einem vom Río Masma gebildeten Mündungstrichter.

Ein ausgeschilderter Abzweig in Foz führt zur wenige Kilometer südwestlich gelegenen präromanischen Kirche **San Martín de Mondoñedo.** Diese geht auf das 9. Jh. zurück und hat interessante Kapitelle und Skulpturen am Portal sowie Fresken im Innern zu bieten.

Unterkunft

- **Hotel Rego** (+ - ++), Islanova 17, Tel. 982 141819, Fax 982 141718. Preisgünstiges Ein-Sterne-Hotel mit 55 Zimmern, Frühstück gegen Aufpreis.

Von Foz nach Burela ⇗IV/A1

Von Foz aus geht es weiter in nordwestlicher Richtung auf der N-642. Erst wenn man die letzten Hochhausblöcke von Foz hinter sich gebracht hat, sollte man auf die Suche von Strandabschnitten gehen. Und da stehen bis ins knapp 15 Kilometer entfernte Burela einige zur Wahl, die mitunter (aber nicht immer) als Abzweige ausgeschildert sind: so wie die bei **Fazouro** gelegenen **Strände** Rapadoira, Llas, Peizas, Pampillosa und Fazouro sowie - einige Kilometer weiter - der Strand von Areoura.

Die Küstenlinie präsentiert sich bis in das **Hafen- und Strandstädtchen Burela** hügelig und zergliedert.

Unterkunft

- **Hotel Palacio de Cristal** (+ - ++), Avenida Arcadio Pardiñas 202, Burela, Tel./Fax 982 585803. Zwei-Sterne-Hotel, in dem man relativ preisgünstig unterschlüpft. 29 Zimmer.
- **Hostal Canabal** (+ - ++), Pascual Veiga 21, **Burela,** Tel. 982 585960. Recht große und günstige Pension, Tiefpreise zwischen Oktober und Ostern; 40 Zimmer.
- **Camping:** Der Campingplatz San Rafael liegt an der **Playa de Peizas** und hat von Anfang Mai bis Mitte September geöffnet; Tel. 982 132218.

Viveiro ⇗IV/A1

Hinter Burela gewinnen die Berge der Küstenlandschaft allmählich an Höhe. Auf- und abwärts geht es über **Xove** und **Celeiro** (schöne Ria-Blicke) nach Viveiro (spanisch: **Vivero).** Dieses idyllische, quicklebendige und 15.000 Einwohner große Städtchen trägt den netten Beinamen *la ciudad que siempre ríe* - „die Stadt, die immer lacht".

Viveiro liegt an den Ausläufern der Montes del Buyo sowie an der **Ria von Viveiro,** an der bis ins 18. Jh. hinein mit Leinen beladene Schiffe aus dem Baltikum festmachten.

Vergangene Zeiten spiegeln die mittelalterlichen **Stadtmauerreste** mit den Toren Castelo, Valado und Carlos V, die **romanische Kirche Santa María do Campo** sowie die im 14. Jh. erbaute **Konventskirche San Francisco** wider. Viele Besucher Viveiros sind begeistert vom Geflecht an geschäftigen Gassen sowie den typischen Glasgalerien an der Promenade. An der Plaza Mayor erinnert ein Denkmal an den aus Viveiro stammenden und zu Ministerehren gekommenen *Nicomedes Pastor Díaz* (1811- 1863).

Die zur Gemeinde Viveiro gehörigen **Strände** liegen wenige Kilometer nördlich (Area-Strand; Abzweig zwischen Celeiro und Xove) und nordwestlich (weitgezogener Strand von Covas).

Unterkunft

- **Hotel Ego** (++ - +++), Playa de Area, etwas außerhalb von Viveiro, Tel. 982 560987, Fax 982 561762. Stattliches Drei-Sterne-Haus mit 29 Zimmern, die über Fernsehen und Telefon verfügen. Außerhalb der Monate Juli und August sowie während der Karwoche ist es erheblich billiger.
- **Hostal As Areas** (+ - ++), Granjas 12, Tel. 982 561191, Fax 982 551165. Zehn-Zimmer-Haus, ganzjährig geöffnet. Höchstpreise Mitte Juni bis Anfang September.
- Der **Campingplatz Vivero** liegt am Covas-Strand und hat von Anfang Juni bis Ende September geöffnet; Tel. 982 560004.

Feste

- Bedeutende **Volksfeste** sind die Osterfeierlichkeiten (Karfreitagsprozession) und die um den 16. August stattfindenden Feierlichkeiten zu Ehren Mariens und des heiligen Rochus, die von einem Kunsthandwerkermarkt und einem internationalen Folklorefest (Mostra Folkórica Internacional) begleitet werden.

Von Viveiro nach Bares ⇗III/D1

Von Viveiro aus sind es rund 35 hügelige Kilometer durch eine Berg-, Tal-, Eukalyptusforst- und Meerkulisse bis ins westlich gelegene Ortigueira. Immer wieder locken kurze Abstecher zu **Stränden,** wie zum Abrela-Strand (vor Folgueiro) und den Stränden San Román und Xilloy (zwischen Folgueiro und O Vicedo).

Die schmale **Ria von Barqueiro,** an der der malerische Fischerhafen **Porto do Barqueiro** liegt, markiert den Übergang zwischen den galicischen Provinzen Lugo und La Coruña.

Hat man die Ria überquert, ist ein Abstecher in das am Buchteingang gelegene Örtchen **Bares** mit seinem Fischerhafen, **Porto do Bares** möglich.

Wenige Kilometer entfernt erhebt sich über der windgepeitschten **Estaca de Bares** (Landspitze von Bares) ein **Leuchtturm.** Dies ist der nördlichste Punkt der Iberischen Halbinsel. Im Spätsommer bzw. Herbst ziehen viele Zugvögel über die Gegend hinweg; dazu zählen Baßtölpel, Seeschwalben und Dreizehenmöwen.

Ortigueira ⇗III/D1

Hinter der Ria von Barqueiro führt die Fahrt an den Ausläufern der Sierra de Faladoira entlang und im Küstenhinterland an Rinder-und Schafweiden vorbei. Man passiert die Dörfer **Loiba, Viso** und **Espasante** und gelangt in das an der Ria Santa Marta de Ortigueira gelegene Ortigueira (spanisch: **Ortiguera).** Es ist ganz ohne Zweifel einer der stimmungsvollsten galicischen Küstenorte, und die weit verästelte und zum Teil von zackigen Steilabfällen flankierte Ria halten viele für die schönste im Land. Im Ort kann man ausgiebig die Küstenstimmung genießen, geht zum Fischerhafen und lässt sich durch die von weißen Häusern gesäumten Gassen treiben. Die urigen Bars laden zum Verweilen ein. Ein Abzweig im Ortskern leitet zum Strand Mourouzos.

Unterkunft

- In der Avenida de la Penela liegt das **Hostal La Perla,** ganzjährig geöffnet, 22 Zimmer (+-++, Tel. 981 400450).

Von Ortigueira nach Cedeira ⇗III/CD1

Bis zum nächsten wichtigen Ort Cedeira sind es ab Ortigueira rund 25 Straßenkilometer. Dabei umfährt man bis **Ponte de Mera** in vielen Windungen die herrliche Ria Santa Marta de Ortigueira und steigt dann hinauf bis **Campo del Hospital.**

Auf direktem Wege wären es von hier aus auf der Landstraße C-642 knapp 40 km bis Ferrol, doch lohnt sich der Umweg über Cedeira (Abzweig auf die C-646, auf dieser über **Figueiras** und den mit Kiefern und Eukalyptus bewachsenen Ausläufern des Capelada-Gebirges vorbei).

Cariño und Sierra de Capelada ⇗III/D1

Bereits in Ponte de Mera bietet sich Gelegenheit zu einem Abstecher bzw. eine Alternativroute nach Cedeira. Ziel ist zunächst der zehn Kilometer nördlich von Ponte de Mera gelegene Fischerort **Cariño;** auf der Fahrt dorthin genießt man lohnenswerte Blicke über die Ria Santa Marta de Ortigueira. Bei Cariño liegen der Castro-Strand sowie – in Richtung **Kap Ortegal** – die Einsiedelei **San Xian de Trébol.**

Von Cariño aus braucht man nicht nach Ponte de Mera zurückzukehren, sondern nimmt nach etwa vier Kilometern eine Nebenstraße nach rechts, die einen ins 16 km entfernte Cedeira bringt. Dabei kreuzt man die **Sierra de Capelada,** einen bis knapp 600 m hoch aufragenden Gebirgszug, der in spektakulären, steilen Flanken zum Ozean hin abfällt.

Etwa auf halbem Weg zwischen Cariño und Cedeira liegt das Wallfahrtsörtchen **San Andrés de Teixido,** dessen Kirche dem heiligen *Andreas* gewidmet ist. Die Gläubigen verehren eine Andreas-Reliquie und haben das verlorene Dorf zum zweitwichtigsten Wallfahrtsziel Galiciens aufsteigen lassen (nur noch übertroffen von Santiago) Hier sieht man gelegentlich Einheimische, die Heiligenfiguren, andere Devotionalien und auch „Wunderkräuter" verkaufen. Alljährlich am 8. September findet eine populäre **Wallfahrt** statt.

Die eindrucksvolle landschaftliche Szenerie entschädigt für das Auf und Ab in unendlich vielen Kurven. Es lohnt sich – allerdings ist dieser Küstenabschnitt häufig vernebelt.

Cedeira ⇗III/C1

Angekommen in dem vor allem unter spanischen Sommerurlaubern populären Hafen- und Strandort Cedeira (7.000 Einwohner), wird man angenehm überrascht von den gepflegten **Promenaden.** Fischeratmosphäre spürt man auf dem Weg zum **Jachthafen,** dort, wo die Hütten der Fischer stehen und ein Denkmal neueren Datums an die typische Fischersfrau erinnert. Die **Häuser** Cedeiras erstrecken sich bis in die Berge hinein und ziehen sich auch an der dreiarmigen Ria von Cedeira entlang.

Im Ortskern kann man den Stichstraßen zu den **Stränden** Magdalena und Area Longa folgen.

Rund acht Kilometer nördlich von Cedeira liegt die mit einem Leuchtturm besetzte **Candelaria-Landspitze.**

Unterkunft

- **Hostal Avenida** ($^{++}$), Cuatro Caminos 66, Tel. und Fax 981 492112. Schnörkellose Elf-Zimmer-Pension. Sie bietet Mahlzeitenservice an und hat im Gegensatz zu anderen Unterkünften vor Ort den Vorteil, ganzjährig geöffnet zu sein.

Feste

- Im Festkalender von Cedeira hat der **Curro da Capelada** seinen festen Platz am letzten Sonntag im Juni. Bei der Zeremonie werden halbwilde Pferde eingefangen, die dann ihr Brandzeichen bekommen.

Von Cedeira nach Valdoviño ⇗III/C1

Von Cedeira aus verbleiben rund 35 km bis Ferrol. Dabei folgt man zunächst der schönen Randstraße um die wildromantische **Ria von Cedeira,** um sich bald ins grüne, hügeldurchsetzte Hinterland zu verabschieden. Fortan sieht man Bauerngehöfte, üppige Wiesen, Kornspeicher aus Stein und Holz sowie Eukalyptus- und Kiefernhaine.

Bei **Valdoviño** locken Abzweige zu Buchten und Stränden wie Frouxeria. Von Valdoviño sind es noch etwa 17 km bis Ferrol.

Unterkunft

- Der Campingplatz von **Valdoviño** ist als Abzweig von der Hauptstraße im Ort ausgewiesen; geöffnet Juli bis Ende September sowie während der Karwoche, Tel. 981 487076, Fax 981 486131.

Ferrol ⇗III/C1

Angesichts des unverändert militaristischen Charakters von Ferrol (auch: **El Ferrol**) möchten altgediente Kameraden sicher die Hand zum Gruß an die Stirn heben. Zum einen hat Ferrol als Heimatstadt von Altdiktator *Francisco Franco* ein Plätzchen im Geschichtsbuch. Zum anderen dient die 85.000-Einwohner-Stadt an der Ria von Ferrol als großer Militärhafen; das Sperrgebiet umfasst eine Fläche von rund 2,4 km^2. Nach langwieriger Diskussion ist zum Glück das monumentale Reiterstandbild *Francos* 2002 aus dem großen Kreisverkehr in der City entfernt worden.

Wer das über einer kleinen Halbinsel ausgebreitete Ferrol auf dem Reiseplan auslässt, verpasst nicht allzuviel. Trotz einiger netter Ecken in der Altstadt und an der Meereslinie gehören auch alles andere als pittoreske **Werften und Eisenhütten** ins Bild.

Ein Bummel in Ferrol sollte zu dem am Paseo de la Marina gelegenen **Fischerhafen** und durch die am Rathausvorplatz beginnende **Fußgängerzone** führen.

149ns Foto: ad

Fischerhafen von Ferrol

Der Rathausvorplatz, die Plaza de Armas, liegt mitten in dem aufs 18. Jh. zurückgehenden **Magdalena-Viertel** mit seinen typischen schnurgeraden Straßen. Dort liegt auch die im 18. Jh. erbaute Kirche San Julián.

Zum Süden hin weist das Magdalena-Viertel nahe der Plaza de Galicia zu den Hafenanlagen, wo sich das **Marinemuseum** (Museo Naval) befindet; zu den Exponaten im Museum rechnen Schiffsmodelle und Navigationsgerät (geöffnet Mo-Fr 9-14 Uhr, Sa 10-14 Uhr). Immer wieder sollte man in Ferrol auch auf die typischen **Häuser mit ihren Glasbalkonen** achten.

Information

- Ferrols **Touristenbüro** ist in der Xunta de Galicia im Edificio Administrativo Praza Camilo José Cela zu finden, Ecke Rúa de Vigo, Tel. 981 327105 oder 981 311179.

Unterkunft

- **Hotel Parador de Ferrol** (++ - +++), Calle Almirante Fernández Martín s/n, Tel. 981 356720, Fax 981 356721. Mit seinen Dekorationen im Innern ist dieser Drei-Sterne-Parador von Kopf bis Fuß auf Seefahrt eingestellt. Einige Zimmer mit Hafenblick. Mit Restaurant, in dem es unter anderem Fischsuppe und Tintenfisch gibt.
- **Hostal Silva** (+), Río Castro 42, Tel. 981 310552, Fax 981 320409. Einfach, recht preisgünstige 28-Zimmer-Pension, die auch Mittag- und Abendessen zu günstigen Preisen offeriert.

Verkehrsverbindungen

- Die **Bahnstationen** von Renfe und Feve liegen an der Avenida de Compostela s/n, Tel. 902 240202 und 981 370401. Züge unter anderem nach La Coruña, Oviedo und Gijón.
- Der **Busbahnhof** liegt am Paseo da Estación s/n, Tel. 981 324751; ab hier viele Verbindungen täglich nach La Coruña, auch nach Santiago de Compostela.

Von Ferrol nach Pontedeume

III/C1-2

Die rund 60 km von Ferrol nach La Coruña kann man auf verschiedenste Weise hinter sich bringen: im Eiltempo über die neue Autobahn oder im Bummeltempo über die Landstraße (N-651 und N-VI) zuzüglich eines empfehlenswerten Abstechers nach Sada. Hinter Ferrol und seinem Straßenwall über die Ria geht es auf der Landstraße durch Kiefern- und Eukalyptusforst auf- und abwärts, bis man schließlich

Diktator aus Ferrol: Francisco Franco

Er war Militarist, militaristischer geht's kaum: *Francisco Franco Bahamonde* (1892-1975), der aus Ferrol stammende spanische Diktator. Seine Militärlaufbahn kannte nur Aufstiege, Stufe um Stufe, bis er im Jahre 1926 zum seinerzeit jüngsten spanischen General ernannt wurde. In dieser Funktion war er führend an der Niederschlagung des sozialistischen Aufstands 1934 in Asturien beteiligt. Nach der Militärrevolte Mitte Juli 1936 avancierte er zum Befehlshaber in Spanisch-Marokko und bald darauf – im blutigen und bis 1939 andauernden Spanischen Bürgerkrieg – zum *caudillo*, zum „Führer" Spaniens. Bis zu seinem Tod am 20. November 1975 regierte der von Regimefreunden auch gerne *generalísimo*, der „große General", genannte Franco mit eiserner Hand. Zeitweise vereinte er alle Macht auf seine Person: Staatschef, Regierungschef, militärischer Oberbefehlshaber und Führer der Einheitspartei. Per Nachfolgegesetz legte *Franco* fest, wie es nach seinem Tod mit Spanien weitergehen sollte und bestimmte den Bourbonen *Juan Carlos* zum künftigen König. Doch der erwies sich glücklicherweise als einer der wichtigsten Motoren bei der Demokratisierung des Landes.

Enthalten wir uns eines eigenen Urteils über *Franco* und lassen einen zu Wort kommen, der nie ein Blatt vor den Mund genommen hat und als Schriftsteller (Jahrgang 1931) ein direkt Betroffener der Repressalien und der Zensur des Regimes war: *Juan Goytisolo*. In seinem Buch „Spanien und die Spanier" schreibt er über den Altdiktator: „Er verlangte keine Treue gegenüber irgendeiner Weltanschauung, sondern nur den schlichten Gehorsam. Die offizielle Skala der Tugenden und Verdienste kannte nur diesen einen Maßstab: die Ergebenheit gegenüber seiner Person (...) Das ließ – neben einer korrupten Minderheit, die eifersüchtig alle Vergünstigungen und Pfründe hamsterte – ein Heer von Bürgern entstehen, denen die Gesetze eine lebenslängliche Unmündigkeit auferlegten. Die Gelegenheit zu wählen, in einer Zeitung andere Ansichten als die der Regierung zu finden, ohne Zensur ein Buch zu lesen oder einen unzensierten Film zu sehen, sich mit anderen Oppositionellen zusammenzutun, gegen Missbräuche zu protestieren oder freie Gewerkschaften zu bilden – sie blieb ihnen immerzu versagt."

Cabañas und – über den Río Eumo hinweg – **Pontedeume** erreicht, ein 5.000-Einwohner-Städtchen. Wichtigstes Baudenkmal hier: der wappenverzierte Turm des altadeligen Palastes Andrade.

Westlich von Pontedeume liegt bei Boebre der kleine **Strand von Ber.**

Unterkunft

- Beim **Strand von Ber** liegt ein **Campingplatz,** der von Mitte Juni bis Mitte September geöffnet hat, Tel. 981 438500.

Sada

↗III/C2

Hinter Pontedeume setzt man die Fahrt über **Campolongo** und **Leiro** fort, wechselt auf die Landstraße N-651, kreuzt den Betanzos-Meeresarm und hat im Ort **San Isidro** Gelegenheit, auf ein unscheinbares Sträßchen nach rechts zu wechseln.

Dieses bringt einen wenige Kilometer weiter nach Sada, einer im Sommer recht lebhaften, rund 9.000 Einwohner kleinen Stadt an der Ria von Betanzos. Hier gibt es einen **Fischerhafen** und kleine Restaurants, in denen man fangfrische Meeresfrüchte probieren kann.

Zwischen San Isidro und Sada ist ein kurzer Abzweig zum **Strand von Gandario** ausgeschildert. Als Bauwerk in **Sada** sticht der modernistische langgezogene La-Terraza-Bau hervor.

Von Sada aus verbleiben knapp 20 km durchs Hinterland und das Örtchen **Perillo** nach La Coruña.

Unterkunft

- **Hotel Sada Marina** (++ - +++), Paseo Marítimo s/n, Sada, Tel. 981 623406, Fax 981 623806. Ansprechende Vier-Sterne-Herberge an der Promenade, die höheren Hauptsaisonpreise gelten nur von Juli bis September.
- In der **Calle Espíritu Santo** liegen zwei **preisgünstige Herbergen:** Hostal As Rodas (Tel. 981 611603) und Hostal Espíritu Santo (Tel. 981 620437). Erheblich teurer ist das Zwei-Sterne-Hotel **Las Vegas** (++, Tel. 981 795614, Fax 981 795616).
- Beim **Strand von Gandarío** gibt es zwei **Campingplätze:** Green Village (geöffnet Anfang Juni bis Mitte September; Tel. 981 791453, Fax 981 794282) und der von Anfang Juni bis Mitte September geöffnete Platz Mar y Campo (Tel. 981 791083).

Betanzos

↗ III/C2

Lässt man den Abstecher nach Sada aus und bleibt bei der Fahrt nach La Coruña im vorgenannten San Isidro auf der N-651, kommt man durch das charmant-beschauliche 12.000 Einwohner-Städtchen Betanzos. Ins Bild gehören Stadtmauerreste, Kirchen, alte Herrenhäuser, Bars und die typischen Glasveranden und Holzbalkone.

Anlaufpunkte bilden die **Plätze García Naveira** (mit barockem Santo-Domingo-Konvent und Lokalmuseum) und **Constitución** (mit dem Rathaus und der gotischen Santiago-Kirche).

Weiterhin zu beachten sind in Betanzos die **Kirche Santa María do Azogue** (romanisch-gotischer Stil) und die von interessanten Portalen geprägte romanische **Kirche San Francisco** (mit reich ausgeschmückten ritterlichem Grabmal des *Fernán Pérez de Andrade* aus dem 14. Jh.). Von Betanzos aus sind es knapp 25 km nach La Coruña.

Unterkunft

- **Hotel Los Ángeles** (+ - ++), Los Ángeles 11, tel. 981 771511, Fax 981 776459. Ganzjährig geöffnetes Ein-Sterne-Haus, 36 Zimmer, Essen zu moderaten Preisen (auch das Frühstück).

La Coruña – Hafenstadt mit Herkulesturm

↗ III/C2

Die Stadt schiebt sich mit verschiedenen Verästelungen ins Meer: mit Landspitzen, Molen, Stegen und der drei Kilometer langen **Halbinsel** zwischen dem Meerbusen von Orzán und der Ria von La Coruña. Auf dieser Halbinsel breitet sich das Altstadtviertel aus, und auf ihr ruht auch das Wahrzeichen, der von den Römer errichtetete **Herkulesturm.**

La Coruña (galicisch: **A Coruña**) ist eine fröhliche Hafenstadt mit 245.000 Einwohnern, gleichzeitig auch Hauptstadt der gleichnamigen knapp 8.000

km² großen Provinz sowie die nach Vigo zweitgrößte Stadt Galiciens.

Bereits zu keltischen Zeiten war hier eine Siedlung bekannt, die unter den Römern zu einem strategisch bedeutsamen **Hafenstützpunkt** ausgebaut wurde. Der Atlantik spielte seit eh und je eine entscheidende Rolle, nicht nur bei den Handelsbeziehungen Richtung England und Flandern, sondern auch beim Kolonialwarenverkehr und bei den Attacken von ungebetenen Gästen: wie den Einfällen der Normannen Mitte des 9. und dem Eroberungsversuch des Piraten *Francis Drake* Ende des 16. Jh.

Allerdings scheiterten Drake und die Seinen am Widerstand der Coruñeser, bei der die nach wie vor als Heldin verehrte *María Pita* besonders von sich reden machte. Von La Coruña aus lief im Jahre 1588 auch die so genannte **unbesiegbare Armada** gegen die Engländer aus – und wurde bald darauf vernichtend geschlagen.

La Coruña von heute ist aber nicht nur Hafen-, sondern auch eine gewichtige **Industriestadt**. Hier gibt es Konserven-, Fischmehl-, Textil- und chemische Industrie, Eisen- und Stahlerzeugung sowie Schiffs- und Maschinenbau.

Interessant für den Besucher sind vor allem die **Altstadt** und die **weitläufigen Promenaden,** die vom Hafen und den älteren Stadtzonen bis zum Herkulesturm und von dort zu den Stränden Orzán und Riazor verlaufen.

Die zahlreichen verglasten Balkone (vor allem an der Avenida de la Marina) haben La Coruña den schmückenden Beinamen **„ciudad cristal“**, „Glasstadt“, beschert. Allerdings hält La Coruña den Vergleich mit einer eleganten Seestadt wie San Sebastián nicht stand.

Nach Gewinn der spanischen Fußballmeisterschaft 2000, des Pokals 2002 und des Supercups 2002 durch **Deportivo La Coruña** stand die Stadt mehrfach Kopf.

Sehenswertes

Die **Zahlen in Klammern** verweisen auf die Legendenpunkte des Stadtplans.

In der Altstadt und ihren Randzonen

Das Zentrum – die malerische Altstadt und deren Randbezirke – ist aus dem alten, Pescadería genanten Viertel der Fischer hervorgegangen und nimmt den **südöstlichen Teil der Halbinsel** ein. Die Altstadt *(ciudad vieja)* ist vom Paseo Marítimo umschlossen und stößt sowohl an das Hafenbecken als auch an die Ria; das Leben spielt sich im Bereich der Plätze Santo Domingo, General Azcárraga, General Cánovas und Santa Bárbara ab. Auf dem Plätzchen Santa Bárbara finden im Sommer gelegentlich Freiluftkonzerte statt.

Die wichtigsten sakralen Bauwerke in der Altstadt liegen auf engem Raum zusammen: die romanische **Kirche Santiago (15,** mit drei Apsiden und hölzernen Jakobusskulpturen aus dem 14. Jh.), die gedrungen wirkende und

151ns Foto: ad

Die Atlantikküste

ebenfalls romanische **Stiftskirche Santa María del Campo (16,** davor sieht man ein Steinkreuz), der auf das 15. Jh. zurückgehende **Klarissinnenkonvent Santa Bárbara (17)** und die barocke **Kirche Santo Domingo (18),** in der die Gläubigen ein Bildnis der städtischen Schutzpatronin Nuestra Señora la Virgen del Rosario verehren.

Bei der Stiftskirche Santa María del Campo liegt das **Museum der religiösen Kunst,** das im Wesentlichen Silberschmiedearbeiten aus dem 16. bis 19. Jh. zeigt (Museo de Arte Sacro; geöffnet Di-Fr 9-14 und 17-19 Uhr, Sa 10-13 Uhr).

Herkulesturm

Auf dem Weg zum Kastell San Antón (siehe unten) kommt man am **Jardín de San Carlos** vorbei, einem grünen Kleinod, das den Bereich des einstigen San-Carlos-Bollwerks einnimmt. Ein Grabmal erinnert an den bei der Schlacht von Elviña (1809) tödlich verwundeten englischen General *Sir John Moore*.

Auf einem Landvorsprung an der äußersten Südostspitze der Halbinsel liegt ein klobiges Relikt aus hart umkämpften Zeiten: das im 16. Jh. zum Schutz des Hafens erbaute **Kastell San Antón (20),** das später und sogar bis 1960 als Gefängnis genutzt wurde und heute das sehenswerte **Archäologisch-Historische Museum** beherbergt; dieses hat unter anderem Funde

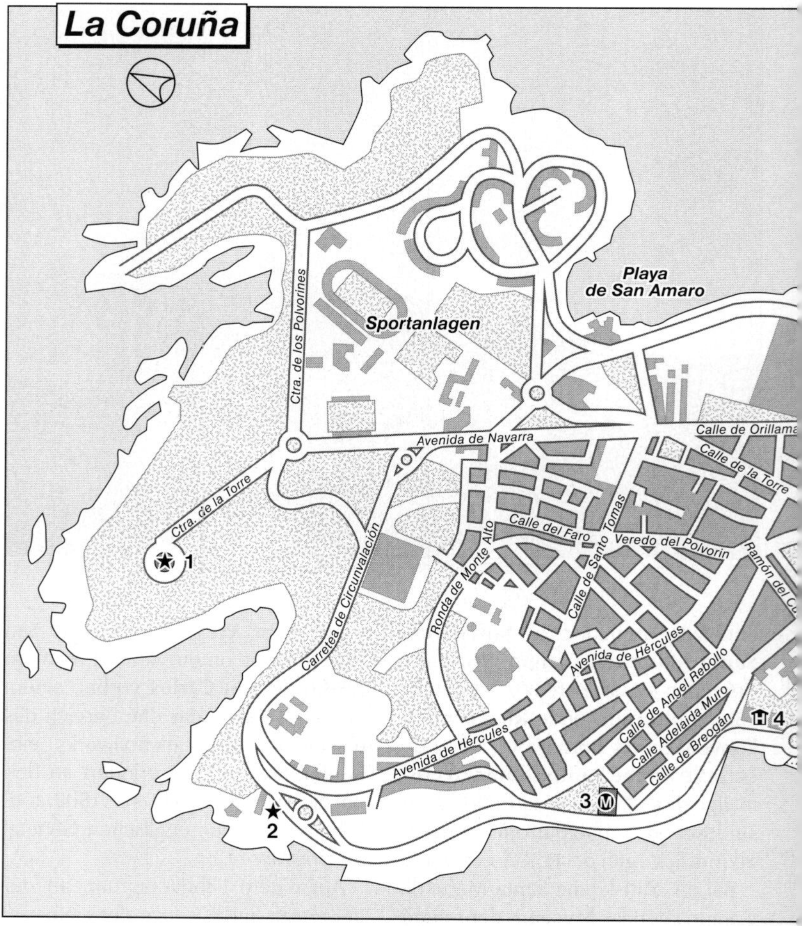

★ 1 Herkulesturm
★ 2 Aquarium
Ⓜ 3 Domus-Museum
🏨 4 Hotel Tryp María Pita
🏨 5 Hotel Rias Altas
★ 6 Jardines de Méndez Núñez,
ℹ Touristenbüro
★ 7 Glasgalerien
Ⓜ 9 Museum der Schönen Künste
10 Markthalle San Agustín
11 Kirche San Jorge
12 Mesón Do Pulpo
13 Restaurante A Penela
• 14 Rathaus

15 Kirche Santiago
16 Stiftskirche Santa María del Campo,
Museum der religiösen Kunst
17 Klarissinenkonvent Santa Bárbara
18 Kirche Santo Domingo
★ 19 Ozeanografisches Institut
20 Kastell San Antón mit Archäologisch-Historischem Museum

aus keltischer und römischer Zeit sowie mittelalterliche Skulpturen zu bieten (geöffnet im Juli und August Di-Sa 10-21 Uhr, ansonsten Di-Sa 10-19.30 Uhr, So stets 10-14.30 Uhr).

Rund um die alte Verteidigungsanlage – gelegen zwischen der großen **Hafeneinfahrt** und dem Sporthafen – nimmt man typische maritime Bilder aus La Coruña in sich auf und blickt auf Jachten, Frachtschiffe, Fischerbötchen und gewaltige Verladekräne.

Zur Nordwestseite hin schließt die Altstadt mit der großen, von Arkaden geprägten **Plaza de María Pita** ab.

An diesem Hauptplatz liegen das zu Beginn des 20. Jh. errichtete **Rathaus (14)** und das **Uhrenmuseum** mit seiner rund 60 Exponate umfassenden Sammlung (Museo de Relojes; geöffnet Mo-Fr nur 17-19 Uhr).

Geht man von der Plaza de María Pita in Richtung Hafenbecken, folgt die Avenida de la Marina mit ihren **Glasgalerien (7,** *galerías coruñesas;* auch *galerías acristaladas),* von denen die meisten auf das 19. Jh. zurückgehen.

Nach Westen hin läuft die Avenida de la Marina nach wenigen Blocks am Postgebäude und einer der beliebten grünen Lungen der Stadt vorbei: den von Palmen geprägten **Jardines de Méndez Núñez (6).**

Hält man sich von der Plaza de María Pita aus in Richtung der Strände Orzán und Riazor, kommt man zunächst an der Plaza de San Agustín vorbei mit der barocken **Kirche San Jorge (11)** und der **Markthalle San Agustín (10),** in der man vor allem gut Käse einkaufen kann.

Der nächste Zwischenplatz ist die Plaza de Zalaeta mit dem **Museum der Schönen Künste (9),** zu dessen wertvoller Sammlung Werke von *Rubens, Tintoretto, Brueghel, Goya, Murillo* und *Picasso* gehören (geöffnet Di-Fr 10-20, Sa 10-14 und 16.30 Uhr, So 10-14 Uhr).

Promenaden, Strände und der Herkulesturm

Mit seinen Promenaden und Stränden zeigt sich La Coruña – trotz manch industrieller Schandflecke und gesichtsloser Neubauzonen – von durchaus angenehmen Seiten. Wer Zeit und Muße mitbringt, sollte die von Meer und Ria begrenzte Halbinsel ruhig einmal in einer weiten, rund sieben Kilometer langen Schleife zu Fuß oder per Rad umrunden. Schließlich verlaufen dort ansehnliche breite **Promenaden,** und es gibt zum Teil sogar Fahrradwege (eine Besonderheit in spanischen Städten). Seit jüngster Zeit verkehrt wieder eine Straßenbahn.

Nimmt man den nahe dem Kastell San Antón gelegenen **Sporthafen** (puerto deportivo) als Ausgangspunkt für eine Tour entgegen dem Uhrzeigersinn, geht es mit Blick auf die andere Seite der Ria an der Hafeneinfahrt, dem **Ozeanografischen Institut (19)** und dem kleinen **San-Amaro-Strand** vorbei.

An der zergliederten Nordwestspitze der Halbinsel – in der Nähe von kleinen Klippen – erhebt sich schließlich der einsam stehende **Herkulesturm (1)** aus dem Wiesengrün. Dieser knapp 60 m hohe Leuchtturm geht auf die Römer und mutmaßlich den Beginn des 2. nachchristlichen Jahrhunderts zurück; natürlich ist der Turm in der Zwischenzeit mehrfach ausgebessert und im 18. Jh. sogar aufgestockt worden. Ein Aufstieg lohnt sich (geöffnet April bis Juni und September täglich 10-18.45 Uhr, Juli und August täglich 10-20.45 Uhr, Oktober bis März täglich 10-17.45 Uhr).

Zum Westen hin begrenzt die große Halbinsel den Orzán-Meerbusen, an dessen **Stränden Orzán und Riazor** im Sommer munteres Treiben herrscht.

Bevor man die Strandabschnitte und die hinterliegende Avenida Pedro Barrié de la Maza mit ihrer durchgehenden Häuserfront erreicht, liegt am Paseo Marítimo - vom Herkulesturm aus kommend: linker Hand - das **Domus-Haus (3,** Domus - Casa del Hombre). Der von dem japanischen Architekten *Arata Isozaki* entworfene und Mitte der 1990er Jahre eröffnete Bau beherbergt ein interaktives Museum, das sich ganz um den Menschen dreht (geöffnet Juli und August täglich 11-21 Uhr, ansonsten tgl. 10-19 Uhr; Calle Santa Teresa 1, Tel. 981 189840). Einen Besuch ist auch das Aquarium wert (Paseo Marítimo s/n, Juli und August täglich 10-21 Uhr, ansonsten Mo-Fr 10-19 und Sa/So 10-20 Uhr).

Über dem Riazor-Strand erhebt sich unübersehbar das **Riazor-Fußballstadion** des langjährigen Erstligaclubs Deportivo La Coruña.

Praktische Tipps

Information

- Das **Touristenbüro (8)** befindet sich an den Jardines de Méndez Núñez s/n, Tel. 981 184344, Fax 981 184345, Web: www.turismocoruna.com, E-Mail: info@turismocoruna.com.

Unterkunft

- **Hotel Tryp María Pita** (+++) **(4),** Avenida Pedro Barrié de la Maza 1, Tel. 981 205000, Fax 981 205565. Viel Glas, viel Luxus, viele Sterne (vier), allerdings gibt es traumhaftere Lagen als diese. 183 Zimmer. Mit angeschlossener Bar/Cafeteria.
- **Hotel Rías Altas** (+++) **(5)**, Avenida de las Américas 57, Playa de Santa Cristina, Tel. 981 635300, Fax 981 636109. Vorzügliches Drei-Sterne-Haus südlich der Stadt am Santa-Cristina-Strand. Viele Zimmer mit Seeblick.
- **Hostal Francisco Javier** (++), Calle Francisco Lloréns 6, Tel. 981 268850, Fax 981 268312. Zweckmäßige Mittelklassepension, 17 Zimmer.
- **Hostal Palacio** (+), Plaza de Galicia 2, Tel. 981 122338. Gehört zu den Billigunterkünften für Reisende mit Basisansprüchen, für Autofahrer wegen der mühsamen Parkplatzsuche nicht geeignet. 18 Zimmer.

Essen und Trinken

- **Restaurante Coral** (+++), Callejón de la Estacada s/n, Tel. 981 200569. Gourmettempel für alle diejenigen, die qualitativ erstklassigen Fisch und Meeresfrüchte bestellen wollen und keine Scheu vor hohen Rechnungen haben.
- **Restaurante A Penela** (++ - +++) **(13),** Plaza de María Pita 12, Tel. 981 209200. Vorzügliches Grillfleisch mit Kartoffeln, auch Omelettes sowie - sicher nicht jedermanns Geschmack - Kutteln mit Kichererbsen.
- **Restaurante La Cabaña del Pescado**r (++), Avenida de las Américas s/n, Playa de Santa Crístina, Tel. 981 635321. Erlesene Meeresfrüchtekost, auch vorzügliches Fleischfondue. Am Santa-Crístina-Strand gelegen, südlich der Stadt.

- **Mesón Do Pulpo** (+ - ++) **(12),** Franja 9-11, Tel. 981 202444. Der Name „pulpo" verrät's bereits: Hier gibt es vorzüglichen Tintenfisch. Rustikal-einfacher Stil, Bar.
- Herrliche **Kneipen** mit Unmengen an Appetithäppchen und Treffpunkten von Alt und Jung findet man in folgenden Straßen: Calle de la Estrella (mit die beste), Calle de la Galera, Calle de la Franja (große Auswahl), Calle de los Olmos, Calle de Barrera sowie die Calle del Capitán Troncoso.

Verkehrsverbindungen

- Der **Flughafen La Coruña-Alvedro** (Tel. 981 187200) liegt rund zehn Kilometer südlich der Stadt. Internationale Verbindungen nach Lissabon, nationale Flüge unter anderem nach Barcelona, Bilbao und Madrid.
- Die **Bahnstation** liegt in der Calle San Cristóbal s/n, Tel. 902 240202. Züge gehen unter anderem nach Santiago de Compostela, Lugo, Ferrol, Vigo und Barcelona.
- Den **Busbahnhof** findet man in der Avenida Caballeros s/n, Tel. 981 184335. Internationale Verbindungen nach Deutschland und in die Schweiz, Inlandsbusse unter anderem nach Santiago de Compostela, Lugo, Ferrol, Madrid, Ribadeo, Viveiro, Santander, Bilbao, San Sebastián und Irún.

Hafenkräne in La Coruña

152ns Foto: ad

Feste

- Größte und von viel Musik und Tanz bestimmte Stadtfeierlichkeit ist die so genannte **Semana Grande,** die „Große Woche", in der ersten oder zweiten Augustwoche.

Einkaufen

- In La Coruña findet manzahlreiche **Märkte,** auf denen man außer Gemüse und Obst auf ein großes Angebot an Meeresfrüchten aller Art stößt. Die Märkte heißen Plaza de Lugo (an der Plaza de Lugo; sehr viel Fisch), San Agustín (Plaza de San Agustín s/n), Elviña (Salvador de Madariaga s/n), Conchiñas (Calle de Barcelona 26) und Montealto (Calle Forcarey 26).

Ausstellungen

- Die **Casa de las Ciencias,** das „Haus der Wissenschaften", dient als Rahmen für Wechselausstellungen und ist zusammen mit dem Planetarium in die westlich der City gelegene Parkanlage Santa Margarita eingebettet. Öffnungszeiten der Casa de las Ciencias: im Juli und August täglich 11-21 Uhr, September bis Juni täglich 10-19 Uhr, Tel. 981 199844.

Weitere Reisetipps

- **Parken:** Öffentliche Parkhäuser und -plätze findet man an der Plaza de Vigo, der Plaza de la Palloza und an der Plaza Galicia sowie in der Avenida Pedro Barrié de la Maza und zu Beginn der Avenida de Finisterre.
- **Autoverleih:** Zu den hier ansässigen Autoverleihern zählen Autos Brea (Avenida Fernández Latorre 110, Tel. 981 238645) und Nilo (Alfredo Vicenti 13, Tel. 981 251459)

Westlich von La Coruña ⇗II/AB2-3

In den westlich und südwestlich von La Coruña gelegenen Landstrichen ziehen verstreute Strände und Fischerdörfer die Besucher in ihren Bann. Das grüne, hügeldurchsetzte Küstenhinterland bleibt bis in die Gegend von Cée, Corcubión und dem Kap Fisterra (auch: Finisterre) ständig präsent. Zwar bietet die Landstraße C-552 eine durchgehende Verbindung von La Coruña in den knapp 100 km entfernten Doppelort Cée/Corcubión, doch die Reize liegen gerade in den ab vom Schuss liegenden Küstenorten wie Malpica, Laxe und Muxía.

Auf dem ersten kleinen Teilstück westlich von La Coruña kommt wenig Freude auf: Hochhäuser, Industrieanlagen, Arbeitersiedlungen und manch abgewrackte Blocks zeichnen den Weg, der einen auf der Landstraße C-552 über **Pastoriza** und die neuerlichen Industrieorte **Arteixo** und **Laracha** ins knapp 35 km entfernte **Carballo** bringt. Dieses 26.000-Einwohner-Städtchen im Tal des Río Anllóns präsentiert sich ohne eigenen Glanz, dient aber als Sprungbrett an den knapp zehn Kilometer nördlich gelegenen **Sandstrand von Baldaio,** der sich über eine Länge von mehreren Kilometern erstreckt (nahebei zwei Campingplätze).

Malpica ⇗II/B2

Von Carballo führt die LC-414 durch den äußerst fruchtbaren Landstrich **Bergantiños** ins 20 km nordwestlich gelegene Malpica (auch: Malpica de Bergantiños). Hier bestimmt der Ozean das Ambiente und die Einkommen der einheimischen Fischer, deren Kutter im Hafenbecken schaukeln. Für Besucher interessant sind der Sandstrand Malpicas und ein Ausflug zum nördlich gelegenen **Kap Adrián** mit seiner einsamen Kapelle gleichen Namens. Das Kap schließt eine wildromantische Halbinsel ab, der die drei **Sisargas-Inseln** vorgelagert sind. Vom Menschen unbeeinträchtigt, leben hier zahlreiche Seevögel.

Unterkunft

- **Hostal Panchito** (+), Plaza Villar Amigo 6, Tel. 981 720307. Angenehme Elf-Zimmer-Pension mit billigeren Tarifen außerhalb der Monate Juli und August. Ganzjährig geöffnet.
- Der **Campingplatz von Malpica** heißt **Sisargas** und liegt an der Carretera Carballo-Malpica, km 14, geöffnet von Anfang Juni bis Mitte September; Tel. 981 721702.

Laxe ⇗II/A2

Von Malpica aus setzt man die Fahrt durch bäuerlich geprägte Landstriche und eine Szenerie aus Wiesen, Maisfeldern, Eukalyptus- und Kiefernhainen fort. Über **Mens** (mittelalterliche Burgtürme), **Nemeño** und das am Río Anllóns gelegene **Ponte-Ceso** erreicht man die herrliche Ría de Corme y Laxe und schließlich das stimmungsvolle Strand- und Hafenörtchen Laxe selbst.

Der Meeresarm von Corme und Laxe zählt bereits zu den Rias der so genannten „Todesküste". Allerdings muss man den Tod an dem langen, feinsandigen **Strand von Laxe** nicht fürchten, da er in einer geschützten Seitenbucht eingebettet liegt.

Für Besucher ebenfalls interessant: der geschäftige **Fischerhafen,** die engen Gassen und die spätmittelalterliche **Wehrkirche Santiago.**

Unterkunft

- **Hotel Bahía** (+ - ++), Avenida Generalísimo 24, Tel. 981 728207. Solides Ein-Sterne-Haus mit zwölf Zimmern, Nebensaisonpreise Anfang Oktober bis Mitte Juni (ausgenommen Ostern).
- Im Hochsommer sollte man in **Laxe** auf **private Zimmervermietungen** achten, die normalerweise als *hospedaje* ausgewiesen sind.

Von Laxe nach Muxía ⇗ II/A2

Ab Laxe führen die rund 35 km bis ins südwestlich gelegene Muxía zunächst durch Kiefer- und Eukalyptusforst, die Mini-Dörfer **Serantes** und **Nande** sowie die Sierra de Peña Forcada nach **Ponte do Porto.**

Ab Ponte do Porto kann man noch einen zehn Kilometer langen Westabstecher in den Fischerort **Camariñas** einschieben, der Namensgeber der hiesigen Ria ist. Camariñas wird bestimmt von Gassen und bunten Häusern; Tradition haben die von den Frauen gefertigten Klöppelspitzenarbeiten.

Von Camariñas aus verbleiben weitere fünf Kilometer bis zum **Kap Vilano** und seinem Leuchtturm. Dort zeigt sich die „Todesküste" einmal mehr von ihrer wilden und schroffen Seite. Ins Bild der Moderne gehören die neuen Windkrafträder.

Ab Ponte do Porto bietet sich die Weiterfahrt durch abgeschiedene, küstennahe Gebiete an. Und das heißt: raus aus Ponte de Porto auf dem Sträßlein CP-1603, zwei Kilometer dahinter rechts auf einer unbeschilderten Straße nach **Leis** (viele Kornspeicher, sandiger Strand), in Leis abwärts am Campingplatz vorbei und dann erneut rechts über die Brücke. Von hier aus sind es noch knapp zehn Kilometer über **Merexo** und **Os Muiños** nach Muxía.

Unterkunft

- **Camping:** Der bei **Leis** gelegene Campingplatz Playa Barreira Leis hat von Anfang Juni bis Mitte September sowie über Ostern geöffnet; Tel. 981 730304, Fax 981 730115.

Muxía ⇗ II/A2

Muxía (spanisch: **Mugía)** präsentiert sich als idyllischer Fischerort von gerade einmal 1.500 Einwohnern, gelegen an der Ria von Camariñas unterhalb eines klobigen Felsmassivs.

Etwas außerhalb erreicht man die von Seeleuten verehrte **Wallfahrtskirche Virgen de la Barca** mit einem gotischen Marienbildnis im Innern; Pilgertag ist der zweite Sonntag im September. Der Legende nach soll die Jungfrau dem Apostel *Jakobus* auf einem Boot erschienen sein.

Im Ort gibt es ein weiteres Gotteshaus, die ursprünglich romanische

Santa-María-Kirche. Beliebt unter den Einheimischen ist der benachbarte **Strand von Espiñeirido.**

Unterkunft

● **Hostal La Cruz** (+ - ++), Avenida López Abente 44, Tel. und Fax 981 742084. Einzige ständige Unterkunft in Muxía, akzeptable Pension mit 25 sauberen Zimmern; zwischen Oktober und Mai ist es preiswerter. Frühstück gegen günstigen Aufpreis; auch andere Mahlzeiten sind erschwinglich.

Von Muxía nach Fisterra

⇗ II/A2-3

Von Muxía aus bieten sich zwei Möglichkeiten zur Weiterfahrt nach Fisterra und dem nahegelegenen spektakulären Kap, dem so genannten „Ende der Welt".

Die unkomplizierte Variante führt über **Moraime** (mit romanischer Dorfkirche San Julián), **Os Muiños, Quintas** und **Suxo** auf die 13 km entfernte Landstraße C-552 und von dort aus weiter über den Doppelort **Cée/Corcubión.**

Bei der komplizierteren zweiten Möglichkeit durch die Welt der Maisfelder und Kornspeicher sowie der schlecht beschilderten galicischen Nebenstraßen benötigt man außer Unternehmungsgeist auch eine detaillierte Karte, aber: Es geht! Der Beginn der rund 30 km von Muxía nach Fisterra deckt sich mit Variante I, dann geht es rechts ab über **Caberta** und **Sinagoga** nach **Lires.**

Zwischendurch kann man noch einen Abstecher zum **Kap Touriñán** einschieben, dem westlichsten Punkt der Iberischen Halbinsel.

Nächste Stationen südlich von Lires sind die Dörfer **Padris, Suariba, Buxán, Denle** und **Herme de Suxo,** bis man schließlich in **Escaselas** eine T-Kreuzung erreicht. Von hier aus verbleiben rechts noch rund drei Kilometer bis zur Ortsmitte von Fisterra.

Immer wieder locken zwischendurch Abzweige zu recht abgeschiedenen **Stränden,** wie dem zwischen Buxán und Denle ausgeschilderten Rostro-Strand.

Zu Fisterra und dem südlicheren Küstenabschnitt bis Noia siehe „Der Jakobsweg durch Galicien, Von Santiago zum Kap Fisterra".

Zur Tankerkatastrophe vom November 2002, bei der die „Prestige" vor der galicischen Küste über 4.000 Tonnen stark schwefelhaltiges Schweröl verlor, siehe Exkurs am Ende des Kapitels „Reisetipps von A–Z".

616ns Foto: ad

Anhang

617ns Foto: ad

618ns Foto: ad

Felsenburg von Javier, Navarra

Pilger in Santiago de Compostela, Galicien

Lago de Enol, Picos de Europa, Asturien

Literaturhinweise

Der Jakobsweg

Wanderführer

- *Bravo Lozano, Millán:* **Praktischer Pilgerführer. Der Jakobsweg.** Editorial Everest, León 1997. Übersetzung aus dem Spanischen (erhältlich in zahlreichen spanischen Buchhandlungen).

Zuverlässiger, ringgebundener Führer mit vielen Informationen und ausführlicher Kartographie für Fußpilger. Der Haupt-Nachteil dieses Werkes: Es ist sehr unhandlich und passt mit seinen knapp 28 Zentimetern Höhe und 17 Zentimetern Breite in kaum eine Tasche und bringt – für einen Wanderführer unglaubliche – 650 Gramm auf die Waage. Ein fürs Auffinden von Orten gewaltiger Nachteil ist das fehlende Register.

Pilgerbücher gestern und heute

- *Coelho, Paulo:* **Auf dem Jakobsweg.** Diogenes, Zürich 1999.

Der gebürtige Brasilianer *Coelho* legt in seinem „Tagebuch einer Pilgerreise" – so der Untertitel – Zeugnis ab von Abenteuern und spirituellen Prüfungen auf seiner Wallfahrt. Als Taschenbuch passt *Coelho* selbst in jeden Pilgerrucksack – als persönlicher Wegbegleiter für zwischendurch.

- *Herbers, Klaus:* **Der Jakobsweg. Mit einem mittelalterlichen Pilgerführer unterwegs nach Santiago de Compostela.** Gunter Narr Verlag, Tübingen 1986.

Aufschlussreich und nüchtern geschrieben. Informationen zur frühen Entwicklung des Jakobuskultes und zur mittelalterlichen Pilgerfahrt als religiösem, touristischem und wirtschaftlichem Unternehmen.

- *Herbers, Klaus* und *Plötz, Robert:* **Nach Santiago zogen sie. Berichte von Pilgerfahrten ans „Ende der Welt".** Deutscher Taschenbuch Verlag, München 1996.

Aufschlussreiche, interessante Sammlung an Pilgerberichten insbesondere aus dem späten Mittelalter.

- *Künig von Vach, Hermann:* **Pilgerführer nach Santiago de Compostela (1495).** Herausgegeben von *Ludwig Hengstmann* (Originaltext „Die walfart und Straß zu sant Jacob" und Nachschrift in heutiger Schreibweise). Verlag U. Nink, Solingen 1996.

Aufschlussreiches, aus heutiger Sicht amüsantes Pilgerbüchlein eines Servitenmönches und seiner Wallfahrt nach Santiago vor mehr als 500 Jahren. Verfasst in Versform.

- *Lindenthal, Peter:* **Nach Santiago – wohin sonst!** Tyrolia, Innsbruck/Wien 2000. Ungeschminkter Pilger-Erlebnisbericht in Tagebuchform. Mit allen Hochs und Tiefs, zum Schmunzeln und Nachdenken und mit einer Fülle von Begegnungen am Wege.
- *Müller, Peter:* **Wer aufbricht, kommt auch heim. Vom Unterwegssein auf dem Jakobsweg.** In Zusammenarbeit mit P. Angel F. de Aránguiz. Verlag am Eschbach, [3]2001.

Einfühlsamer Wegbegleiter, der zu vielem Anstoß gibt: zum Beispiel zu einer Steinmeditation am „Eisernen Kreuz", dem höchsten Punkt des Weges.

- *Nooteboom, Cees:* **Der Umweg nach Santiago.** Suhrkamp Taschenbuch, Frankfurt am Main 1996.

Kein herkömmlicher Reisebericht, sondern eine Sammlung von Essays dieses exzellenten niederländischen Erzählers. Der Jakobsweg als ein von zahlreichen Begegnungen gezeichneter Weg durch ganz Spanien, der den Charakter des Landes vorzüglich erfasst.

Legenden

- *Drouve, Andreas:* **Geheimnisse am Jakobsweg.** Tyrolia, Innsbruck/Wien 2003. Mysteriöse Legenden und Geschichten von Wundern am Jakobsweg – eine interessante Lesereise von den Pyrenäen bis Santiago de Compostela, aufgelockert durch informative Zusatzkästen zu Kirchen, Klöstern und den noch heute nachvollziehbaren Schauplätzen der Legenden. Ein spannendes Buch für unterwegs und den Armchair-Traveller, verfasst vom Autor dieses Nordspanien-Bandes.

Historisch-wissenschaftliche Bücher

- *Legler, Rolf:* **Sternenstraße und Pilgerweg – Der Jakobskult von Santiago de Compostela. Wahrheit und Fälschung.** Gustav Lübbe Verlag, Bergisch-Gladbach 1999.

Lange hat man sich ein Buch gewünscht, das die Wurzeln der Wallfahrt nach Santiago de Compostela kompromisslos kritisch angeht. *Legler* geht unverblümt davon aus, dass der heilige Jakobus nie in Spanien war und es zu keiner Zeit ein Grab des Apostels in Galicien gegeben hat – der Kult als kirchen- und machtpolitische Konstruktion.

● *Ohler, Norbert:* **Reisen im Mittelalter.** Deutscher Taschenbuch-Verlag 1993.

Aus einer Vielzahl zeitgenössischer Berichte, darunter zum Jakobsweg, lässt der Autor ein Bild der großen Mobilität im Mittelalter entstehen. Leider staubtrocken geschrieben. Vom selben Autor ist auch der Band „Pilgerleben im Mittelalter" erschienen.

● *Plötz, Robert* (Hg.): **Europäische Wege der Santiago-Wallfahrt.** Gunter Narr Verlag, Tübingen 1993.

Beiträge unter anderem zu historischen Wegen der Pilger nach Santiago, selbst aus Skandinavien.

● *Terhart, Franjo:* **Die Wächter des heiligen Gral. Das verborgene Wissen der Tempelritter.** Heinrich Hugendubel Verlag, Kreuzlingen/München 1999.

Standardwerk zu den mysteriösen Templern, die im Mittelalter bis zu ihrer Auflösung im Jahre 1312 auch entlang des Jakobsweges präsent waren. Einer der Exkurse ist der bei Puente de la Reina gelegenen Kapelle von Eunate gewidmet, ansonsten geht der Autor ausführlich auf die Anfänge, Zeichen, Symbole und Geheimnisse der Templer ein.

Einzelne Regionen

Baskenland

● *Collins, Roger:* **The Basques.** Basil Blackwell Ltd, Oxford 1986.

Zur Geschichte der Basken von den Ursprüngen bis ins zwölfte nachchristliche Jahrhundert. Nur in englischer Sprache.

● *Herzog, Werner:* **Terror im Baskenland – Gefahr für Spaniens Demokratie?** Rowohlt-Verlag, Reinbek bei Hamburg 1979.

ETA-Terrorismus und das Baskenland-Problem in der Post-Franco-Zeit. Vom selben Autor ist auch das Buch **„Spanien. Die zerbrechliche Einheit"**, in dem ein längerer Beitrag dem Baskenland gewidmet ist (Orell Füssli, Zürich 1982).

● *Humboldt, Wilhelm von:* **Die Vasken.** Wissenschaftliche Buchgesellschaft, Darmstadt 1961.

Aus heutiger Sicht höchst vergnüglicher Bericht einer Reise aus dem Jahre 1801. Detailverliebt und mit wissenschaftlicher Schärfe beobachtet.

● *Kasper, Michael:* **Baskische Geschichte.** Primus-Verlag, Darmstadt 1997. Profundes Werk zu politischen, wirtschaftlichen und sozialen Entwicklungen der Basken von der Vorgeschichte bis in die Gegenwart. Wissenswertes auch zur Sprache.

● *Kiechle, Stefan:* **Ignatius von Loyola.** Herder, Freiburg 2001. Fundierte Biografie über den aus dem Baskenland stammenden Begründer des Jesuitenordens (1491-1556), dessen Leben auf dem Krankenbett eine radikale Wende nahm.

● *Kurlansky, Mark:* **Die Basken. Eine kleine Weltgeschichte.** Claassen/Econ Ullstein List Verlag, München 2000. Exzellent, detailliert. Auf knapp 500 Seiten belässt *Kurlansky* nicht nur Raum für Geschichte und Politik, sondern hebt auch aufschlussreiche Themen wie die ominöse Baskenmütze und den Weg weisenden Jesuitenbegründer *Ignatius von Loyola* hervor.

● *Ortots:* **Die Basken. Vergangenheit und Zukunft eines freien Volkes.** Trikont-Verlag, München 1979.

Regionalistisch gefärbtes Standardwerk zu Geschichte, Sprache und Unterdrückung der Basken.

● *Römhildt, Kerstin:* **Nationalismus und ethnische Identität im spanischen Baskenland.** Lit-Verlag, Münster und Hamburg 1994.

Geschichte des baskischen Nationalismus im spanisch-baskischen Kontext. Einen Schwerpunkt legt das Buch auf die Konstruktion ethnischer Identität im Baskenland.

Navarra

● *Drouve, Andreas:* **Pamplona – Stadt der Sanfermines.** Edition aragon, Moers 1994.

Stadt- und Regionalführer vom Autor dieses Buches. Standardwerk zu Spaniens größter Fiesta; die Beschreibungen sind aufgelockert mit zahlreichen Tagebuchskizzen.

La Rioja

- *Drouve, Andreas:* **La Rioja – Spaniens Weinregion.** Edition aragon, Moers 1997.

Regionalreiseführer vom Autor dieses Buches. Mit Touren und Routen rund um Wein, Klöster und Dinosaurier.

Pyrenäen

- *Schuh, Michael:* **Pyrenäen-Handbuch.** Reise Know-How-Verlag, Bielefeld, 1999

Für alle diejenigen, die sich nicht mit dem in diesem Buch vorgestellten Stück Nordspanien begnügen und tiefer in die Pyrenäen eintauchen wollen. Ein bewährt zuverlässiges Reisehandbuch, das die französische und spanische Seite der Pyrenäen behandelt und auch Andorra und die nördliche Costa Brava mit einschließt.

Spanien

Kultur

- *Drouve, Andreas:* **Kulturschock Spanien.** Reise Know-How-Verlag, Bielefeld 2002. Fiesta und Siesta, Glaube und Aberglaube, Mañana-Mentalität und geheimnisvolle Selbstgeißlerumzüge – in Spanien vereinen sich Klischees und Wirklichkeit. Der Autor geht Spanien und den Spaniern detailgetreu auf den Grund: ihrer traditionellen Volkskultur, den Sitten und Gebräuchen, den Legenden und Mythen, der Geschichte und Gegenwart. Und natürlich dem Alltag, der trotz gelegentlichem Chaos eine ungebrochene Faszination auf deutschsprachige Reisende und Einwanderer ausübt. Ein Band für jeden Spanien-Interessierten, inklusive wertvoller Tipps.

Geschichte, Gesellschaft und Politik

- *Bernecker, Walther L./Pietschmann, Horst:* **Geschichte Spaniens.** Verlag Kohlhammer, Stuttgart/Berlin/Köln, 3. verbesserte und aktualisierte Auflage 2000.

Gewissenhaft auf den neuesten Stand gebrachter Abriss über Spaniens Historie von der frühen Neuzeit bis zur Gegenwart. Sehr detailliert und mit großer Fülle an Informationen übersichtlich aufbereitet. Dies ist ein Pflicht-Nachschlagewerk für jeden Spanien-Interessierten. Für den raschen Überblick eignet sich die Zeittafel.

- *Brouwer, Johan:* **Johanna die Wahnsinnige. Glanz und Elend einer spanischen Königin.** Verlag Diederichs, München, 2. Auflage 1996.

Aufschlussreiche Biografie über die Tochter der katholischen Könige, die mutmaßlich so wahnsinnig nicht wahr, wie ihr Beiname besagt.

- *Goytisolo, Juan:* **Spanien und die Spanier.** Suhrkamp, Frankfurt am Main 1982.

Der zu Franco-Zeiten exilierte Autor zeigt, warum die Spanier heute so sind wie sie sind.

- *Heinen, Eugen:* **Sephardische Spuren.** Jenior-Verlag, Kassel, 2 Bände 2001 und 2002. Detaillierter A-Z-Führer durch die historischen Judenviertel in Spanien, besonders interessant zu nordspanischen Städten wie Estella, Burgos und León.
- *Leicht, Hans:* **Isabella von Kastilien.** Verlag Friedrich Pustet, Regensburg 1994.

Spannende Biografie über eine kraftvolle Regentin, die Spanien zwischen Mittelalter und Neuzeit geführt hat und der Krone durch zahlreiche Reformen neues Ansehen und Autorität verschaffte.

- *Lemm, Robert:* **Die Spanische Inquisition.** DTV, München 1996.

Ein heißes Eisen, das der Autor anpackt. Lemm spürt in diesem neuen Standardwerk historische Hintergründe auf, ohne das Mittelalter und die Inquisition nach heutigen Maßstäben verketzern zu wollen. Gleichwohl macht er den Lesern bewusst, dass sich gerade in Spanien die Verfolgung Andersdenkender mit der Staatsmacht verband und ein bedeutendes politisches Instrument war.

- *Plate, Eckart:* **Gott spricht kastilisch. Geschichte und Geschichten. Spanien 1492-2000.** Moll-Verlag, Benissa (Spanien) 2000. Ein halbes Jahrtausend lebendig verpackte Historie. In Reportageform angereichert mit einer Fülle hochinteressanter Details, die man so in keinem Geschichtsbuch findet.
- *Pérez, Joseph:* **Ferdinand und Isabella – Spaniens katholische Könige.** Verlag Diederichs, München, 2. Auflage 1996.

Die Biografien der beiden Herrscher hat *Pérez* geschickt in die Zeit Ende des 15./Anfang des 16. Jahrhunderts eingebettet, da Spanien zur Weltmacht aufstieg. So geht es u.a. auch um den Kampf zwischen Adel und Monarchie, die öffentlichen Finanzen, die Inquisition und die Ausweisung der Juden.

- *Reifenscheid, Richard:* **Die Habsburger in Lebensbildern.** Heinrich Hugendubel Verlag, Kreuzlingen 2000.

Sammlung von Kurzbiografien regierender Habsburger, die über einen Zeitraum von 650 Jahren die Entwicklung des Abendlandes entscheidend mitgestalteten. Aus spanisch-historischer Sicht interessant vor allem die Biografie von *Kaiser Karl V.* (1500-1558).

- **Spanien-Ploetz.** Ploetz, Freiburg, 4. aktualisierte und ergänzte Ausgabe 1998.

Handliches Standardwerk zu Spaniens Geschichte, angefüllt mit verlässlichen Daten und Fakten, sehr übersichtlich gestaltet. Thematisch spannen sich Essays und Zeittafeln von der Altsteinzeit bis in die Gegenwart. Separat bekommt man zusätzliche Abrisse über die geschichtlichen Verläufe in Portugal und Andorra.

Kunstgeschichte

- *Imdahl, Max:* **Picassos Guernica.** Insel-Verlag, Nachauflage Frankfurt am Main 2002. Viele halten *Picassos* Antikriegsgemälde „Guernica", das an die Bombardierung der gleichnamigen baskischen Stadt durch die „Legion Condor" erinnert, für das Ereignisbild des 20. Jahrhunderts. Detailliert und aufschlussreich beschreibt der Autor das Bild und seine Wirkung.
- *Licht, Fred:* **Goya. Die Geburt der Moderne.** Hirmer-Verlag, München 2001. Wer immer sich in das aus Aragonien stammende Künstlergenie *Goya* und sein Werk vertiefen will, kommt an *Lichts* großformatigem Band nicht vorbei. Kompetent und umfassend, durchgehend farbig bebildert. Inhaltlich klar gegliedert, steckt der Autor *Goyas* künstlerischen Hintergrund ab und geht auf die Komplexität seines Schaffens ein. Bis hin zu den „Schwarzen Bildern", in denen *Goya* dem Dämonischen und Unbewussten schier unnachahmlich Gestalt verliehen hat.
- Die **visuelle Geschichte der Kunst.** Gerstenberg-Verlag, Hildesheim 1999. Über 500 Seiten starkes Nachschlagewerk für Jugendliche und Erwachsene, das mit vielen Farbbildern ausstaffiert ist und größere kunsthistorische Zusammenhänge vermittelt. Vor allem die am Jakobsweg vorkommende Kunst lässt sich bei Themen wie „Die mittelalterliche Figur", „Die Bauplastik der Kathedrale" und „Skulptur des Hochmittelalters" gut vertiefen.

Literatur

- *Hemingway, Ernest:* **Fiesta.** Rowohlt-Verlag, Reinbek bei Hamburg. Basierend auf Hemingways Recherchen in Pamplona, lässt er seine vom Ersten Weltkrieg gezeichneten Gestalten durch den großen sommerlichen Fiestatrubel der Sanfermines treiben. Ein Klassiker, erstmals 1926 unter dem Titel „The Sun Also Rises" erschienen.
- **Spanische Reise. Ein literarischer Reiseführer durch das heutige Spanien.** Wagenbach-Verlag, erweiterte Neuausgabe Berlin 1998. Ein literarisches Portrait erster Güteklasse, das bedeutende Schriftsteller wie *Javier Marías* und *Camilo José Cela* zusammenführt und den unterschiedlichsten Aspekten des Landes gerecht wird. Häppchengerecht vertieft die vortreffliche Auswahl Themen wie Flamenco und Sherry, Stierkampf und Autonomien, das spanische Wesen und Unwesen.
- *Tomeo, Javier:* **Unterhaltung in D-Dur.** Wagenbach-Verlag, Berlin 1995. Lesevergnügen für jene mit einem Faible für menschliche Skurrilitäten, aufgezogen an einer merkwürdigen Eisenbahnfahrt: zwei Männer, ein Provinzposaunist und ein seltsamer Fremder, ganz alleine im Zug und gleichsam auf dem Schienenstrang des Lebens. Samt Unterhosenraub und herrlich absurden Dialogen. Der aus Aragonien stammende *Tomeo* (Jahrgang 1932) ist eine literarische Entdeckung wert und auf dem deutschsprachigen Buchmarkt mit weiteren Titeln wie „Das Verbrechen im Orientkino" (1996) und „Der Gesang der Schildkröten" (1999) vertreten (Wagenbach-Verlag, Berlin).

Jugendromane

●*Dieltiens, Kristien:* **Das goldene Spiegelzeichen.** Arena, Würzburg 2001. Packender Mittelalter-Roman für Jugendliche, der im Nordspanien zur Zeit der Kreuzzüge spielt und in dem jungen Olrac seinen Protagonisten hat. Dieser ist unter Räubern aufgewachsen und begibt sich eines Tages auf eine gefährliche Reise in seine Vergangenheit, begleitet von bösen Intrigen, Machtkämpfen und Mystik.

●*Gadow, Jürgen:* **Der Berg des Unheils.** DTV, München 1999.

Fesselnder Jugendroman, der im maurisch geprägten Spanien des 12. Jahrhunderts seinen Ausgang nimmt; einer der Schauplätze ist der Jakobsweg. Im Mittelpunkt steht der junge Schildknappe Liuthar, der zwischen die Fronten von Moslems und Christen gerät, auf einem Sklavenmarkt verkauft wird, in das Haus eines warmherzigen muselmanischen Kaufmanns kommt und schließlich mit seinem Freund Zaid die Spur einer in Nordafrikas Wüste verschwundenen Karawane aufnimmt. Lesenswert, spannend erzählt und gleichzeitig ein großes Gleichnis zur gegenseitigen Toleranz Andersgläubiger.

●*Sánchez Silva, José María:* **Das große Buch vom kleinen Marcelino.** Herder, Freiburg 2002. Doppelband mit zwei christlichen Kinderbuchklassikern, die seit ihrem Erscheinen vor rund einem halben Jahrhundert Generationen von Lesern angerührt haben: „Der kleine Marcelino" (erstmals publiziert 1952) und „Die große Reise des kleinen Marcelino" (von 1955). Die erste Geschichte erzählt vom Findelkind Marcelino, das von Mönchen aufgenommen wird und zu einem herzigen Lausbuben heranwächst. Sein größter Wunsch ist es, in den Himmel zu kommen und seine Mama zu treffen. Als ihm sein Schöpfer *Sánchez Silva* (1911-2002) den Wunsch erfüllte, forderte die Leserschaft mehr von Marcelino – und er schickte ihn auf „große Reise".

Sprache

Siehe Hinweise im Kapitel „Sprache und Verständigung"

Wein

●*Radford, John:* **Weinlandschaft Spanien. Tradition und Aufbruch.** Hallwag-Verlag, Bern/Stuttgart 1999. Vorzüglich ausstaffiertes Standardwerk. *Radford* vermittelt alles Wissenswerte über die spanischen Weine und die Anbaugebiete mit geschützter Herkunftbezeichnung und greift zeitgemäß die neuesten qualitätsorientierten Tendenzen auf. Übersichtlich aufgezogen, zahlreiche Farbbilder.

●*Read, Jan:* **Spaniens Weine.** Hallwag-Verlag, Bern, 5. aktualisierte Auflage 2001.

Rebensaftkenner und die, die es werden wollen, besorgen sich stets die neueste Auflage dieses Werkes. Es bietet fundierte Informationen zu 900 Weinen aus allen Regionen Spaniens, selbstverständlich auch viele aus der Rioja, Navarra und Galicien. Interessant sind die Beurteilungen der jeweiligen regionalen Jahrgänge und die wissenswerten Informationen zu ausgesuchten Weingütern (auch hier wieder mit Beurteilung zum Qualitätsstand). Großen Raum nehmen die Orte und Bodegas in der Rioja ein.

Küche

●*Baur, Eva Gesine* und *Seifert, Anuschka:* **Spanien. Der Reichtum der einfachen Küche.** Deutscher Taschenbuch Verlag, München 1997.

Eine Fundgrube für Liebhaber spanischer Kost. Rezepte unter anderem zu kalter Avocadocremesuppe, Kichererbseneintopf mit Spinat und Stockfisch auf Bilbao-Art.

●*Jenior, Winfried:* **Tapas. Spezialitäten aus Spanien.** Verlag Jenior & Pressler, sechste Auflage Kassel 2001.

Für die Liebhaber spanischer Appetithäppchen, die im Norden auch unter dem Namen Pinchos bekannt sind.

●*Schmid, Johannes:* **Spanische Fischküche.** Verlag Winfried Jenior, Kassel 2002. Eine Fundgrube an Rezepten, darüber hinaus mit Tipps für den Einkauf auf dem Fischmarkt und einer Einführung in die Kunst der Zubereitung von Fisch und Schalentieren.

Feste

- *Sánchez, María A.:* **Fiestas Populares. España Día a día.** Maeva Ediciones, Madrid 1998.
  Umfangreiches und profundes 500-Seiten-Werk zu Volksfesten in Spanien, chronologisch Tag für Tag aufgearbeitet. Natürlich konnte die Autorin ummöglich alle Feste in ihrem Buch aufnehmen, doch auch so erhält man einen hervorragenden Überblick. Nur auf spanisch und in spanischen Buchhandlungen erhältlich.

Stierkampf

- *Braun, Karl:* **Toro – Spanien und der Stier.** Verlag Klaus Wagenbach, Berlin 2000.
  Kompetent und kompakt geht *Braun* dieses Stück spanischer Volkskultur an, streut einen prähistorischen Exkurs über „Stier und Göttin" ein, beschreibt den Ablauf des blutigen Rituals in der Arena und greift Widersprüche wie „Katholizismus und Stier" auf.
- *Hemingway, Ernest:* **Tod am Nachmittag.** Rowohlt-Verlag, Reinbek bei Hamburg. Stierkampf-Klassiker, 1932 erschienen. Nichts für zarte Gemüter.
- *Kennedy, A. L.:* **Stierkampf.** Wagenbach-Verlag, Berlin 2001. *Kennedy* beleuchtet den Stierkampf vor und hinter den Kulissen und hinterfragt die Motive nach dem Warum. Gleichzeitig ein sehr persönliches Buch der schottischen Autorin, aufrichtig und verständlich geschrieben.
- *Sánchez, Cristina:* **Matadora.** Mein Leben als Stierkämpferin. Fischer, Frankfurt a. M. 2000. Eine Frau in der Welt des Stierkampfes.

Spanien-Almanach

- Jedes Jahr gibt der in Kassel ansässige Verlag *Winfried Jenior* einen Spanien-Almanach heraus, einen Kalender zu Kultur und Alltag in Spanien. Neben dem Themenschwerpunkt Essen und Trinken informiert der Almanach über besondere Jahrestage sowie auf unterhaltsame und kurzweilige Weise über besondere Themen (in der Ausgabe 2002 findet man u.a. Beiträge über die Meeresküche, Störche und Dolmetscher). Informationen und Vorbestellung des Almanachs direkt beim Verlag (Lassallestr. 15, D-34119 Kassel; E-Mail: Jenior@aol.com).

Glossar

Wichtige spanische Begriffe aus Geografie, Kunst, Kultur und Reisealltag

- *Alarde* – Festlicher Umzug
- *Albergue de peregrinos* – Pilgerherberge
- *Apartado* – Einstallungszeremonie der Stiere
- *Arco* – Torbogen
- *Baile* – Tanz
- *Banda de música* – Musikkapelle
- *Banderillero* – Akteur beim Stierkampf, der dem Stier die mit Bändern und Fähnchen geschmückten Spieße *(banderillas)* in den Nacken stößt
- *Bodega* – Weinstube oder Weinlager, insbesondere in der Rioja; auch Weinschenke
- *Cabezudos* – Personen mit den großen Kopfmasken auf spanischen Volksfesten
- *Cabo* – Kap
- *Calle* – Straße
- *Calzada* – Gepflasterter Weg, gepflasterte Straße
- *Camino de Santiago* – Jakobsweg
- *Carretera* – Landstraße
- *Casa Consistorial* (oder: *Ayuntamiento)* – Rathaus
- *Castillo* – Schloss
- *Catedral* – Kathedrale
- *Cerro* – Hügel
- *Churros* – Fettgebäck, das man gerne in eine dickflüssige Schokoladensauce taucht
- *Ciudad* – Stadt
- *Claustro* – Kreuzgang
- *Colegiata* – Stiftskirche
- *Concierto* – Konzert

- *Convento* – Konvent
- *Corrida de toros* – Stierkampf
- *Cuadrilla* – Mannschaft eines Toreros
- *Cueva* – Höhle
- *Deporte rural* – ländlicher Sport, wie die Wettbewerbe der *Aizkolaris* (Holzhacker) und *Harrijasotzailes* (Steinestemmer)
- *Desfile* – festlicher Umzug
- *Encierro* – Stiertreiben
- *Ermita* – Einsiedelei
- *Frontón* – Spielanlage für Pelota (entweder Freiplatz oder Halle)
- *Fuegos artificiales* – Feuerwerk
- *Gigantes* – Riesenfiguren aus Holz, Pappe und Stoff; zugegen bei Umzügen
- *Hórreo* – pfahlgestützter Kornspeicher
- *Iglesia* – Kirche
- *Jotas* – typische Volkstänze
- *Mercado* – Markt
- *Mirador* – Aussichtspunkt
- *Monasterio* – Kloster
- *Monte* – Berg
- *Mozo* – Läufer vor den Stieren (hier: bei Volksfesten, wie den Sanfermines)
- *Museo* – Museum
- *Novillada* – Stierkampf mit den Jungstieren
- *Novillo* – Jungstier
- *Oficina de turismo* – Touristeninformation
- *Palacio* – Palast
- *Parador* – staatliches Nobelhotel, meist an altehrwürdiger Stätte
- *Parque* Nacional – Nationalpark
- *Parroquia* – Pfarrkirche
- *Paseo* – Promenade
- *Patio* – Innenhof
- *Picador* – berittener Stierfechter mit Lanze
- *Playa* – Strand
- *Plaza de toros* – Stierkampfarena
- *Plaza* – Platz
- *Pueblo* – Dorf
- *Puente* – Brücke
- *Puerta* – Stadttor, Pforte
- *Puerto* – Hafen
- *Punta* – Landzunge
- *Ría* – Trichtermündung galicischer Flüsse
- *Río* – Fluss
- *Romería* – Wallfahrt
- *Semana Santa* – Karwoche
- *Sierra* – Gebirge
- *Toro* – Stier
- *Toro de fuego* – „Feuerstier" bei Volksfesten; zur Kinderbelustigung rennt ein Mann mit stierkopfähnlichem Aufsatz auf seinem Kopf und Rücken durch die Straßen, und von diesem Aufsatz aus sprüht einige Minuten lang Feuerwerk (gibt Brandlöcher in der Kleidung!)
- *Torre* – Turm
- *Valle* – Tal
- *Vendimia* – Weinlese

Spanisch-Sprachhilfe

Diese kleine Sprachhilfe macht mit wichtigen spanischen Grundbegriffen bekannt und hilft bei Anliegen im touristischen Alltag, ob im Hotel, in der Post oder im Restaurant. Auch an diejenigen, die sich ein Auto leihen möchten, mit dem Fahrrad oder als Jakobspilger unterwegs sind, haben wir gedacht. Außerdem hilft die Sprachhilfe, die Kontaktaufnahme zu den Spaniern zu erleichtern und könnte den einen oder anderen ein wenig zum intensiveren Spanischlernen animieren.

Betonung und Aussprache

Ebenso wichtig wie die Vokabeln sind auch Betonung und Aussprache. Dabei gilt es, Folgendes zu beachten:

- Mehrsilbige Worte, die auf einen Vokal, „n" oder „s" enden, werden **auf der vorletzten Silbe betont** (*la concha,* die Muschel oder *todos,* alle).
- Ausnahmen sind die mit **Betonungs-Akzent** versehenen Wörter (*la degustación,* die Kostprobe).
- Worte, die auf einen Konsonanten (abgesehen von n und s) oder auf einen Vokal mit sich anschließenem y enden (*ayer,* gestern oder *estoy,* ich bin/ich befinde mich) müssen **auf der letzten Silbe betont** werden.

Nachfolgend diejenigen Buchstaben (-kombinationen), deren **Aussprache** vom Deutschen abweicht:

ie „i" und „e" nacheinander gesprochen
ue „u" und „e" nacheinander gesprochen
ei „e" und „i" nacheinander gesprochen
b am Wortanfang wie deutsches „b"; sonst ein Reibelaut zwischen „b" und „w", der zum „w" tendiert (siehe „v")
c vor „a", „o" und „u" wie „k" in „Kirche"; vor „e" und „i" wie engl. stimmloses „th" in „thing" (Ding)
ch wie „tsch" in „Matsch"
d wird am Wortende nicht gesprochen; am Wortanfang wie stimmhaftes engl. „th" in „these" (gilt nicht für ganz Spanien)
g vor „a", „o" und „u" wie „g" in „Garten"; vor „e" und „i" wie rauhes „ch" in „Bach"
gue wie „ge" in „gehen"
gui wie „gi" in „Giraffe"
h ist stumm, wird nicht gesprochen
j wie rauhes „ch" in „Bach"
ll wie „j" in „Jäger" (das „Doppel-L" ist ein eigener Buchstabe
ñ wie „nj" in „Tanja"
qu wie „k" in „Kirche"
r gerolltes Zungen-r
s stimmloses „s" wie in „Bus"
v am Wortanfang wie deutsches „b"; sonst ein Reibelaut zwischen „b" und „w", der zum „w" tendiert (siehe b)
y wie „j" in „Jäger"; am Wortende wie „i"
z wie engl. stimmloses „th" in „thing" (Ding)

Allgemeine Verständigung, Reisealltag und Orientierung

Guten Tag	*buenos días*
Guten Abend	*buenas tardes*
Gute Nacht	*buenas noches*
Danke	*gracias*
Keine Ursache	*de nada*
Bitte	*por favor*
ja	*si*
nein	*no*
Auf Wiedersehen	*adiós*
Bis morgen	*hasta mañana*
Bis später	*hasta luego*
Hallo! Wie geht's?	*¡Hola! Como estás?*
Wie geht es Ihnen?	*Cómo está usted?*
Danke, gut	*Bien, gracias*
Ich heiße...	*Me llamo...*
Mein Name ist...	*Mi nombre es...*
Entschuldigen Sie	*Perdone*
Es tut mir sehr Leid	*Lo siento mucho*

Ich spreche kein Spanisch	*No hablo español*
Ich verstehe nicht	*No entiendo*
Sprechen Sie langsamer bitte	*Hable más despacio por favor*
rechts	*derecha*
links	*izquierda*
geradeaus	*derecho*
Nord	*norte*
Süd	*sur*
Ost	*este*
West	*oeste*
weit	*lejos*
nah	*cerca*
die Richtung	*la dirección*
nach	*hacia*
hier	*aquí*
dort	*allí*
zu Fuß	*a pie*
das Hotel	*el hotel*
die Kirche	*la iglesia*
das Polizeirevier	*la comisaría*
die Straße	*la carretera*
der Weg	*el camino*
das Haus	*la casa*
der Park	*el parque*
der Platz	*la plaza*

Fragewörter und Fragen

Wann?	*Cuándo?*
Wie?	*Cómo?*
Wohin?	*A dónde?*
Woher?	*De dónde?*
Warum?	*Por qué?*
Was?	*Qué?*
Wo?	*Dónde?*
Wieviel?	*Cuánto?*
Wer?	*Quién?*
Welche?	*Cuál?*
Sprechen Sie Deutsch?	*Habla alemán?*
Können Sie bitte wiederholen?	*Puede repetir, por favor?*
Wie heißt das auf Spanisch?	*Cómo se dice eso en español?*
Was kostet das?	*Cuánto cuesta esto?*
Wo gibt es...?	*Dónde hay...?*
Wie spät ist es?	*Qué hora es?*
Können Sie mir bitte helfen?	*Puede ayudarme, por favor?*

Zahlen

0	*cero*
1	*uno*
2	*dos*
3	*tres*
4	*cuatro*
5	*cinco*
6	*seis*
7	*siete*
8	*ocho*
9	*nueve*
10	*diez*
11	*once*
12	*doce*
13	*trece*
14	*catorce*
15	*quince*
16	*dieciséis*
17	*diecisiete*
18	*dieciocho*
19	*diecinueve*
20	*veinte*
21	*veintiuno*
22	*veintidós*
30	*treinta*
40	*cuarenta*
50	*cincuenta*
60	*sesenta*
70	*setenta*
80	*ochenta*
90	*noventa*
100	*cién*
1.000	*mil*
10.000	*diez mil*
100.000	*cien mil*
1.000.000	*un millón*

Zeitangaben

heute	*hoy*
morgen	*mañana*
übermorgen	*pasado mañana*
gestern	*ayer*
vorgestern	*anteayer*
morgens	*por la mañana*
mittags	*al mediodía*
nachmittags / abends	*por la tarde*
abends / nachts	*por la noche*
Montag	*lunes*
Dienstag	*martes*
Mittwoch	*miércoles*

Donnerstag	*jueves*
Freitag	*viernes*
Samstag	*sábado*
Sonntag	*domingo*
Januar	*enero*
Februar	*febrero*
März	*marzo*
April	*abril*
Mai	*mayo*
Juni	*junio*
Juli	*julio*
August	*agosto*
September	*septiembre*
Oktober	*octubre*
November	*noviembre*
Dezember	*diciembre*

Das Wetter

das Wetter	*el tiempo*
der Regen	*la lluvia*
der Wind	*el viento*
die Wärme	*el calor*
die Kälte	*el frío*
die Hitze	*mucho calor*
gutes Wetter	*buen tiempo*
schlechtes Wetter	*mal tiempo*
bewölkt	*nublado*
die Sonne	*el sol*

Unterkunft

das Hotel	*el hotel*
die Pension	*la pensión / el hostal*
die Jugendherberge	*el albergue juvenil*
die Rezeption	*la recepción*
das Einzelzimmer	*la habitación individual*
das Doppelzimmer	*la habitación doble*
das Schwimmbad	*la piscina*
die Sauna	*la sauna*
die Garage	*el garaje*
das Fernsehgerät	*la televisión*
das Bett	*la cama*
die Klimaanlage	*el aire acondicionado*
der Ventilator	*el ventilador*
die Heizung	*la calefacción*
das Badezimmer	*el cuarto de baño*
die Dusche	*la ducha*
der Balkon	*el balcón*
die Aussicht	*la vista*
das Gepäck	*el equipaje*
die Zimmernummer	*el número de habitación*
der Stock	*el piso*
der Safe	*la caja fuerte*
das Telefon	*el teléfono*
ärztliche Hilfe	*servicio médico*
zentrale Lage	*sitio céntrico*
Geldwechsel	*cambio de moneda*
der Aufzug	*al ascensor*
Zugang für Behinderte	*acceso para minusválidos*
Fahrradverleih	*alquiler de bicicletas*
Vollpension	*pensión completa*
Halbpension	*media pensión*
Ich habe ein Zimmer reserviert.	*Tengo una habitación reservada.*
Um wieviel Uhr gibt es Frühstück?	*A qué hora se puede desayunar?*
Können Sie bitte meine Rechnung fertig machen?	*Puede preparar mi cuenta, por favor?*

Als Pilger unterwegs

der Jakobsweg	*el Camino de Santiago*
die Jakobsmuschel	*la concha de vieira*
der Pilger	*el peregrino*
der Fußpilger	*el peregrino a pie*
die Pilgergruppe	*el grupo de peregrinos*
der Einzelpilger	*el peregrino individual*
der Pilgerweg	*la sirga peregrinal* (auch: *la sirga jacobea*)
die Pilgerherberge	*el albergue de peregrinos*
die Pilgerurkunde	*la „compostela"* (auch: *la „compostelana"*)
der Pilgerausweis	*la credencial* (auch: *la acreditación de peregrino*)
übernachten	*pernoctar*
der Stempel	*el sello*
der Rucksack	*la mochila*
das Gepäck	*el equipaje*
der Regenmantel	*el impermeable*
der Pilgerstab	*el bordón*
der Schlafsack	el saco de dormir
das Bett	*la cama*
das Betttuch	*la sabana*

die Schlafkoje	*la litera*
die verfügbaren Plätze	*las plazas disponibles*
die Isomatte	*la colchoneta aislante*
die Dusche	*la ducha*
heißes Wasser	*agua caliente*
das Waschbecken	*el lavabo*
die Toilette	*el aseo* (auch: *los servicios)*
die Küche	*la cocina*
der Speisesaal	*el comedor*
der Aufenthaltsraum	*la sala de estar*
das Schließfach	*la taquilla*
die (Übernachtungs-) Gebühr	*la tasa*
die Öffnungszeit	*el horario*
der Preis	*el precio*
der Spendenbeitrag	*la donación*
die Kirche	*la iglesia*
der Pfarrer	*el párroco*
der Waschplatz	*el lavadero*
die Wäscherei	*la lavandería*
der Fahrradraum	*la sala de bicicletas*
geöffnet	*abierto*
geschlossen	*cerrado*

Essen und Trinken

das Restaurant	*el restaurante*
das Frühstück	*el desayuno*
das Mittagessen	*la comida*
das Abendessen	*la cena*
das belegte Brot	*el bocadillo*
das Appetithäppchen	*el pincho* (auch: *la tapa)*
die Speisekarte	*la carta*
Vorspeisen	*las entradas*
die Hauptspeise	*el plato principal*
die Nachspeise	*el postre*
der Salat	*la ensalada*
das Omelette	*la tortilla*
die Suppe	*la sopa*
der Fisch	*el pescado*
die Meeresfrüchte	*los mariscos*
das Fleisch	*la carne*
das Brot	*el pan*
die Butter	*la mantequilla*
die Marmelade	*la mermelada*
der Zucker	*el azúcar*
das Salz	*la sal*
Die Speisekarte bitte.	*La carta, por favor.*
Die Rechnung bitte.	*La cuenta por favor.*
der Sekt	*el champán*
der Kaffee	*el café*
der Milchkaffee	*el café con leche*
der Rotwein	*el vino tinto*
der Roséwein	*el vino rosado* (oder: *clarete)*
der Weißwein	*el vino blanco*
das Bier	*la cerveza* (meist Flaschenbier)
frisch gezapftes Bier	*la caña*
das Wasser	*el agua*
die Milch	*la leche*

Transport

der Bus	*el autobús*
der Zug	*el tren*
die Busstation	*la estación de autobuses*
die Linie	*la línea*
der Bahnhof	*la estación de trenes* (auch: *la estación de ferrocarril)*
der Bahnsteig	*el andén*
der Hochgeschwindigkeitszug	*el tren de alta velocidad*
der Zuschlag	*el suplemento*
das Taxi	*el taxi*
der Flug	*el vuelo*
der Flughafen	*el aeropuerto*
die Auskunft	*la información*
die Abfahrt	*la salida*
die Ankunft	*la llegada*
die Fluggesellschaft	*la compañía aérea*
der Flugplan	*el horario de vuelos*
der Rückflug	*el vuelo de regreso*
das Boot	*el barco*
die Bootsfahrt	*el viaje en barco*

Wo kann man der Bus nach... nehmen?
Dónde se puede coger el autobús para...?

Wo halten die Busse nach... ?
Dónde paran los autobuses para... ?

Fährt dieser Bus nach... ?
Va este autobús a... ?

Wie lange dauert es bis... ?
Cuánto se tarda hasta... ?

Fahrrad und Fahrradverleih

das Fahrrad	*la bicicleta*
das Mountain-Bike	*la bicicleta de montaña*

der Fahrradverleih	*alquiler de bicicletas*
die Fahrradwerkstatt	*el taller de bicicletas*
das Werkzeug	*las herramientas*
die Zange	*el alicate*
der Inbusschlüssel	*la llave allen*
der „Platte“	*el pinchazo*
der Flicken	*el parche*
das Flickzeug	*el kit de reparación de pinchazo*
die Luftpumpe	*la bomba*
die Schraube	*el tornillo*
die Schraubenmutter	*la tuerca*
der Schraubenschlüssel	*la llave plana* (auch: *la llave fija)*
der Schraubenzieher	*el destornillador*
das Öl	*el aceite* (auch: *la grasa)*
die Trinkflasche	*el bidón*
die Bremse	*el freno*
der Bremsgriff	*la maneta de freno*
der Bremsschuh	*la zapata*
der Bremszug	*el cable de freno*
die Felge	*la llanta*
die Gangschaltung	*el desviador* (auch: *el cambio)*
der Gepäckträger	*la parrilla*
die Kette	*la cadena*
das Kettenblatt	*el plato*
das Kettenritzel	*el piñón*
das Kugellager	*el rodamiento a bolas*
die Lampe	*el faro*
der Lenker	*el manillar*
die Lenkertasche	*el portadocumento*
die Packtaschen	*las alforjas*
der Rahmen	*el cuadro*
der Reifen	*la cubierta*
das Rücklicht	*la luz trasera*
der Sattel	*el sillín*
der Schaltzug	*el cable de cambio*
der Schlauch	*la cámara*
die Speiche	*el rayo*
das Tretlager	*la caja de pedalier*
das Ventil	*la válbula*

Auto- und Motorradverleih

das Auto	*el coche*
das Motorrad	*la moto*
der Vertrag	*el contrato*
der Führerschein	*el permiso de conducir*
der Preis	*el precio*
das Deposit	*el depósito*
die Kreditkarte	*la tarjeta de crédito*
das Benzin	*la gasolina*
die Tankstelle	*la gasolinera*
Benzin bleifrei	*gasolina sin plomo*
Benzin verbleit	*gasolina con plomo*
die Straße	*la carretera*
die Nationalstraße	*la carretera nacional*
die Schnellstraße	*la autovía*
die Autobahn	*la autopista*
Wo kann man ein Auto mieten?	*Dónde se puede alquilar un coche?*
der Parkplatz	*el aparcamiento*

Einkaufen

das Geschäft	*la tienda*
der Supermarkt	*el supermercado*
der Großsupermarkt	*el hipermercado*
die Größe	*la talla*
teuer	*caro*
billig	*barato*
bezahlen	*pagar*
die Bäckerei	*la panadería*
die Konditorei	*la pastelería*
der Markt	*el mercado*
die Buchhandlung	*la librería*
der Fotoladen	*la tienda de fotos*
das Schuhgeschäft	*la zapatería*
der Schreibwarenladen	*la papelería*
Selbstbedienung	*autoservicio*
die Landkarte	*el mapa*
der Stadtplan	*el plano callejero* (auch: *el plano de la ciudad)*
die Zeitschrift	*la revista*
die Zeitung	*el periódico*
das Wörterbuch	*el diccionario*
Haben Sie... ?	*Tiene usted... ?*
Wo kann ich... kaufen?	*Dónde puedo comprar... ?*
Ich möchte einen Diafilm.	*Quisiera una película en color para diapositivas.*
Wieviel kostet das?	*Cuánto cuesta esto?*

Bank, Postamt, Telefon

die Bank	*el banco*
Schweizer Franken	*los francos suizos*
die Kreditkarte	*la tarjeta de crédito*
der Geldwechsel	*el cambio de dinero*

der Wechselkurs	*el tipo de cambio*
die Quittung	*el recibo*

Wo kann ich Geld wechseln?
Dónde puedo cambiar dinero?
Wie ist der Wechselkurs heute?
Cómo está el cambio hoy?

Postamt	*correos*
der Brief	*la carta*
der Eilbrief	*la carta urgente*
die Postkarte	*la postal*
die Briefmarke	*el sello*
der Briefkasten	*el buzón*
Luftpost	*correo aéreo*
das Telefon	*el teléfono*
die Telefonkarte	*la tarjeta telefónica*
die Telefonkabine	*la cabina de teléfonos*
das Telefonbuch	*el directorio telefónico*
die Vorwahl	*el prefijo*

Bitte zehn Briefmarken für Postkarten nach Deutschland.
Por favor, diez sellos para postales a Alemania.

Krankheit und Notfälle

der Unfall	*el accidente*
die Apotheke	*la farmacia*
die Notapotheke (tagsüber/nachts)	*la farmacia de guardia (diurna/nocturna)*
der Arzt	*el médico*
der Zahnarzt	*el dentista*
die Sprechstunde	*la consulta*
das Krankenhaus	*el hospital/la clínica*
das Gesundheitszentrum	*el centro de salud*
der Krankenwagen	*la ambulancia*
der Notfall	*la urgencia*
die Notfallabteilung (im Krankenhaus)	*urgencias*
das Rote Kreuz	*la Cruz Roja*
Ich bin krank.	*Estoy enfermo.*
Hilfe! (als Hilfeschrei)	*¡socorro!*
Kopfschmerzen	*dolor de cabeza*
Zahnschmerzen	*dolor de muelas*
Bauchschmerzen	*dolor de vientre*
Rückenschmerzen	*dolor de espalda*
Magenschmerzen	*dolor de estómago*
Knochenbruch	*fractura*
die Stadtpolizei	*la policía municipal*
das Kommissariat	*la comisaría*
die Feuerwehr	*los bomberos*
der Abschleppdienst	*la grúa*
der Dolmetscher	*el intérprete*

Dokumente

der Vorname	*el nombre*
der Familienname	*el apellido*
der Reisepass	*el pasaporte*
der Personalausweis	*el documento nacional de identidad* (kurz: *D.N.I.*)
das Geburtsdatum	*la fecha de nacimiento*
der Geburtsort	*el lugar de nacimiento*
der Familienstand	*el estado civil*
ledig	*soltero*
verheiratet	*casado*
die Staatsangehörigkeit	*la nacionalidad*
die Unterschrift	*la firma*
die Adresse	*la dirección*
der Wohnort	*el lugar de residencia*

Anhang

Frankreich & Co.

Die schönsten Ferienziele richtig erleben!
Die Reiseführer der Reihe **Reise Know-How** bieten Insider-Informationen und Hintergrundwissen von Spezialisten, genaue Karten, aktuelle Preise, Adressen von guten Restaurants, empfehlenswerten Unterkünften, interessanten Einkaufsmöglichkeiten etc.

Krusekopf, Pecqueux, Homann
Bretagne
672 Seiten, 50 Karten und Pläne, durchgehend illustriert, großer Farbteil, farbiger Kartenatlas.

Hans Otzen
Normandie
624 Seiten, 23 Karten und Pläne
durchgehend illustriert, farbiger Kartenatlas.

Gabriele Kalmbach
Paris und Umgebung
336 Seiten, 30 Karten und Pläne,
durchgehend illustriert, farbiger Kartenatlas.

Stefan Brandenburg, Ines Mache
Provence
576 Seiten, 35 Karten und Pläne, durchgehend illustriert, großer Farbteil, farbiger Kartenatlas.

Miller, Alo und Nikolaus
Das Tal der Loire
504 Seiten, 50 Karten und Pläne, durchgehend illustriert, großer Farbteil, farbiger Kartenatlas.

Reise Know-How Verlag, Bielefeld

Know-How auf einen Blick

Sylt
Syrien

Taiwan
Tansania, Sansibar
Teneriffa
Thailand
Thailand – Tauch- und Strandführer
Thailands Süden
Thüringer Wald
Tokyo
Toscana
Trinidad und Tobago
Tschechien
Tunesien
Tunesiens Küste

Umbrien
USA/Canada
USA/Canada BikeBuch
USA, Gastschüler
USA, Nordosten
USA – der Westen
USA – der Süden
USA – Südwesten, Natur u. Wandern
USA SW, Kalifornien, Baja California
Usedom

Venedig
Venezuela
Vereinigte Arab.Emirate
Vietnam

Westafrika – Sahel
Westafrika – Küste
Wien
Wo es keinen Arzt gibt

Edition RKH

Burma – im Land der Pagoden
Finca auf Mallorca
Durchgedreht – 7 Jahre im Sattel
Geschichten aus d. anderen Mallorca
Goldene Insel
Mallorquinische Reise, Eine
Please wait to be seated!
Salzkarawane, Die
Schönen Urlaub!
Südwärts durch Lateinamerika

Praxis

All Inclusive?
Als Frau allein unterwegs
Canyoning
clever buchen – besser fliegen
Daoismus erleben
Dschungelwandern
Essbare Früchte Asiens
Fernreisen
Fernreisen, Fahrzeug
Fliegen ohne Angst
Fun u. Sport im Schnee
GPS f. Auto, Motorrad
GPS Outdoor
Heilige Stätten Indiens
Hinduismus erleben
Höhlen erkunden
Inline-Skaten Bodensee
Inline Skating
Islam erleben
Kanu-Handbuch
Kreuzfahrt-Handbuch
Küstensegeln
Maya-Kultur erleben
Orientierung mit Kompass und GPS
Paragliding-Handbuch
Pferdetrekking
Reisefotografie
Reisefotografie digital
Reisen und Schreiben
Respektvoll reisen
Richtig Kartenlesen
Safari-Handbuch Afrika
Schutz vor Gewalt und Kriminalität
Schwanger reisen
Selbstdiagnose u. Behandlung unterwegs
Sicherheit/Bärengeb.
Sicherheit/Meer
Sonne, Wind und Reisewetter
Survival-Handbuch, Naturkatastrophen
Tauchen in kalten Gewässern
Tauchen in warmen Gewässern
Transsib – von Moskau nach Peking
Trekking-Handbuch
Tropenreisen
Vulkane besteigen
Was kriecht u. krabbelt in den Tropen
Wein Guide Dtschl.
Wildnis-Ausrüstung
Wildnis-Backpacking
Wildnis-Küche
Winterwandern
Wohnmobil/Indien
Wracktauchen weltweit

KulturSchock

Afghanistan
Ägypten
Brasilien
China
Golf-Emirate, Oman
Indien
Iran
Islam
Japan
KulturSchock
Marokko
Mexiko
Pakistan
Russland
Spanien
Thailand
Türkei
Vietnam

Wo man unsere Reiseliteratur bekommt:

Jede Buchhandlung der BRD, der Schweiz, Österreichs und der Benelux-Staaten kann unsere Bücher beziehen.
Wer trotzdem keine findet, kann alle Bücher über unseren Internet-Shop unter **www.reise-know-how.de** oder **www.reisebuch.de** bestellen.

Praxis – die handlichen Ratgeber für unterwegs

Wer seine Freizeit aktiv verbringt, in die Ferne schweift, moderne Abenteuer sucht, braucht spezielle Informationen und Wissen, das in keiner Schule gelehrt wird. REISE KNOW-HOW beantwortet mit über 40 Titeln die vielen Fragen rund um Freizeit, Urlaub und Reisen in einer neuen, praktischen Ratgeberreihe: „Praxis".

So vielfältig die Themen auch sind, gemeinsam sind allen Büchern die anschaulichen und allgemein verständlichen Texte. Praxiserfahrene Autoren schöpfen ihr Wissen aus eigenem Erleben und würzen ihre Bücher mit unterhaltsamen und teilweise kuriosen Anekdoten.

Hier eine kleine Auswahl:

Rainer Höh: **Kanu-Handbuch**

Helmut Hermann: **Reisefotografie**

Frank Littek: **Fliegen ohne Angst**

Rainer Höh: **Orientierung mit Kompass und GPS**

Wolfram Schwieder: **Richtig Kartenlesen**

Volker Heinrich: **Reisefotografie digital**

F. Vogel: **Sonne, Wind und Reisewetter**

Klaus Becker: **Tauchen in warmen Gewässern**

Barbara u. Hans Otzen: **WeinGuide Deutschland**

Günter Schramm: **Internet für die Reise**

Weitere Titel siehe Programmübersicht.

Jeder Titel:
144-160 Seiten,
handliches Taschenformat 10,5 x 17 cm,
robuste Fadenheftung, Glossar,
Register und Griffmarken zur schnellen Orientierung

Reise Know-How Verlag, Bielefeld

Register

R

S

Kartenverzeichnis

Farbige Umgebungskarten

Stadtpläne

Der Autor

Dr. Andreas Drouve, Jahrgang 1964, bereist Nordspanien seit vielen Jahren und hat längere Zeit dort gelebt. Nach dem Studium der Germanistik, Völkerkunde und Hispanistik in Bonn, Granada, Pamplona und Marburg arbeitete er als Zeitungsredakteur. Er ist Verfasser von rund 40 Büchern, erschienen in vier Sprachen. Heute lebt er überwiegend in Pamplona und arbeitet als freiberuflicher Reisejournalist und Autor.

Danksagung

Der Dank des Autors gilt vor allem der TURA GmbH (D-Düren) für die freundliche Unterstützung; viele der in diesem Buch abgebildeten Fotos sind mit den TURA-Filmen CR 100 S 135-36 DX und CR 200 S 135-36 DX aufgenommen worden.

Kartenatlas

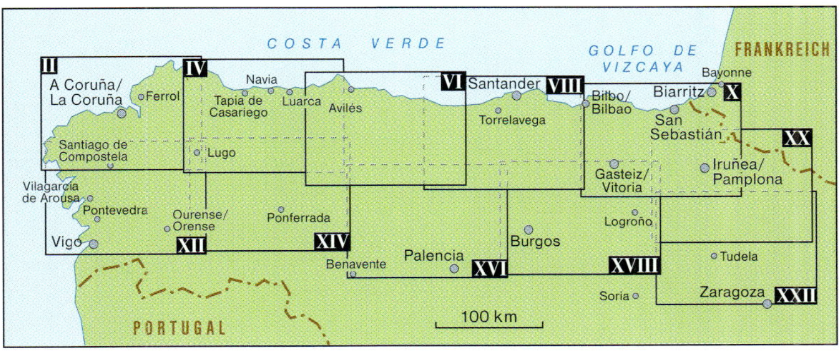

Zeichenerklärung

S. 99 Ortsbeschreibung auf Seite 99

0 — 20 km

Maßstaab 1 : 700.000

- A55 Autobahn
- Hauptstraße
- N540 Nationalstraße
- Nebenstraße
- Jakobsweg
- Naturpark
- Kirche
- Höhle

2000 m
1500 m
1000 m
500 m
0

Nördliches Galicien
La Coruña
Gijón
Santander
San Sebastián
Santiago
Bilbao
Pamplona
Vigo
León
Burgos
Zaragoza
A
B
1
2
3
0
20 km
RÍAS ALTAS
Islas Sisargas
Cabo de San Adrián
S. 421
Malpica de Bergatiños
Mens
Playa de Baldaio
Arteixo
Nemeño
Ria de Corme y Laxe
S. 421
Bruño
A55
Ponte-Ceso
Laxe
Laracha
RÍAS GALLEGAS
Carballo
Arou
Cerdeda
Cabo Vilán
Coristanco
Camariñas
Ponte do Porto
S. 422
Baio
Silva
Ria de Camariñas
Leis
Muxia
Vimianzo
Zás
LA
Cabo Touriñán
Villarmid
Berdoias
Touriñán
Sta. Comba
Lires
S. 298
Esmorode
Val do Dubra
Cée
Embalse de Fervenza
S. 299
Corcubión
R. Xallas
A Baña
G
A
L
Portomouro
Fisterra
Pino do Val
Negreira
Santiago de Compostela
S. 281
Cabo Fisterra/ Cabo Finisterre
E. Barrié de la Maza
Rio Tambre
Serra de Outes
Os Anxeles
Bertamiráns
Carnota
S. 296
A
Muros
B
XII

Kartenatlas

Westliches Asturien
A
B
Punta de la Estaca de Bares
Porto de Bares
Porto de Barqueiro
Ría de Viveiro
Portocelo
Xuances
S.407
Lago
Xove
Covas
Porto de Celeiro
N642
Viveiro
Burela
San Pedro de Viveiro
Vilaestrofe
Cangas
Golfo de Masma
Ría de Ribadeo
Fazouro
S.406
Ourol
Ferreira
Foz
Benquerencia
S.403
Tapia de Casariego
San Martín de Mondoñedo
San Cosme
Reinante
Rinlo
S.404
Ribadeo
Figueras
Valdepares
El Franco
Cartavio
Vilela
Castropol
Viveiro
Cuadramón
Río Masma
Vilanova
1020
Porto de Abaixo
Vegadeo
Mondoñedo
Trabada
Balmonte
Montouto
Río Eo
Boal
N634
E70
Abadín
Lanzós
Taramundi
Cedemonio
Bretoña
LUGO
Villalba/ Vilalba
Sarzol
Villanueva de Oscos
Tumbo
N640
Río Navia
Pesoz
Castro de Rei
Meira
A
S
Trobo
Ribera de Piquin
Grandas de Salime
Reguntille
Castro
Outeiro de Rei
Fonsagrada
GALICIEN
Oviaño
1034
NVI
S.276
Lamas de Moreira
Castroverde
Lugo
O Cádabo
Cecos
Sta. Eulalia de Bóveda
Naleda
N540
Navia de Suarna
Rao
Corgo
A6
Luiña
Río Miño
Puebla de San julián
Balouta
1
2
3
III
XIII
XIV

Kartenatlas

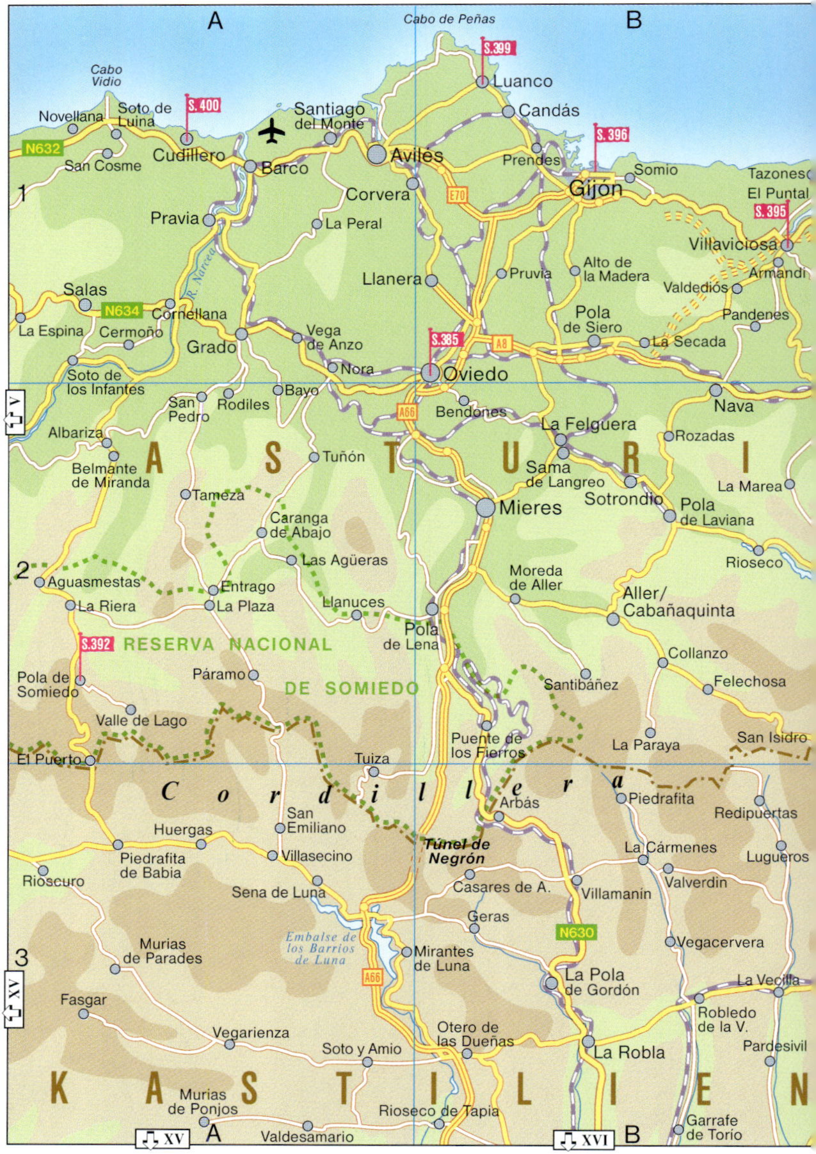

A
B
1
2
3
Cabo de Peñas
Cabo Vidio
S.399
Luanco
Candás
S.396
Novellana
Soto de Luina
S.400
Santiago del Monte
N632
San Cosme
Cudillero
Barco
Avilés
Prendes
Somio
Tazones
El Puntal
Gijón
Corvera
E70
Pravia
La Peral
S.395
Villaviciosa
Armandi
Alto de la Madera
Pruvia
Llanera
Valdediós
R. Narcea
Salas
N634
Cornellana
La Espina
Cermoño
Pola de Siero
Pandenes
Grado
Vega de Anzo
S.385
A8
La Secada
Soto de los Infantes
Nora
Oviedo
V
San Pedro
Rodiles
Bayo
Nava
A66
Bendones
Albariza
La Felguera
Rozadas
Belmante de Miranda
Tuñón
A S T U R I
Sama de Langreo
Sotrondio
La Marea
Tameza
Mieres
Pola de Laviana
Caranga de Abajo
Las Agüeras
Rioseco
Moreda de Aller
Aguasmestas
Entrago
Aller/ Cabañaquinta
La Riera
La Plaza
Llanuces
Pola de Lena
S.392
RESERVA NACIONAL
DE SOMIEDO
Collanzo
Pola de Somiedo
Páramo
Santibáñez
Felechosa
Valle de Lago
Puente de los Fierros
La Paraya
San Isidro
El Puerto
Tuiza
Cordillera
Piedrafita
Arbás
Redipuertas
San Emiliano
Huergas
Túnel de Negrón
La Cármenes
Piedrafita de Babia
Villasecino
Luqueros
Rioscuro
Casares de A.
Valverdín
Sena de Luna
Villamanín
Geras
N630
Murias de Parades
Embalse de los Barrios de Luna
Mirantes de Luna
Vegacervera
A66
La Pola de Gordón
XV
La Vecilla
Fasgar
Robledo de la V.
Otero de las Dueñas
Vegarienza
La Robla
Pardesivil
Soto y Amio
KASTILIEN
Murias de Ponjos
Rioseco de Tapia
Garrafe de Torío
Valdesamario
XV
XVI

Östliches Asturien
C
D
La Coruña
Gijón
Santander
San Sebastián
Santiago
Bilbao
Pamplona
Vigo
León
Burgos
Zaragoza
COSTA VERDE
Playa de Rodiles
0
20 km
1
2
3
Lastres
Colunga
N632
Berbes
S. 394
Ribadasella
Puente Agüera
Tito Bustillo
Sietes
Nueva
Barro
S. 394
Llanes
Celorio
S. 383
Margolles
Río Sella
Santianes
Arriondas
Peruyes
Soto de Dueñas
N634
S. 380
Cueva del Buxu
Meré
San Roque
Vidiago
Cueva del Pindal
S.376
N634
Villamayor
Cangas de Onís
Infiesto
Soto de C.
Mestas de Con
Benias
Colombres
Unquera
Carreña
Trescares
Panes
Bielba
E
N
Covadonga
S. 382
Arenas de Cabrales
Lago de Enol
Lago de la Ercina
La Hermida
Priescas
Río Sella
PARQUE NACIONAL PICOS DE EUROPA
Poncebos
Bueres
Taranes
Cain
Sotres
Campo de Caso
Posada de Valdeón
Bezanes
Camaleño
Ojedo
Potes
S.377
Oseja de Sajambre
Sta. Marina de Valdeón
Espinama
KANTABRIEN
Cosgaya
Pasaguero
VIII
Kartenatlas
Lario
Llánaves la Reina
Barrio
Cucayo
Cantábrica
2197
Vegacerneja
Portilla de la Reina
2533
Casavegas
Puebla de Lillo
Embalse del Riaño
Riaño
Lores
Embalse del Porma
LEÓN
Boca de Huérgano
Cardaño de Arriba
Abadia de Labanza
Sta. Maria de Redondo
2450
Vidrieros
Polentinos
Las Salas
PALENCIA
Valdecastillo
Crémenes
Prioro
Besande
E. de Camporredondo
Resoba
E. de la Requejada
Boñar
La Mata de Monteagudo
E. de Compuerto
Rebanal de las Llantas
Cervera de Pisuerga
Valcovero
Vegaquemada
Velilla del Río Carrion
Velilla de T.
Rueda de P.
Cistierna
Cantoral
La Espina
Las Heras
-LEÓN
Guardo
Cubillo
Valporquero
Villamorisca
Roscales
XVI
XVII

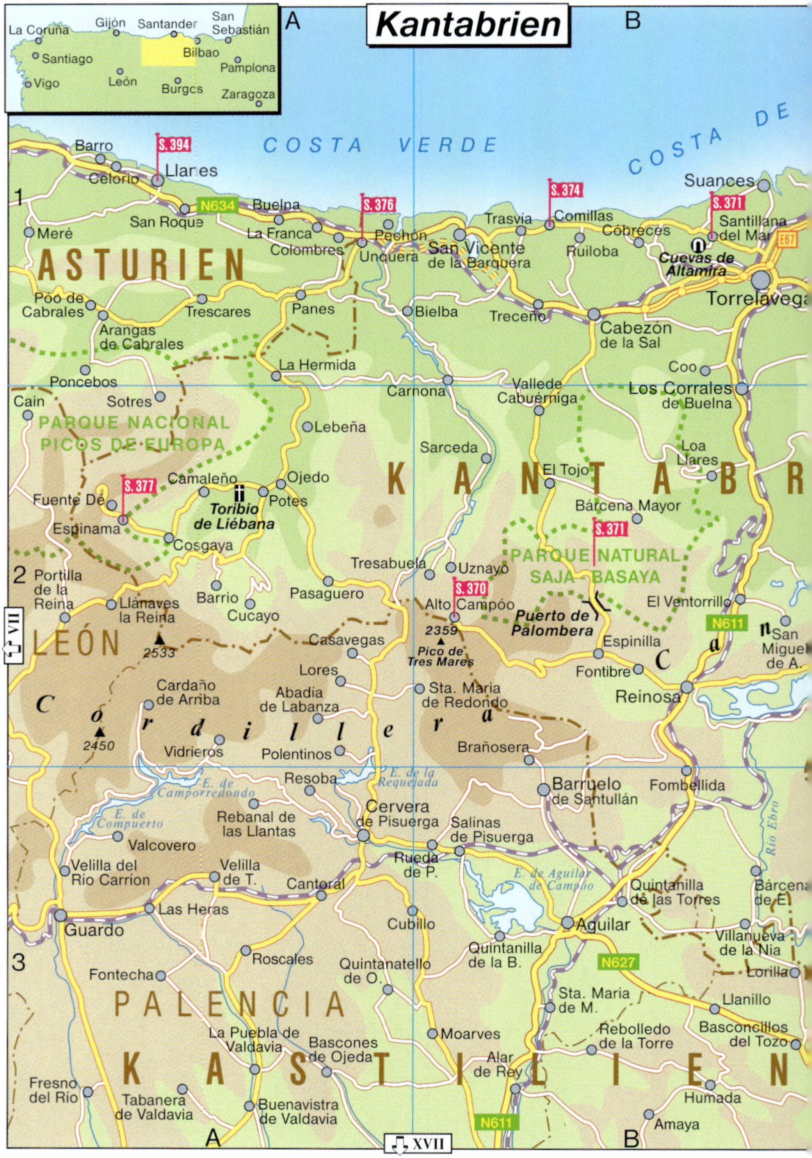
Kantabrien
A
B
1
2
3
La Coruña
Gijón
Santander
San Sebastián
Santiago
Bilbao
Pamplona
Vigo
León
Burgos
Zaragoza
COSTA VERDE
COSTA DE
Barro
S. 394
Llanes
Celorio
San Roque
N634
Buelna
S. 376
La Franca
Pechón
Colombres
Unquera
San Vicente de la Barquera
Trasvia
S. 374
Comillas
Ruiloba
Cóbreces
Suances
S. 371
Santillana del Mar
E67
Cuevas de Altamira
Torrelavega
Meré
ASTURIEN
Póo de Cabrales
Arangas de Cabrales
Trescares
Panes
Bielba
Treceño
Cabezón de la Sal
Coo
La Hermida
Poncebos
Carmona
Valle de Cabuérniga
Los Corrales de Buelna
Sotres
Cain
PARQUE NACIONAL PICOS DE EUROPA
Lebeña
Sarceda
Loa Llares
KANTABR
El Tojo
S. 377
Camaleño
Ojedo
Fuente Dé
Potes
Toribio de Liébana
Bárcena Mayor
Espinama
S. 371
Cosgaya
PARQUE NATURAL SAJA - BASAYA
Tresabuela
Uznayo
Portilla de la Reina
Barrio
S. 370
Pasaguero
Alto Campóo
El Ventorrillo
Llánaves la Reina
Cucayo
Puerto de Palombera
N611
San Miguel de A.
LEÓN
2533
2359
Espinilla
Casavegas
Pico de Tres Mares
Fontibre
Lores
Cardaño de Arriba
Abadía de Labanza
Sta. María de Redondo
Reinosa
Cordillera
2450
Vidrieros
Polentinos
Brañosera
E. de Camporredondo
Resoba
E. de la Requejada
Barruelo de Santullán
Fombellida
E. de Compuerto
Rebanal de las Llantas
Cervera de Pisuerga
Salinas de Pisuerga
Río Ebro
Valcovero
Velilla del Río Carrion
Velilla de T.
Rueda de P.
E. de Aguilar de Campóo
Quintanilla de las Torres
Bárcena de E.
Cantoral
Las Heras
Guardo
Cubillo
Aguilar
Villanueva de la Nia
Roscales
Quintanilla de la B.
N627
Lorilla
Fontecha
Quintanatello de O.
Sta. Maria de M.
Llanillo
PALENCIA
Rebolledo de la Torre
Basconcillos del Tozo
La Puebla de Valdavia
Bascones de Ojeda
Moarves
Alar de Rey
KASTILIEN
Fresno del Río
Tabanera de Valdavia
Buenavistra de Valdavia
Humada
N611
Amaya
VII
XVII

Kartenatlas

Baskenland
A
B
1
2
3
La Coruña
Gijón
Santander
San Sebastián
Santiago
Bilbao
Pamplona
Vigo
León
Burgos
Zaragoza
GOLFO DE
Costa Vasca
Cabo Machichaco
Cabo Villano
Bakio
S. 339
Bermeo
Plentzia
Mundaka
Elantxobe
Sopela
Butrón
Ea
S. 335
Lekeitio
Ciérvana
Getxo
Mungia
Gauteguiz de Arteaga
Santurtzi
Neguri
Areeta
S. 337
Santimamiñe
BI638
Ondarroa
S. 333
Getaria
Mutriku
S. 340
Derio
Guernica
Zumaia
Bilbo/ Bilbao
Muxika
Aulesti
Deba
Zamudio
VIZCAYA
Arbacegui
Markina
Larruscain
Basauri
Urruchua
Zestoa
Zalla
Galdakao
Amorebieta
Elgoibar
Sodupe
A8
E1
E70
Azpeitia
Igorre
Eibar
Azkoitia
Laudio/ Llodio
Oba
Abadino
Nuarbe
Dima
Elosua
Elorrio
Artziniega
Orozco
Bergara
GUIPÚZC
N240
Arrasate/ Mondragón
GL627
Zumarraga
Kexaa
Berganza
BASKENLAND
Amurrio
Ubidea
Otxandio
Oñati
Ormaizteg
Aretxabaleta
A63
E80
S. 356
IX
E. de Albiña
Zegama
Orduña
Elosu
Legutiano/ Villareal
Arantzazu
E. de Urrunaga
Aitzgorri 1549
Gopegui
N625
Murguia
Embalse de Ullivarri
Berberana
ÁLAVA
Ozaeta
Zaldundo
Osma
S. 356
S. 350
N1
S. 357
Argómaniz
Mendoza
Guinea
Salvatierra
Trespuentes
Estibaliz
Opacua
S. 356
Tuesta
E5
Gasteiz/ Vitoria
Espejo
Salinas de Añana
E80
Larraona
Virgala
Fontecha
San Vicente de Arana
Treviño
Uzquiano
A1
Antoñana
Encío
Miranda de Ebro
Acedo
Pancorbo
Peñacerrada
Navarrete
N124
XIX

Kartenatlas

Jakobsweg, Galicien
II
A
B
1
2
3
Touriñán
Berdoias
Sta. Comba
Val do Dubra
Esmorode
S. 298
S. 299
Sardiñeiro de Abaixo
Cée
Corcubión
Embalse de Fervenza
R. Xallas
A Baña
Fisterra
Montes de la Ruña 641
Portomouro
Pino do Val
Negreira
Santiago de Compostela
S. 281
Lavacolla
Cabo Fisterra/ Cabo Finisterre
O Pindo
C550
E. Barrié de la Maza
R. Tambre
Carnota
Serra de Outes
Os Anxeles
Bertamiráns
Punta de los Remedios
Lira
S. 297
S. 296
C543
N550
A9
E1
Muros
Esteiro
Noia
Aguasantas
Ramallosa
Louro
Ría de Muros y Noia
Vilacova
Esclavitude
S. 294
Punta Carreiro
Tállara
Rois
Puentevea
Padrón
Río Ulla
Porto do Son
Taragona
Enfesta
A Estrada
Caamaño
Boiro
Catoira
Rianxo
Puebla del Caramiñal
Oleiros
Carracedo
Cuntis
Vilagarcia de Arousa
Corrubedo
Caldas de Reis
Cabo de Corrubedo
Illa de Arousa
Vilanova
Ribeira
Ría de Arousa
Islas de Arousa
Nogueira
Antoniño
Serrapio
Cambados
Sacos
Pedre
Islas de Sálvora
O Grove
Cerponzons
Caroi
Vilalonga
Dena
S. 302
N541
Carballedo
RÍAS BAIXAS / RÍAS BAJAS
Noalla
Combarro
Pontevedra
Sanxenxo
Samieira
Seixido
Portonovo
Ponte-Caldelas
Islas de Ons
Marín
Ría de Pontevedra
Vilaboa
Paredes
E. de Eiras
Forzans
Bueu
Arcade
Estacas
S. 303
Moaña
Moscoso
ISLAS CÍES
Hío
Cangas
Redondela
Piñeiro
Vigo
N550
Ría de Vigo
Mondariz Balneario
Mondariz
Canido
A52
Ponteareas
Paraños
Panxón
Playa América
Nigrán
Porriño
La Coruña
Gijón
Santander
San Sebastián
Bilbao
Santiago
Pamplona
León
Vigo
Burgos
Zaragoza
LA
G
A
PON

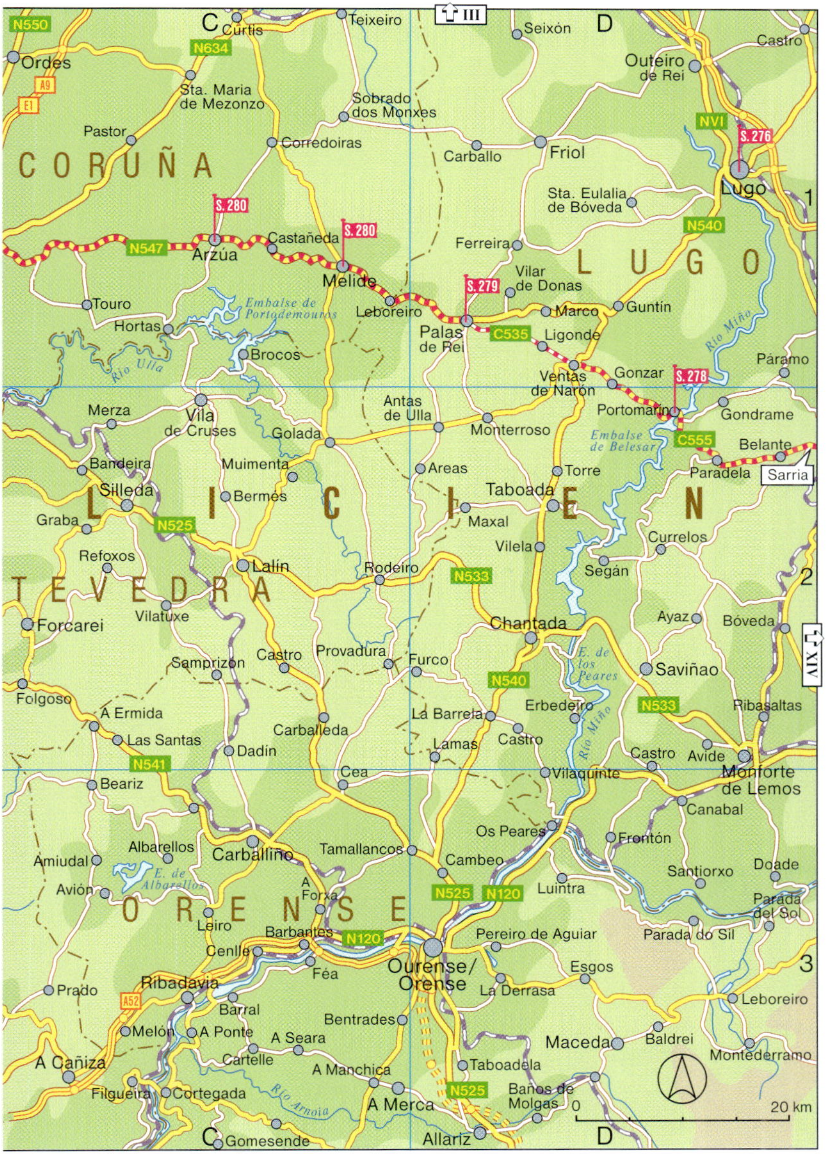

Kartenatlas

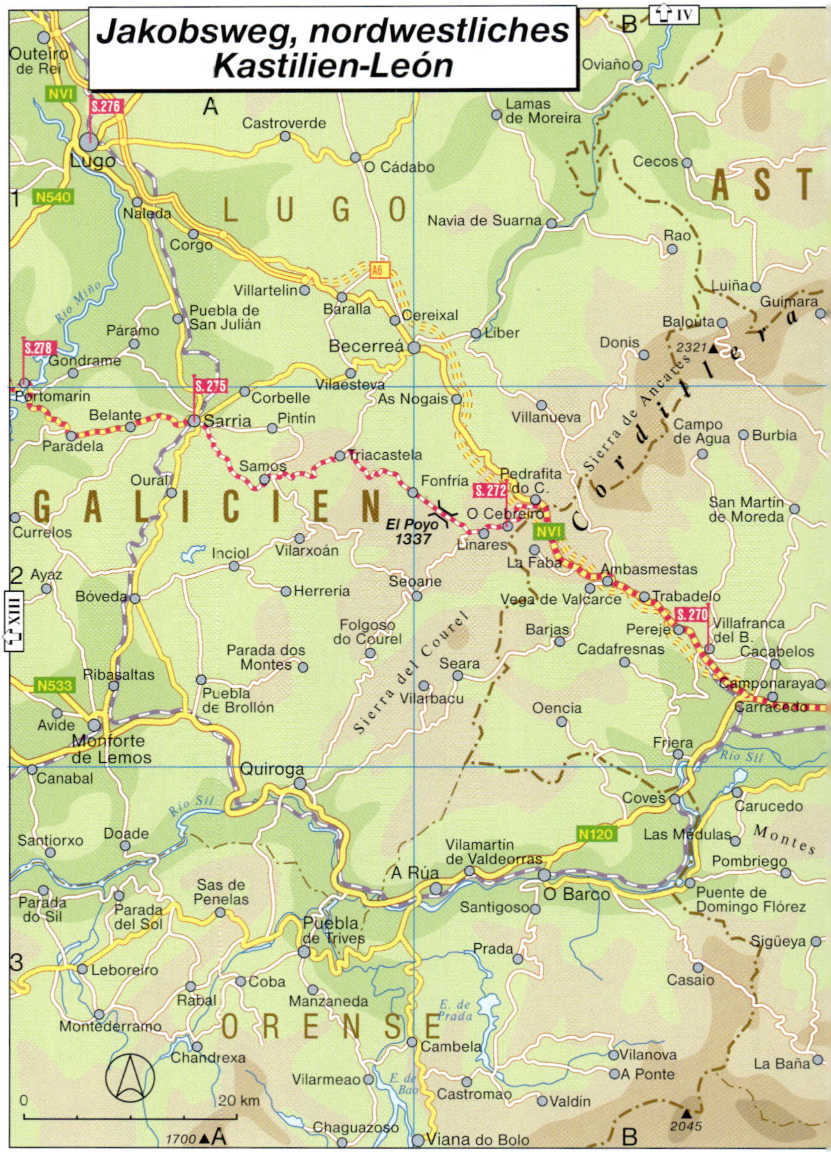
Jakobsweg, nordwestliches
Kastilien-León
A
B
IV
XIII
1
2
3
LUGO
GALICIEN
ORENSE
AST
Cordillera
Sierra de Ancares
Sierra del Courel
Montes
Outeiro de Rei
NVI
S.276
Lugo
N540
Naleda
Corgo
Castroverde
O Cádabo
Lamas de Moreira
Oviaño
Cecos
Navia de Suarna
Rao
Luiña
Guimara
Balouta
2321
Donis
A6
Villartelin
Baralla
Cereixal
Liber
Puebla de San Julián
Páramo
Río Miño
Becerreá
S.278
Gondrame
Portomarín
S.275
Corbelle
Vilaesteva
As Nogais
Villanueva
Campo de Agua
Burbia
Belante
Sarria
Pintín
Paradela
Samos
Triacastela
Fonfría
Pedrafita do C.
S.272
San Martín de Moreda
Oural
Currelos
El Poyo
1337
O Cebreiro
Linares
NVI
La Faba
Inciol
Vilarxoán
Ambasmestas
Ayaz
Bóveda
Herrería
Seoane
Vega de Valcarce
Trabadelo
S.270
Pereje
Villafranca del B.
Folgoso do Courel
Barjas
Cadafresnas
Cacabelos
Parada dos Montes
Seara
Ribasaltas
N533
Puebla de Brollón
Vilarbacu
Camponaraya
Carracedo
Avide
Monforte de Lemos
Oencia
Friera
Canabal
Quiroga
Río Sil
Coves
Carucedo
Santiorxo
Doade
Vilamartín de Valdeorras
N120
Las Médulas
Pombriego
A Rúa
O Barco
Puente de Domingo Flórez
Parada do Sil
Parada del Sol
Sas de Penelas
Santigoso
Puebla de Trives
Prada
Sigüeya
Leboreiro
Coba
Casaio
Rabal
Manzaneda
E. de Prada
Montederramo
Cambela
Chandrexa
Vilanova
A Ponte
La Baña
Vilarmeao
E. de Bao
Castromao
Valdín
0
20 km
2045
1700
Chaguazoso
Viana do Bolo

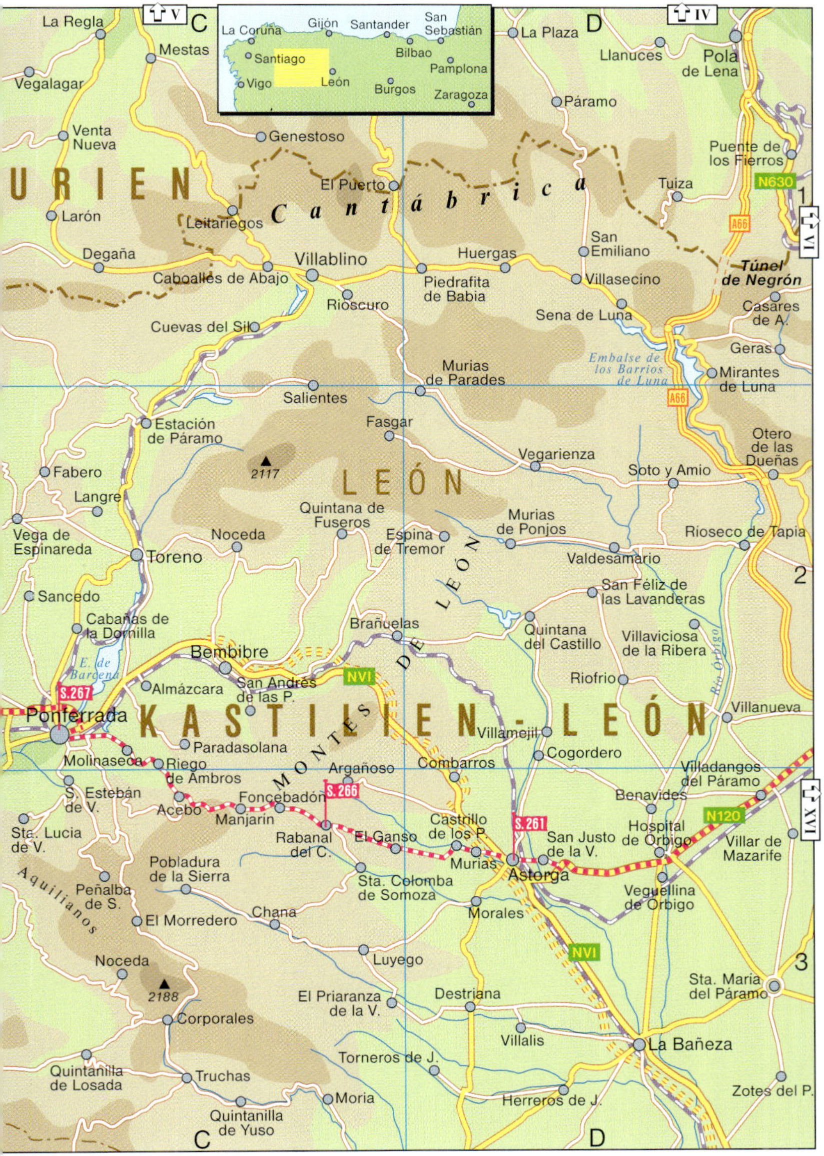
La Regla
Mestas
Vegalagar
Venta Nueva
Genestoso
La Plaza
Llanuces
Pola de Lena
Páramo
Puente de los Fierros
La Coruña
Gijón
Santander
San Sebastián
Santiago
Bilbao
Pamplona
Vigo
León
Burgos
Zaragoza
U R I E N
C a n t á b r i c a
El Puerto
Tuiza
N630
Larón
Leitariegos
A66
Degaña
Villablino
Huergas
San Emiliano
Caboalles de Abajo
Piedrafita de Babia
Villasecino
Túnel de Negrón
Rioscuro
Sena de Luna
Casares de A.
Cuevas del Sil
Embalse de los Barrios de Luna
Geras
Murias de Parades
Mirantes de Luna
Salientes
Fasgar
Estación de Páramo
Otero de las Dueñas
Vegarienza
Fabero
2117
Soto y Amio
L E Ó N
Langre
Quintana de Fuseros
Murias de Ponjos
Ríoseco de Tapia
Vega de Espinareda
Noceda
Espina de Tremor
Valdesamario
Toreno
San Félix de las Lavanderas
Sancedo
Brañuelas
Quintana del Castillo
Villaviciosa de la Ribera
Cabañas de la Dornilla
M O N T E S D E L E Ó N
Bembibre
Riofrío
E. de Bárcena
Almázcara
San Andrés de las P.
NVI
S.267
Villanueva
Ponferrada
K A S T I L I E N - L E Ó N
Villamejil
Paradasolana
Cogordero
Molinaseca
Riego de Ambros
Argañoso
Combarros
Villadangos del Páramo
S. Estebán de V.
S.266
Foncebadón
Benavides
Acebo
Manjarín
Castrillo de los P.
S.261
Hospital de Órbigo
N120
Sta. Lucia de V.
Rabanal del C.
El Ganso
San Justo de la V.
Villar de Mazarife
Murias
Astorga
Pobladura de la Sierra
Sta. Colomba de Somoza
Aquilianos
Peñalba de S.
Veguellina de Órbigo
Chana
Morales
El Morredero
Luyego
Noceda
2188
Sta. María del Páramo
El Priaranza de la V.
Destriana
Corporales
Villalis
La Bañeza
Quintanilla de Losada
Torneros de J.
Truchas
Zotes del P.
Moria
Herreros de J.
Quintanilla de Yuso
Río Órbigo
V
IV
VI
XVI
C
D
1
2
3

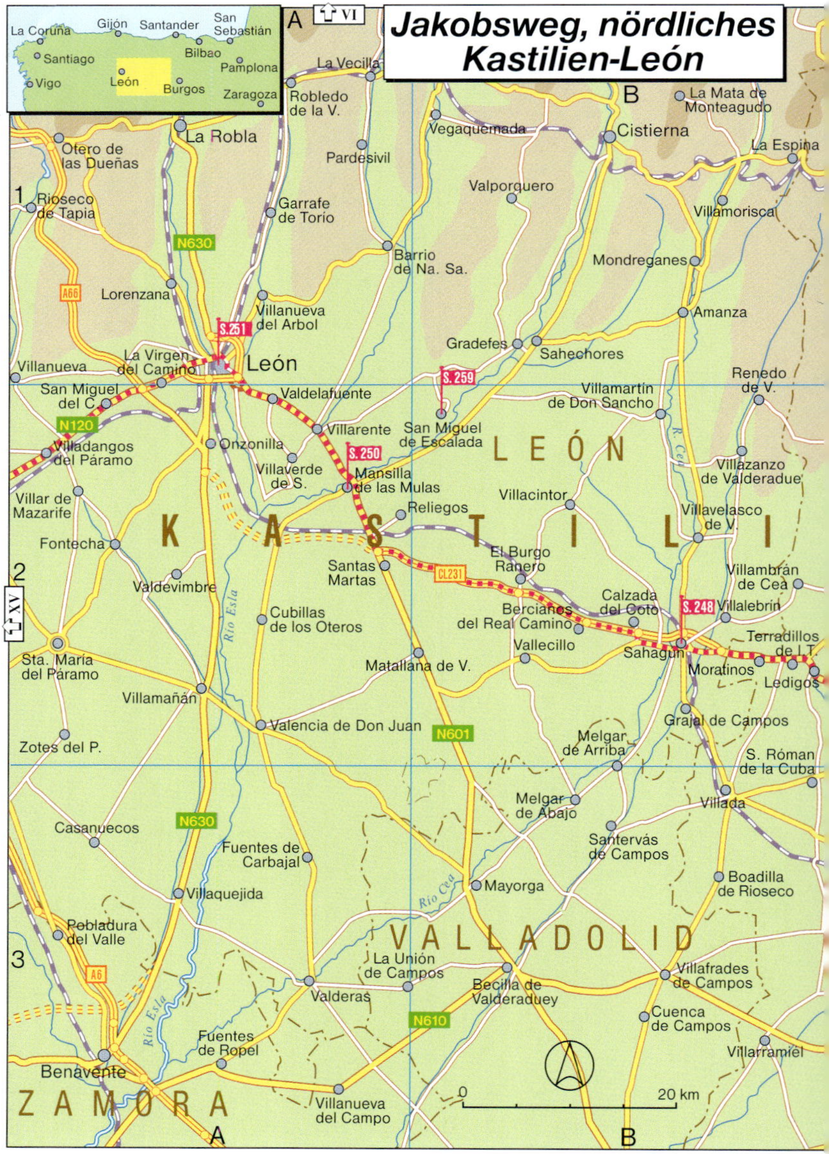
Jakobsweg, nördliches Kastilien-León
La Coruña
Gijón
Santander
San Sebastián
Santiago
Bilbao
Pamplona
Vigo
León
Burgos
Zaragoza
A
VI
B
La Vecilla
Robledo de la V.
La Mata de Monteagudo
Vegaquemada
Cistierna
La Robla
Otero de las Dueñas
Pardesivil
La Espina
Valporquero
1
Rioseco de Tapia
Garrafe de Torío
Villamorisca
N630
Barrio de Na. Sa.
Mondreganes
A66
Lorenzana
Villanueva del Arbol
Amanza
S. 251
Gradefes
Sahechores
La Virgen del Camino
León
Villanueva
S. 259
Renedo de V.
San Miguel del C.
Valdelafuente
Villamartín de Don Sancho
N120
Villarente
San Miguel de Escalada
Villadangos del Páramo
Onzonilla
S. 250
LEÓN
Villazanzo de Valderaduey
Villaverde de S.
Mansilla de las Mulas
Villar de Mazarife
Villacintor
Reliegos
Villavelasco de V.
KASTILI
Fontecha
El Burgo Ranero
2
Santas Martas
Villambrán de Cea
Valdevimbre
CL231
Calzada del Coto
XV
Cubillas de los Oteros
Bercianos del Real Camino
S. 248
Villalebrín
Río Esla
Terradillos de l. T.
Sta. María del Páramo
Vallecillo
Sahagún
Matallana de V.
Moratinos
Ledigos
Villamañán
Grajal de Campos
Valencia de Don Juan
N601
Melgar de Arriba
Zotes del P.
S. Róman de la Cuba
Melgar de Abajo
Villada
Casanuecos
N630
Santervás de Campos
Fuentes de Carbajal
Mayorga
Boadilla de Rioseco
Villaquejida
Río Cea
Pobladura del Valle
VALLADOLID
3
La Unión de Campos
Villafrades de Campos
A6
Valderas
Becilla de Valderaduey
N610
Cuenca de Campos
Río Esla
Fuentes de Ropel
Villarramiel
Benavente
0
20 km
ZAMORA
Villanueva del Campo
A
B

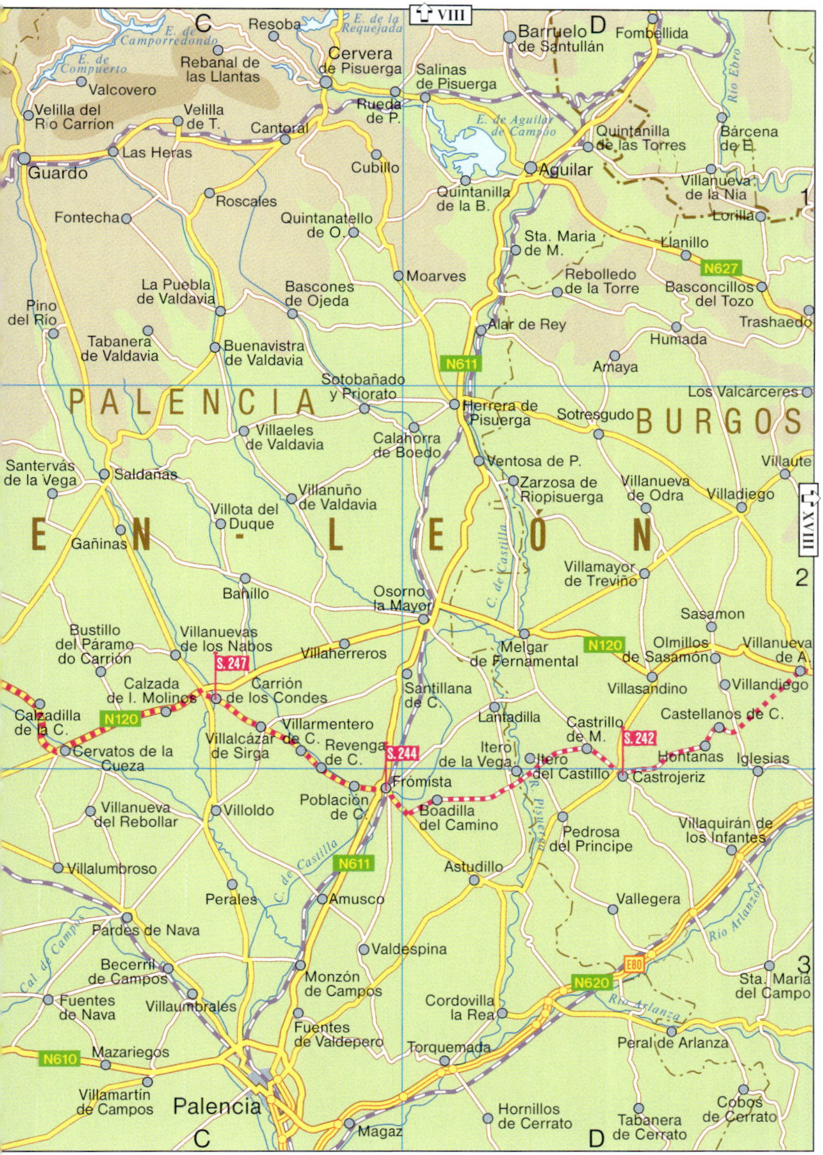
VIII
XVIII
PALENCIA
BURGOS
EN-LEÓN
Guardo
Cervera de Pisuerga
Aguilar
Herrera de Pisuerga
Osorno la Mayor
Carrión de los Condes
Frómista
Palencia
Castrojeriz
Villadiego
Saldañas
Astudillo
Torquemada
N611
N120
N627
N620
N610
S.247
S.244
S.242
E80

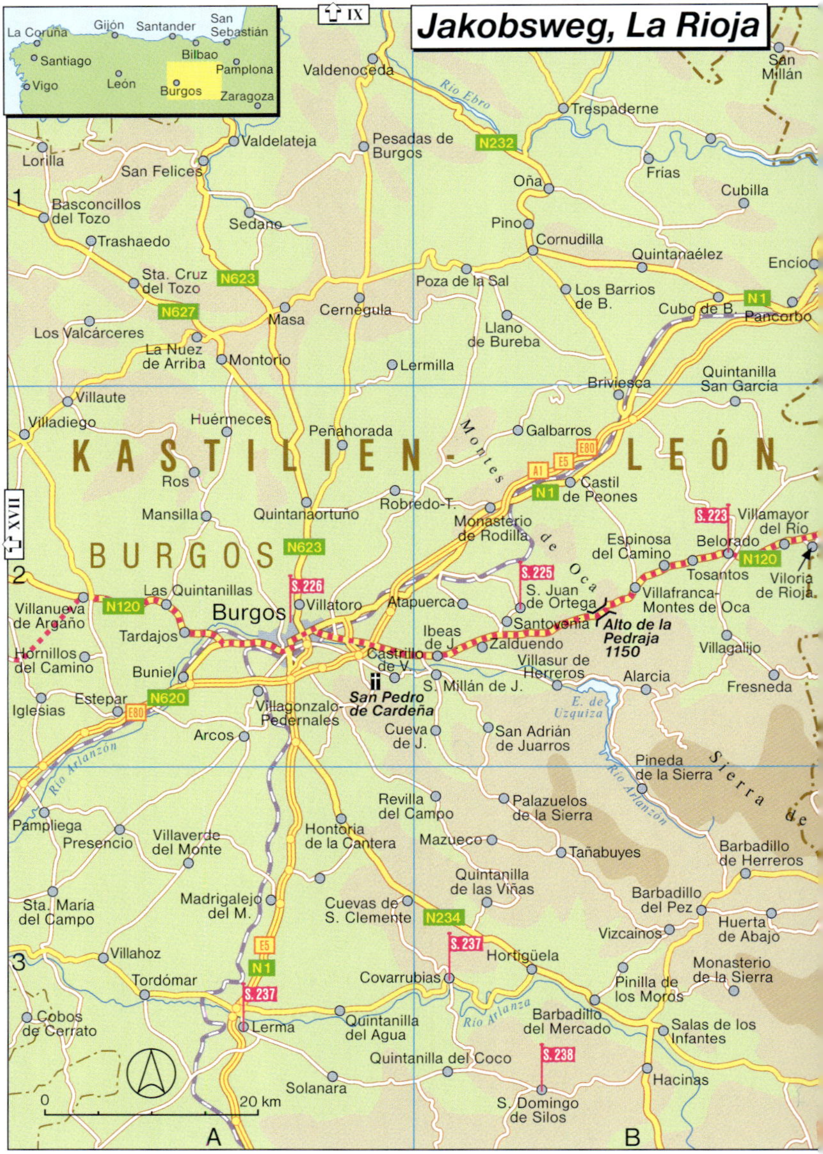
Jakobsweg, La Rioja
IX
XVII
La Coruña
Gijón
Santander
San Sebastián
Bilbao
Santiago
Pamplona
Vigo
León
Burgos
Zaragoza
KASTILIEN-LEÓN
BURGOS
Montes de Oca
Sierra de
Valdenoceda
Río Ebro
Trespaderne
San Millán
Valdelateja
Pesadas de Burgos
N232
Lorilla
San Felices
Frías
Oña
Cubilla
Basconcillos del Tozo
Sedano
Pino
Trashaedo
Cornudilla
Quintanaélez
Encio
Sta. Cruz del Tozo
N623
Poza de la Sal
Los Barrios de B.
N627
Masa
Cernégula
Cubo de B.
N1
Pancorbo
Los Valcárceres
Llano de Bureba
La Nuez de Arriba
Montorio
Lermilla
Villaute
Briviesca
Quintanilla San García
Villadiego
Huérmeces
Peñahorada
Galbarros
E80
E5
A1
Ros
Castil de Peones
Mansilla
Quintanaortuño
Robredo-T.
Monasterio de Rodilla
S. 223
Villamayor del Río
Espinosa del Camino
Belorado
N120
Tosantos
Viloria de Rioja
S. 225
S. 226
Las Quintanillas
Villanueva de Argaño
Villatoro
Atapuerca
S. Juan de Ortega
Villafranca-Montes de Oca
Burgos
Tardajos
Santovenia
Alto de la Pedraja 1150
Hornillos del Camino
Ibeas de J.
Zalduendo
Villagalijo
Castrillo de V.
Villasur de Herreros
Buniel
Alarcia
San Pedro de Cardeña
S. Millán de J.
Fresneda
Estepar
N620
Iglesias
Villagonzalo-Pedernales
E. de Uzquiza
Cueva de J.
San Adrián de Juarros
Arcos
Río Arlanzón
Pineda de la Sierra
Revilla del Campo
Palazuelos de la Sierra
Pampliega
Presencio
Villaverde del Monte
Hontoria de la Cantera
Mazueco
Tañabuyes
Barbadillo de Herreros
Quintanilla de las Viñas
Sta. María del Campo
Madrigalejo del M.
Cuevas de S. Clemente
N234
Barbadillo del Pez
Huerta de Abajo
Vizcaínos
S. 237
Hortigüela
Monasterio de la Sierra
Villahoz
Pinilla de los Moros
Tordómar
Covarrubias
Cobos de Cerrato
Lerma
Quintanilla del Agua
Río Arlanza
Barbadillo del Mercado
Salas de los Infantes
Quintanilla del Coco
S. 238
Hacinas
Solanara
S. Domingo de Silos
0
20 km
A
B
1
2
3

C
D
X
XX
XXII
1
2
3
S. 350
N1
N240a
E5
E80
N625
A1
N124
S. 201
S. 191
S. 192
S. 194
N232
A68
S. 214
S. 211
N120
S. 200
S. 220
N111
S. 207
Guinea
Mendoza
Argómaniz
Salvatierra
Olazti
Tuesta
Nanclares
Gasteiz/
Vitoria
Estibaliz
Opacua
Salinas
de Añana
Á L A V A
Larraona
Fontecha
Treviño
Uzquiano
Virgala
San Vicente
de Arana
B A S K E N L A N D
Antoñana
Miranda
de Ebro
Acedo
Peñacerrada
Marañón
Navarrete
Codés
San Gregorio
NAVARRA
Cripán
Haro
S. Vicente
de la Sonsierra
Los Arcos
Sansol
Casalarreina
Río Ebro
Laguardia
Torres del Río
Cuzcurrita
de Río Tirón
Tirgo
Ollauri
Briones
Oyón-
Oion
Viana
Lazagurría
Logroño
Cenicero
Fuenmayor
Mendavia
Grañón
El Olivar
Castildelgado
S. Domingo
de la Calzada
Nájera
Navarrete
Lardero
Villamediana
de Iregua
Azofra
Murillo de
Río Leza
Cañas
Río Oja
San Millán
de la C.
Berceo
Ribafrecha
Ausejo
Ezcaray
Bobadilla
Istallana
Clavijo
Calahorra
Río Najerilla
Pazuengos
Monasterio
de Yuso
L A R I O J A
Torrecilla en
Cameros
Soto de Cameros
Anguiano
Valdezcaray
San Román
de Cameros
Arnedo
Posadas
Monasterio
Na. Sa. de Valvanera
Arnedillo
Jalón de C.
La Santa
Préjano
l a D e m a n d a
E. de Gonzalez
de Lacasa
Cabezón
Munilla
Mansilla
Ortigosa
Villanueva
de C.
Laguna
de C.
Avellaneda
Enciso
E. de Mansilla
Huerta de
Arriba
Montenegro
de C.
Villosiada
Yanguas
San Andres
Viniegra
de Arriba
E. de Pajares
Villar del Río
San Pedro
Manrique
Neila
Sta. Cruz
de Yanguas
2142
Barriomartín
Los Campos
Quintanar de la Sierra
S O R I A
Duruelo
Oncala
Vilviestre
de Pinar
Almarza
Covaleda
Sotillo del Rncón
Rollamienta
Ventosa

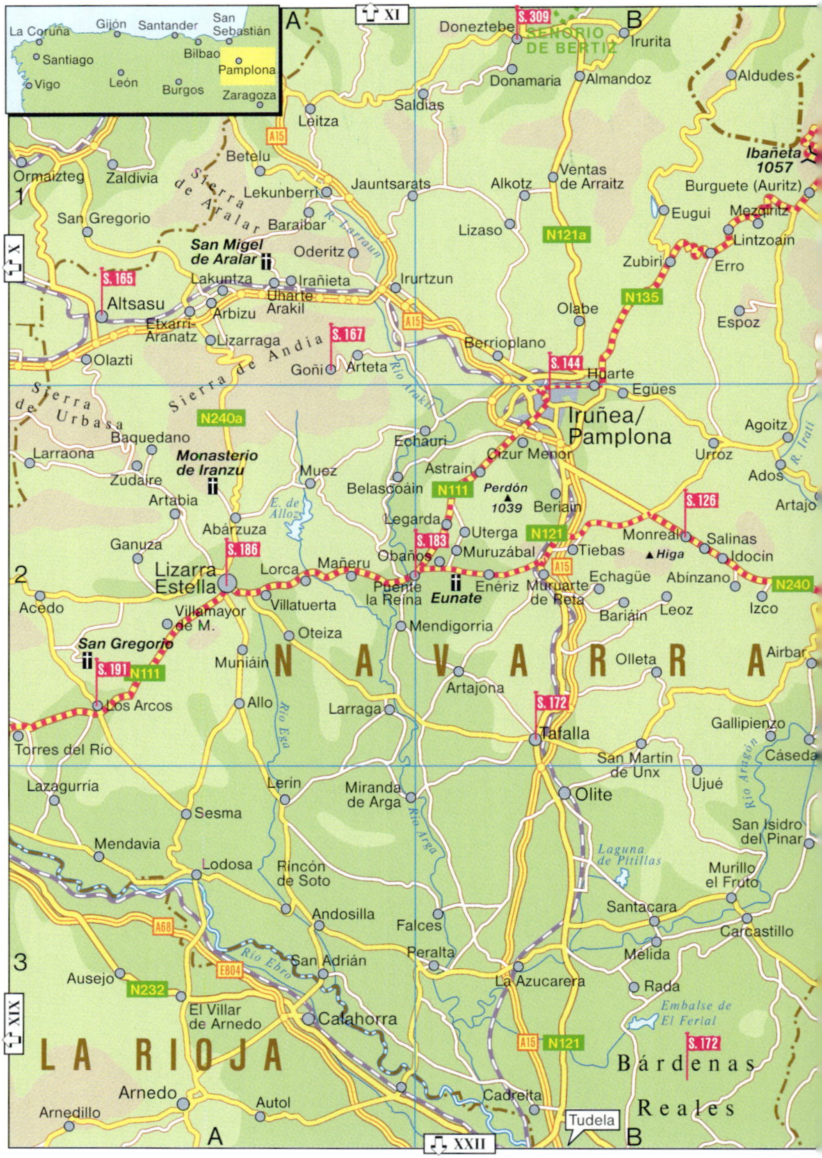
La Coruña
Gijón
Santander
San Sebastián
Santiago
Bilbao
Pamplona
Vigo
León
Burgos
Zaragoza
A
B
XI
S. 309
Doneztebe
SEÑORIO DE BERTIZ
Irurita
Donamaria
Almandoz
Aldudes
Saldias
Leitza
A15
Ibañeta 1057
Betelu
Ormaiztegi
Zaldivia
Sierra de Aralar
Lekunberri
Jauntsarats
Alkotz
Ventas de Arraitz
Burguete (Auritz)
1
Eugui
Mezquiriz
San Gregorio
Baraibar
R. Larraun
Lizaso
N121a
Lintzoain
X
San Migel de Aralar
Oderitz
Zubiri
Erro
S. 165
Lakuntza
Irañieta
Irurtzun
N135
Altsasu
Uharte Arakil
Arbizu
Olabe
Espoz
Etxarri-Aranatz
Lizarraga
S. 167
Berrioplano
Olazti
Sierra de Andia
S. 144
Goñi
Arteta
Río Arakil
Huarte
Sierra de Urbasa
Egües
Iruñea/ Pamplona
N240a
Echauri
Agoitz
Baquedano
Larraona
Monasterio de Iranzu
Cizur Menor
Urroz
R. Irati
Zudaire
Astrain
Ados
Muez
Belascoáin
N111
Perdón 1039
Beriain
S. 126
Artajo
Artabia
E. de Alloz
Legarda
Abárzuza
Uterga
N121
Monreal
Salinas
S. 183
Ganuza
S. 186
Muruzábal
Tiebas
Higa
Idocin
Obaños
Lizarra Estella
Lorca
Mañeru
A15
2
Echagüe
Abínzano
N240
Puente la Reina
Eunate
Enériz
Muruarte de Reta
Acedo
Villatuerta
Bariáin
Leoz
Izco
Villamayor de M.
Oteiza
Mendigorria
San Gregorio
Muniáin
NAVARRA
Olleta
Airbar
S. 191
N111
Artajona
S. 172
Los Arcos
Allo
Río Ega
Larraga
Gallipienzo
Tafalla
Torres del Río
Cáseda
San Martín de Unx
Ujué
Lazagurría
Lerín
Miranda de Arga
Olite
Río Aragón
Sesma
Río Arga
San Isidro del Pinar
Mendavia
Laguna de Pitillas
Lodosa
Rincón de Soto
Murillo el Fruto
Andosilla
Santacara
Falces
Carcastillo
A68
Mélida
Peralta
Río Ebro
San Adrián
3
E804
La Azucarera
Rada
Ausejo
N232
El Villar de Arnedo
Calahorra
Embalse de El Ferial
XIX
A15
N121
S. 172
LA RIOJA
Bárdenas Reales
Arnedo
Cadreita
Autol
Arnedillo
Tudela
XXII

Jakobsweg, Navarra/
Aragonien
0
20 km
C
D
1
2
3
Valcarlos
S. 131
Selva del Irati
Roncesvalles
Orbaitzeta
Orbara
Aria
Hiriberri
Aribe
Garaioa
Abaurrea Baja
Abaurrea Alta
Oroz-Betelu
Jaurrieta
E. de Irabia
Na. Sa. de las Nieves
Sierra de Abodi
S. 141
Ochagavía
Escároz
Oronz
Esparza
Sarriés
Elcóaz
Larau
Pyrenäen
Collado de la Pdra. S. Martin
Arette-Pierre-St. Martin
FRANKREICH
Eaux-Bonnes
Borce
Gabas
Uztárroz
Isaba
R. Esca
Valle del Roncal
Sta. Bárbara 1578
S. 142
Urzainqui
Roncal
Zuriza
2887
S. 117
Col de Somport
Candanchú
Canfranc-Estación
Canfranc
Izal
Igal
Adoain
Güesa
Vidángoz
Garde
Ansó
Siresa
Uscarrés
Valle de Salazar
Burgui
Navascués
Jasa
Río Aragón
Hoz de Arbayún
Bigüezal
Salvatierra de Esca
Majones
Lumbier
Sierra de Leyre
Villareal de la Canal
HUESCA
Castiello de Jaca
Hoz de Lumbier
Monasterio de Leyre
Sigüés
Embún
Yesa
Esco
N240
Berdún
S. 118
S. 123
Liédena
Artieda
Mianos
Puente la Reina de Jaca
Jaca
N240
Javier
Embalse de Yesa
Sangüesa
Undués de Lerda
Undués-Pintano
Bagüés
Arrés
Sta. Cruz de la Serós
Larués
San Juan de la Peña
1767
Navardún
Longás
Sos del Rey Católico
ARAGONIEN
A132
Novellaco
1523
Salinas de Jaca
Sta. María
Triste
Anzánigo
Biel-Fuencalderas
Embalse de la Peña
Castiliscar
Luesia
Agüero
Uncastillo
Fuencalderas
Loarre
ZARAGOZA
Malpica de Arba
Ayerbe
Bolea
Sádaba
Orés
Sta. Eulalia de Gállego
Biota
Biscarrués
Esquedas
Farasdués
Embalse de San Bartolomé
Pinsoro
El Bayo

Südliches Navarra/
Aragonien
XX
XIX
A
B
1
2
3
NAVARRA
LA RIOJA
KASTILIEN-LEÓN
SORIA
Las Bárdenas Reales
S. 168
S. 203
S. 205
S. 204
S. 175
S. 172
S. 174
A68
E804
A15
N121
N232
NA134
N113
N122
Río Ebro
Río Arga
Río Aragón
Laguna de Pitillas
Embalse de El Ferial
Acequia de
Monasterio de la Oliva
Na. Sa. del Yugo
Los Arcos
Tafalla
Olleta
Gallipienzo
Cáseda
San Martín de Unx
Ujué
Olite
Lerín
Miranda de Arga
Sesma
Mendavia
Lodosa
Rincón de Soto
Pitillas
San Isidro del Pinar
Murillo el Fruto
Santacara
Carcastillo
Andosilla
Falces
Mélida
Peralta
Caparroso
San Adrián
Ausejo
La Azucarera
Rada
Alera
El Villar de Arnedo
Calahorra
Villafranca
Arnedo
Autol
Cadreita
Valtierra
Pinsoro
Arnedillo
Alfaro
Arguedas
Castejón
Turruncún
Valareña
Grávalos
Corella
Cintruénigo
Tudela
Valdeperillo
Cornago
Baños de Fitero
Fitero
Cabanillas
Fustiñana
San Pedro Manrique
Cervera del Río Alhama
Ribaforada
Valdemadera
Cascante
Valverde de Cervera
Tulebras
Buñuel
Santa Engracia
Cortes
Valdeprado
San Felices
Tarazona
Cunchillos
Magaña
Malién
Sta. Cruz de Moncayo
El Buste
Fréscano
Castilruiz
Villar del Campo
Ágreda
Magallón
San Martín de la Virgen de M.
Vera de Moncayo
Borja
Bulbuente
Aldealpozo
Ólvega
Cueva de Ágreda
Fuendejalón
Pozuelo de Aragón
Hinojosa del Campo
Talamantes
Almenar de Soria
Noviercas
Purujosa
Tabuenca
Jaray
Borobia
Calcena
Cardejón
Pomer
Gómara
Trasobares

XXI
C
D
N240
A132
A2
A68
E804
E7
N232
N11
N330
E90
S. 176
La Coruña
Gijón
Santander
San Sebastián
Santiago
Bilbao
Pamplona
Vigo
León
Burgos
Zaragoza
Sangüesa
Undués de Lerda
Bagüés
Undués-Pintano
Larués
Navardún
Sos del Rey Católico
Longás
1523
Salinas de Jaca
Sta. María
Triste
Anzánigo
Jabarrella
Novellaco
Biel-Fuencalderas
Luesia
Uncastillo
Castiliscar
Fuencalderas
Agüero
Embalse de la Peña
HUESCA
Loarre
Nueno
Malpica de Arba
Sádaba
Orés
Sta. Eulalia de Gállego
Ayerbe
Bolea
Biota
Biscarrués
Esquedas
Farasdués
El Bayo
E. de San Bartolome
Canal de las Bardenas
Lacorvilla
Embalse de Sotonera
Bardena
Río Gállego
Huesca
Erla
Ejea de los Caballeros
Piedratajada
Tormos
Cinco Villas
Río Arba
ARAGONIEN
Sierra de Luna
Las Pedrosas
Almudébar
Gurrea de Gállego
Sangarren
Sancho Abarca
Castejón de Valdejasa
La Paúl
Tardienta
Tauste
ZARAGOZA
Zuera
Portazgo
Robres
Gallur
Boquiñeni
Remolinos
San Mateo de Gállego
Pedrola
Leciñena
Alcubierre
Alagón
Villanueva de Gállego
Figueruelas
Olitura
Río Ebro
Perdiguera
Utebo
Canal Imperial de Aragón
Bárboles
Montañana
Villamayor
Río Jalón
Montegrillo
Zaragoza
Rueda de J.
0
20 km
1
2
3

COSTA VERDE
VI
Avilés
Gijón
E70
N632
Villaviciosa
Colunga
Ribadesella
Llanes
COSTA DE
A8
Oviedo
N634
Cangas de Onis
Mieres
ASTURIEN
PARQUE NACIONAL DE LOS PICOS DE EUROPA
Cabezón de la Sal
KANT
PARQUE NATURAL SAJA - BASAYA
A66
Cordillera
Embalse del Riaño
Riaño
Embalse del Porma
N630
E. de los Barrios de Luna
La Pola de Gordón
Boñar
Cervera de Pisuerga
La Robla
Cistierna
Guardo
Aguilar
E. de Aguilar de Campóo
León
N601
N120
N630
KASTILIEN -
A6
N620
Benavente
N610
Palencia
XVI
Medina de Rioseco
Villalpando
N620
E80
N630
N601
A6
Valladolid
N122